HANDBUCH

für

Lohnsteuer und Sozialversicherung

Der Kommentar zur Praktischen Lohnabrechnung

2017

Thomas Werner

Dieser Ratgeber wurde mit großer Sorgfalt bearbeitet. Eine Gewähr für die Richtigkeit und Vollständigkeit kann dennoch nicht übernommen werden.

Bei der Herstellung des Buches haben wir uns bewusst für umweltverträgliche und wieder verwertbare Materialien entschieden. Der Inhalt wurde auf elementar chlorfreiem Papier gedruckt, der Umschlag mit biologisch abbaubarem Lack behandelt.

Satz: Klaudia Gottwald, Wien

Druck: Bosch Landshut

Josephspitalstraße 15, 80331 München
Postfach 20 21 31, 80021 München
Telefon 089/7916004, Telefax 089/792293
office@weissverlag.de, www.weissverlag.de
ISBN 978-3-937015-58-3

Vorwort

Im Handbuch für Lohnsteuer und Sozialversicherung 2017 sind die für die Lohnabrechnung bedeutsamen Änderungen der bis zum 1.1.2017 im Bundesgesetzblatt veröffentlichten Gesetze und Verordnungen aus dem Bereich des Steuer- und Sozialversicherungsrechts eingearbeitet. Dabei werden insbesondere die wesentlichen Neuregelungen durch das Gesetz zur steuerlichen Förderung der Elektromobilität im Straßenverkehr, durch das Gesetz zur Modernisierung des Besteuerungsverfahrens sowie das Gesetz zur Umsetzung der Änderungen der EU-Amtshilferichtlinie und von weiteren Maßnahmen gegen Gewinnkürzungen und -verlagerungen berücksichtigt. Ebenfalls berücksichtigt sind die neuen Lohnsteuer-Hinweise 2017 sowie die neuen Verwaltungsvorschriften.

Nur einige wenige Neuerungen im Überblick:

- Aktuelles zu Betriebsrenten und zur betrieblichen Altersversorgung
- Aktuelles zu Betriebsveranstaltungen
- Neues zur Beschäftigung im Ausland
- Aktuelles zur Kraftfahrzeugüberlassung (Elektromobilität und Kfz-Leasing)
- Neue Beitragsbemessungsgrenzen
- Neue Sachbezugswerte für Verpflegung
- Zuschüsse zu Mahlzeiten ohne Verwendung von Essenmarken
- Neue Auslandsreisekostensätze 2017
- Aktuelles zum steuerlichen Reisekostenrecht
- Keine Beitragsfreiheit, wenn erst nachträglich Arbeitslohn steuerfrei gestellt oder pauschal versteuert wird.

Inhaltsverzeichnis

1. Grundsätzliches zur Lohnsteuer, Kirchensteuer und Sozialversicherung 9

1.1 Welche Rechtsgrundlagen sind für den Lohnsteuerabzug maßgebend? 9

1.2 Wie verhält sich die Lohnsteuer zur Einkommensteuer? 10

1.3 Wie wird die beim Lohnsteuerabzug zu viel erhobene Lohnsteuer erstattet? 10

1.4 Was bezweckt das Lohnsteuer-Ermäßigungsverfahren? 10

1.5 Was bezweckt ein Hinzurechnungsbetrag? 11

1.6 Welche Steuerklasse wird bescheinigt? 12

1.7 Wie sind die Steuerklassen aufgebaut? 14

1.8 Was bewirkt das Faktorverfahren? 16

1.9 Wie setzt sich der Gesamtsozialversicherungsbeitrag zusammen? 18

1.10 Welche Beitragsbemessungsgrenzen gelten? 19

1.11 Von wem sind die Sozialversicherungsbeiträge aufzubringen? 19

1.12 Wer ist versicherungspflichtig? 21

1.13 Wer ist für den Einzug des Gesamtsozialversicherungsbeitrags zuständig? 24

1.14 Was gilt hinsichtlich der Insolvenzgeldumlage? 24

2. Arbeitnehmertätigkeit 26

2.1 Wer ist steuerlich Arbeitnehmer? 26

2.2 Welche Verfahren bieten sich zur Feststellung der steuerlichen Arbeitnehmereigenschaft an? 28

2.3 Wer ist Arbeitnehmer im Sinne des Sozialversicherungsrechts? 29

2.4 Wie wird die Versicherungspflicht festgestellt? 29

2.5 ABC zur Arbeitnehmereigenschaft 30

3. Arbeitgeber 53

3.1 Wer ist Arbeitgeber? 53

3.2 Welche Arbeitgeber sind zum Lohnsteuerabzug verpflichtet? 53

3.3 Was gilt bei Arbeitnehmerentsendung nach Deutschland? 53

3.4 Können Arbeitgeberpflichten auf Dritte verlagert werden? 54

3.5 Wer ist bei gewerbsmäßiger Arbeitnehmerüberlassung Arbeitgeber? 55

3.6 Wer ist Arbeitgeber im Sinne des Sozialversicherungsrechts? 55

4. Arbeitslohn-ABC 56

4.1 Was gehört zum Arbeitslohn? 56

4.2 Arbeitslohn-ABC 58

5. Lohnsteuerabzug 261

5.1 Was ist ELStAM und welche Funktion hat die Bescheinigung für den Lohnsteuerabzug? 261

5.2 Wer ist unbeschränkt einkommensteuerpflichtig? 262

5.3 Wer fällt unter die erweiterte unbeschränkte Einkommensteuerpflicht? 263

5.4 Wie wird bei beschränkt einkommensteuerpflichtigen Arbeitnehmern verfahren? . 264
5.5 Wie erfolgt der Lohnsteuerabzug vom laufenden Arbeitslohn? 266
5.6 Wie ist der Versorgungsfreibetrag zu berücksichtigen? 267
5.7 Wer erhält den Altersentlastungsbetrag? 273
5.8 Wie werden sonstige Bezüge besteuert? 274
5.9 Wie ist bei einer Nettolohnvereinbarung zu verfahren? 277
5.10 Zu welchem Zeitpunkt fließt Arbeitslohn zu? 278
5.11 Welche Vorsorgepauschale ist anzuwenden? 279
5.12 Kann der Arbeitgeber den Lohnsteuerabzug berichtigen? 286
5.13 Wie sind Arbeitslohnrückzahlungen zu berücksichtigen? 287
5.14 In welchen Fällen ist der Arbeitgeber-Lohnsteuer-Jahresausgleich zulässig? 288
5.15 Was ist ein permanenter Jahresausgleich? 290
5.16 Wie wird der Solidaritätszuschlag erhoben? 291
5.17 Was gilt hinsichtlich der elektronischen Lohnsteuerbescheinigung und der elektronischen Lohnsteuer-Anmeldung? 293

6. Pauschalierung der Lohn- und Kirchensteuer und sozialversicherungsrechtliche Behandlung des pauschal versteuerten Arbeitslohns 295
6.1 Pauschsteuersatz bei sonstigen Bezügen 295
6.2 a Pauschalierung bei Gewährung von Mahlzeiten im Betrieb 297
6.2 b Pauschalierung der Mahlzeitengewährung bei Auswärtstätigkeiten 297
6.3 Pauschalierung bei Betriebsveranstaltungen und Erholungsbeihilfen 298
6.4 Pauschalierung von Vergütungen für Verpflegungsmehraufwendungen 299
6.5 Pauschalierung bei Computerübereignung und Internetzuschüssen 301
6.6 Pauschalierung bei Übereignung von Ladestromvorrichtungen und Zuschüssen zu solchen 301
6.7 Pauschalierung bei Fahrtkostenzuschüssen 302
6.8 Kurzfristige Beschäftigung 308
6.9 Beschäftigung im Niedriglohnbereich 313
6.10 Aushilfskräfte in der Land- und Forstwirtschaft 328
6.11 Pauschalierung bestimmter Zukunftssicherungsleistungen 329
6.12 Pauschalierung von Beiträgen zu Unfallversicherungen 339
6.13 Pauschale Kirchensteuer 340
6.14 Pauschalierung der Einkommensteuer (§ 37b EStG) 344

7. Kirchensteuerabzug 349

8. Nachforderung von Lohnsteuer 352
8.1 Wie überwacht das Finanzamt den Lohnsteuerabzug? 352
8.2 Wann fordert das Finanzamt die Steuerabzugsbeträge vom Arbeitnehmer nach? ... 352

8.3 Wann nimmt das Finanzamt den Arbeitgeber in Anspruch? 354
8.4 Wie wird die Steuernachforderung bei Inanspruchnahme des Arbeitgebers berechnet? 358
8.5 Wer haftet bei Arbeitnehmerüberlassung? 364
8.6 Was bezweckt die Anrufungsauskunft? 366
9. Lohnpfändung 368
9.1 Welche Rechtsgrundlagen sind maßgebend? 368
9.2 Was gehört zum Arbeitseinkommen? 368
9.3 Welche Teile des Arbeitseinkommens sind unpfändbar? 368
9.4 Wie wird das Nettoarbeitseinkommen ermittelt? 369
9.5 Wie wird die Pfändungsgrenze festgestellt? 369
9.6 Wie ist bei einer Pfändung wegen Unterhaltsansprüchen zu verfahren? 371
10. Die Förderung der betrieblichen Altersversorgung 372
10.0 Wann kommt das Betriebsrentenstärkungsgesetz? 372
10.1 Wann liegt betriebliche Altersversorgung vor? 372
10.2 Welche Zusagen und Durchführungswege sind möglich? 374
10.3 Kann Arbeitsentgelt umgewandelt werden? 375
10.4 Warum wird zwischen Alt- und Neuzusage unterschieden? 376
10.5 Was gilt beim Versorgungsausgleich? 379
10.6 Was gilt bei Übertragung von Anrechten auf Altersversorgung bei einer zwischen- oder überstaatlichen Einrichtung? 381
11. Die Direktzusage 382
11.1 Was ist eine Direktzusage? 382
11.2 Welche lohnsteuerlichen Folgerungen ergeben sich aus einer Direktzusage? 382
11.3 Was gilt in der Sozialversicherung? 383
11.4 Was gilt bei Übertragung von Versorgungsverpflichtungen auf einen Pensionsfonds? 383
11.5 Kann bei der Direktzusage eine Altersvorsorgezulage gewährt werden? 384
11.6 Was gilt beim Arbeitgeberwechsel und Übertragung der Versorgung? 384
12. Die Unterstützungskasse 386
12.1 Was ist eine Unterstützungskasse? 386
12.2 Welche lohnsteuer- und sozialversicherungsrechtlichen Folgerungen ergeben sich? 386
12.3 Was gilt bei Übertragung von Versorgungsverpflichtungen auf einen Pensionsfonds? 387
12.4 Kann bei der Unterstützungskasse eine Altersvorsorgezulage gewährt werden? 387
12.5 Was gilt beim Arbeitgeberwechsel und Übertragung der Versorgung? 387

13. Die Direktversicherung ... 388
13.1 Was ist eine Direktversicherung? ... 388
13.2 Wie werden die Beiträge lohnsteuerlich behandelt? ... 388
13.3 Wann kommt der zusätzliche Freibetrag zur Anwendung? ... 391
13.4 Was gilt beim Ausscheiden aus dem Dienstverhältnis? ... 392
13.5 Wie werden die Beiträge in der Sozialversicherung behandelt? ... 393
13.6 Können die Beiträge mit einer Altersvorsorgezulage gefördert werden? ... 393
13.7 Wie werden die späteren Leistungen steuerlich behandelt? ... 394
13.8 Was gilt beim Arbeitgeberwechsel und Übertragung der Versorgung? ... 395

14. Die Pensionskasse ... 397
14.1 Was ist eine Pensionskasse? ... 397
14.2 Wie werden die Beiträge lohnsteuerlich behandelt? ... 397
14.3 Wie werden die Beiträge in der Sozialversicherung behandelt? ... 401
14.4 Können die Beiträge mit einer Altersvorsorgezulage gefördert werden? ... 402
14.5 Wie werden die späteren Leistungen steuerlich behandelt? ... 402
14.6 Was gilt beim Arbeitgeberwechsel und Übertragung der Versorgung? ... 403

15. Der Pensionsfonds ... 404
15.1 Was ist ein Pensionsfonds? ... 404
15.2 Wie werden die Beiträge lohnsteuerlich behandelt? ... 405
15.3 Wie werden die Beiträge in der Sozialversicherung behandelt? ... 405
15.4 Können die Beiträge mit einer Altersvorsorgezulage gefördert werden? ... 406
15.5 Wie werden die späteren Leistungen steuerlich behandelt? ... 406
15.6 Was gilt beim Arbeitgeberwechsel und Übertragung der Versorgung? ... 407

16. Schädliche Auszahlung von Altersvorsorgevermögen ... 408
16.1 Was gilt bei schädlicher Verwendung? ... 408
16.2 Was gilt bei Abfindung der Versorgungsanwartschaft? ... 408
16.3 Was gilt bei Übertragung von Versorgungsanwartschaften? ... 408

Anlagen ... 409
Anlage 1 Lohnsteuer-Durchführungsverordnung (LStDV) ... 410
Anlage 2 Verordnung über die sozialversicherungsrechtliche Beurteilung von Zuwendungen des Arbeitgebers als Arbeitsentgelt ... 415
Anlage 3 Altersvorsorge-Durchführungsverordnung ... 419
Anlage 4 Auslandsreisekosten-Länderübersicht ... 420
Anlage 5 Auszug aus dem Gesetz zur Verbesserung der betrieblichen Altersversorgung ... 428

Stichwortverzeichnis ... 436

Abkürzungen

AAG	Aufwendungsausgleichsgesetz
AktG	Aktiengesetz
AltvDV	Altersvorsorge-Durchführungsverordnung
AltZertG	Altersvorsorgeverträge-Zertifizierungsgesetz
AO	Abgabenordnung
AOK	Allgemeine Ortskrankenkasse
AÜG	Arbeitnehmerüberlassungsgesetz
Az.	Aktenzeichen
BAG	Bundesarbeitsgericht
BFH	Bundesfinanzhof
BetrAVG	Betriebsrentengesetz
BGBl.	Bundesgesetzblatt
BMF-Schr.	Schreiben des Bundesfinanzministeriums
BSG	Bundessozialgericht
BStBl	Bundessteuerblatt
BUKG	Bundesumzugskostengesetz
DBA	Doppelbesteuerungsabkommen
EStG	Einkommensteuergesetz
GmbH	Gesellschaft mit beschränkter Haftung
HGB	Handelsgesetzbuch
JAEG	Jahresarbeitsentgeltgrenze
JBBG	Jahresbeitragsbemessungsgrenze
KiSt	Kirchensteuer
KSchG	Kündigungsschutzgesetz
KV	Krankenversicherung
LJA	Lohnsteuer-Jahresausgleich
LStDV	Lohnsteuer-Durchführungsverordnung
MuSchG	Mutterschutzgesetz
R .... LStR	Richtlinie .... aus den Lohnsteuer-Richtlinien
RV	Rentenversicherung
SchwbG	Schwerbehindertengesetz
SFN-Zuschläge	Sonntags-, Feiertags- und Nachtarbeitszuschläge
SGB	Sozialgesetzbuch
SozV	Sozialversicherung
SvEV	Sozialversicherungsentgeltverordnung
5.VermBG	Fünftes Vermögensbildungsgesetz
vL	vermögenswirksame Leistung
VAStRefG	Gesetz zur Strukturreform des Versorgungsausgleichs
VAG	Versicherungsaufsichtsgesetz
VRG	Vorruhestandsgesetz
VVG	Versicherungsvertragsgesetz
VVaG	Versicherungsverein auf Gegenseitigkeit
WobauG	Wohnungsbaugesetz
ZPO	Zivilprozessordnung

1. Grundsätzliches zur Lohnsteuer, Kirchensteuer und Sozialversicherung

1.1 Welche Rechtsgrundlagen sind für den Lohnsteuerabzug maßgebend?

Die Lohnsteuer ist keine eigene Steuerart, sondern die an der Quelle erhobene Einkommensteuer für die Einkünfte aus nichtselbstständiger Arbeit. Dementsprechend finden sich die Rechtsgrundlagen, sowohl für die Bestimmung des steuerpflichtigen Arbeitslohns als auch zum Verfahren des Lohnsteuerabzugs im Einkommensteuergesetz (EStG). Weitere lohnsteuerspezifische Fragen sind in der Lohnsteuer-Durchführungsverordnung (LStDV) geregelt. Die Verwaltungsanweisungen sind in den Lohnsteuer-Richtlinien (LStR) zusammengefasst, die von der Bundesregierung mit Zustimmung des Bundesrates erlassen werden. Außer Begriffsbestimmungen und Hinweisen zur Anwendung der höchstrichterlichen Rechtsprechung enthalten die LStR verschiedene, wegen des Massenverfahrens notwendige Vereinfachungsvorschriften. Zwar erlangen die LStR als Verwaltungsanweisungen für die Finanzgerichte keine Bindungswirkung, soweit darin aber zur Vereinfachung der Sachverhaltsermittlung Pauschalwerte festgesetzt sind, müssen diese aus Gründen der Gleichmäßigkeit der Besteuerung auch von den Finanzgerichten beachtet werden.

Beim Lohnsteuerabzug im Jahr 2017 sind anzuwenden:

- das Einkommensteuergesetz in der Fassung vom 8.10.2009 (BGBl. I S. 3.366, S. 3.862), zuletzt geändert durch das Gesetz zur Umsetzung der Änderungen der EU-Amtshilferichtlinie und von weiteren Maßnahmen gegen Gewinnkürzungen und -verlagerungen vom 20.12.2016, (BGBl. I S. 3.000), das Gesetz zum Erlass und zur Änderung marktordnungsrechtlicher Vorschriften sowie zur Änderung des Einkommensteuergesetzes vom 20.12.2016, BGBl. I S. 3.045, und das Dritte Pflegestärkungsgesetz vom 23.12.2016, BGBl. I S. 3.191;
- die Lohnsteuer-Durchführungsverordnung vom 10.10.1989, BGBl. I S. 1.848, zuletzt geändert durch Art. 6 des Gesetzes zur Modernisierung des Besteuerungsverfahrens vom 18.7.2016, BGBl. I S. 1.679, wobei die Regelung zur digitalen Lohnschnittstelle in § 4 Abs. 2a LStDV erst ab 1.1.2018 in Kraft tritt (siehe Anlage 1 im Handbuch);
- die Lohnsteuer-Richtlinien 2013 [= LStR 2008 vom 10.12.2007 (BStBl I Sondernummer 1/2007), ergänzt durch LStÄR 2011 vom 23.11.2010 (BStBl I S. 1.325), durch LStÄR 2013 vom 8.7.2013 (BStBl I S. 851) und durch LStÄR 2015 vom 22.10.2014 (BStBl I S. 1.344)];
- die amtlichen Lohnsteuer-Hinweise 2017.

1.2 Wie verhält sich die Lohnsteuer zur Einkommensteuer?

Für Personen, die zur Einkommensteuer veranlagt werden, hat der Lohnsteuerabzug die Wirkung einer Einkommensteuervorauszahlung. Die Einkommensteuerschuld wird bei der Veranlagung festgesetzt und die im Abzugsverfahren erhobene Lohnsteuer angerechnet. Dabei können sich sowohl Nachzahlungen als auch Erstattungen ergeben, denn im Lohnsteuerabzug kann nur die Einkommensteuer erhoben werden, die voraussichtlich für die Einkünfte aus nichtselbstständiger Arbeit des betreffenden Kalenderjahres anfallen wird. Der Lohnsteuerberechnung liegt zwar der Einkommensteuertarif sowie der maßgebliche Familienstand zugrunde, durch eine Änderung des Familienstands während des Jahres, durch starke Schwankungen in der Höhe des Arbeitslohns, durch Arbeitslohn aus mehreren Dienstverhältnissen oder durch beim Finanzamt noch geltend zu machende Steuerermäßigungen kann die im Abzugsverfahren erhobene Lohnsteuer erheblich von der Einkommensteuerschuld abweichen.

1.3 Wie wird die beim Lohnsteuerabzug zu viel erhobene Lohnsteuer erstattet?

Unter bestimmten Voraussetzungen hat der Arbeitgeber mit der Lohnabrechnung für Dezember oder in einem besonderen Rechengang einen Lohnsteuer-Jahresausgleich durchzuführen und dem Arbeitnehmer die beim laufenden Abzug zu viel erhobene Lohnsteuer zu erstatten. Zu den Voraussetzungen im Einzelnen vgl. Tz 5.14.

Ist vom Arbeitgeber kein LJA durchzuführen oder hat der Arbeitnehmer Steuerermäßigungsgründe geltend zu machen, die der Arbeitgeber nicht berücksichtigen darf, kann der Arbeitnehmer gemäß § 46 Abs. 2 Nr. 8 EStG beim Finanzamt innerhalb der vierjährigen Festsetzungsverjährung einen Antrag auf Veranlagung zur Einkommensteuer stellen. Eine Anlaufhemmung nach § 170 Abs. 2 Nr. 1 AO wie in den Pflichtveranlagungsfällen kommt nicht in Betracht (vgl. BFH vom 14.4.2011, BStBl II S. 746). In vielen Fällen besteht auch für einen Arbeitnehmer eine gesetzliche Verpflichtung zur Abgabe einer Einkommensteuererklärung. Zur Veranlagung beschränkt steuerpflichtiger Arbeitnehmer vgl. Tz 5.4.

1.4 Was bezweckt das Lohnsteuer-Ermäßigungsverfahren?

Der Arbeitnehmer kann in der Zeit vom 1. Oktober 2016 bis zum 30. November 2017 bei seinem Wohnsitz-Finanzamt im Rahmen des Lohnsteuer-Ermäßigungsverfahrens die Berücksichtigung eines individuellen Freibetrags für das Lohnsteuer-Abzugsverfahren 2017 beantragen oder einen Freibetrag ändern lassen (§ 39a EStG). Das Finanzamt vermerkt in den ELStAM-Daten (in Ausnahmefällen auf einer Bescheinigung für den Lohnsteuerabzug) den Jahresfreibetrag und den auf einen Monat entfallenden Freibetrag. Der Freibetrag kann nach dem BMF-Schreiben vom 21.5.2015, BStBl I S. 488, gemäß § 39a Abs. 1 Satz 3 i.V.m. § 52 Abs. 37 EStG für einen Zeitraum von längstens zwei Kalenderjahre gewährt werden.

Der Arbeitgeber muss diesen Freibetrag beim laufenden Lohnsteuerabzug berücksichtigen, so dass sich die vom Arbeitnehmer geltend gemachten Steuerermäßigungen (Werbungskosten, Sonderausgaben, außergewöhnliche Belastungen, Verluste bei

Vermietung und Verpachtung sowie anderen Einkunftsarten) bereits während des Jahres steuermindernd auswirken und nicht erst in der Einkommensteuererklärung geltend gemacht werden müssen. Arbeitnehmer, die einen solchen Freibetrag für das Lohnsteuer-Abzugsverfahren geltend gemacht haben, sind nach Ablauf des Kalenderjahres nach Maßgabe des § 46 Abs. 2 Nr. 4 EStG zur Abgabe einer Einkommensteuererklärung verpflichtet.

Das Finanzamt ist verpflichtet, den Freibetrag erst mit Wirkung des auf den Antrag folgenden Monats zu gewähren (Ausnahme für den Monat Januar), so dass in der Regel die Wiederaufrollung von Lohnabrechnungen durch den Arbeitgeber vermieden wird.

Das Lohnsteuer-Ermäßigungsverfahren für beschränkt einkommensteuerpflichtige Arbeitnehmer ist bei Tz 5.4 beschrieben. Die Ermäßigungsgründe, die zur Gewährung eines Freibetrags führen können, hängen von der Art der beschränkten Steuerpflicht des Arbeitnehmers ab.

1.5 Was bezweckt ein Hinzurechnungsbetrag?

Viele Arbeitnehmer haben gleichzeitig mehrere Arbeitsverhältnisse mit zum Teil jeweils geringem Arbeitslohn. Oftmals werden dabei im ersten Dienstverhältnis die Steuerfreibeträge nicht ausgeschöpft; im zweiten Dienstverhältnis nach Steuerklasse VI ist jedoch selbst bei nur geringem Arbeitslohn ein Lohnsteuerabzug vorzunehmen.

Wenn der Jahresarbeitslohn aus dem ersten Dienstverhältnis des Arbeitnehmers unterhalb des zu versteuernden Jahresbetrags liegt, bis zu dem nach der für das erste Dienstverhältnis maßgebenden Steuerklasse des Arbeitnehmers (z. B. Steuerklasse I, II, III, IV oder V) keine Lohnsteuer zu erheben ist, dann kann sich der Arbeitnehmer von seinem Finanzamt auf Antrag für das zweite (oder weitere) Dienstverhältnis mit der Steuerklasse VI einen Freibetrag gewähren lassen. Weitere Voraussetzung ist, dass der Arbeitnehmer als Ausgleich für den Freibetrag im ersten Dienstverhältnis für das zweite (oder weitere) Dienstverhältnis einen korrespondierenden Hinzurechnungsbetrag erhält. Die Höhe des Freibetrags und des korrespondierenden Hinzurechnungsbetrags kann der Arbeitnehmer im Rahmen der maßgebenden Eingangsstufe selbst festlegen. Der Antrag ist in den allgemeinen Lohnsteuer-Ermäßigungsantrag integriert.

Beispiel:

Ein lediger sozialversicherungspflichtiger Arbeitnehmer ohne Kinder (gKV mit einem kassenindividuellen Zusatzbeitragssatz von angenommen 1,1%) bezieht nebeneinander von zwei Arbeitgebern Arbeitslohn. Der Jahresarbeitslohn aus dem ersten Dienstverhältnis beträgt voraussichtlich 10.000,– € und liegt damit unter dem maßgebenden Jahresbetrag für Steuerklasse I. Der voraussichtliche Jahresarbeitslohn aus dem zweiten Dienstverhältnis beträgt 3.000,– €.

Nachdem der Jahresarbeitslohn aus dem ersten Dienstverhältnis den maßgebenden Jahresbetrag nicht übersteigt, lässt sich der Arbeitnehmer für das zweite/weitere Dienstverhältnis mit der Steuerklasse VI einen Freibetrag von 3.000,– € und als Ausgleich für das erste Dienstverhältnis mit der Steuerklasse I einen entsprechenden Hinzurechnungsbetrag von 3.000,– € gewähren.

Ohne Frei- und Hinzurechnungsbetrag würde der Lohnsteuerabzug insgesamt betragen:

Steuerklasse I und 10.000,– €:	*0,– €*
Steuerklasse VI und 3.000,– €:	*342,– €*
	342,– €

Mit Frei- und Hinzurechnungsbetrag beträgt der Lohnsteuerabzug insgesamt:

Steuerklasse I (10.000,– € + 3.000,– €):	*111,– €*
Steuerklasse VI (3.000,– € ./. 3.000,– €):	*0,– €*
	111,– €

Aufgrund dieses Verfahrens hat der Arbeitnehmer im laufenden Kalenderjahr einen größeren Betrag zur Verfügung. Nach Ablauf des Kalenderjahres ist für den Arbeitnehmer eine Einkommensteuerveranlagung gemäß § 46 Abs. 2 Nr. 2 EStG durchzuführen.

1.6 Welche Steuerklasse wird bescheinigt?

Beim Steuerabzug werden der Familienstand und die Freibeträge für Kinder (beim Solidaritätszuschlag und der Kirchensteuer) berücksichtigt. Zu diesem Zweck werden die dem Familienstand entsprechende Steuerklasse und ggf. die Zahl der Kinderfreibeträge als Lohnsteuerabzugsmerkmal gebildet.

Die **Steuerklasse I** erhalten ledige und geschiedene Arbeitnehmer, Arbeitnehmer nach Auflösung einer Lebenspartnerschaft sowie Arbeitnehmer, die von ihrem Ehegatten/Lebenspartner i.S.d. Lebenspartnerschaftsgesetzes dauernd getrennt leben oder deren Ehegatte/Lebenspartner im Ausland (Bei den EU-Staaten sowie Norwegen, Island und Liechtenstein siehe auch Erläuterungen zur Steuerklasse III) lebt. Verwitwete Arbeitnehmer gehören ab dem Kalenderjahr 2017 ebenfalls in die Steuerklasse I, wenn der andere Ehegatte/Lebenspartner vor dem 1.1.2016 verstorben ist.

Die **Steuerklasse II** erhalten die bei Steuerklasse I aufgeführten Arbeitnehmer, wenn ihnen der Entlastungsbetrag für Alleinerziehende nach § 24b EStG zusteht. Der Freibetrag beträgt 1.908,– € im Kalenderjahr und wird für jeden vollen Kalendermonat, in dem die Voraussetzungen nicht vorliegen, um ein Zwölftel ermäßigt. Der Entlastungsbetrag wird dem Steuerpflichtigen nur dann gewährt, wenn er allein stehend ist und in seinem Haushalt mindestens ein Kind gemeldet ist, für das er Kindergeld erhält. Sind in der Wohnung auch noch andere volljährige Personen gemeldet, wird im Regelfall das Vorliegen einer Haushaltsgemeinschaft vermutet und der Entlastungsbetrag für Alleinerziehende nicht gewährt. Der Arbeitgeber braucht das Vorliegen der Voraussetzungen nicht zu prüfen; für ihn sind allein die ELStAM-Daten des Arbeitnehmers bzw. in Ausnahmefällen die Eintragungen auf der Bescheinigung für den Lohnsteuerabzug maßgebend.

Für das zweite und jedes weitere steuerlich berücksichtigungsfähiges Kind, das zum Haushalt des Alleinerziehenden gehören, wird neben dem Entlastungsbetrag von 1.908,– € in Steuerklasse II ein zusätzlicher Freibetrag von jeweils 240,– € im Jahr gewährt. Damit dieser Erhöhungsbetrag vom Arbeitgeber beim Lohnsteuerabzug berücksichtigt werden kann, muss der Alleinerziehende den zusätzlichen Freibetrag im Rahmen des Lohnsteuer-Ermäßigungsverfahrens (vgl. Tz 1.4) beim zuständigen Wohnsitz-Finanzamt geltend machen. Der Freibetrag wird dann dem Arbeitgeber mit den individuellen Lohnsteuerabzugsmerkmalen des Arbeitnehmers zur Verfügung gestellt.

Die **Steuerklasse III** erhalten verheiratete/verpartnerte, unbeschränkt steuerpflichtige Arbeitnehmer, die von ihrem Ehegatten/Lebenspartner nicht dauernd getrennt leben, und deren Ehegatte/Lebenspartner ebenfalls unbeschränkt steuerpflichtig ist. Voraussetzung ist außerdem, dass für den Ehegatten/Lebenspartner keine ELStAM-Daten/Bescheinigung für den Lohnsteuerabzug oder nur eine mit Steuerklasse V ausgeschrieben ist bzw. ELStAM-Daten mit Steuerklasse V zur Verfügung gestellt sind.

Verwitwete Arbeitnehmer erhalten auch noch in dem auf das Todesjahr des Ehegatten/Lebenspartners folgenden Kalenderjahr die Steuerklasse III. Voraussetzung ist, dass der Arbeitnehmer und der verstorbene Ehegatte/Lebenspartner unbeschränkt steuerpflichtig waren und nicht dauernd getrennt gelebt haben.

Ein im Inland lebender (unbeschränkt steuerpflichtiger) Arbeitnehmer, der Staatsangehöriger eines Mitgliedstaates der Europäischen Union oder der Staaten Norwegen, Island oder Liechtenstein (EWR) ist, wird auf Antrag von seinem Wohnsitzfinanzamt in die Steuerklasse III eingeordnet, wenn sein Ehegatte/Lebenspartner i.S.d. Lebenspartnerschaftsgesetzes in einem EU/EWR-Mitgliedstaat lebt. Auf die prozentuale oder absolute Höhe der nicht der deutschen Einkommensteuer unterliegenden Einkünfte beider Ehegatten kommt es nicht an.

Die **Steuerklasse IV** erhalten die bei der Steuerklasse III aufgeführten Arbeitnehmer, wenn auch für den Ehegatten/Lebenspartner individuelle Lohnsteuerabzugsmerkmale zur Verfügung gestellt wurden, es sei denn, der Ehegatte/Lebenspartner ist in Steuerklasse V eingestuft worden. Stehen beide Ehegatten/Lebenspartner in einem Dienstverhältnis, so können sie wählen, ob sie beide die Steuerklasse IV oder der eine Ehegatte/Lebenspartner die Steuerklasse III und der andere die Steuerklasse V haben wollen.

Die Wahl der Steuerklasse beeinflusst den Nettolohn. Vom Nettolohn hängt wiederum die Höhe verschiedener Lohnersatzleistungen ab, wie z. B. das Krankengeld, der Zuschuss zum Mutterschaftsgeld, das Elterngeld oder das Arbeitslosengeld. Dies sollte der Arbeitnehmer bei der Wahl der Steuerklassen beachten.

Die **Steuerklasse V** erhalten Arbeitnehmer, die die Voraussetzungen für die Steuerklasse IV erfüllen. Sie können statt der Steuerklasse IV Steuerklasse V wählen; beim Ehegatten/Lebenspartner wird in diesem Fall die Steuerklasse III berücksichtigt.

Die **Steuerklasse VI** erhalten Arbeitnehmer, die gleichzeitig in mehreren Dienstverhältnissen stehen.

1.7 Wie sind die Steuerklassen aufgebaut?

Die **Steuerklasse I** beruht auf dem Einkommensteuer-Grundtarif. Neben dem Arbeitnehmer-Pauschbetrag von 1.000,– € bzw. für Versorgungsbezüge nur 102,– € sind ein Sonderausgaben-Pauschbetrag von 36,– € und die Vorsorgepauschale berücksichtigt.

Die **Steuerklasse II** beruht auf dem Einkommensteuer-Grundtarif. Neben dem Arbeitnehmer-Pauschbetrag von 1.000,– € bzw. 102,– € für Versorgungsbezüge, dem Sonderausgaben-Pauschbetrag von 36,– € und der Vorsorgepauschale ist der Entlastungsbetrag für Alleinerziehende in Höhe von 1.908,– € berücksichtigt. Ein evtl. in Betracht kommender Erhöhungsbetrag bei Alleinerziehenden mit mehreren Kindern wird auf Antrag des Arbeitnehmers über das Lohnsteuer-Ermäßigungsverfahren berücksichtigt.

Die **Steuerklasse III** beruht auf dem Einkommensteuer-Splittingverfahren. Der Arbeitnehmer-Pauschbetrag von 1.000,– € bzw. 102,– € für Versorgungsbezüge, der Sonderausgaben-Pauschbetrag von 36,– € und die Vorsorgepauschale sind berücksichtigt. Der Sonderausgaben-Pauschbetrag und die Vorsorgepauschale stehen jedem Ehegatten/Lebenspartner gesondert zu (vgl. Steuerklasse V), so dass in Steuerklasse III keine Verdoppelung erfolgt.

Die **Steuerklasse IV** beruht auf dem Einkommensteuer-Grundtarif. Wie in der Steuerklasse I sind der Arbeitnehmer-Pauschbetrag von 1.000,– € bzw. 102,– € für Versorgungsbezüge, der Sonderausgaben-Pauschbetrag von 36,– € und die Vorsorgepauschale berücksichtigt.

Die **Steuerklasse V** beruht auf dem Einkommensteuer-Grundtarif. Die Jahreslohnsteuer berechnet sich dabei aus dem Zweifachen des Unterschiedsbetrags zwischen dem Steuerbetrag für das

11/4-fache und dem Steuerbetrag für das 3/4-fache des nach dem Einkommensteuer-Grundtarif zu versteuernden Jahresbetrags. Die Jahreslohnsteuer beträgt aber mindestens 14% des Jahresbetrags, für den 10.240,– € übersteigenden Teil höchstens 42% und für den 27.029,– € übersteigenden Teil jeweils 42% sowie für den 205.043,– € übersteigenden Teil jeweils 45%.

Der Arbeitnehmer-Pauschbetrag von 1.000,– € bzw. 102,– € für Versorgungsbezüge wird berücksichtigt. Der Sonderausgaben-Pauschbetrag und eine Vorsorgepauschale stehen auch dem Ehegatten/Lebenspartner mit Steuerklasse V zu.

Die **Steuerklasse VI** entspricht im Aufbau der Steuerklasse V. Der Arbeitnehmer-Pauschbetrag ist allerdings nicht berücksichtigt, weil er bereits beim Lohnsteuerabzug im ersten Dienstverhältnis durch Anwendung der entsprechenden Steuerklasse (I bis V) berücksichtigt wird. Auch eine Vorsorgepauschale (ggf. die Mindestvorsorgepauschale) ist eingearbeitet.

Die steuerlichen **Freibeträge für Kinder** (der Kinderfreibetrag und der Freibetrag für den Betreuungs- und Erziehungs- oder Ausbildungsbedarf eines Kindes) wirken sich beim Steuerabzug auf die Höhe der Lohnsteuer nicht aus, wenn im Laufe des Kalenderjahres Kindergeld gezahlt wird. Nachdem diese Freibeträge aber für den Solidaritätszuschlag und die Kirchensteuer von Bedeutung sind, werden die zu berücksichtigenden Freibeträge als individuelle Lohnsteuerabzugsmerkmale des Arbeitnehmers in den Steuerklassen I, II, III und IV mit der entsprechenden Zahl der Kinderfreibeträge angezeigt. Bei den Steuerklassen V und VI werden keine Zähler für Kinderfreibeträge gewährt.

Für Kinder, für die kein Anspruch auf Kindergeld oder vergleichbare Leistungen besteht, kann auf Antrag der zustehende steuerliche Kinderfreibetrag sowie der Freibetrag für den Betreuungs- und Erziehungs- oder Ausbildungsbedarf als Freibetrag bei den individuellen Lohnsteuerabzugsmerkmalen des Arbeitnehmers berücksichtigt werden, wodurch sich diese Freibeträge auch im Lohnsteuerabzugsverfahren steuermindernd auswirken. Betroffen von dieser Regelung sind vor allem im Inland lebende, unbeschränkt einkommensteuerpflichtige ausländische Arbeitnehmer, deren steuerlich berücksichtigungsfähigen Kinder im Ausland leben.

Die Berechnung des Lohnsteuerabzugs für das Jahr 2017 erfolgt nach § 39b Abs. 2 und 3 EStG auf Grundlage der Tarifformel gemäß § 32a EStG. Vor allem als Folge des Bürgerentlastungsgesetzes (Krankenversicherung) und des GKV-Finanzstruktur- und Qualitäts-Weiterentwicklungsgesetzes ergeben sich durch die zu berücksichtigende maßgebliche Vorsorgepauschale sehr differenzierte Auswirkungen beim Lohnsteuerabzug. Der vom Bundesfinanzministerium erstellte und ab 1.1.2017 gültige Programmablaufplan für die maschinelle Berechnung der vom Arbeitslohn einzubehaltenden Steuerabzüge ist mit Anlage 1 des BMF-Schreibens vom 11.11.2016, BStBl I S. 1.253, bekannt gemacht; er ist stufenlos gestaltet. Der Programmablaufplan für die Erstellung von Lohnsteuertabellen zur manuellen Berechnung der Lohnsteuer enthält Tabellenstufen und ist mit Anlage 2 des BMF-Schreibens vom 11.11.2016, BStBl I

S. 1.253, bekannt gemacht. Soweit in diesem Handbuch Steuerbeträge genannt sind, beruhen diese auf den vorgenannten maschinellen Programmablaufplan. Dabei wird bei Arbeitnehmern in der gKV ein kassenindividueller Zusatzbeitragssatz von weiterhin1,1% angenommen.

1.8 Was bewirkt das Faktorverfahren?

Anstelle der Steuerklassenkombination III/V können unbeschränkt einkommensteuerpflichtige Ehegatten/Lebenspartner, die beide Arbeitslohn beziehen, das Faktorverfahren nach § 39f EStG wählen. Der Antrag ist von beiden Ehegatten/Lebenspartnern gemeinsam beim Finanzamt formlos unter Angabe der voraussichtlichen Jahresarbeitslöhne aus den ersten Dienstverhältnissen oder in Verbindung mit einem Antrag auf Lohnsteuerermäßigung zu stellen.

Durch die Steuerklassenkombination IV/IV in Verbindung mit dem vom Finanzamt zu berechnenden und bei beiden Ehegatten/Lebenspartnern zu berücksichtigenden Faktor wird erreicht, dass für jeden Ehegatten/Lebenspartner durch Anwendung der Lohnsteuerklasse IV der für ihn geltende Grundfreibetrag beim Lohnsteuerabzugsverfahren berücksichtigt wird. Die Lohnsteuerverteilung entspricht der familienrechtlichen Verteilung der Steuerlast im Innenverhältnis der Ehegatten/Lebenspartner, wenn nur Einkünfte aus nichtselbstständiger Arbeit vorliegen. Mit der Wahl des Faktorverfahrens können Nachzahlungen und ggf. auch Einkommensteuervorauszahlungen vermieden werden, die bei der Steuerklassenkombination III/V auftreten können.

Auf Grundlage der voraussichtlichen Jahresarbeitslöhne ermittelt das Finanzamt

- die voraussichtliche gemeinsame **Einkommensteuer** (Y) nach dem Splittingtarif

und

- die Summe der voraussichtlichen **Lohnsteuer** (X) beider Ehegatten/Lebenspartner in der Steuerklasse IV.

Der Faktor wird berechnet aus Y : X und wird dann, wenn er kleiner als 1 ist, neben der Steuerklasse IV als individuelles Lohnsteuerabzugsmerkmal mit drei Nachkommastellen zur Verfügung gestellt (0,...).

Beispiel

Der voraussichtliche Jahresarbeitslohn der beiden in München arbeitenden Ehegatten A und B, die beide jeweils in allen Zweigen der gesetzlichen Sozialversicherung versichert (gKV mit kassenindividuellem Zusatzbeitragssatz von angenommen 1,1%) und kinderlos sind, beträgt im Jahr 2017 für A 36.000,– € und für B 20.000,– €.

	Arbeitslohn	*Steuerklasse IV*
Ehegatte A	*36.000,– €*	*5.174,– €*
Ehegatte B	*20.000,– €*	*1.427,– €*
Summe der LSt		*6.601,– €*

*Die **voraussichtliche Einkommensteuer***
im Splittingverfahren beträgt: *6.398,– €.*
Der Faktor Y : X, also 6.398,– € : 6.601,– € = *0,969.*

Der Faktor wird mit drei Nachkommastellen berechnet und, da er kleiner als 1 ist, vom Finanzamt bei den Ehegatten A und B jeweils neben der Steuerklasse IV mit 0,969 als individuelles Lohnsteuerabzugsmerkmal zur Verfügung gestellt. Ein sonstiger Freibetrag wird nicht bereitgestellt, da eventuelle Lohnsteuerermäßigungsgründe vom Finanzamt bereits bei der Berechnung des Faktors berücksichtigt werden. Der Arbeitgeber ermittelt dann den Lohnsteuerabzug anhand der Steuerklasse IV unter Anwendung des gewährten Faktors, so dass sich für das obige Beispiel im Lohnsteuervergleich folgende Auswirkungen ergeben:

	Ehegatte A	*Ehegatte B*	*Summe*	*Differenz zur Einkommensteuer*
LSt nach III/V	*2.282,– €*	*3.754,– €*	*6.036,– €*	*./. 362,– €*
LSt nach V/III	*9.000,– €*	*0,– €*	*9.000,– €*	*2.602,– €*
LSt nach IV/IV ohne Faktor	*5.174,– €*	*1.427,– €*	*6.601,– €*	*203,– €*
LSt nach IV/IV mit Faktor	*5.013,– €*	*1.382,– €*	*6.395,– €*	*./. 3,– €*

Mit der Wahl des Faktorverfahrens können die Ehegatten/Lebenspartner die Lohnsteuerverteilung beeinflussen und anders als bei der Steuerklassenkombination auch erreichen, dass der Lohnsteuerabzug in etwa der geschuldeten Einkommensteuer entspricht, wenn sich die voraussichtlichen Verhältnisse im Laufe des Jahres nicht geändert haben. Im Übrigen sollten die Ehegatten/Lebenspartner – ebenso wie bei der Steuerklassenkombination – auch daran denken, dass die Höhe der Entgelt-/Lohnersatzleistungen durch die Wahl des Faktorverfahrens ebenfalls beeinflusst werden kann. Ändern sich die Einkommensverhältnisse im Lauf des Kalenderjahres können die Ehegatten/Lebenspartner wie beim Verfahren zum Steuerklassenwechsel einmal im Jahr, spätestens bis zum 30.11.2017, den eingetragenen Faktor durch das Finanzamt ändern lassen. Derzeit muss der Faktor noch jedes Jahr neu beantragt werden.

Wie bei der Wahl der Steuerklassenkombination III/V sind die Arbeitnehmer-Ehegatten/Lebenspartner auch bei der Wahl des Faktorverfahrens verpflichtet, nach Ablauf des Kalenderjahres eine Einkommensteuererklärung beim Finanzamt einzureichen. Bei Anwendung des Faktorverfahrens darf der Arbeitgeber keinen Arbeitgeber-Lohnsteuer-Jahresausgleich durchführen.

1.9 Wie setzt sich der Gesamtsozialversicherungsbeitrag zusammen?

Die Beiträge zur Kranken-, Pflege- und Rentenversicherung und zur Bundesagentur für Arbeit bilden den Gesamtsozialversicherungsbeitrag.

Der Beitragssatz beträgt im Jahr 2017

- in der allgemeinen Rentenversicherung (weiterhin) **18,7%***
- in der sozialen Pflegeversicherung (nunmehr) **2,55%****
  zuzüglich bei Kinderlosen, vgl. Stichwort „Pflegeversicherung" in Tz 4.2 (weiterhin) **0,25%**
- für die Bundesagentur für Arbeit (weiterhin) **3,0%**

Der Beitragssatz zur gesetzlichen Krankenversicherung ist nach dem GKV-Finanzstruktur- und Qualitäts-Weiterentwicklungsgesetzes vom 21.7.2014, BGBl. I S. 1.133, ab 2015 nicht mehr bundeseinheitlich für das gesamte Bundesgebiet, da jede gesetzliche Krankenkasse zum bundeseinheitlichen allgemeinen bzw. ermäßigten Beitragssatz einen kassenindividuellen Zusatzbeitragssatz in ihrer Satzung festlegen kann. Für 2017 gilt nunmehr Folgendes:

Der allgemeine Beitragssatz maßgebend für Beschäftigte, die bei Arbeitsunfähigkeit für mindestens 6 Wochen Anspruch auf Fortzahlung ihres Arbeitslohns durch den Arbeitgeber haben, beträgt **14,6%**. Davon haben Arbeitgeber und Arbeitnehmer je die Hälfte (= 7,3%) zu tragen.

Der ermäßigte Beitragssatz maßgebend für Mitglieder, die keinen Anspruch auf Krankengeld haben, beträgt **14,0%**. Davon haben Arbeitgeber und Arbeitnehmer je die Hälfte (= 7,0%) zu tragen.

Der kassenindividuelle Zusatzbeitrag darf nach § 242 SGB V von der jeweiligen Krankenkasse gemäß ihrer Satzung erhoben werden. Der Zusatzbeitrag wird vom Arbeitgeber bereits im Rahmen der Entgeltabrechnung vom Arbeitsentgelt erhoben; er ist jedoch in voller Höhe allein vom Arbeitnehmer zu tragen. Reicht der kassenindividuelle Zusatzbeitragssatz nicht aus, kann die Krankenasse den Zusatzbeitragssatz durch Änderung der Satzung auch während des Jahres erhöhen.

Der durchschnittliche Zusatzbeitrag nach § 242a SGB V. Dieser wird vom Bundesministerium für Gesundheit festgelegt und beträgt für das gesamte Jahr 2017 weiterhin 1,1% (vgl. Bekanntmachung vom 21.10.2016, die im Bundesanzeiger veröffentlicht ist). Der durchschnittliche Zusatzbeitragssatz gilt für den in § 242 Abs. 3 SGB V

* Bekanntmachung der Beitragssätze in der Rentenversicherung für das Jahr 2017 vom 17.11.2016, BGBl. I S. 2.639.

** Zweites Pflegestärkungsgesetz vom 21.12.2015, BGBl. I S. 2.424.

genannten Personenkreis, beispielsweise für Bezieher von Arbeitslosengeld II oder für sog. 325,–€-Geringverdiener nach § 20 Abs. 3 Satz 1 Nr. 1 SGB IV.

1.10 Welche Beitragsbemessungsgrenzen gelten?

Das Arbeitsentgelt wird nur bis zur Beitragsbemessungsgrenze, die jährlich neu festgesetzt wird, zur Sozialversicherung herangezogen. Die Beitragsbemessungsgrenze beträgt im Jahr 2017* in der

	Kranken- und Pflegeversicherung	Renten- und Arbeitslosenversicherung	
	im gesamten Bundesgebiet**	Beitrittsgebiet***	übriges Bundesgebiet
Jahr	52.200,— €	68.400,— €	76.200,— €
Monat	4.350,— €	5.700,— €	6.350,— €
Tag	145,— €	190,— €	211,67 €

1.11 Von wem sind die Sozialversicherungsbeiträge aufzubringen?

Bei einem pflichtversicherten Beschäftigten ist der Gesamtsozialversicherungsb eitrag vom Arbeitgeber und vom Versicherten grundsätzlich **je zur Hälfte** zu tragen; davon abweichend sind der Beitragszuschlag für Kinderlose in Höhe von 0,25% in der gesetzlichen Pflegeversicherung (vgl. Tz 4.2 „Pflegeversicherung") sowie der kassenindividuelle Zusatzbeitragssatz bzw. der durchschnittliche Zusatzbeitragssatz in Höhe von 1,1% in der gesetzlichen Krankenversicherung (vgl. Tz 4.2 „Krankenversicherung") allein vom Arbeitnehmer zu tragen. Bezüglich der Tragung der Beiträge im so genannten Niedriglohnbereich mit einem Arbeitsentgelt zwischen 450,01 € und 850,– € wird auf die Ausführungen bei Tz 6.9 (Beschäftigung im Niedriglohnbereich) verwiesen Abweichend von diesen Grundsätzen hat der **Arbeitgeber** in den folgenden Fällen den Beitrag **allein** aufzubringen:

a) **bei Geringverdienern;** dies sind Arbeitnehmer, deren Arbeitsentgelt monatlich (weiterhin) 325,– € nicht überschreitet. Der Geringverdienergrenze kommt in der Praxis nur für Personen Bedeutung zu, die sich in Berufsausbildung befinden, also bei Ausbildungsdienstverhältnissen. In diesen Fällen hat der Arbeitgeber bei Geringverdienern die Arbeitgeber- und Arbeitnehmerbeiträge alleine aufzubringen. Zu beachten ist auch, dass Ausbildungsdienstverhältnisse mit einer Vergütung von über 450,– € nicht von der Gleitzonenregelung (vgl. Minijobs bei Tz 6.9) erfasst sind.

   Die Geringverdienergrenze in der Sozialversicherung darf nicht mit der Geringfügigkeitsgrenze des § 8 Abs. 1 Nr. 1 SGB IV verwechselt werden. Zur Tragung der Sozialversicherungsbeiträge bei geringfügiger Beschäftigung und Minijobs vgl. Tz 6.9;

* Sozialversicherungs-Rechengrößenverordnung 2017 vom 28.11.2016, BGBl. I S. 2.665.

** Für die Kranken- und Pflegeversicherung gelten im gesamten Bundesgebiet einheitliche Beitragsbemessungsgrenzen.

*** Das sind die neuen Bundesländer und der Ostteil von Berlin.

b) bei **Beziehern von Kurzarbeiter- oder Saison-Kurzarbeitergeld;** der Arbeitgeber hat den auf das Kurzarbeiter- oder Saison-Kurzarbeitergeld entfallenden Kranken-, Pflege und Rentenversicherungsbeitrag allein zu tragen. Die vom Arbeitgeber allein zu tragenden Beiträge zur Sozialversicherung für Bezieher von **Saison-Kurzarbeitergeld** werden dem Arbeitgeber nach § 102 Abs. 4 SGB III auf Antrag von der Bundesagentur für Arbeit erstattet (vgl. Tz 4.2 Stichwort „Winterausfallgeld");

c) bei **Beziehern einer Vollrente wegen Alters und Pensionsempfänger in einem Beschäftigungsverhältnis;** obwohl diese Personen in der Rentenversicherung frei sind, hat der Arbeitgeber wie bei Versicherungspflicht den auf ihn entfallenden RV-Anteil zu entrichten;

d) bei **Arbeitnehmern mit** Ablauf des Monats, in dem sie das maßgebende Lebensjahr für den **Anspruch auf die Regelaltersrente** erreicht haben. Die Regelaltersrente steigt ab 2012 bis 2028 jahrgangsweise von 65 auf 67 Jahre und wird erreicht für vor dem 1.1.1947 Geborene mit Vollendung des 65. Lebensjahrs, für den Geburtsjahrgang 1947 mit 65 Jahre + 1 Monat, für den Geburtsjahrgang 1948 mit 65 Jahre + 2 Monate, für den Geburtsjahrgang 1949 mit 65 + 3 Monate, usw. Diese Arbeitnehmer sind beitragsfrei nach dem SGB III (Arbeitsförderung); der Arbeitgeber ist nunmehr nach dem neuen Flexi-Rentengesetz vom 8.12.2016, BGBl. I S. 2.838, befristet für die Zeit vom 1.1.2017 bis 31.12.2021 davon befreit, den bei angenommener Beitragspflicht auf ihn entfallenden Beitrag zur Bundesagentur für Arbeit zu entrichten (§§ 28 Nr. 1 und 346 Abs. 3 SGB III);

e) **bei Altersteilzeitarbeit;** der Arbeitgeber muss für den Arbeitnehmer Beiträge zur **Höher**versicherung in der gesetzlichen Rentenversicherung leisten, und zwar mindestens bis zum Pflichtbeitrag für 90% des bisherigen Arbeitsentgelts. Den Höherversicherungsbeitrag zur Rentenversicherung hat der Arbeitgeber nach § 168 Abs. 1 Nr. 6 SGB VI allein zu tragen. Auf Antrag erstattet die Bundesagentur für Arbeit nach § 4 Abs. 1 Nr. 2 des Altersteilzeitgesetzes den Höherversicherungsbeitrag;

f) **bei Beschäftigung älterer Arbeitnehmer**; Arbeitgeber, die ein Beschäftigungsverhältnis mit einem zuvor Arbeitslosen, der das 55. Lebensjahr vollendet hat, erstmalig begründen, werden in der Arbeitslosenversicherung von der Beitragspflicht befreit (§ 418 SGB III). Der Arbeitnehmer hat jedoch seine Hälfte des Beitrags zu zahlen. Vom 1.1.2008 an gilt dies nur noch für Beschäftigungsverhältnisse, die vor dem 1.1.2008 begründet worden sind;

g) im **Haushaltsscheckverfahren** und für **geringfügig Beschäftigte** (Minijobs); im Einzelnen vgl. Tz 6.9;

h) bei Versicherten, die ein freiwilliges soziales Jahr oder ein freiwilliges ökologisches Jahr im Sinne des Jugendfreiwilligendienstgesetzes oder einen **Bundesfreiwilligendienst** nach dem Bundesfreiwilligendienstgesetzes leisten (vgl. Tz 2.1), gemäß § 20 Abs. 3 Nr. 2 SGB IV.

Ausführliche Beispiele zur Berechnung der Sozialversicherungsbeiträge in diesen Fällen enthält der Ratgeber „Praktische Lohnabrechnung".

1.12 Wer ist versicherungspflichtig?

Die grundsätzliche Versicherungspflicht ist in den folgenden Vorschriften geregelt:

• gesetzliche Krankenversicherung	§ 5 SGB V
• soziale Pflegeversicherung	§ 1 SGB XI
• gesetzliche Rentenversicherung	§ 1 SGB VI
• Bundesagentur für Arbeit	§§ 24 f. SGB III

In allen Versicherungszweigen ist – soweit dies für die Lohnabrechnung von Bedeutung ist – Voraussetzung, dass die betreffende Person gegen Entgelt abhängig beschäftigt ist, also eine nichtselbstständige Tätigkeit ausübt. Die hierzu maßgebenden Abgrenzungskriterien sind in Tz 2 erläutert.

Abweichend hiervon gelten für die Versicherungspflicht abhängig Beschäftigter die folgenden Ausnahmen:

a) Für Arbeiter und Angestellte besteht in der gesetzlichen Krankenversicherung nur dann Versicherungspflicht, wenn das regelmäßige Jahresarbeitsentgelt die **Jahresarbeitsentgelt-Grenze** nicht übersteigt. Diese beträgt für das Jahr 2017 im gesamten Bundesgebiet

für Arbeitnehmer, die bereits am 31.12.2002 wegen Überschreitens der damaligen Jahresarbeitsentgelt-Grenze versicherungsfrei und bei einem privaten Krankenversicherungsunternehmen versichert waren, nach § 6 Abs. 7 SGB V	**52.200,– €**
und für alle anderen Arbeitnehmer nach § 6 Abs. 6 SGB V	**57.600,– €**

In der Krankenversicherung sind diejenigen Arbeitnehmer versicherungsfrei, deren regelmäßiges Jahresarbeitsentgelt die allgemeine Jahresarbeitsentgeltgrenze (JAEG) übersteigt. Voraussetzung ist, dass bei vorausschauender Betrachtung auch im Folgejahr die dann maßgebliche JAE-Grenze überschritten wird.

Weiterführende Beispiele zur Prüfung der Versicherungspflicht enthält der Ratgeber **„Praktische Lohnabrechnung"**.

Bezüglich Beschäftigten, die wegen Überschreitung der Jahresarbeitsentgelt-Grenze versicherungsfrei sind und gemäß § 257 SGB V Anspruch auf einen Zuschuss des Arbeitgebers zu ihren freiwillig geleisteten Krankenversicherungsbeiträgen haben, vergleiche das Stichwort „Krankenversicherung" in Tz 4.2 und für die Pflegeversicherung das Stichwort „Pflegeversicherung".

b) Ein Beschäftigter, der wegen der **Erhöhung der Jahresarbeitsentgelt-Grenze** in der Krankenversicherung versicherungspflichtig würde, wird auf Antrag befreit. Das Gleiche gilt, wenn der Arbeitnehmer deshalb krankenversicherungspflichtig würde, weil seine Arbeitszeit auf die Hälfte oder weniger als die Hälfte der regelmäßigen Wochenarbeitszeit vergleichbarer Vollbeschäftigter des Betriebs herabgesetzt wird.

c) **Beamte und diesen gleichgestellte Personen** sind wegen der ihnen nach beamtenrechtlichen Vorschriften bei Krankheit zustehenden Fortzahlung der Bezüge und des Anspruchs auf Beihilfe zu den Krankheitskosten krankenversicherungsfrei. Nach dem Pflege-Versicherungsgesetz sind sie zum Abschluss einer entsprechenden anteiligen beihilfekonformen privaten Pflegeversicherung verpflichtet (§ 23 Abs. 3 SGB XI). In der Rentenversicherung besteht wegen der Anwartschaft auf lebenslängliche Versorgung und Hinterbliebenenversorgung Versicherungsfreiheit. Ebenso besteht Beitragsfreiheit zur Bundesagentur für Arbeit.

d) **Weiterbeschäftigte Bezieher einer Vollrente wegen Alters** sind in der gesetzlichen Rentenversicherung mit Ablauf des Monats, in dem sie die Regelaltersgrenze erreichen, grundsätzlich frei; sie können jedoch mit Antrag beim Arbeitgeber auf die RV-Freiheit verzichten und zum Arbeitgeberanteil auch den Arbeitnehmeranteil entrichten lassen. Der Arbeitgeber hat gleichwohl auch bei RV-Freiheit den bei Versicherungspflicht anfallenden Arbeitgeberanteil zu entrichten. In der Kranken- und Pflegeversicherung besteht Versicherungspflicht und zur Bundesagentur für Arbeit Beitragsfreiheit gemäß § 28 Abs. 1 Nr. 1 SGB III mit Ablauf des Monats, in dem der Arbeitnehmer das maßgebende Lebensjahr für den Anspruch auf die Regelaltersrente erreicht hat; der Arbeitgeber muss befristet auf die Zeit vom 1.1.2017 bis 31.12.2021 seinen Beitragsanteil zur Bundesagentur nicht entrichten. Für Beschäftigte, die eine **Teilrente wegen Alters** beziehen, besteht in der Rentenversicherung Versicherungspflicht. Das gilt auch dann, wenn der Beschäftigte den Monat für den Anspruch auf Regelaltersrente vollendet hat und weiterhin nur eine Teilrente bezieht.

e) **Weiterbeschäftigte pensionierte Beamte** sind in der Krankenversicherung frei, wenn sie im Krankheitsfall Anspruch auf Beihilfe nach den beamtenrechtlichen Grundsätzen haben. Dementsprechend sind Pensionsempfänger regelmäßig nicht in der sozialen Pflegeversicherung pflichtversichert, sondern bei einer privaten Pflegeversicherung. In der Rentenversicherung besteht Versicherungsfreiheit, wenn sie gegen den früheren Dienstherrn einen Versorgungsanspruch haben. Zur Bundesagentur für Arbeit besteht erst nach Ablauf des Monats, in dem das maßgebende Lebensjahr für den Anspruch auf die Regelaltersrente erreicht ist, Beitragsfreiheit. Wie bei Altersrentnern hat der Arbeitgeber bei weiterbeschäftigten Pensionsempfängern auch bei Versicherungsfreiheit den Arbeitgeberanteil zur Rentenversicherung zu entrichten; bei der Arbeitslosenversicherung ist befristet auf die Zeit vom 1.1.2017 bis 31.12.2021 auch der Arbeitgeber davon befreit, seinen Anteil an die Bundesagentur zur entrichten.

f) **Studenten, die neben dem Studium einer Beschäftigung nachgehen**, unterliegen der **Rentenversicherungspflicht**; es sei denn, die Beschäftigung ist geringfügig im Sinne des § 8 SGB IV und nach den Ausführungen in Tz 6.8 und Tz 6.9 rentenversicherungsfrei. Übt ein Student neben seinem Studium eine geringfügig entlohnte Beschäftigung i.S.d. § 8 Abs. 1 Nr. 1 SGB IV aus, besteht zwar ggf. Versicherungsfreiheit, der Arbeitgeber hat jedoch Pauschalbeiträge zur Rentenversicherung in Höhe von 15% des Arbeitsentgelts zu entrichten (vgl. Tz 6.9).

Beitragsfreiheit besteht in der **Kranken**- und **Pflegeversicherung** sowie **Arbeitslosenversicherung**. Voraussetzung ist jedoch, dass Zeit und Arbeitskraft des Studierenden überwiegend durch das Studium beansprucht werden. Dies ist der Fall, wenn der Studierende nicht mehr als 20 Stunden in der Woche für die Beschäftigung aufwendet. Im Ratgeber „Praktische Lohnabrechnung" sind hierzu ausführliche Beispiele enthalten.

g) Das Entgelt für die **Praktikantentätigkeit** eines eingeschriebenen Studenten, die während der Dauer des Studiums absolviert wird (Zwischenpraktika), ist in allen Sozialversicherungszweigen frei, wenn die Tätigkeit aufgrund der Studienbestimmungen Bestandteil des Studiums ist. Erfüllt das vorgeschriebene Praktikum die Merkmale einer geringfügig entlohnten Beschäftigung, sind Pauschalbeiträge zur Kranken- und Rentenversicherung jedoch nicht zu zahlen (vgl. Tz 6.9). Das Entgelt für die Praktikantentätigkeit eines eingeschriebenen Studenten ist in allen Sozialversicherungszweigen frei, wenn die Tätigkeit aufgrund der Studienbestimmungen Bestandteil des Studiums ist. Immatrikulierte Studenten, die ein **nicht** vorgeschriebenes Praktikum absolvieren, unterliegen dagegen grundsätzlich der Rentenversicherungspflicht (vgl. Buchstabe f). Vor- und Nachpraktikanten sind versicherungspflichtig in der Kranken-, Pflege-, Renten- und Arbeitslosenversicherung, da ihr Praktikum nicht integrierter Bestandteil des Studiums ist.

h) Nach Ablauf des Monats, in dem der Beschäftigte das maßgebende Lebensjahr für den Anspruch auf die Regelaltersrente erreicht hat, besteht Beitragsfreiheit zur Bundesagentur für Arbeit. Ungeachtet der Beitragsfreiheit hätte der Arbeitgeber den auf ihn entfallenden Anteil weiter zu entrichten; er ist jedoch von dieser Verpflichtung befristet auf die Zeit vom 1.1.2017 bis 31.12.2021 befreit. Zur Beitragsbefreiung bei Beschäftigung älterer vormals arbeitsloser Arbeitnehmer gemäß § 418 SGB III vergleiche Tz 1.11 Buchstabe f.

i) Zur Sozialversicherung bei geringfügig Beschäftigten und kurzfristig Beschäftigten wird auf die Ausführungen bei Tz 6.9 und 6.8 verwiesen.

j) Zur Versicherungspflicht während Freistellungsphasen entsprechend dem Gesetz zur Verbesserung der Rahmenbedingungen für die Absicherung flexibler Arbeitszeitregelungen wird auf die Ausführungen in Tz 4.2 Stichwort „Arbeitszeitkonten" verwiesen.

k) Personen in einer Beschäftigung, die im Rahmen des Bundesprogramms „Soziale Teilhabe am Arbeitsmarkt" durch Zuwendungen des Bundes gefördert wird, unterliegen in der KV, PV und RV nach den allgemeinen Regeln der Versicherungspflicht; in der Arbeitslosenversicherung sind sie jedoch nach § 420 SGB III versicherungsfrei.

1.13 Wer ist für den Einzug des Gesamtsozialversicherungsbeitrags zuständig?

Bei Krankenversicherungspflichtigen ist die gesetzliche Krankenkasse Einzugsstelle, bei der der Arbeitnehmer versichert ist (Ortskrankenkasse des Beschäftigungsorts, Betriebskrankenkasse, Innungskrankenkasse oder Ersatzkasse).

Ist der Arbeitnehmer nicht krankenversicherungspflichtig, aber freiwillig in der gesetzlichen Krankenversicherung, so ist seine Krankenkasse Einzugsstelle für den Beitrag zur Renten- und Arbeitslosenversicherung.

Bei Arbeitnehmern, die bei einem privaten Krankenversicherungsunternehmen versichert sind, ist für den Einzug des Beitrags zur Renten- und Arbeitslosenversicherung die gesetzliche Krankenkasse zuständig, bei der der Arbeitgeber den Arbeitnehmer angemeldet hat.

Für die Abgaben bei geringfügiger Beschäftigung ist Einzugsstelle die Deutsche Rentenversicherung Knappschaft-Bahn-See (vgl. Tz 6.9).

1.14 Was gilt hinsichtlich der Insolvenzgeldumlage?

Allgemeines:

Nach dem Unfallversicherungsmodernisierungsgesetz vom 30.10.2008, BGBl. I S. 2.130 wird für Entgeltabrechnungszeiträume ab dem 1.1.2009 die Insolvenzgeldumlage von den Einzugsstellen zusammen mit dem Gesamtsozialversicherungsbeitrag eingezogen und an die Bundesagentur für Arbeit weitergeleitet. Die Vorschriften für den Gesa mtsozialversicherungsbeitrag (Fälligkeit, Säumniszuschläge) finden dementsprechende Anwendung. Der **Umlagesatz** nach § 360 SGB III beträgt für das Jahr 2017 nunmehr **0,9*** der Bemessungsgrundlage.

Betroffene Arbeitgeber:

Die monatliche Umlage ist **allein vom Arbeitgeber** aufzubringen. **Ausgenommen** von der Zahlung der Umlage sind Privathaushalte und Arbeitgeber der öffentlichen Hand (insbesondere der Bund, die Länder und die Gemeinden, Körperschaften, Stiftungen und Anstalten des öffentlichen Rechts, über deren Vermögen ein Insolvenzverfahren nicht zulässig ist, juristische Personen des öffentlichen Rechts, bei denen der Bund, ein Land oder eine Gemeinde kraft Gesetzes die Zahlungsfähigkeit sichert, die öffentlich-rechtlichen Religionsgemeinschaften und öffentlich-rechtlichen Rundfunkanstalten). Auch Wohnungseigentümergemeinschaften sind nach der Entscheidung des Bundessozialgerichts vom 23.10.2014, B 11 AL 6/14 R, im Hinblick auf § 11 Abs. 3 WoEigG von der Zahlung der Insolvenzgeldumlage befreit.

Das umlagepflichtige Arbeitsentgelt:

Zum umlagepflichtigen Arbeitsentgelt gehört das **laufende und einmalig gezahlte Arbeitsentgelt** nach dem die Beiträge zur **gesetzlichen Rentenversicherung** der im Betrieb beschäftigten Arbeitnehmer und Auszubildenden bemessen werden. Die Umlage wird daher von einem Arbeitsentgelt bis zur allgemeinen Beitragsbemessungsgrenze in der Rentenversicherung erhoben. Bei Mehrfachbeschäftigten gilt die

* Insolvenzgeldumlageverordnung vom 4.10.2016, BGBl. I S. 2.211.

anteilige Berücksichtigung. Für Arbeitnehmer, die zum Beispiel von der Rentenversicherungspflicht befreit sind, wird die Insolvenzgeldumlage aus dem Arbeitsentgelt berechnet, aus dem im Fall einer Versicherungspflicht die Rentenversicherungsbeiträge zu bemessen wären. Bei Beamten oder Soldaten ist das Arbeitsentgelt, das diese in einer Nebentätigkeit in der Privatwirtschaft erzielen, umlagepflichtig.

Bei **geringfügig entlohnter Beschäftigung** (Minijob, vgl. Tz 6.9 A) oder kurzfristiger Beschäftigung (vgl. Tz 6.9 B) ist das tatsächlich erzielte Arbeitsentgelt Berechnungsgrundlage für die Insolvenzgeldumlage. Private Haushalte sind von der Umlage ausgenommen.

Beim **Arbeitsentgelt innerhalb der Gleitzone** (vgl. Tz 6.9 C) ist das reduzierte Arbeitsentgelt Bemessungsgrundlage für die Insolvenzgeldumlage. Nur wenn der Arbeitnehmer auf die Anwendung der Gleitzone in der Rentenversicherung verzichtet, wird die Insolvenzgeldumlage nach dem tatsächlichen Arbeitsentgelt berechnet.

Besondere Entgeltarten:

a) bei Kurzarbeit

Während die Rentenversicherungsbeiträge für Bezieher von Kurzarbeitergeld, Saisonkurzarbeitergeld und Transferkurzarbeitergeld aus dem tatsächlich erzielten Arbeitsentgelt zuzüglich 80% des Unterschiedsbetrages zwischen dem Sollentgelt und dem Istentgelt berechnet werden, ist für die Berechnung der Umlage nur das tatsächlich erzielte Arbeitsentgelt bis zur BBG in der gesetzlichen RV maßgebend. Das fiktive Arbeitsentgelt wird für die Umlageberechnung also nicht herangezogen.

b) bei Altersteilzeit und flexiblen Arbeitszeitverhältnissen

Für die Berechnung der Umlage ist jeweils das tatsächlich ausgezahlte Arbeitsentgelt zu berücksichtigen. Als umlagepflichtiges Arbeitsentgelt ist damit in der Arbeitsphase das tatsächlich erzielte (ausgezahlte) Arbeitsentgelt maßgebend, in der Freistellungsphase das ausgezahlte Wertguthaben. Nicht umlagepflichtig ist der Aufstockungsbetrag, der zusätzliche Beitrag zur Rentenversicherung sowie die nach § 163 Abs. 5 SGB VI zusätzliche beitragspflichtige Einnahme.

Weitere Einzelheiten zur Erhebung und zum Einzug der Insolvenzgeldumlage haben die Spitzenorganisationen der Sozialversicherung in ihrer Verlautbarung vom 3.11.2010 zusammengefasst.

2. Arbeitnehmertätigkeit

Die Feststellung der Arbeitnehmereigenschaft spielt sowohl im Lohnsteuerrecht als auch im Sozialversicherungsrecht eine zentrale Rolle. Die lohnsteuerliche Definition stimmt jedoch nicht immer mit dem im Sozialversicherungsrecht verwendeten Begriff der abhängigen Beschäftigung überein. Erschwerend für die Arbeit in der Praxis kommt hinzu, dass auch im Arbeitsrecht ein eigener Arbeitnehmerbegriff maßgebend ist, der wiederum von der lohnsteuerlichen und sozialversicherungsrechtlichen Auslegung abweichen kann (vgl. BFH vom 8.5.2008, BStBl II S. 868).

2.1 Wer ist steuerlich Arbeitnehmer?

Für das Steuerrecht ist die Arbeitnehmertätigkeit in § 1 der Lohnsteuer-Durchführungsverordnung (LStDV) beschrieben. Danach sind Arbeitnehmer Personen, die in öffentlichem oder privatem Dienst angestellt oder beschäftigt sind oder waren und die aus diesem Dienstverhältnis oder früheren Dienstleistungen Arbeitslohn beziehen. Arbeitnehmer sind auch die Rechtsnachfolger dieser Personen, soweit sie Arbeitslohn aus dem früheren Dienstverhältnis ihres Rechtsvorgängers erhalten. Ein Dienstverhältnis in diesem Sinne liegt vor, wenn der Beschäftigte dem Arbeitgeber (öffentliche Körperschaft, Unternehmer, Haushaltsvorstand) seine Arbeitskraft schuldet. Dies ist der Fall, wenn die tätige Person in der Betätigung ihres geschäftlichen Willens unter der Leitung des Arbeitgebers steht oder im geschäftlichen Organismus des Arbeitgebers dessen Weisungen zu folgen verpflichtet ist. Für die Beurteilung ist nach höchstrichterlicher Rechtsprechung das **Gesamtbild der Verhältnisse** maßgebend. Dies bedeutet, dass die für und gegen ein Dienstverhältnis sprechenden Merkmale einer Beschäftigung gegeneinander abgewogen werden müssen. Die vertragliche Ausgestaltung der Beschäftigung ist in diese Würdigung einzubeziehen, sofern die Vereinbarungen ernsthaft gewollt und tatsächlich durchgeführt worden sind. Die einzelnen Merkmale und ihre Bedeutung für die Würdigung des Gesamtbilds der Verhältnisse ergeben sich aus zahlreichen Entscheidungen des Bundesfinanzhofs. Für die Arbeitnehmereigenschaft des Beschäftigten sprechen danach die folgenden Kriterien:

Kein Unternehmerrisiko des Beschäftigten

Hinweise hierzu ergeben sich sowohl aus der Art als auch aus dem Umfang der Tätigkeit bei demselben Auftraggeber. Bei einfachen, manuellen Arbeiten trägt der Beschäftigte im Allgemeinen kein unternehmerisches Risiko, auch wenn er nur in geringem Umfang eingesetzt ist. Bei solchen Tätigkeiten unterliegt der Beschäftigte in besonderen Maßen den Weisungen des Auftraggebers, die eine eigene unternehmerische Initiative unterbinden. Anders verhält es sich bei gehobeneren Tätigkeiten, die besondere persönliche Fähigkeiten der beschäftigten Person verlangen und deshalb auch Raum für unternehmerische Initiativen lassen. Wichtig ist in solchen Fällen der Umfang der Tätigkeit. Ist die mit solchen gehobenen Aufgaben beschäftigte Person für mehrere Auftraggeber tätig, so spricht dies gegen die Arbeitnehmereigenschaft (BFH vom 3.8.1978, BStBl 1979 II S. 131 und vom 14.6.1985, BStBl II S. 661).

Nicht nur gelegentliche Tätigkeit

Bei einer nur kurzfristigen Berührung mit dem Betrieb des Auftraggebers ist besonders sorgfältig zu prüfen, ob der Beschäftigte eingegliedert ist (BFH vom 10.9.1976, BStBl 1977 II S. 178). Bei dieser Überprüfung spielt wiederum die Art der Tätigkeit ein wichtige Rolle, denn einfache Arbeiten werden im Allgemeinen auch bei einem nur gelegentlichen oder kurzzeitigen Einsatz weisungsgebunden, also in einem Dienstverhältnis erbracht (BFH vom 24.11.1961, BStBl 1962 III S. 37).

Vergütung nach Arbeitsstunden

Die Art der Entlohnung ist kein entscheidendes Abgrenzungsmerkmal. Bei einer an der Arbeitszeit orientierten Entlohnung nach Stundensätzen wird meist ein Dienstverhältnis vorliegen. Allein ausschlaggebend ist die Art der Vergütung für die Beurteilung jedoch nicht, denn auch selbstständige Unternehmer rechnen nicht selten nach Stundensätzen ab. Andererseits ist aber auch eine an die Leistung anknüpfende Entlohnung für ein Dienstverhältnis nicht untypisch (Akkordlohn, Provisionen, Umsatzbeteiligungen, Stücklohn bei Heimarbeit).

Fortzahlung der Vergütung für Zeiten der Nichtbeschäftigung

Die Gewährung von bezahltem Urlaub, von Feiertagslohn und Vergütung im Krankheitsfall kommt nur im Rahmen eines Dienstverhältnisses vor, denn die Zahlung von Entgelt für Zeiten ohne Arbeitsleistung ist untypisch für eine selbstständige Tätigkeit.

Einbeziehung in die Sozialleistungen des Unternehmens

Die Gewährung von Jubiläumszuwendungen und die Aufnahme in das betriebliche Altersversorgungssystem sprechen für die Arbeitnehmereigenschaft.

Organisatorische Eingliederung in den Betrieb

Diese kann sich bereits aus der Notwendigkeit der Zusammenarbeit mit den übrigen Arbeitnehmern des Betriebs ergeben.

Weisungsgebundenheit hinsichtlich des Orts der Arbeitsleistung und der Arbeitszeit

Die Verpflichtung der beschäftigten Person, die vereinbarte Leistung im Betrieb des Auftraggebers zu einer bestimmten Arbeitszeit zu erbringen, ist ein Indiz für die Arbeitnehmertätigkeit, denn in vielen Fällen lässt sich hieraus auch eine organisatorische Eingliederung ableiten.

Bereitstellung der Arbeitsmittel durch den Auftraggeber

Bei Konstrukteuren, Zeichnern u.ä., die oft nur für bestimmte Projekte tätig sind, ist die Bereitstellung der Arbeitsmittel ein Indiz für die Eingliederung in den Betrieb des Auftraggebers und damit für die Arbeitnehmereigenschaft.

Wille der Vertragsparteien

Dem Willen der Vertragsparteien kommt nur Bedeutung zu, wenn die Prüfung und Gewichtung der vorstehend aufgeführten Sachverhalte nicht zu einer Einordnung der Tätigkeit als selbstständig oder nichtselbstständig führt; denn die steuerliche Einordnung der Tätigkeit steht grundsätzlich nicht zur Disposition der Vertragsparteien. Es kommt vielmehr auf den Vertragsinhalt insgesamt und auf die tatsächliche Durchführung an. Wird vereinbart, dass die beschäftigte Person für die Entrichtung von Steuern und Sozialversicherungsbeiträgen selbst zu sorgen hat, entbindet dies den Auftraggeber nicht von seinen gesetzlichen Arbeitgeberpflichten, wenn der übrige Vertragsinhalt und die tatsächliche Durchführung auf ein Dienstverhältnis schließen lassen.

2.2 Welche Verfahren bieten sich zur Feststellung der steuerlichen Arbeitnehmereigenschaft an?

Ob ein Dienstverhältnis vorliegt oder ob eine Beschäftigung selbstständig ausgeübt wird, ist oft schwierig zu beurteilen. In Zweifelsfällen kann der Arbeitgeber auf folgenden Wegen eine Entscheidung des Finanzamts herbeiführen:

a) Der Arbeitgeber verlangt von dem für ihn zuständigen Betriebsstätten-Finanzamt Auskunft nach § 42e EStG (vgl. Tz 8.6) darüber, ob die gezahlten Entgelte dem Steuerabzug unterliegen. Das Finanzamt ist ihm gegenüber an die erteilte Auskunft gebunden, d.h., es kann den Arbeitgeber im Fall einer unrichtigen Auskunft für die nicht einbehaltenen Steuerabzugsbeträge nicht in Anspruch nehmen. In § 42e EStG ist zwar die Schriftform nicht vorgesehen, die Finanzämter erteilen solche verbindlichen Auskünfte jedoch schriftlich und verlangen regelmäßig auch die schriftliche Darstellung des zu beurteilenden Sachverhalts.

b) Das Finanzamt stellt bei einer Lohnsteuer-Außenprüfung den unterlassenen Steuerabzug fest. Es prüft, ob ein Dienstverhältnis vorliegt und fordert ggf. vom Arbeitgeber mit Haftungsbescheid die nicht abgeführten Steuerabzugsbeträge nach. Den Haftungsbescheid kann der Arbeitgeber anfechten und so letztlich eine gerichtliche Entscheidung über die steuerliche Einordnung der fraglichen Beschäftigung herbeiführen.

c) Das Finanzamt kann die Steuerabzugsbeträge statt im Haftungsverfahren vom Arbeitgeber auch unmittelbar vom Arbeitnehmer, der Steuerschuldner ist, nachfordern. Den Nachforderungsbescheid kann der Arbeitnehmer anfechten und auf diese Weise ebenfalls eine gerichtliche Entscheidung über die Arbeitnehmereigenschaft erlangen.

d) Nimmt der Arbeitgeber den Steuerabzug vor und ist der Arbeitnehmer damit nicht einverstanden, weil er nach seiner Auffassung eine selbstständige Tätigkeit ausübt, kann der Arbeitnehmer beim Betriebsstätten-Finanzamt die Erstattung der Steuerabzugsbeträge beantragen. Im Rahmen des Erstattungsverfahrens entscheidet das Finanzamt darüber, ob der Steuerabzug zu Recht vorgenommen wurde und damit auch über die Arbeitnehmereigenschaft. Lehnt das Finanzamt die Erstattung ab, kann der Arbeitnehmer dagegen Einspruch und gegen die Einspruchsentscheidung des Finanzamts Klage beim Finanzgericht erheben.

2.3 Wer ist Arbeitnehmer im Sinne des Sozialversicherungsrechts?

Für das **Sozialversicherungsrecht** ergeben sich die Grundsätze zur Abgrenzung zwischen selbstständiger und nichtselbstständiger Tätigkeit gemäß § 7 SGB IV und der Rechtsprechung des Bundessozialgerichts. Eine Beschäftigung im Sinne des § 7 Abs. 1 SGB IV ist eine nichtselbstständige Arbeit, insbesondere in einem Arbeitsverhältnis. Anhaltspunkte für eine Beschäftigung sind eine Tätigkeit nach Weisungen und eine Eingliederung in die Arbeitsorganisation des Weisungsgebers. Danach kommt es entscheidend darauf an, ob die Dienste in persönlicher Abhängigkeit geleistet werden oder ob persönliche Unabhängigkeit vorliegt. Auch hier ist wie im Steuerrecht nicht maßgeblich, wie die Vertragsparteien das Rechtsverhältnis beurteilen, sondern wie die vertraglichen Verhältnisse tatsächlich beschaffen sind. Die Voraussetzung der persönlichen Abhängigkeit führt im Einzelnen zu denselben Beurteilungskriterien, die vorstehend auch für die steuerliche Einordnung als maßgeblich dargestellt sind. Dies ändert aber nichts daran, dass die Frage der Arbeitnehmereigenschaft für jedes Rechtsgebiet gesondert beurteilt wird und die steuerliche Entscheidung für die Sozialversicherung (und umgekehrt) keine Bindungswirkung erlangt (vgl. BFH vom 2.12.1998, BStBl 1999 II S. 534).

2.4 Wie wird die Versicherungspflicht festgestellt?

Die Versicherungspflicht eines abhängig Beschäftigten und damit auch die Beitragspflicht entstehen kraft Gesetzes. Es bedarf dazu keines eigenen Verwaltungsakts der Einzugsstelle. Im Zweifelsfall kann der Arbeitgeber die Entscheidung der zuständigen Krankenkasse einholen. Gegen diese Entscheidung kann Widerspruch eingelegt und gegen den Widerspruchsbescheid der Krankenkasse schließlich Klage beim Sozialgericht erhoben werden. Bezüglich des Statusfeststellungsverfahrens bei Arbeitsverhältnissen mit dem Ehegatten/Lebenspartner, mit im elterlichen Betrieb mitarbeitenden Kindern und dem GmbH-Gesellschafter-Geschäftsführer wird auf die Erläuterungen in Tz 2.5 Stichwort „Ehegattenarbeitsverhältnis", „Kinder im elterlichen Betrieb" und „Geschäftsführer" verwiesen.

2.5 ABC zur Arbeitnehmereigenschaft

Adressenschreiber

sind selbstständig tätig, wenn sie die übertragenen Arbeiten zu Hause ausführen. Der Auftraggeber bestimmt in diesem Fall weder den Arbeitsort noch die Arbeitszeit. Es fehlt deshalb an wichtigen Merkmalen zur Eingliederung in den Betrieb des Auftraggebers. Für die Selbstständigkeit spricht außerdem, dass zur Erledigung der Arbeiten Hilfskräfte herangezogen werden können und die Tätigkeit für mehrere Auftraggeber gleichzeitig möglich ist.

Amateursportler

können sowohl selbstständig als auch nichtselbstständig sein. Der Amateurstatus liefert für die steuerliche Einordnung keinen Anhalt, da steuerpflichtige Einnahmen nicht nur im Berufssport erzielt werden (vgl. „Berufssportler"). Es kommt darauf an, ob der Sportler bei Ausübung seines Sports weisungsabhängig in den Verein eingegliedert ist (geregelter Spielbetrieb, Trainingszeiten). Bei Mannschaftssportarten wird dies immer der Fall sein. Arbeitslohn liegt nach dem BFH-Urteil vom 23.10.1992, BStBl 1993 II S. 303 jedoch dann nicht vor, wenn die Vergütungen die mit der Tätigkeit zusammenhängenden Aufwendungen der Spieler nur unwesentlich übersteigen. In der Sozialversicherung wird in der Regel in Bezug auf Amateursportler, die ohne schriftliche Vertragsvereinbarung allein aufgrund ihrer mitgliedschaftsrechtlichen Bindungen tätig werden, vermutet, dass bei Zahlungen (einschl. Prämien) bis zur Höhe von 200,– € im Monat keine wirtschaftliche Gegenleistung erbracht und damit keine sozialversicherungsrechtlich relevante Beschäftigung ausgeübt wird. Werden Nachweise geführt, die aus besonderen Gründen (z. B. Transportkosten für notwendiges Sportgerät) einen höheren Aufwand belegen, kann im Einzelfall auch trotz monatlicher Zahlung über 200,– € eine sozialversicherungsrechtlich relevante Beschäftigung verneint werden. Einnahmen eines Mannschaftssportlers aus einer Werbetätigkeit sind ebenfalls Arbeitslohn, wenn die Werbemaßnahme durch die nichtselbstständige Sporttätigkeit veranlasst wird (vgl. Der Betrieb 1995 S. 1935).

Apothekenvertreter

sind nichtselbstständig tätig (BFH vom 20.2.1979, BStBl II S. 414).

Artisten

können sowohl selbstständig als auch Arbeitnehmer sein. Es kommt auf die Ausgestaltung und Durchführung des mit dem jeweiligen Veranstalter geschlossenen Vertrages an. Bei einer nur gelegentlichen Verpflichtung, etwa an einem Abend oder für ein Wochenende kann in Anlehnung an das BFH-Urteil vom 10.9.1976, BStBl 1977 II S. 178 nicht von einem Arbeitsverhältnis ausgegangen werden. Wenn der Artist seine Arbeitskraft einem Unternehmer für eine Zeitdauer, die eine Reihe von Veranstaltungen umfasst – also nicht lediglich für einige Stunden eines Abends – ausschließlich zur Verfügung stellt, ist er Arbeitnehmer.

Arztvertreter

Die Vertretung eines freipraktizierenden Arztes (Urlaub, Krankheit) wird selbstständig ausgeübt, es sei denn, dass ausdrücklich mit allen Konsequenzen ein Arbeitsverhältnis vereinbart wird (BFH vom 10.4.1953, BStBl III S. 142).

Etwas anderes gilt für die Vertretungstätigkeit eines im Hauptberuf nichtselbstständigen Oberarztes eines Krankenhauses bei der Behandlung der Privatpatienten des Chefarztes. Der Oberarzt wird auch insoweit als Arbeitnehmer tätig (BFH vom 11.11.1971, BStBl 1972 II S. 213), denn die Mitarbeit im Liquidationsbereich des Chefarztes gehört im Allgemeinen ohnehin zu seinen Obliegenheiten aus dem mit dem Krankenhaus bestehenden Dienstverhältnis. Ist dies nicht der Fall, sondern stellt die Mitarbeit eine Nebentätigkeit des Oberarztes dar, wird diese aufgrund der Eingliederung in den privatärztlichen Behandlungsbereich des Chefarztes ebenfalls nichtselbstständig ausgeübt. Zum Chefarzt besteht in diesem Fall ein 2. Dienstverhältnis, das den ELStAM-Abruf mit Steuerklasse VI oder im Ausnahmefall die Vorlage einer Bescheinigung für den Lohnsteuerabzug erfordert.

Ausbeiner

s. „Kopfschlächter"

Aushilfskräfte

sind in der Regel nichtselbstständig. Dies gilt insbesondere, wenn sie zu einfachen Arbeiten herangezogen werden, denn hier kommt das Weisungsrecht des Arbeitgebers, das die Eingliederung der Aushilfskraft in den Betrieb begründet, stärker zur Geltung. In diesen Fällen schließt eine nur kurzfristige Tätigkeit die Arbeitnehmereigenschaft nicht aus (BFH vom 24.11.1961, BStBl 1962 III S. 37 und 18.1.1974, BStBl II S. 301). Taglöhner, Gelegenheitsarbeiter u.ä. sind deshalb immer Arbeitnehmer.

Bedienungen

im Hotel- und Gaststättengewerbe sind nichtselbstständig tätig. Sie sind in den Betrieb des Arbeitgebers eingegliedert, auch wenn sie nur kurzfristig (aushilfsweise) beschäftigt werden oder der Betrieb des Arbeitgebers selbst nur kurze Zeit besteht, wie dies bei Festwirten, Veranstaltungen von Vereinen u.ä. häufig der Fall ist. Die umsatzorientierte Entlohnung der Bedienungen begründet auch bei nur kurzfristiger Beschäftigung noch kein Unternehmerrisiko, das zur Selbstständigkeit führt, sondern lediglich ein Vergütungsrisiko, wie es für alle Beschäftigten im Gastronomiegewerbe typisch ist.

Behinderte,

die in Werkstätten für Behinderte beschäftigt sind, stehen zu der Behinderteneinrichtung grundsätzlich in einem Arbeitsverhältnis. Die gezahlten Vergütungen unterliegen deshalb dem Lohnsteuerabzug. Nur in den Fällen, in denen die Tätigkeit in der Behindertenwerkstatt überwiegend der Rehabilitation und somit mehr therapeutischen und sozialen Zwecken und weniger der Erzielung eines produktiven Arbeitsergebnisses dient, liegt kein steuerliches Arbeitsverhältnis vor. Das gilt besonders, wenn lediglich die Anwesenheit des Behinderten entlohnt wird, die Höhe des Entgelts aber durch die Arbeitsleistung nicht beeinflusst wird.

Den Behinderten von den Werkstätten gezahlte Zuschüsse zu den Fahrtkosten und Mittagessen werden aus öffentlichen Mitteln gewährt; sie sind nach § 3 Nr. 11 EStG steuerfrei.

Berufssportler

sind Arbeitnehmer, wenn sie zu einem bestimmten Auftraggeber oder Veranstalter in einem Dauervertragsverhältnis stehen und sich aus dieser Dauerbindung eine Eingliederung ergibt. Berufsfußballspieler sind deshalb Arbeitnehmer des jeweiligen Vereins.

Berufssportler, die nur gelegentlich, für eine eng begrenzte Zahl von Auftritten mit einem Veranstalter in Rechtsbeziehungen treten, sind dagegen selbstständig. Sie sind wegen der kurzfristigen Berührung mit dem Betrieb des Veranstalters nicht eingegliedert. Berufsboxer (BFH vom 22.1.1964, BStBl III S. 207) und Sechstagerennfahrer sind selbstständig. Berufsringer, Ringrichter und Turnierleiter, die bei Catchturnieren mitwirken, sind dagegen Arbeitnehmer des Veranstalters (BFH vom 29.11.1978, BStBl 1979 II S. 182).

Der Arbeitslohn, den ein beschränkt einkommensteuerpflichtiger (Tz 5.4) Berufssportler von seinem inländischen Arbeitgeber erhält, unterliegt dem allgemeinen Lohnsteuerabzug. Zu den Einnahmen eines Mannschaftssportlers aus einer Werbetätigkeit als Arbeitslohn vergleiche Der Betrieb 1995 S. 1935 und zu Werbeeinkünften eines Fußball-Nationalspielers als gewerbliche Einkünfte oder solche aus nichtselbstständiger Arbeit siehe BFH-Urteil vom 22.2.2012, BStBl II S. 511.

Betriebshelfer

Im Bereich der Land- und Forstwirtschaft helfen gelegentlich selbstständige Landwirte, oft auch nach Vermittlung eines Maschinen- und Betriebshilfsrings, bei einem anderen selbstständigen Landwirt aus. Der aushelfende Landwirt tritt dadurch nicht in ein Dienstverhältnis, sondern bleibt auch mit dieser Aushilfstätigkeit selbstständig. Die gezahlten Vergütungen stellen deshalb keinen Arbeitslohn dar, sondern gehören zu den Betriebseinnahmen aus Land- und Forstwirtschaft. Dabei kommt es nicht darauf an, ob die Vergütung über einen Maschinen- und Betriebshilfsring abgerechnet wurde. Die Betriebshelfertätigkeit kann allerdings nur dann als land- und forstwirtschaftliche Hilfs- und Nebentätigkeit angesehen werden, wenn der Betriebshelfer im Betrieb des auftraggebenden Landwirts ausschließlich land- und forstwirtschaftliche Tätigkeiten übernimmt. Führt er andere Arbeiten aus, z. B. handwerkliche, so gelten für die Feststellung, ob Selbstständigkeit oder eine Arbeitnehmertätigkeit vorliegt, die allgemeinen Abgrenzungskriterien. Für die Frage, welche Arbeiten noch als land- und forstwirtschaftlich anzusehen sind, kann auf die Grundsätze im BFH-Urteil vom 12.6.1986, BStBl II S. 681, zurückgegriffen werden. Darin ist die Mithilfe beim Bau von Waldwegen für den Betrieb eines Forstwirts als typisch forstwirtschaftliche Tätigkeit beurteilt. In Anlehnung an diese Rechtsprechung kann auch der vorübergehende Einsatz von selbstständigen Landwirten als Bauhelfer in anderen landwirtschaftlichen Betrieben noch als landwirtschaftliche Hilfs- und Nebentätigkeit angesehen werden, weil die ordnungsgemäße Bewirtschaftung auch betriebliche Baumaßnahmen einschließt und die Leistung von Handlangerdiensten des Landwirts bei den betrieblichen Baumaßnahmen üblich ist. Dies gilt aber nur für sog. Hilfsdienste. Soweit der Landwirt als

Fachkraft tätig wird (z. B. als ausgebildeter oder angelernter Maurer), liegt zwar keine land- und forstwirtschaftliche Tätigkeit mehr vor, eine Arbeitnehmereigenschaft der Fachkraft im Verhältnis zu dem auftraggebenden Landwirt wird aber in der Regel im Hinblick auf das BFH-Urteil vom 21.3.1975, BStBl II S. 513, gleichwohl nicht angenommen werden können. Der BFH hat in diesem Urteil ein Dienstverhältnis zwischen dem Bauherrn und den von ihm unmittelbar verpflichteten Bauarbeitern verneint.

Bühnenkünstler

Ob eine selbstständige oder nichtselbstständige Tätigkeit vorliegt, ist für steuerliche Zwecke im BMF-Schreiben vom 5.10.1990 (BStBl I S. 638) geregelt. Für die Belange der Sozialversicherung haben die Spitzenorganisationen der Sozialversicherung in der Anlage 1 ihrer Verlautbarung vom 13.4.2010 einen eigenen Abgrenzungskatalog zusammengestellt, der sich jedoch in den meisten Fällen mit der steuerlichen Einordnung deckt. Auf wichtige Abweichungen ist im Folgenden hingewiesen.

Künstler (Schauspieler, Sänger, Regisseure, Bühnenbildner u.ä. Berufe) sind in den Theaterbetrieb eingegliedert und damit nichtselbstständig, wenn sie für eine Spielzeit oder eine Teilspielzeit verpflichtet wurden. Die Arbeitnehmereigenschaft wird jedoch nicht dadurch berührt, dass der Künstler bei anderen Bühnen Gastspielverpflichtungen eingegangen ist.

Bei **Gastspielen** erstreckt sich der Vertrag in der Regel auf eine bestimmte Anzahl von Aufführungen. Entscheidend für die Annahme einer nichtselbstständigen Tätigkeit ist, ob das Gastspieltheater während der Dauer des Vertrages im Wesentlichen über die Arbeitskraft des Gastkünstlers verfügt (BFH vom 24.5.1973, BStBl II S. 636). Dagegen liegt Selbstständigkeit vor, wenn der Künstler auch während des zeitlichen Rahmens des Gastspielvertrags seine Arbeitskraft frei und ohne Einfluss des Gastspieltheaters nutzen kann. Dies hängt von dem Maß der Einbindung in den Theaterbetrieb (nicht in das Ensemble) ab. Ob ein Künstler allein (Solokünstler) oder in einer Gruppe (z. B. Chor) auftritt und welchen künstlerischen Rang er hat, spielt für die steuerliche Abgrenzung keine entscheidende Rolle. Auch kommt es bei Bühnenkünstlern nicht darauf an, wie das für die Veranlagung zuständige Finanzamt eine vergleichbare Tätigkeit bei Hörfunk und Fernsehen einordnet und ob es hierfür eine entsprechende Bescheinigung erteilt hat. Im Einzelnen gilt nach Auffassung der Finanzverwaltung Folgendes:

Gastspielverpflichtete

- Regisseure,
- Choreographen,
- Bühnenbildner und
- Kostümbildner sind steuerrechtlich stets **selbstständig**.

Auch in der Sozialversicherung wird weiterhin von einer selbstständigen Tätigkeit ausgegangen, wenn der Gastspielverpflichtete nur für ein bestimmtes Stück tätig ist.

Gastspielverpflichtete

- Dirigenten sind **nichtselbstständig**; sie sind nur ausnahmsweise selbstständig, wenn sie nur für kurze Zeit einspringen. In der Sozialversicherung wird ein gastspielverpflichteter Dirigent als selbstständig behandelt, wenn er die Einstudierung nur eines bestimmten Stückes oder Konzertes übernimmt und/oder nach dem jeweiligen Gastspielvertrag voraussehbar nicht mehr als 5 Vorstellungen oder Konzerte dirigiert.

Gastspielverpflichtete

- Schauspieler,
- Sänger,
- Tänzer und
- andere Künstler sind steuerrechtlich **nichtselbstständig**,
  wenn sie eine Rolle in einer Aufführung übernehmen und gleichzeitig eine Probenverpflichtung zur Einarbeitung in die Rolle oder eine künstlerische Konzeption eingehen. Stell- oder Verständigungsproben reichen nicht aus. Voraussetzung ist außerdem, dass die Probenverpflichtung tatsächlich erfüllt wird. Die Zahl der Aufführungen ist nicht entscheidend.

  Nach dem für die Sozialversicherung maßgebenden Abgrenzungskatalog richtet sich die Einordnung in diesen Fällen weiterhin mehr nach der künstlerischen Stellung des Verpflichteten. Bei Stargastspielen, denen eine herausragende künstlerische Stellung zukommt, und wenn nach dem jeweiligen Gastspielvertrag nur wenige Vorstellungen vereinbart sind, wird deshalb bei Solisten ausnahmsweise Selbstständigkeit angenommen. Allerdings kann eine regelmäßige Probenverpflichtung aber auch für die Sozialversicherung als ein wichtiges Indiz für die Arbeitnehmertätigkeit gewertet werden.

Gastspielverpflichtete

- Künstler einschließlich der Instrumentalsolisten sind **selbstständig**, wenn sie an einer konzertanten Opernaufführung, einem Oratorium, Liederabend oder dgl. mitwirken.

Steuerabzug für ausländische Künstler

Der Abgrenzung (selbstständige oder nichtselbstständige Tätigkeit) kommt auch für beschränkt steuerpflichtige Künstler, die also im Inland weder einen Wohnsitz noch ihren gewöhnlichen Aufenthalt haben, Bedeutung zu. Selbstständige, beschränkt einkommensteuerpflichtige Künstler unterliegen dem Steuerabzug nach § 50a Abs. 1 Nr. 1 EStG (in der Regel gemäß § 50a Abs. 2 EStG 15% der Einnahmen; bei ganz geringen Einnahmen fällt nach § 50a Abs. 2 Satz 3 EStG kein Steuerabzug an). Bei nichtselbstständigen Künstlern ist der allgemeine Lohnsteuerabzug entsprechend der Bescheinigung des Betriebsstättenfinanzamts (vgl. Tz 5.4) vorzunehmen. Anstelle des allgemeinen Lohnsteuerabzugs nach der Lohnsteuertabelle kann der Arbeitgeber bei beschränkt steuerpflichtigen Künstlern aus Vereinfachungsgründen eine pauschale Lohnsteuer entsprechend dem BMF-Schreiben vom 31.7.2002, BStBl I S. 707, ergänzt durch BMF-Schreiben vom 28.3.2013, BStBl I S. 443, einbehalten. Betroffen sind ausländische Künstler, die als gastspielverpflichtete Künstler bei Theaterbetrieben, als freie Mitarbeiter für den Hörfunk und Fernsehfunk oder als Mitarbeiter in der Film- und Fernsehproduktion nichtselbstständig tätig sind und von dem Arbeitgeber nur kurzfristig, höchstens für sechs zusammenhängende Monate beschäftigt werden. Der Pauschsteuersatz beträgt nach dem BMF-Schreiben vom 28.3.2013, BStBl I S. 443, 20% der gesamten Einnahmen (einschl. der Reisekosten etc.), wenn der Künstler die Lohnsteuer trägt.

Übernimmt der Arbeitgeber die Lohnsteuer und den Solidaritätszuschlag von 5,5% der Lohnsteuer, so beträgt die Lohnsteuer 25,35% der Einnahmen; sie beträgt 20,22% der Einnahmen, wenn der Arbeitgeber nur den Solidaritätszuschlag übernimmt. Der Solidaritätszuschlag beträgt zusätzlich jeweils 5,5% der Lohnsteuer.

Vgl. in dieser Tz auch die Stichworte „Fernseh- und Hörfunkmitarbeiter", „Film- und Fernsehproduktionen",„Musiker",„Orchestermusiker".

Bundesfreiwilligendienst

Personen, die einen Bundesfreiwilligendienst nach dem Bundesfreiwilligendienstgesetz vom 28.4.2011, BGBl. I S. 687 leisten, sind regelmäßig Arbeitnehmer. Wie bei den Versicherten, die ein freiwilliges soziales Jahr oder ein freiwilliges ökologisches Jahr im Sinne des Jugendfreiwilligendienstgesetzes leisten, hat der Arbeitgeber auch bei den Bundesfreiwilligendienstleistenden für die einzelnen Versicherungszweige den Gesam tsozialversicherungsbeitrag gemäß § 20 Abs. 3 Nr. 2 SGB IV alleine zu tragen. Nach § 3 Nr. 5 Buchstabe d EStG in der Fassung des Amtshilferichtlinie-Umsetzungsgesetzes ist das Taschengeld oder eine vergleichbare Geldleistung, das an Personen gezahlt wird, die einen in § 32 Abs. 4 Satz 1 Nr. 2 Buchstabe d EStG genannten Freiwilligendienst leisten, steuerfrei.

Chorleiter

die nebenberuflich Laienchöre (vokal oder instrumental) leiten, deren Zweck nicht überwiegend darauf gerichtet ist, künstlerische Werke oder Leistungen öffentlich aufzuführen oder darzubieten, stehen regelmäßig nicht in einem abhängigen Beschäftigungsverhältnis zum Chor oder zum Verein, sofern sich aus dem Engagementvertrag nichts Abweichendes ergibt. Auf das in dieser Tz aufgeführte Stichwort "Übungsleiter" wird hingewiesen.

Ehegattenarbeitsverhältnis

Die nachfolgenden Ausführungen gelten bei Lebenspartnern im Sinne des Lebenspartnerschaftsgesetzes entsprechend (§ 2 Abs. 8 EStG). Ein Arbeitsverhältnis kann mit steuerlicher Wirkung auch zwischen Ehegatten vereinbart werden. Für die Gesamtsteuerbelastung der Ehegatten können sich daraus ins Gewicht fallende Vorteile ergeben (Ausschöpfung des Arbeitnehmer-Pauschbetrags von 1.000,– €, Inanspruchnahme von Lohnsteuerpauschalierungen, steuerliche Berücksichtigung von Versorgungszusagen, Minderung der Gewerbesteuer durch höhere Betriebsausgaben, Förderung vermögenswirksamer Sparleistungen des Arbeitnehmer-Ehegatten).

Voraussetzung für die steuerliche Anerkennung ist, dass das Arbeitsverhältnis ernsthaft vereinbart und entsprechend der Vereinbarung durchgeführt wird. An den Nachweis dieser Voraussetzungen sind aufgrund ständiger Rechtsprechung (BFH vom 17.7.1984, BStBl 1986 II S. 48 oder BSG vom 23.6.1994 – 12 RK 50/93 –) höhere Anforderungen gestellt als bei Vereinbarungen zwischen Fremden. Erforderlich ist deshalb Folgendes:

a) Zwischen den Ehegatten muss ein Arbeitsvertrag abgeschlossen werden. Die Schriftform ist hierfür zwar nicht vorgeschrieben, aus Beweisgründen ist allerdings der Abschluss eines schriftlichen Vertrages zweckmäßig. Die darin getroffenen Vereinbarungen und ihre tatsächliche Durchführung müssen auch zwischen

Dritten üblich sein (BFH vom 25.7.1991, BStBl II S. 842). Deshalb darf eine Aussage über die Höhe des Arbeitslohns nicht fehlen. Ein unüblich niedriger Arbeitslohn steht der Anerkennung des Arbeitsverhältnisses nicht entgegen, es sei denn, der Arbeitslohn kann nicht mehr als Gegenleistung für die Tätigkeit des Ehegatten angesehen werden (BFH vom 28.7.1983, BStBl 1984 II S. 60). Wechselseitige Arbeitsverträge zwischen den Ehegatten werden im Allgemeinen nicht anerkannt (BFH vom 12.10.1988, BStBl 1989 II S. 354).

b) Der Arbeitslohn muss tatsächlich ausgezahlt werden; dabei sind die Lohnsteuer und ggf. die Sozialversicherungsbeiträge einzubehalten und abzuführen.

c) Die Zahlung muss dazu führen, dass der Arbeitslohn aus dem Vermögen des Arbeitgeber-Ehegatten in das Vermögen des Arbeitnehmer-Ehegatten gelangt. Deshalb wird das Arbeitsverhältnis nicht anerkannt, wenn der Arbeitslohn auf ein Privatkonto des Arbeitgeber-Ehegatten überwiesen wird. Dasselbe gilt grundsätzlich auch, wenn der Arbeitslohn auf einem gemeinschaftlichen Konto beider Ehegatten, über das beide Kontoinhaber ohne Mitwirkung des anderen Ehegatten verfügen können, gutgeschrieben wird; allerdings darf nach einer Entscheidung des Bundesverfassungsgerichts vom 7.11.1995, BStBl 1996 II S. 34, einem Arbeitsverhältnis zwischen Ehegatten seine steuerliche Anerkennung nicht allein deshalb versagt werden, weil das Entgelt auf ein Konto geflossen ist, über das jeder der Ehegatten allein verfügen darf („Oder-Konto"). Unschädlich ist es dagegen, wenn lediglich die vermögenswirksamen Leistungen auf ein Konto des Arbeitgeber-Ehegatten oder auf ein Gemeinschaftskonto gezahlt werden. Bei Überweisung auf das Konto des mitarbeitenden Ehegatten steht es der Anerkennung des Arbeitsverhältnisses nicht entgegen, wenn der Arbeitgeber-Ehegatte darüber unbeschränkte Verfügungsvollmacht besitzt. Auch die Umwandlung des Auszahlungsanspruchs auf den Nettolohn zum Fälligkeitszeitpunkt in ein Darlehen berührt das Arbeitsverhältnis nicht (BFH vom 17.7.1984, BStBl 1986 II S. 48).

d) Die vereinbarte Vergütung darf nicht überhöht sein. Sie wird nur insoweit als Arbeitslohn behandelt, als sie angemessen ist und nicht den Betrag übersteigt, den ein fremder Arbeitnehmer für eine gleichartige Tätigkeit erhalten würde. Sonderzuwendungen (z. B. Geburtsbeihilfen, Unterstützungen, Direktversicherungsbeiträge – [zu Direktversicherungsbeiträge für den im Betrieb mitarbeitenden Ehegatten vgl. Tz 6.11] –, Zinszuschüsse) werden deshalb nur dann als Arbeitslohn behandelt, wenn solche Zuwendungen im Betrieb des Arbeitgeber-Ehegatten üblich sind. Das Gleiche gilt für die Weihnachtsgratifikation (BFH vom 26.2.1988, BStBl II S. 606).

Bei der Anmeldung des Beschäftigten an die Sozialversicherung nach § 28a SGB IV ist anzugeben, ob es sich bei dem Beschäftigten um den Ehegatten oder Lebenspartner handelt. Die Deutsche Rentenversicherung Bund wird daraufhin mit einem Feststellungsbogen die versicherungsrechtliche Beurteilung abfragen (vgl. die Verlautbarung der Spitzenorganisationen der Sozialversicherung vom 13.4.2010 nebst Anlage 4).

Ehrenämter

können sowohl selbstständig als auch nichtselbstständig ausgeübt werden. Ob steuerlich ein Arbeitsverhältnis vorliegt, ist nach dem Gesamtbild der Verhältnisse zu beurteilen. Es kommt darauf an, ob die Arbeitskraft geschuldet wird, also die in Tz 2.1 beschriebenen Kriterien für die Annahme einer nichtselbstständigen Tätigkeit vorliegen. Die Höhe der gezahlten Entschädigung ist kein wesentliches Abgrenzungskriterium, denn auch bei einer unangemessen niedrigen Vergütung kann steuerlich ein Arbeitsverhältnis vorliegen. Bei einer geringen Vergütung, die offensichtlich die Auslagen nicht übersteigt, also leicht erkennbar nicht für den Zeitverlust und den Einsatz gezahlt wird, scheidet allerdings ein Arbeitsverhältnis aus.

Die Tatsache, dass der Vergütungsempfänger in das Ehrenamt gewählt wurde, ist nicht entscheidungserheblich. Es kommt nur darauf an, wie das Ehrenamt (gesetzlich oder satzungsgemäß) ausgestaltet ist und welche Aufgaben und welche Funktionen mit dem Ehrenamt übernommen werden. Nichtselbstständigkeit liegt vor, wenn in dem Ehrenamt Aufgaben eines Verwaltungsorgans (vergleichbar dem Geschäftsführer oder Vorstand einer Kapitalgesellschaft) erfüllt werden. Dagegen ist Selbstständigkeit anzunehmen, wenn dem Ehrenamt Aufgaben eines Willensorgans (vergleichbar dem Aufsichtsrat einer Kapitalgesellschaft) zugewiesen sind (BFH vom 3.12.1965, BStBl 1966 III S. 153).

Nach diesen Grundsätzen ist z. B. die Tätigkeit von Vereinsvorsitzenden, von Vorstandsmitgliedern einer Genossenschaft (BFH vom 2.10.1968, BStBl 1969 II S. 185), des geschäftsführenden Vorstandes einer Familienstiftung (BFH vom 31.1.1975, BStBl II S. 358) und von ehrenamtlichen Helfern von Wohlfahrtsverbänden (BFH vom 28.2.1975, BStBl 1976 II S. 134 und vom 4.8.1994, BStBl II S. 944 sowie BSG vom 27.6.1996 – 11 RAr 111/95 –) nichtselbstständig.

Ehrenamtlich tätige Feuerwehrführungskräfte und ehrenamtliche Bürgermeister (vgl. BSG vom 25.1.2006, B 12 KR 12/05 R) können nach den tatsächlichen Gegebenheiten in einem abhängigen Beschäftigungsverhältnis zur Gemeinde stehen und damit der Sozialversicherungspflicht unterliegen. In der Arbeitslosenversicherung besteht für ehrenamtliche Bürgermeister allerdings kraft Gesetz Versicherungsfreiheit (§ 27 Abs. 3 Nr. 4 SGB III).

Zur Berücksichtigung des Freibetrags für ehrenamtliche gemeinnützige Tätigkeiten in Vereinen und bestimmten Einrichtungen vergleiche bei Tz 4.2 das Stichwort „Aufwandsentschädigungen" Nr. 4 und 5.

Ein-Euro-Jobs

Bei den sog. Ein-Euro-Jobs, die von kommunalen und freien Trägern sowie von gemeinnützigen Einrichtungen und Vereinen erwerbsfähigen Hilfsbedürftigen, die keine Arbeit finden können, nach § 16 SGB II angeboten werden, handelt es sich nicht um ein Arbeitsverhältnis. Für Rechtsstreitigkeiten zwischen dem erwerbsfähigen Hilfebedürftigen und einer privaten Einrichtung als Leistungserbringerin aus dem Rechtsverhältnis der im öffentlichen Interesse liegenden, zusätzlichen Arbeiten des sog.

Ein-Euro-Jobs sind daher auch nicht die Gerichte für Arbeitssachen, sondern die Sozialgerichte zuständig (vgl. BAG vom 8.11.2006, 5 AZB 36/06). Das Arbeitsrecht gilt für Ein-Euro-Jobs grundsätzlich nicht (vgl. BAG vom 26.9.2007, 5 AZR 857/06).

Fahrlehrer,

die gegen eine tätigkeitsbezogene Vergütung unterrichten, sind nach Auffassung des Bundesfinanzhofs im Urteil vom 17.10.1996, BStBl 1997 II S. 188, in der Regel keine Arbeitnehmer, auch wenn ihnen keine Fahrschulerlaubnis erteilt worden ist. Die tatsächlichen Verhältnisse des Einzelfalles sind entscheidend.

Fernseh- und Hörfunkmitarbeiter

Von den Rundfunk- und Fernsehanstalten werden neben dem festangestellten Personal Künstler und Angehörige von verwandten Berufen auf Honorarbasis als sog. **freie Mitarbeiter** beschäftigt. Diese freien Mitarbeiter sind grundsätzlich Arbeitnehmer. Bestimmte Gruppen von freien Mitarbeitern sind jedoch **steuerrechtlich** selbstständig, soweit sie nur für einzelne Produktionen (z. B. ein Fernsehspiel, eine Unterhaltungssendung oder einen aktuellen Beitrag) tätig werden.

Im Einzelnen handelt es sich um folgende Mitarbeiter (BStBl 1990 I S. 638):

- Architekten,
- Arrangeure,
- Artisten, die als Gast außerhalb eines Ensembles oder einer Gruppe eine Sololeistung erbringen,
- Autoren,
- Berichterstatter,
- Bildhauer,
- Bühnenbildner,
- Choreographen,
- Chorleiter, soweit sie als Gast mitwirken oder Träger des Chores sind,
- Darsteller, die als Gast in einer Sendung mit Live-Charakter mitwirken,
- Dirigenten, soweit sie als Gast mitwirken oder Träger des Klangkörpers sind,
- Diskussionsleiter,
- Dolmetscher,
- Fachberater,
- Fotografen,
- Gesprächsteilnehmer,
- Grafiker,
- Interviewpartner,
- Journalisten,
- Kommentatoren,
- Komponisten,
- Korrespondenten,
- Kostümbildner,
- Kunstmaler,
- Lektoren,
- Moderatoren, wenn der eigenschöpferische Teil der Leistung überwiegt,

- musikalische Leiter, soweit sie als Gast mitwirken,
- Quizmaster,
- Realisatoren, wenn der eigenschöpferische Teil der Leistung überwiegt,
- Regisseure,
- Solisten (Gesang, Musik, Tanz), die als Gast außerhalb eines Ensembles oder einer Gruppe eine Sololeistung erbringen,
- Schriftsteller,
- Übersetzer.

Eine von vornherein auf Dauer angelegte Tätigkeit, auch wenn mehrere Honorarverträge abgeschlossen werden, ist dagegen in jedem Fall als nichtselbstständig zu behandeln.

Die Tätigkeit für denselben Auftraggeber in mehreren zusammenhängenden Leistungsbereichen ist einheitlich zu beurteilen. Die Einordnung einer solchen Mischtätigkeit richtet sich nach der überwiegend ausgeübten Tätigkeit. Dabei kann auch auf die Höhe des aufgeteilten Honorars abgestellt werden.

Im Einzelfall kann auch ein freier Mitarbeiter, der nicht zu den vorgenannten Berufsgruppen gehört, als selbstständig anerkannt werden. Das für die Veranlagung des Mitarbeiters zuständige Finanzamt muss hierüber jedoch eine Bescheinigung erteilen. Ebenso kann im Einzelfall die Selbstständigkeit eines zu den vorgenannten Berufsgruppen gehörenden Mitarbeiters verneint werden.

Zum Steuerabzug bei beschränkt einkommensteuerpflichtigen Künstlern siehe „Bühnenkünstler".

In der **Sozialversicherung** werden nach Anlage 1 der Verlautbarung der Spitzenorganisationen der Sozialversicherung vom 13.4.2010 freie Mitarbeiter, die als programmgestaltende Mitarbeiter typischerweise ihre eigene Auffassung zu politischen, wirtschaftlichen, künstlerischen oder anderen Sachfragen und ihre Fachkenntnisse und Informationen sowie ihre individuelle künstlerische Befähigung und Aussagekraft in die Sendung einbringen, als selbstständig beurteilt, wenn die gestalterische Freiheit überwiegt und die Gesamttätigkeit vorwiegend durch den journalistisch-schöpferischen Eigenanteil bestimmt wird. Die programmgestaltenden Mitarbeiter stehen jedoch dann in einem abhängigen Beschäftigungsverhältnis, wenn die Sendeanstalt innerhalb eines bestimmten zeitlichen Rahmens über die Arbeitsleistung verfügen kann (d.h., wenn ständige Dienstbereitschaft erwartet wird oder der Mitarbeiter in nicht unerheblichem Umfang ohne Abschluss entsprechender Vereinbarungen zur Arbeit herangezogen werden kann).

Darüber hinaus beurteilt auch die Sozialversicherung nach Anlage 1 der Verlautbarung der Spitzenorganisationen der Sozialversicherung vom 13.4.2010 die oben aus dem Bundessteuerblatt aufgeführten Gruppen von freien Mitarbeitern ebenfalls als selbstständig tätig, wenn sie für Produktionen einzelvertraglich verpflichtet werden. Zusätzlich werden Bildgestalter, Bildregisseure, Editoren, Entertainer, Kabarettisten, Komiker, Präsentatoren, Producer, Realisatoren oder Übersetzer als selbstständig eingestuft, wenn bei diesen Gruppen der eigenschöpferische Teil der Leistung überwiegt. Zur versicherungsrechtlichen Beurteilung von drehtagsverpflichteten Film- und Fernsehschauspielern wird zudem noch auf die Übereinkunft zwischen dem Bundesverband der Film- und Fernsehschauspieler e.V. und dem Bundesverband Deutscher Fernsehproduzenten e.V. vom 23.4.2008 hingewiesen.

Film- und Fernsehfilmproduktionen

Schauspieler, Regisseure, Kameraleute, Regieassistenten und sonstige Mitarbeiter an einer Film- und Fernsehfilmproduktion sind **Arbeitnehmer** (BFH vom 6.10.1971, BStBl 1972 II S. 88). Sie sind durch das notwendige Zusammenwirken aller Beteiligten in den Organismus der Produktion eingegliedert und damit unselbstständig. Dies gilt auch für nur in geringem Umfang und gelegentlich mitwirkende Komparsen und auch für die Mitarbeiter bei der Herstellung von Werbefilmen.

Anders ist die Tätigkeit von Filmautoren, Filmkomponisten und Fachberatern zu beurteilen. Sie sind im Allgemeinen nicht in den Organismus des Unternehmens eingegliedert und deshalb **selbstständig**.

Zur versicherungsrechtlichen Beurteilung von drehtagsverpflichteten Film- und Fernsehschauspielern wird zudem auch auf die Übereinkunft zwischen dem Bundesverband der Film- und Fernsehschauspieler e.V. und dem Bundesverband Deutscher Fernsehproduzenten e.V. vom 23.4.2008 hingewiesen.

Fotomodelle,

die nur von Fall zu Fall und vorübergehend zu Aufnahmen herangezogen werden, sind steuerlich nicht Arbeitnehmer, sondern erzielen gewerbliche Einkünfte (BFH vom 8.6.1967, BStBl III S. 618). Auch ausländische Fotomodelle, die zur Produktion von Werbefilmen kurzfristig im Inland tätig werden, können nach dem BFH-Urteil vom 14.6.2007, BStBl 2009 II S. 931 selbständig tätig sein.

Sozialversicherungsrechtlich werden Fotomodelle dagegen aufgrund der Rechtsprechung des Bundessozialgerichts (Urteil vom 12.12.1990 – 11 RAr 73/90) als Arbeitnehmer angesehen.

Gastspielverpflichtete Künstler

s. „Bühnenkünstler"

Gebäudereiniger

können selbstständig oder nichtselbstständig sein. Maßgebend ist das Gesamtbild der Verhältnisse. Die aufgrund des „Vertrages über Gebäudereinigung (Kleinobjekt)" durch die Bundespost mit der Reinigung von Postämtern und Poststellen beauftragten Personen werden von der Finanzverwaltung als Arbeitnehmer angesehen.

Gelegenheitsarbeiter

s. „Aushilfskräfte"

Geschäftsführer

von Kapitalgesellschaften sind steuerlich Arbeitnehmer. Auch wenn bei ihnen die Weisungsgebundenheit nicht klar erkennbar wird, weil sie selbst an der Spitze des Unternehmens stehen, sind Geschäftsführer doch als unselbstständiges Glied in den Unternehmensorganismus eingeordnet, haben in diesem Organismus bestimmte

Aufgaben zu erfüllen und handeln dabei nicht im eigenen, sondern im Interesse der Gesellschaft (vgl. BFH vom 9.10.1996, BStBl 1997 II S. 255). Ein Gesellschafter-Geschäftsführer einer Kapitalgesellschaft ist nicht bereits allein auf Grund seiner Organstellung Arbeitnehmer. Vielmehr ist anhand der allgemeinen Merkmale zu entscheiden, ob er die Geschäftsführungs- und Vertretungsleistungen selbstständig oder nichtselbstständig erbringt (vgl. BMF-Schreiben vom 31.5.2007, BStBl I S. 503 unter Berücksichtigung der Änderungen durch das BMF-Schreiben vom 2.5.2011, BStBl I S. 490).

Auch der geschäftsführende Vorstand einer rechtsfähigen Familienstiftung übt eine Arbeitnehmertätigkeit aus (BFH vom 31.1.1975, BStBl II S. 358).

Steuerlich wird ein Arbeitsverhältnis auch bei einem Gesellschafter-Geschäftsführer anerkannt. Selbst bei einer sog. Einmann-GmbH kann zwischen der Gesellschaft und dem Gesellschafter-Geschäftsführer steuerlich ein Arbeitsverhältnis bestehen. Die Leistungen der GmbH werden jedoch nur insoweit als Arbeitslohn behandelt, als sie der Geschäftsführertätigkeit angemessen sind und auf klaren, von vornherein bestehenden Vereinbarungen beruhen (vergleiche hierzu BMF-Schreiben vom 14.10.2002, BStBl I S. 972). Nachträgliche oder unangemessene Zahlungen der Gesellschaft sind nicht Arbeitslohn des Geschäftsführers, sondern Gewinnausschüttungen. Das Gleiche gilt bei einem Gesellschafter-Geschäftsführer für Gehaltserhöhungen, wenn die Vertragsänderung nicht vom zuständigen Organ vorgenommen worden ist und daher nach dem Urteil des Bundesgerichtshofs vom 25.3.1991 zivilrechtlich nicht wirksam zustande gekommen ist. Diese verschärften Anforderungen müssen auch steuerlich berücksichtigt werden (BMF-Schreiben vom 21.12.1995, BStBl 1996 I S. 50). Zur lohnsteuerlichen Behandlung bestimmter Gehaltsbestandteile eines Gesellschafter-Geschäftsführers, die im Anstellungsvertrag vereinbart, tatsächlich aber nicht ausgezahlt werden, wird in Bezug auf die Abgrenzung zur verdeckten Einlage auf das BMF-Schreiben vom 12.5.2014, BStBl I S. 860, hingewiesen.

Im Sozialversicherungsrecht wird ein Geschäftsführer, der nicht Gesellschafter ist, ungeachtet seiner Arbeitgeberfunktion ebenfalls als Arbeitnehmer behandelt. Falls der Geschäftsführer gleichzeitig Gesellschafter ist, richtet sich die sozialversicherungsrechtliche Einordnung nach dem Einfluss, den ihm seine Beteiligung in der Gesellschaft gewährt. Bei einer Beteiligung unter 50% kann der Gesellschafter-Geschäftsführer, wenn nicht besondere Verhältnisse vorliegen (z. B. Sperrminorität), keinen beherrschenden Einfluss ausüben. Seine Geschäftsführertätigkeit ist deshalb im Allgemeinen sozialversicherungspflichtig. Durch eine Beteiligung von 50% und mehr kann dagegen maßgeblicher Einfluss auf die Entscheidungen der GmbH ausgeübt werden. In solchen Fällen steht der Gesellschafter-Geschäftsführer regelmäßig nicht in einem persönlichen Abhängigkeitsverhältnis zur GmbH, wie dies für eine Arbeitnehmertätigkeit im Sinne des Sozialversicherungsrechts Voraussetzung wäre. Im Übrigen ist bei der Anmeldung des Beschäftigten an die Sozialversicherung nach § 28a SGB IV anzugeben, ob es sich um eine Tätigkeit als geschäftsführender GmbH-Gesellschafter handelt. Die Deutsche Rentenversicherung Bund wird daraufhin mit einem Feststellungsbogen die versicherungsrechtliche Beurteilung abfragen und eine Statusfeststellung vornehmen (vgl. die Besprechung der Spitzenorganisationen der Sozialversicherung vom 9.4.2014 nebst Anlage 3 i.d.F. vom 9.4.2014). Aufwendungen für das Statusfeststellungsverfahren sind beim Arbeitnehmer Werbungskosten (BFH vom 6.5.2010, BStBl II S. 851).

Handelsvertreter

Zu den Folgerungen einer irrtümlich angenommenen Sozialversicherungspflicht mit Erstattung oder Umwandlung der Beiträge wird auf das Stichwort „Zukunftssicherungsleistungen" in Tz 4.2 verwiesen.

Im Ratgeber „Praktische Lohnabrechnung" ist die Gehaltsabrechnung für einen Gesellschafter-Geschäftsführer mit verschiedenen häufig vorkommenden Bezügearten ausführlich dargestellt.

Handelsvertreter

sind nach § 84 Abs. 1 HGB selbstständige Gewerbetreibende. Im allgemeinen Sprachgebrauch werden jedoch auch Personen, die im Angestelltenverhältnis stehen, als Handelsvertreter bezeichnet. Ob ein Angestelltenverhältnis vorliegt, muss nach dem Gesamtbild entschieden werden. Dabei kommt bei dieser Berufsgruppe vor allem der Frage Bedeutung zu, ob die beschäftigte Person ein eigenes Unternehmerrisiko zu tragen hat. Fehlt es hieran, liegt ein Arbeitsverhältnis (BFH vom 7.12.1961, BStBl 1962 III S. 149 und vom 30.10.1969, BStBl 1970 II S. 474) bzw. ein abhängiges Beschäftigungsverhältnis (vgl. Anlage 2 der Verlautbarung der Spitzenorganisationen der Sozialversicherung vom 13.4.2010) vor.

Hausgehilfin

Die Weisungsgebundenheit hinsichtlich des Orts sowie der Art und Weise der Tätigkeit führt bei diesen Personen generell zur Annahme der Arbeitnehmereigenschaft. Das gilt unabhängig davon, ob die Hausgehilfin in die häusliche Gemeinschaft aufgenommen ist. Auch Haushaltshilfen, Putz- und Zugehfrauen sind nichtselbstständig tätig, selbst wenn sie in einem Haushalt nur wenige Stunden arbeiten.

Hausmeister

In der Praxis wird die gleiche Tätigkeit oft auch als Hauswart- oder Hausverwaltertätigkeit bezeichnet. Die steuerliche Einordnung orientiert sich deshalb nicht an der von den Vertragsparteien gewählten Bezeichnung. Je nach Gestaltung der Beschäftigung kann eine als Hausmeister, Hauswart oder Hausverwalter tätige Person selbstständig oder nichtselbstständig sein. Im Regelfall wird allerdings wegen der weitgehenden Weisungsbefugnis des Hausbesitzers und dem fehlenden Unternehmerrisiko ein Arbeitsverhältnis vorliegen. Das gilt auch dann, wenn die Tätigkeit nur nebenberuflich ausgeübt wird. Zur lohnsteuerlichen Erfassung des Vorteils aus der verbilligten Überlassung einer Wohnung an den Hausmeister vgl. in Tz 4.2 das Stichwort „Wohnungsüberlassung".

Im Urteil vom 13.5.1966, BStBl III S. 489 hat der Bundesfinanzhof Hausverwalter, die für eine Wohnungseigentümergemeinschaft tätig sind, nicht als Arbeitnehmer angesehen.

Heimarbeiter

Wer Heimarbeiter ist, bestimmt § 2 Abs. 1 Heimarbeitergesetz. Nach Verwaltungsauffassung sind Heimarbeiter nichtselbstständig. Die bei Heimarbeitern zu beachtenden Besonderheiten sind im Ratgeber „Praktische Lohnabrechnung" dargestellt.

Von den Heimarbeitern zu unterscheiden sind die **Hausgewerbetreibenden** (§ 2 Abs. 2 Heimarbeitergesetz). Bei ihnen wird steuerlich kein Dienstverhältnis sondern Selbstständigkeit angenommen, weil sie oft für mehrere Auftraggeber tätig sind, schon deshalb ein gewisses Unternehmerrisiko tragen und außerdem fremde Hilfskräfte (nicht nur Familienangehörige) beschäftigen können. Obwohl kein Dienstverhältnis vorliegt, besteht für Hausgewerbetreibende Versicherungspflicht in der Rentenversicherung. Den „Arbeitgeberanteil" hat der Auftraggeber des Hausgewerbetreibenden zu entrichten. Seit 1.1.1989 sind Hausgewerbetreibende nicht mehr krankenversicherungspflichtig. Außerdem besteht keine Beitragspflicht zur Bundesagentur für Arbeit.

Hörfunkmitarbeiter

s. „Fernseh- und Hörfunkmitarbeiter"

Interviewer

sind selbstständig, wenn sie für mehrere Auftraggeber von Fall zu Fall tätig und nicht in den Betrieb eines Unternehmens fest eingegliedert sind (vgl. auch BSG vom 14.11.1974, 8 RU 266/73). Bei Eingliederung in den Betrieb und typischen Arbeitnehmerrechten handelt es sich um Arbeitnehmer (BFH vom 29.5.2008, BStBl II S. 933). Entscheidend sind jedoch immer die tatsächlichen Verhältnisse im jeweiligen Einzelfall (BFH vom 18.6.2015, BStBl II S. 903).

Kinder im elterlichen Betrieb

Ein steuerlich wirksames Arbeitsverhältnis oder Ausbildungsdienstverhältnis kann auch mit den eigenen Kindern vereinbart werden. Die zur Anerkennung eines Ehegatten-Arbeitsverhältnisses maßgebenden Grundsätze gelten dabei sinngemäß. Gestaltung und Durchführung des Arbeitsverhältnisses müssen den zwischen Fremden üblichen Gestaltungen entsprechen (BFH vom 25.1.1989, BStBl II S. 453). Daher werden „Arbeitsverträge" über Hilfeleistungen der Kinder im elterlichen Betrieb steuerrechtlich nicht anerkannt, wenn sie wegen ihrer Geringfügigkeit oder Eigenart üblicherweise nicht auf arbeitsvertraglicher Grundlage erbracht werden (BFH vom 9.12.1993, BStBl 1994 II S. 298 und vom 6.3.1995, BStBl II S. 394). Nachträgliche Leistungsverbesserungen oder rückwirkende Vertragsänderungen werden nicht anerkannt (BFH vom 21.8.1985, BStBl 1986 II S. 250 und vom 13.11.1986, BStBl 1987 II S. 121).

In der Land- und Forstwirtschaft kommt außerdem der Gewährung von Unterkunft und Verpflegung Bedeutung zu. Wird im Arbeitsvertrag Unterkunft und Verpflegung als Teil der Entlohnung für die Arbeitsleistung bestimmt, sind hierfür die Sachbezugswerte (s. Anlage 2) als steuerpflichtiger Arbeitslohn zu erfassen. Ist nur ein bestimmter Geldbetrag als Arbeitslohn vereinbart, kann dagegen Unterkunft und Verpflegung nicht als Arbeitslohn behandelt werden, auch wenn der vereinbarte Barlohn unüblich niedrig ist.

Mit Kindern unter 14 Jahren sind keine Arbeitsverhältnisse zulässig (BFH vom 18.4.1958, BStBl III S. 294). Die Mitarbeit der Kinder im Haushalt oder gelegentliche Hilfeleistungen erfolgen üblicherweise auf familienrechtlicher Grundlage; zwischen Fremden wären solche Tätigkeiten nicht Inhalt eines Arbeitsverhältnisses. Das Gleiche gilt gewöhnlich für die Mitarbeit der Eltern im Haushalt des Kindes. Nur unter besonderen Umständen kann in solchen Fällen ein Arbeitsverhältnis anerkannt werden (BFH vom 6.10.1961, BStBl III S. 549).

Im Übrigen ist bei der Anmeldung eines im elterlichen Betrieb beschäftigten Kindes an die Sozialversicherung nach § 28a Abs. 3 Satz 2 Nr. 1 Buchstabe d SGB IV anzugeben, dass es sich um einen Abkömmling handelt. Die Deutsche Rentenversicherung Bund wird daraufhin mit einem Feststellungsbogen die versicherungsrechtliche Beurteilung abfragen und eine Statusfeststellung von Amtswegen vornehmen (vgl. die Verlautbarung der Spitzenorganisationen der Sozialversicherung vom 13.4.2010 nebst Anlage 4).

Kopfschlächter

Als Mitglieder von Zerlegungskolonnen tätige Ausbeiner und Kopfschlächter werden von der Finanzverwaltung regelmäßig als Arbeitnehmer zu beurteilen sein (vgl. BSG vom 4.6.1998 – B 12 KR 5/97 R –).

Künstler

s. „Bühnenkünstler“
„Fernseh- und Hörfunkmitarbeiter“
„Film- und Fernsehfilmproduktionen“
„Musiker“
„Orchestermusiker“
„Synchronsprecher“

Wiederholungshonorare der Künstler sind der Einkunftsart zuzuordnen, zu welcher das Ersthonorar gehört hat. Das gilt selbst dann, wenn das Wiederholungshonorar nicht vom Schuldner des Ersthonorars gezahlt wird. Ist das Ersthonorar als Arbeitslohn zugeflossen und wird das Wiederholungshonorar von einem Dritten gezahlt, ist dieses zwar ebenfalls den Einkünften aus nichtselbstständiger Arbeit zuzurechnen, der Lohnsteuerabzug ist jedoch nicht vorzunehmen. Zur Behandlung von Vergütungen für die Übertragung von Leistungsschutzrechten vgl. aber BFH vom 6.3.1995, BStBl II S. 471 und vom 26.7.2006, BStBl II S. 917.

Kurierfahrer

sind in der Regel nicht Arbeitnehmer. Es fehlt meist an der für ein Arbeitsverhältnis typischen Weisungsbefugnis des Auftraggebers. Seine Einflussnahme beschränkt sich im Allgemeinen auf die Beschreibung des Kurierauftrags, aber nicht auf den Tätigkeitsablauf selbst. Die Selbstständigkeit des Kurierfahrers wird vor allem durch den Einsatz seines eigenen Fahrzeugs, dessen Unterhaltskosten er selbst zu tragen hat, die Übernahme von Beförderungsrisiken und die Möglichkeit, einen Ersatzkurier auf eigene Rechnung einzusetzen, dokumentiert. Entscheidend sind jedoch die Gesamtumstände des jeweiligen Einzelfalls, so dass durchaus auch eine Arbeitnehmertätigkeit vorliegen kann.

Aufgrund besonderer vertraglicher Bindungen, die die üblichen Bindungen eines Frachtführers gegenüber dem Spediteur überstiegen haben, hat das Bundesarbeitsgericht im Urteil vom 19.11.1997 – 5 AZR 653/96 – den Arbeitnehmerstatus eines Transporteurs mit eigenem Fahrzeug im Güternahverkehr bejaht. Entscheidend sind die tatsächlich gegebenen Verhältnisse und ihre Gesamtwürdigung (BSG vom 11.3.2009, B 12 KR 21/07 R).

Lehrtätigkeit

Die Zuordnung der Lehrtätigkeit bereitet Probleme, wenn sie als Nebentätigkeit ausgeübt wird. Bei hauptberuflichen Lehrkräften liegt eine solche nur vor, wenn die zusätzliche Lehrtätigkeit nicht zu den Dienstobliegenheiten aus dem Hauptberuf gehört. Bei der Aushilfe eines hauptberuflichen Lehrers an einer anderen Schule der gleichen Schulart, handelt es sich deshalb nicht um eine Nebentätigkeit, sondern um Mehrarbeit. Die Entlohnung für die Mehrarbeit ist mit dem Arbeitslohn aus Haupttätigkeit zusammenzurechnen (BFH vom 4.12.1975, BStBl 1976 II S. 291).

Liegt eine Nebentätigkeit vor, z. B. als Aushilfe an einer Schule anderer Schulart, bei Lehrtätigkeit eines Ruhestandsbeamten, eines selbstständigen Handwerkers oder Freiberuflers, ist die Lehrtätigkeit unabhängig vom Hauptberuf zu beurteilen. In der Regel ist eine solche nebenberufliche Lehrtätigkeit als Ausübung eines freien Berufs anzusehen. Eine Arbeitnehmertätigkeit kann nur angenommen werden, wenn gewichtige Anhaltspunkte hierfür sprechen, z. B. der Abschluss eines Arbeitsvertrags unter Zugrundelegung eines Tarifvertrags, eine Vereinbarung über Anspruch auf Urlaub und Feiertagsvergütung.

Wird die Nebentätigkeit an einer Schule oder einem Lehrgang mit einem allgemein feststehenden und nicht nur von Fall zu Fall aufgestellten Lehrplan ausgeübt, spielt für die Frage, ob eine Eingliederung in den Schul- oder Lehrgangsbetrieb im Sinne einer Arbeitnehmertätigkeit vorliegt, der Umfang der Beschäftigung eine wichtige Rolle. Die Finanzverwaltung nimmt eine Eingliederung, also Arbeitnehmereigenschaft an, wenn die Lehrkraft bei der einzelnen Schule oder dem einzelnen Lehrgang in der Woche durchschnittlich mehr als **6 Unterrichtsstunden** erteilt. Die Lehrveranstaltungen von Volkshochschulen können nach Verwaltungsauffassung nicht als Lehrgang in diesem Sinne angesehen werden. Die dort mit Nebentätigkeit beschäftigten Lehrkräfte sind deshalb selbstständig.

Die 6-Stunden-Regelung darf nicht schematisch angewandt werden. Der BFH hat im Urteil vom 4.12.1975, BStBl 1976 II S. 292, einen Ingenieur, der nur 2 Stunden wöchentlich Unterricht erteilte, als nichtselbstständig angesehen, weil sich aus der schriftlichen Vereinbarung ergab, dass ein Arbeitsverhältnis gewollt und auch tatsächlich durchgeführt worden war. Andererseits hat der BFH im Urteil vom 4.10.1984, BStBl 1985 II S. 51, einen Lehrbeauftragten an einer Fachhochschule als selbstständig beurteilt, obwohl dieser bis zu 8 Stunden wöchentlich Unterricht erteilte und eine Fortzahlung der Unterrichtsvergütung bei Krankheit bis zu 6 Wochen vereinbart war. Als entscheidend für diese Beurteilung sah der BFH in diesem Fall das Rechtsverhältnis an, das der Tätigkeit zugrunde lag, denn das maßgebliche Fachhochschulgesetz bestimmte hierzu, dass die Lehrbeauftragten die ihnen übertragenen Lehraufgaben „selbstständig" wahrnehmen.

Mannequins,

die ständig bei einem Unternehmen beschäftigt sind, sind Arbeitnehmer; bei ihnen kann davon ausgegangen werden, dass sie in dieses Unternehmen eingegliedert sind. Bei Vorführdamen, die für mehrere Auftraggeber tätig sind, entscheidet das Gesamtbild der Verhältnisse. Der Dauer der einzelnen Vorführung, ob ganztägig oder nur für einige Stunden täglich, kommt dabei keine ausschlaggebende Bedeutung zu. Maßgebend ist, ob die Beteiligten für die Zeit der Vorführungen eine Eingliederung in den Betrieb vereinbart und durchgeführt haben (BFH vom 2.10.1968, BStBl 1969 II S. 71).

Marktforscher

sind selbstständig, wenn sie für mehrere Auftraggeber von Fall zu Fall tätig und nicht in den Betrieb eines Unternehmens fest eingegliedert sind.

Messehostessen

sind im normalen Agenturbetrieb, in dem für Kunden Veranstaltungen organisiert und nicht die Arbeitnehmer überlassen werden, in der Regel als Arbeitnehmer zu beurteilen. Hierfür spricht die weitgehende Weisungsbefugnis der Agentur beziehungsweise des Kunden betreffend der Ausführung der Tätigkeit. Dies gilt insbesondere, wenn die Hostessen häufig nur für einen Auftraggeber arbeiten.

Musiker

Die Einordnung von Mitgliedern eines Orchesters, einer Kapelle u.ä. als selbstständig oder nichtselbstständig hängt entscheidend von der rechtlichen Gestaltung ab, die für das Auftreten gewählt wird. Die folgenden Sachverhalte sind zu unterscheiden:

a) Die Musikkapelle ist als Personengesellschaft organisiert

Hierzu sind klare Vereinbarungen, die die Musikkapelle als Personengesellschaft (Gesellschaft bürgerlichen Rechts) ausweisen, und ein Auftreten der Kapelle gegenüber Vertragspartnern als Gesellschaft notwendig. Rechtsbeziehungen entstehen in diesem Fall nur zwischen der Gesellschaft und dem jeweiligen Veranstalter (Gastwirt u.ä.). Die Musiker sind als Mitglieder der Gesellschaft selbstständig tätig; weder vom Veranstalter noch vom Kapellenleiter ist der Lohnsteuerabzug vorzunehmen; die Musiker haben vielmehr ihren Anteil am Gewinn der Gesellschaft im Rahmen der Einkommensteuerveranlagung zu versteuern.

b) Die Musiker vereinbaren nur einen losen Zusammenschluss

In diesem Fall bestehen bei einem Auftritt unmittelbare Rechtsbeziehungen zwischen dem einzelnen Musiker und dem jeweiligen Veranstalter (z. B. Gastwirt). Ob der Musiker selbstständig oder in den Betrieb des Veranstalters eingegliedert ist, also als Arbeitnehmer tätig wird, muss nach den allgemeinen Abgrenzungskriterien entschieden werden. Nach dem BFH-Urteil vom 10.9.1976, BStBl 1977 II S. 178, ist davon auszugehen, dass von einem Gastwirt engagierte Musiker grundsätzlich nichtselbstständig sind. Dies gilt auch für andere Veranstalter (Theater, Fernsehgesellschaften), die Musiker nicht nur gelegentlich, sondern aufgrund eines Dauervertragsverhältnisses beschäftigen.

Gemäß der genannten BFH-Entscheidung sind die Musiker jedoch nicht Arbeitnehmer des Gastwirts oder sonstigen Veranstalters, wenn die Kapelle von ihm nur gelegentlich, etwa an einem Abend oder einem Wochenende, verpflichtet wird. Eine gelegentliche Verpflichtung liegt nicht vor, wenn aus dem Ablauf der Tätigkeit erkennbar ist, dass ein auf Dauer angelegtes Beschäftigungsverhältnis vorliegt. Deshalb handelt es sich nicht um eine gelegentliche Verpflichtung, wenn ein Gastwirt z. B. während der

Faschingssaison eine Kapelle für wöchentliche Auftritte engagiert. Er ist in diesem Fall verpflichtet, von den an die Musiker gezahlten Vergütungen Lohnsteuer einzubehalten.

Wird die Musikkapelle von einem Verein (z. B. für eine Festveranstaltung) engagiert, gelten dieselben Grundsätze. Die Musiker sind selbstständig, wenn sie nur an einem Abend oder einem Wochenende spielen. Führt der Verein eine länger dauernde Veranstaltung durch, sind die Musiker Arbeitnehmer des Vereins, wenn sie vom Verein für die Dauer der Veranstaltung, also nicht mehr gelegentlich, verpflichtet werden. Der Verein muss dann von den Vergütungen den Lohnsteuerabzug vornehmen.

c) Der Kapellenleiter tritt als Unternehmer auf

Bei berühmten Kapellen, die meist auch unter dem Namen des Kapellenleiters bekannt sind, tritt in der Regel der Kapellenleiter als Unternehmer auf, d.h., er schließt im eigenen Namen und auf eigene Rechnung die Verträge mit den jeweiligen Veranstaltern. Ob die Musiker zu ihm in einem Arbeitsverhältnis stehen, richtet sich wiederum nach den allgemeinen Abgrenzungskriterien (Art der Vergütung, Umfang der Beschäftigung, Dauer, Probenverpflichtung usw.).

d) Die Musikkapelle ist als Verein organisiert

Ist Träger der Musikkapelle (Orchester) ein Verein, können die Musiker entweder in ihrer Eigenschaft als Vereinsmitglieder für den Verein tätig sein oder im Rahmen eines Arbeitsverhältnisses mitwirken. Auch hier gelten wieder die allgemeinen Kriterien zur Feststellung, ob eine Eingliederung im Sinne eines Arbeitsverhältnisses vorliegt, wenngleich hier dem Willen der Beteiligten wohl größeres Gewicht zukommen wird.

Nebentätigkeit

Ob eine Nebentätigkeit steuerrechtlich selbstständig oder nichtselbstständig ausgeübt wird, ist nach dem sich aus der Nebentätigkeit ergebenden Gesamtbild zu beurteilen. Die Nebentätigkeit ist losgelöst von der Art des Hauptberufs zu betrachten. Nur in besonders gelagerten Ausnahmefällen, in denen beide Tätigkeiten unmittelbar zusammenhängen, muss die Vergütung für die Nebentätigkeit der gleichen Einkunftsart wie das Entgelt aus der Haupttätigkeit zugeordnet werden.

Selbst wenn die nichtselbstständige Haupttätigkeit und die Nebentätigkeit für denselben Arbeitgeber ausgeübt werden, kann nicht von vornherein davon ausgegangen werden, dass die Nebentätigkeit ebenfalls auf nichtselbstständiger Basis erfolgt. Nur wenn dem Arbeitnehmer aus seinem Dienstverhältnis Nebenpflichten obliegen, die zwar besonders entlohnt werden, deren Erfüllung der Arbeitgeber aber erwarten darf, ist die Nebentätigkeitsvergütung mit dem Arbeitslohn der Haupttätigkeit zusammenzurechnen.

Vgl. auch die Stichworte „Lehrtätigkeit", „Prüfungstätigkeit" und „Ehrenämter".

Notfallsanitäter

Die Ausbildung zum Notfallsanitäter nach dem Notfallsanitätergesetz vom 22.5.2013, BGBl. I S. 1.348, unterliegt für die gesamte Dauer der Ausbildung der Versicherungspflicht in der KV, PV, RV und ALV.

Orchestermusiker

Die Mitglieder von Kulturorchestern sind grundsätzlich nichtselbstständig. Arbeitgeber ist der Träger des Orchesters (Theaterunternehmen, Stadtverwaltung, Musikverein usw.). Orchesteraushilfen können ausnahmsweise selbstständig tätig sein, wenn sie nur für kurze Zeit einspringen.

Plakatkleber

sind selbstständig, wenn sie für verschiedene Auftraggeber und von Fall zu Fall tätig sind.

Praktikanten,

die zur Vorbereitung auf den Beruf oder aufgrund von Studienbestimmungen in einem Betrieb beschäftigt werden, sind Arbeitnehmer.

Prospektverteiler

werden im Steuer- und Sozialversicherungsrecht regelmäßig als Arbeitnehmer beurteilt (vgl. BFH vom 24.7.1992, BStBl 1993 II S. 155 und vom 31.1.1996).

Vgl. auch das Stichwort „Zeitungsausträger"

Prüfungstätigkeiten

werden in der Regel selbstständig ausgeübt, da es an der für ein Arbeitsverhältnis erforderlichen Eingliederung und Weisungsbefugnis eines Arbeitgebers fehlt. Etwas anderes gilt, wenn die Mitwirkung an Prüfungen keine Nebentätigkeit darstellt, sondern zu den Dienstobliegenheiten aus dem Hauptamt gehört. Bei Hochschullehrern gehören deshalb die Vergütungen für die Mitwirkung an Staatsprüfungen zu den Einkünften aus selbstständiger Arbeit und die Vergütungen für die Mitwirkung an Hochschulprüfungen zu den Einkünften aus nichtselbstständiger Arbeit (BFH vom 29.1.1987, BStBl II S. 783).

Regalauffüller

In Warenhäusern und Supermärkten übernehmen häufig nebenberufliche Kräfte, die vorwiegend als Regalauffüller oder Platzierungshilfen bezeichnet werden, die Warenplatzierung, Regalpflege sowie Dispositionsaufgaben. Auch wenn diese Personen häufig als "freie Mitarbeiter" bezeichnet werden, wird in der Regel auf Grund der Eingliederung in den Betrieb, der bestehenden Weisungsgebundenheit zum Auftraggeber (entweder Warenhaus/Supermarkt oder Firma, die die Ware dem Warenhaus oder Supermarkt zur Verfügung stellt) ein abhängiges Beschäftigungsverhältnis vorliegen.

Reiseleiter,

die Reisende bei Rundfahrten in betriebseigenen Autobussen betreuen und bei der Gestaltung des Tagesablaufs im Großen und Ganzen an das vom Unternehmen vorgegebene Rahmenprogramm gebunden sind, stehen in einem abhängigen Beschäftigungsverhältnis und unterliegen daher der Versicherungspflicht (BSG vom 26.5.1982 – 2 RU 67/80).

Rundfunkermittler,

die im Auftrag einer Rundfunkanstalt Schwarzhörer aufspüren, sind keine Arbeitnehmer, wenn die Höhe ihrer Einnahmen weitgehend von ihrem eigenen Arbeitseinsatz abhängt und sie auch im Übrigen – insbesondere bei Ausfallzeiten – ein Unternehmerrisiko in Gestalt des Entgeltrisikos tragen. Dies gilt im Steuerrecht unabhängig davon, dass sie nur für einen einzigen Vertragspartner tätig sind (BFH vom 2.12.1998, BStBl 1999 II S. 534). Auch das Bundesarbeitsgericht hat die Arbeitnehmereigenschaft eines Rundfunkgebührenbeauftragten verneint (vgl. BAG vom 26.5.1999 5 AZR 469/98).

Stromableser

sind Arbeitnehmer, wenn sie vom Energieunternehmen fest angestellt sind. Das Gleiche gilt nach dem BFH-Urteil vom 24.7.1992, BStBl 1993 II S. 155, wenn die Tätigkeit durch Weisungsgebundenheit, organisatorische Eingliederung und fehlendes Unternehmerrisiko gekennzeichnet ist. Entscheidend ist das Gesamtbild und die tatsächliche Durchführung. So kann die Arbeitnehmereigenschaft dann verneint werden können, wenn die Beschäftigten im Hinblick auf ein kontinuierlich über das Kalenderjahr verteiltes Ablesen von Stromzählern ausreichend Gelegenheit haben, ihre Tätigkeit eigenverantwortlich zu organisieren und durch Übernahme weiterer fakultativer Tätigkeiten ihre Vergütungen zum Teil ganz erheblich zu steigern, und wenn bei Leistungsverhinderung kein Anspruch auf Vergütung besteht.

Stundenbuchhalter

werden in der Regel für verschiedene Unternehmen tätig. Je nach Ausgestaltung kann die Beschäftigung bei einem Auftraggeber selbstständig ausgeübt sein, bei einem anderen Unternehmen aber eine Arbeitnehmertätigkeit vorliegen. Dabei gelten die allgemeinen Abgrenzungskriterien (Tz 2.1 und BFH vom 28.6.2001, BStBl 2002 II S. 338).

Synchronsprecher

Die **steuerliche** Einordnung richtet sich nach den BFH-Urteilen vom 3.8.1978, BStBl 1979 II S. 131 und vom 12.10.1978, BStBl 1981 II S. 706. Wegen der kurzen zeitlichen Berührung mit dem auftraggebenden Unternehmen sind die Synchronsprecher **in der Regel selbstständig**. Sie sind nur Arbeitnehmer, wenn sie einem Synchronunternehmen für längere Zeit zur Verfügung stehen oder von diesem Art und Dauer des Arbeitseinsatzes im Wesentlichen allein bestimmt wird und der Synchronsprecher im Vertrauen auf die fortdauernde Beschäftigung eigene Initiativen zu einer selbstbestimmten beruflichen Tätigkeit unterlässt. Demgegenüber sind die Spitzenorganisationen der **Sozialversicherung** in ihrer Besprechung am 23.11.2016 übereingekommen, den durch die BSG-Beschlüsse vom 27.04.2016, B 12 KR 16/14 R und B 12 KR 17/14 R, geprägten Grundsätzen des Bundessozialgerichts zur versicherungsrechtlichen Beurteilung von Synchronsprechern spätestens ab 01.01.2017 auch in laufenden Vertragsverhältnissen zu folgen. Sie gehen davon aus, dass die Tätigkeitsbeschreibungen und Abhängigkeiten der in den Streitverfahren betroffenen Synchronsprecher dem typischen Tätigkeitsbild von Synchronsprechern in Synchronstudios entspricht, sodass sich die aus dieser Sachverhaltsfeststellung abgeleiteten Schlüsse in grundsätzlicher Hinsicht auf die Tätigkeit von Synchronsprechern im Allgemeinen übertragen lassen. Unter dieser Maßgabe sind Synchronsprecher statusrechtlich **als abhängig Beschäftigte** und nicht als selbstständig Tätige anzusehen. Sofern in der Vergangenheit anders verfahren wurde, wird dies nicht beanstandet. Der gemeinsamen Verlautbarung zur versicherungsrechtlichen Beurteilung von Synchronsprechern vom 30.09.2005 kommt damit keine weitere Bedeutung mehr zu.

Tagesmütter

sind nicht Arbeitnehmer. Die Betreuung der Kinder in der eigenen Wohnung ist eine selbstständige Tätigkeit (vgl. BMF-Schreiben vom 11.11.2016, BStBl I S. 1.236). Die hälftigen Erstattungen der Kranken- und Pflegeversicherung sowie Alterssicherung gemäß § 23 Abs. 2 Nr. 3 und 4 sowie § 39 Abs. 4 Satz 2 SGB VIII sind nach § 3 Nr. 9 EStG steuerfrei.

Telefoninterviewer

s. „Interviewer“

Übungsleiter

Die Einnahmen von nebenberuflichen Übungsleitern und Betreuern in gemeinnützigen Sportvereinen können bis insgesamt 2.400,– € im Kalenderjahr steuer- und beitragsfrei sein (vgl. Tz 4.2 Stichwort „Aufwandsentschädigungen“ Nr. 4). Hinsichtlich der Frage, ob diese Personen als selbstständig oder nichtselbstständig zu beurteilen sind, wird von der Finanzverwaltung in R 19.2 LStR die Auffassung vertreten, dass es sich um eine nichtselbstständige Tätigkeit handelt, wenn die Übungsleiter bzw. Betreuer in der Woche durchschnittlich mehr als 6 Stunden tätig werden (vgl. „Lehrtätigkeit“). Sind sie dagegen nicht mehr als 6 Stunden in der Woche für den Verein tätig, kann in aller Regel steuerrechtlich Selbstständigkeit angenommen werden. Demgegenüber stellen die Spitzenverbände der Sozialversicherungsträger sowie das Bundessozialgericht im Urteil vom 18.12.2001 (B 12 KR 8/01 R) auf das Gesamtbild der Verhältnisse ab, ob Übungsleiter und Betreuer in den Sportverein eingegliedert und daher abhängig beschäftigt sind.

Verkaufsförderer

treten häufig auch unter der Bezeichnung Promotor, Werber oder Propagandist auf. Ihnen obliegt die Aufgabe, im Rahmen von Verkaufs- oder Werbeaktionen für Produkte zu werben. Diese Tätigkeit setzt besondere persönliche Fähigkeiten (Redegewandtheit, Überzeugungskraft und Geschick) voraus. Verkaufsförderer stehen in keinem abhängigen Beschäftigungsverhältnis, wenn sie lediglich kurzfristig, für verschiedene Werbeaktionen eines oder mehrerer Auftraggeber eingesetzt werden (vgl. auch in dieser Tz das Stichwort "Werbedamen").

Versicherungsvertreter

können selbstständig oder nichtselbstständig sein. Maßgebend ist das Gesamtbild der Verhältnisse. Dabei kommt es wesentlich darauf an, ob der Versicherungsvertreter ein ins Gewicht fallendes Unternehmerrisiko trägt, also Spielraum für eigene unternehmerische Entscheidungen hat. Die Art der Tätigkeit, ob verwaltend oder werbend, ist dagegen nicht von entscheidender Bedeutung (BFH vom 3.10.1961, BStBl III S. 567).

Vorstandsvorsitzende

Mitglieder des Vorstands einer Aktiengesellschaft sind stets Arbeitnehmer im lohnsteuerrechtlichen Sinne (BFH vom 31.1.1975, BStBl II S. 358).

Nach der Rechtsprechung des BSG (vgl. Urteile vom 31.5.1989 – 4 RA 22/88 – und vom14.12.1999 – B 2 U 38/98 R –) können Vorstandsmitglieder einer Aktiengesellschaft (auch stellvertretende Vorstandsmitglieder) regelmäßig als abhängig Beschäftigte i.S.d. § 7 SGB IV angesehen werden. Zwar hat der Vorstand einer AG die Gesellschaft unter eigener Verantwortung zu leiten und nimmt gegenüber der Belegschaft die Arbeitgeberfunktion wahr. Seine Geschäftsführung unterliegt aber auch der Überwachung durch den Aufsichtsrat, der ihn bestellt und ggf. abruft, der bestimmte Arten von Geschäften an seine Zustimmung binden kann und dem er berichts- und rechenschaftspflichtig ist. Damit ist im Regelfall ein abhängiges Beschäftigungsverhältnis gegeben. Eine andere Beurteilung ist dann gegeben, wenn Vorstandsmitglieder selbst eine Mehrheitsbeteiligung an der AG halten; in diesem Fall liegt ein abhängiges Beschäftigungsverhältnis nicht vor.

Vorstandsmitglieder sind in der Arbeitslosenversicherung gemäß § 27 Abs. 1 Nr. 5 SGB III und in der Rentenversicherung gemäß § 1 Satz 4 SGB VI nicht versicherungspflichtig. Konzernunternehmen im Sinne des § 18 des AktG gelten dabei als ein Unternehmen. Mit dem Zweiten Gesetz zur Änderung des SGB VI und anderer Gesetze vom 27.12.2003, BGBl. I S. 3.013 hat der Gesetzgeber auch für den Bereich der gesetzlichen Rentenversicherung festgelegt, dass die Versicherungsfreiheit nur auf die jeweilige Vorstandstätigkeit beschränkt ist und daneben ausgeübte Beschäftigungen bei (anderen) Arbeitgebern nicht von der Versicherungsfreiheit als Vorstandsmitglied einer Aktiengesellschaft profitieren sollen. Vorstandsmitglieder einer Aktiengesellschaft, die bereits am 6.11.2003 in einer weiteren Beschäftigung nicht versicherungspflichtig waren, werden aber in dieser Beschäftigung gemäß § 229 Abs. 1a SGB VI grundsätzlich nicht versicherungspflichtig.

Als abhängig Beschäftigte i.S.d. § 7 Abs. 1 SGB IV haben Vorstandsvorsitzende in der Kranken- und Pflegeversicherung in aller Regel wegen Überschreitens der Jahresarbeitsentgeltgrenzen einen Anspruch auf einen Zuschuss ihres Arbeitgebers zu ihrem Krankenversicherungsbeitrag nach § 257 SGB V und zu ihrem Pflegeversicherungsbeitrag nach § 61 SGB XI. Diese Zuschüsse sind nach Maßgabe des § 3 Nr. 62 EStG steuerfrei (vgl. Tz 4.2 Stichworte „Krankenversicherung", „Pflegeversicherung" und „Zukunftssicherungsleistungen").

Für Vorstandsmitglieder eingetragener Genossenschaften und angestellte Vorstandsmitglieder öffentlicher Sparkassen hat das BSG die Arbeitnehmereigenschaft bejaht. Das Gleiche gilt nach dem BSG-Urteil vom 19.6.2001 – B 12 KR 44/00 R – für Vorstandsmitglieder von Vereinen, die für den Verein gegen Entgelt tätig sind.

Werbedamen,

die von ihren Auftraggebern von Fall zu Fall für jeweils kurzfristige Werbeaktionen beschäftigt werden, können selbstständig sein. Es handelt sich nicht um eine einfache Tätigkeit, bei der bereits eine kurze Berührung mit dem Betrieb des Auftraggebers zur Eingliederung führt (BFH vom 14.6.1985, BStBl II S. 661). Die von einem

Warenproduzenten im Rahmen des Vertriebs in Warenhäusern beschäftigten Servicekräfte können als Arbeitnehmer anzusehen sein (BFH vom 20.11.2008, BStBl 2009 II S. 374).

Werksstudenten

üben ihre Tätigkeit nicht vorrangig zu Studienzwecken aus, sondern werden zum Gelderwerb neben dem Studium tätig. Aufgrund der Eingliederung in den Betrieb sind sie in der Regel Arbeitnehmer, auch wenn kein Ausbildungsdienstverhältnis vorliegt.

Zeitungsausträger

können je nach dem sich aus den Einzelumständen ergebenden Gesamtbild selbstständig oder nichtselbstständig sein. Die Vergütung mit festen Beträgen je Abonnenten spricht für sich allein noch nicht für Selbstständigkeit, weil sich durch die von vornherein feststehende Zahl doch ein gleichbleibendes Entgelt für ein im Wesentlichen unverändertes Arbeitspensum ergibt. Auch der zeitliche Ablauf der Tätigkeit ist in der Regel vorgeschrieben. Darf der Zeitungsausträger auch für andere Verlage tätig sein, Werbung treiben und ist er mit einem Inkassorisiko belastet, kann dies für Selbstständigkeit sprechen. Es kommt aber darauf an, wie gewichtig diese Merkmale im Gesamtbild der Tätigkeit sind. Sind sie nur von nebensächlicher Bedeutung, bleibt die Arbeitnehmereigenschaft erhalten (BFH vom 2.10.1968, BStBl 1969 II S. 103). Prämien, die ein Verlagsunternehmen seinen Zeitungsausträgern für die Werbung neuer Abonnenten gewährt, sind entsprechend dem BFH-Urteil vom 22.11.1996, BStBl 1997 II S. 254, dann kein Arbeitslohn, wenn die Zeitungsausträger weder rechtlich noch faktisch zur Anwerbung neuer Abonnenten verpflichtet sind. Die Spitzenverbände der Sozialversicherungsträger sind der Meinung, dass sich die steuerliche Beurteilung des BFH im Urteil vom 22.11.1996 nicht auf das Sozialversicherungsrecht übertragen lässt, und rechnen die Werbeprämien zum Arbeitsentgelt.

Durch eine geringfügige Werbetätigkeit werden Zeitungsausträger allerdings noch nicht als selbstständig eingestuft. Wird für eine solche Werbetätigkeit eine besondere Vergütung gezahlt, gehört sie zusammen mit dem Trägerlohn zum steuerpflichtigen Arbeitslohn und zum beitragspflichtigen Arbeitsentgelt (BSG vom 15.2.1989 – RK 34/87).

Auch nach dem BAG-Urteil vom 16.7.1997 – 5 AZR 312/96 – können Zeitungszusteller je nach Umfang und Organisation der übernommenen Tätigkeit Arbeitnehmer oder Selbstständige sein. Kann ein Zusteller das übernommene Arbeitsvolumen in der vorgegebenen Zeit nicht bewältigen, so dass er weitere Mitarbeiter einsetzen muss, so spricht das gegen die Annahme eines Arbeitsverhältnisses.

3. Arbeitgeber

3.1 Wer ist Arbeitgeber?

Der Begriff ist im Lohnsteuerrecht nicht in einer eigenen Vorschrift definiert. Er wird vielmehr aus der Festlegung des Arbeitnehmerbegriffs und der Beschreibung des Dienstverhältnisses in § 1 LStDV abgeleitet. Somit ist Arbeitgeber, wer einen Arbeitnehmer beschäftigt. Dies können Körperschaften des öffentlichen Rechts, Kapitalgesellschaften, Personengesellschaften, Vereine, Stiftungen, Einzelunternehmen und auch Privatpersonen (z. B. bei Beschäftigung einer Hausgehilfin) sein.

Arbeitgeber ist also der Vertragspartner des Arbeitnehmers aus dem Dienstvertrag. Im Falle eines Konzerns ist dies das jeweilige Konzernunternehmen, mit dem die arbeitsvertragliche Bindung besteht. Nur gegen dieses Unternehmen kann der Arbeitnehmer seine Ansprüche auch gerichtlich durchsetzen (BFH vom 21.2.1986, BStBl II S. 768). Auch eine Personenvereinigung kann Arbeitgeber sein (BFH vom 17.2.1995, BStBl II S. 390).

3.2 Welche Arbeitgeber sind zum Lohnsteuerabzug verpflichtet?

Die Arbeitgeberpflichten treffen grundsätzlich nur einen **inländischen Arbeitgeber**. Lediglich im Fall der Arbeitnehmerüberlassung ist der ausländische Verleiher zum Lohnsteuerabzug verpflichtet (s.Tz 3.5).

Inländischer Arbeitgeber ist, wer im Inland

- einen Wohnsitz,
- seinen gewöhnlichen Aufenthalt,
- seine Geschäftsleitung,
- seinen Sitz,
- eine Betriebsstätte oder
- einen ständigen Vertreter

hat. Ob diese Voraussetzungen vorliegen, richtet sich nach den §§ 8 bis 13 AO. Ein im Ausland ansässiger Arbeitgeber ist deshalb zum Lohnsteuerabzug verpflichtet, wenn er im Inland eine Betriebsstätte unterhält oder einen ständigen Vertreter hat.

3.3 Was gilt bei Arbeitnehmerentsendung nach Deutschland?

Zwischen international verbundenen Konzerngesellschaften werden regelmäßig Arbeitnehmer entsandt. In der Vergangenheit waren häufig weder das ausländische Unternehmen noch das deutsche Unternehmen zum Lohnsteuerabzug verpflichtet, obwohl das Besteuerungsrecht für die Vergütung der in Deutschland ausgeübten Tätigkeit nach DBA regelmäßig Deutschland zustand. § 38 Abs. 1 Satz 2 EStG bestimmt, dass bei internationaler Arbeitnehmerentsendung das in Deutschland ansässige aufnehmende Unternehmen, das den Arbeitslohn für die ihm geleistete Arbeit wirtschaftlich trägt, inländischer Arbeitgeber ist. Dabei ist nicht Voraussetzung, dass das Unternehmen den Arbeitslohn im eigenen Namen und für eigene Rechnung auszahlt. Die

Lohnsteuer entsteht bereits im Zeitpunkt der Arbeitslohnzahlung an den Arbeitnehmer, wenn das inländische Unternehmen aufgrund der Vereinbarung mit dem ausländischen Unternehmen mit einer Weiterbelastung rechnen kann.

Überlässt z. B. eine im Ausland ansässige Kapitalgesellschaft von ihr eingestellte Arbeitnehmer an eine inländische Tochtergesellschaft gegen Erstattung der von ihr gezahlten Lohnkosten, so ist die inländische Tochtergesellschaft Arbeitgeberin im lohnsteuerlichen Sinne.

3.4 Können Arbeitgeberpflichten auf Dritte verlagert werden?

a) Soweit ein inländischer Dritter unmittelbar gegen ihn sich richtende tarifvertragliche Geldansprüche von Arbeitnehmern aus deren Dienstverhältnis oder früheren Dienstverhältnis erfüllt, ist nach § 38 Abs. 3a Satz 1 EStG der Dritte selbst und nicht der Arbeitgeber oder frühere Arbeitgeber **verpflichtet**, den Lohnsteuerabzug vorzunehmen. Damit obliegt z. B. den Sozialkassen im Baugewerbe, die in bestimmten Fällen zur Übernahme von Lohnzahlungen an Arbeitnehmer im Baugewerbe verpflichtet sind, auch die Verpflichtung zum Lohnsteuerabzug. Bei einem sonstigen Bezug (vgl. Tz 5.8) kann der Dritte den Lohnsteuerabzug unabhängig von den individuellen Lohnsteuerabzugsmerkmalen der Arbeitnehmer mit 20% vornehmen, wenn der maßgebende Jahresarbeitslohn zuzüglich des sonstigen Bezugs 10.000,– € im Kalenderjahr nicht übersteigt (§ 39c Abs. 3 EStG).

b) In anderen Fällen **kann** das Betriebsstättenfinanzamt eines inländischen Dritten auf dessen Antrag im Einvernehmen mit dem Betriebsstättenfinanzamt des Arbeitgebers zulassen, die Pflichten des Arbeitgebers in eigenem Namen zu übernehmen. Dadurch wird der Dritte jedoch nicht zum Arbeitgeber der Arbeitnehmer, deren Lohnsteuer er einbehält, anmeldet und abführt; der Dritte übernimmt vielmehr nur die lohnsteuerlichen Pflichten des Arbeitgebers. Voraussetzung für die Genehmigung dieses Verfahrens ist, dass der Dritte

- sich hierzu gegenüber dem Arbeitgeber verpflichtet hat,
- den Lohn auszahlt oder er nur Arbeitgeberpflichten für von ihm vermittelte Arbeitnehmer übernimmt und
- die Steuererhebung nicht beeinträchtigt wird.

Dieses in § 38 Abs. 3a Satz 2ff. EStG zugelassene Verfahren kann beispielsweise in folgenden Fällen in Betracht kommen:

- Für Arbeitnehmer mit mehreren aufeinander folgenden kurzfristigen Dienstverhältnissen zu unterschiedlichen Arbeitgebern fasst ein Dritter die Löhne zur Berechnung der Lohnsteuer zusammen, meldet die Lohnsteuer unter eigenem Namen bei seinem Betriebsstättenfinanzamt an und führt sie dorthin ab (z. B. studentische Arbeitsvermittlung).
- Für Arbeitnehmer mit mehreren gleichzeitig nebeneinander bestehenden Dienstverhältnissen innerhalb eines Konzerns oder Firmengruppe übernimmt einer der Arbeitgeber die lohnsteuerlichen Arbeitgeberpflichten, der dann gleichsam als Stammarbeitgeber und Abrechnungsstelle auch den Arbeitslohn aus den anderen Dienstverhältnissen auszahlt.

- Für Arbeitnehmer mit nur einem Dienstverhältnis übernimmt ein Dritter die lohnsteuerlichen Arbeitgeberpflichten einschließlich der Lohnzahlung (z. B. Auszahlung von Betriebsrenten, zentrale Abrechnungsstellen für Arbeitnehmer eines Konzerns).

Auch wenn der eigentliche Arbeitgeber seine lohnsteuerlichen Verpflichtungen auf einen Dritten übertragen hat, so bleibt seine Haftung als Arbeitgeber nach § 42d Abs. 9 EStG unberührt. Er haftet zusammen mit dem Dritten und bleibt auch insoweit Gesamtschuldner (vgl. Tz 8.3).

Bezüglich des Lohnsteuerabzugs durch den Arbeitgeber bei Lohnzahlungen durch Dritte vergleiche das Stichwort „Lohnzahlung durch Dritte" in Tz 4.2.

3.5 Wer ist bei gewerbsmäßiger Arbeitnehmerüberlassung Arbeitgeber?

Sowohl bei erlaubter als auch bei unerlaubter Arbeitnehmerüberlassung hat grundsätzlich der Verleiher die Arbeitgeberpflichten zu erfüllen, denn die Leiharbeitnehmer stehen zu ihm in einem Dienstverhältnis. Nur wenn im Fall der unerlaubten Arbeitnehmerüberlassung der Entleiher anstelle des Verleihers den Arbeitslohn an die Arbeitnehmer zahlt, ist er zum Steuerabzug verpflichtet.

Die Abzugspflicht trifft auch einen Verleiher, der die Verleihtätigkeit vom Ausland aus betreibt (§ 38 Abs. 1 Nr. 2 EStG), ohne im Inland eine Betriebsstätte im Sinne von § 12 AO oder einen ständigen Vertreter zu haben. Lohnsteuerliche Betriebsstätte (Finanzamtszuständigkeit) ist in diesem Fall der Ort im Inland, an dem die Arbeitsleistung der Leiharbeitnehmer ganz oder vorwiegend erfolgt.

3.6 Wer ist Arbeitgeber im Sinne des Sozialversicherungsrechts?

Die Prüfung der Frage, ob ein abhängiges Beschäftigungsverhältnis vorliegt, schließt die Feststellung der Arbeitgebereigenschaft mit ein (vgl. Tz 2.3 und 2.4). Somit ist Arbeitgeber, wer unter Ausübung seiner Weisungsbefugnis über die Arbeitskraft des Beschäftigten verfügt. Im Zweifelsfall ist dies derjenige, der den Lohn schuldet.

4. Arbeitslohn-ABC

4.1 Was gehört zum Arbeitslohn?

Der **steuerliche Arbeitslohnbegriff** wird aus § 19 Abs. 1 EStG abgeleitet. Die höchstrichterliche Rechtsprechung legt diese Vorschrift weit aus. Danach sind grundsätzlich alle Einnahmen in Geld oder Geldeswert, die durch das individuelle Dienstverhältnis veranlasst sind, Arbeitslohn. Dies ist der Fall, wenn die Einnahmen dem Empfänger nur mit Rücksicht auf das Dienstverhältnis zufließen und Ertrag seiner nichtselbstständigen Arbeit sind. Dazu reicht es aus, wenn die Einnahmen im weitesten Sinne Gegenleistung für die Zurverfügungstellung der individuellen Arbeitskraft sind (BFH vom 24.9.2013, BStBl 2014 II S. 124). Eine solche Gegenleistung liegt nicht vor, wenn die Vergütungen die mit der Tätigkeit zusammenhängenden Aufwendungen nur unwesentlich übersteigen (BFH vom 23.10.1992, BStBl 1993 II S. 303 und vom 4.8.1994, BStBl II S. 944).

Es ist gleichgültig, ob es sich um laufende oder um einmalige Bezüge handelt und ob ein Rechtsanspruch auf sie besteht. Es ist auch unerheblich, unter welcher Bezeichnung oder in welcher Form die Einnahmen gewährt werden.

Arbeitslohn sind auch die Einnahmen aus einem früheren Dienstverhältnis (Versorgungsbezüge) und zwar unabhängig davon, ob sie dem Arbeitnehmer selbst oder seinem Rechtsnachfolger zufließen.

Zum Arbeitslohn gehören schließlich auch Zahlungen von dritter Seite (vgl. hierzu in Tz 4.2 das Stichwort „Lohnzahlung durch Dritte").

Nicht zum Arbeitslohn gehören Leistungen, die der Arbeitgeber im **ganz überwiegenden betrieblichen Interesse** erbringt. Hierbei handelt es sich vor allem um Fälle, in denen der Belegschaft als Gesamtheit ein Vorteil zugewendet wird, wie dies auf Leistungen des Arbeitgebers zur Verbesserung der Arbeitsbedingungen (z. B. durch Bereitstellung von Aufenthalts- und Erholungsräumen, Dusch- und Badeanlagen) zutrifft. Ebenfalls kein Arbeitslohn sind Vorteile, die sich bei objektiver Würdigung aller Umstände nicht als Entlohnung, sondern lediglich als notwendige Begleiterscheinung betriebsfunktionaler Zielsetzungen erweisen. Ein rechtswidriges Tun ist jedoch keine beachtliche Grundlage einer solchen betriebsfunktionalen Zielsetzung, sodass nach dem BFH-Urteil vom 14.11.2013, BStBl 2014 II S. 278, die Übernahme von Verwarnungsgeldern zu steuer- und beitragspflichtigem Arbeitslohn führt. Ein aufgedrängter Vorteil gehört unter dem Gesichtspunkt des ganz überwiegenden betrieblichen Interesses nicht zum Arbeitslohn. Allerdings wird ein solcher in sehr engen Grenzen nur dann angenommen, wenn der Arbeitnehmer bei der Annahme des Vorteils keine Wahl hat und der Vorteil außerdem keine Marktgängigkeit besitzt (z. B. Vorsorgeuntersuchungen leitender Angestellter – BFH vom 17.9.1982, BStBl 1983 II S. 39, oder Maßnahmen des Arbeitgebers zur Vorbeugung spezifisch berufsbedingter Beeinträchtigungen der Gesundheit – BFH vom 30.5.2001, BStBl II S. 671). Besteht neben dem betrieblichen Interesse des Arbeitgebers ein nicht unerhebliches Interesse des Arbeitnehmers an der Zuwendung, liegt dagegen Arbeitslohn vor. Zwischen dem betrieblichen Interesse des Arbeitgebers und dem Ausmaß der Bereicherung des Arbeitnehmers besteht eine Wechselwirkung. Das betriebliche Interesse des Arbeitgebers zählt danach umso weniger, je höher aus der Sicht des Arbeitnehmers die Bereicherung ist.

Nach dem BFH-Urteil vom 18.8.2005, BStBl 2006 II S. 30, ist auch eine **Aufteilung** der Sachzuwendungen in Zuwendungen, die zu Arbeitslohn führen, und Zuwendungen, die im betrieblichen Eigeninteresse des Arbeitgebers erfolgen, möglich (vgl. im Einzelnen in dieser Tz. das Stichwort „Incentive-Reisen"). Eine Aufteilung in Arbeitslohn und Zuwendung im betrieblichen Eigeninteresse scheidet bei einer einheitlich zu beurteilenden Sachzuwendung (z. B. Kurkosten) jedoch aus (BFH vom 11.3.2010, BStBl II S. 763).

Nicht zum Arbeitslohn gehören vom Arbeitnehmer veruntreute Beträge, die er auf sein Konto überweist (BFH vom 13.11.2012, BStBl 2013 II S. 929), oder Rabatte, die der Arbeitgeber nicht nur seinen Arbeitnehmern, sondern auch fremden Dritten üblicherweise einräumt (BFH vom 26.7.2012, BStBl 2013 II S. 402).

Zum Arbeitslohn gehören nach dem BFH-Urteil vom 14.4.2016, BStBl II S. 778, auch irrtümliche Überweisungen des Arbeitgebers. Die Rückzahlung von Arbeitslohn ist erst im Zeitpunkt des tatsächlichen Abflusses einkünftemindernd zu berücksichtigen.

In der **Sozialversicherung** ist die Zahlung von Arbeitsentgelt Voraussetzung für die Versicherungs- bzw. Beitragspflicht. Was als Arbeitsentgelt anzusehen ist, regelt § 14 SGB IV. Danach sind alle laufenden oder einmaligen Einnahmen aus einer Beschäftigung Arbeitsentgelt, gleichgültig, ob ein Rechtsanspruch besteht, unter welcher Bezeichnung oder in welcher Form sie geleistet werden und ob sie unmittelbar aus der Beschäftigung oder im Zusammenhang mit ihr erzielt werden. Steuerfreie Aufwandsentschädigungen sowie die in § 3 Nr. 26 und Nr. 26a EStG genannten steuerfreien Einnahmen (vgl. Stichwort „Aufwandsentschädigungen") gelten nicht als Arbeitsentgelt.

Zum **Arbeitsentgelt im Sinne der Sozialversicherung** gehören alle laufenden oder einmaligen Einnahmen aus einer Beschäftigung, gleichgültig, ob ein Rechtsanspruch auf die Einnahmen besteht, unter welcher Bezeichnung oder in welcher Form sie geleistet werden oder ob sie unmittelbar oder im Zusammenhang mit der Beschäftigung erzielt werden. Um in der Praxis die Erfassung der Einnahmen durch eine weitgehende Übereinstimmung des sozialversicherungsrechtlich maßgebenden Arbeitsentgelts mit dem steuerpflichtigen Arbeitslohn zu erleichtern, stellt die **Sozialversicherungsentgeltverordnung** (vgl. Anlage 2 im Handbuch) die Verknüpfung zu den lohnsteuerlichen Vorschriften des Einkommensteuergesetzes her. Dem **Arbeitsentgelt nicht zuzurechnen** sind **bestimmte steuerfreie oder der Pauschalbesteuerung unterliegende Einnahmen**, Zuwendungen und Leistungen. Die Sozialversicherungsentgeltverordnung bestimmt, dass bestimmte Einnahmen, Zuwendungen und Leistungen, die nicht dem Arbeitsentgelt zuzurechnen sind, soweit diese vom Arbeitgeber oder von einem Dritten mit der Entgeltabrechnung für den jeweiligen Abrechnungszeitraum lohnsteuerfrei belassen oder pauschal besteuert werden. Für die Beitragsfreiheit kommt es daher auf die rechtlich zulässige und tatsächliche lohnsteuerfreie oder pauschalbesteuerte Behandlung im Rahmen der Entgeltabrechnung durch den Arbeitgeber (oder gegebenenfalls einen Dritten) an. Eine vom Arbeitgeber **erst im Nachhinein geltend gemachte Möglichkeit der Steuerfreiheit bzw. Pauschalbesteuerung** wirkt sich auf die beitragsrechtliche Behandlung der Arbeitsentgeltbestandteile nur aus, wenn der Arbeitgeber die steuerrechtliche Behandlung noch ändern kann. Eine mit der Entgeltabrechnung vorgenommene lohnsteuerpflichtige

Behandlung von Arbeitsentgeltbestandteilen kann vom Arbeitgeber jedoch nur bis zur Erstellung der Lohnsteuerbescheinigung, also längstens bis zum 28. Februar des Folgejahres geändert werden.

4.2 Arbeitslohn-ABC

Abfindungen wegen Entlassung aus dem Dienstverhältnis

A) Allgemeines

Abfindungen oder Entlassungsentschädigungen, die vom Arbeitgeber an den Arbeitnehmer wegen des Verlustes des Arbeitsplatzes ausgezahlt werden, sind in voller Höhe steuerpflichtiger Arbeitslohn. Die Abfindung kann allerdings meist nach der sog. Fünftelungsregel ermäßigt besteuert werden (vgl. **C**).

B) Begriff der Abfindung

Abfindungen sind Leistungen, die der Arbeitnehmer als Ausgleich für die mit der Auflösung des Dienstverhältnisses verbundenen Nachteile, insbesondere für den Verlust des Arbeitsplatzes, erhält. Zahlungen zur Abgeltung der vertraglichen Ansprüche, die der Arbeitnehmer aus dem Dienstverhältnis bis zum Zeitpunkt der Auflösung des Dienstverhältnisses erlangt hat, sind keine Abfindung.

Ob und zu welchem Zeitpunkt das Dienstverhältnis aufgelöst worden ist, ist nach bürgerlichem Recht bzw. Arbeitsrecht zu beurteilen. Maßgebend ist somit das tatsächliche Wirksamwerden der Auflösung, nicht aber das Ende der ordentlichen Kündigungsfrist (BFH vom 13.10.1978, BStBl 1979 II S. 155). Die Festlegung des Zeitpunkts der Auflösung ist wichtig für die Frage, wann der Lohnanspruch des Arbeitnehmers endet, denn nur Arbeitgeberleistungen, die über die Abgeltung der bis zu diesem Zeitpunkt entstandenen Ansprüche hinausgehen, können Abfindungen wegen der Auflösung des Dienstverhältnisses sein.

Zahlungen zur Abgeltung der vertraglichen Ansprüche, die der Arbeitnehmer aus dem Dienstverhältnis bis zum Zeitpunkt der Auflösung des Dienstverhältnisses erlangt hat, sind keine Abfindung. Nicht steuerbegünstigt sind somit beispielsweise

- das Gehalt bis zum festgelegten Auflösungstermin,
- Sonderzuwendungen (z. B. das 13. Gehalt), wenn vereinbart ist, dass sie beim Ausscheiden zeitanteilig zustehen oder
- Abgeltungsbeträge für den bis zum Auflösungszeitpunkt zustehenden, aber noch nicht genommenen Urlaub.

Zur steuerbegünstigten Abfindung zählen dagegen

- die Fortzahlung des Gehalts für die Zeit vom tatsächlichen Auflösungszeitpunkt bis zum Ablauf der Kündigungsfrist,
- Sonderzahlungen, auf die der Anspruch erst nach dem Auflösungszeitpunkt entstünde,
- eine Jubiläumszuwendung, wenn das Dienstjubiläum erst nach dem Auflösungszeitpunkt anfallen würde (BFH-Urteil vom 11.1.1980, BStBl II S. 205).

Die Abgeltung bereits unverfallbarer Pensionsansprüche (BFH-Urteil vom 24.4.1991, BStBl II S. 723) und Zahlungen an einen von der Arbeit freigestellten Arbeitnehmer, die aufgrund eines arbeitsgerichtlichen Vergleichs bis zum vereinbarten Ende des Arbeitsverhältnisses geleistet werden (BFH-Urteil vom 27.4.1994, BStBl II S. 653), sind zwar ebenfalls keine Abfindungszahlungen, sie können jedoch als Arbeitslohn für eine mehrjährige Tätigkeit sein (vgl. Tz 5.8c) und im Falle einer Zusammenballung von Einkünften wie die Abfindungszahlung nach der sog. Fünftelungsregel besteuert werden.

C) Besteuerung der Abfindungszahlungen

Abfindungszahlungen stellen regelmäßig eine Entschädigung nach § 24 Nr. 1 EStG dar und können damit bei Zusammenballung als außerordentliche Einkünfte nach § 34 Abs. 1 und 2 EStG begünstigt versteuert werden.

Eine **Entschädigung** setzt voraus, dass an Stelle der bisher geschuldeten Leistung eine andere tritt. Diese andere Leistung muss auf einem anderen, eigenständigen Rechtsgrund beruhen. Ein solcher Rechtsgrund wird regelmäßig Bestandteil der Auflösungsvereinbarung sein; er kann aber auch bereits bei Abschluss des Dienstvertrags oder im Verlauf des Dienstverhältnisses für den Fall des vorzeitigen Ausscheidens vereinbart werden. Eine Abfindung wegen der vom Arbeitgeber veranlassten Auflösung des Dienstverhältnisses stellt in der Regel eine Entschädigung im Sinne des § 24 Nr. 1 EStG dar. Zahlt der Arbeitgeber seinem Arbeitnehmer eine Abfindung, weil dieser seine Wochenarbeitszeit aufgrund eines Vertrags zur Änderung des Arbeitsverhältnisses unbefristet reduziert, so kann darin eine begünstigt zu besteuernde Entschädigung i.S.d. § 24 Nr. 1 Buchstabe a EStG liegen (BFH vom 25.8.2009, BStBl 2010 II S. 1.030).

Außerordentliche Einkünfte liegen nur bei einer Zusammenballung von Einkünften vor. Diese ist nach ständiger Rechtsprechung sowie dem BMF-Schreiben vom 1.11.2013, BStBl I S. 1.326, ergänzt durch BMF-Schreiben vom 4.3.2016, BStBl I S. 277, gegeben, wenn beide der nachfolgenden Voraussetzungen erfüllt sind.

1. **Der Zufluss der gesamten Entschädigungsleistungen muss innerhalb eines Kalenderjahres erfolgen.**

Nach ständiger Rechtsprechung (vgl. BFH vom 14.8.2001, BStBl 2002 II S. 180) setzt die Anwendung der ermäßigten Besteuerung nach § 34 EStG voraus, dass die gesamten Entschädigungsleistungen zusammengeballt in einem Kalenderjahr zufließen. Daher ist diese Voraussetzung auch erfüllt, wenn die Auszahlung von Entschädigungsleistungen innerhalb eines Kalenderjahres in mehreren Teilbeträgen erfolgt. Erhält dagegen der Arbeitnehmer Teilbeträge der Entschädigung in verschiedenen Kalenderjahren ausbezahlt, dann ist dies für die ermäßigte Besteuerung grundsätzlich schädlich (BFH vom 3.7.2002, BStBl 2004 II S. 447); etwas anderes gilt nur dann, soweit es sich dabei um eine im Verhältnis zur Hauptleistung stehende geringe Zahlung handelt, die in einem anderen Kalenderjahr zufließt (BFH vom 25.8.2009, BStBl 2011 II S. 27). Aus Vereinfachungsgründen wird es von der Finanzverwaltung nicht beanstandet, eine geringfügige Zahlung anzunehmen, wenn diese nicht mehr als 10% (früher 5%) der Hauptleistung beträgt. Nach dem BFH-Urteil vom 13.10.2015, BStBl 2016 II S. 214, steht die Auszahlung einer einheitlichen Abfindung in zwei Teilbeträgen der Anwendung des ermäßigten Steuersatzes ausnahmsweise auch dann nicht entgegen, wenn sich die Teilzahlungen im Verhältnis zueinander eindeutig als Haupt- und Nebenleistung darstellen und wenn die Nebenleistung geringfügig ist. Eine Nebenleistung kann danach unter Berücksichtigung der konkreten individuellen Steuerbelastung als geringfügig anzusehen sein, wenn sie niedriger ist als die tarifliche Steuerbegünstigung der Hauptleistung. Ergänzende Zusatzleistungen, die Teil einer einheitlichen Entschädigung sind und in späteren Jahren aus Gründen der sozialen Fürsorge für eine gewisse Übergangszeit gewährt werden, sind für die Beurteilung der Hauptleistung als eine zusammengeballte Entschädigung unschädlich. Arbeitgeber und Arbeitnehmer sollten daher darauf achten, dass bei einer Abfindungsvereinbarung, die mehrere Teile umfasst und keine ergänzenden Zusatzleistungen darstellen (vgl. **E** Nr. 1–3), Zahlungen nicht in verschiedenen Kalenderjahren zufließen, weil sonst die ermäßigte Besteuerung für sämtliche Teilbeträge insgesamt verloren geht.

2. Unter Berücksichtigung der wegfallenden Einnahmen muss eine Zusammenballung vorliegen.

Diese zweite Voraussetzung kann wie folgt geprüft werden:

a) Das Merkmal der Zusammenballung wird stets als erfüllt angesehen, wenn die gezahlte Entschädigung die bis zum Ende des Kalenderjahres entgehenden Einnahmen übersteigt, die der Arbeitnehmer bei Fortsetzung des Arbeitsverhältnisses bezogen hätte.

Beispiel:

Ein Arbeitnehmer mit einem Jahresarbeitslohn von 30.000,– € scheidet zum 31.3.2017 aus dem Dienstverhältnis aus und erhält als Einmalbetrag eine Abfindung von 25.000,– €. Da die Entschädigung zusammen mit dem bis zum 31.3.2017 bereits erzielten Arbeitslohn von 7.500,– € (3 Monate x 2.500,– €) den Jahresarbeitslohn von 30.000,– € übersteigt, führt die Entschädigung zu einer Zusammenballung. Die Abfindung kann ermäßigt nach der Fünftelungsregel besteuert werden.

b) Übersteigt dagegen die anlässlich der Beendigung eines Dienstverhältnisses gezahlte Entschädigung nicht die bis zum Ende des Kalenderjahres entgehenden Einnahmen, die der Arbeitnehmer bei Fortsetzung seines Dienstverhältnisses bezogen hätte, dann ist das Merkmal der Zusammenballung von Einkünften nur dann erfüllt, wenn der Arbeitnehmer in diesem Kalenderjahr weitere Einkünfte erzielt (z. B. durch Aufnahme eines neuen Beschäftigungsverhältnisses oder weil er sich selbstständig gemacht hat), die er bei Fortbestand des Dienstverhältnisses nicht bezogen hätte (BFH-Urteil vom 4.3.1998, BStBl II S. 787). Für die Berechnung der Einkünfte, die der Steuerpflichtige bei Fortbestand des Vertragsverhältnisses bezogen hätte, wird auf die Einkünfte des Vorjahrs abgestellt; dies gilt ausnahmsweise dann nicht, wenn die Einnahmesituation in diesem Kalenderjahr durch außergewöhnliche Ereignisse geprägt ist (BFH vom 27.1.2010, BStBl 2011 II S. 28). Bei Einkünften aus nichtselbstständiger Arbeit kann die Vergleichsrechnung auch anhand der betreffenden Einnahmen aus nichtselbstständiger Arbeit durchgeführt werden, wobei bei dieser Vergleichsrechnung auch die ggf. steuerfreien oder die pauschal besteuerten Einnahmen sowie die dem Progressionsvorbehalt unterliegenden Lohnersatzleistungen einbezogen werden dürfen.

Beispiel:

Wegen Auflösung des Dienstverhältnisses zum 31.3.2017 erhält der Arbeitnehmer eine Abfindung von 40.000,– €. Bis zum Ausscheiden aus dem Dienstverhältnis zum 31.3.2017 hat der Arbeitnehmer einen Arbeitslohn von 15.000,– € bezogen. Nach dem Ausscheiden bezieht der Arbeitnehmer im Jahr 2017 Arbeitslosengeld in Höhe von 9.000,– €. Im Jahr 2016 hatte der Arbeitnehmer außer seinem Jahresarbeitslohn in Höhe von 60.000,– € keine weiteren Einkünfte.

Die Abfindung in Höhe von 40.000,– € übersteigt nicht die entgehenden Einnahmen von 45.000,– € (= 60.000,– € ./. 15.000,– €). Der Arbeitnehmer hat aber aus dem bisherigen Dienstverhältnis, aus der Abfindung und mit dem Arbeitslosengeld 2017 so hohe Einnahmen, dass es zu einer die bisherigen Einkünfte übersteigenden Zusammenballung kommt. Die Abfindung kann daher ermäßigt nach der Fünftelungsregel besteuert werden.

Im Lohnsteuerabzugsverfahren durch den Arbeitgeber ist die ermäßigte Besteuerung von Entschädigungen in § 39b Abs. 3 Satz 9 EStG geregelt. Danach hat der Arbeitgeber die Lohnsteuer wie bei einem sonstigen Bezug zu ermitteln, wobei der sonstige Bezug nur mit einem Fünftel anzusetzen ist. Die hierauf entfallende Lohnsteuer ist dann mit dem fünffachen Betrag zu erheben (vgl. Tz 5.8c). Bei der Prüfung, ob eine Zusammenballung von Einkünften vorliegt, darf der Arbeitgeber auch solche Einnahmen oder Einkünfte berücksichtigen, die der Arbeitnehmer nach Beendigung des bestehenden Dienstverhältnisses erzielt. Kann der Arbeitgeber die erforderlichen Feststellungen, dass die Entschädigung zu einer Zusammenballung von Einkünften führt, nicht treffen, darf er die ermäßigte Besteuerung nicht anwenden. Die ermäßigte Besteuerung kommt dann ggf. erst im Veranlagungsverfahren durch das Finanzamt zur Anwendung.

Ist die Abfindung nach § 39b Abs. 3 Satz 9 EStG ermäßigt besteuert worden, darf sie in der **Lohnsteuerbescheinigung** nicht zusammen mit dem übrigen Arbeitslohn bescheinigt, sondern muss gesondert in der dafür vorgesehenen Zeile eingetragen werden. Auch die darauf entfallenden ermäßigten Lohn- und Kirchensteuerbeträge sowie der Solidaritätszuschlag sind gesondert zu bescheinigen. Nach Ablauf des Kalenderjahres hat das Finanzamt für den Arbeitnehmer eine Einkommensteuerveranlagung durchzuführen (§ 46 Abs. 2 Nr. 5 EStG).

Hat der Arbeitgeber die Abfindung nicht ermäßigt besteuert, soll der Arbeitgeber – um Rückfragen zu vermeiden – diesen Arbeitslohn gleichwohl gesondert auf der Lohnsteuerbescheinigung ausweisen, damit der Arbeitnehmer die Steuerermäßigung ggf. im Rahmen seiner Einkommensteuerveranlagung beim Finanzamt geltend machen kann.

D) Sozialversicherungsrechtliche Behandlung von Abfindungen

Sozialversicherungsbeiträge sind nur vom Arbeitsentgelt im Sinne des § 14 SGB IV, also von Einnahmen aus einer Beschäftigung abzuführen. Das Bundesarbeitsgericht hat mit Urteil vom 9.11.1988 – 4 AZR 433/88 entschieden, dass Abfindungen nach §§ 9, 10 KSchG nicht der Beitragspflicht in der Sozialversicherung unterliegen, soweit sie für Zeiten nach dem Ende des Arbeitsverhältnisses gezahlt werden. Sie stellen keine Einnahmen aus einer Beschäftigung dar. Werden mit der Abfindungssumme auch Lohnteile gezahlt, die auf die Dauer des Arbeitsverhältnisses entfallen (z. B. Lohnnachzahlungen; Urlaubsabgeltung), so muss die Abfindung entsprechend aufgeteilt werden. Der Beitragspflicht unterliegen dabei nur die Beträge, die für die Zeit bis zur Auflösung des Arbeitsverhältnisses zustehen. Das Bundessozialgericht hat mit Urteil vom 21.2.1990 – 12 RK 20/88 diese Auffassung bestätigt.

Die Beträge, die für die Zeit nach Auflösung des Dienstverhältnisses gezahlt werden, unterliegen nach dem angeführten Urteil nicht der Beitragspflicht in der Sozialversicherung; sie sind aber in voller Höhe steuerpflichtig.

„Abfindungen", die wegen einer Rückführung auf die tarifliche Einstufung oder wegen Verringerung der wöchentlichen Arbeitszeit bei weiterbestehendem versicherungspflichtigem Beschäftigungsverhältnis gezahlt werden, gehören dagegen zum Arbeitsentgelt (vgl. BSG-Urteile vom 28.1.1999 – B 12 KR 6/98 R und B 12 KR 14/98 R).

E) Zusätzliche Entschädigungsleistungen des Arbeitgebers

1. Lebenslängliche betriebliche Versorgungszusagen

Lebenslängliche Bar- oder Sachleistungen unterliegen als Einkünfte im Sinne des § 24 Nr. 2 EStG (= Einkünfte aus dem früheren Dienstverhältnis) dem normalen Lohnsteuerabzug. Sie sind keine außerordentlichen Einkünfte im Sinne des § 34 Abs. 2 EStG und damit für die Gewährung des ermäßigten Steuersatzes auf die im Übrigen gezahlte Entlassungsentschädigung unschädlich, selbst wenn im Rahmen der Ausscheidensvereinbarung erstmals lebenslang laufende Versorgungsbezüge zugesagt sind.

a) Steuerliche Behandlung von Entlassungsentschädigungen bei Verzicht des Arbeitgebers auf die Kürzung einer lebenslänglichen Betriebsrente.

Eine im Rahmen einer Auflösungsvereinbarung gegebene Zusage, auf die an sich – wegen vorzeitiger Beendigung des Arbeitsverhältnisses – mögliche Kürzung der Werksrente zu verzichten und diese bei Beginn der Rente aus der gesetzlichen Rentenversicherung ungekürzt zu zahlen, schließt die ermäßigte Besteuerung der Entlassungsentschädigung, die in einem Einmalbetrag gezahlt wird, nicht aus.

b) Steuerliche Behandlung von Entlassungsentschädigungen bei vorgezogener lebenslänglicher Betriebsrente

Wird im Zusammenhang mit der Auflösung des Dienstverhältnisses neben einer Einmalzahlung eine (vorgezogene) lebenslängliche Betriebsrente bereits vor Beginn der Rente aus der gesetzlichen Rentenversicherung gezahlt, so schließt dies die ermäßigte Besteuerung der Entlassungsentschädigung, die in einem Einmalbetrag gezahlt wird, ebenfalls nicht aus. Dabei ist es unerheblich, ob die vorgezogene Betriebsrente gekürzt, ungekürzt oder erhöht geleistet wird.

c) Steuerliche Behandlung von Entlassungsentschädigungen bei Umwandlung eines (noch) verfallbaren Anspruchs auf lebenslängliche Betriebsrente in einen unverfallbaren Anspruch

Wird ein (noch) verfallbarer Anspruch auf lebenslängliche Betriebsrente im Zusammenhang mit der Auflösung eines Dienstverhältnisses in einen unverfallbaren Anspruch umgewandelt, so ist die Umwandlung des Anspruchs für die Anwendung des § 34 Abs. 1 EStG auf die Einmalzahlung unschädlich.

2. Ergänzende Zusatzleistungen

Die ermäßigte Besteuerung für die Entlassungsentschädigung bleibt erhalten, wenn es sich bei den in einem späteren Kalenderjahr zufließenden Zahlungen um im Rahmen der Abfindungsvereinbarung zugesagte ergänzende Leistungen aus Gründen der sozialen Fürsorge für eine gewisse Übergangszeit handelt. Derartige Leistungen setzen jedoch keine Bedürftigkeit des entlassenen Arbeitnehmers voraus. Zusatzleistungen aus Gründen der sozialen Fürsorge sind beispielsweise solche Leistungen, die der (frühere) Arbeitgeber zur Erleichterung des Arbeitsplatz- oder Berufswechsels oder als Anpassung an eine dauerhafte Berufsaufgabe und Arbeitslosigkeit erbringt oder auch die Übernahme von Kosten für Outplacementberatung (vgl. BFH-Urteil vom 14.8.2001, BStBl 2002 II S. 180), befristete Zuschüsse zum Arbeitslosengeld (vgl. BFH-Urteil vom 24.1.2002, BStBl 2004 II S. 442), befristete Zuschüsse zur befreienden Lebensversicherung (vgl. BFH-Urteil vom 24.1.2002, BStBl 2004 II S. 444), die befristete Weiterüberlassung des Firmenwagens (vgl. BFH-Urteil vom 3.7.2002, BStBl 2004 II S. 447) oder Zahlungen zur Verwendung für die Altersversorgung (vgl. BFH vom 15.10.2003, BStBl 2004 II S. 264). Damit derartige Zahlungen noch als ergänzende Zusatzleistungen anerkannt werden, müssen sie weniger als 50% der Hauptleistung betragen.

Als ergänzende Zusatzleistungen sind sie, auch wenn sie erst in einem späteren Kalenderjahr zufließen, für die Beurteilung der Hauptleistung als zusammengeballte Entschädigung unschädlich. Die in dem späteren Kalenderjahr gezahlten Zusatzleistungen unterliegen im Zeitpunkt ihres Zuflusses der normalen und nicht der ermäßigten Besteuerung (vgl. BFH-Urteile vom 14.8.2001, BStBl 2002 II S. 180 und vom 6.3.2002, BStBl II S. 516).

Beispiel:

Das Arbeitsverhältnis wird zum 30.6.2017 aufgelöst. Danach ist der Arbeitnehmer arbeitslos. Der Arbeitnehmer soll eine Abfindung von 100.000,– € erhalten. Außerdem wird vereinbart, dass der Arbeitnehmer für die Zeit der Arbeitslosigkeit, längstens jedoch bis zum 30.6.2018, einen monatlichen Zuschuss von 500,– € zum Arbeitslosengeld erhält.

Der monatliche Zuschuss zum Arbeitslosengeld beruht auf Fürsorgeerwägungen des Arbeitgebers und ist damit nicht schädlich für die ermäßigte Besteuerung im Jahr 2017. Im Jahr 2017 können sowohl die Abfindung von 100.000,– € als auch der im Jahr 2017 gezahlte Zuschuss von 3.000,– € (6 Monate x 500,– €) nach der Fünftelungsregel dem Lohnsteuerabzug unterworfen werden. Der im Jahr 2018 zu zahlende monatliche Zuschuss unterliegt hingegen im Jahr 2018 dem normalen Lohnsteuerabzug.

3. Freiwillige Beitragszahlung zur Rentenversicherung

Durch freiwillige Zahlungen von Rentenversicherungsbeiträgen i.S.d. § 187a SGB VI durch den Arbeitgeber können die Rentenminderungen bei vorzeitiger Inanspruchnahme einer Altersrente abgemildert werden. Die Steuerbefreiung ist nach § 3 Nr. 28 EStG auf die Hälfte der insgesamt geleisteten zusätzlichen Beiträge begrenzt. Der verbleibende Teil ist Teil der Entlassungsabfindung; er ist für die Frage der Zusammenballung nach § 34 EStG unbeachtlich, auch wenn der Arbeitgeber diese Beiträge in Teilbeträgen zahlt.

F) Abfindungsentschädigung als inländische Einkünfte

Entlassungsentschädigungen für die Auflösung eines Dienstverhältnisses an nicht im Inland ansässige beschränkt einkommensteuerpflichtige Arbeitnehmer (vgl. Tz. 5.4) sind inländische Einkünfte, soweit die für die zuvor ausgeübte Tätigkeit bezogenen Einkünfte der inländischen Besteuerung unterlegen haben (§ 49 Abs. 1 Nr. 4d EStG) und das Besteuerungsrecht im Fall eines Doppelbesteuerungsabkommens nicht dem Ansässigkeitsstaat zusteht.

Beispiel:

Ein 58-jähriger Arbeitnehmer scheidet nach 25-jähriger Tätigkeit in Deutschland zum 1.9.2017 aus seinem Beschäftigungsverhältnis aus und erhält am 15.9.2017 eine Abfindung wegen der Auflösung des Dienstverhältnisses von 40.000,– €. Der Arbeitnehmer hatte noch Resturlaub und ist bereits zum 1.8.2017 ins Ausland in ein Nicht-DBA-Land verzogen.

Die Einkünfte, die A für die seine Tätigkeit im Inland in den vergangenen Jahren bezogen hat, haben der inländischen Besteuerung unterlegen, so dass die Abfindung als inländische Einkünfte in voller Höhe der beschränkten Einkommensteuerpflicht und damit dem Lohnsteuerabzug unterliegen.

G) Verständigungs-/Konsultationsvereinbarungen/§ 50d Abs.12 EStG

Über die Zuordnung des Besteuerungsrechts bei Abfindungen von Arbeitnehmern mit Wohnsitz im Ausland bestanden besondere Vereinbarungen mit Belgien (vgl. BMF-Schreiben vom 10.1.2007, BStBl I S. 261), Großbritannien (BMF-Schreiben vom 2.12.2011, BStBl I S. 1.221), Luxemburg (BMF-Schreiben vom 19.9.2011, BStBl I S. 852), den Niederlanden (vgl. BMF-Schreiben vom 29.10.2007, BStBl I S. 756), Österreich (vgl. BMF-Schreiben vom 26.8.2010, BStBl I S. 645) und der Schweiz (vgl. BMF-Schreiben vom 25.3.2010, BStBl I S. 268). Diese wurden im Hinblick auf das BFH-Urteil vom 10.6.2015, BStBl 2016 II S. 326, der die seinerzeitige Rechtsnorm für die Konsultationsvereinbarungen als einen Verstoß gegen das Bestimmtheitsgebot ansah) mit BMF-Schreiben vom 31.3.2016, BStBl I S. 474, aufgehoben. Mit § 50d Abs. 12 EStG i.d.F. des Gesetzes zur Umsetzung der Änderungen der EU-Amtshilferichtlinie und von weiteren Maßnahmen gegen Gewinnkürzungen und -verlagerungen vom 20.12.2016, BGBl. I S. 3.000 hat der Gesetzgeber nun wieder ab 2017 die alte Rechtslage hergestellt, so dass Deutschland besteuern kann. Spezielle Regelungen bestehen auch im Verhältnis zu Liechtenstein und Frankreich (vgl. Tz. 5.5.4.2 des BMF-Schreibens vom 12.11.2014, BStBl I S. 1.467).

Abschlagszahlungen

auf den geschuldeten Lohn sind wie dieser steuer- und beitragspflichtig. Lohnsteuer muss von einer Abschlagszahlung jedoch nicht einbehalten werden, wenn der Lohnabrechnungszeitraum 5 Wochen nicht übersteigt und die Abrechnung innerhalb von 3 Wochen nach Ablauf des Lohnabrechnungszeitraums erfolgt (§ 39b Abs. 5 EStG). Auch die Sozialversicherungsbeiträge sind wie die Lohnsteuer erst einzubehalten, wenn der Lohn abgerechnet wird.

Abschlussgebühren

Die lohnsteuerliche Behandlung ersparter Abschlussgebühren bei Abschluss eines Bausparvertrags gegenüber Mitarbeitern der Bausparkasse und Mitarbeitern von Banken oder Versicherungen ist im BMF-Schreiben vom 28.3.1994, BStBl I S. 233 geregelt. Der durch den Verzicht auf die Abschlussgebühr entstehende geldwerte Vorteil gehört zum Arbeitslohn. Bei eigenen Arbeitnehmern der Bausparkasse handelt es sich um eine Dienstleistung, die nach Maßgabe des § 8 Abs. 3 EStG steuerfrei ist (vgl. Stichwort „Personalrabatte"). Bei Arbeitnehmern anderer Kreditinstitute, Arbeitnehmern von Versicherungsunternehmen und anderer Unternehmen ist § 8 Abs. 3 EStG nicht anwendbar, da eine Rabattgewährung durch Dritte vorliegt (vgl. Stichwort „Lohnzahlung durch Dritte"). In besonders gelagerten Fällen kann der Gebührenverzicht zugunsten von Mitarbeitern eines Vertriebspartners kein Arbeitslohn sein (BFH vom 20.5.2010, BStBl II S. 1.022). Dies ist beispielsweise auch dann der Fall, wenn die Rabatte beim Abschluss von Versicherungsverträgen sowohl Arbeitnehmern von Geschäftspartnern als auch einem anderen weiteren Personenkreis (Angehörige der gesamten Versicherungsbranche, Arbeitnehmer weiterer Unternehmen) eingeräumt werden (vgl. BFH vom 10.4.2014, BStBl 2015 II S. 191).

Aktienüberlassung

s. „Belegschaftsaktien", s. „Optionen"

Altersteilzeit

Durch das Altersteilzeitgesetz soll älteren Arbeitnehmern ein gleitender Übergang vom Erwerbsleben in die Altersrente ermöglicht werden, wobei der gleitende Übergang in den Ruhestand durch Förderleistungen der Bundesagentur für Arbeit unterstützt wird. Wenn die Vorteile des Altersteilzeitgesetzes ausgenutzt werden sollen, muss der Arbeitgeber das Arbeitsentgelt für die Altersteilzeitarbeit um mindestens 20% dieses Arbeitsentgelts, jedoch auf mindestens 70% des um die gesetzlichen Abzüge, die bei Arbeitnehmern gewöhnlich anfallen, verminderten bisherigen Arbeitsentgelts (Mindestnettobetrag) aufstocken und zudem für den Arbeitnehmer Beiträge zur gesetzlichen Rentenversicherung mindestens in Höhe des Beitrags entrichten, der auf den Unterschiedsbetrag zwischen 90% des bisherigen Arbeitsentgelts und dem Arbeitsentgelt für die Altersteilzeitarbeit entfällt, höchstens bis zur Beitragsbemessungsgrenze. Bisheriges Arbeitsentgelt ist das Arbeitsentgelt, das der in Altersteilzeitarbeit beschäftigte Arbeitnehmer für eine Arbeitsleistung bei bisheriger wöchentlicher Arbeitszeit zu beanspruchen hatte, soweit es die Beitragsbemessungsgrenze nicht überschreitet.

Bei Aufnahme der Altersteilzeit im Zeitraum **ab dem 1.7.2004 und vor dem 1.1.2010** gelten für die Inanspruchnahme der Förderung durch die Bundesagentur für Arbeit nach Maßgabe des Dritten Gesetzes für moderne Dienstleistungen am Arbeitsmarkt vom 23.12.2003, BGBl. I S. 2.848 geänderte Anspruchsvoraussetzungen: Der Arbeitgeber muss das Regelarbeitsentgelt für die Altersteilzeit um mindestens 20% aufstocken, wobei die Aufstockung auch weitere Entgeltbestandteile umfassen kann. Die 70%-Grenze entfällt. Der Arbeitgeber hat für den Arbeitnehmer zusätzlich Beiträge zur gesetzlichen Rentenversicherung in Höhe von 80% des Regelarbeitsentgelts für die Altersteilzeit zu entrichten. Die sonst maßgebende Berechnung des Erhöhungsbetrags (90%-Regel) greift als Höchstbetrag, wenn das unverminderte Arbeitsentgelt die Beitragsbemessungsgrenze überschreitet.

Die Aufstockungsbeträge nach § 3 Abs. 1 Nr. 1a und die Aufwendungen für die zusätzlichen Beiträge zur gesetzlichen Rentenversicherung nach § 3 Abs. 1 Nr. 1b sowie die Aufwendungen nach § 4 Abs. 2 des Altersteilzeitgesetzes unterliegen nach § 3 Nr. 28 EStG nicht der Steuerpflicht und demzufolge auch nicht der Beitragspflicht. Die Befreiung greift jedoch nur, wenn die Voraussetzungen des § 2 Altersteilzeitgesetz, z. B. die Vollendung des 55. Lebensjahres des Arbeitnehmers, Verringerung der bisherigen wöchentlichen Arbeitszeit auf die Hälfte, vorliegen. Die Vereinbarung über die Arbeitszeitverminderung muss sich zumindest auf die Zeit erstrecken, bis der Arbeitnehmer eine Rente wegen Alters beanspruchen kann. Der frühestmögliche Zeitpunkt, zu dem eine Altersrente in Anspruch genommen werden kann, ist die Vollendung des 60. Lebensjahres.

Die Leistungen sind grundsätzlich auch dann steuerfrei, wenn die im Altersteilzeitgesetz vorgeschriebenen Mindestbeträge überschritten werden. Dies gilt allerdings nur, soweit die Aufstockungsbeträge zusammen mit dem während der Altersteilzeit bezogenen Nettoarbeitslohn monatlich 100% des maßgebenden Arbeitslohns nicht übersteigen. Maßgebend ist bei laufendem Arbeitslohn der Nettolohn, den der Arbeitnehmer im jeweiligen Lohnzahlungszeitraum ohne Altersteilzeit üblicherweise erhalten hätte; bei sonstigen Bezügen gilt eine Jahresbetrachtung (voraussichtlicher Jahresnettoarbeitslohn unter Einbeziehung der sonstigen Bezüge bei einer unterstellten Vollzeitbeschäftigung). Unangemessene Erhöhungen vor oder während der Altersteilzeit dürfen dabei nicht berücksichtigt werden. Aufstockungsbeträge, die in Form von Sachbezügen gewährt werden, sind dann steuerfrei, wenn die Aufstockung betragsmäßig in Geld festgelegt und außerdem vereinbart ist, dass der Arbeitgeber anstelle der Geldleistung Sachbezüge erbringen darf. Außerdem sind die Leistungen grundsätzlich auch dann steuerfrei, wenn der Förderanspruch des Arbeitgebers an die Bundesagentur für Arbeit nach § 5 Abs. 1 Nr. 2 und 3, Abs. 2 bis 4 des Altersteilzeitgesetzes erlischt, nicht besteht oder ruht (z. B. wenn der frei gewordene Arbeitsplatz nicht wieder besetzt wird). Dagegen kommt die Befreiung aber nicht mehr in Betracht mit Ablauf des Kalendermonats, in dem der Arbeitnehmer die Altersteilzeit beendet oder die für ihn geltende gesetzliche Altersgrenze für die Regelaltersrente erreicht hat (§ 5 Abs. 1 Nr. 1 des Altersteilzeitgesetzes).

Die Steuerfreiheit der Aufstockungsbeträge bleibt auch bei vorzeitiger Beendigung der Altersteilzeit (Störfall) bis zum Eintritt des Störfalls erhalten.

Der Aufstockungsbetrag nach § 3 Abs. 1 Nr. 1a des Altersteilzeitgesetzes unterliegt als Lohnersatzleistung nach § 32b EStG dem Progressionsvorbehalt. Dieser wird vom Finanzamt bei der Einkommensteuerveranlagung berücksichtigt. Der Arbeitgeber muss zu diesem Zweck den Aufstockungsbetrag im Lohnkonto aufzeichnen und in der Lohnsteuerbescheinigung erfassen. Ein Arbeitgeber-LJA ist nicht zulässig.

Nach § 187a SGB VI können Rentenminderungen durch die vorzeitige Inanspruchnahme einer Rente wegen Alters durch Zahlung von Beiträgen ausgeglichen werden. Die Zahlungen des Arbeitgebers zur Übernahme der Beiträge im Sinne des §187a SGBVI sind steuerfrei, soweit sie 50% der Beiträge nicht übersteigen.

Die versicherungs-, beitrags-, melde- und leistungsrechtlichen Bestimmungen des Altersteilzeitgesetzes sind von den Spitzenorganisationen der Sozialversicherung im Rundschreiben vom 2.11.2010 zusammengefasst. Während der Freistellungsphase in der Altersteilzeit ist gemäß BSG-Urteil vom 25.8.2004, B 12 KR 22/02 R, und dem ergänzenden Rundschreiben vom 29.12.2004 für die Berechnung der Krankenversicherungsbeiträge der ermäßigte Beitragssatz zur Krankenversicherung anzuwenden.

Mit § 1 Abs. 3 des Altersteilzeitgesetzes hat der Gesetzgeber klargestellt, dass es für die Anwendung der Steuerfreiheit nach § 3 Nr. 28 EStG nicht darauf ankommt, dass die Altersteilzeit vor dem 1.1.2010 begonnen wurde und durch die Bundesagentur gefördert wird.

Die ab dem Kalenderjahr 2008 gültige Tabelle über die Mindestnettobeträge nach dem Altersteilzeitgesetz ergeben sich aus der Verordnung vom 19.12.2007, BGBl. I S. 3.040. Diese Mindestnettobeträge gelten fort und haben allerdings nur Bedeutung für Altersteilzeitarbeitsverhältnisse, die vor dem 1.7.2004 begonnen wurden.

Im Übrigen hat der BFH im Urteil vom 21.3.2013, BStBl II S. 611 klargestellt, dass Bezüge, die in der Freistellungsphase im Rahmen der Altersteilzeit nach dem sog. Blockmodell erzielt werden, keine steuerbegünstigten Versorgungsbezüge i.S.d. § 19 Abs. 2 EStG sind.

Ein Abrechnungsbeispiel zur Altersteilzeit enthält der Ratgeber „Praktische Lohnabrechnung".

Antrittsgebühren

werden im graphischen Gewerbe nach tariflichen Bestimmungen als Zeitzuschläge gezahlt. Sie sind im Rahmen des § 3b EStG steuer- und beitragsfrei (vgl. das Stichwort „Zuschläge für Sonntags-, Feiertags- und Nachtarbeit").

Anwesenheitsprämien

sind steuer- und beitragspflichtig. Werden sie monatlich gezahlt, stellen sie laufenden Arbeitslohn dar; bei jährlicher Zahlung ist die Prämie lohnsteuerlich als sonstiger Bezug und bei der Beitragsberechnung als einmalig gezahltes Arbeitsentgelt zu erfassen.

Arbeitgeberanteil zur gesetzlichen Sozialversicherung

Der vom Arbeitgeber aufgrund **gesetzlicher** Verpflichtung zu tragende Anteil am Gesamtsozialversicherungsbeitrag ist gemäß § 3 Nr. 62 EStG steuerfrei. Steuerfreiheit besteht auch in den Fällen, in denen der Arbeitgeber gesetzlich verpflichtet ist, den Beitrag allein aufzubringen, wie dies bei Geringverdienern, geringfügig Beschäftigten, Kurzarbeit und Saison-Kurzarbeit, bei der Teilnahme am sog. Haushaltsscheckverfahren sowie in den Fällen des § 3 Abs. 3 Satz 3 der SvEV (vgl. Anlage 2 im Handbuch) der Fall ist. Beitragsteile, die aufgrund einer nach ausländischen Gesetzen bestehenden Verpflichtung an ausländische Sozialversicherungsträger, die den inländischen vergleichbar sind, geleistet werden, sind ebenfalls steuerfrei, wobei für die Steuerfreiheit der Beiträge an die ausländische gesetzliche Rentenversicherung die inländische Beitragsbemessungsgrenze nicht gilt (vgl. BMF-Schreiben vom 27.7.2016, BStBl I S. 759). Erfolgt hingegen die Beitragszahlung des Arbeitgebers an ausländische Versicherungen lediglich auf vertraglicher Grundlage, ist diese nicht nach § 3 Nr. 62 EStG steuerfrei (BFH vom 28.5.2009, BStBl II S. 857).

Ob für den **Gesellschafter-Geschäftsführer** Sozialversicherungsbeiträge abzuführen sind, hängt davon ab, ob er abhängig beschäftigt im Sinne des Sozialversicherungsrechts ist (vgl. Tz 2.5). Wird er von der Einzugsstelle als sozialversicherungspflichtig behandelt, werden die Beiträge aufgrund gesetzlicher Verpflichtung geleistet; der Arbeitgeberanteil ist somit nach § 3 Nr. 62 EStG steuerfrei. Die Entscheidung des zuständigen Sozialversicherungsträgers über die Sozialversicherungspflicht wird von der Finanzverwaltung grundsätzlich auch für steuerliche Zwecke beachtet. Zu den Folgerungen einer irrtümlich angenommenen Sozialversicherungspflicht mit Erstattung oder Umwandlung der Beiträge wird auf das Stichwort „Zukunftssicherungsleistungen" in Tz 4.2 verwiesen.

Arbeitnehmeranteil zur gesetzlichen Sozialversicherung

Übernimmt der Arbeitgeber Beiträge zur Sozialversicherung, die der Arbeitnehmer aufgrund gesetzlicher Bestimmung selbst schuldet, liegt hierin steuerpflichtiger Arbeitslohn und beitragspflichtiges Arbeitsentgelt. Dies gilt vor allem bei einer echten Nettolohnvereinbarung (vgl. Tz 5.9), wie es für den Bereich der Sozialversicherung auch ausdrücklich in § 14 Abs. 2 SGB IV festgelegt ist.

Die Frage, ob die **Nachentrichtung** von Arbeitnehmeranteilen zur Sozialversicherung durch den Arbeitgeber zur Gewährung zusätzlichen Arbeitslohnes führt, hat der BFH für den Fall einer vereinbarten Schwarzlohnzahlung mit Urteil vom 13.9.2007, BStBl 2008 II S. 58, dahingehend präzisiert, dass bei Nachentrichtung hinterzogener Arbeitnehmeranteile zur Gesamtsozialversicherung die Nachzahlung als solche zum Zufluss eines zusätzlichen geldwerten Vorteils führt. Bei Vereinbarung sog. Schwarzlöhne kommt der Schutzfunktion der Verschiebung der Betragslast gemäß § 28g SGB IV grundsätzlich kein Vorrang gegenüber dem objektiv bestehenden Zusammenhang der Nachentrichtung der Arbeitnehmeranteile mit dem Arbeitsverhältnis zu. Dem Lohnzufluss steht nicht entgegen, dass der Arbeitgeber beim Arbeitnehmer gemäß § 28g SGB IV keinen Rückgriff mehr nehmen kann. Eine Gewährung zusätzlichen Arbeitslohnes liegt dagegen dann nicht vor, wenn es der Arbeitgeber irrtümlich unterlassen hatte, den Barlohn des Arbeitnehmers um den gesetzlichen Arbeitnehmeranteil zur Sozialversicherung zu kürzen und die Unmöglichkeit einer Rückbelastung beim Arbeitnehmer wegen Eintritts der gesetzlichen Lastenverschiebung nach § 28g SGB IV zum endgültigen Verbleiben des Vorteils beim Arbeitnehmer führt (BFH vom 21.2.1992, BStBl II S. 443 und vom 29.10.1993, BStBl 1994 II S. 194).

Arbeitnehmer-Auslandstagung

s. „Incentive-Reisen"

Arbeitnehmerfeier

Übliche Sachleistungen, die der Arbeitgeber aus Anlass der Diensteinführung, eines Amts- oder Funktionswechsels, eines runden Arbeitnehmerjubiläums oder der Verabschiedung eines Arbeitnehmers erbringt, gehören nach R 19.3 Abs. 2 Nr. 3 LStR* dann nicht zum Arbeitslohn, wenn die Aufwendungen des Arbeitgebers nicht mehr als 110,– € (einschließlich Umsatzsteuer) je teilnehmender Person betragen. Betragen die Aufwendungen des Arbeitgebers mehr als 110,– € je teilnehmender Person, so müssen die Aufwendungen dem Arbeitslohn des Arbeitnehmers zugerechnet werden. Geschenke bis zu einem Gesamtwert von 60,– €, sind in die 110,-€-Freigrenze* einzubeziehen.

Das Gleiche gilt entsprechend dem BFH-Urteil vom 28.1.2003, BStBl II S. 724 nach R 19.3 Abs. 2 Nr. 4 LStR* auch für übliche Sachleistungen bei einem Empfang anlässlich eines **runden Geburtstags** eines Arbeitnehmers, wenn es sich unter Berücksichtigung aller Umstände des Einzelfalls um ein Fest des Arbeitgebers (betriebliche Veranstaltung) und nicht um ein privates Fest des Arbeitnehmers handelt. Bei einem privaten Fest des Arbeitnehmers sind sämtliche vom Arbeitgeber getragenen Aufwendungen dem steuer- und beitragspflichtigen Arbeitslohn des Arbeitnehmers zuzurechnen. Für ein Fest des Arbeitgebers und damit eine betriebliche Veranstaltung spricht, wenn der Arbeitgeber als Gastgeber auftritt, er die Gästeliste nach geschäftsbezogenen Gesichtspunkten bestimmt, die Geschäftsfreunde, Repräsentanten des öffentlichen Lebens, Vertreter von Verbänden und Mitarbeiter in seine Geschäftsräume einlädt und das Fest den Charakter einer betrieblichen Veranstaltung hat. Unschädlich ist, wenn der Arbeitnehmer einen begrenzten Kreis der teilnehmenden Personen selbst benennen kann (sog. private Gäste).

Bei einem Fest des Arbeitgebers und betrieblicher Veranlassung anlässlich eines runden Geburtstags eines Arbeitnehmers sind die anteiligen Aufwendungen des Arbeitgebers, die auf den Arbeitnehmer selbst, seine Familienangehörige sowie seine privaten Gäste entfallen, nach R 19.3 Abs. 2 Nr. 4 Satz 2 LStR* dem steuer- und beitragspflichtigen Arbeitslohn des Arbeitnehmers hinzuzurechnen, wenn die Aufwendungen des Arbeitgebers mehr als 110,– € je teilnehmender Person betragen.

Beispiel:

Die Bruttoaufwendungen bei einem Fest des Arbeitgebers (betriebliche Veranlassung) für einen Empfang anlässlich des 60. Geburtstags des Arbeitnehmers betragen 4.000,– €. Unter den 40 teilnehmenden Gästen sind neben dem Arbeitnehmer auch seine Ehefrau, seine beiden Kinder und vier weitere private Gäste des Arbeitnehmers.

Da die Aufwendungen je teilnehmender Person 100,– € (= 4.000,– € : 40 Gäste) betragen und damit 110,– €-Freigrenze nicht übersteigen, sind sie nicht – auch nicht anteilig – dem Arbeitslohn des Arbeitnehmers hinzuzurechnen.*

***Wichtig!**

Anders als bei der für die Betriebsveranstaltung geltenden gesetzlichen Regelung des § 19 Abs. 1 Satz 1 Nr. 1a EStG handelt es sich bei den Verwaltungsregelungen nach R 19.3 Abs. 2 Nr. 3 und Nr. 4 LStR nicht um einen Freibetrag, sondern weiterhin um eine Freigrenze.

Arbeitnehmerjubiläum

Jubiläumszuwendungen, die ein Arbeitnehmer erhält, wenn er dem Betrieb über eine bestimmte Zeitdauer angehört, gehören in vollem Umfang zum steuer- und beitragspflichtigen Arbeitslohn. Die Jubiläumszuwendung kann als sonstiger Bezug ermäßigt nach der sog. Fünftelungsregel besteuert werden (vgl. Tz 5.8c), wenn sie zusammen mit dem regulären Gehalt im Jahr der Zahlung beim Arbeitnehmer zu einer Zusammenballung von Einkünften führt. Wenn die Zuwendung an einen Arbeitnehmer gezahlt wird, der voraussichtlich bis Ende des Kalenderjahres nicht aus dem Dienstverhältnis ausscheidet, kann der Arbeitgeber eine Zusammenballung von Einkünften unterstellen. Im Ausnahmefall kann die Anwendung der sog. Fünftelungsregel im Lohnsteuerabzugsverfahren zu einem höheren Steuerabzug führen. In diesem Fall kann der Arbeitgeber die Versteuerung der Jubiläumszuwendung als normalen sonstigen Bezug durchführen.

Jubiläumszuwendungen gehören als einmalig gezahltes Arbeitsentgelt in voller Höhe zum beitragspflichtigen Arbeitsentgelt. Bei der Prüfung der Frage, ob das Arbeitsentgelt die Geringfügigkeitsgrenze des § 8 Abs. 1 Nr. 1 SGB IV übersteigt (vgl. Tz 6.9), bleiben sie jedoch außer Ansatz.

Arbeitsessen

1. Getränke und Genussmittel, die der Arbeitgeber den Arbeitnehmern zum Verzehr im Betrieb unentgeltlich oder verbilligt überlässt, gehören als Aufmerksamkeiten nicht zum Arbeitslohn. Dies gilt auch für Speisen, die zum **Verzehr im Betrieb** anlässlich oder während eines außergewöhnlichen Arbeitseinsatzes (z. B. während einer betrieblichen Besprechung) unentgeltlich oder verbilligt gewährt werden und deren Wert 60,– € nicht überschreitet (R 19.6 Abs. 2 LStR).

2. Bewirtungen, die im weitesten Sinne eine **Belohnung** des Arbeitnehmers darstellen, führen dagegen zu steuer- und beitragspflichtigem Arbeitslohn. Ein Belohnungsessen liegt vor, wenn der Preis der Mahlzeit (einschließlich Umsatzsteuer) **60,– €** übersteigt und deshalb die Mahlzeit nicht mit dem Sachbezugswert angesetzt werden kann (§ 8 Abs. 2 Satz 8 EStG). Evtl. Zuzahlungen des Arbeitnehmers sind bei der Prüfung der 60,-€-Grenze nicht zu berücksichtigen. Als steuer- und beitragspflichtiger Arbeitslohn anzusetzen ist nicht der niedrige amtliche Sachbezugswert, sondern der tatsächliche Preis der Mahlzeit. Wird ein Belohnungsessen (Preis der Mahlzeit über 60,– €) anlässlich einer Auswärtstätigkeit

gewährt, bei der ein Anspruch auf eine steuerfreie Verpflegungspauschale besteht, führt diese Mahlzeitengestellung insoweit **nicht** zu einer Kürzung der Verpflegungspauschale.

Beispiel:

Der Unternehmer lädt nach erfolgreichem Geschäftsabschluss die beteiligten Arbeitnehmer zu einem Essen in ein Restaurant ein. Auf den einzelnen Arbeitnehmer entfallen 100,– € der gesamten Bewirtungskosten.

Als Arbeitslohn sind 100,– € anzusetzen. Falls der Arbeitgeber die hierauf anfallenden Steuern und Sozialversicherungsbeiträge übernehmen will, muss er eine Nettolohnberechnung durchführen (vgl. Tz 5.9).

3. Nehmen an dem Arbeitsessen auch **Geschäftspartner** teil, unterbleibt die Erfassung des auf die Arbeitnehmer entfallenden Anteils an den Bewirtungskosten als Arbeitslohn; es handelt sich um eine geschäftlich veranlasste Bewirtung im Sinne des § 4 Abs. 5 Satz 1 Nr. 2 EStG. Der Wert der Mahlzeit ist daher in diesen Fällen weder mit dem Sachbezugswert, noch mit dem tatsächlichen Wert der Mahlzeit als Arbeitslohn zu erfassen (R 8.1 Abs. 8 Nr. 1 LStR).

4. Hinsichtlich der **Bewirtung** von Arbeitnehmern durch den Arbeitgeber oder auf dessen Veranlassung durch einen Dritten anlässlich oder **während einer Auswärtstätigkeit**, außerbetrieblichen Fortbildungsveranstaltung oder im Rahmen einer doppelten Haushaltsführung wird auf die Ausführungen beim Stichwort „Auswärtstätigkeit" Nr. 7e verwiesen.

5. Für die **Bewirtung während einer Bildungsmaßnahme** (Stichwort „Fortbildungsleistungen") gelten die Ausführungen bei Nr. 4 entsprechend.

Arbeitskleidung

s. „Berufskleidung"

Arbeitslohnspende

Verzichten Arbeitnehmer auf die Auszahlung von Teilen des Arbeitslohns zugunsten einer Beihilfe des Arbeitgebers an von Naturkatastrophen **im Inland** betroffene Arbeitnehmer des Unternehmens oder zugunsten einer Zahlung des Arbeitgebers auf ein Spendenkonto einer spendenberechtigten Einrichtung, dann bleiben diese Lohnteile bei der Feststellung des steuerpflichtigen Lohnes außer Ansatz, wenn der Arbeitgeber die Verwendungsauflage erfüllt und im Lohnkonto dokumentiert. Der außer Ansatz bleibende Arbeitslohn darf nicht in der Lohnsteuerbescheinigung ausgewiesen und auch nicht im Rahmen der Einkommensteuerveranlagung des Arbeitnehmers nochmals als Spende angegeben werden. Soweit die Zuwendungen des Beschäftigten steuerlich nicht als Arbeitslohn behandelt werden, gehören sie gemäß § 1 Abs. 1 Nr. 11 SvEV (vgl. Anlage 2 im Handbuch) auch nicht zum beitragspflichtigen Arbeitsentgelt. Arbeitslohnspenden anlässlich von Naturkatastrophen **im Ausland** werden zwar steuerlich ebenfalls anerkannt, allerdings können Arbeitslohnspenden ins Ausland gemäß § 1 Abs. 1 Nr. 11 SvEV nicht von den Beiträgen zur Sozialversicherung freigestellt werden. In der Regel gibt die Finanzverwaltung für den jeweiligen Einzelfall eine entsprechende Verwaltungsanweisung heraus (vgl. z. B. für die Opfer der Unwetterlage von Ende Mai/Anfang Juni 2016 in Deutschland den Erlass vom 28.6.2016, BStBl I S. 641, oder zur Förderung der Hilfe für Flüchtlinge den Erlass vom 22.9.2015, BStBl I S. 745 (verlängert mit Erlass vom 6.12.2016).

Arbeitslosengeld

und ebenso die Arbeitslosenhilfe sind nach § 3 Nr. 2 EStG steuerfrei. Als Lohnersatzleistungen unterliegen diese Zahlungen jedoch dem Progressionsvorbehalt nach § 32b EStG, der vom Finanzamt bei der Einkommensteuerveranlagung berücksichtigt wird.

Etwaige spätere Zahlungen des Arbeitgebers an das Arbeitsamt aufgrund des gesetzlichen Forderungsübergangs gemäß § 115 SGB X sind dagegen steuerpflichtiger Arbeitslohn (vgl. BFH vom 16.3.1993, BStBl II S. 507).

Arbeitszeitkonten

Um die Arbeitswelt flexibel zu gestalten, vereinbaren die Tarifpartner zunehmend Arbeitszeitkonten. Dabei ist bezüglich der beitrags- und steuerrechtlichen Behandlung Folgendes zu beachten:

A) Sozialversicherungsrechtliche Behandlung

1. Allgemeines

Mit dem Gesetz zur Verbesserung der Rahmenbedingungen für die Absicherung flexibler Arbeitszeitregelungen und zur Änderung anderer Gesetze (sog. Flexi-II-Gesetz) vom 21.12.2008, BGBl. I S. 2.940 sind für den Bereich der Sozialversicherung die rechtlichen Grundlagen konkretisiert und von den Spitzenorganisationen der Sozialversicherung mit Rundschreiben vom 31.3.2009 und mit einem Frage-/Antwortkatalog vom 13.4.2010 erläutert worden. Während vormals alle Vereinbarungen, die die Verwendung von Arbeitszeiten oder Arbeitsentgelt für Arbeitsfreistellungen ermöglichten, als flexible Arbeitszeitregelung angesehen wurden, ist nunmehr bei Arbeitszeitkonten zu unterscheiden zwischen **Wertguthabenvereinbarungen** (sog. Langzeitkonten) einerseits und **sonstigen Arbeitszeitvereinbarungen** (sog. Gleitzeitkonten und Flexikonten) anderseits.

2. Sonstige Arbeitszeitvereinbarung

Als sonstige Arbeitszeitvereinbarungen werden solche Flexibilisierungsvereinbarungen bezeichnet, die die flexible Gestaltung der werktäglichen oder wöchentlichen Arbeitszeit sowie den Ausgleich betrieblicher Produktions- und Arbeitszeitzyklen ermöglichen (sog. **Gleitzeitkonten** und **Flexikonten**). Diese Arbeitszeitvereinbarungen genießen nicht die gesetzlichen Verbesserungen des Flexi-II-Gesetzes. Um jedoch die Funktionsfähigkeit dieser Zeitkonten weiterhin zu gewährleisten, wurde für Beschäftigte mit einer von der tatsächlichen Arbeitsleistung abhängigen Vergütung (etwa auf Stundenlohnbasis) in § 22 Abs. 1 Satz 2 SGB IV klargestellt, dass – wie im Steuerrecht – auch die Beiträge zur Sozialversicherung erst im tatsächlichen Auszahlungszeitpunkt des Guthabens fällig werden. Im Übrigen ist mit der Ergänzung des § 7 Abs. 1a SGB IV durch das Vierte SGB-IV-Änderungsgesetz festgelegt worden, dass ab 2012 Zeiten von bis zu drei Monaten, in denen Arbeitsentgelt aus einer Vereinbarung zur flexiblen Gestaltung der werktäglichen oder wöchentlichen Arbeitszeit oder dem Ausgleich betrieblicher Produktions- und Arbeitszeitzyklen weitergezahlt werden, Zeiten der Entnahme von Arbeitsentgelt aus einer Wertguthabenvereinbarung gemäß § 7b SGB IV gleichgestellt sind. Damit gilt für diese Beschäftigten bei einer Freistellung der Fortbestand des sozialversicherungsrechtlichen Beschäftigungsverhältnisses und der volle Sozialversicherungsschutz nun fort, während früher die Freistellung von mehr als einem Monat aus Zeitkonten, die keine Wertguthabenvereinbarungen i.S.d. § 7b SGB IV sind, zu einer Unterbrechung des sozialversicherungsrechtlichen Beschäftigungsverhältnisses geführt haben.

3. Wertguthabenvereinbarung

a) Definition

Eine Wertguthabenvereinbarung liegt gemäß § 7b SGB IV immer dann vor, wenn der Aufbau des Wertguthabens in einer schriftlichen Vereinbarung erfolgt. Diese Vereinbarung darf nicht das Ziel der flexiblen Gestaltung der werktäglichen oder wöchentlichen Arbeitszeit oder den Ausgleich betrieblicher Produktions- und Arbeitszeitspitzen verfolgen. Es muss vereinbart sein, dass Arbeitsentgelt in Wertguthaben eingebracht wird, um es für Zeiten der Freistellung von der Arbeitsleistung oder einer Verringerung der vertraglich vereinbarten Arbeitszeit wieder abzubauen. Dabei muss das aus dem Wertguthaben fällige Arbeitsentgelt mit einer vor oder nach der Freistellung erbrachten Arbeitsleistung erzielt werden und darüber hinaus grundsätzlich den Betrag von 450,– € monatlich übersteigen. Die 450,-€-Grenze gilt nicht, wenn die Beschäftigung vor der Freistellung als geringfügige Beschäftigung ausgeübt wurde, so dass auch bei geringfügigen Beschäftigungsverhältnissen die Bildung von Wertguthaben möglich ist.

b) Bildung von Wertguthaben § 7c SGB IV selbst sieht vor, dass das Wertguthaben verwendet werden kann für die vollständige oder teilweise Arbeitsfreistellungen zur Pflege naher Angehöriger gemäß § 3 des Pflegezeitgesetzes oder nach § 2 des Familienpflegezeitgesetzes, zur Betreuung von Kinder nach § 15 des Elterngeld- und Elternzeitgesetzes und zur Verringerung der Arbeitszeit nach § 8 des Teilzeit- und Befristungsgesetzes

oder

für die vertraglich vereinbarte vollständige oder teilweise Arbeitsfreistellung wie Vorruhestandsregelungen und Altersteilzeitregelungen vor dem Bezug der Altersrente sowie Maßnahmen der beruflichen Qualifikation und Weiterbildung.

Die Vertragsparteien können die Zwecke, für die das Wertguthaben in Anspruch genommen werden kann, in ihrer Vereinbarung nach § 7b SGB IV aber auch abweichend auf bestimmte Zwecke beschränken.

c) Führung und Verwaltung von Wertguthaben

Ab 2009 dürfen die Wertguthaben gemäß § 7d SGB IV grundsätzlich nur noch **in Entgelt** geführt werden. Allerdings lässt § 116 SGB IV für bereits bestehende Wertguthaben die Führung als Zeitguthaben weiterhin zu. Dies gilt auch für neu vereinbarte Wertguthabenvereinbarungen, wenn eine bereits bestehende Betriebsvereinbarung oder ein Tarifvertrag die Führung in Zeit vorsieht. Der Arbeitgeberanteil am Gesamtsozialversicherungsbeitrag ist Teil des Wertguthabens.

Der Arbeitgeber muss den Arbeitnehmer mindestens einmal jährlich über die Höhe seines im Wertguthaben enthaltenen Arbeitsentgeltguthabens unterrichten.

Zudem ist die Anlagemöglichkeit für Wertguthaben eingeschränkt. Eine Anlage in Aktien oder Aktienfonds ist nur bis zu 20% zulässig und auch nur dann, wenn der Arbeitgeber für das angelegte Wertguthaben mindestens in Höhe des angelegten Betrags den Werterhalt garantiert. Ein höherer Aktien- oder Aktienfondsanteil kann in einem Tarifvertrag oder aufgrund eines Tarifvertrags in einer Betriebsvereinbarung vereinbart werden oder ist bei einer ausschließlichen Wertguthabenverwendung für Zeiten vor einem Altersrentenbeginn der gesetzlichen Rentenversicherung möglich.

d) Insolvenzschutz der Wertguthaben

Zur Sicherstellung der Wertguthaben schreibt § 7e SGB IV Maßnahmen gegen das Risiko der Insolvenz des Arbeitgebers verpflichtend vor. Hierzu müssen Arbeitgeber Wertguthaben grundsätzlich auf Dritte übertragen; eine Rückführung auf den Arbeitgeber muss insoweit ausgeschlossen sein. In Betracht kommen insbesondere die Führung von Wertguthaben in einem Treuhandverhältnis, das die unmittelbare Übertragung des Wertguthabens in das Vermögen des Dritten und die Anlage des Wertguthabens auf einem offenen Treuhandkonto oder in anderer geeigneter Weise sicherstellt. Der Arbeitnehmer ist unverzüglich über die Vorkehrungen zum Insolvenzschutz zu informieren. Die Rentenversicherungsträger haben im Rahmen ihrer Betriebsprüfung den ausreichenden Insolvenzschutz zu prüfen. Führt ein unzureichender Insolvenzschutz zu einem Verlust von Wertguthaben, haftet der Arbeitgeber für den entstandenen Schaden, wenn er diesen zu vertreten hat. Der Nachweis über die getroffenen Vorkehrungen zum Insolvenzschutz ist zu den Entgeltunterlagen zu nehmen.

e) Verwendung des Wertguthabens zur betrieblichen Altersversorgung

Sah die Vereinbarung die Möglichkeit vor, das Wertguthaben vor Fälligkeit, also noch vor der planmäßigen Auszahlung in der Freistellungsphase ganz oder teilweise für die betriebliche Altersversorgung zu verwenden, konnte das Wertguthaben beitragsfrei in eine betriebliche Altersversorgung übertragen werden. Diese Möglichkeit gilt nur noch für bestehende Vereinbarungen und ist mit dem Flexi-II-Gesetz für alle nach dem 13.11.2008 geschlossenen Vereinbarungen nicht mehr sv-begünstigt möglich.

f) Portabilität der Wertguthaben

Nach § 7f SGB IV kann der Beschäftigte bei Beendigung der Beschäftigung das Wertguthaben – wie bisher – auf den neuen Arbeitgeber übertragen lassen, wenn alle Beteiligten dem zustimmen. Zudem ist dem Beschäftigten ab dem 1.7.2009 nun die Möglichkeit eröffnet, bei Beendigung des Arbeitsverhältnisses Wertguthaben (einschließlich des Gesamtsozialversicherungsbeitrags) auf die Deutsche Rentenversicherung Bund zu übertragen. Damit kann das Wertguthaben erhalten bleiben und muss nicht als Störfall aufgelöst werden, wenn der neue Arbeitgeber einer Übertragung auf ihn nicht zustimmt. Die Übertragung auf die Deutsche Rentenversicherung Bund ist unumkehrbar und erst dann möglich, wenn das Wertguthaben einen Betrag in Höhe des 6-fachen der jeweils maßgebenden monatlichen Bezugsgröße bereits überstiegen hat.

Die Arbeitgeberpflichten zur Zahlung des Gesamtsozialversicherungsbeitrags, zur Abgabe der Meldungen und zur Erstellung des Beitragsnachweises sowie der Anspruch auf den vom Arbeitnehmer zu tragenden Anteil am Gesamtsozialversicheru ngsbeitrag gehen mit der Wertguthabenübertragung auf die Deutsche Rentenversicherung Bund über. Die Übertragung des Wertguthabens ist nach § 3 Nr. 53 EStG steuerfrei; bei Inanspruchnahme des Wertguthabens hat die Deutsche Rentenversicherung Bund nach § 38 Abs. 3 EStG die Verpflichtung, den Lohnsteuerabzug vorzunehmen.

g) Beitragszahlung bei vereinbarungsgemäßem Ablauf

Sofern die vorstehenden Voraussetzungen erfüllt sind, bleibt der Versicherungsschutz in allen Versicherungszweigen bestehen bzw. wird begründet. Für die Zeiten der tatsächlichen Arbeitsleistung und der Freistellung ist das in dem jeweiligen Zeitraum fällige Arbeitsentgelt maßgebend. Arbeitnehmer, die wegen Überschreitens der Jahresarbeitsentgeltgrenze krankenversicherungsfrei sind und deren Arbeitsentgelt aufgrund einer vertraglichen Vereinbarung über die Flexibilisierung der Arbeitszeit i.S. des § 7 Abs. 1a SGB IV die allgemeine Jahresarbeitsentgeltgrenze nicht mehr überschreitet, unterliegen ab dem Tag der Krankenversicherungspflicht, von dem an das geringere Arbeitsentgelt gezahlt wird. Unter den Voraussetzungen des § 8 Abs. 1 Nr. 3 SGB V (Reduzierung der Arbeitszeit auf die Hälfte oder weniger als die Hälfte der regelmäßigen Wochenarbeitszeit vergleichbarer Vollbeschäftigter und seit mindestens 5 Jahren wegen Überschreitens der Jahresarbeitsentgeltgrenze versicherungsfrei) besteht jedoch die Möglichkeit der Befreiung von der Krankenversicherungspflicht. Entsprechend dem Grundsatz „Pflegeversicherung folgt Krankenversicherung" bedeutet dies für die Pflegeversicherung, dass bislang privat pflegeversicherte Arbeitnehmer also bei Unterschreitung der Jahresarbeitsentgeltgrenze in der sozialen Pflegeversicherung versicherungspflichtig werden. Sofern sie sich jedoch von der Krankenversicherungspflicht befreien lassen, kann der private Pflegeversicherungsvertrag weiter fortgeführt werden. Eine Besonderheit gilt nach § 6 Abs. 3a SGB V für Personen, die zum Zeitpunkt der Verringerung des Arbeitsentgelts und somit beim Eintritt der Krankenversicherungspflicht bereits das 55. Lebensjahr vollendet haben: Waren diese Personen in den letzten 5 Jahren vor dem Eintritt der Versicherungspflicht nicht in der gesetzlichen Krankenversicherung versichert und waren sie mindestens die Hälfte dieses Zeitraums krankenversicherungsfrei, von der Krankenversicherungspflicht befreit oder als hauptberuflich Selbständige nicht krankenversicherungspflichtig, tritt Krankenversicherungspflicht nicht ein. In der Renten- und Arbeitslosenversicherung besteht sowohl für die Dauer der Arbeitsphase als auch während der Freistellungsphase Versicherungspflicht.

h) Beitragszahlung bei nicht vereinbarungsgemäßer Verwendung des Wertguthabens (**sog. Störfälle**)

Der Störfall liegt beispielsweise vor bei Beendigung des Arbeitsverhältnisses, bei Tod des Arbeitnehmers, bei Verwendung des Wertguthabens für Zwecke einer betrieblichen Altersversorgung, bei vollständiger oder teilweiser Auszahlung des Wertguthabens nicht für Zeiten einer Freistellung oder bei Übertragung von Wertguthaben auf andere Personen. Die Berechnung der beitragspflichtigen Einnahmen ergibt sich im Einzelnen aus § 23b Abs. 2 SGB IV.

B) Steuerliche Behandlung

1. Allgemeines

Die Finanzverwaltung hat die lohnsteuerliche Behandlung sowie die Voraussetzungen für die steuerliche Anerkennung von Zeitwertkonten-Modellen im BMF-Schreiben vom 17.6.2009, BStBl I S. 1.286, zusammengefasst.

2. Sonstige Arbeitszeitvereinbarung

Bei sonstigen Arbeitszeitvereinbarungen (sog. Flexi- oder Gleitzeitkonten), die das Ziel der flexiblen Gestaltung der werktäglichen oder wöchentlichen Arbeitszeit oder den Ausgleich betrieblicher Produktions- und Arbeitszeitspitzen verfolgen, gelten wie bisher die allgemeinen Grundsätze über den Zufluss von Arbeitslohn. Das bedeutet, dass nur der dem Arbeitnehmer zufließende Teil des Arbeitslohns jeweils im Zeitpunkt des Zuflusses dem Lohnsteuerabzug unterliegt.

3. Zeitwertkonten

a) Definition

Bei Zeitwertkonten und Wertguthabenvereinbarungen i.S.d. § 7b SGB IV (sog. Lebensarbeitszeit- bzw. Arbeitszeitwertkonten) führen weder die Vereinbarung noch die Wertgutschrift auf einem solchen Konto bereits zum Zufluss von Arbeitslohn, sondern erst die Auszahlung des Guthabens während der Freistellung, wenn die getroffene Vereinbarung bestimmten Grundsätzen entspricht. Dazu gilt nach dem BMF-Schreiben vom 17.6.2009, BStBl I S. 1.286, Folgendes:

b) Begünstigter Personenkreis

Ein Zeitwertkonto kann grundsätzlich für alle Arbeitnehmer im Rahmen eines gegenwärtigen Dienstverhältnisses eingerichtet werden, auch für geringfügige Beschäftigungsverhältnisse. Bei befristeten Dienstverhältnissen werden Zeitwertkonten steuerlich nur dann anerkannt, wenn die sich während der Beschäftigung ergebenden Guthaben bei normalem Ablauf während der Dauer des befristeten Beschäftigungsverhältnisses, d.h. innerhalb der vertraglich vereinbarten Befristung, durch Freistellung ausgeglichen werden.

Vereinbarungen über die Einrichtung von Zeitwertkonten von Arbeitnehmern, die zugleich als Organ einer Kapitalgesellschaft bestellt sind, z. B. von Mitgliedern des Vorstands einer Aktiengesellschaft, werden steuerlich nicht anerkannt, da eine Freistellung von Arbeitsleistung bei fortbestehender Organbestellung dem Aufgabenbild des Organs einer Kapitalgesellschaft widerspricht. Infolgedessen führt bereits die Wertgutschrift auf dem Zeitwertkonto zum Zufluss von Arbeitslohn. Die Finanzverwaltung erkennt auch bei beherrschenden Gesellschafter-Geschäftsführern eine Verschiebung des lohnsteuerlichen Zuflusses von Arbeitslohn nicht an (diesbezüglich anhängige Verfahren hat der Bundesfinanzhof wegen der beschränkten richterlichen Überprüfbarkeit einer Anrufungsauskunft als unbegründet zurückgewiesen; vgl. z. B. BFH-Urteil vom 27.2.2014, BStBl II S. 894. Im Urteil vom 11.11.2015, BStBl 2016 II S. 489, hat der Bundesfinanzhof entschieden, dass eine Vereinbarung eines Alleingesellschafter-Geschäftsführers mit seiner GmbH zur Ansammlung von Wertguthaben auf Zeitwertkonten zu einer verdeckten Gewinnausschüttung führt. Ob die Auffassung der Finanzverwaltung auch zum Fall eines angestellten Fremd-Geschäftsführers einer GmbH Bestand haben wird, wonach bereits die Gutschrift künftig fällig werdenden Arbeitslohns auf dem Zeitwertkonto zum Zufluss von Arbeitslohn beim angestellten Organ führt, wird im Revisionsverfahren VI R 17/16 geklärt werden.). Der Erwerb einer Organstellung hat keinen Einfluss auf ein bis zu diesem Zeitpunkt aufgebautes Wertguthaben.

c) Aufbau des Wertguthabens

Als Wertguthaben können alle noch nicht fälligen Bezüge angesammelt werden. Es ist ohne Bedeutung, ob die Bezüge in der Ansparphase steuerfrei oder steuerpflichtig sind. Daher bleibt die Steuerfreiheit von Zuschlägen für Sonntags-, Feiertags- oder Nachtarbeit auch bei zeitversetzter Auszahlung erhalten. Voraussetzung ist jedoch, dass vor der Leistung der begünstigten Arbeit bestimmt wird, dass ein steuerfreier Zuschlag als Wertguthaben auf ein Arbeitszeitkonto genommen und getrennt ausgewiesen wird.

In ein Zeitwertkonto können keine weiteren Gutschriften mehr eingestellt werden, sobald feststeht, dass die dem Konto zugeführten Beträge nicht mehr durch Freistellung vollständig aufgebracht werden können. Für Wertguthaben, die ganz oder teilweise nicht unter den Anwendungsbereich des SGB IV fallen, ist eine Prognoseentscheidung zu treffen.

d) Werterhaltungsgarantie

Zeitwertkonten können steuerlich nur dann anerkannt werden, wenn mindestens ein Rückfluss der dem Zeitwertkonto zugeführten Beträge zum Zeitpunkt der planmäßigen Inanspruchnahme des Wertguthabens gewährleistet ist (sog. Werterhaltungsgarantie). Bei einer arbeitsrechtlichen Garantie des Arbeitgebers kann von dem Vorliegen einer Werterhaltungsgarantie ausgegangen werden, wenn der Arbeitgeber für diese Verpflichtung die Voraussetzungen für die Führung und Verwaltung von Wertguthaben nach § 7d SGB IV und des Insolvenzschutzes nach § 7e SGB IV erfüllt. Wird das Wertguthaben eines Zeitwertkontos aufgrund der Vereinbarung zwischen Arbeitgeber und Arbeitnehmer bei einem externen Anlageinstitut (z. B. Kreditinstitut oder Fonds) geführt, muss diese Werterhaltungsgarantie ggf. durch das Anlageinstitut vorliegen.

e) Kein Rechtsanspruch gegenüber Dritten

Wird das Wertguthaben eines Zeitwertkontos aufgrund der Vereinbarung zwischen Arbeitgeber und Arbeitnehmer z. B. als Depotkonto bei einem Kreditinstitut oder Fonds geführt, darf der Arbeitnehmer zur Vermeidung eines Lohnzuflusses keinen unmittelbaren Rechtsanspruch gegenüber den Dritten haben. Vereinbaren die Tarifparteien die Ansprüche der Arbeitnehmer für den Fall der Insolvenz des Arbeitgebers abzusichern und erfolgt beispielsweise die Sicherung des Arbeitszeitkontos durch Zahlungsversprechen Dritter und durch die Bestellung von Pfandrechten, dann führt dies ebenfalls nicht zum Zufluss des Arbeitslohns, wenn der Arbeitnehmer selbst keinen Rechtsanspruch gegen den Träger der Insolvenzsicherung erhält (vgl. auch das Stichwort „Insolvenzsicherung").

f) Verwendung zugunsten einer betrieblichen Altersversorgung

Wird das Wertguthaben des Zeitkontos aufgrund einer Vereinbarung zwischen Arbeitgeber und Arbeitnehmer vor Fälligkeit (planmäßige Auszahlung während der Freistellung) ganz oder teilweise zugunsten der betrieblichen Altersversorgung herabgesetzt, ist dies steuerrechtlich als eine Entgeltumwandlung zugunsten der betrieblichen Altersversorgung anzuerkennen. Der Zeitpunkt des Zuflusses dieser zugunsten der betrieblichen Altersversorgung umgewandelten Beträge richtet sich vielmehr nach dem Durchführungsweg der zugesagten betrieblichen Altersversorgung (vgl. Tz 11–15).

g) Übertragung des Wertguthabens bei Beendigung der Beschäftigung

Bei Beendigung einer Beschäftigung besteht die Möglichkeit, ein in diesem Beschäftigungsverhältnis aufgebautes Wertguthaben zu erhalten und nicht auflösen zu müssen.

Bei Übertragung des Wertguthabens an den neuen Arbeitgeber tritt der neue Arbeitgeber an die Stelle des alten Arbeitgebers und übernimmt im Wege der Schuldübernahme die Verpflichtungen aus dem Wertguthabenvertrag. Die Übertragung auf den neuen Arbeitgeber bewirkt noch keinen Lohnzufluss, erst die Leistungen aus dem Wertguthaben durch den neuen Arbeitgeber sind von diesem im Zeitpunkt der Auszahlung dem Lohnsteuerabzug zu unterwerfen.

h) Planwidrige Verwendung des Wertguthabens

Wird das Dienstverhältnis vor Beginn oder während der Freistellungsphase beendet (z. B. durch Erreichen der Altersgrenze, Tod des Arbeitnehmers, Eintritt der Invalidität, Kündigung) und der Wert des Guthabens an den Arbeitnehmer oder seine Erben ausgezahlt **(sog. Störfall)**, gelten für den Lohnsteuerabzug die allgemeinen Grundsätze. Der Einmalbetrag wird in der Regel als sonstiger Bezug (vgl. Tz 5.8) zu besteuern sein. War das Wertguthaben über einen Zeitraum hinweg angespart worden, der sich auf mindestens 2 Kalenderjahre erstreckt und einen Zeitraum von mehr als 12 Monaten umfasst, handelt es sich um einen steuerbegünstigten sonstigen Bezug (Arbeitslohn für mehrjährige Tätigkeit; vgl. Tz 5.8c). Endet das Dienstverhältnis mit dem Tod des Arbeitnehmers und wird das Zeitguthaben an die Erben ausgezahlt, so richtet sich die Lohnsteuer nach den Merkmalen des Erben (vgl. Tz 4.2 Stichwort „Hinterbliebenenbezüge"). Es liegt jedoch kein Versorgungsbezug vor, da es sich um Arbeitslohn handelt, den der verstorbene Arbeitnehmer bereits erdient hat. Der Versorgungsfreibetrag (vgl. Tz 5.6) kommt somit nicht zur Anwendung.

Aufmerksamkeiten

gehören nicht zum steuer- und beitragspflichtigen Arbeitslohn. Aufmerksamkeiten sind nach R 19.6 Abs. 1 Satz 2 LStR Sachzuwendungen von geringem, 60,– € nicht übersteigenden Wert (Blumen, Buch, Schallplatte oder Genussmittel), die dem Arbeitnehmer oder seinen Angehörigen anlässlich besonderer persönlicher Ereignisse (z. B. Geburtstag) gegeben werden. Geldzuwendungen sind dagegen stets steuer- und beitragspflichtig (BFH vom 22.3.1985, BStBl II S. 641).

Auch Getränke und Genussmittel, die der Arbeitgeber zum Verbrauch im Betrieb unentgeltlich oder verbilligt überlässt, gehören als Aufmerksamkeiten nicht zum steuerpflichtigen Arbeitslohn. Dasselbe gilt für Speisen, die der Arbeitgeber anlässlich eines außergewöhnlichen Arbeitseinsatzes (z. B. während einer betrieblichen Besprechung) im Betrieb überlässt. Vgl. hierzu auch das Stichwort „Arbeitsessen".

Aufstockungsbetrag

s. „Altersteilzeit"

Aufwandsentschädigungen

1. Aus einer Bundes- oder Landeskasse gezahlte Aufwandsentschädigungen sind nach § 3 Nr. 12 Satz 1 EStG steuerfrei, wenn sie in einer gesetzlichen Vorschrift oder von der Bundesregierung oder von einer Landesregierung festgesetzt sind. Weitere Voraussetzung ist, dass sie als Aufwandsentschädigung im Haushaltsplan ausgewiesen sind. Aufgrund dieses genau geregelten Festsetzungs- und Auszahlungsverfahrens, in das der Gesetzgeber in jedem Fall zumindest beim Ausweis im Haushaltsplan einbezogen ist, können die Aufwandsentschädigungen steuerfrei bleiben. Die Aufwandsentschädigungen müssen jedoch steuerlich berücksichtigungsfähige Aufwendungen umfassen (vgl. Bundesverfassungsgericht vom 11.11.1998, BStBl 1999 II S. 502).

2. Bei anderen Bezügen, die als Aufwandsentschädigung aus öffentlichen Kassen an öffentliche Dienste leistende Personen gezahlt werden, richtet sich die steuerliche Behandlung nach § 3 Nr. 12 Satz 2 EStG. Solche Aufwandsentschädigungen sind steuerfrei, soweit nicht festgestellt wird, dass sie für Verdienstausfall oder Zeitverlust gewährt werden oder den Aufwand, der dem Empfänger erwächst offenbar übersteigen. Um diese Feststellungen zu erleichtern und eine Gleichbehandlung sicherzustellen, enthält R 3.12 Abs. 3 LStR typisierende Regelungen zur Bestimmung des steuerfreien Teils. Außerdem ist in dieser Vorschrift geregelt, wann öffentlicher Dienst geleistet wird.

3. Im **privaten Dienst** gezahlte Aufwandsentschädigungen, die in pauschaler Weise den Aufwand des Arbeitnehmers (z. B. für Repräsentationskosten) abgelten, gehören stets zum steuerpflichtigen Arbeitslohn und zum beitragspflichtigen Arbeitsentgelt. Der Arbeitnehmer kann jedoch dem Finanzamt die steuerlich abzugsfähigen Aufwendungen nachweisen und so die Berücksichtigung als Werbungskosten bei seiner Einkommensteuerveranlagung erreichen.

4. Die Einnahmen aus einer nebenberuflichen Tätigkeit als **Übungsleiter**, Ausbilder, Erzieher, Betreuer **oder für eine vergleichbare nebenberufliche Tätigkeit** (also eine Tätigkeit, die auf andere Menschen durch persönlichen Kontakt Einfluss nimmt, um auf diese Weise deren geistige und körperliche Fähigkeiten zu entwickeln und zu fördern) werden häufig als Aufwandsentschädigung bezeichnet. Diese Einnahmen bleiben gemäß § 3 Nr. 26 EStG bis zur Höhe von insgesamt 2.400,– € im Kalenderjahr steuerfrei. Von dieser Steuerbefreiung werden auch die nebenberufliche Pflege alter, kranker oder behinderter Menschen sowie die nebenberufliche künstlerische Tätigkeit erfasst. Voraussetzung ist, dass die Tätigkeiten zur Förderung gemeinnütziger, mildtätiger oder kirchlicher Zwecke im Dienst einer juristischen Körperschaft des öffentlichen Rechts, die in einem Mitgliedstaat der Europäischen Union oder in einem Staat belegen ist, auf den das Abkommen über den Europäischen Wirtschaftsraum Anwendung findet, oder einer unter § 5 Abs. 1 Nr. 9 Körperschaftsteuergesetz fallenden Einrichtung ausgeübt werden.

   Vor allem folgende Tätigkeiten werden von dieser Steuerbefreiung erfasst:

   - Betreuer,
   - Übungsleiter,
   - Aufsichtspersonen und Jugendleiter,
   - Chorleiter und Dirigenten,
   - Lehr- und Vortragstätigkeit,
   - Prüfungstätigkeit und
   - die Alten-, Kranken- und Behindertenpflege.
   - Außer der nebenberuflichen Dauerpflege fallen hierunter auch nebenberufliche Hilfsdienste, z. B. die häusliche Betreuung durch gemeinnützige ambulante Pflegedienste und die Tätigkeit von Rettungssanitätern und Ersthelfern.

   Insbesondere ist die Ausübung dieser nebenberuflichen Tätigkeiten bei folgenden Körperschaften begünstigt:

   - gemeinnützige Sportvereine,
   - gemeinnützige Musikvereine,
   - Einrichtungen der Wohlfahrtspflege,
   - Rettungsdienstorganisationen,
   - Feuerwehren,
   - Volkshochschulen,
   - Lehr- und Prüfungstätigkeit an Schulen und Universitäten,
   - Einrichtungen der allgemeinen beruflichen Bildung,
   - kirchliche Einrichtungen.

   Begünstigt sind nur **nebenberufliche Tätigkeiten**. Eine solche liegt vor, wenn sie – bezogen auf das Kalenderjahr – nicht mehr als ein Drittel der Arbeitszeit eines vergleichbaren Vollzeiterwerbs in Anspruch nimmt (BFH vom 30.3.1990, BStBl II S. 854). In welchem Umfang mit den Einnahmen aus dieser Tätigkeit der Lebensunterhalt bestritten wird, ist nicht von Bedeutung. Nebenberuflich können deshalb auch Personen tätig sein, die keinen Hauptberuf ausüben, z. B. Hausfrauen, Rentner, Studenten und Arbeitslose.

Die Steuerbefreiung steht sowohl bei selbstständiger als auch nichtselbstständiger Tätigkeit zu. Sie ist jedoch auch bei mehreren nebenberuflichen Tätigkeiten auf den Jahresbetrag von insgesamt 2.400,– € begrenzt. Im Falle einer nichtselbstständigen Tätigkeit muss sich der Arbeitgeber deshalb vom Arbeitnehmer schriftlich bestätigen lassen, dass die Steuerbefreiung nicht bereits in einem anderen Dienst- oder Auftragsverhältnis berücksichtigt wird. Diese Erklärung ist als Beleg zum Lohnkonto zu nehmen.

Andere Steuerbefreiungsvorschriften gehen der Steuerbefreiung nach § 3 Nr. 26 EStG vor, d.h., dass der Betrag von 2.400,– € erst auf die sonst als steuerpflichtig verbleibenden Bezüge angewandt wird.

Beispiel:

Ein gemeinnütziger Sportverein zahlt einem nebenberuflichen Übungsleiter:

• *eine Barvergütung von monatlich*	*200,– €*
• *außerdem nach Einzelabrechnung bei auswärtigen Veranstaltungen die Reisekosten mit den steuerlich maßgebenden Sätzen (vgl. „Auswärtstätigkeit") z. B. 3 x 12,– € =*	*36,– €*
zusammen	*236,– €*
Steuerfrei sind:	
• *als Reisekosten*	*36,– €*
• *als nach § 3 Nr. 26 EStG steuerfreie Einnahme*	*200,– €*

5. An ehrenamtliche Vormünder i.S.d. §§ 1793ff BGB, ehrenamtliche rechtliche Betreuer i.S.d. §§ 1896ff BGB oder ehrenamtliche Pfleger i.S.d. §§ 1909ff BGB gezahlte **Aufwandsentschädigungen nach § 1835a BGB** sind nach Maßgabe des § 3 Nr. 26b EStG steuerfrei, soweit sie zusammen mit den steuerfreien Einnahmen i.S.d. § 3 Nr. 26 EStG den Freibetrag von 2.400,– € nicht übersteigen. Bei den nach § 3 Nr. 26b EStG begünstigten Tätigkeiten handelt es sich regelmäßig nicht um Arbeitslohn, sondern um Einkünfte im Sinne des § 22 Nr. 3 EStG.

6. **Andere Einnahmen** für sonstige nebenberufliche ehrenamtliche Tätigkeiten im Dienst oder Auftrag eines gemeinnützigen Vereins oder Körperschaft, die nicht unter die in Nr. 1 – 5 bezeichneten Tätigkeiten fallen, bleiben gemäß 3 Nr. 26a EStG bis zur Höhe von insgesamt 720,– € im Kalenderjahr steuerfrei. Unter diese Steuerbefreiung kann beispielsweise die Tätigkeit als Vereinsvorstand, Vereinskassierer oder als Platzwart fallen. Der Arbeitgeber darf den Freibetrag im Lohnsteuerverfahren berücksichtigen, wenn ihm eine entsprechende Erklärung des Arbeitnehmers vorliegt, dass er die Steuerbefreiung nicht bereits in einem anderen Dienst- oder Auftragsverhältnis in Anspruch nimmt. Weitere Einzelheiten enthält das BMF-Schreiben vom 21.11.2014, BStBl I S. 1.581).

Sozialversicherungsrechtliche Behandlung:

Steuerfreie Aufwandsentschädigungen sowie die in § 3 Nr. 26 und Nr. 26a EStG genannten steuerfreien Einnahmen gelten gemäß § 1 Abs. 1 Satz 1 Nr. 16 und Satz 2 SvEV (vgl. Anlage 2 im Handbuch).

Ausbildungsvergütungen

sind steuerpflichtiger Arbeitslohn und beitragspflichtiges Arbeitsentgelt, wenn die Ausbildung im Rahmen eines Dienstverhältnisses erfolgt (BFH vom 18.7.1985, BStBl II S. 644). Davon zu unterscheiden sind Beihilfen für Zwecke der Erziehung, Ausbildung, Forschung, Wissenschaft oder Kunst, die aus öffentlichen Mitteln und außerhalb eines Dienstverhältnisses als wiederkehrende Bezüge gewährt werden. Solche Beihilfen sind nach § 3 Nrn. 11 und 44 EStG steuerfrei.

Die Fahrten zur **Berufsschule** sind unabhängig davon, ob sie von der Wohnung oder von der Ausbildungsstätte angetreten werden, als eine Auswärtstätigkeit (vergleiche dieses Stichwort) zu behandeln. Wird die Berufsschule an nicht mehr als zwei Tagen wöchentlich aufgesucht, gilt jede Fahrt jeweils als neue Auswärtstätigkeit, so dass die Dreimonatsfrist für Verpflegungsmehraufwendungen nicht greift. Bei Blockunterricht wird die Berufsschule neben der ersten Tätigkeitsstätte im Betrieb auch nach Ablauf von drei Monaten zu keiner weiteren ersten Tätigkeitsstätte; allerdings ist die steuerfreie Erstattung von Verpflegungsmehraufwendungen auf die ersten drei Monate des Blockunterrichts beschränkt. Der Arbeitgeber darf bei einer beruflich veranlassten befristeten Auswärtstätigkeit außerhalb der ersten Tätigkeitsstätte die Fahrtkosten (bei Benutzung eines eigenen PKW mit 0,30 € je gefahrenen Kilometer) über die gesamte Dauer der Auswärtstätigkeit steuerfrei ersetzen.

Erste Tätigkeitsstätte ist aufgrund der Neuregelung des steuerlichen Reisekostenrechts auch eine Bildungseinrichtung, die **außerhalb eines Dienstverhältnisses** zum Zwecke eines Vollzeitstudiums oder einer vollzeitigen Bildungsmaßnahme aufgesucht wird (§ 9 Abs. 4 Satz 8 EStG).

Ein Studium oder eine Bildungsmaßnahme findet insbesondere dann außerhalb eines Dienstverhältnisses statt, wenn

- diese nicht Gegenstand des Dienstverhältnisses sind, auch wenn sie seitens des Arbeitgebers durch Hingabe von Mitteln, wie z. B. eines Stipendiums, gefördert werden oder
- diese ohne arbeitsvertragliche Verpflichtung absolviert werden und die Beschäftigung lediglich das Studium oder die Bildungsmaßnahme ermöglicht.

Zur Übernahme von Studiengebühren für den Besuch einer Berufsakademie durch den Arbeitgeber vergleiche das Stichwort „Fortbildungsleistungen".

Ausländische Arbeitnehmer

1. Die Staatsangehörigkeit spielt bei der Besteuerung von Arbeitnehmern grundsätzlich keine Rolle. Deshalb sind ausländische Arbeitnehmer unbeschränkt steuerpflichtig, wenn sie im Inland ihren Wohnsitz oder gewöhnlichen Aufenthalt haben (vgl. hierzu Tz 5.2). Ist dies der Fall, hat der ausländische Arbeitnehmer seine ELStAM-Daten abrufen zu lassen bzw. im Ausnahmefall eine Bescheinigung für den Lohnsteuerabzug vorzulegen, deren Merkmale der inländische Arbeitgeber dem Lohnsteuerabzug zugrunde zu legen hat.

Begründet der ausländische Arbeitnehmer im Inland keinen Wohnsitz und hat er hier auch nicht seinen gewöhnlichen Aufenthalt, ist er mit dem für seine Tätigkeit im Inland bezogenen Arbeitslohn beschränkt steuerpflichtig. Für solche Arbeitnehmer gilt derzeit noch nicht das ELStAM-Verfahren. Der Arbeitnehmer muss deshalb – wie bisher – bei dem für den Arbeitgeber zuständigen Finanzamt mit amtlichem Vordruck die Ausstellung einer jahresbezogenen Bescheinigung beantragen, in der das Finanzamt die maßgebende Steuerklasse und die eventuell zu berücksichtigenden Freibeträge einträgt (vgl. Tz 5.4). Liegt dem Arbeitgeber bei der Lohnzahlung keine Bescheinigung des Betriebsstätten-Finanzamts vor, muss er den Lohnsteuerabzug nach Steuerklasse VI vornehmen.

2. Der für die Tätigkeit im Inland bezogene Arbeitslohn ausländischer Arbeitnehmer ist – unabhängig davon, ob er im Inland der unbeschränkten oder beschränkten Steuerpflicht unterliegt – steuerfrei, wenn zwischen seinem Wohnsitzstaat und der Bundesrepublik **ein Abkommen zur Vermeidung der Doppelbesteuerung (DBA)** besteht und dieses Abkommen das Besteuerungsrecht dem ausländischen Staat zuweist.

   Die Staaten, mit denen die Bundesrepublik ein DBA abgeschlossen hat, sind unter dem Stichwort „Auslandsbeschäftigung" aufgeführt.

   In den DBA wird das Besteuerungsrecht für die im Inland ausgeübte nichtselbstständige Tätigkeit grundsätzlich der Bundesrepublik zugewiesen. Etwas anderes gilt nach den meisten DBA bei einer nur **vorübergehenden Tätigkeit** im Inland. In diesen Fällen steht das Besteuerungsrecht dem ausländischen Wohnsitzstaat zu, wenn die folgenden drei Voraussetzungen gleichzeitig gegeben sind:

a) **Der Arbeitnehmer darf sich in der Bundesrepublik nicht länger als 183 Tage im Kalenderjahr aufhalten.** Dabei werden mehrere Aufenthalte innerhalb eines Kalenderjahres zusammengerechnet.

b) **Der Lohn darf nicht von einem Arbeitgeber gezahlt werden, der im Inland ansässig ist.** Ob der Arbeitgeber im Inland ansässig ist, muss nach den Bestimmungen des DBA und nicht nach inländischem Einkommensteuerrecht entschieden werden. Ein ausländisches Unternehmen, das im Inland eine Betriebsstätte oder einen ständigen Vertreter unterhält, ist zwar gemäß § 38 Abs. 1 EStG inländischer Arbeitgeber und zum Lohnsteuerabzug verpflichtet, es ist jedoch nicht im Inland ansässig im Sinne des DBA.

c) **Der Arbeitslohn darf nicht von einer Betriebsstätte oder festen Einrichtung getragen werden, die der im Ausland ansässige Arbeitgeber im Inland unterhält (so genannter Betriebsstättenvorbehalt).**

   Weitere Einzelheiten enthält das BMF-Schreiben vom 12.11.2014, BStBl I S. 1.467.

3. ***Beispiele** zur 183-Tage-Regelung in den DBA:*

a) Ein in Österreich ansässiger Arbeitnehmer wird von seinem österreichischen Arbeitgeber vom 1. März bis 30. September in die Bundesrepublik zur Montage einer Anlage entsandt.

Der Aufenthalt im Inland überschreitet in diesem Kalenderjahr 183 Tage. Der auf die Tätigkeit im Inland entfallende Arbeitslohn ist deshalb steuerpflichtig. Da jedoch kein inländischer Arbeitgeber vorhanden ist, entfällt der Lohnsteuerabzug. Der Arbeitslohn muss vielmehr durch eine Einkommensteuerveranlagung des Arbeitnehmers besteuert werden.

b) Ein in Japan ansässiger Arbeitnehmer wird für 5 Monate an eine im Inland gelegene Betriebsstätte seines japanischen Arbeitgebers entsandt. Der auf diese Tätigkeit entfallende Arbeitslohn wird von dem Unternehmen dem Lohnaufwand der Betriebsstätte zugerechnet und der Arbeitnehmer der Betriebsstätte organisatorisch unterstellt.

Obwohl der Aufenthalt 183 Tage im Kalenderjahr nicht überschreitet, ist der auf die Inlandstätigkeit entfallende Arbeitslohn steuerpflichtig, weil der Arbeitslohn von der im Inland gelegenen Betriebsstätte des Arbeitgebers getragen wird. Zum Lohnsteuerabzug ist die Betriebsstätte verpflichtet. Sie ist inländischer Arbeitgeber im Sinne des § 38 Abs. 1 EStG (vgl. Tz 3.2).

4. Für „**Grenzgänger**" gelten nach den verschiedenen DBA mit den angrenzenden Staaten besondere Regelungen; vgl. dieses Stichwort.
5. Hinsichtlich der **Kirchensteuer** sind bei unbeschränkt steuerpflichtigen ausländischen Arbeitnehmern die ELStAM-Daten bzw. im Ausnahmefall die Eintragungen auf der Bescheinigung für den Lohnsteuerabzug maßgebend. Beschränkt Steuerpflichtige sind nicht kirchensteuerpflichtig.
6. Der **Sozialversicherungspflicht** unterliegen auch ausländische Arbeitnehmer. Eine Ausnahme kann sich nach dem Prinzip der **Einstrahlung** ergeben, wenn der Arbeitnehmer von seinem ausländischen Arbeitgeber vorübergehend in das Inland entsandt wird. Die Dauer der Tätigkeit im Inland aufgrund der Entsendung muss von vornherein zeitlich begrenzt sein. Einzelheiten zur versicherungsrechtlichen Beurteilung von Arbeitnehmern bei Ausstrahlung (§ 4 SGB IV) und Einstrahlung (§ 5 SGB IV) haben die Spitzenorganisationen der Sozialversicherung in ihrer neuen gemeinsamen Verlautbarung zur versicherungsrechtlichen Beurteilung entsandter Arbeitnehmer vom 18.11.2015 zusammengefasst.

Ausländische Studenten

Verschiedene Abkommen zur Vermeidung der Doppelbesteuerung (DBA) enthalten für Studenten Sonderregelungen, so dass das Betriebsstättenfinanzamt ggf. auf Antrag eine entsprechende Freistellungsbescheinigung erteilen kann.

In der **Sozialversicherung** gelten für ausländische Studenten die für inländische Studenten geltenden Regelungen entsprechend.

Auslagenersatz

oder durchlaufende Gelder sind nach § 3 Nr. 50 EStG steuerfrei; sie gehören insoweit auch nicht zum beitragspflichtigen Arbeitsentgelt.

Damit die Leistungen des Arbeitgebers als Auslagenersatz anerkannt werden, müssen folgende Voraussetzungen erfüllt sein:

1. Der Arbeitnehmer muss die Ausgaben für Rechnung des Arbeitgebers tätigen; ob er sie auch in dessen Namen leistet, ist nicht von Bedeutung.
2. Ein pauschaler Auslagenersatz kann nur dann steuer- und beitragsfrei bleiben, wenn er regelmäßig wiederkehrt und der Arbeitnehmer die entstandenen Aufwendungen für einen repräsentativen Zeitraum von 3 Monaten im Einzelnen nachweist. In diesem Fall kann der pauschale Auslagenersatz dann solange pauschal steuer- und beitragsfrei gezahlt werden, bis sich die Verhältnisse wesentlich ändern.
3. Als Auslagenersatz sind auch die vom Arbeitgeber übernommenen Kosten für die vom Telefonanschluss des Arbeitnehmers in dessen Wohnung geführten betrieblichen Gespräche steuerfrei; vgl. „Telefonkosten". Entsprechendes gilt für das Aufladen arbeitgebereigener Elektrofahrzeuge zu Hause beim Arbeitnehmer oder an einer betriebsfremden Ladevorrichtung; vgl. „Kraftfahrzeugüberlassung".

Auslandsbeschäftigung

Wird ein Arbeitnehmer von seinem Arbeitgeber in das Ausland entsandt, treten vielfältige steuerliche Fragen auf. Es ist zu prüfen, ob der Arbeitnehmer weiterhin unbeschränkt einkommensteuerpflichtig ist oder während der Auslandstätigkeit beschränkte Einkommensteuerpflicht vorliegt, ob der Arbeitslohn nach einem Doppelbesteuerungsabkommen oder nach dem Auslandstätigkeitserlass steuerfrei gestellt werden kann und wie eventuell vom Arbeitgeber wegen der Auslandstätigkeit zusätzlich gewährte Leistungen zu behandeln sind.

1. **Unbeschränkte Einkommensteuerpflicht** liegt vor, wenn der Arbeitnehmer während seiner Entsendung in das Ausland seinen Wohnsitz im Inland beibehält oder seinen gewöhnlichen Aufenthalt nach wie vor im Inland hat (vgl. Tz 5.2). Ist dies der Fall, unterliegt der auf die Auslandstätigkeit entfallende Arbeitslohn dem Lohnsteuerabzug, wenn nicht nach einem Doppelbesteuerungsabkommen oder dem Auslandstätigkeitserlass eine Steuerbefreiung in Betracht kommt.
2. **Beschränkte Einkommensteuerpflicht** liegt vor, wenn der Arbeitnehmer für die Zeit seiner Auslandstätigkeit seinen inländischen Wohnsitz aufgibt und im Inland auch nicht seinen gewöhnlichen Aufenthalt hat (vgl. Tz 5.4). In diesem Fall unterliegen nur seine inländischen Einkünfte der Besteuerung. Der Arbeitslohn gehört gemäß § 49 Abs. 1 Nr. 4 EStG nur zu den inländischen Einkünften, wenn die Tätigkeit im Inland ausgeübt oder verwertet wird oder worden ist oder Zahlungen aus einer öffentlichen Kasse vorliegen.

   Nach § 49 Abs. 1 Nr. 4 Buchstabe c EStG werden auch die Einkünfte im Ausland ansässiger und tätiger Geschäftsführer, Prokuristen und Vorstandsmitglieder von Gesellschaften mit inländischer Geschäftsleitung in die beschränkte Einkommensteuerpflicht mit einbezogen. Damit können diese Einkünfte dann im Inland besteuert werden, wenn Deutschland das Besteuerungsrecht (z. B. aufgrund eines Doppelbesteuerungsabkommens) hat.

   Die nichtselbstständige Arbeit wird im Inland **ausgeübt**, wenn der Arbeitnehmer im Inland persönlich tätig wird. Der Arbeitslohn eines im Ausland beschäftigten

Arbeitnehmers unterliegt deshalb dem Lohnsteuerabzug, soweit er im Inland für den inländischen Arbeitgeber Aufgaben wahrnimmt.

Beispiel:

Der bei einer ausländischen Betriebsstätte des inländischen Arbeitgebers beschäftigte Arbeitnehmer hält sich im Rahmen der betrieblichen Fortbildung für einige Wochen im Inland auf.

Da es sich nicht um eine übliche Unterbrechung der Auslandsbeschäftigung (Werksarztbesuche u.ä.) handelt, wird der für die Zeit der Fortbildungsveranstaltung gezahlte Arbeitslohn für eine im Inland ausgeübte Tätigkeit gezahlt und unterliegt deshalb dem Lohnsteuerabzug, wenn nicht eine Steuerbefreiung nach dem Doppelbesteuerungsabkommen oder dem Auslandstätigkeitserlass eingreift (s. unter 3. und 4.).

Die nichtselbstständige Tätigkeit wird im Inland **verwertet**, wenn der Arbeitnehmer das Ergebnis der im Ausland ausgeübten Tätigkeit im Inland seinem Arbeitgeber zuführt (BFH vom 12.11.1986, BStBl 1987 II S. 377, 379, 381 und 383). Aufgrund dieser Rechtsprechung, die davon ausgeht, dass die Verwertung durch den Arbeitnehmer selbst erfolgen muss und nicht durch den Arbeitgeber, erlangt die beschränkte Einkommensteuerpflicht nach dem Verwertungstatbestand nur noch in Ausnahmefällen Bedeutung, zumal es auch nicht darauf ankommt, ob der Arbeitslohn zu Lasten eines inländischen Arbeitgebers gezahlt wird.

Im Übrigen bleiben die Einkünfte aus der Verwertung einer im Ausland ausgeübten nichtselbstständigen Arbeit bei der Besteuerung außer Ansatz, wenn

a) aufgrund des mit dem Tätigkeitsstaat bestehenden DBA das Betriebsstätten-Finanzamt eine Freistellungsbescheinigung erteilt hat (s. unter 3.) oder
b) der Auslandstätigkeitserlass Anwendung findet (s. unter 4.) oder
c) nachgewiesen oder glaubhaft gemacht wird, dass von diesen Einkünften im Tätigkeitsstaat eine der deutschen Einkommensteuer entsprechende Steuer tatsächlich erhoben wird.

3. **Abkommen zur Vermeidung der Doppelbesteuerung (DBA)** bestehen zum 1.1.2017 mit den folgenden Staaten. Bei den in Klammern [ ] gesetzten Regelungen steht das Inkrafttreten noch aus:

	veröffentlicht in BStBl I Jahr	Seite
Albanien	12	292
Ägypten	90	280
Algerien	09	382
Argentinien	98	187
Armenien *)	83	90
Aserbaidschan	06	291
Australien	74	423
	[BGBl. II 16	1.114]
Bangladesch	92	34

Belarus (Weißrussland)	07	276
Belgien	69	38
	05	346
Bolivien	94	575
Bosnien und Herzegowina	88	372
Brasilien (gekündigt BMF vom 6.1.2006, BStBl I S. 83)	76	47
Bulgarien	11	543
China (ohne Hongkong und Macau)	16	1.130
Côte d'Ivoire	82	357
Costa Rica	16	1.169
Dänemark	96	1.219
Ecuador	84	339
Estland	98	543
Finnland	82	201
Frankreich	61	342
	70	900
	90	413
	02	891
	16	515
Georgien	08	482
	15	177
Ghana	08	467
Griechenland	67	50
Großbritannien	11	469
	16	192
Indien	96	599
Indonesien	91	1.001
Iran	70	768
Irland	13	471
	16	196
Island	73	504
Israel	16	1.116
Italien	90	396
Jamaika	76	407
Japan	16	1.306
Jersey, Republik	16	272
Kanada	02	505
Kasachstan	98	1.029
Kenia	79	337
Kirgisistan	07	233
Korea, Republik	03	24
Kosovo	88	372
Kroatien	07	246
Kuwait	89	150
	00	439
Lettland	98	531

Liberia	73	615
Liechtenstein	13	488
Litauen	98	1.016
Luxemburg	15	7
Malaysia	11	742
Malta	02	76
	11	742
Marokko	74	59
Mauritius	13	388
Mazedonien	11	313
Mexiko	14	1.224
Moldau *), Republik	83	90
Mongolei	95	607
Montenegro	88	372
Namibia	94	673
Neuseeland	80	654
Niederlande	15	1.025
	BGBl. 16	866
Norwegen	93	655
	15	245
Österreich	02	584
Pakistan	95	617
Philippinen	16	252
Polen	05	349
Portugal	82	347
Rumänien	04	273
Russische Föderation *)	96	1.490
Sambia	75	688
Schweden	94	422
Schweiz	72	518
	80	398
	90	409
	93	927
	03	165
Serbien	88	372
Simbabwe	89	310
Singapur	07	157
Slowakei	82	904
Slowenien	07	171
	13	369
Spanien	13	349
Sri Lanka	81	610
Südafrika	74	850
Syrien	11	342
Tadschikistan	05	15

Taipeh	13	20
Thailand	68	1.046
Trinidad und Tobago	75	697
Tschechien	82	904
Türkei	13	373
Tunesien	76	498
Turkmenistan *)	83	90
Ukraine	96	675
Ungarn	12	155
Uruguay	88	531
USA	08	783
Usbekistan	16	267
Venezuela	96	611
Vereinigte Arabische Emirate	11	942
Vietnam	96	1.422
Zypern	12	222

Die DBA gehen als völkerrechtliche Verträge dem innerstaatlichen Steuerrecht vor. Sie regeln, welcher Abkommensstaat das Besteuerungsrecht hat. Deshalb bleiben Einkünfte, für die das Abkommen dem ausländischen Staat das Besteuerungsrecht zuweist, im Inland steuerfrei, auch wenn der ausländische Staat, gleich aus welchen Gründen, die Einkünfte nicht besteuert.

Bei den von der Bundesrepublik geschlossenen DBA wird das Besteuerungsrecht für die Lohneinkünfte grundsätzlich dem **Tätigkeitsstaat** zugewiesen, auch wenn der Arbeitnehmer dort nicht ansässig ist (keinen Wohnsitz begründet). Etwas anderes gilt nach den meisten DBA bei einer nur **vorübergehenden Tätigkeit im Ausland**. Hier steht das Besteuerungsrecht dem **Wohnsitzstaat** zu, wenn die folgenden drei Voraussetzungen gleichzeitig gegeben sind, die im BMF-Schreiben vom 12.11.2014, BStBl I S. 1.467 ausführlich erläutert sind:

a) **Der Arbeitnehmer darf sich in dem anderen Staat nicht länger als 183 Tage im Kalenderjahr aufhalten.** Maßgeblich ist nach Tz 4.2.2 des BMF-Schreibens vom 12.11.2014 grundsätzlich die Aufenthaltsdauer, nicht nur die Dauer der Tätigkeit im ausländischen Staat (bei einigen DBA wie z. B. DBA-Dänemark oder die Besonderheit von DBA Belgien ist die Dauer der Ausübung der Tätigkeit maßgebend, vgl. Tz 4.2.3 des BMF-Schreibens). Als Tage des Aufenthalts im Tätigkeitsstaat werden u.a. der Ankunfts- und Abreisetag (eine Ausnahme gilt für Berufskraftfahrer; hier werden Tage der Hin- und Rückreise dann nicht mitgezählt, wenn der Berufskraftfahrer am selben Tag aus seinem Ansässigkeitsstaat in den Tätigkeitsstaat einreist und wieder in den Ansässigkeitsstaat zurückkehrt; mit Luxemburg – vgl. BMF-Schreiben vom 19.9.2011, BStBl I S. 849 – und der Schweiz – vgl. BMF-Schreiben vom 29.6.2011, BStBl I S. 621 – bestehen im Übrigen Verständigungsvereinbarungen über die steuerliche Behandlung von Berufskraftfahrern

* Hinweis:
Bei Armenien, Moldau und Turkmenistan gilt das DBA mit der UdSSR (BStBl 1983 I S. 90) derzeit noch weiter.

bzw. von Arbeitnehmern im internationalen Transportgewerbe), Tage der Anwesenheit im Tätigkeitsstaat während Arbeitsunterbrechungen (z. B. Feiertage, Sonntage, Streik, Aussperrung, Krankheit) sowie Urlaubstage, die unmittelbar vor, während und unmittelbar nach der Tätigkeit im Tätigkeitsstaat verbracht werden, mitgezählt. Tage der Unterbrechung der Tätigkeit, die ausschließlich außerhalb des Tätigkeitsstaats verbracht werden, sowie Zeiten des Transits außerhalb des Tätigkeitsstaats werden nicht mitgezählt. In einigen Ländern ist für die Besteuerung nicht das Kalenderjahr, sondern das Steuerjahr maßgebend.* In diesen Fällen ist für die Berechnung der 183-Tage-Frist auf das Steuerjahr des Tätigkeitsstaates abzustellen. Mehrere Aufenthalte im Vertragsstaat innerhalb eines Kalenderjahres (Steuerjahres) sind zusammenzurechnen.

Nach einigen Abkommen (z. B. Albanien, Algerien, Aserbaidschan, Belarus, Bulgarien, China, Costa Rica, Georgien, Ghana, Großbritannien, Irland, Israel, Japan, Kanada, Kasachstan, Kirgisistan, Korea, Kroatien, Liberia, Liechtenstein, Luxemburg, Malaysia, Malta, Mauritius, Mazedonien, Mexiko, Niederlande, Norwegen, Philippinen, Polen, Rumänien, Russland, Singapur, Slowenien, Spanien, Syrien, Tadschikistan, Türkei, Ungarn, Uruguay, Usbekistan, Vereinigte Arabische Emirate und Zypern) ist statt auf das Kalenderjahr oder Steuerjahr auf einen „Zeitraum von zwölf Monaten" abzustellen. Hierbei sind gemäß Tz 4.2.4 des BMF-Schreibens vom 12.11.2014 alle denkbaren 12-Monats-Zeiträume in Betracht zu ziehen, auch wenn sie sich zum Teil überschneiden. Wenn immer sich der Arbeitnehmer in einem 12-Monats-Zeitraum an mehr als 183 Tagen in dem anderen Vertragsstaat aufhält, steht dem anderen Vertragsstaat für die Einkünfte, die auf diese Tage entfallen, das Besteuerungsrecht zu.

Organe von Kapitalgesellschaften üben ihre Tätigkeit grundsätzlich an dem Ort aus, an dem sie sich persönlich aufhalten (BFH vom 5.10.1994, BStBl 1995 II S. 95 und Tz 6.1 des BMF-Schreibens vom 12.11.2014). Die Sondervorschrift über Aufsichtsrats- und Verwaltungsratsvergütungen ist auf den Arbeitslohn von Organen einer Kapitalgesellschaft nicht anwendbar. Einige DBAs enthalten aber Sonderregelungen über Geschäftsführervergütungen (z. B. Art. 16 DBA – Japan; Art. 16 Abs. 1 DBA – Schweden; Art. 16 Abs. 2 DBA – Österreich) oder besondere Verständigungsvereinbarungen wie mit der Schweiz (vgl. BMF-Schreiben vom 7.7.1997, BStBl I S. 723 und vom 3.12.2013, BStBl I S. 1.608 zu leitenden Angestellten). Zur Zuordnung des Besteuerungsrechts bei Abfindungen an Arbeitnehmer siehe auch das Stichwort „Abfindungen wegen Entlassung aus dem Dienstverhältnis", G) Verständigungs-/Konsultationsvereinbarungen/§50d Abs. 12 EStG.

b) **Der Lohn darf nicht von einem Arbeitgeber gezahlt werden, der im Tätigkeitsstaat ansässig ist.** Arbeitgeber i.S. der DBA-Vorschriften ist derjenige Unternehmer, der die Vergütungen für die ihm geleistete Arbeit wirtschaftlich trägt (BFH vom 21.8.1985, BStBl 1986 II S. 4). Dies ist dann der Fall, wenn der Arbeitnehmer

* z. B. Australien vom 1.7. bis 30.6
Iran vom 21.3. bis 20.3.
Namibia vom 1.3. bis 28.2.
Pakistan vom 1.7. bis 30.6.
Bangladesch vom 1.7. bis 30.6.
Indien vom 1.4. bis 31.3.
Neuseeland vom 1.4. bis 31.3.
Sri Lanka vom 1.4. bis 31.3.
Südafrika vom 1.3. bis 28.2.

dem ausländischen Unternehmen seine Arbeitsleistung schuldet, unter dessen Leistung tätig wird und dessen Weisungen unterworfen ist und der Arbeitslohn nicht Preisbestandteil für eine Lieferung oder Werkleistung ist. Eine Betriebsstätte kommt auf DBA-Ebene nicht als Arbeitgeber in Betracht (BFH vom 29.1.1986, BStBl II S. 442 und S. 513). Zum DBA-Arbeitgeberbegriff bei Arbeitnehmerentsendung zwischen international verbundenen Unternehmen wird auf Tz 4.3.3 des BMF-Schreibens vom 12.11.2014 verwiesen. Bei gewerblicher Arbeitnehmerüberlassung gilt in der Regel der Entleiher als Arbeitgeber (vgl. Tz 4.3.4 und 4.3.5 des BMF-Schreibens vom 12.11.2014); einzelne DBA enthalten auch Sonderregelungen zu Leiharbeitnehmern hinsichtlich der Anwendung der 183-Tage-Regelung.

c) **Der Arbeitslohn darf nicht von einer Betriebsstätte oder festen Einrichtung getragen werden, die der Arbeitgeber im Tätigkeitsstaat unterhält (sog. Betriebsstättenvorbehalt).** Ob eine Betriebsstätte oder feste Einrichtung in diesem Sinne vorliegt, ist nach den Vorschriften des jeweiligen DBA zu bestimmen. Nach mehreren DBA ist eine Bau- oder Montagestelle (anders als nach § 12 AO) erst ab einem Zeitraum von 12 Monaten eine Betriebsstätte. Der Arbeitslohn wird dann von der Betriebsstätte getragen, wenn er den der Betriebsstätte zuzurechnenden Gewinn mindert. Nicht entscheidend ist, wer die Vergütungen ausbezahlt oder wer die Vergütungen in seiner Teilbuchführung abrechnet. Entscheidend ist allein, ob und ggf. in welchem Umfang die ausgeübte Tätigkeit des Arbeitnehmers nach dem jeweiligen DBA der Betriebsstätte zuzuordnen ist und die Vergütung deshalb wirtschaftlich zu Lasten der Betriebsstätte geht (vgl. BFH vom 24.2.1988, BStBl II S. 819 und Tz 4.4 des BMF-Schreibens vom 12.11.2014 sowie ggf. die „Verwaltungsgrundsätze-Arbeitnehmerentsendung", BMF-Schreiben vom 9.11.2001, BStBl I S. 796).

Kommt nach den vorstehenden Grundsätzen eine Steuerbefreiung für einen Teil des Kalenderjahres in Betracht, so ist zunächst zu prüfen, inwieweit die Vergütung der Auslandstätigkeit oder der Inlandstätigkeit zugeordnet werden kann. Gehaltsbestandteile, die unmittelbar aufgrund einer konkreten inländischen oder ausländischen Arbeitsleistung gewährt werden, sind vorab direkt zuzuordnen (z. B. Reisekosten, Überstundenvergütungen, Zuschläge für Sonntags-, Feiertags- oder Nachtarbeit, Auslandszulagen, die Gestellung einer Wohnung im Tätigkeitsstaat). Soweit eine **direkte Zuordnung nicht möglich ist** (z. B. Weihnachts- und Urlaubsgeld), ist dieser Arbeitslohn nach Tz. 5.4 des BMF-Schreibens vom 12.11.2014, BStBl I S. 1.467, auf Grundlage **der tatsächlichen Arbeitstage** im Ausland Arbeitstagen aufzuteilen. Dies ist eine wesentliche Änderung, denn vormals war auf die vertraglich vereinbarten Arbeitstage abzustellen.

Die tatsächlichen Arbeitstage sind alle Tage innerhalb eines Kalenderjahres, an denen der Arbeitnehmer seine Tätigkeit tatsächlich ausübt und für die er Arbeitslohn bezieht. Krankheitstage mit oder ohne Lohnfortzahlung, Urlaubstage und Tage des ganztägigen Arbeitszeitausgleichs sind folglich keine Arbeitstage. Dagegen können auch Wochenend- oder Feiertage grundsätzlich als tatsächliche Arbeitstage zu zählen sein, wenn der Arbeitnehmer an diesen Tagen seine Tätigkeit tatsächlich ausübt und diese durch den Arbeitgeber vergütet wird. Eine solche Vergütung liegt auch vor, wenn dem Arbeitnehmer ein entsprechender Arbeitszeitausgleich gewährt wird. Es kommt weder auf die Zahl der Kalendertage (365) noch auf die Anzahl der vertraglich vereinbarten Arbeitstage an. Das aufzuteilende Arbeitsentgelt ist in Bezug zu den tatsächlichen

Arbeitstagen zu setzen. Daraus ergibt sich ein Arbeitsentgelt pro tatsächlichen Arbeitstag. Das aufzuteilende Arbeitsentgelt pro tatsächlichen Arbeitstag ist mit den tatsächlichen Arbeitstagen zu multiplizieren, an denen der Arbeitnehmer seine Tätigkeit im anderen Staat ausgeübt hat.

Beispiel zur Ermittlung der tatsächlichen Arbeitstage

(nach RNr. 164 des BMF-Schreibens vom 12.11.2014)

Ein Arbeitnehmer ist grundsätzlich an 250 Werktagen zur Arbeit verpflichtet und verfügt über einen Anspruch von 30 Urlaubstagen (= vereinbarte Arbeitstage: 220). Die tatsächlichen Tage verändern sich wie folgt.

	220
Arbeitnehmer überträgt 10 Urlaubstage vom Vorjahr	*- 10*
Arbeitnehmer überträgt 20 Urlaubstage vom Folgejahr	*+ 20*
Arbeitnehmer ist 30 Tage krank mit Lohnfortzahlung	*- 30*
Tatsächliche Arbeitstage gesamt	***170***

Das aufzuteilende Arbeitsentgelt ist in Bezug zu den tatsächlichen Arbeitstagen zu setzen. Daraus ergibt sich ein Arbeitsentgelt pro tatsächlichen Arbeitstag. Das aufzuteilende Arbeitsentgelt pro tatsächlichen Arbeitstag ist mit den tatsächlichen Arbeitstagen zu multiplizieren, an denen der Arbeitnehmer seine Tätigkeit im anderen Staat ausgeübt hat.

Beispiel zur Durchführung der Aufteilung

(Grundfall nach RNr.167 des BMF-Schreibens vom 12.11.2014)

Der Arbeitnehmer ist vom 1.1. bis 31.7. für seinen deutschen Arbeitgeber in Österreich tätig. Die vereinbarten Arbeitstage belaufen sich auf 220 Tage. Tatsächlich hat der Arbeitnehmer in Österreich an 145 Tagen und in Deutschland an 95 Tagen gearbeitet (240 Tage). Der aufzuteilende Arbeitslohn beträgt 120.000,– €.

In Deutschland werden 72.500,– € steuerfrei gestellt. $\left(= \frac{\text{145 Tage x 120.000,– €}}{\text{240 Tage}}\right)$

In Deutschland werden 47.500,– € steuerpflichtig gestellt. $\left(= \frac{\text{95 Tage x 120.000,– €}}{\text{240 Tage}}\right)$

Da dem Arbeitgeber im Zeitpunkt der monatlichen Lohnzahlung die jährlichen tatsächlichen Arbeitstage regelmäßig noch nicht abschließend bekannt sein werden, wird auch eine Aufteilung nach den voraussichtlichen tatsächlichen Arbeitstagen zugelassen. Zu den Einzelheiten ist noch ein BMF-Schreiben geplant.

Abfindungen stellen kein zusätzliches Entgelt für die frühere Tätigkeit (sondern Entgelt für den Verlust des Arbeitsplatzes) dar. Sie können daher auch nicht für eine konkrete im Inland oder Ausland ausgeübte Tätigkeit zugeordnet werden; ebenso kann keine anteilige Aufteilung erfolgen. Nach Tz 5.5.4 des BMF-Schreibens vom 12.11.2014 sind Abfindungen grundsätzlich in dem Staat zu besteuern, in dem der Arbeitnehmer zum Zeitpunkt der Auszahlung ansässig ist. Bei Beibehaltung des Wohnsitzes im Inland, ist der ins Ausland entsandte Arbeitnehmer weiterhin im Inland ansässig. Verlegt ein Arbeitnehmer im zeitlichen Zusammenhang mit der Auszahlung einer Abfindung seinen

Wohnsitz ins Ausland, um der Besteuerung der Abfindung im Inland auszuweichen, werden die Finanzämter anhand der Abfindungsvereinbarung und des bisherigen Arbeitsvertrags untersuchen, ob in der Abfindungssumme Zahlungen zur Abgeltung von Ansprüchen aus dem bisherigen Arbeitsvertrag enthalten sind. Derartige Zahlungen, wie z. B. abgegoltene Gratifikationen, Tantiemen, Urlaubsgeld und der laufende Arbeitslohn bis zur tatsächlichen Beendigung des Beschäftigungsverhältnisses, sind normaler Arbeitslohn und keine Abfindung (vgl. Stichwort „Abfindungen wegen Entlassung aus dem Dienstverhältnis" Buchstabe B). Zur Zuordnung des Besteuerungsrechts bei Abfindungen an Arbeitnehmer siehe auch das Stichwort „Abfindungen wegen Entlassung aus dem Dienstverhältnis", G) Verständigungs-/Konsultationsvereinbarungen/§50d Abs. 12 EStG.

Der auf die Auslandstätigkeit entfallende Arbeitslohn ist nach den vorstehenden Grundsätzen zwar steuerfrei, er unterliegt aber dem **Progressionsvorbehalt**. Der steuerfreie Arbeitslohn wird dabei zur Berechnung des auf das inländische Einkommen anzuwendenden Steuersatzes herangezogen. Der Progressionsvorbehalt wird allerdings nur im Rahmen der Einkommensteuerveranlagung des Arbeitnehmers berücksichtigt. Für den Arbeitgeber besteht in diesem Zusammenhang deshalb nur die Verpflichtung, den steuerfreien Auslandslohn im Lohnkonto aufzuzeichnen und in der Lohnsteuerbescheinigung gesondert anzugeben. Die Daten können zwischen den in- und ausländischen Finanzbehörden ausgetauscht werden (vgl. das Merkblatt zur zwischenstaatlichen Amtshilfe durch Informationsaustausch in Steuersachen BStBl 2015 I S. 928).

In verschiedenen DBA ist vorgesehen, dass die Steuerfreistellung **nur auf Antrag** zulässig ist. In diesen Fällen darf der Arbeitgeber nur vom Lohnsteuerabzug absehen, wenn das Finanzamt die Steuerfreiheit bestätigt hat (z. B. DBA mit Albanien, Algerien, Aserbaidschan, Belarus, Bulgarien, Costa Rica, Frankreich, Georgien, Ghana, Großbritannien, Italien, Irland, Kroatien, Liechtenstein, Luxemburg, Mauritius, Mazedonien, Norwegen, Österreich, Philippinen, Polen, Schweden, Singapur, Slowenien, Syrien, Türkei, Ungarn, USA, VAE, Zypern). In anderen Fällen kann unter den Voraussetzungen des jeweiligen DBA der Lohnsteuerabzug zwar auch ohne eine solche Bescheinigung unterbleiben; um Haftungsrisiken zu vermeiden, sollte der Arbeitgeber aber in jedem Fall eine Freistellungsbescheinigung des Betriebsstätten-Finanzamts beantragen.

Damit Einkünfte nicht unversteuert bleiben, enthalten verschiedene DBA (z. B. mit Dänemark, Italien, Neuseeland, Norwegen, Schweden, USA) sog. Rückfallklauseln; d.h. eine Freistellung von der deutschen Steuer erfolgt nur dann, wenn die Einkünfte im Ausland auch tatsächlich besteuert werden (vgl. Tz 9 des BMF-Schreibens vom 12.11.2014, BStBl I S. 1.467 i.V.m. dem BMF-Schreiben vom 20.6.2013, BStBl I S. 980).

Im Rahmen seiner Einkommensteuerveranlagung muss der Arbeitnehmer gemäß § 50d Abs. 8 EStG nachweisen, dass der nach DBA im Lohnsteuerabzug steuerfrei belassene Arbeitslohn tatsächlich im Ausland besteuert worden ist; ansonsten wird der Arbeitslohn in Deutschland im Rahmen der Einkommensteuer nachträglich versteuert. Diese Nachweispflicht betrifft nur das Veranlagungsverfahren (BMF-Schreiben vom 21.7.2005, BStBl I S. 821).

Wegen weiterer Einzelheiten, insbesondere zu den Besonderheiten bei Berufskraftfahrern oder dem Personal auf Schiffen und Flugzeugen, wird auf Tz. 7 und 8 des BMF-Schreibens vom 12.11.2014, BStBl I S. 1.467 verwiesen.

4. **Auslandstätigkeitserlass**

Nach dem BMF-Schreiben vom 31.10.1983, BStBl I S. 470, ist der Arbeitslohn von unbeschränkt einkommensteuerpflichtigen Arbeitnehmern eines inländischen Arbeitgebers (gilt nun auch für einen ausländischen Arbeitgeber, wenn dieser in der EU/EWR ist) für bestimmte Tätigkeiten in einem Staat, mit dem **kein Doppelbesteuerungsabkommen** besteht, steuerfrei.

Begünstigte Auslandstätigkeiten

Von der Steuerfreiheit betroffen ist

- die Tätigkeit für einen inländischen Lieferanten, Hersteller, Auftragnehmer oder Inhaber ausländischer Mineralaufsuchungs- oder -gewinnungsrechte; die Überlassung von Arbeitskräften durch eine inländische Tochtergesellschaft an die den Auftrag ausführende ausländische Muttergesellschaft (außerhalb EU/EWR) ist somit nicht begünstigt;
- die Tätigkeit für inländische Subunternehmer, wenn sie begünstigte Tätigkeiten ausführen;
- der Einsatz bei der unmittelbaren praktischen Durchführung des Vorhabens;
- die Aufgabe als Hilfsperson (Transport, Verwaltung, Gesundheitsdienst, Schulung der Ortskräfte).

Nicht begünstigte Auslandstätigkeiten

Von der Steuerfreiheit ausgeschlossen sind

- die finanzielle Beratung im Rahmen einer Banktätigkeit;
- das Einholen von Aufträgen (Akquisition);
- die Tätigkeit des Bordpersonals auf Seeschiffen.

Mindestdauer der Auslandstätigkeit

Die Tätigkeit muss mindestens **drei Monate** ununterbrochen in einem Staat, mit dem kein DBA besteht, ausgeübt werden. Die begünstigte Tätigkeit beginnt mit Antritt der Reise ins Ausland und endet mit der endgültigen Rückkehr ins Inland.

Unschädliche Unterbrechung der Auslandstätigkeit

Die vorübergehende Rückkehr ins Inland oder ein kurzer Aufenthalt in einem Staat, mit dem ein DBA besteht, sind unschädlich, wenn die Unterbrechungen zur weiteren Durchführung oder Vorbereitung eines begünstigten Vorhabens notwendig sind. Insgesamt darf die Unterbrechung **innerhalb von drei Monaten 10 volle Kalendertage** nicht überschreiten. Dies gilt bei längeren Auslandstätigkeiten für die jeweils letzten drei Monate.

Beispiel:

Der Arbeitnehmer ist seit 2 Monaten bei einem begünstigten Auslandsprojekt beschäftigt. Er kehrt dann in das Inland zu Besprechungen im Zusammenhang mit diesem oder einem anderen begünstigten Projekt für 10 Tage zurück.

Die Mindestfrist von drei Monaten wird durch diese Rückkehr nicht unterbrochen (die Reisetage gehören zum Auslandsaufenthalt). Falls die Auslandstätigkeit die Gesamtdauer von 3 Monaten erreicht, besteht deshalb für den gesamten Zeitraum Steuerfreiheit.

Beispiel:

Der Arbeitnehmer ist seit 1. Januar im Ausland beschäftigt. In der Zeit vom 25.3. bis 4.4. (11 Tage) ist er im Zusammenhang mit dem Auslandsprojekt im Inland tätig.

Der Inlandsaufenthalt überschreitet 10 Tage; er führt deshalb ab dem 11. Tag (4. April) zu einer Unterbrechung der begünstigten Auslandstätigkeit. Für den Arbeitnehmer beginnt somit am 5 April (Rückkehr in das Ausland) eine neue Dreimonatsfrist.

Für den ersten Auslandsaufenthalt (1.1. bis 24.3.) ist der Dreimonatszeitraum erfüllt, da der Inlandsaufenthalt in diesen drei Monaten nur 7 Tage betrug und deshalb keine Unterbrechung bewirkt. Der Arbeitslohn des Arbeitnehmers ist somit vom 1.1. bis 3.4. (= 10. Tag des Inlandsaufenthalts) steuerfrei.

Auswirkung von Urlaub und Krankheit

Die Unterbrechung ist unschädlich, unabhängig davon, wo sich der Arbeitnehmer während dieser Zeit aufhält. Bei der Dreimonatsfrist wird eine solche Unterbrechung nicht mitgerechnet.

Beispiel:

Der Arbeitnehmer ist seit 1. Juli an einem begünstigten Projekt im Ausland tätig. Im August unterbricht er für 20 Tage zu Urlaubszwecken diese Tätigkeit.

Die Unterbrechung ist unschädlich. Deshalb beginnt nach Urlaubsende keine neue Dreimonatsfrist. Allerdings wird die Zeit der unschädlichen Unterbrechung nicht mitgerechnet, d.h., Steuerfreiheit tritt für den Arbeitnehmer nur ein, wenn sein Auslandsaufenthalt mindestens bis 20. Oktober dauert.

Umfang der Steuerbefreiung

Neben dem auf die Auslandstätigkeit entfallenden laufenden Arbeitslohn sind steuerfrei:

- Zulagen, Prämien oder Zuschüsse des Arbeitgebers für die Aufwendungen des Arbeitnehmers,
- Weihnachtszuwendungen, Erfolgsprämien oder Tantiemen,
- Arbeitslohn, der auf den Urlaub – einschließlich eines angemessenen Sonderurlaubs aufgrund einer begünstigten Tätigkeit – entfällt, zusätzliches Urlaubsgeld oder eine Urlaubsabgeltung,
- die Lohnfortzahlung aufgrund einer Erkrankung während einer begünstigten Auslandstätigkeit bis zur Wiederaufnahme dieser oder einer anderen begünstigen Tätigkeit oder bis zur endgültigen Rückkehr ins Inland.

Wird Arbeitslohn nicht ausschließlich für die begünstigte Tätigkeit geleistet (z. B. Jahressonderzahlungen oder das Urlaubsentgelt), so ist er im Verhältnis der Kalendertage aufzuteilen.

Freistellungsbescheinigung

Die Steuerbefreiung ist vom Arbeitgeber oder vom Arbeitnehmer bei dem für den Arbeitgeber zuständigen Finanzamt zu beantragen. Mit der Erteilung der Freistellungsbescheinigung verpflichtet das Finanzamt den Arbeitgeber

- die Aufzeichnungs- und Bescheinigungspflichten zu erfüllen,
- die Freistellungsbescheinigung als Beleg zum Lohnkonto zu nehmen,
- für den Arbeitnehmer, der begünstigten Arbeitslohn im laufenden Kalenderjahr bezogen hat, keinen Lohnsteuer-Jahresausgleich durchzuführen.

Liegen die Voraussetzungen für die Steuerbefreiung vor, hat der Arbeitgeber aber den Lohnsteuerabzug vorgenommen, kann der Arbeitnehmer den Verzicht auf die Besteuerung auch bei seinem Wohnsitzfinanzamt beantragen.

Aufzeichnungs- und Bescheinigungspflichten

Der auf die begünstigte Tätigkeit entfallende Arbeitslohn ist zwar steuerfrei, er unterliegt aber dem Progressionsvorbehalt. Vom Finanzamt wird er zur Berechnung des auf die übrigen Einkünfte anzuwendenden Steuersatzes herangezogen. Der Arbeitgeber ist deshalb verpflichtet, den nach einem DBA oder dem Auslandstätigkeitserlass steuerfrei belassenen Arbeitslohn getrennt vom übrigen Arbeitslohn

- im Lohnkonto und
- in der Lohnsteuerbescheinigung

einzutragen.

5. Sozialversicherungspflicht bei Auslandsbeschäftigung

Grundsätzlich gelten die Vorschriften über die Versicherungspflicht, soweit hierfür eine Beschäftigung Voraussetzung ist, nur für Personen, die im Inland beschäftigt sind. Ausnahmen von diesem Grundsatz können sich ergeben aus

- zwischenstaatlichen Vereinbarungen,
- EU-Recht und
- dem Prinzip der Ausstrahlung bei zeitlich begrenzter Beschäftigung im Ausland.

Zwischenstaatliche Vereinbarungen bestehen z. B. mit der Türkei und den USA. Durch die Abkommen wird gewährleistet, dass deutsche Arbeitnehmer für die Zeit einer vorübergehenden Tätigkeit im anderen Vertragsstaat weiterhin dem inländischen Sozialversicherungsrecht unterliegen. Der Begriff der vorübergehenden Tätigkeit ist in den Abkommen unterschiedlich bestimmt.

Für die **EU-Mitgliedstaaten** ist durch EU-Verordnungen sichergestellt, dass bei einer vorübergehenden Tätigkeit eines deutschen Arbeitnehmers für einen inländischen Arbeitgeber in einem anderen EU-Staat die Sozialversicherung nach den inländischen Vorschriften fortgeführt wird. Als vorübergehend gilt eine Dauer von 24 Monaten.

Das **Prinzip der Ausstrahlung** findet Anwendung, wenn mit dem Beschäftigungsland weder zwischenstaatliche Vereinbarungen bestehen, noch EU-Recht eingreift. Im Ausland tätige deutsche Arbeitnehmer sind danach unter folgenden Voraussetzungen sozialversicherungspflichtig:

a) Es muss ein Beschäftigungsverhältnis im Sinne des Sozialversicherungsrechts mit dem im Inland ansässigen Arbeitgeber bestehen. Ein wichtiges Indiz hierfür ist, ob der Arbeitnehmer in der Lohnabrechnung des inländischen Arbeitgebers weiterhin geführt wird. Ist der Arbeitnehmer dagegen mit allen Konsequenzen einer ausländischen Betriebsstätte des Arbeitgebers eingegliedert, entfällt die inländische Sozialversicherungspflicht. Es kommt allerdings nicht darauf an, ob der Arbeitslohn nach einem DBA oder nach dem Auslandstätigkeitserlass steuerfrei gestellt ist.

b) Die Auslandstätigkeit muss im Rahmen dieses Beschäftigungsverhältnisses durch Entsendung ausgeübt werden. Ein im Ausland eingestellter Arbeitnehmer ist deshalb nicht sozialversicherungspflichtig.

c) Die Entsendung ins Ausland muss infolge ihrer Eigenart oder vertraglich im Voraus begrenzt sein. Eine feste Zeitgrenze besteht nicht. Die Entsendung kann deshalb auch über mehrere Jahre, z. B. bis zum Abschluss eines bestimmten Projekts andauern.

Einzelheiten zur versicherungsrechtlichen Beurteilung von Arbeitnehmern bei Ausstrahlung (§ 4 SGB IV) und Einstrahlung (§ 5 SGB IV) haben die Spitzenorganisationen der Sozialversicherung in ihrer neuen gemeinsamen Verlautbarung zur versicherungsrechtlichen Beurteilung entsandter Arbeitnehmer vom 18.11.2015 zusammengefasst.

Besteht für die Zeit der Auslandsbeschäftigung Versicherungspflicht, sind die Beiträge nach den gleichen Grundsätzen wie bei einer Beschäftigung im Inland zu erheben. Das Arbeitsentgelt ist auch dann beitragspflichtig, wenn nach einem Doppelbesteuerungsabkommen keine Lohnsteuer einzubehalten ist.

6. Für eine Auslandstätigkeit erhält der Arbeitnehmer in der Regel zur Abgeltung von Erschwernissen und Mehraufwendungen zusätzliche Vergütungen. Zur steuerlichen und sozialversicherungsrechtlichen Behandlung solcher Leistungen vgl. die Stichworte

„Auslandsreisekosten",
„Auswärtstätigkeit",
„Doppelte Haushaltsführung" und
„Kaufkraftausgleich".

Auslandsreisekosten

1. Die neuen länderunterschiedlichen Verpflegungssätze für das Jahr 2017 sind in der Anlage 4 dieses Handbuchs abgedruckt. Die Verpflegungssätze sind Pauschbeträge; wie im Inland ist ein höherer Einzelkostennachweis nicht zulässig. Die Verpflegungssätze sind für jeden Kalendertag entsprechend der jeweiligen Abwesenheitsdauer zu kürzen, wenn die Abwesenheitsdauer am Kalendertag nicht 24 Stunden beträgt. Die Kürzung ist in der Anlage eingearbeitet. Eine steuerfreie Erstattung der Verpflegungssätze ist auf die ersten drei Monate der Tätigkeit am selben Ort bzw. derselben doppelten Haushaltsführung beschränkt.

2. Für die in der Anlage nicht erfassten Länder ist der für Luxemburg geltende Pauschbetrag maßgebend; für nicht erfasste Übersee- und Außengebiete eines Landes das Mutterland.

3. Bei **eintägigen** Reisen vom Inland in das Ausland bestimmt sich der Pauschbetrag nach dem Ort des letzten Tätigkeitsortes im Ausland.

4. Bei **mehrtägigen** Reisen in verschiedenen Staaten gilt für die Ermittlung des Pauschbetrags am An- und Abreisetag sowie an den Zwischentagen (Tagen mit 24 Std. Abwesenheit) Folgendes:
   - Bei der Anreise vom Inland in das Ausland oder vom Ausland ins Inland jeweils **ohne Tätigwerden** ist der entsprechende Pauschbetrag des Ortes maßgebend, der vor 24 Uhr Ortszeit erreicht wird.
   - Bei der Abreise vom Ausland ins Inland oder vom Inland ins Ausland ist der entsprechende Pauschbetrag des letzten Tätigkeitsortes maßgebend.
   - Für die Zwischentage ist in der Regel der entsprechende Pauschbetrag des Ortes maßgebend, den der Arbeitnehmer vor 24 Uhr erreicht hat.
   - Siehe dazu auch Rz. 51 des BMF-Schreibens vom 24.10.2014, BStBl I S. 1.412, sowie die Erläuterungen zu den Auslandsreisekostensätzen 2017 im BMF-Schreiben vom 14.12.2016, das im BStBl I veröffentlicht wird.

   Schließt sich an den Tag der Rückreise von einer mehrtägigen Auswärtstätigkeit zur Wohnung oder ersten Tätigkeitsstätte eine weitere ein- oder mehrtägige Auswärtstätigkeit an, ist für diesen Tag nur die höhere Verpflegungspauschale zu berücksichtigen.

   Zur Kürzung der Verpflegungspauschale gilt Folgendes:
   - Bei der Gestellung von Mahlzeiten durch den Arbeitgeber oder auf dessen Veranlassung durch einen Dritten ist die Kürzung der Verpflegungspauschale i. S. d. § 9 Absatz 4a Satz 8 ff. EStG tagesbezogen vorzunehmen, d. h. von der für den jeweiligen Reisetag maßgebenden Verpflegungspauschale für eine 24-stündige Abwesenheit (§ 9 Absatz 4a Satz 5 EStG), unabhängig davon, in welchem Land die jeweilige Mahlzeit zur Verfügung gestellt wurde.

Beispiel

Der Ingenieur I kehrt am Dienstag von einer mehrtägigen Auswärtstätigkeit in Straßburg zu seiner Wohnung zurück. Nachdem er Unterlagen und neue Kleidung eingepackt hat, reist er zu einer weiteren mehrtägigen Auswärtstätigkeit nach Kopenhagen weiter. I erreicht Kopenhagen um 23.00 Uhr. Die Übernachtungen – jeweils mit Frühstück – wurden vom Arbeitgeber im Voraus gebucht und bezahlt.

Für Dienstag ist nur die höhere Verpflegungspauschale von 40,– € (Rückreisetag von Straßburg: 32,– €, Anreisetag nach Kopenhagen: 40,– €) anzusetzen. Aufgrund der Gestellung des Frühstücks im Rahmen der Übernachtung in Straßburg ist die Verpflegungspauschale um 12,– € (20 Prozent der Verpflegungspauschale Kopenhagen für einen vollen Kalendertag: 60,– €) auf 28,– € zu kürzen.

5. Bei Flugreisen ist nach R 9.6 Abs. 3 Satz 4 Nr. 1 LStR das Land im Zeitpunkt der Landung maßgebend. Zwischenlandungen bleiben unberücksichtigt, es sei denn, dass durch sie Übernachtungskosten notwendig werden. Erstreckt sich eine Flugreise über mehr als zwei Kalendertage, so ist für die Tage, die zwischen dem Tag des Abflugs und dem Tag der Landung liegen, das für Österreich geltende Tagegeld maßgebend.
6. Bei Schiffsreisen (= Schiff als Beförderungsmittel) gilt nach R 9.6 Abs. 3 Satz 4 Nr. 2 LStR während der Reise (ohne Tage der Ein- und Ausschiffung) das Auslandstagegeld für Luxemburg. Für das Personal auf Schiffen (= Schiff als Tätigkeitsort) der deutschen Bundesmarine und der Handelsmarine unter deutscher Flagge gilt auf **Hoher See** das Inlandstagegeld. Für die Tage der Einschiffung und Ausschiffung ist jeweils das für den Hafenort geltende Tagegeld maßgebend.
7. Die länderunterschiedlichen Pauschbeträge für Übernachtungskosten ergeben sich ebenfalls aus der Anlage 4. Einzelnachweis höherer Übernachtungskosten ist zulässig. Falls in der Übernachtungsrechnung die Kosten des Frühstücks nicht gesondert ausgewiesen sind, ist der Gesamtpreis um 20% des pauschalen Auslandstagegeldes (von 24 Stunden) zu kürzen. Wenn auf der Übernachtungsrechnung vermerkt ist (ggf. handschriftlich), dass die ausländische Hotelrechnung kein Frühstück beinhaltet, braucht keine pauschale Kürzung vorgenommen zu werden. Bei einer „Auswärtstätigkeit" gelten die vollen Übernachtungspauschbeträge auch über den Zeitraum von drei Monaten hinaus, während bei einer „doppelten Haushaltsführung" an einem ausländischen Beschäftigungsort für die Zeit nach Ablauf der ersten drei Monate nicht mehr die vollen, sondern auf 40% gekürzte Auslandsübernachtungspauschalen maßgebend sind.

Auslandszulagen

vgl. „Kaufkraftausgleich"

Auslösungen

sind Leistungen des Arbeitgebers anlässlich einer auswärtigen Beschäftigung des Arbeitnehmers. Sie umfassen gewöhnlich Fahrtkosten, Verpflegungsmehraufwendungen und Übernachtungskosten. Der Auslösungsanspruch ist oft in Tarifverträgen festgelegt; er kann sich aber auch aus Betriebsvereinbarungen (betriebsinterne Reisekosten-Richtlinien) oder aus den Einzelarbeitsverträgen ergeben.

Im Steuerrecht wird der Sammelbegriff „Auslösungen" nicht verwendet. Um festzustellen, welche Leistungen der Arbeitgeber steuerfrei ersetzen kann, muss zwischen einer „Auswärtstätigkeit" und einer „doppelten Haushaltsführung" am Ort der ersten Tätigkeitsstätte differenziert werden. Der Umfang der steuerlich zulässigen Erstattungen ist bei den jeweiligen Begriffen erläutert. Soweit die Leistungen steuerfrei sind, besteht auch Beitragsfreiheit in der Sozialversicherung.

Außendienstpauschalen

von privaten Arbeitgebern zur Abgeltung von Aufwendungen bei der Außendiensttätigkeit (z. B. monatlich 200,– €) sind steuerpflichtiger Arbeitslohn und nach dem BSG-Urteil vom 26.1.2005, B 12 KR 3/04 R beitragspflichtig. Die Erstattungen bleiben nur steuerfrei, wenn der Arbeitnehmer über die Außendiensttätigkeit einzeln nach Reisekostengrundsätzen abrechnet (vgl. „Reisekosten"). Erfolgt gegenüber dem Arbeitgeber keine Abrechnung, muss der Arbeitnehmer seine tatsächlichen Aufwendungen bei seiner Einkommensteuerveranlagung als Werbungskosten geltend machen.

Aussperrungsunterstützungen

werden wie Streikgelder an vom Arbeitskampf betroffene Arbeitnehmer gezahlt. Diese Leistungen gehören nicht zu den steuerpflichtigen Einnahmen. Es liegt weder Arbeitslohn vor, noch handelt es sich um sonstige Einkünfte im Sinne des Einkommensteuergesetzes. Die Aussperrungsunterstützung wird nicht für eine Beschäftigung gezahlt; sie gehört deshalb nicht zum beitragspflichtigen Arbeitsentgelt.

Auswärtstätigkeit

Mit dem Gesetz zur Änderung und Vereinfachung der Unternehmensbesteuerung und des steuerlichen Reisekostenrechts vom 20.2.2013, BGBl. I S. 285, wurden die steuerlichen Bestimmungen zum steuerlichen Reisekostenrecht umgestaltet. Zentraler Punkt der ab dem 1.1.2014 in Kraft tretenden Neuregelungen ist die gesetzliche Definition der ersten Tätigkeitsstätte (tritt an die Stelle der regelmäßigen Arbeitsstätte), die entweder anhand der dienst- oder arbeitsrechtlichen Festlegungen durch den Arbeitgeber (vgl. nachfolgend Nr. 3) oder anhand qualitativer Kriterien (vgl. Nr. 4) bestimmt wird. Weitere Änderungen ergeben sich beim Fahrtkostenersatz (vgl. Nr. 6) sowie bei den Verpflegungspauschalen (vgl. Nr. 7) nebst den wichtigen Änderungen im Zusammenhang mit einer anlässlich einer beruflichen Auswärtstätigkeit vom Arbeitgeber oder auf dessen Veranlassung von einem Dritten zur Verfügung gestellten Mahlzeit, die im Regelfall nun nicht mehr als Arbeitslohn zu erfassen ist, sondern zu einer Kürzung der steuerlichen Verpflegungspauschale führt. Die Begrenzung der Unterkunftskosten bei längerfristigen Auswärtstätigkeiten (vgl. Nr. 8) sowie Änderungen bei der doppelten Haushaltsführung (vgl. dieses Stichwort) sind weitere wichtige Neuerungen. Die Finanzverwaltung hat die Neuregelungen im BMF-Schreiben vom 24.10.2014, BStBl I S. 1.412, zusammengefasst, die nachfolgend erläutert werden.

1. Die beruflich veranlasste Auswärtstätigkeit

Eine beruflich veranlasste Auswärtstätigkeit liegt vor, wenn der Arbeitnehmer **vorübergehend** außerhalb seiner Wohnung und **ersten Tätigkeitsstätte** beruflich tätig wird. Eine Auswärtstätigkeit ist auch gegeben, wenn der Arbeitnehmer keine erste Tätigkeitsstätte hat, sondern nur auswärts tätig ist (z. B. wenn der Arbeitnehmer bei seiner individuellen beruflichen Tätigkeit typischerweise nur an ständig wechselnden Tätigkeitsstätten – vgl. Nr. 10 – oder auf einem Fahrzeug – vgl. Nr. 11 – tätig wird).

Keine Auswärtstätigkeit in diesem Sinne liegt vor, soweit der Arbeitnehmer an seiner ersten Tätigkeitsstätte tätig wird. Daher sind auch die Aufwendungen bei Arbeitnehmern, die am Ort ihrer ersten Tätigkeitsstätte oder in dessen Einzugsgebiet aus beruflichen Gründen eine Zweitwohnung beziehen, nicht nach den Grundsätzen der „Auswärtstätigkeit", sondern nach den Grundsätzen der „doppelten Haushaltsführung" zu beurteilen.

2. Die erste Tätigkeitsstätte

Tätigkeitsstätte kann zunächst nur eine ortsfeste betriebliche Einrichtung des Arbeitgebers sein. Dabei ist jedoch zu beachten, dass es sich nicht allein nur um eine ortsfeste betriebliche Einrichtung des lohnsteuerlichen Arbeitgebers handeln muss; vielmehr werden auch Sachverhalte erfasst, in denen der Arbeitnehmer statt beim eigenen Arbeitgeber in einer ortsfesten betrieblichen Einrichtung eines verbunden Unternehmens i.S.d. § 15 AktG oder eines vom Arbeitgeber bestimmten Dritten (z. B. eines Kunden) dauerhaft tätig werden soll. **Keine Tätigkeitsstätten** sind Fahrzeuge, Flugzeuge, Schiffe, ein weiträumiges Tätigkeitsgebiet ohne ortsfeste betriebliche Einrichtungen oder das häusliche Arbeitszimmer des Arbeitnehmers. Dies gilt auch, wenn der Arbeitgeber vom Arbeitnehmer einen oder mehrere Arbeitsräume anmietet, die der Wohnung des Arbeitnehmers zuzurechnen sind (Home-Office).

Eine **erste Tätigkeitsstätte** liegt jedoch (nur) vor, wenn der Arbeitnehmer an einer der vorgenannten Tätigkeitsstätten **dauerhaft tätig werden soll** (Prognose). Typische Fälle einer dauerhaften Zuordnung sind nach § 9 Abs. 4 Satz 3 EStG

- die **unbefristete** Zuordnung des Arbeitnehmers zu einer bestimmten ortsfesten Tätigkeitsstätte
- die Zuordnung über einen **Zeitraum von 48 Monaten hinaus** oder
- die Zuordnung für die **gesamte Dauer des** – befristeten (auch wenn weniger als 48 Monate) oder unbefristeten – **Dienstverhältnisses**

Die Zuordnung **„bis auf Weiteres"** ist eine Zuordnung ohne Befristung und damit **dauerhaft**.

Der Arbeitnehmer kann **je Dienstverhältnis höchstens eine** erste Tätigkeitsstätte, in der er dauerhaft tätig werden soll, ggf. aber auch keine erste, sondern nur auswärtige Tätigkeitsstätten haben.

Hat der Arbeitnehmer hingegen **mehrere Dienstverhältnisse**, so kann er auch **mehrere** erste Tätigkeitsstätten haben.

3. Bestimmung der ersten Tätigkeitsstätte durch den Arbeitgeber aufgrund seiner dienst- oder arbeitsrechtlichen Festlegung/Zuordnung nach § 9 Abs. 4 Satz 1–3 EStG

Gibt es eine oder mehrere Tätigkeitsstätten, an denen der Arbeitnehmer dauerhaft tätig werden **soll**, kann der Arbeitgeber gemäß § 9 Abs. 4 Satz 1 bis 3 EStG den Arbeitnehmer einer Tätigkeitsstätte durch dienst- oder arbeitsrechtliche Festlegung sowie die diese ausfüllenden Absprachen und Weisungen zuordnen und so die erste Tätigkeitsstätte des Arbeitnehmers festlegen.

Der Arbeitgeber kann (ggf. auch ausdrücklich) darauf **verzichten**, eine erste Tätigkeitsstätte dienst- oder arbeitsrechtlich festzulegen, oder ausdrücklich erklären, dass organisatorische Zuordnungen keine erste Tätigkeitsstätte begründen sollen (Der Arbeitgeber erklärt zum Beispiel schriftlich in der Reiserichtlinie des Unternehmens oder schriftlich auch gegenüber dem Arbeitnehmer, dass beispielsweise mit dem in Einstellungsbögen bzw. in Arbeitsverträgen aufgrund des Nachweisgesetzes und tariflicher Regelungen genannten Einstellungs-, Anstellungs- oder Arbeitsort keine dienst- oder arbeitsrechtliche Zuordnung i.S.d. § 9 Abs. 4 Satz 1-3 EStG zu einer ersten Tätigkeitsstätte erfolgen soll.). In diesen Fällen erfolgt die Prüfung, ob eine erste Tätigkeitsstätte gegeben ist, anhand der quantitativen Zuordnungskriterien nach § 9 Abs. 4 Satz 4 EStG. Der Arbeitgeber kann auch festlegen, dass sich die Bestimmung der ersten Tätigkeitsstätte nach den quantitativen Zuordnungskriterien des § 9 Abs. 4 Satz 4 EStG richtet. Ausgeschlossen ist jedoch eine sog. „Negativfeststellung" durch den Arbeitgeber; der Arbeitgeber kann daher nicht einfach nur festlegen, dass der Arbeitnehmer keine erste Tätigkeitsstätte hat. Ordnet der Arbeitgeber nicht oder nicht eindeutig arbeitsrechtlich zu, gelten die quantitativen Kriterien nach § 9 Abs. 4 Satz 4 EStG.

Trifft der Arbeitgeber eine dienst- oder arbeitsrechtliche Zuordnung, an welcher Tätigkeitsstätte der Arbeitnehmer dauerhaft tätig werden soll, so geht diese Zuordnung als erste Tätigkeitsstätte immer vor; auf die zeitlichen Kriterien des § 9 Abs. 4 Satz 4 EStG kommt es dann nicht an. Dementsprechend ist auch eine Dokumentation der Zuordnung durch den Arbeitgeber erforderlich (z. B. durch Arbeitsvertrag, Tarifvertrag, Reiserichtlinien, Einsatzpläne).

Für die Beurteilung, ob eine **dauerhafte Zuordnung** vorliegt, ist die auf die Zukunft gerichtete prognostische Betrachtung (Ex-ante-Betrachtung) maßgebend. Die Änderung einer Zuordnung durch den Arbeitgeber ist mit Wirkung für die Zukunft zu berücksichtigen. Weichen die tatsächlichen Verhältnisse durch unvorhersehbare Ereignisse, wie etwa Krankheit, politische Unruhen am Tätigkeitsort, Insolvenz des Kunden o.Ä. von der ursprünglichen Festlegung (**Prognose**) der dauerhaften Zuordnung ab, bleibt die zuvor getroffene Prognoseentscheidung für die Vergangenheit bezüglich des Vorliegens der ersten Tätigkeitsstätte maßgebend.

Beispiel 1:

Ein Arbeitnehmer ist bis auf Weiteres an vier Tagen in der Woche in einer Filiale seines Arbeitgebers in A und an einem Tag in der Woche in einer Filiale seines Arbeitgebers in B tätig. Der Arbeitgeber hatte zunächst die Filiale in A als erste Tätigkeitsstätte festgelegt. Ab 1.9. 2017 legt er B als erste Tätigkeitsstätte fest.

Da der Arbeitnehmer in beiden Filialen bis auf Weiteres tätig werden soll, ist damit ein dauerhaftes Tätigwerden an beiden Tätigkeitsstätten gegeben. Aufgrund der arbeitsrechtlichen Zuordnung des Arbeitgebers hat der Arbeitnehmer seine erste Tätigkeitsstätte bis 31.8.2017 in A und ab dem 1.9.2017 in B, auch wenn er dort in geringerem Umfang tätig werden soll.

Beispiel 2:

Der Arbeitnehmer ist von seinem Arbeitgeber unbefristet eingestellt worden, um dauerhaft in der Filiale Y zu arbeiten. In den ersten 24 Monaten seiner Beschäftigung soll der Arbeitnehmer aber zunächst ausschließlich die Filiale X führen. In der Filiale Y soll er während dieser Zeit nicht, auch nicht in ganz geringem Umfang tätig werden.

Die Filiale X ist keine erste Tätigkeitsstätte, da der Arbeitnehmer dort lediglich für 24 Monate und damit nicht dauerhaft tätig werden soll (unabhängig vom quantitativen Umfang der Tätigkeit). Die Filiale Y wird erst nach Ablauf von 24 Monaten erste Tätigkeitsstätte, wenn der Arbeitnehmer dort tätig werden soll.

Wird eine auf höchstens 48 Monate geplante Auswärtstätigkeit des Arbeitnehmers verlängert, kommt es darauf an, ob dieser vom Zeitpunkt der Verlängerungsentscheidung an noch mehr als 48 Monate an der Tätigkeitsstätte eingesetzt werden soll. Bei einer sog. ***Kettenabordnung*** *ist keine dauerhafte Zuordnung zu einer Tätigkeitsstätte gegeben, wenn die einzelne Abordnung jeweils einen Zeitraum von weniger als 48 Monaten umfasst.*

Eine dauerhafte Zuordnung nach § 9 Abs. 4 Satz 3 EStG kann ausnahmsweise auch bei einem Leiharbeitnehmer vorliegen, wenn der Leiharbeitnehmer „bis auf Weiteres" also unbefristet, für die gesamte Dauer des Leiharbeitsverhältnisses oder länger als 48 Monate) in einer ortsfesten betrieblichen Einrichtung des Entleihers tätig werden soll.

Beispiel 3:

Ein Arbeitnehmer ist von einer Zeitarbeitsfirma Z als technischer Zeichner ausschließlich für die Überlassung an die Projektfirma A eingestellt worden. Das Arbeitsverhältnis endet vertragsgemäß nach Abschluss des aktuellen Projekts bei A.

Der Arbeitnehmer hat ab dem ersten Tag der Tätigkeit bei der Projektfirma A seine erste Tätigkeitsstätte, da er seine Tätigkeit bei A für die gesamte Dauer seines Dienstverhältnisses bei Z und damit dort dauerhaft ausüben soll.

4. Bestimmung der ersten Tätigkeitsstätte gemäß den quantitativen Zuordnungskriterien nach § 9 Abs. 4 Satz 4 EStG

Fehlt es an einer dauerhaften Zuordnung des Arbeitnehmers zu einer betrieblichen Einrichtung durch dienst- oder arbeitsrechtliche Festlegung nach den vorstehenden Kriterien (z. B. weil der Arbeitgeber ausdrücklich auf eine Zuordnung verzichtet hat oder ausdrücklich erklärt, dass organisatorische Zuordnungen keine steuerliche Wirkung entfalten sollen) oder ist die getroffene Festlegung nicht eindeutig, so gilt nach § 9 Abs. 4 Satz 4 EStG Folgendes:

Soll der Arbeitnehmer an einer Tätigkeitsstätte (ortsfeste Einrichtung)

- je Arbeitswoche **zwei volle** Arbeitstage oder mindestens **ein Drittel** seiner vereinbarten regelmäßigen Arbeitszeit oder
- typischerweise **arbeitstäglich** und mindestens ein Drittel seiner vereinbarten regelmäßigen Arbeitszeit

dauerhaft tätig werden, dann sind die Voraussetzungen einer ersten Tätigkeitsstätte gegeben.

Soll der Arbeitnehmer an einer Tätigkeitsstätte (ortsfeste Einrichtung)

- typischerweise **arbeitstäglich**, aber weniger als ein Drittel der vereinbarten regelmäßigen Arbeitszeit dauerhaft tätig werden,

sind die Voraussetzungen einer ersten Tätigkeitsstätte dann gegeben, wenn der Arbeitnehmer dort seine eigentliche berufliche Tätigkeit ausüben soll. Allein ein regelmäßiges Aufsuchen der betrieblichen Einrichtung, z. B. für kurze Rüstzeiten, zur Berichtsfertigung, zur Vorbereitung der Zustellroute, zur Wartung und Pflege des Fahrzeugs, zur Abholung oder Abgabe von Kundendienstfahrzeugen, Material, Auftragsbestätigungen, Stundenzetteln, Krankmeldungen und Urlaubsanträgen führt anders als in den Fällen der dienst- und arbeitsrechtlichen Zuordnung nach § 9 Abs. 4 Satz 1-3 EStG in den Fällen des § 9 Abs. 4 Satz 4 EStG noch nicht zu einer Qualifizierung der betrieblichen Einrichtung als erste Tätigkeitsstätte.

Erfüllen **mehrere** Tätigkeitsstätten die quantitativen Voraussetzungen für eine erste Tätigkeitsstätte, **kann der Arbeitgeber bestimmen**, welche dieser Tätigkeitsstätten die erste Tätigkeitsstätte ist. Fehlt eine solche Bestimmung des Arbeitgebers, wird zugunsten des Arbeitnehmers die Tätigkeitsstätte als erste zugrunde gelegt, die der Wohnung des Arbeitnehmers am nächsten liegt.

Auch die aufgeführten zeitlichen (= quantitativen) Kriterien sind anhand einer in die Zukunft gerichteten Prognose zu beurteilen. Weichen die tatsächlichen Verhältnisse durch unvorhersehbare Ereignisse (wie z. B. Krankheit) hiervon ab, bleibt es bei der zuvor getroffenen Prognoseentscheidung bezüglich der ersten Tätigkeitsstätte. Die Prognoseentscheidung ist zu Beginn des Dienstverhältnisses zu treffen. Die auf Grundlage dieser Prognose getroffene Beurteilung bleibt solange bestehen, bis sich die Verhältnisse maßgeblich ändern. Davon ist insbesondere auszugehen, wenn sich das Berufsbild des Arbeitnehmers (Außendienstmitarbeiter wechselt z. B. in den Innendienst) oder die quantitativen Zuordnungskriterien (Arbeitnehmer soll z. B. statt zwei nun drei Filialen betreuen) dauerhaft ändern oder der Arbeitgeber erstmalig eine dienst- oder arbeitsrechtliche Zuordnungsentscheidung trifft.

Beispiel 4:

Ein Kundendienstmonteur, der von seinem Arbeitgeber keiner betrieblichen Einrichtung dauerhaft nach § 9 Abs. 4 Satz 1 – 3 EStG zugeordnet ist, sucht den Betrieb seines Arbeitgebers regelmäßig auf, um den Firmenwagen samt Material zu übernehmen, die Auftragsbestätigungen in Empfang zu nehmen und die Stundenzettel vom Vortag abzugeben. Der Arbeitgeber hat daher darauf verzichtet, den Betriebssitz arbeitsrechtlich als erste Tätigkeitsstätte festzulegen.

Der Kundendienstmonteur hat keine erste Tätigkeitsstätte. Der Betrieb seines Arbeitgebers wird auch durch das regelmäßige Aufsuchen nicht zur ersten Tätigkeitsstätte, da er seine eigentliche berufliche Tätigkeit an diesem Ort nicht ausübt.

Beispiel 5:

Ein LKW-Fahrer soll typischerweise arbeitstäglich den Betriebssitz des Arbeitgebers aufsuchen, um dort das Fahrzeug abzuholen sowie dessen Wartung und Pflege durchzuführen. Der Arbeitgeber hat darauf verzichtet, den Betriebssitz arbeitsrechtlich als erste Tätigkeitsstätte zu bestimmen, und keine arbeitsrechtliche Zuordnung getroffen.

Allein das Abholen sowie die Wartung und Pflege des Fahrzeugs, als Hilfs- und Nebentätigkeiten, führen nicht zu einer ersten Tätigkeitsstätte am Betriebssitz des Arbeitgebers; allerdings handelt es sich in diesem Fall bei dem Betriebssitz um einen sog. Sammelpunkt. Etwas anderes gilt nur, wenn der Arbeitgeber den Arbeitnehmer dem Betriebssitz arbeitsrechtlich als erste Tätigkeitsstätte zuordnet.

5. Erste Tätigkeitsstätte bei Vollzeitstudium oder vollzeitigen Bildungsmaßnahmen nach § 9 Abs. 4 Satz 8 EStG

Erste Tätigkeitsstätte ist auch eine Bildungseinrichtung, die außerhalb eines Dienstverhältnisses zum Zwecke eines Vollzeitstudiums oder einer vollzeitigen Bildungsmaßnahme aufgesucht wird.

Ein Studium oder eine Bildungsmaßnahme findet insbesondere dann außerhalb eines Dienstverhältnisses statt, wenn

- diese nicht Gegenstand des Dienstverhältnisses sind, auch wenn sie seitens des Arbeitgebers durch Hingabe von Mitteln, wie z. B. eines Stipendiums, gefördert werden oder
- diese ohne arbeitsvertragliche Verpflichtung absolviert werden und die Beschäftigung lediglich das Studium oder die Bildungsmaßnahme ermöglicht.

6. Der Fahrtkostenersatz

Steuerfrei sind

a) die Fahrtkosten in nachgewiesener Höhe (Bahnfahrkarte, Flugschein, aufgezeichnete tatsächliche Kraftfahrzeugkosten, Taxikosten);

b) bei Benutzung des eigenen Kraftfahrzeugs ein nach den Gesamtkosten ermittelter **individueller Kilometersatz**.
Hierzu muss der Arbeitnehmer für das von ihm benutzte Kraftfahrzeug für einen Zeitraum von weiterhin 12 Monaten die Gesamtkosten ermitteln und daraus den individuellen Kilometersatz errechnen. Dieser kann dann solange angesetzt werden, bis sich die Verhältnisse wesentlich ändern, z. B. bis zum Ablauf des Abschreibungszeitraums. Zu den Gesamtkosten rechnen die Absetzungen für Abnutzung (AfA) für das Fahrzeug. Bei neu angeschafften Fahrzeugen beträgt die Nutzungsdauer grundsätzlich 6 Jahre. Bei gebraucht erworbenen Fahrzeugen ist die entsprechende Restnutzungsdauer zugrunde zu legen.
Zu den Gesamtkosten gehören nicht Park- und Straßenbenutzungsgebühren, Aufwendungen wegen Verkehrsunfällen sowie Verwarnungs- und Bußgelder.
Nutzt der Arbeitnehmer sein privates Elektrofahrzeug oder Hybridelektrofahrzeug für Dienstfahrten, bleiben nach dem BMF-Schreiben vom 14.12.2016, das im BStBl I veröffentlicht wird, beim Ansatz der tatsächlichen Fahrtkosten die nach § 3 Nr. 46 EStG steuerfreien Vorteile (vgl. beim Stichwort Kraftfahrzeugüberlassung „13. Gesetz zur steuerlichen Förderung der Elektromobilität im Straßenverkehr") oder die nach § 40 Abs. 2 Satz 1 Nr. 6 EStG pauschal besteuerte Leistungen und Zuschüsse des Arbeitgebers für dieses Elektrofahrzeug oder Hybridelektrofahrzeug (vgl. Tz 6.6) bei der Ermittlung der Gesamtaufwendungen des Arbeitnehmers außer Ansatz.

c) **pauschale Kilometersätze** nach § 9 Abs. 4a Satz 2 EStG. Diese betragen in Anlehnung an das Bundesreisekostengesetz je Fahrtkilometer
   - bei Benutzung eines PKW **0,30 €**;
     Dieser Satz erhöht sich ab 2014 nicht mehr für jede aus beruflicher Veranlassung mitgenommene Person,
   - bei Benutzung eines Motorrads oder Motorrollers **0,20 €;**
   - bei Benutzung eines Mopeds oder Mofas **0,20 €**.

Bei Benutzung eines Fahrrads ist kein pauschaler Kilometersatz, sondern nur der Ersatz der tatsächlichen Aufwendungen möglich. Mit den pauschalen Kilometersätzen sind sämtliche mit dem Betrieb des Fahrzeugs verbundene Aufwendungen abgegolten. Lediglich Parkgebühren und außergewöhnliche Kosten kann der Arbeitgeber zusätzlich steuerfrei ersetzen. Außergewöhnlich sind nur nicht vorhersehbare, nicht auf Verschleiß beruhende Reparaturaufwendungen und Unfallkosten. Hat der Arbeitgeber eine Dienstreise-Kaskoversicherung für die seinen Arbeitnehmern gehörenden Kraftfahrzeuge abgeschlossen, so kann gleichwohl der pauschale Kilometersatz in voller Höhe und ohne Kürzung steuerfrei erstattet werden; auch führt die Prämienzahlung des Arbeitgebers für die von ihm abgeschlossene Versicherung weiterhin nicht zum Lohnzufluss (vgl. BMF-Schreiben vom 9.9.2015, BStBl I S. 734). Dagegen liegt steuerpflichtiger Arbeitslohn vor, wenn der Arbeitgeber dem Arbeitnehmer neben den Kilometersätzen die Prämie für dessen eigene private Fahrzeugvollversicherung erstattet (BFH vom 21.6.1991, BStBl II S. 814). Nutzt der Arbeitnehmer sein privates Elektrofahrzeug oder Hybridelektrofahrzeug für Dienstfahrten, kann er die gesetzlich festgelegten pauschalen Kilometersätze nach dem BMF-Schreiben vom 14.12.2016, das im BStBl I veröffentlicht wird, aus Vereinfachungsgründen auch dann ansetzen, wenn der Arbeitnehmer vom Arbeitgeber für dieses Elektrofahrzeug oder Hybridelektrofahrzeug nach § 3 Nr. 46 EStG steuerfreie Vorteile (vgl. beim Stichwort Kraftfahrzeugüberlassung „13. Gesetz zur steuerlichen Förderung der Elektromobilität im Straßenverkehr") oder nach § 40 Abs. 2 Satz 1 Nr. 6 EStG pauschal besteuerte Leistungen und Zuschüsse (vgl. Tz 6.6) erhält.

Diese Fahrtkosten können ersetzt werden für die Fahrten

- zwischen der Wohnung und der ersten Tätigkeitsstätte;
- zwischen der ersten Tätigkeitsstätte und der auswärtigen Tätigkeitsstätte;
- zwischen der Wohnung und der Unterkunft am Ort der auswärtigen Tätigkeitsstätte;
- zwischen der ersten Tätigkeitsstätte und der Unterkunft am Ort der auswärtigen Tätigkeitsstätte;
- zwischen der Unterkunft und der auswärtigen Tätigkeitsstätte;
- zwischen mehreren auswärtigen Tätigkeitsstätten innerhalb desselben Dienstverhältnisses;
- innerhalb eines weiträumigen Tätigkeitsgebietes.

Hinweis:

Bei Fahrten von der Wohnung zur ersten Tätigkeitsstätte oder Fahrten von der ersten Tätigkeitsstätte zur Wohnung siehe das Stichwort „Fahrtkostenersatz" und bei Familienheimfahrten im Rahmen der doppelten Haushaltsführung siehe das Stichwort „Doppelte Haushaltsführung". Aufwendungen für Besuchsfahrten eines Ehegatten zur auswärtigen Tätigkeitsstätte des anderen Ehegatten/Lebenspartners sind nach dem BFH-Urteil vom 22.10.2015, BStBl 2016 II S. 179, auch bei einer längerfristigen Auswärtstätigkeit des anderen Ehegatten/Lebenspartners grundsätzlich nicht als Werbungskosten abziehbar oder vom Arbeitgeber steuerfrei ersetzbar.

Der Sonderfall "Sammelpunkt" nach § 9 Abs. 1 Satz 3 Nr. 4 Satz 3 EStG

Liegt keine erste Tätigkeitsstätte vor und bestimmt der Arbeitgeber durch dienst- oder arbeitsrechtliche Festlegung, dass der Arbeitnehmer sich dauerhaft typischerweise arbeitstäglich an einem festgelegten Ort, der die Kriterien für eine erste Tätigkeitsstätte nicht erfüllt, einfinden soll, um von dort seine unterschiedlichen eigentlichen Einsatzorte aufzusuchen oder von dort seine berufliche Tätigkeit aufzunehmen (z. B. Treffpunkt für einen betrieblichen Sammeltransport, das Busdepot, der Fährhafen), werden die Fahrten des Arbeitnehmers von der Wohnung zu diesem vom Arbeitgeber festgelegten Ort wie Fahrten zu einer ersten Tätigkeitsstätte behandelt; für diese Fahrten dürfen die Fahrtkosten nur im Rahmen des § 9 Abs. 1 Satz 3 Nr. 4 EStG (Entfernungspauschale) berücksichtigt werden; ein steuerfreier Arbeitgeberersatz scheidet somit aus. Für den steuerfreien Arbeitgeberersatz von Verpflegungspauschalen oder Übernachtungskosten hat diese Festlegung keine Bedeutung, da der Arbeitnehmer außerhalb einer ersten Tätigkeitsstätte tätig ist.

Der Sonderfall „weiträumiges Tätigkeitsgebiet" nach § 9 Abs. 1 Satz 3 Nr. 4 Satz 3 und 4 EStG

Soll der Arbeitnehmer auf Grund der Weisungen des Arbeitgebers seine berufliche Tätigkeit typischerweise arbeitstäglich in einem weiträumigen Tätigkeitsgebiet ausüben, findet für die Fahrten von der Wohnung zu diesem Tätigkeitsgebiet ebenfalls die Entfernungspauschale Anwendung. In einem weiträumigen Tätigkeitsgebiet werden in der Regel z. B. Zusteller, Hafenarbeiter und Forstarbeiter tätig. Hingegen sind z. B. Bezirksleiter und Vertriebsmitarbeiter, die verschiedene Niederlassungen betreuen oder mobile Pflegekräfte, die verschiedene Personen in deren Wohnungen in einem festgelegten Gebiet betreuen, sowie Schornsteinfeger von dieser Regelung nicht betroffen.

Wird das weiträumige Tätigkeitsgebiet immer von verschiedenen Zugängen aus betreten oder befahren, ist die Entfernungspauschale aus Vereinfachungsgründen bei diesen Fahrten nur für die kürzeste Entfernung von der Wohnung zum nächstgelegenen Zugang anzuwenden.

Für alle Fahrten innerhalb des weiträumigen Tätigkeitsgebietes sowie für die zusätzlichen Kilometer bei den Fahrten von der Wohnung zu einem weiter entfernten Zugang können weiterhin die tatsächlichen Aufwendungen oder der sich am Bundesreisekostengesetz orientierende maßgebliche pauschale Kilometersatz angesetzt werden.

Auf den steuerfreien Arbeitgeberersatz von Verpflegungspauschalen oder Übernachtungskosten hat diese Festlegung „tätig werden in einem weiträumigen Tätigkeitsgebiet" keinen Einfluss, da der Arbeitnehmer außerhalb einer ersten Tätigkeitsstätte – und damit auswärts – beruflich tätig wird.

7. Die Verpflegungspauschalen nach § 9 Abs. 4a EStG

Für den steuerfreien Ersatz von Verpflegungsmehraufwendungen gelten bei Auswärtstätigkeiten im Inland für jeden **Kalendertag** folgende Pauschalen:

- bei einer eintägigen Auswärtstätigkeit (ohne Übernachtung) mit einer Abwesenheitsdauer von **mehr** als 8 Stunden — **12,– €**
  (gilt auch bei einer Auswärtstätigkeit „über Nacht", wenn insgesamt mehr als 8 Stunden)

- bei einer mehrtägigen Auswärtstätigkeit (mit Übernachtung) für den An- und Abreisetag (ohne eine Mindestabwesenheitsdauer) jeweils — **12,– €**

- bei einer Abwesenheitsdauer von mindestens 24 Stunden (= die Zwischentage oder „eingeschlossenen" Tage) **24,– €**

Wird die Auswärtstätigkeit von der ersten Tätigkeitsstätte aus angetreten, berechnet sich die Abwesenheitsdauer ab Verlassen der ersten Tätigkeitsstätte bis zur Beendigung der Auswärtstätigkeit an der ersten Tätigkeitsstätte bzw. an der Wohnung, wenn die erste Tätigkeitsstätte nicht mehr aufgesucht wird. Schließt sich an den Tag der Rückreise von einer mehrtägigen Auswärtstätigkeit zur Wohnung oder ersten Tätigkeitsstätte eine weitere ein- oder mehrtägige Auswärtstätigkeit an, ist für diesen Tag nur die höhere Verpflegungspauschale zu berücksichtigen. Zur Kürzung der Verpflegungspauschalen bei Mahlzeitengestellung siehe Buchstabe e.

a) Mehrere Auswärtstätigkeiten an einem Kalendertag

Mehrere Auswärtstätigkeiten an einem Kalendertag sind zusammenzurechnen. Dies gilt auch dann, wenn der Arbeitnehmer an einem Kalendertag eine Inlandsdienstreise beendet (Rückreisetag) und noch am gleichen Tag eine Inlandsdienstreise antritt. Kehrt der Arbeitnehmer an einem solchen Tag mit Rück- und Wiederabreise in seine Wohnung zurück, kann er für diesen Tag insgesamt nur eine Pauschale von 12,– € beanspruchen.

b) Mehrtägige Auswärtstätigkeit

Bei einer Auswärtstätigkeit mit Übernachtung kommt für den Tag der Hin- und Rückreise unabhängig von der Abwesenheitsdauer an diesem Kalendertag ein Pauschbetrag von 12,– € in Betracht.

Beispiel:

Ein Arbeitnehmer begibt sich am 1.3. um 17 Uhr vom Betrieb aus auf eine mehrtägige Auswärtstätigkeit (2 Übernachtungen). Der 2.3. ist ganztägig mit Dienstgeschäften ausgefüllt. Am 3.3. kehrt er um 15 Uhr in den Betrieb zurück.
Folgende Verpflegungspauschalen kommen in Betracht:

für den 1.3.:	*Abwesenheitsdauer zwar weniger als 8 Stunden; gleichwohl für den Anreisetag ein Pauschbetrag von **12,– €;***
für den 2.3.:	*Abwesenheitsdauer 24 Stunden = Pauschbetrag **24,– €;***
für den 3.3.:	*Abwesenheitsdauer am Abreisetag unbeachtlich = Pauschbetrag **12,– €**.*

Die Pauschbeträge sind zu kürzen, wenn vom Arbeitgeber oder auf dessen Veranlassung von einem Dritten eine Mahlzeit gewährt wird (vgl. Buchstabe e).

c) Steuerfreier Verpflegungsersatz bei Auswärtstätigkeiten nur für drei Monate

Bei einer längerfristigen vorübergehenden Auswärtstätigkeit ist der steuerfreie Ersatz von Verpflegungsmehraufwendungen nur für die ersten drei Monate der längerfristigen beruflichen Tätigkeit an derselben Tätigkeitsstätte zulässig (§ 9 Abs. 4a Satz 6 EStG). Eine Unterbrechung der beruflichen Tätigkeit an derselben Tätigkeitsstätte führt zu einem Neubeginn der Dreimonatsfrist, wenn sie mindestens vier Wochen dauert (§ 9

Abs. 4a Satz 7 EStG). Der Grund der Unterbrechung ist unerheblich; es zählt nur die Unterbrechungsdauer.

Die **Dreimonatsfrist gilt nicht** bei beruflichen Tätigkeiten auf mobilen, nicht ortsfesten betrieblichen Einrichtungen wie z. B. Fahrzeugen, Flugzeugen, Schiffen. Sie gilt auch nicht für eine Tätigkeit in einem weiträumigen Tätigkeitsgebiet.

Eine berufliche **Tätigkeit an derselben Tätigkeitsstätte** liegt nur vor, wenn der Arbeitnehmer an dieser **mindestens an drei Tagen wöchentlich** tätig wird. Die Dreimonatsfrist beginnt daher nicht, solange die auswärtige Tätigkeitsstätte an nicht mehr als zwei Tagen wöchentlich aufgesucht wird. Die Prüfung des Unterbrechungszeitraums und des Ablaufs der Dreimonatsfrist erfolgt stets im Nachhinein mit Blick auf die zurückliegende Zeit (Ex-post-Betrachtung).

Die Regelungen zu den Verpflegungspauschalen sowie die Dreimonatsfrist gelten auch im Rahmen einer doppelten Haushaltsführung (§ 9 Abs. 4a Satz 12 EStG).

Beispiel 1:

Ein Arbeitnehmer mit erster Tätigkeitsstätte in München wird von seinem Arbeitgeber ab 1. März für acht Monate im Zweigbetrieb des Arbeitgebers in Hamburg eingesetzt. Er nimmt vom 1. Juni bis 10. Juli Urlaub.

Auch wenn der Zweigbetrieb auch nach Ablauf von drei Monaten nicht zur ersten Tätigkeitsstätte wird, weil die Tätigkeit dort von vornherein befristet ist, läuft für den steuerfreien Verpflegungsmehraufwand die Dreimonatsfrist wie bisher am 31. Mai ab. Allerdings beginnt die Dreimonatsfristberechnung nach dem Rückkehr aus dem Urlaub am 11. Juli wieder von Neuem, da die Unterbrechung mindestens vier Wochen gedauert hat. Die Fahrtkosten zwischen München und Hamburg können vom Arbeitgeber für die gesamte Einsatzdauer in tatsächlicher Höhe steuerfrei erstattet werden.

Beispiel 2:

Ein Auszubildender mit erster Tätigkeitsstätte im Betrieb muss während seiner Lehrzeit einmal in der Woche die Berufsschule besuchen.

Der Besuch der Berufsschule ist eine Auswärtstätigkeit. Der Arbeitgeber kann dem Arbeitnehmer seine tatsächlichen Fahrtkosten und bei einer mindestens 8 stündigen Abwesenheit von der Wohnung auch die entsprechende Verpflegungspauschale für jeden Tag, an dem der Arbeitnehmer die Berufsschule besucht, steuerfrei zahlen.

d) Kein Einzelnachweis höherer Verpflegungskosten

Höhere Verpflegungskosten als die Pauschbeträge können nicht steuerfrei berücksichtigt werden.

e) Kürzung der Verpflegungspauschalen nach § 9 Abs. 4a Satz 8 ff EStG bei Mahlzeitengewährung durch den Arbeitgeber bei einer Auswärtstätigkeit des Arbeitnehmers

Eine wichtige Änderung beim steuerlichen Reisekostenrecht betrifft die Kürzung der Verpflegungspauschalen, wenn dem Arbeitnehmer anlässlich oder während einer beruflichen Auswärtstätigkeit vom Arbeitgeber oder auf dessen Veranlassung von einem Dritten **eine Mahlzeit** (z. B. Übernachtung mit Frühstück) zur Verfügung gestellt wird. Während vor der Reform des steuerlichen Reisekostenrechts die Bewirtung des Arbeitnehmers anlässlich einer Auswärtstätigkeit in der Regel mit dem jeweiligen Sachbezugswert als Arbeitslohn zu erfassen war und die Verpflegungspauschalen ungekürzt zur Anwendung kamen, entfällt in Folge des neuen steuerlichen Reisekostenrechts ab 2014 in aller Regel die Erfassung der Mahlzeit als Arbeitslohn.

Auch ein vom Arbeitgeber zur Verfügung gestellter Snack oder Imbiss (z. B. belegte Brötchen, Kuchen, Obst), der während einer auswärtigen beruflichen Tätigkeit gereicht wird, kann nach Rz. 74 des BMF-Schreibens vom 24.10.2014, BStBl I S. 1.412, eine Mahlzeit sein, die zur Kürzung der Verpflegungspauschale führt. Maßstab für die Einordnung ist, ob die zur Verfügung gestellte Verpflegung an die Stelle eines Frühstücks, Mittagessens oder Abendessens tritt, welches üblicherweise zu der entsprechenden Zeit eingenommen wird; eine feste zeitliche Grenze, für die Frage, ob ein Frühstück, Mittag- oder Abendessen zur Verfügung gestellt wird, gibt es nicht.

Die **Einnahme einer Mahlzeit im Flugzeug** führt nach Rz. 65 des BMF-Schreibens vom 24.10.2014, BStBl I S. 1.412, nur dann zu einer Kürzung des steuerfreien Tagegeldes, wenn die Rechnung für das Beförderungsmittel auf den Arbeitgeber ausgestellt ist und von diesem dienst- oder arbeitsrechtlich erstattet wird **und** die im Flugzeug zur Verfügung gestellte Verpflegung an die Stelle eines Frühstücks, Mittag- oder Abendessens tritt, welches üblicherweise zu der entsprechenden Zeit eingenommen wird. Bei den auf innerdeutschen Flügen in der Regel gereichten kleinen Tüten mit Chips, Salzgebäck oder vergleichbaren Knabbereien kommt es somit weiterhin nicht zu einer Kürzung der Verpflegungsmehraufwandspauschale (vgl. BMF-Schreiben vom 19.5.2015, Deutsches Steuerrecht S. 1.188).

Die Höhe der Kürzung

Wird dem Arbeitnehmer anlässlich oder während einer Tätigkeit außerhalb seiner ersten Tätigkeitsstätte vom Arbeitgeber oder auf dessen Veranlassung von einem Dritten eine Mahlzeit zur Verfügung gestellt, sind die Verpflegungspauschalen nach Maßgabe des § 9 Abs. 4a Satz 8 ff. EStG zu kürzen. Bei einer Tätigkeit im Inland beträgt die Kürzung

- für Frühstück 4,80 €
- für Mittagessen 9,60 €
- für Abendessen 9,60 €

Die Kürzung erfolgt tagesbezogen und darf die jeweilige Verpflegungspauschale nicht übersteigen.

Beispiel 1:

Ein Arbeitnehmer ist auf einer dreitägigen Auswärtstätigkeit. Der Arbeitgeber hat für den Arbeitnehmer in einem Hotel zwei Übernachtungen jeweils mit Frühstück sowie am Zwischentag ein Mittag- und ein Abendessen gebucht und bezahlt. Der Arbeitnehmer soll vom Arbeitgeber zudem noch die steuerfreien Verpflegungspauschalen erhalten.

Der Arbeitgeber hat keinen geldwerten Vorteil für die Mahlzeiten zu versteuern. Der Arbeitnehmer kann für die Auswärtstätigkeit folgende Verpflegungspauschalen steuerfrei erhalten:

Anreisetag			*12,00 €*
Zwischentag:		*24,00 €*	
Kürzung:	*Frühstück*	*- 4,80 €*	
	Mittagessen	*- 9,60 €*	
	Abendessen	*- 9,60 €*	
verbleiben für Zwischentag			*0,00 €*
Abreisetag:		*12,00 €*	
Kürzung:	*Frühstück*	*- 4,80 €*	
verbleiben für den Abreisetag			*7,20 €*
Insgesamt steuerfreie Verpflegungspauschalen			*19,20 €*

Kürzung auch bei Einbehalt

*Die **Kürzung der Verpflegungspauschalen** ist nach § 9 Abs. 4a Satz 9 EStG auch dann vorzunehmen, wenn Reisekostenvergütungen wegen zur Verfügung gestellter Mahlzeiten einbehalten oder gekürzt oder pauschal versteuert werden.*

Beispiel 2:

Ein Arbeitnehmer ist auf einer dreitägigen Auswärtstätigkeit. Der Arbeitgeber hat für den Arbeitnehmer in einem Hotel zwei Übernachtungen jeweils mit Frühstück sowie am Zwischentag ein Mittag- und ein Abendessen gebucht und bezahlt. Für die vom Arbeitgeber veranlassten und bezahlten Mahlzeiten wird jeweils ein Betrag in Höhe des geltenden Sachbezugswert (Frühstück: 1,70 € und Mittag-/Abendessen 3,17 €) einbehalten. Der Arbeitgeber will zudem die steuerfreien Verpflegungspauschalen zahlen.

Der Arbeitgeber hat keinen geldwerten Vorteil für die Mahlzeiten zu versteuern. Der Arbeitnehmer kann für die Auswärtstätigkeit folgende Verpflegungspauschalen als steuerfrei erhalten:

Anreisetag:			*12,00 €*
Zwischentag:		*24,00 €*	
Kürzung:	*Frühstück*	*- 4,80 €*	
	Mittagessen	*- 9,60 €*	
	Abendessen	*- 9,60 €*	
verbleiben für Zwischentag			*0,00 €*
Abreisetag:		*12,00 €*	
Kürzung:	*Frühstück*	*- 4,80 €*	
verbleiben für den Abreisetag			*7,20 €*
Insgesamt steuerfreie Verpflegungspauschalen			*19,20 €*

Die Minderung des Kürzungsbetrags nach § 9 Abs. 4a Satz 10 EStG

Hat der Arbeitnehmer für die Mahlzeit ein Entgelt gezahlt, mindert dieser Betrag den Kürzungsbetrag **(Kürzung der Kürzung)**. Zu beachten ist, dass nur ein für die Gestellung der Mahlzeiten vereinbartes und vom Arbeitnehmer tatsächlich gezahltes Entgelt den Kürzungsbetrag mindert. Aus Vereinfachungsgründen kann der Arbeitgeber das für die Mahlzeit vereinbarte Entgelt im Rahmen eines abgekürzten Zahlungsweges unmittelbar aus dem Nettolohn des Arbeitnehmers entnehmen. Gleiches gilt, wenn der Arbeitgeber das Entgelt im Wege der Verrechnung aus der dem Arbeitnehmer dienst- oder arbeitsrechtlich zustehenden Reisekostenerstattung entnimmt; die

Verminderung der steuerfreien Reisekostenerstattung führt hingegen zu keiner Kürzung des Kürzungsbetrags.

Zuzahlungen des Arbeitnehmers sind jeweils vom Kürzungsbetrag derjenigen Mahlzeit abzuziehen, für die der Arbeitnehmer das Entgelt zahlt. Übersteigt das vom Arbeitnehmer für die Mahlzeit gezahlte Entgelt den Kürzungsbetrag, entfällt für diese Mahlzeit die Kürzung; eine Verrechnung etwaiger Überzahlungen mit Kürzungsbeträgen für andere Mahlzeiten ist nicht zulässig.

Beispiel 3:

Ein Arbeitnehmer ist auf einer dreitägigen Auswärtstätigkeit. Der Arbeitgeber hat für den Arbeitnehmer in einem Hotel zwei Übernachtungen jeweils mit Frühstück sowie am Zwischentag ein Mittag- und ein Abendessen gebucht und bezahlt. Für die vom Arbeitgeber veranlassten und bezahlten Mahlzeiten hat der Arbeitnehmer für das Frühstück je 5,00 € und für das Mittag- und das Abendessen je 7,00 € zu zahlen.

Der Arbeitgeber hat keinen geldwerten Vorteil für die Mahlzeiten zu versteuern. Der Arbeitgeber kann für die Auswärtstätigkeit folgende Verpflegungspauschalen zusätzlich steuerfrei auszahlen:

Anreisetag:			*12,00 €*
Zwischentag:		*24,00 €*	
Kürzung:	*Frühstück*	*- 0,00 €*	
		(4,80 € - 5,00 €)	
	Mittagessen	*- 2,60 €*	
		(9,60 € - 7,00 €)	
	Abendessen	*- 2,60 €*	
		(9,60 € - 7,00 €)	
verbleiben für Zwischentag			*18,80 €*
Abreisetag:		*12,00 €*	
Kürzung:	*Frühstück*	*- 0,00 €*	
		(4,80 €- 5,00 €)	
verbleiben für den Abreisetag			*12,00 €*
Insgesamt steuerfreie Verpflegungspauschalen			*42,80 €*

Die Nichteinnahme einer arbeitgeberveranlassten Mahlzeitgestellung führt ebenfalls zu einer Kürzung der Verpflegungspauschale, denn deren Kürzung ist unabhängig davon vorzunehmen, ob die vom Arbeitgeber zur Verfügung gestellte Mahlzeit vom Arbeitnehmer tatsächlich eingenommen wird. Gleichwohl kommt es in der Praxis häufiger vor, dass ein Arbeitnehmer die vom Arbeitgeber gestellte und bezahlte Mahlzeit z. B. aus gesundheitlichen Gründe nicht einnehmen kann und stattdessen eine andere Mahlzeit auf eigene Rechnung einnimmt, die ebenfalls vom Arbeitgeber erstattet wird. Hierzu vertritt die Finanzverwaltung die Auffassung, dass der Arbeitgeber dem Arbeitnehmer anstelle einer nicht eingenommenen, von ihm zur Verfügung gestellten Mahlzeit eine weitere gleichartige Mahlzeit im Rahmen der 60-Euro-Grenze des § 8 Abs. 2 Satz 8 EStG zur Verfügung stellen kann (arbeitsrechtliche Erstattung und Belegvorlage beim Arbeitgeber). Sofern der Arbeitnehmer für eine solche weitere vom Arbeitgeber gestellte Mahlzeit eine Zuzahlung zu leisten hat, kommt eine Kürzung der Kürzung nach den vorstehenden Ausführungen in Betracht.

Bezüglich weiterer Einzelheiten zu vom Arbeitgeber übernommenen Verpflegungskosten wird auch auf die Stichworte „Arbeitsessen“, „Betriebsveranstaltungen“ und „Bewirtungskosten“ verwiesen.

f) Versteuerung von Spitzenbeträgen

Die tatsächlichen Reisekostenerstattungen können dem für die **maßgebende Abwesenheitsdauer** insgesamt zulässigen steuerfreien Betrag gegenübergestellt werden, so dass nur der übersteigende Betrag steuerpflichtig wird.

Beispiel:

Der Arbeitgeber ersetzt seinem Arbeitnehmer für eine Auswärtstätigkeit die folgenden Beträge:

• *als Fahrtkosten den Aufwand für die Bahnkarte*	*50,– €*	
• *als Verpflegungskosten für den Reisetag (Reisebeginn Montag 17 Uhr)*	*10,– €*	
für Dienstag	*24,– €*	
für den Rückreisetag (Mittwoch Rückkehr 20 Uhr)	*24,– €*	
• *als Übernachtungskosten den Pauschbetrag von*	*20,– €*	*128,– €*
davon sind steuerfrei:		
• *die Fahrtkosten, die der Arbeitnehmer hatte, weil er seinen PKW tatsächlich nutzte (250 km x 0,30 € =)*	*75,– €*	
• *die Verpflegungspauschbeträge Anreisetag:*	*12,– €*	
Dienstag: Abwesenheit 24 Stunden	*24,– €*	
Rückreisetag:	*12,– €*	
• *die tatsächlichen Übernachtungskosten: Hotelrechnung ohne Frühstück*	*50,– €*	*173,– €*
Spitzenbetrag		*0,– €*

Aufgrund der Verrechnung bleiben hier die Verpflegungskosten in voller Höhe steuerfrei. Im Beispielsfall kann der Arbeitnehmer die nicht ersetzten Kosten in Höhe von 48,– € als Werbungskosten geltend machen.

Das Zusammenfassen sämtlicher auf die einzelne Auswärtstätigkeit anfallenden Einzelbeträge, wie z. B. der Fahrtkosten, der Verpflegungssätze und der Übernachtungskosten, ist gemäß R 3.16 und R 40.2 Abs. 4 LStR sowie Rz. 128 des BMF-Schreibens vom 24.10.2014, BStBl I S. 1.412, zulässig. Dadurch können z. B. steuerpflichtige Tagegelder oder steuerpflichtige Teile mit den nicht voll ausgeschöpften steuerfreien Fahrtkosten verrechnet werden. Auch mehrere Auswärtstätigkeiten können zusammengefasst abgerechnet werden. Die Spitzenorganisationen der Sozialversicherungsträger erkennen diese steuerliche Verrechnung von Reisekostenerstattungen auch für den Bereich der Sozialversicherung an. Zur Lohnsteuerpauschalierung von Vergütungen für Verpflegungsmehraufwendungen und ihrer sozialversicherungsrechtlichen Behandlung wird auf Tz 6.4 verwiesen.

g) Konkurrenzregeln zur doppelter Haushaltsführung

Soweit für denselben Zeitraum Verpflegungsmehraufwendungen wegen einer Auswärtstätigkeit oder wegen einer doppelten Haushaltsführung anzusetzen sind, wird nur der höchste Pauschbetrag berücksichtigt.

h) Auslandsreisen

Hierzu wird auf das Stichwort „Auslandsreisekosten" verwiesen.

8. Die Übernachtungskosten nach § 9 Abs. 1 Satz 3 Nr. 5a EStG

a) **Ohne Einzelnachweis** der tatsächlichen Kosten sind für die gesamte Dauer der vorübergehenden Auswärtstätigkeit je Übernachtung **20,– €** steuerfrei. Voraussetzung ist, dass der Arbeitnehmer nicht aus dienstlichen Gründen die Unterkunft unentgeltlich oder verbilligt erhalten hat.

Beispiel 1:

Der Arbeitnehmer übernachtet unentgeltlich in einer vom Arbeitgeber an der Tätigkeitsstätte angemieteten Unterkunft.

Der steuerfreie Ersatz der Übernachtungspauschale ist daneben nicht zulässig.

b) Bei **Einzelnachweis** ist der Ersatz der tatsächlichen Aufwendungen steuerfrei. Dabei ist zu beachten, dass bei Übernachtungskosten mit Frühstück das Frühstück zu den Verpflegungskosten gehört.

Handelt es sich um eine **vom Arbeitgeber veranlasste** Übernachtung mit Frühstück (vgl. vorstehend 7e, die Rechnung lautet auf den Arbeitgeber), gelten in Bezug auf das Frühstück die neuen Grundsätze der Mahlzeitengestellung mit der Kürzung der Verpflegungspauschale.

Handelt es sich hingegen um den eher seltenen Fall einer **nicht vom Arbeitgeber veranlassten** Übernachtung mit Frühstück, weil z. B. die Rechnung auf den Arbeitnehmer lautet, ist der Gesamtpreis um **4,80 €** zu kürzen, wenn das Frühstück nicht gesondert, sondern in einem Sammelposten ausgewiesen ist. Der nach Kürzung um den Frühstücksanteil verbleibende Teil des Sammelpostens kann vom Arbeitgeber als Reisenebenkosten steuerfrei ersetzt werden, wenn die Bezeichnung des Sammelpostens für die Nebenleistungen keinen Anlass gibt für die Vermutung, darin seien steuerlich nicht anzuerkennende Nebenleistungen (z. B. private Telefonate, Massagen) enthalten.

Beispiel 2:

Ein Arbeitnehmer war auf einer beruflichen Auswärtstätigkeit. Die vom Hotel auf den Namen des Arbeitnehmers ausgestellte Rechnung lautet:

Übernachtung inkl. 7% Umsatzsteuer	*107,— €*
„Business-Package" (Frühstück, Internet) inkl. 19% Umsatzsteuer	*23,80 €*
Summe	*130,80 €*

Der Arbeitgeber kann dem Arbeitnehmer die Übernachtungskosten von 107,– € und die Kosten für das „Business-Package" – nach Abzug eines Frühstücksanteils von 4,80 € – in Höhe von 19,– € als Reisenebenkosten und somit insgesamt 126,– € steuerfrei erstatten. Zusätzlich kann der Arbeitnehmer noch die in Betracht kommenden Pauschbeträge für Verpflegung geltend machen.

Wichtig ist die steuerliche **Beschränkung** der tatsächlichen Aufwendungen gemäß § 9 Abs. 1 Satz 3 Nr. 5a Satz 4 EStG bei einer längerfristigen Auswärtstätigkeit **nach Ablauf von 48 Monaten** auf den Betrag wie bei der doppelten Haushaltsführung, wonach im Inland die Unterkunftskosten höchstens noch bis zur Höhe von 1.000,– € im Monat vom Arbeitgeber steuerfrei erstattet werden können. Dies gilt auch bei Hotelübernachtungen. Von einer längerfristigen beruflichen Tätigkeit an derselben Tätigkeitsstätte ist erst dann auszugehen, sobald der Arbeitnehmer an dieser mindestens an drei Tagen in der Woche tätig wird. Die 48-Monatsfrist beginnt daher nicht, solange die auswärtige Tätigkeitsstätte nur an zwei Tagen in der Woche aufgesucht wird. Eine Unterbrechung von mehr als sechs Monaten, z. B. wegen Urlaub, Krankheit, beruflicher Tätigkeit an einer anderen Tätigkeitsstätte, führt zu einem Neubeginn der 48-Monatsfrist. Für die Prüfung des Unterbrechungszeitraums und des Ablaufs der 48-Monatsfrist, ist keine Prognose (Ex-ante-Betrachtung) maßgebend; diese Prüfung erfolgt stets im Nachhinein mit Blick auf den zurückliegenden tatsächlichen Zeitablauf (Ex-post-Betrachtung).

c) Berücksichtigung von Begleitpersonen

Benutzt der Arbeitnehmer gemeinsam mit einer Begleitperson, die zu seinem Arbeitgeber nicht in einem Dienstverhältnis steht, ein Mehrbett**zimmer**, können die Aufwendungen steuerfrei ersetzt werden, die bei Inanspruchnahme eines Einzelzimmers entstanden wären (§ 9 Abs. 1 Satz 3 Nr. 5a Satz 3 EStG). Führt auch die Begleitperson eine Auswärtstätigkeit aus, sind die Kosten für das Mehrbettzimmer dagegen gleichmäßig aufzuteilen.

Bei Nutzung **einer Wohnung** kann im Inland aus Vereinfachungsgründen – entsprechend der Regelungen für Unterkunftskosten bei einer längerfristigen Auswärtstätigkeit von mehr als 48 Monaten – bei Aufwendungen bis zu einem Betrag von 1.000,– € monatlich von einer ausschließlichen beruflichen Veranlassung ausgegangen werden. Betragen die Aufwendungen im Inland mehr als 1.000,– € monatlich oder handelt es sich um eine Wohnung im Ausland, können nur die Aufwendungen berücksichtigt werden, die durch die beruflich veranlasste, alleinige Nutzung des Arbeitnehmers verursacht werden; dazu kann die ortsübliche Miete für eine nach Lage und Ausstattung durchschnittliche Wohnung am Ort der auswärtigen Tätigkeitsstätte mit einer Wohnfläche bis zu 60 qm als Vergleichsmaßstab herangezogen werden.

d) Ausland

Bei Auslandsdienstreisen vergleiche das Stichwort „Auslandsreisekosten".

9. Reisenebenkosten

Hierzu wird auf dieses Stichwort verwiesen. Dort auch zur Berücksichtigung von Telefonkosten.

10. Arbeitnehmer mit ständig wechselnden Tätigkeitsstätten ohne erster Tätigkeitsstätte

Bei Arbeitnehmern, die an ständig wechselnden Tätigkeitsstätten außerhalb des Betriebs ihres Arbeitgebers arbeiten, gelten die vorstehenden Grundsätze ebenfalls. Der Betrieb ist in aller Regel keine erste Tätigkeitsstätte, weil ein Arbeitgeber in solchen Fällen den Betrieb wohl kaum ausdrücklich anhand der arbeitsrechtlichen Festlegungen als erste Tätigkeitsstätte nach § 9 Abs. 4 Satz 1 – 3 EStG festlegt und der Betrieb in aller Regel auch nicht die quantitativen und qualitativen Kriterien des § 9 Abs. 4 Satz 4 EStG erfüllt. Das bloße Aufsuchen des Betriebs, um von dort auf die auswärtigen Tätigkeitsstätten zu gelangen, macht den Betrieb des Arbeitgebers nicht automatisch zur ersten Tätigkeitsstätte. In aller Regel haben diese Arbeitnehmer keine erste Tätigkeitsstätte.

Einsätze mit täglicher Rückkehr zur Wohnung:

Beispiel:

Bauarbeiter A fährt täglich mit seinem PKW von der Wohnung zum Betrieb des Arbeitgebers, den der Arbeitgeber gemäß § 9 Abs. 1 Satz 3 Nr. 4a Satz 3 EStG nach den arbeitsrechtlichen Weisungen als dauerhaften Treffpunkt bestimmt hat. Von dort werden die Bauarbeiter mit einem Kleinbus des Arbeitgebers zu den einzelnen Baustellen gebracht. Im Kalenderjahr soll der Bauarbeiter A vom 1.1. bis 30.5. vier Monate an der Baustelle B und dann anschließend jeweils weniger als 3 Monate an den Baustellen C–X tätig werden.

Der Betrieb ist zwar keine erste Tätigkeitsstätte, allerdings wird er vom Arbeitgeber als dauerhafter Treffpunkt (vgl. Sonderfall Sammelpunkt) bestimmt. Dementsprechend kann der Arbeitgeber folgende Aufwendungen steuerfrei erstatten:

Tägliche Fahrten zum Betrieb:

Wegen der arbeitsrechtlichen Festlegung, dass der Betrieb der dauerhafte Treffpunkt sein soll, werden die Fahrten von der Wohnung zum Betrieb und zurück nach der neuen Gesetzeslage wie Fahrten zwischen Wohnung und erster Tätigkeitsstätte behandelt, sodass diese Fahrtkosten nicht mehr steuerfrei erstattet werden dürfen.

Fahrten zur Baustelle:

Der Arbeitnehmer hat keine Aufwendungen, sondern steuerfreie Sammelfahrten.

Verpflegungskosten:

Die Auswärtstätigkeit beginnt bereits mit Verlassen der Wohnung und nicht erst mit Verlassen des Betriebsgeländes und endet mit der Rückkehr zur Wohnung. Ein steuerfreier Ersatz ist nur für die Arbeitstage zulässig, an denen die Abwesenheit mindestens 8 Stunden beträgt. Bei der Baustelle B ist zudem zu beachten, dass ein steuerfreier Ersatz auf dieser Baustelle auf die ersten drei Monate der Tätigkeit an dieser Baustelle beschränkt ist.

Einsätze mit auswärtiger Übernachtung:

Da Arbeitnehmer mit ständig wechselnden Tätigkeitsstätten in der Regel nicht über einen Zeitraum von 48 Monaten hinaus dauerhaft an einer Tätigkeitsstätte tätig werden sollen und am auswärtigen Tätigkeitsort nur vorübergehend eine Unterkunft beziehen, liegt keine doppelte Haushaltsführung, sondern eine Auswärtstätigkeit vor. Daher gilt für diese Arbeitnehmer, unabhängig davon, ob sie daheim in ihrer Hauptwohnung einen eigenen Hausstand führen oder nicht, die obigen Grundsätze der Auswärtstätigkeit.

Beispiel:

Ein Arbeitnehmer mit ständig wechselnden Einsatzstellen wird für die Dauer von 4 Monaten bzw. 90 Arbeitstagen auf der Baustelle A tätig. Die Fahrten an 16 Wochenenden zur Wohnung sowie zur Baustelle A legt er mit seinem eigenen PKW zurück. Er verlässt seine Wohnung montags und kehrt freitags dorthin zurück. Seine Wohnung liegt 150 km vom Tätigkeitsort und seine auswärtige, vom Arbeitgeber gestellte Unterkunft, 10 km von der Baustelle entfernt. Der Arbeitgeber kann die folgenden Aufwendungen steuerfrei erstatten:

— Fahrten zum Heimatort:	
16 x 150 km x 2 x 0,30 € =	*1.440,– €*
Die Erstattung der Fahrtkosten ist zeitlich unbeschränkt zulässig.	
— Fahrten Unterkunft - Baustelle:	
90 x 10 km x 2 x 0,30 €=	*540,– €*
— Unterkunftskosten:	
Unterkunft wird vom Arbeitgeber gestellt.	*0,– €*
— Verpflegungsmehraufwendungen:	
*Verpflegungskosten können vom Arbeitgeber nur für die **ersten drei** Monate der Tätigkeit an derselben Einsatzstelle steuerfrei ersetzt werden. Dabei gilt die Abwesenheit vom Heimatwohnort.*	
Montag (Anreisetag)	
12 Tage x 12,– € =	*144,– €*
Dienstag bis Donnerstag (je 24 Std. Abwesenheit)	
48 Tage x 24,– € =	*1.152,– €*
Freitag (Rückreisetag)	
12 Tage x 12,– € =	*144,– €*

11. Arbeitnehmer, die nur auf einem Fahrzeug eingesetzt sind und keine erste Tätigkeitsstätte haben

Bei Arbeitnehmern, die ihre berufliche Tätigkeit hauptsächlich auf einem Fahrzeug ausüben, gelten die vorstehenden Grundsätze ebenfalls. Der Betrieb ist in aller Regel keine erste Tätigkeitsstätte, weil ein Arbeitgeber in solchen Fällen den Betrieb wohl kaum ausdrücklich anhand der arbeitsrechtlichen Festlegungen als erste Tätigkeitsstätte nach § 9 Abs. 4 Satz 1–3 EStG festlegt und der Betrieb in aller Regel auch nicht die quantitativen und qualitativen Kriterien des § 9 Abs. 4 Satz 4 EStG erfüllt. Das bloße Aufsuchen des Betriebs, um dort das Fahrzeug zu übernehmen, macht den Betrieb des Arbeitgebers nicht automatisch zur ersten Tätigkeitsstätte. In aller Regel haben diese Arbeitnehmer keine erste Tätigkeitsstätte.

Fahrtkostenersatz:

Ist die betriebliche Einrichtung zwar keine erste Tätigkeitsstätte, hat aber der Arbeitgeber diese nach arbeitsrechtlicher Weisung dauerhaft zur Aufnahme der beruflichen Tätigkeit bestimmt, werden nach § 9 Abs. 1 Satz 3 Nr. 4a Satz 4 EStG die Fahrten von der Wohnung zur betrieblichen Einrichtung und zurück wie Fahrten zwischen Wohnung und erster Tätigkeitsstätte behandelt. Dementsprechend können bei dauerhafter Festlegung diese Fahrten nicht steuerfrei erstattet werden.

Verpflegungsmehraufwendungen:

Es gelten die Grundsätze der Auswärtstätigkeit; d. h. steuerfrei sind je Kalendertag

12,– €	bei einer Abwesenheit von mehr als 8 Stunden,
24,– €	bei einer Abwesenheit von 24 Stunden

Die Abwesenheit rechnet sich von der Wohnung aus. Die Abwesenheitsdauer wird für jeden Kalendertag gesondert berechnet. Eine Ausnahme gilt, wenn die auswärtige berufliche Tätigkeit an einem Kalendertag beginnt und am nachfolgenden Kalendertag **ohne** Übernachtung endet. In einem solchen Fall wird für den Kalendertag, an dem der Arbeitnehmer den überwiegenden Teil der insgesamt mehr als 8 Stunden Abwesenheit von der Wohnung eine Verpflegungspauschale von 12,– € gewährt. **Alternativ** kann nach Tz. 46 des BMF-Schreibens vom 24.10.2014, BStBl I S. 1.412, insgesamt auch eine auf den einzelnen Kalendertag bezogene Betrachtung gewählt werden, wenn diese günstiger ist.

Im Übrigen gilt die **Dreimonatsfrist** für die steuerfreie Erstattung von Verpflegungsmehraufwendungen **nicht bei einer Fahrtätigkeit.**

Übernachtungskosten:

Sie können wie bei einer Auswärtstätigkeit nach Nr. 8 ersetzt werden. Der Pauschbetrag (20,– €) darf allerdings nicht angesetzt werden, wenn die Übernachtung im Fahrzeug stattfindet.

Übernachtungsnebenkosten:

Einem Kraftfahrer, der anlässlich seiner Fahrtätigkeit in der Schlafkabine seines LKW übernachtet, entstehen gleichwohl Aufwendungen, die bei anderen Arbeitnehmern typischerweise in den Übernachtungskosten enthalten sind. Derartige Aufwendungen (wie z. B. Gebühren für die Benutzung der sanitären Einrichtungen auf Raststätten, Aufwendungen für die Reinigung der eigenen Schlafkabine) können als Reisenebenkosten geltend gemacht werden. Nach dem BMF-Schreiben vom 4.12.2012, BStBl I S. 1.249, können diese Aufwendungen allerdings nicht ohne Nachweis pauschal angesetzt werden. Vielmehr muss der Arbeitnehmer die ihm tatsächlich entstandenen und regelmäßig wiederkehrenden Reisenebenkosten zumindest für einen repräsentativen Zeitraum von drei Monaten im Einzelnen durch entsprechende Aufzeichnungen darlegen. Dabei ist zu beachten, dass bei Benutzung der sanitären Einrichtungen auf Raststätten nur die tatsächlichen Benutzungsgebühren erfasst werden, nicht jedoch die als Wertbons ausgegebenen Beträge. Hat der Arbeitnehmer diesen Nachweis erbracht, darf der Arbeitgeber den täglichen Durchschnittsbetrag, der sich aus den Rechnungsbeträgen für den repräsentativen Zeitraum ergibt, auch für die steuerfreie Erstattung so lange ansetzen, bis sich die Verhältnisse wesentlich ändern.

Verwarnungsgelder:

Verwarnungsgelder wegen Verletzung des Halteverbots, die der Arbeitgeber (z. B. Paketzustelldienst) übernimmt, oder vom Arbeitgeber übernommene Bußgelder, die gegen bei ihm angestellte Fahrer wegen Verstoßes gegen die Lenk- und Ruhezeit verhängt worden sind, gehören nach dem BFH-Urteil vom 14.11.2013, BStBl II S. 278, zum steuerpflichtigen Arbeitslohn. Auch die Sozialversicherung hat sich dieser geänderten BFH-Rechtsprechung angeschlossen, sodass auch beitragspflichtiges Arbeitsentgelt gegeben ist.

Autotelefon

Nach § 3 Nr. 45 EStG sind Vorteile des Arbeitnehmers aus der privaten Nutzung betrieblicher Telekommunikationseinrichtungen steuerfrei. Handelt es sich beim Autotelefon um einen betrieblichen Anschluss (z. B. in einem Firmenfahrzeug, das dem Arbeitnehmer auch zur privaten Nutzung überlassen ist; vgl. das Stichwort „Kraftfahrzeugüberlassung") oder um ein Mobiltelefon des Arbeitgebers im Privatfahrzeug des Arbeitnehmers, dann ist für die private Nutzung des Autotelefons kein steuer- und beitragspflichtiger geldwerter Vorteil anzusetzen.

Greift die Steuerbefreiung nach § 3 Nr. 45 EStG nicht durch, weil es sich beim Autotelefon um ein Telefon des Arbeitnehmers handelt, können die Aufwendungen für das Autotelefon als Auslagenersatz nach § 3 Nr. 50 EStG steuerfrei bleiben, soweit sie der Arbeitnehmer für betrieblich veranlasste Gespräche in Rechnung stellt. Im Einzelnen vergleiche hierzu die Ausführungen beim Stichwort „Telefonkosten".

Bahncard

Ersetzt der Arbeitgeber Arbeitnehmern mit umfangreicher Reisetätigkeit die Kosten der Bahncard, um auf diese Weise die erstattungspflichtigen Fahrtkosten für Auswärtstätigkeiten zu mindern, so ist diese Ersatzleistung nach § 3 Nr. 13 und 16 EStG steuerfrei.

Beschafft der **Arbeitgeber** eine Bahncard und überlässt diese einem Arbeitnehmer zur privaten und dienstlichen Nutzung, gilt Folgendes:

prognostizierte Vollamortisation:

Wenn nach der Prognose zum Zeitpunkt der Hingabe der Bahncard die ersparten Kosten für Einzelfahrscheine, die im Rahmen von Auswärtstätigkeiten (z. B. nach Reiserichtlinie) ohne Nutzung der Bahncard während deren Gültigkeitsdauer anfallen würden, die Kosten der Bahncard erreichen oder übersteigen (**prognostizierte Vollamortisation**), stellt die Überlassung der Bahncard an den Arbeitnehmer – unabhängig von der privaten Nutzungsmöglichkeit der Bahncard – keinen Arbeitslohn dar. Tritt die prognostizierte Vollamortisation aus unvorhersehbaren Gründen (z. B. Krankheit des Arbeitnehmers) nicht ein, ist keine Nachversteuerung vorzunehmen; das überwiegend eigenbetriebliche Interesse bei Hingabe der Bahncard wird hierdurch nicht berührt. Entsprechendes gilt für Job-Tickets.

prognostizierte Teilamortisation:

Erreichen die durch die Nutzung der überlassenen Bahncard/Job-Tickets ersparten Fahrtkosten, die bei Auswärtstätigkeiten ohne Nutzung der Bahncard/des Job-Tickets während deren/dessen Gültigkeitsdauer anfallen würden, nach der Prognose zum Zeitpunkt der Hingabe die Kosten der Bahncard/des Job-Tickets voraussichtlich **nicht** vollständig (**prognostizierte Teilamortisation**), liegt die Überlassung der Bahncard/des Job-Tickets nicht im überwiegend eigenbetrieblichen Interesse des Arbeitgebers; der Wert der Bahncard ist als geldwerter Vorteil zu erfassen. Die Überlassung der Bahncard/des Job-Tickets stellt in diesem Fall zunächst in voller Höhe steuerpflichtigen Arbeitslohn dar.

Die während der Gültigkeitsdauer der Bahncard/des Job-Tickets durch deren/dessen Nutzung für dienstliche Fahrten ersparten Fahrtkosten können dann ggf. monatsweise oder auch am Ende des Gültigkeitszeitraumes als Korrekturbetrag den steuerpflichtigen Arbeitslohn mindern (als Verrechnung des dann feststehenden steuerfreien Reisekostenerstattungsanspruchs des Arbeitnehmers mit der zunächst steuerpflichtigen Vorauszahlung auf mögliche Reisekosten in Form der Bahncard/des Job-Tickets). Für die Höhe des Korrekturbetrags können aus Vereinfachungsgründen – anstelle einer quotalen Aufteilung (Nutzung zu dienstlichen Zwecken im Verhältnis zur Gesamtnutzung) – auch die ersparten Reisekosten für Einzelfahrscheine, die bei Auswärtstätigkeiten ohne Nutzung der Bahncard/des Job-Tickets während der Gültigkeitsdauer angefallen wären, begrenzt auf die Höhe der tatsächlichen Kosten der Bahncard/des Job-Tickets, zugrunde gelegt werden.

Beispiel:

Der Arbeitgeber stellt Arbeitnehmer B ab 1.1.2017 eine Bahncard 100 (2. Klasse, Kosten 4.200,– €) zur Verfügung, die der Arbeitnehmer auch für private Bahnfahrten nutzen darf. Nach der erstellten Prognose des Arbeitgebers würden Einzelfahrscheine für die beruflich veranlassten Auswärtstätigkeiten des B im Jahr 2017 voraussichtlich insgesamt ca. 3.000,– € kosten. Am Ende des Jahres 2017 (= Gültigkeitsdauer der Bahncard) werden tatsächlich ersparte Reisekosten i. H. v. 3.000,– € ermittelt.

Die Zurverfügungstellung der Bahncard 100 führt bei B zu steuerpflichtigem Arbeitslohn von 4.200,– €, da nach der Prognose zum Zeitpunkt der Hingabe der Bahncard die ersparten Kosten für Einzelfahrscheine die Kosten der Bahncard voraussichtlich nicht erreichen.

Ermittlung der tatsächlich ersparten Reisekosten i. H. v. 3.000,– € ist der steuerpflichtige Arbeitslohn um diesen Betrag zu mindern. Letztlich verbleibt ein steuerpflichtiger geldwerter Vorteil aus der Überlassung der Bahncard in Höhe von 1.200,– € (4.200,– € ./. 3.000,– €).

Baukostenzuschuss

s. unter „Wohnungsüberlassung"

Bauzuschlag

ist Teil des Gesamttarifstundenlohns nach dem Bundesrahmentarifvertrag des Baugewerbes. Er ist steuer- und beitragspflichtig.

Bedienungszuschlag

Der Arbeitslohn des Bedienungspersonals im Hotel- und Gaststättengewerbe setzt sich im Allgemeinen aus einem Festbetrag und dem Bedienungszuschlag (15%) zusammen. Beide Lohnteile gehören zum steuerpflichtigen Arbeitslohn. Steuerfrei bleibt lediglich das freiwillige Trinkgeld (vgl. „Trinkgelder").

Beihilfen

1. Öffentliche Kassen

Beihilfen in Krankheits-, Geburts- und Todesfällen sowie Unterstützungen in besonderen Notfällen, die aus öffentlichen Kassen nach den Beihilfevorschriften des Bundes und der Länder gezahlt werden, sind steuerfrei (R 3.11 Abs. 1 LStR). Öffentliche Kassen sind die Kassen der juristischen Personen des öffentlichen Rechts und solche Kassen, die einer Dienstaufsicht und Prüfung der Finanzgebarung durch die öffentliche Hand unterliegen.

Beihilfen und Unterstützungen an Arbeitnehmer von Verwaltungen, Betrieben und Unternehmen, die sich überwiegend in öffentlicher Hand befinden, sind ebenfalls steuerfrei, wenn bei der Beihilfegewährung und auch bei der Entlohnung nach den für den öffentlichen Dienst geltenden Vorschriften verfahren wird und dies durch eine staatliche oder kommunale Prüfung der Finanzgebarung überwacht wird. Befindet sich das Unternehmen nicht überwiegend in öffentlicher Hand, ist für die Steuerfreiheit Voraussetzung, dass auch hinsichtlich der Reisekostenvergütungen nach den für den öffentlichen Dienst geltenden Vorschriften verfahren wird, die Haushalts-, Kassen- und Rechnungsführungsvorschriften beachtet werden und das Unternehmen der Prüfung durch einen Rechnungshof unterliegt. Zur Steuerbefreiung von Beihilfen und Unterstützungen für die bei den Postunternehmen beschäftigten Beamten vgl. § 3 Nr. 35 EStG.

2. Arbeitnehmer im privaten Dienst

Unterstützungen, die von privaten Arbeitgebern in Krankheits- oder Unglücksfällen gezahlt werden, sind je Arbeitnehmer bis zu einem Betrag von **600,– €** steuerfrei (R 3.11 Abs. 2 LStR). Für die Unterstützung muss zwar ein konkreter Anlass gegeben sein, eine wirtschaftliche Notlage des Arbeitnehmers braucht aber nicht vorzuliegen. Deshalb fällt auch die Erstattung der vom Krankenversicherungsträger verlangten

Selbstbeteiligung durch den Arbeitgeber hierunter. Voraussetzung ist jedoch, dass die Unterstützungen

- aus einer vom Arbeitgeber finanzierten selbstständigen Einrichtung (z. B. einer Unterstützungskasse) gezahlt werden oder
- vom Betriebsrat aus Mitteln, die der Arbeitgeber zur Verfügung gestellt hat, gezahlt werden und der Arbeitgeber keinen maßgebenden Einfluss auf die Verwendungen dieser Mittel hat oder
- der Arbeitgeber selbst nach Anhörung der Arbeitnehmervertreter zahlt bzw. die Unterstützungen nach einheitlichen Grundsätzen bewilligt, denen die Arbeitnehmervertretung vorher zugestimmt hat.

In Betrieben mit weniger als 5 Arbeitnehmern sind die Unterstützungen auch dann steuerfrei, wenn die vorstehenden Voraussetzungen nicht vorliegen.

Beträgt die Zuwendung mehr als 600,– €, bleibt der übersteigende Betrag nur dann steuerfrei, wenn ein besonderer Notfall vorliegt. Ob dies der Fall ist, muss im Einzelfall, ggf. nach Rückfrage beim Finanzamt entschieden werden. Allgemein gültige Entscheidungskriterien gibt es hierzu nicht. Fest steht nur, dass die Einkommens- und Familienverhältnisse des Arbeitnehmers zu berücksichtigen sind; drohende oder bereits eingetretene Arbeitslosigkeit begründet für sich keinen besonderen Notfall im Sinne dieser Vorschrift.

Bei Naturkatastrophen (vgl. z. B. für die Opfer der Unwetterlage von Ende Mai/Anfang Juni 2016 in Deutschland gemäß dem Erlass vom 28.6.2016, BStBl I S. 641) oder bei besonderen Ereignissen (vgl. Förderung der Hilfe für Flüchtlinge gemäß Erlass vom 22.9.2015, BStBl I S. 745, der mit Erlass vom 6.12.2016 verlängert worden ist) werden von der Finanzverwaltung regelmäßig besondere Bestimmungen in Kraft gesetzt.

Soweit die Beihilfen und Unterstützungsleistungen steuerfrei sind, gehören sie auch nicht zum Arbeitsentgelt in der **Sozialversicherung** (vgl. aber auch § 1 Abs. 1 Satz 1 Nr. 11 und Satz 2 SvEV – als Anlage 2 im Handbuch abgedruckt).

Laufende Unterstützungsleistungen werden in der Regel als Versorgungsbezüge gezahlt; sie gehören zum steuerpflichtigen Arbeitslohn (vgl. „Betriebsrenten").

3. Beihilfeversicherungen

Ob Leistungen aus einer vom Arbeitgeber abgeschlossenen Beihilfeversicherung steuerfrei sind, hängt von der Art des Versicherungsvertrags ab.

a) Erwirbt der Arbeitnehmer gegen die Versicherung einen eigenen Anspruch auf die Beihilfeleistungen, stellen die **Prämienaufwendungen** des Arbeitgebers steuerpflichtigen Arbeitslohn dar. Sie sind wie andere „Zukunftssicherungsleistungen" als laufender Arbeitslohn zu versteuern. Eine Pauschalierung mit dem Pauschsteuersatz von 20% kommt nicht in Betracht, weil die Beihilfeversicherung keine „Unfallversicherung" i.S. des § 40b EStG ist. Die Versicherungsleistungen an den Arbeitnehmer gehören nicht zum Arbeitslohn.

b) Erwirbt der Arbeitnehmer keinen Rechtsanspruch gegen die Versicherung, ist die Beihilfeversicherung als **Rückdeckungsversicherung** des Arbeitgebers anzusehen. Daraus folgt, dass die vom Arbeitgeber aufgewendeten Versicherungsprämien keinen Arbeitslohn darstellen. Zum Arbeitslohn gehören vielmehr die Beihilfeleistungen an den Arbeitnehmer. Diese sind jedoch unter den in den Nummern 1 und 2 dargestellten Voraussetzungen steuerfrei.

Diese steuerliche Behandlung bleibt auch dann maßgebend, wenn die Versicherungsgesellschaft die Beihilfen **im Namen** des Arbeitgebers direkt an die Arbeitnehmer ausbezahlt. Wichtig ist aber, dass im Versicherungsvertrag klar zum Ausdruck kommt, dass die Versicherungsgesellschaft nur zur Abkürzung des Zahlungswegs tätig wird.

Beiträge

vgl. die Stichworte „Arbeitgeberanteil zur Sozialversicherung"
„Arbeitnehmeranteil zur Sozialversicherung"
„Lebensversicherung"
„Berufsverbände"
„Direktversicherung"
„Krankenversicherung"
„Pflegeversicherung"
„Pensionskassen"
„Rückdeckungsversicherung"
„Unfallversicherung"
„Unterstützungskassen"

Bekleidungszuschüsse

s. „Berufskleidung"

Belegschaftsaktien

Der Vorteil aus der unentgeltlichen oder verbilligten Überlassung von Aktien an Arbeitnehmer ist im Rahmen des § 3 Nr. 39 EStG steuerfrei. Danach beträgt der Freibetrag 360,– €. Zur Berechnung der lohnsteuerlichen Vergünstigung im Einzelnen und zur Frage, ob eine Überlassung von Aktien durch den Arbeitgeber vorliegt, vgl. die Beispiele beim Stichwort „Vermögensbeteiligungen".

Belegschaftsrabatte

s. „Personalrabatte"

Belohnungen

des Arbeitnehmers für besondere, im Rahmen des Dienstverhältnisses erbrachte Leistungen sind steuerpflichtiger Arbeitslohn; vgl. auch die Stichworte „Lohnzahlung durch Dritte", „Verlosungsgewinne" und „Incentive-Reisen".

Nur wenn der Zusammenhang mit dem Dienstverhältnis gelöst ist, weil z. B. mit der Zuwendung die Verhütung einer allgemeinen Katastrophe belohnt werden soll und die Gefahrenbekämpfung nicht zu den unmittelbaren Dienstaufgaben des Arbeitnehmers gehört, liegt kein Arbeitslohn vor.

Bereitschaftsdienstvergütungen

sind steuer- und beitragspflichtiger Arbeitslohn. Wird der Bereitschaftsdienst als Sonntags-, Feiertags- oder Nachtarbeit geleistet und wird hierfür ein Zuschlag zur Grundvergütung gezahlt, bleibt der Zuschlag im Rahmen des § 3b EStG steuerfrei (vgl. das Stichwort „Zuschläge für Sonntags-, Feiertags- und Nachtarbeit"). Wegen des Bereitschaftsdienstes anfallende Mehrarbeitsvergütungen sind dagegen steuerpflichtig, auch wenn die Mehrarbeit als Sonntags-, Feiertags- und Nachtarbeit geleistet wurde.

Berufshaftpflichtversicherung

Zum Arbeitslohn gehören auch die vom Arbeitgeber übernommenen Beiträge zur Berufshaftpflichtversicherung eines angestellten Rechtsanwalts, weil dieser selbst zum Abschluss der Versicherung verpflichtet ist und deshalb ein überwiegend eigenbetriebliches Interesse des Arbeitgebers ausscheidet (BFH vom 26.7.2007, BStBl II S. 892). Die Übernahme des Arbeitgebers von Beiträgen zur eigenen Berufshaftpflichtversicherung einer Rechtsanwalts-GmbH nach § 59a BRAO führt hingegen bei den angestellten Anwälten gemäß BFH-Urteil vom 19.11.2015, BStBl 2016 II S. 301, nicht zu Arbeitslohn. Entsprechendes gilt für die eigene Berufshaftpflichtversicherung einer Rechtsanwalts-GmbH nach § 59j BRAO (vgl. BFH-Urteil vom 19.11.2015, BStBl 2016 II S. 303). Die Kostenübernahme zur Berufshaftpflichtversicherung einer Rechtsanwalts-GbR führt nach dem BFH-Urteil vom 10.3.2016, BStBl II S. 621, ebenfalls nicht zu Arbeitslohn. Auch die Mitversicherung angestellter Klinikärzte in der Betriebshaftpflichtversicherung eines Krankenhauses nach § 102 Abs. 1 VVG ist nach dem BFH-Urteil vom 19.11.2015, BStBl 2016 II S. 301, kein Arbeitslohn, weil die Mitversicherung keine Gegenleistung für die Beschäftigung ist.

Berufskleidung

Aufwendungen des Arbeitgebers für die typische Berufskleidung des Arbeitnehmers führen gemäß § 3 Nr. 31 EStG nicht zu steuerpflichtigem Arbeitslohn. Zur **typischen Berufskleidung** gehört die Arbeitsschutzkleidung oder Kleidung, die z. B. wegen ihrer uniformartigen Beschaffenheit oder dauerhaft angebrachten Kennzeichnung durch Firmenemblem objektiv eine berufliche Funktion erfüllt. Voraussetzung ist jeweils, dass die private Nutzung so gut wie ausgeschlossen ist. Bürgerliche Kleidung und Schuhe, die auch privat verwendet werden können, sind keine Berufskleidung, selbst wenn sie tatsächlich nur beruflich getragen werden. Zur Abgrenzung vgl. auch BFH-Urteile vom 18.4.1991, BStBl II S. 751 und vom 19.1.1996, BStBl II S. 202.

Steuerfrei ist die **Gestellung** der typischen Berufskleidung; in diesem Fall bleibt sie im Eigentum des Arbeitgebers (z. B. Schutzhelme, Schutzanzüge usw.). Steuerfrei ist aber auch die **Übereignung** der im Namen und auf Rechnung des Arbeitgebers beschafften typischen Berufskleidung. Die Zuschüsse des Arbeitgebers zur betrieblichen **Kleiderkasse**, bei der sich die Arbeitnehmer unentgeltlich oder verbilligt mit typischer Berufskleidung ausstatten können, sind deshalb steuerfrei. Voraussetzung ist aber, dass von dieser Kleiderkasse nur typische Berufskleidung verbilligt abgegeben wird.

Barleistungen des Arbeitgebers für die typische Berufskleidung sind nur steuerfrei, wenn der Arbeitnehmer nach einem Gesetz, einem Tarifvertrag oder einer Betriebsvereinbarung einen Anspruch auf Gestellung von Arbeitskleidung hat und der Arbeitgeber diesen Anspruch durch eine Barvergütung ablöst. Pauschale Barablösungen, die die Aufwendungen des Arbeitnehmers offensichtlich nicht übersteigen, sind ebenfalls steuerfrei. Hierzu gehört der in Anlehnung an die staatlichen Regelungen gezahlte Dienstkleidungszuschuss für Privatforstbedienstete. Die Barablösung ist dagegen steuerpflichtig, wenn der Anspruch auf Gestellung von Berufskleidung lediglich in einem Einzelarbeitsvertrag vereinbart ist. Aufwendungen für die Reinigung gehören nach R 3.31 Abs. 2 Satz 4 LStR regelmäßig nicht zu den Instandhaltungs- und Instandsetzungskosten der typischen Berufskleidung und sind daher steuer- und beitragspflichtiger Arbeitslohn.

Vom Arbeitgeber gestellte bürgerliche Kleidung, die nicht als typische Berufskleidung die Steuerfreiheit des § 3 Nr. 31 EStG erfüllt, kann nur Ausnahmefällen ebenfalls nicht als Arbeitslohn zu behandeln sein. Ergibt sich aus der Gesamtwürdigung des jeweiligen Einzelfalles ein vorrangig eigenbetriebliches Interesse des Arbeitgebers, weil er beispielsweise seinen im Lebensmittelhandel im Verkauf tätigen Arbeitnehmern aus hygienischen Gründen und zur Verbesserung des Erscheinungsbildes des Unternehmens eine einheitliche bürgerliche Kleidung zur Verfügung stellt, ist das Vorliegen von Arbeitslohn zu verneinen, wenn das Arbeitnehmerinteresse demgegenüber von untergeordneter Bedeutung ist (vgl. BFH vom 22.6.2006, BStBl II S. 915). Die kostenlose oder verbilligte Überlassung von qualitativ und preislich hochwertiger Kleidungsstücke, bei der es sich nicht um typische Berufskleidung handelt, führt hingegen auch dann zu steuer- und beitragspflichtigen Arbeitslohn, wenn das Tragen der vom Arbeitgeber hergestellten Kleidungsstücke neben Repräsentationszwecken auch der Werbung des Arbeitgebers dient (vgl. BFH vom 11.4.2006, BStBl II S. 691).

Berufskraftfahrerpauschale

s. „Auswärtstätigkeit"

Berufsverbände

Vom Arbeitgeber übernommene Beiträge für die Mitgliedschaft des Arbeitnehmers in Berufsverbänden gehören zum steuer- und beitragspflichtigen Arbeitslohn. Zum Arbeitslohn gehören auch die vom Arbeitgeber übernommenen Kammerbeiträge für Geschäftsführer von Wirtschafts-/Steuerberatungsgesellschaften (BFH vom 17.1.2008, BStBl II S. 378).

Betreuungsleistungen

Zur Förderung der besseren Vereinbarkeit von Familie und Beruf wurde mit dem Gesetz zur Anpassung der Abgabenordnung an den Zollkodex der Union und zur Änderung weiterer steuerlicher Vorschriften § 3 Nr. 34a EStG eingeführt.

<u>Beratungs- und Vermittlungsleistungen</u>:

Nach § 3 Nr. 34a Buchstabe a EStG bleiben Leistungen des Arbeitgebers an ein Dienstleistungsunternehmen, das den Arbeitnehmer hinsichtlich der Betreuung von Kindern und pflegebedürftigen Angehörigen berät oder hierfür Betreuungspersonen vermittelt, **in voller Höhe steuerfrei**. Begünstigt sind nicht die Betreuungskosten im eigentlichen Sinne, sondern die Übernahme der diesbezüglichen Beratungs- und Vermittlungskosten durch den Arbeitgeber.

Notfallbetreuung:

Betreuungskosten können hingegen in bestimmten Fällen bis zu einem **Höchstbetrag von 600,–€** im Kalenderjahr nach Maßgabe des § 3 Nr. 34a Buchstabe b EStG steuerfrei bleiben. Begünstigt sind die Leistungen des Arbeitgebers zur kurzfristigen Betreuung von

- **Kindern** des Arbeitnehmers (Kinder bis 14 Jahre oder schwerstbehinderte Kinder, wenn die Behinderung vor dem 25. Lebensjahr eingetreten ist und diese Kinder außerstande sind, sich selbst zu unterhalten) oder
- **pflegebedürftigen Angehörigen** des Arbeitnehmers,

wenn die Betreuung aus **zwingenden und beruflich** veranlassten Gründen notwendig ist. Die Aufwendungen müssen somit für eine zusätzliche, außergewöhnliche – also außerhalb der regelmäßig üblicherweise erforderlichen – Betreuung, die z. B. durch dienstlich veranlasste Fortbildungsmaßnahmen des Arbeitnehmers, eines zwingenden beruflichen Einsatzes zu außergewöhnlichen Dienstzeiten oder bei Krankheit eines Kindes bzw. pflegbedürftigen Angehörigen, notwendig werden. Die Betreuung kann auch im Haushalt des Arbeitnehmers stattfinden.

Sowohl hinsichtlich der Übernahme von Beratungs- und Vermittlungsleistungen als auch in den Fällen der Übernahme von Betreuungskosten in Notfällen ist zudem Voraussetzung, dass die Leistungen vom Arbeitgeber zusätzlich **zum ohnehin geschuldeten Arbeitslohn** erbracht werden.

Betriebliche Gesundheitsförderung

Leistungen des Arbeitgebers zur Verbesserung des allgemeinen Gesundheitszustandes und der betrieblichen Gesundheitsförderung sind nach Maßgabe des § 3 Nr. 34 EStG bis zu einem Höchstbetrag von insgesamt **500,– € im Kalenderjahr je Arbeitnehmer** steuerfrei gestellt. Voraussetzung für die Steuerfreiheit ist, dass diese Leistungen vom Arbeitgeber **zusätzlich zum ohnehin geschuldeten Arbeitslohn** erbracht werden und die Leistungen hinsichtlich Qualität, Zweckbindung und Zielgerichtetheit den Anforderungen der §§ 20 und 20a des SGB V genügen. Dabei kann in der Praxis auf die Handlungsfelder des von den Spitzenverbänden der Krankenkassen herausgegebenen Leitfadens „Prävention" zurückgegriffen werden. Nach der Gesetzesbegründung des neuen Präventionsgesetzes vom 17.7.2015, BGBl. I S. 1.368, soll durch das nunmehr vorgesehene Zertifizierungsverfahren von Leistungen der betrieblichen Gesundheitsförderung gemäß § 20 Abs. 5 Satz 1 SGB V die Anwendung der Steuerfreibetragsregelung erleichtern. Im Übrigen ist mit diesem Gesetz § 20a SGB V durch § 20b SGB V ersetzt worden.

Verbesserung des allgemeinen Gesundheitszustandes:

- Maßnahmen zur Reduzierung von Bewegungsmangel durch spezielle verhaltens- und gesundheitsorientierte Bewegungsprogramme
- Maßnahmen zur Vermeidung von Mangel- und Fehlernährung
- Maßnahmen zur Stressbewältigung und Entspannung
- Maßnahmen zur Förderung des Nichtrauchens oder Reduzierung des Alkoholkonsums

Betriebliche Gesundheitsförderung:

- Maßnahmen zur Vorbeugung und Reduzierung arbeitsbedingter Belastungen des Bewegungsapparats
- die Förderung individueller Kompetenzen der Stressbewältigung am Arbeitsplatz
- gesundheitsgerechte Mitarbeiterführung
- Maßnahmen gegen den Suchtmittelkonsum (rauchfrei im Betrieb, Nüchternheit am Arbeitsplatz)

Unter die Steuerbefreiung fallen auch **Barleistungen** (Zuschüsse) des Arbeitgebers **an seine Arbeitnehmer**, die diese für extern durchgeführte Maßnahmen aufwenden. Dementsprechend kommt der Steuerfreibetrag auch in Betracht, wenn durch den Arbeitgeber ein Zuschuss für Maßnahmen gewährt wird, die Fitnessstudios oder Sportvereine anbieten und die den fachlichen Anforderungen des Leitfadens „Prävention" gerecht werden. Die Übernahme bzw. Bezuschussung von reinen Mitgliedsbeiträgen an Sportvereine und Fitnessstudios fällt hingegen nicht unter die Steuerbefreiung.

Im Übrigen kann nach dem BFH-Urteil vom 30.5.2001, BStBl II S. 671 im Einzelfall nach wie vor ein Vorteil beim Arbeitnehmer nicht als Arbeitslohn zu erfassen sein, wenn die Maßnahme des Arbeitgebers einer spezifisch berufsbedingten Beeinträchtigung der Gesundheit des Arbeitnehmers vorbeugt oder ihr entgegenwirkt und die Maßnahme über das Interesse des Arbeitnehmers hinaus als im eigenbetrieblichen Interesse des Arbeitgebers erbracht anzusehen ist. Diese Rechtsprechung ist weiterhin zu beachten. Ob eine betriebliche Gesundheitsmaßnahme als im eigenbetrieblichen Interesse des Arbeitgebers erbracht gilt, braucht in der Praxis jedoch nur zu prüfen, wenn der jährliche Höchstbetrag von 500,– € je Arbeitnehmer überschritten wird.

Beispiel 1:

Zur Vermeidung stressbedingter Gesundheitsrisiken ermöglicht der Arbeitgeber seinen Arbeitnehmern auf seine Kosten den Besuch von Kursen zur Stressbewältigung und Entspannung. Die Kosten betragen pro Arbeitnehmer 450,– € jährlich. Außerdem trägt der Arbeitgeber die Kosten in Höhe von 100,– € für die Teilnahme an einem speziellen FPZ-Rückenkonzept für diejenigen Arbeitnehmer, bei denen die Notwendigkeit zur Vorbeugung spezifisch berufsbedingter Beeinträchtigungen der Gesundheit von der Berufsgenossenschaft bestätigt ist.

Da es sich im Beispielsfall bei der Teilnahme am FPZ-Rückenkonzept um eine Leistung im ganz überwiegend betrieblichen Interesse des Arbeitgebers handelt, liegt insoweit kein geldwerter Vorteil (Arbeitslohn) vor, so dass der geldwerte Vorteil für den Besuch der Kurse zur Stressbewältigung und Entspannung in Höhe von 450,– € nach § 3 Nr. 34 EStG in voller Höhe steuerfrei bleibt.

Beispiel 2:

Wie Beispiel 1. Anstelle der Teilnahme am FPZ-Rückenkonzept handelt es sich um die Teilnahme an einem Raucherentwöhnungskurs.

Bei der Teilnahme am Raucherentwöhnungskurs handelt es sich nicht um eine Maßnahme im ganz überwiegend betrieblichen Interesse des Arbeitgebers. Der geldwerte Vorteil der Arbeitnehmer, die an beiden Maßnahmen (Stressbewältigung und Raucherentwöhnung) teilnehmen, beträgt damit 550,– €. Davon sind 500,– € nach § 3 Nr. 34 EStG steuer- und beitragsfrei. Der steuer- und sozialversicherungspflichtige Vorteil beträgt 50,– €.

Betriebskindergarten

s. „Kindergarten"

Betriebsrenten

beruhen in der Regel auf einer arbeitsvertraglichen Versorgungszusage des Arbeitgebers. Im Allgemeinen erhält der Arbeitnehmer danach bei Erreichen der vereinbarten Altersgrenze oder im Invaliditätsfall laufende Zuwendungen. Um diese Versorgungsansprüche finanziell abzusichern, bildet der Arbeitgeber Rückstellungen oder schließt eine Rückdeckungsversicherung (vgl. dieses Stichwort) ab. Im Zeitpunkt der Versorgungszusage fließt dem Arbeitnehmer noch kein Arbeitslohn zu. Auch die Zuführungen des Arbeitgebers zur Pensionsrückstellung oder die Beiträge zur Rückdeckungsversicherung stellen keinen steuerpflichtigen Arbeitslohn dar. Steuerpflicht tritt vielmehr erst im Versorgungsfall ein. Renten, die ganz oder teilweise auf früheren Beitragsleistungen des Bezugsberechtigten oder seines Rechtsvorgängers beruhen, gehören nicht zum Arbeitslohn und gelten nicht als Betriebsrenten im Sinne des Lohnsteuerrechts.

Die Betriebsrente gehört als Bezug aus dem früheren Dienstverhältnis zum Arbeitslohn und unterliegt dem Lohnsteuerabzug. Zu diesem Zweck muss der Arbeitnehmer auch noch nach seinem Ausscheiden aus dem Dienstverhältnis seine ELStAM abrufen lassen bzw. im Ausnahmefall eine Bescheinigung für den Lohnsteuerabzug vorlegen. Beim Lohnsteuerabzug von der Betriebsrente ist darauf zu achten, dass die Teilvorsorgepauschale für die gesetzliche Rentenversicherung nicht gewährt wird, weil ein Arbeitnehmeranteil zur gesetzlichen Rentenversicherung nicht anfällt und bei manueller Lohnabrechnung die B-Tabelle angewandt wird (vgl. Tz 5.11). In der Regel handelt es sich bei Betriebsrenten um begünstigte Versorgungsbezüge, so dass der Arbeitgeber beim Lohnsteuerabzug auch den Versorgungsfreibetrag (vgl. Tz 5.6) zu berücksichtigen hat. Wird der Arbeitnehmer nach Eintritt des Versorgungsfalls in geringem Umfang weiterbeschäftigt, sind im Übrigen die Betriebsrente und der Lohn für die aktive Beschäftigung zur Feststellung der Pauschalierungsgrenzen nach § 40a EStG (vgl. Tz 6.8, 6.9) nicht zusammenzurechnen (BFH vom 27.7.1990, BStBl II S. 931).

Beiträge zur Renten- und Arbeitslosenversicherung sind von einer Betriebsrente nicht zu entrichten. Beitragspflicht besteht jedoch ggf. in der gesetzlichen Krankenversicherung und in der sozialen Pflegeversicherung (§§ 229 SGB V und 20 Abs. 1 SGB XI). Allerdings sind dann Beiträge aus Versorgungsbezügen entsprechend § 226 Abs. 2 SGB V und § 57 Abs. 1 SGB XI nur zu entrichten, wenn die Versorgungsbezüge mehr als ein Zwanzigstel der monatlichen Bezugsgröße betragen. Dabei ist im gesamten Bundesgebiet die monatliche Bezugsgröße (West) maßgebend. Die monatliche Beitragsuntergrenze beläuft sich im gesamten Bundesgebiet für das 2017 auf nunmehr 178,50 €. Der Versorgungsempfänger hat den Kranken- und Pflegeversicherungsbeitrag (einschl. eines evtl. Zuschlags für Kinderlose, falls der Betriebsrentner nach dem 31.12.1939 geboren ist und keine Kinder hat) alleine zu tragen (§§ 250 Abs. 1 SGB V und 59 Abs. 1 SGB XI). Den vollen Krankenversicherungsbeitragssatz für Betriebsrenten haben sowohl das BSG mit mehreren Urteilen (z. B. vom 24.8.2005, B 12 KR 29/04 R, 10.5.2006, B 12 KR 5/05 R und B 12 KR 6/05 R) als auch das Bundesverfassungsgericht mit Beschluss vom 28.2.2008, 1 BvR 2137/06 bestätigt. Als Beitragssatz ist der allgemeine Beitragssatz

(§ 248 SGB V) zzgl. des kassenindividuellen Zusatzbeitragssatzes maßgebend. Veränderungen des Zusatzbeitragssatzes für Versorgungsbezüge nach § 229 Abs. 1 SGB V gelten gemäß § 248 Satz 3 SGB V erst vom ersten Tag des zweiten auf die Veränderung folgenden Kalendermonats an. Im Falle der Beitragspflicht fungiert der ehemalige Arbeitgeber als „Zahlstelle der Versorgungsbezüge" und hat die aus der Betriebsrente anfallenden Beiträge zur gKV und PV einzubehalten (§ 256 SGB V) sowie entsprechende Meldungen (§ 202 SGB V) abzugeben. Auf das Schreiben des GKV-Spitzenverbands vom 22.9.2015 „Grundsätze zum Aufbau der Datensätze für die Übermittlung von Beitragsnachweisen der Zahlstellen von Versorgungsbezügen nach § 256 Abs. 1 Satz 4 SGB V in der vom 1.1.2016 an geltenden Fassung" wird hingewiesen.

Ab dem 1.1.2014 wird gemäß § 229 Abs. 1 Satz 3 SGB V auch eine Einmalauszahlung aus einer Direktversicherung oder Pensionskasse von der Kranken- und Pflegeversicherungspflicht erfasst, so dass der Betriebsrentner auch hierfür – verteilt auf 10 Jahre – den vollen Beitragssatz zu entrichten hat (bestätigt durch BSG vom 13.9.2006, B 12 KR 1/06 R und Beschluss des Bundesverfassungsgerichts vom 7.4.2008, 1 BvR 1924/07). Die Beiträge aus einer solchen Einmalauszahlung sind von der zuständigen Krankenkasse selbst beim Versorgungsbezieher zu erheben. Die Zahlstelle (Versicherung oder Pensionskasse) muss der zuständigen Krankenkasse jedoch die Höhe der Kapitalauszahlung mitteilen.

Die Erhebung von Kranken- und Pflegeversicherungsbeiträgen auf Leistungen aus einer vom Arbeitgeber zugunsten des Arbeitnehmers abgeschlossenen Kapitallebensversicherung (Direktversicherung) ist auch dann verfassungskonform, wenn deren Prämien teilweise vom Arbeitnehmer selbst aus seinem Nettolohn entrichtet worden sind (BVerfG vom 6.9.2010, 1 BvR 739/08). Wurde jedoch z. B. nach dem Ausscheiden aus dem Dienstverhältnis die Direktversicherung mit allen Rechten auf den Arbeitnehmer umgeschrieben und von diesem als private Versicherung fortgeführt, so verstößt es gegen den allgemeinen Gleichheitssatz, wenn auch diejenigen Kapitalleistungen der Beitragspflicht unterworfen werden, die auf Beiträge beruhen, die der Arbeitnehmer nach der Vertragsübernahme unter Einrücken in die Stellung des Versicherungsnehmers eingezahlt hat. (BVerfG vom 28.9.2010, 1 BvR 1660/08 sowie BSG vom 30.3.2011, B 12 KR 16/10 R und B 12 KR 24/09 R).

Zur Umwandlung von Arbeitslohn in Betriebsrenten im Rahmen der betrieblichen Altersversorgung und zur Übertragung von Pensionsverpflichtungen wird auf Tz 12 verwiesen.

Im Übrigen werden nach dem Gesetz zur Koordinierung der Systeme der sozialen Sicherheit in Europa vom 22.6.2011, BGBl. I S. 1.202 auch die Renten ausländischer Rentenversicherungsträger, die der inländischen gesetzlichen Rentenversicherung vergleichbar sind, in der gesetzlichen Krankenversicherung und sozialen Pflegeversicherung zur Beitragspflicht herangezogen, genauso wie die inländische gesetzliche Rente.

Bei Empfängern von Versorgungsbezügen, die **im Ausland wohnen** und von ihrem früheren inländischen Arbeitgeber eine Betriebsrente erhalten, kann nach einigen DBA-Abkommen der Lohnsteuerabzug bei nach § 1 Abs. 4 EStG beschränkt einkommensteuerpflichtigen Versorgungsempfängern begrenzt sein (vgl. Artikel 18 Abs. 1 DBA Norwegen; Artikel 18 Abs. 3 i. V. m. Abs. 2 DBA Spanien; Art. 17 Abs. 2 DBA Niederlande oder Art. 18 Abs. 2 DBA Türkei). Die Antragsstellung erfolgt mit dem Antrag auf Erteilung einer Bescheinigung für den Lohnsteuerabzug für beschränkt einkommensteuerpflichtige Arbeitnehmer und wird dann dem Arbeitgeber vom Betriebsstättenfinanzamt in der Bescheinigung über die Freistellung des Arbeitslohns vom Steuerabzug / Begrenzung des Steuerabzugs bei Versorgungsempfängern auf Grund eines Abkommens zur Vermeidung der Doppelbesteuerung angezeigt. Für eine maschinelle Umsetzung dieser Sonderregelungen ist auch eine Ergänzung des Programmablaufplans über die maschinelle Berechnung der Lohnsteuer geplant. In Fällen des DBA Türkei ist bei der Ausstellung der Lohnsteuerbescheinigung ab dem Kalenderjahr 2016 eine neue Zeile 34 geschaffen worden, in der der beim Lohnsteuerabzug verbrauchte Betrag nach Art. 18 Abs. 2 DBA Türkei zu bescheinigen ist (vgl. BMF-Schreiben vom 30.7.2015, BStB I S. 614).

Abfindungen von Betriebsrenten

Wenn ein Arbeitnehmer seine betriebliche Altersversorgung frühzeitig auflöst, erhält er in der Regel auch eine Abfindung für die Betriebsrentenansprüche. Seit dem 1.7.2016 werten die Sozialversicherungen diese Zahlungen nicht mehr wie bisher als Lohnzahlung, sondern als Leistung der Altersvorsorge. Versorgungsbezüge sind Leistungen der betrieblichen Altersversorgung, die während des aktiven Beschäftigungsverhältnisses zunächst als Zusicherung bestehen. Wird der Anspruch auf spätere Leistungen der betrieblichen Altersversorgung aufgegeben, kann eine **Abfindung** gezahlt bzw. die **Auszahlung des Rückkaufswertes** erfolgen. Die Sozialversicherungsträger haben sich verständigt, dass die Eigenschaft des Versorgungsbezugs generell nicht durch eine vorzeitige Auszahlung verloren geht. Dies gilt unabhängig vom Alter des Arbeitnehmers. Damit sind alle Abfindungen von Versorgungsanwartschaften aus Direktzusagen, Unterstützungskassen, Pensionskassen, Pensionsfonds oder Direktversicherungen beitragsrechtlich als Versorgungsbezug zu behandeln. Zudem tritt damit auch die Meldepflicht der Zahlstelle ein, die der zuständigen Krankenkasse die Höhe der Abfindung mitzuteilen hat.

Betriebsveranstaltungen

a) Gesetzliche Neuregelung

Durch das Gesetz zur Anpassung der Abgabenordnung an den Zollkodex der Union und zur Änderung weiterer steuerlicher Vorschriften vom 22.12.2014, BGBl. I S. 2.417, hat der Gesetzgeber im Hinblick auf die Entscheidungen des Bundesfinanzhofs vom 16.5.2013, VI R 94/10 und VI R 7/11, die steuerliche Behandlung von Zuwendungen anlässlich von Betriebsveranstaltungen ab dem 1.1.2015 in § 19 Abs. 1 Satz 1 Nr. 1a EStG gesetzlich neu geregelt. Die bisherige 110,-€-Freigrenze wurde dabei in einen Freibetrag von 110,– € je Betriebsveranstaltung und teilnehmenden Arbeitnehmer umgewandelt. Die lohn- und umsatzsteuerliche Behandlung von Betriebsveranstaltungen entsprechend der neuen Gesetzesregelung hat die Finanzverwaltung im BMF-Schreiben vom 14.10.2015, BStBl I S. 832, zusammengefasst. Danach gilt Folgendes:

b) Betriebsveranstaltungen

Zuwendungen des Arbeitgebers an seine Arbeitnehmer und dessen Begleitpersonen anlässlich von Veranstaltungen auf betrieblicher Ebene mit gesellschaftlichem Charakter (Betriebsveranstaltungen) sind nach § 19 Abs. 1 Satz 1 Nr. 1a EStG steuerlich begünstigt. Zu den Betriebsveranstaltungen gehören beispielsweise

- der Betriebsausflug,
  (Auf die Dauer der Veranstaltung kommt es nicht an, so dass auch ein mehrtägiger Betriebsausflug als herkömmliche Veranstaltung angesehen wird.)
- die Weihnachtsfeier,
- die Feier eines Geschäftsjubiläums,
- die Pensionärstreffen,
- die Ehrung der Jubilare des Unternehmens, die ein rundes (10-, 20-, 25-, 30-, 40-, 60-jähriges) Arbeitnehmerjubiläum feiern. Der Annahme eines 40-, 50- oder 60-jährigen Arbeitnehmerjubiläums steht nicht entgegen, wenn die Jubilarfeier bereits zu einem Zeitpunkt stattfindet, der höchstens 5 Jahre vor den genannten Jubiläumsdienstzeiten liegt.

Als Teilnehmer an der Betriebsveranstaltung kommen in Betracht:

- aktive Mitarbeiter,
- ehemalige Mitarbeiter,
- Leiharbeitnehmer,
- Arbeitnehmer anderer konzernangehöriger Unternehmen,
- Praktikanten, Referendare und ähnliche Personen,
- Begleitpersonen.

Eine Betriebsveranstaltung liegt aber nur vor, wenn der Teilnehmerkreis sich überwiegend aus Betriebsangehörigen, deren Begleitpersonen und gegebenenfalls Leiharbeitnehmern oder Arbeitnehmern anderer Unternehmen im Konzernverbund zusammensetzt.

Wichtig ist, dass allen Betriebsangehörigen die Teilnahme an der Veranstaltung offen steht und sich aus der Durchführung nicht die Bevorzugung bestimmter Arbeitnehmer ergibt (BFH vom 9.3.1990, BStBl II S. 711). Dementsprechend ist eine nur Führungskräften eines Unternehmens vorbehaltene Abendveranstaltung mangels Offenheit des Teilnehmerkreises keine Betriebsveranstaltung in diesem Sinne (BFH vom 15.1.2009, BStBl II S. 476). Wenngleich die Voraussetzung, dass die Teilnahme an einer Betriebsveranstaltung allen Angehörigen des Betriebs offen stehen muss, erst in § 19 Abs. 1 Satz 1 Nr. 1a Satz 3 EStG im Zusammenhang mit dem Freibetrag genannt ist, muss dieses Kriterium weiterhin auch für den Begriff der Betriebsveranstaltung in § 19 Abs. 1 Satz 1 Nr. 1a Satz 1 EStG sowie in § 40 Abs. 2 Satz 1 Nr. 2 EStG für die Pauschalversteuerung erfüllt sein. Wird hingegen die Veranstaltung nur für eine Organisationseinheit des Betriebs, z. B. für eine Abteilung oder Filiale, durchgeführt, so ist diese Begrenzung des Teilnehmerkreises unschädlich, wenn alle Arbeitnehmer dieser Organisationseinheit an der Veranstaltung teilnehmen können (vgl. BFH vom 4.8.1994, BStBl 1995 II S. 59). Bei den Pensionärstreffen und Jubilarfeiern liegt selbstverständlich eine Betriebsveranstaltung auch dann vor, wenn sie auf den betroffenen Personenkreis beschränkt ist. Auch die Einladung eines begrenzten Kreises anderer Arbeitnehmer, z. B. der engeren Mitarbeiter des Jubilars, ist unschädlich.

Wird nur ein einzelner Jubilar oder ein einzelner Arbeitnehmer bei seinem Ausscheiden aus dem Betrieb geehrt, so liegt zwar keine Betriebsveranstaltung vor; die Sachzuwendungen aus solchen Anlässen gehören jedoch ebenfalls als Leistungen im ganz überwiegenden betrieblichen Interesse nicht zum Arbeitslohn.

c) Zuwendungen anlässlich von Betriebsveranstaltungen

Zuwendungen des Arbeitgebers an seinen Arbeitnehmer und dessen Begleitperson anlässlich einer Betriebsveranstaltung bleiben bis zu einem **Betrag von 110,– € je Betriebsveranstaltung** und teilnehmenden Arbeitnehmer steuerfrei. Zuwendungen sind alle Aufwendungen des Arbeitgebers einschließlich der Umsatzsteuer unabhängig davon, ob sie einzelnen Arbeitnehmern individuell zurechenbar sind oder ob es sich um einen rechnerischen Anteil an den Kosten der Betriebsveranstaltung handelt, die der Arbeitgeber gegenüber Dritten für den äußeren Rahmen der Betriebsveranstaltung aufwendet.

Zu den einzubeziehenden Gesamtkosten gehören z. B.

- Speisen, Getränke, Tabakwaren und Süßigkeiten,
- die Übernahme von Fahrtkosten (auch Seilbahnen, Vergnügungsdampfer),
- Überlassung von Eintrittskarten für Theater und Sportstätten, wenn der Besuch dort lediglich Teil der Betriebsveranstaltung ist,
- Barzuwendungen, die statt der vorgenannten Sachzuwendungen gegeben werden, wenn ihre Verwendung für die Betriebsveranstaltung sichergestellt ist,
- Ausgabe von Eintrittskarten für Schwimmbäder, Museen u.ä.,
- Aufwendungen für die Unterhaltung (Saalmiete, Musik, Kegelbahnen, künstlerische Darbietungen sowie Eintrittskarten für kulturelle und sportliche Veranstaltungen); der Auftritt prominenter Künstler, die kulturelle oder sportliche Veranstaltung dürfen jedoch nicht der alleinige Zweck der Veranstaltung sein,
- Geschenke: Während bis einschl. 2014 nur sogenannte übliche Geschenke bis zu einem Wert von damals 40,– € in die Gesamtkosten einbezogen werden durften, spielt diese Differenzierung nach der gesetzlichen Regelung keine Rolle mehr. Daher gehören nunmehr auch Geschenke, die beispielsweise im Rahmen einer Tombola oder Verlosung, die Teil der Betriebsveranstaltung ist, abgegeben werden, zu den Gesamtkosten, auch wenn nicht jeder Arbeitnehmer ein solches Geschenk gewinnt. Geschenke, die lediglich bei Gelegenheit einer Betriebsveranstaltung überreicht werden, z. B. Geburtstags- oder Belohnungsgeschenk, gehören dagegen auch weiterhin nicht zu den Gesamtkosten und sind wie bisher steuerlich eigenständig und unabhängig von den Regelungen zur Betriebsveranstaltung zu beurteilen. Im Hinblick darauf, dass es in der Praxis schwierig sein kann, ob ein Geschenk an Arbeitnehmer „anlässlich" (= konkreter Zusammenhang zwischen der Betriebsveranstaltung und dem Geschenk, das Teil der Betriebsveranstaltung ist) oder „nur bei Gelegenheit" einer Betriebsveranstaltung übergeben wird,

wird es nicht beanstandet, Geschenke, deren Wert je Arbeitnehmer 60,– € nicht übersteigt, als Zuwendungen anlässlich einer Betriebsveranstaltung in die Bemessungsgrundlage für die Ermittlung des Freibetrags einzubeziehen. Bei Geschenken, deren Wert je Arbeitnehmer 60,– € übersteigt, ist im Einzelfall zu prüfen, ob sie „anlässlich" oder „nur bei Gelegenheit" einer Betriebsveranstaltung zugewendet werden.

- zu den Gesamtkosten gehören auch die Kosten für Begleitpersonen und Angehörige des Arbeitnehmers.

Nicht zu den Gesamtkosten gehören hingegen

- rechnerische Selbst-/Gemeinkosten des Arbeitgebers, wie z. B. die Abschreibung aufs Unternehmensgebäude oder Lohnkosten von Mitarbeitern, die die Veranstaltung vorbereiten

  oder

- die Übernahme der Fahrtkosten zum Betriebssitz bei auswärtig beschäftigten Arbeitnehmern (sie können weiterhin im Rahmen des steuerfreien Reisekostenersatzes behandelt werden).

Beispiel:

Ein Arbeitgeber veranstaltet einen Betriebsausflug. Mitarbeiter, die an einem anderen Standort tätig sind, reisen für den Betriebsausflug zunächst zur Unternehmenszentrale an. Diese Fahrtkosten – sowie ggf. im Zusammenhang mit der An- und Abreise entstehende Verpflegungspauschalen und Übernachtungskosten – gehören nicht zu den Zuwendungen anlässlich der Betriebsveranstaltung, sondern können als Reisekosten vom Arbeitgeber steuerfrei erstattet werden.

d) Nicht begünstigte Betriebsveranstaltungen und Zuwendungen

Solche liegen vor,

- soweit die Aufwendungen den Freibetrag von 110,– € je Veranstaltung für den einzelnen Arbeitnehmer übersteigen,
- wenn mehr als zwei Veranstaltungen im Kalenderjahr veranstaltet werden; denn es sind für jeden Arbeitnehmer nur zwei Betriebsveranstaltungen begünstig. Dabei werden Jubilar- und Pensionärstreffen seit der gesetzlichen Neuregelung nicht mehr gesondert gezählt. Unschädlich ist jedoch, wenn der Personalchef oder Betriebsratsmitglieder mehrere Veranstaltungen in Erfüllung ihrer beruflichen Aufgaben besuchen.

e) Wahlrecht des Arbeitgebers

Führt der Arbeitgeber im Kalenderjahr mehrere Betriebsveranstaltungen durch, bei der – jede für sich betrachtet – der Freibetrag nicht überschritten wird, so kann er wählen, von welchen zwei Veranstaltungen er die Aufwendungen unversteuert lassen will. Dieses Wahlrecht kann er im letzten Lohnzahlungszeitraum des Kalenderjahres und ggf. auch noch bei einer Lohnsteueraußenprüfung ausüben.

Beispiel:

Aufwendungen je Teilnehmer:

Juli:	*mehrtägiger Betriebsausflug*	*100,– €*
September:	*Oktoberfestbesuch in München*	*50,– €*
Dezember:	*Feier für alle Jubilare des Betriebs*	*40,– €*
Dezember:	*Weihnachtsfeier für die gesamte Belegschaft insgesamt*	*55,– €*

Bei allen durchgeführten Betriebsveranstaltungen wird der Freibetrag von 110,– € nicht überschritten. Allerdings dürfen bei denjenigen Arbeitnehmern, die an allen vier Veranstaltungen teilnehmen, nur die Aufwendungen für zwei Veranstaltungen steuerfrei bleiben, die der Arbeitgeber wählen kann. Im Beispielsfall wird er die Aufwendungen für den Betriebsausflug und die Weihnachtsfeier steuerfrei lassen und die Kosten des Oktoberfestbesuchs und der Jubilarfeier versteuern. Die Aufwendungen für die Jubilarfeier können auch dann nicht steuerfrei bleiben, wenn die 44-Euro-Monatsfreigrenze nicht überschritten wäre, weil für Betriebsveranstaltungen die 44-Euro-Monatsfreigrenze nicht gilt.

f) Besteuerung bei nicht begünstigten Betriebsveranstaltungen und Zuwendungen

Der Arbeitgeber kann die Lohnsteuer pauschal mit dem **Steuersatz von 25%** nach § 40 Abs. 2 Satz 1 Nr. 2 EStG (vgl. Tz 6.3) erheben. Eine solche Pauschalversteuerung kommt jedoch nur in Betracht, wenn es sich bei der Veranstaltung um eine Betriebsveranstaltung handelt.

Das gilt

- für die Zuwendungen anlässlich einer begünstigten Betriebsveranstaltung, soweit der Freibetrag von 110,– € je Betriebsveranstaltung überschritten wird;
- für die Aufwendungen anlässlich einer nicht begünstigten (z. B. dritten und weiteren) Betriebsveranstaltung.

In die Pauschalversteuerung mit 25% können nur solche Zuwendungen einbezogen werden, bei denen ein sachlicher Zusammenhang der Zuwendung mit der Betriebsveranstaltung besteht, die also den Rahmen und das Programm der Betriebsveranstaltung betreffen. Zuwendungen, die mit der Betriebsveranstaltung nicht in einem sachlichen Zusammenhang stehen, sondern nur bei Gelegenheit der Betriebsveranstaltung überreicht werden, können folglich **nicht mit 25%** pauschal versteuert werden (vgl. BFH vom 7.11.2006, BStBl 2007 II S. 128, bezüglich allen Arbeitnehmern bei einer Betriebsveranstaltung überreichten Goldmünzen). Auch während einer Betriebsveranstaltung überreichte Geldgeschenke, die kein zweckgebundenes Zehrgeld sind, können nicht pauschal mit 25% versteuert werden (vgl. BFH vom 7.2.1997, BStBl II S. 365). Nicht mit 25% pauschal versteuert werden kann eine Veranstaltung, die nur Führungskräften eines Unternehmens vorbehalten ist, weil in einem solchen Fall von vornherein mangels Offenheit des Teilnehmerkreises keine Betriebsveranstaltung i.S.d. § 40 Abs. 2 Satz 1 Nr. 2 EStG gegeben ist.

Beispiel:

Der Arbeitgeber übernimmt für einen Betriebsausflug, an dem auch Angehörige teilnehmen, sämtliche Kosten.

Außerdem hat der Arbeitgeber seine Arbeitnehmer zusammen mit Angehörigen bei einer Weihnachtsfeier bewirtet.

1. Betriebsausflug:

Angefallene Kosten (inkl. Umsatzsteuer):

• *Busfahrt*	*1.000,— €*
• *Speisen und Getränke*	*2.000,— €*
• *Saalmiete*	*300,— €*
• *Tanzkapelle*	*800,— €*
• *Trinkgelder*	*100,— €*
insgesamt	*4.200,— €*

Teilnehmer: 70 Personen; davon 50 Arbeitnehmer und von 20 Arbeitnehmern je ein Familienangehöriger; auf jeden Teilnehmer entfallen somit (4.200,– € : 70) = 60,– €.

Der maßgebliche Freibetrag von 110,– € ist somit nicht überschritten. Das gilt aber nur für 30 Arbeitnehmer, denen kein Anteil für den Familienangehörigen zuzurechnen ist. Für 20 Arbeitnehmer beträgt die Zuwendung 2 x 60,– € = 120,– €, sodass bei diesen Arbeitnehmern der Freibetrag um 10,– € (= 120,– € ./. 110,– €) überschritten wird. Durch die Umstellung der Freigrenze auf einen Freibetrag gehört nun nicht mehr der gesamte Betrag von 120,– €, sondern nur der den Freibetrag übersteigende Betrag zum steuerpflichtigen Arbeitslohn: 20 x 10,– € = 200,– €.

Die Besteuerung kann pauschal erfolgen.

Pauschsteuersatz 25% von 200,– € =	*50,— €*
KiSt 7% (vgl. Tz 6.13) von 50,– € =	*3,50 €*
Solidaritätszuschlag 5,5% von 50,– € =	*2,75 €*

2. Weihnachtsfeier:

Angefallene Kosten (inkl. Umsatzsteuer):

• *Bewirtung mit Speisen und Getränken*	*1.700,— €*
• *Saalmiete*	*300,— €*
• *Künstlerhonorar*	*800,— €*
insgesamt	*2.800,— €*

Teilnehmer: 70 Personen; davon 40 Arbeitnehmer und von 30 Arbeitnehmern je ein Familienangehöriger;

auf jeden Teilnehmer entfallen somit (2.800,– € : 70) = 40,– €. Der Freibetrag wird bei dieser Veranstaltung auch hinsichtlich der Arbeitnehmer nicht überschritten, bei denen ein Familienangehöriger teilgenommen hat. Somit gehört der gesamte Aufwand für die Veranstaltung nicht zum steuerpflichtigen Arbeitslohn.

Zuwendungen aus Anlass von Betriebsveranstaltungen an Arbeitnehmer von anderen Unternehmen im Konzernverbund sowie an Leiharbeitnehmer durch den Entleiher können wahlweise vom Zuwendenden oder vom Arbeitgeber versteuert werden. § 40

Abs. 2 Satz 1 Nr. 1 EStG ist auch insoweit anwendbar. Wendet der Zuwendende die Freibetragsregelung an, hat der Zuwendende sich beim Arbeitgeber zu vergewissern, dass die entsprechenden Voraussetzungen erfüllt sind.

g) Beitragsrechtliche Behandlung von Zuwendungen anlässlich von Betriebsveranstaltungen

Soweit die Zuwendungen nicht zum steuerpflichtigen Arbeitslohn gehören, sind sie beitragsfrei. Sie gehören gemäß § 1 Abs. 1 Satz 1 Nr. 3 und Satz 2 SvEV (vgl. Anlage 2) jedoch auch dann nicht zum beitragspflichtigen Arbeitsentgelt, wenn der Arbeitgeber die Lohnsteuer mit dem besonderen Pauschsteuersatz von 25% erhebt.

h) Gemischt veranlasste Veranstaltung

Häufig verbinden Unternehmen Betriebsveranstaltungen und dienstlich veranlasste Veranstaltungen. Sachzuwendungen anlässlich einer solchen Reise, die sowohl Elemente einer Betriebsveranstaltung als auch einer sonstigen betrieblichen Veranstaltung enthält (z. B. eine aus überwiegend betrieblichen Interesse durchgeführte Betriebsbesichtigung bei einem Hauptkunden des Arbeitgebers umfasst), sind grundsätzlich aufzuteilen, da für die Prüfung des 110,-€-Freibetrags nur die Aufwendungen zu berücksichtigen sind, die durch die Betriebsveranstaltung veranlasst sind. Die der Betriebsveranstaltung anteilig zuzuordnenden Aufwendungen des Arbeitgebers führen nicht zu steuer- und beitragspflichtigen Arbeitslohn, wenn diese den Freibetrag von 110,– € nicht übersteigen (vgl. BFH vom 30.4.2009, BStBl II S. 726). Die dem Betriebsbesichtigungsteil zuzurechnenden anteiligen Kosten sind ebenfalls kein Arbeitslohn, wenn die Besichtigung nachweislich im ganz überwiegend betrieblichen Interesse des Arbeitgebers durchgeführt wird. Die Aufteilung der nicht direkt zuordenbaren Aufwendungen kann im Verhältnis der Zeitanteile vorgenommen werden (vgl. BFH vom 16.11.2005, BStBl 2006 II S. 444).

Betriebsversammlungen

oder Personalversammlungen sind keine Betriebsveranstaltungen. Ersatzleistungen für Wegezeiten, die vom Arbeitgeber nach § 44 Betriebsverfassungsgesetz gezahlt werden müssen, sind steuer- und beitragspflichtig. Der Ersatz von Fahrtkosten des Arbeitnehmers zu einer außerhalb der ersten Tätigkeitsstätte angesetzten Betriebsversammlung bleibt nach den Grundsätzen einer Auswärtstätigkeit steuerfrei.

Bewerbungskosten

Der von dem eventuellen Arbeitgeber an einen Stellenbewerber geleistete Reisekostenersatz ist steuerfrei, wenn er sich im Rahmen der steuerlichen Reisekostenregelungen bewegt (vgl. das Stichwort „Auswärtstätigkeit“).

Bewirtungskosten

Bewirtet der Arbeitnehmer in seiner Wohnung Geschäftsfreunde des Arbeitgebers, so wird regelmäßig eine nicht klare Trennung zwischen privater Lebensführung und Beruf unterstellt. Der Ersatz der Kosten durch den Arbeitgeber ist in Höhe des Arbeitgeberersatzes steuerpflichtiger Arbeitslohn.

Dagegen stellt der Ersatz der Bewirtungskosten für die Bewirtung von Geschäftsfreunden des Arbeitgebers außerhalb der Wohnung des Arbeitnehmers in der Regel steuerfreien Auslagenersatz nach § 3 Nr. 50 EStG dar.

Bezüglich der Bewirtungskosten für die Beteiligung von Arbeitnehmern an einer geschäftlich veranlassten Bewirtung wird auf das Stichwort „Arbeitsessen" verwiesen. Hinsichtlich der Erfassung unentgeltlicher oder verbilligter Mahlzeiten durch den Arbeitgeber bei einer Auswärtstätigkeit oder einer doppelten Haushaltsführung von Arbeitnehmern wird auf das Stichwort „Auswärtstätigkeit" unter Nr. 7e) verwiesen.

Computerüberlassung

Es ist zwischen der Nutzungsüberlassung und der Übereignung des Computers zu unterscheiden:

- Die Vorteile des Arbeitnehmers aus der privaten Nutzung von **betrieblichen** Personalcomputern (der Personalcomputer bleibt im Eigentum des Arbeitgebers) ist nach § 3 Nr. 45 EStG und R 3.45 LStR steuer- und beitragsfrei (vergleiche das Stichwort „Telefonkosten"). Die Steuerfreiheit umfasst auch die Vorteile des Arbeitnehmers aus der privaten Nutzung von betrieblichen Datenverarbeitungsgeräten und Telekommunikationsgeräten sowie deren Zubehör, aus zur privaten Nutzung überlassenen System- und Anwendungsprogrammen, die der Arbeitgeber auch in seinem Betrieb einsetzt, und aus den im Zusammenhang mit diesen Zuwendungen erbrachten Dienstleistungen. Die Steuerfreiheit ist nicht auf die private Nutzung im Betrieb beschränkt, sondern gilt beispielsweise auch für Personalcomputer in der Wohnung des Arbeitnehmers (vergleiche das Stichwort „Teleheimarbeitsplatz"). Für die Steuerfreiheit der Nutzungsüberlassung spielt es keine Rolle, ob die Vorteile zusätzlich zum ohnehin geschuldeten Arbeitslohn oder aufgrund einer Vereinbarung mit dem Arbeitgeber über die Herabsetzung von Arbeitslohn erbracht werden. Mit der Neuregelung des § 3 Nr. 45 EStG ist klargestellt, dass auch die alleinige Zurverfügungstellung von Software, die auf einem privaten PC des Arbeitnehmers privat genutzt wird (sog. Home Use Programme), unter die Steuerbefreiung des § 3 Nr. 45 EStG fällt. Regelmäßig weiterhin nicht begünstigt sind Smart-TV, MP3-Player, Spielautomat, E-Book-Reader, Digitalkamera und digitaler Videocamcorder, weil es sich nicht um betriebliche Geräte des Arbeitgebers handelt, oder z. B. Computerspiele mangels Einsatz im Betrieb des Arbeitgebers. Nicht unter die Steuerfreiheit des § 3 Nr. 45 EStG fällt auch ein vorinstalliertes Navigationsgerät im PKW (vgl. BFH vom 16.2.2005, BStBl II S. 563).
- Übereignet der Arbeitgeber dem Arbeitnehmer unentgeltlich oder verbilligt einen Personalcomputer, liegt grundsätzlich steuer- und beitragspflichtiger Arbeitslohn vor. Erfolgt die Übereignung zusätzlich zu dem ohnehin geschuldeten Arbeitslohn, kann der Arbeitgeber den geldwerten Vorteil pauschal versteuern (vgl. Tz. 6.5). In diesem Fall bleibt der pauschal versteuerte Arbeitslohn beitragsfrei.

Darlehen

a) Die Hingabe von Arbeitgeberdarlehen stellt keinen steuerpflichtigen Arbeitslohn dar. Erst bei einem Verzicht des Arbeitgebers auf die Rückzahlung fließt Arbeitslohn zu, und zwar zu dem Zeitpunkt, zu dem der Forderungsverzicht wirksam wird. Dem Arbeitnehmer wird aber kein Arbeitslohn zugewendet, wenn der Arbeitgeber eine nach wie vor aufrecht erhaltene Forderung nicht realisieren kann, weil sich der Arbeitnehmer seiner Verpflichtung entzieht (BFH vom 25.1.1985, BStBl II S. 437).

b) Gewährt der Arbeitgeber unverzinsliche oder zinsverbilligte Darlehen, so sind die Zinsvorteile grundsätzlich als Sachbezüge zu versteuern (vgl. Stichwort „Zinsersparnisse und Zinszuschüsse").

Dienstkleidung

s. „Berufskleidung"

Dienstreisen

s. „Auswärtstätigkeit"

Dienstwagen

s. „Kraftfahrzeugüberlassung"

Dienstwohnung

s. „Wohnungsüberlassung"

Direktversicherung

Der Begriff der Direktversicherung ergibt sich auch für das Steuerrecht aus dem Betriebsrentengesetz (vgl. Anlage 5 im Handbuch). Zur Steuerfreiheit der Beiträge vgl. im Einzelnen Tz 13.

Unter bestimmten Voraussetzungen können die Beiträge für eine Direktversicherung auch pauschal nach § 40b EStG mit dem Pauschsteuersatz von 20% versteuert werden. Die Pauschalierungsvoraussetzungen und die Berechnung der pauschalen Lohnsteuer, des Solidaritätszuschlages sowie der Kirchensteuer sind in Tz 6.11 erläutert.

Die Behandlung von Direktversicherungsbeiträgen, die das Unternehmen für den Gesellschafter-Geschäftsführer übernimmt oder die der Arbeitgeber-Ehegatte im Rahmen eines Ehegatten-Arbeitsverhältnisses aufbringt, ist ebenfalls in Tz 6.11 dargestellt.

D & O-Versicherungen

D & O-Versicherungen (Directors und Officers-Versicherungen) werden zur Abdeckung von Schäden abgeschlossen, die Dritten durch das Handeln von Organen (Vorstände, Aufsichtsratsmitglieder) von Kapitalgesellschaften oder leitenden Angestellten entstehen. Versicherungsnehmer ist bei D & O-Versicherungen regelmäßig die Gesellschaft; sie leistet die Prämien an den Versicherer. Die Beiträge für die versicherten Personen werden regelmäßig als im ganz überwiegend betrieblichen Interesse erbracht angesehen werden können, da sich das durch die Versicherung abgedeckte Risiko nach der Gesellschaft und nicht nach der einzelnen für sie handelnden Person bestimmt. Die Übernahme von Versicherungsprämien für den Selbstbehalt des Vorstandsmitglieds nach § 93 Abs. 2 Satz 3 AktG durch den Arbeitgeber führt hingegen zu Arbeitslohn. Ebenso vom Arbeitgeber übernommene Prämien für eine nach den persönlichen

Merkmalen der versicherten Person abgeschlossene Haftpflichtversicherung (Berufshaftpflicht) sind hingegen Arbeitslohn.

Doppelbesteuerungsabkommen

s. „Auslandsbeschäftigung"

Doppelte Haushaltsführung

Eine **doppelte Haushaltsführung** liegt nach § 9 Abs. 1 Satz 3 Nr. 5 Satz 2 EStG nur dann vor, wenn der Arbeitnehmer aus beruflich veranlassten Gründen außerhalb des Ortes seiner ersten Tätigkeitsstätte einen eigenen Hausstand unterhält und auch am Ort (oder in der Nähe) der ersten Tätigkeitsstätte wohnt. Die Anzahl der auswärtigen Übernachtungen ist dabei grundsätzlich unbeachtlich. Das Vorliegen eines **eigenen Hausstandes** setzt neben dem Innehaben einer Wohnung aus eigenem Recht als Eigentümer oder Mieter bzw. aus gemeinsamem oder abgeleitetem Recht als Ehegatte, Lebenspartner oder Lebensgefährten sowie Mitbewohner gemäß § 9 Abs. 1 Satz 3 Nr. 5 Satz 3 EStG auch eine finanzielle Beteiligung an den Kosten der Lebensführung (laufende Kosten der Haushaltsführung) voraus. Es genügt nicht, wenn der Arbeitnehmer z. B. im Haushalt der Eltern lediglich ein oder mehrere Zimmer unentgeltlich bewohnt oder wenn dem Arbeitnehmer eine Wohnung im Haus der Eltern unentgeltlich zur Nutzung überlassen wird. Betragen die Barleistungen des Arbeitnehmers mehr als 10 % der monatlich regelmäßig anfallenden laufenden Kosten der Haushaltsführung (z. B. Miete, Nebenkosten, Kosten für Lebensmittel), kann von einer finanziellen Beteiligung ausgegangen werden. In dieser Wohnung muss der Arbeitnehmer einen Haushalt unterhalten; die Wohnung muss der Mittelpunkt der Lebensinteressen sein.

Kein eigener Hausstand liegt vor, wenn der Arbeitnehmer in den Haushalt der Eltern eingegliedert ist oder in der Wohnung der Eltern lediglich ein Zimmer bewohnt. Bei Arbeitnehmern ohne eigenen Hausstand können keine Mehraufwendungen nach den Regelungen der doppelten Haushaltsführung steuerlich anerkannt werden.

Eine doppelte Haushaltsführung liegt nicht vor, wenn und solange die auswärtige Beschäftigung als Auswärtstätigkeit (vgl. dieses Stichwort) anzuerkennen ist. Zur steuerlichen Berücksichtigung von Arbeitnehmern, die ohne erste Tätigkeitsstätte nur an ständig wechselnden Tätigkeitsstätten beschäftigt sind und dort übernachten, vergleiche das Stichwort „Auswärtstätigkeit".

Als **berufliche Veranlassung** gilt z. B. ein Wechsel des Beschäftigungsorts wegen einer Versetzung oder Begründung eines Beschäftigungsverhältnisses außerhalb des bisherigen Orts des eigenen Hausstands. Eine aus beruflichem Anlass begründete doppelte Haushaltsführung liegt nach den BFH-Urteilen vom 5.3.2009, BStBl II S. 1.012 und 1.016, auch dann vor, wenn ein Arbeitnehmer seinen Haupthausstand aus privaten Gründen vom Beschäftigungsort wegverlegt (voraussichtlich auf Dauer), gleichzeitig aber in seiner bisherigen oder in einer anderen Wohnung am Beschäftigungsort einen Zweithaushalt begründet, um von dort seiner bisherigen Beschäftigung weiter nachgehen zu können. Ist jedoch bereits ein Rückumzug an den Beschäftigungsort geplant oder steht dieser bereits fest, begründet die Wegverlegung keine beruflich veranlasste doppelte Haushaltsführung (vgl. auch R 9.11 Abs. 2 LStR). Daraus folgt, dass eine doppelte Haushaltsführung nicht vorliegt, wenn der Lebensmittelpunkt nur für die Sommermonate an den Ort der Familienwohnung verlegt wird.

Steht die berufliche Veranlassung fest, kann der Arbeitgeber bei Arbeitnehmern mit Steuerklasse III, IV oder V davon ausgehen, dass der Arbeitnehmer in der Hauptwohnung auch einen eigenen Hausstand führt. Bei den anderen Arbeitnehmern muss der Arbeitgeber sich schriftlich erklären lassen, dass der Arbeitnehmer neben der Zweitwohnung am Beschäftigungsort einen eigenen Hausstand auch außerhalb des Beschäftigungsorts unterhält und die finanzielle Beteiligung ausreichend ist.

Steuerfrei sind

Fahrtkosten

- anlässlich des Wohnungswechsels zu Beginn und auch am Ende der doppelten Haushaltsführung:
  - die tatsächlichen Kosten
  - bei Benutzung des eigenen PKW je gefahrenen km **0,30 €**
- für jeweils eine tatsächlich durchgeführte Heimfahrt wöchentlich unabhängig vom benutzten Beförderungsmittel je Entfernungskilometer die Entfernungspauschale von **0,30 €**

  Der Höchstbetrag von 4.500,– € ist bei der doppelten Haushaltsführung unbeachtlich. Dieser steuerfreie Fahrtkostenersatz in Höhe von 0,30 € für jeden Entfernungskilometer zwischen dem auswärtigen Beschäftigungsort und dem Ort des eigenen Hausstands gilt nicht für Flugstrecken und Strecken mit steuerfreier Sammelbeförderung (vgl. dieses Stichwort). Entsprechendes gilt auch für Heimfahrten mit einem vom Arbeitgeber überlassenen Firmenfahrzeug; zur steuerlichen Behandlung dieser Fahrten vgl. das Stichwort „Kraftfahrzeugüberlassung".
- Anstelle der Fahrtkosten für eine wöchentliche Heimfahrt kann der Arbeitgeber die Gebühren für ein Ferngespräch bis zu einer Dauer von 15 Minuten, das der Arbeitnehmer mit Angehörigen seines Familienhausstandes führt, ersetzen (BFH vom 18.3.1988, BStBl II S. 988). Steuerfrei sind nur die Gebühren nach dem günstigsten Tarif.

Verpflegungsmehraufwendungen

Ein steuerfreier Ersatz ist nur für die ersten **3 Monate** der doppelten Haushaltsführung zulässig (vgl. § 9 Abs. 4a Satz 12 EStG). Falls der doppelten Haushaltsführung eine Auswärtstätigkeit unmittelbar vorausgegangen ist, muss diese Auswärtstätigkeit auf die Dreimonatsfrist angerechnet werden (§ 9 Abs. 4a Satz 13 EStG); z. B. wenn der Arbeitnehmer vor seiner Versetzung in den Zweigbetrieb zunächst nur vorübergehend dorthin befristet abgeordnet oder entsandt war. Hat der Arbeitnehmer seinen Lebensmittelpunkt aus privaten Gründen vom Beschäftigungsort wegverlegt und dadurch am bisherigen Beschäftigungsort eine doppelte Haushaltsführung begründet, können nach dem BFH-Urteil vom 8.10.2014, BStBl 2015 II S. 336, in diesen sog. Wegverlegungsfällen mit dem Zeitpunkt der Umwidmung Verpflegungsmehraufwendungen wegen doppelter Haushaltsführung für drei Monate geltend gemacht werden; R 9.11 Abs. 7 Satz 3 LStR 2015 ist insoweit überholt.

Steuerfrei sind für jeden Kalendertag innerhalb der Dreimonatsfrist, an dem der Arbeitnehmer von seiner Hauptwohnung abwesend ist,

24,– €	**bei einer Abwesenheit von 24 Stunden**
12,– €	**für Tage der An- und Abreise** anlässlich von Heimfahrten zur Familien/Hauptwohnung

Bei einer doppelten Haushaltsführung im Ausland gilt das entsprechende Auslandstagegeld (vgl. Anlage 4).

Eine Unterbrechung der beruflichen Tätigkeit anlässlich der doppelten Haushaltsführung führt zu einem Neubeginn der Dreimonatsfrist, wenn die Unterbrechung der doppelten Haushaltsführung mindestens 4 Wochen dauert. Dies gilt auch, wenn Grund der Unterbrechung ein mindestens vierwöchiger Urlaub ist.

Ein Einzelnachweis höherer Aufwendungen ist nicht zulässig.

Übernachtungskosten

Ohne Einzelnachweis sind im Inland **pauschal** steuerfrei

- für die ersten **drei Monate** je Übernachtung **20,– €;**
- für die **gesamte Folgezeit** **5,– €;**
- bei einem ausländischen Beschäftigungsort:

  für die ersten 3 Monate das volle Auslandsübernachtungsgeld (vgl. Anlage 4);
  für die Folgezeit 40%;

Bei Nachweis sind steuerfrei nach § 9 Abs. 1 Satz 3 Nr. 5 Satz 4 EStG die tatsächlichen Aufwendungen für die Zweitwohnung/-unterkunft im Inland bis zu einem **Höchstbetrag von insgesamt 1.000,– € im Monat**. Die alte Regelung, wonach nachgewiesene Aufwendungen für die Zweitwohnung berücksichtigt werden können, die sich für eine Wohnung von 60 qm bei einem ortsüblichen Mietzins je qm für eine nach Lage und Ausstattung durchschnittliche Wohnung (Durchschnittsmietzins) ergeben würden, ist bei einer doppelten Haushaltsführung im Inland entfallen. Statt dessen können seit 2014 sämtliche nachgewiesenen Aufwendungen (wie Miete, Betriebskosten, Kosten der laufenden Reinigung und Pflege, AfA für notwendige Einrichtungsgegenstände – ohne Arbeitsmittel – , Miet- oder Parkgebühren für Kfz-Stellplätze usw.) bis zu dem genannten Höchstbetrag berücksichtigt werden. Bei doppelter Haushaltsführung im Ausland gelten die bisherigen Grundsätze unverändert weiter. Danach sind die Aufwendungen in tatsächlicher Höhe notwendig, soweit sie die ortsübliche Miete für eine nach Lage und Ausstattung durchschnittliche Wohnung am Ort der ersten Tätigkeitsstätte mit einer Wohnfläche von bis zu 60 qm nicht überschreiten (vgl. BFH vom 9.8.2007, BStBl 2009 II S. 722). Zur Berücksichtigung doppelter Mietzahlungen beim „gestreckten Familienumzug" wird auf das nachfolgende Unterstichwort „Umzugskosten" hingewiesen.

Die Erstattung der Übernachtungskosten und der Ansatz der Pauschalen ist nur steuerfrei möglich, wenn dem Arbeitnehmer die Zweitwohnung nicht unentgeltlich oder teilentgeltlich zur Verfügung gestellt worden ist.

Umzugskosten

Zu den notwendigen Mehraufwendungen einer doppelten Haushaltsführung gehören auch die durch den Bezug der Zweitwohnung verursachten tatsächlichen Umzugskosten (vgl. Stichwort „Umzugskosten"). Kosten für die Aufgabe der Zweitwohnung (den Rückumzug in die Familienwohnung zur Beendigung der doppelten Haushaltsführung und Beibehaltung der Berufstätigkeit) können ebenfalls berücksichtigt werden. Zu beachten ist, dass für die sonstigen Umzugsauslagen im Sinne des § 10 BUKG ein Einzelnachweis erforderlich ist und hierfür keine Pauschalen angesetzt werden können. Auch für die sonstigen Umzugsauslagen im Sinne des § 18 AUV, die bei Beendigung einer doppelten Haushaltsführung beim Rückumzug eines Arbeitnehmers in das Ausland berücksichtigt werden können, ist ein Einzelnachweis der Kosten erforderlich.

Umzugskosten, die nach Wegverlegung des Lebensmittelpunktes vom Beschäftigungsort für den Umzug in eine andere, ausschließlich aus beruflichen Gründen genutzte Unterkunft am Beschäftigungsort entstehen, können ebenfalls nach den obigen Grundsätzen steuerlich berücksichtigt werden. Umzugskosten, die nach der Wegverlegung des Lebensmittelpunktes vom Beschäftigungsort durch die endgültige Aufgabe der Zweitwohnung am Beschäftigungsort entstehen, sind nur dann berücksichtigungsfähig, wenn die Auflösung ausschließlich beruflich veranlasst ist, wie z. B. im Falle eines Arbeitsplatzwechsels. In allen anderen Fällen der Auflösung, wie z. B. infolge des Eintritts in den Ruhestand, handelt es sich um steuerlich nicht berücksichtigungsfähige Kosten der privaten Lebensführung (vgl. auch R 9.11 Abs. 9 LStR).

Wegen eines Umzugs geleistete doppelte Mietzahlungen können beruflich veranlasst und deshalb in voller Höhe als Werbungskosten abziehbar sein. Diese Mietaufwendungen können jedoch nur zeitanteilig, und zwar für die neue Familienwohnung ab dem Kündigungstag bis zum Umzugstag und für die bisherige Wohnung ab dem Umzugstag, längstens bis zum Ablauf der Kündigungsfrist des bisherigen Mietverhältnisses als Werbungskosten abgezogen werden. Die Regelungen zur doppelten Haushaltsführung stehen dem unbeschränkten Abzug des Mietaufwands nicht entgegen (BFH vom 13.7.2011, BStBl 2012 II S. 104).

Dreizehntes Monatsgehalt

Es gehört zum steuerpflichtigen Arbeitslohn, gleichgültig unter welcher Bezeichnung (Gratifikation, Tantieme, Weihnachtsgeld usw.) es gezahlt wird und ob ein Rechtsanspruch darauf besteht oder ob der Arbeitgeber die Zuwendung freiwillig leistet.

Durchlaufende Gelder

gehören gemäß § 3 Nr. 50 EStG nicht zum Arbeitslohn. Es handelt sich dabei um Beträge, die der Arbeitgeber dem Arbeitnehmer aushändigt, damit dieser für ihn Ausgaben tätigen kann, und über die der Arbeitnehmer einzeln abrechnen muss.

Einmalig gezahltes Arbeitsentgelt

Es handelt sich dabei um Zuwendungen, die zwar dem sozialversicherungspflichtigen Arbeitsentgelt zuzurechnen sind, die aber nicht für die Arbeit in einem einzelnen Entgeltabrechnungszeitraum gezahlt werden (§ 23a Abs. 1 Satz 1 SGB IV). Hierzu gehören somit im Allgemeinen die Entgelte, die steuerlich als „sonstige Bezüge" bezeichnet werden (z. B. Tantiemen, Gratifikationen, 13. Monatsgehalt, Weihnachtsgeld; vgl. BSG vom 3.6.2009, B 12 KR 18/08 R und B 12 R 12/07 R). § 23a Abs. 1 Satz 2 SGB IV stellt zudem klar, dass Zuwendungen nicht als einmaliges Entgelt gelten, wenn sie üblicherweise zur Abgeltung bestimmter Aufwendungen des Beschäftigten, die auch im Zusammenhang mit der Beschäftigung stehen, als Waren oder Dienstleistungen, die vom Arbeitgeber nicht überwiegend für den Bedarf seiner Beschäftigten hergestellt, vertrieben oder erbracht werden und monatlich in Anspruch genommen werden können, als sonstige Sachbezüge oder als vermögenswirksame Leistungen vom Arbeitgeber erbracht werden. Dies hat zur Folge, dass solche Zuwendungen, wenn sie vom Arbeitgeber pauschal versteuert werden, beitragsfrei bleiben (vgl. Tz 6.1).

Nachträglich gezahltes **laufendes Arbeitsentgelt** gehört nicht zum einmalig gezahlten Arbeitsentgelt, auch wenn es sich auf mehrere Lohnzahlungszeiträume bezieht. Es ist beitragsrechtlich auf die Zeiträume zu verteilen, in denen es erarbeitet worden ist.

Zur Fälligkeit der Sozialversicherungsbeiträge bei einmalig gezahltem Arbeitsentgelt erst sobald dieses ausbezahlt worden ist, vergleiche Tz 5.10.

Einsatzwechseltätigkeit

s. „Auswärtstätigkeit"

Eintrittskarten

Die Überlassung von Eintrittskarten an Arbeitnehmer für Theatervorstellungen, andere kulturelle Einrichtungen oder Sportveranstaltungen im Rahmen einer üblichen „Betriebsveranstaltung" führt nicht zu steuerpflichtigem Arbeitslohn. Als „Aufmerksamkeit" ist auch die Überlassung einer Eintrittskarte (Wert bis 60,– €) zu einem besonderen Anlass steuerfrei. Ansonsten führt die verbilligte oder kostenlose Überlassung von Eintrittskarten nur im Rahmen der 44,-€-Freigrenze (vgl. das Stichwort „Sachbezüge" Nr. 4) nicht zu Arbeitslohn. Die Überlassung von Eintrittskarten durch Theaterunternehmen oder Sportvereine an ihr Personal ist hingegen steuerfrei, soweit der Vorteil den Rabattfreibetrag von 1.080,– € nicht überschreitet (vgl. das Stichwort „Personalrabatte").

Entlassungsentschädigungen

s. „Abfindungen"

Erfindervergütungen

Vergütungen für Arbeitnehmererfindungen gehören zum steuerpflichtigen Arbeitslohn. Falls die Vergütungen nicht laufend gezahlt werden, sind sie als sonstige Bezüge zu versteuern und bei der Beitragsberechnung als einmalig gezahltes Arbeitsentgelt zu behandeln. Eine Steuervergünstigung wird nur gewährt, wenn die Vergütung für eine mehrjährige Tätigkeit gezahlt wird (vgl. Tz 5.8 c).

Erholungsbeihilfen

gehören grundsätzlich zum steuerpflichtigen Arbeitslohn, unabhängig davon, ob der Arbeitgeber einen Barzuschuss an den Arbeitnehmer leistet, einem fremden Beherbergungsbetrieb einen Zuschuss für jeden Arbeitnehmer gewährt oder einen eigenen

Beherbergungsbetrieb unterhält und dort den Arbeitnehmern Vergünstigungen einräumt. Im letzteren Fall ist als steuerpflichtig der Unterschiedsbetrag zwischen dem vom Arbeitnehmer zu entrichtenden Pensionspreis und dem Preis, den ein vergleichbarer Beherbergungsbetrieb am Ort üblicherweise verlangt, zu erfassen. Falls die Arbeitnehmer in dem Erholungsheim des Arbeitgebers besonderen, im Vergleichsbetrieb nicht üblichen Beschränkungen unterliegen, sind Abschläge zulässig. Die eventuell günstigeren Werte nach der Sachbezugsverordnung (vgl. das Stichwort „Freie Verpflegung und Unterkunft“) finden dagegen nach Auffassung der Finanzverwaltung, die sich auf das BFH-Urteil vom 6.2.1987, BStBl II S. 355 stützt, keine Anwendung.

Beihilfen des Arbeitgebers zu Kuraufenthalten des Arbeitnehmers können dagegen unter bestimmten Voraussetzungen steuerfrei sein (vgl. das Stichwort „Kuraufwendungen“).

Von steuerpflichtigen Erholungsbeihilfen kann der Arbeitgeber die Lohnsteuer gemäß § 40 Abs. 2 Satz 1 Nr. 3 EStG pauschal mit dem Pauschsteuersatz von 25% berechnen; vgl. hierzu die Erläuterungen in Tz 6.3. Soweit die Leistungen nach dieser Vorschrift pauschal versteuert werden, gehören sie nicht zum beitragspflichtigen Arbeitsentgelt (§ 1 Abs. 1 Satz 1 Nr. 3 und Satz 2 SvEV – vgl. Anlage 2).

Erschwerniszulagen

Lohnzuschläge wegen der Besonderheit der Arbeit (z. B. Bauzuschlag, Gefahrenzulage, Schmutzzulage, Wechselschichtzulage, Hitze- und Kältezuschläge) gehören zum steuer- und beitragspflichtigen Arbeitslohn.

Wegen der Behandlung von Zeitzuschlägen vgl. die Stichworte „Überstundenvergütung“ und „Zuschläge für Sonntags-, Feiertags- und Nachtarbeit“.

Essenzuschüsse

s. „Mahlzeiten“

Fahrrad

Überlässt ein Arbeitgeber seinem Arbeitnehmer ein Fahrrad (z. B. E-Bike) auch zur privaten Nutzung, gilt nach einem ländereinheitlichen Erlass vom 23.11.2012, BStBl I S. 1.224, Folgendes:

Gehört die Nutzungsüberlassung von Fahrrädern zur Angebotspalette des Arbeitgebers an fremde Dritte (z. B. Fahrradverleihfirma), kommt für die Ermittlung des geldwerten Vorteils § 8 Abs. 3 EStG und der Rabattfreibetrag in Höhe von 1.080,– € in Betracht (vgl. das Stichwort „Personalrabatte“).

Ist das Fahrrad verkehrsrechtlich als Kraftfahrzeug einzuordnen (z. B. gelten Elektrofahrräder, deren Motor auch Geschwindigkeiten über 25 Kilometer pro Stunde unterstützt, als Kraftfahrzeuge), sind für die Bewertung des geldwerten Vorteils für Privatfahrten oder für Fahrten zwischen Wohnung und erster Tätigkeitsstätte die für Kraftfahrzeuge geltenden Regelungen entsprechend anzuwenden (vgl. das Stichwort „Kraftfahrzeugüberlassung“).

Für andere Elektrofahrräder (d.h. Fahrräder, die nicht als Kfz einzuordnen sind) ist für die Ermittlung des geldwerten Vorteils auf Grundlage des § 8 Abs. 2 Satz 10 EStG ein monatlicher Durchschnittswert festgelegt worden, der die Privatfahrten, Fahrten zwischen Wohnung und erster Tätigkeitsstätte und Heimfahrten im Rahmen einer doppelten Haushaltsführung abgilt. Der Wert beträgt monatlich 1% der auf volle 100,– € abgerundeten unverbindlichen Preisempfehlung des Herstellers, Importeurs oder Großhändlers im Zeitpunkt der Inbetriebnahme des Fahrrads einschließlich der Umsatzsteuer. Die 44,-€-Monatsfreigrenze (vgl. Stichwort „Sachbezüge") ist nicht anzuwenden.

Fahrtätigkeit

s. „Auswärtstätigkeit"

Fahrtkostenersatz

Zur steuerlichen Behandlung des Fahrtkostenersatzes bei einer „Auswärtstätigkeit" und bei einer „doppelten Haushaltsführung" vgl. diese Stichworte.

Der Ersatz von Aufwendungen des Arbeitnehmers für die **Fahrten zwischen Wohnung und erster Tätigkeitsstätte** ist mit Ausnahme der steuerfreien Sammelbeförderung (vgl. dieses Stichwort) grundsätzlich steuerpflichtig. Dies gilt auch für die Barzuschüsse des Arbeitgebers zu den Aufwendungen des Arbeitnehmers für die Fahrten mit öffentlichen Verkehrsmitteln im Linienverkehr. Gewährt der Arbeitgeber seinen Arbeitnehmern hingegen einen Sachbezug in Form einer unentgeltlichen oder verbilligten Nutzung öffentlicher Verkehrsmittel mit einem so genannten Jobticket, ist insoweit kein geldwerter Vorteil anzunehmen, als der Arbeitgeber seinen Arbeitnehmern das Jobticket zu dem mit dem Verkehrsträger vereinbarten Preis überlässt. Überlässt hingegen der Arbeitgeber das Jobticket dem Arbeitnehmer darüber hinaus verbilligt oder unentgeltlich, ist dies ein geldwerter Vorteil. Der Vorteil kann als Sachbezug nur im Rahmen der Regelungen zur 44,-€-Monatsfreigrenze (vgl. „Sachbezüge" Nr. 4) steuer- und beitragsfrei bleiben. Gilt das Jobticket für einen längeren Zeitraum (z. B. Jahresticket), so fließt der Vorteil insgesamt bei der Überlassung des Jobtickets zu, es sei denn, dass die Fahrberechtigung vom Arbeitgeber auch bei einem Jahresticket nur monatlich erteilt wird (vgl. BFH vom 12.4.2007, BStBl II S. 719 und vom 14.11.2012, BStBl 2013 II S. 382).

- **Einzelversteuerung**

  Der Arbeitgeber kann den steuerpflichtigen Fahrtkostenersatz durch Hinzurechnung zum übrigen Arbeitslohn dem Lohnsteuerabzug unterwerfen. In diesem Fall gehört der Fahrtkostenersatz jedoch gleichzeitig zum beitragspflichtigen Arbeitsentgelt.

- **Pauschalierung der Lohnsteuer**

  Die hohe Belastung bei Einzelversteuerung kann der Arbeitgeber durch die pauschale Erhebung der Lohnsteuer vermeiden. Der Pauschsteuersatz beträgt nach § 40 Abs. 2 Satz 2 EStG 15%. Die Pauschalierung gilt sowohl für die unentgeltliche oder verbilligte Beförderung des Arbeitnehmers zwischen Wohnung und erster Tätigkeitsstätte (vgl. auch das Stichwort „Kraftfahrzeugüberlassung") als auch für Barzuschüsse zu den Fahrtkosten. Der nach dieser Vorschrift pauschal versteuerte Lohn gehört gemäß § 1 Abs. 1 Satz 1 Nr. 3 und Satz 2 SvEV (vgl. Anlage 2 im

Handbuch) nicht zum beitragspflichtigen Arbeitsentgelt. Zur Pauschalversteuerung des Fahrtkostenersatzes vgl. Tz 6.7.

Der Arbeitgeber hat den steuerfreien Sachbezug und den pauschal versteuerten Fahrtkostenersatz in die Lohnsteuerbescheinigung des Arbeitnehmers einzutragen. Diese Beträge werden vom Finanzamt auf die Aufwendungen angerechnet, die der Arbeitnehmer im Rahmen seiner Einkommensteuerveranlagung mit der gesetzlichen Entfernungspauschale geltend macht.

Familienzulagen

Zulagen, die mit Rücksicht auf den Familienstand des Arbeitnehmers gezahlt werden (z. B. der Verheiratetenzuschlag), gehören zum steuerpflichtigen Arbeitslohn.

Fehlgeldentschädigungen

(Mankogelder), die Arbeitnehmern im Kassen- und Zähldienst gezahlt werden, sind steuer- und beitragsfrei (R 19.3 Abs. 1 Nr. 4 LStR), soweit sie 16,– € im Monat nicht übersteigen.

Feiertagslohn

Die Lohnzahlung bei Arbeitsausfall anlässlich von gesetzlichen Feiertagen ist steuer- und beitragspflichtig. Soweit bei der Berechnung Sonntags- oder Nachtarbeitszuschläge berücksichtigt sind, können diese nicht steuer- und beitragsfrei bleiben, da sie nicht für tatsächlich geleistete Sonntags- oder Nachtarbeit gezahlt werden (vgl. das Stichwort „Zuschläge für Sonntags-, Feiertags- und Nachtarbeit").

Feiertagszuschläge

s. „Zuschläge für Sonntags-, Feiertags- und Nachtarbeit"

Fernsprechgebühren

s. „Telefonkosten"

Firmenpension

s. „Betriebsrente"

Firmenwagen

s. „Kraftfahrzeugüberlassung"

s. „Jahreswagen"

Fortbildungsleistungen

Aufwendungen des Arbeitgebers für die berufliche Fortbildung des Arbeitnehmers gehören nicht zum steuer- und beitragspflichtigen Arbeitslohn. Voraussetzung ist, dass die Bildungsmaßnahme im ganz überwiegenden betrieblichen Interesse des Arbeitgebers durchgeführt wird.

Steuer- und beitragsfrei sind Aufwendungen für Bildungsmaßnahmen

- am Arbeitsplatz,

- in zentralen Bildungseinrichtungen,
- in außerbetrieblichen Einrichtungen,
- durch fremde Unternehmen, wenn diese auf Rechnung des Arbeitgebers tätig werden.

Übernimmt der Arbeitgeber lediglich Aufwendungen für die berufliche Fort- und Weiterbildung, die dem Arbeitnehmer aus eigener Verpflichtung entstehen, – ohne dass der Arbeitgeber die Übernahme der Kosten im Voraus zugesagt hatte – wird in der Übernahme durch den Arbeitgeber regelmäßig Arbeitslohn zu sehen sein und ein überwiegend betriebliches Interesse des Arbeitgebers nicht vorliegen. Hat hingegen der Arbeitgeber die Übernahme bzw. den Ersatz der Aufwendungen allgemein oder für die besondere Bildungsmaßnahme vor Vertragsabschluss schriftlich zugesagt, führt die Übernahme bzw. der Ersatz der Aufwendungen durch den Arbeitgeber als im **überwiegend betrieblichen Interesse** nicht zu Arbeitslohn (R 9.7 Abs. 1 Satz 4 LStR und Tz. 2 des BMF-Schreibens vom 13.4.2012, BStBl I S. 531). Ansonsten ist das überwiegende betriebliche Interesse gegeben, wenn mit der Bildungsmaßnahme die Erhöhung der Einsatzfähigkeit des Arbeitnehmers im Betrieb angestrebt wird. Nach R 19.7 LStR ist nicht Voraussetzung, dass der Arbeitgeber die Teilnahme an der Bildungsveranstaltung zumindest teilweise als Arbeitszeit anrechnet. Rechnet der Arbeitgeber die Teilnahme zumindest teilweise als Arbeitszeit an, dann kann regelmäßig von einem ganz überwiegend betrieblichen Interesse des Arbeitgebers ausgegangen werden, so dass Arbeitslohn nicht vorliegt. Nur wenn ganz konkrete Anhaltspunkte für den Belohnungscharakter der Bildungsmaßnahme vorliegen sollten, nimmt die Finanzverwaltung Arbeitslohn an. Die Aufwendungen des Arbeitgebers für die berufliche Fortbildung werden damit grundsätzlich steuerfrei und damit auch beitragsfrei bleiben. Dies gilt auch für sprachliche Bildungsmaßnahmen, wenn der Arbeitgeber die Sprachkenntnisse in dem für den Arbeitnehmer vorgesehenen Aufgabengebiet verlangt. Streitig waren häufig Fälle, in denen der Arbeitnehmer selbst Empfänger der Rechnung war, die Aufwendungen aber gleichwohl vom Arbeitgeber ganz oder teilweise erstattet werden. Nach Klarstellung durch die Finanzverwaltung kann das ganz überwiegende eigenbetriebliche Interesse auch dann noch vorliegen, wenn der Arbeitnehmer zwar Rechnungsempfänger ist, der Arbeitgeber die Übernahme bzw. den Ersatz allgemein oder für die besondere Bildungsmaßnahme zugesagt hat und der Arbeitnehmer im Vertrauen auf diese im Vorhinein erteilte Zusage den Vertrag über die Bildungsmaßnahme abgeschlossen hat.

Im Rahmen von Strukturveränderungen in Betrieben und den damit zusammenhängenden Personalanpassungsmaßnahmen erbringen Arbeitgeber häufig Leistungen, um zu einer sozialverträglichen Abwicklung beizutragen. Nach R 19.7 LStR können solche Qualifikations- und Trainingsmaßnahmen, die dem SGB III entsprechen und die der Arbeitgeber oder eine zwischengeschaltete Beschäftigungsgesellschaft im Zusammenhang mit Auflösungsvereinbarungen erbringt, als im ganz überwiegenden betrieblichen Interesse erbracht angesehen werden.

Ersetzt der Arbeitgeber neben den eigentlichen Fortbildungskosten (Kursgebühren u.ä.) auch Fahrtkosten, Verpflegungsmehraufwendungen und Übernachtungskosten, richtet sich die steuerliche Behandlung nach den für solche Zuwendungen geltenden

Regelungen. Je nachdem, wie die Bildungsveranstaltung durchgeführt wird, kann eine „Auswärtstätigkeit", eine „doppelte Haushaltsführung" oder „Fahrtkostenersatz" vorliegen (vgl. auch „Ausbildungsvergütungen").

Übernimmt der Arbeitgeber **im Rahmen des Ausbildungsdienstverhältnisses** die vom studierenden Arbeitnehmer selbst geschuldeten Studiengebühren (z. B. für den Besuch einer Berufsakademie), wird gemäß Tz. 2 des BMF-Schreibens vom 13.4.2012, BStBl I S. 531, hierin als im überwiegend eigenbetrieblichen Interesse des Arbeitgebers ebenfalls dann kein Arbeitslohn angenommen, wenn sich der Arbeitgeber arbeitsvertraglich zur Übernahme der Studiengebühren verpflichtet hat. Zudem muss das eigenbetriebliche Interesse dokumentiert sein durch eine Rückzahlungsverpflichtung des Studierenden, wenn er das ausbildende Unternehmen auf eigenen Wunsch innerhalb von zwei Jahren nach Studienabschluss verlässt. Übernimmt im Falle eines Arbeitgeberwechsels der neue Arbeitgeber die Verpflichtung des Arbeitnehmers, die Studiengebühren an den bisherigen Arbeitgeber zurückzuzahlen, ist hingegen kein ganz überwiegend betriebliches Interesse des neuen Arbeitgebers anzunehmen. Nach § 1 Abs. 1 Satz 1 Nr. 15 SvEV (vgl. Anlage 2 im Handbuch) sind die vom Arbeitgeber getragenen oder übernommenen Studiengebühren des Arbeitnehmers auch kein beitragspflichtiges Arbeitsentgelt, soweit sie steuerrechtlich kein Arbeitslohn sind. Die Entscheidung der Finanzbehörden hierüber ist für den Nachweis der Beitragsfreiheit in der Sozialversicherung zu den Entgeltunterlagen zu nehmen (§ 8 Abs. 2 Nr. 10 BVV).

Freianzeigen

Der den Arbeitnehmern eines Zeitungsverlags eingeräumte Vorteil, verbilligt oder unentgeltlich Anzeigen aufzugeben, bleibt im Rahmen von § 8 Abs. 3 EStG als „Personalrabatt" steuer- und damit auch beitragsfrei.

Freie Verpflegung und Unterkunft

Der Wert der freien Verpflegung und Unterkunft gehört als Sachbezug zum Arbeitslohn. Gewährt der Arbeitgeber die Sachbezüge nur verbilligt, ist der Unterschiedsbetrag zwischen dem Geldwert der Sachbezüge und dem tatsächlichen Entgelt steuerpflichtig. Der Wert der freien Kost und Wohnung ist in der **Sozialversicherungsentgeltverordnung** (Anlage 2 im Handbuch) bestimmt, die nach § 17 Abs. 1 Satz 1 Nr. 4 SGB IV für sozialversicherungsrechtliche Zwecke erlassen und jährlich der Entwicklung der Lebenshaltungskosten angepasst wird. Gemäß § 8 Abs. 2 EStG gelten die Werte der Sozialversicherungsentgeltverordnung auch für steuerliche Zwecke, und zwar auch für solche Arbeitnehmer, die nicht der gesetzlichen Rentenversicherungspflicht unterliegen.

Die Sozialversicherungsentgeltverordnung unterscheidet zwischen Wohnung und Unterkunft. Als Wohnung wird eine in sich geschlossene Einheit von Räumen angesehen, in denen ein selbstständiger Haushalt geführt werden kann; d.h., dass zumindest eine einer Küche vergleichbare Kochgelegenheit sowie eine Toilette vorhanden sind. Deshalb stellt z. B. ein Einzimmerappartement mit Küchenzeile und WC als Nebenraum eine Wohnung dar. Ein Wohnraum bei Mitbenutzung von Bad, Toilette und Küche ist dagegen eine Unterkunft. Eine Gemeinschaftsunterkunft liegt vor, wenn die Unterkunft beispielsweise durch Gemeinschaftsräume oder Gemeinschaftsküchen Wohnheimcharakter hat oder Zugangsbeschränkungen unterworfen ist.

1. Freie Verpflegung

In den alten und neuen Bundesländern gelten dieselben Werte. Die Sachbezugswerte für freie Verpflegung betragen für das Jahr 2017 im Monat:

- für Frühstück (nunmehr) 51,— €
- für Mittagessen (nunmehr) 95,— €
- für Abendessen (nunmehr) 95,— €

Die genannten Werte sind Monatswerte und bei kürzeren Zeiträumen für jeden Tag mit einem Dreißigstel nach Maßgabe des § 2 Abs. 6 SvEV anzusetzen, so dass sich beim Frühstück ein Tageswert von nunmehr 1,70 € und für Mittag- und Abendessen jeweils ein Tageswert von nunmehr 3,17 € ergibt. Zur Gewährung von Mahlzeiten **im Betrieb** vgl. das Stichwort "Mahlzeiten".

Wird die freie Verpflegung auch Familienangehörigen des Arbeitnehmers gewährt, erhöhen sich die Werte nach § 1 Abs. 2 SvEV wie folgt:

100% für jeden Familienangehörigen mit vollendetem 18. Lebensjahr,
80% für jeden Familienangehörigen mit vollendetem 14. Lebensjahr,
40% für jeden Familienangehörigen mit vollendetem 7. Lebensjahr,
30% für jeden jüngeren Familienangehörigen.

Sind Ehegatten/Lebenspartner i.S.d. Lebenspartnerschaftsgesetzes bei demselben Arbeitgeber beschäftigt, so ist für jeden der volle Verpflegungswert anzusetzen; ein Erhöhungswert für die Kinder wird jedem Ehegatten/Lebenspartner zur Hälfte zugerechnet.

2. Freie Unterkunft

Für die freie oder verbilligte Unterkunft, nicht aber für die Wohnung (vgl. Nr. 3 und Stichwort „Wohnungsüberlassung"), sind feste Sachbezugswerte festgelegt. Diese sind für die neuen und alten Bundesländer gleich und schließen jeweils die Kosten für Heizung und Beleuchtung mit ein. Danach gilt für das Jahr 2017 weiterhin:

Monatswert	gesamtes Bundesgebiet
	223,— €

Von diesen Werten für die Unterkunft sind folgende Abschläge vorzunehmen:

a) 15% bei Aufnahme eines volljährigen Arbeitnehmers in den Haushalt des Arbeitgebers oder bei Unterbringung in einer Gemeinschaftsunterkunft (§ 2 Abs. 3 Nr. 1 SvEV)

b) 15% bei Jugendlichen bis zur Vollendung des 18. Lebensjahres und Auszubildenden ohne Aufnahme in den Haushalt des Arbeitgebers und ohne Unterbringung in einer Gemeinschaftsunterkunft (§ 2 Abs. 3 Nr. 2 SvEV)

c) 30% bei Jugendlichen bis zur Vollendung des 18. Lebensjahres und Auszubildenden, wenn sie in den Haushalt des Arbeitgebers aufgenommen oder in einer Gemeinschaftsunterkunft untergebracht sind (§ 2 Abs. 3 Nrn. 1 und 2 SvEV)

d) bei Mehrfachbelegung der Unterkunft (§ 2 Abs. 3 Nr. 3 SvEV):

40%	bei Belegung mit zwei Beschäftigten
50%	bei Belegung mit drei Beschäftigten
60%	bei Belegung mit mehr als drei Beschäftigten

Liegen die Voraussetzungen für mehrere Abschläge vor, dann werden die entsprechenden Abschlagssätze addiert.

An Stelle des vorstehenden festen Sachbezugswerts für die Unterkunft kann der Unterkunftswert wie bei Wohnungen (vgl. hierzu das Stichwort „Wohnungsüberlassung") auch mit dem ortsüblichen Mietpreis angesetzt werden, wenn der Ansatz des amtlichen Sachbezugswerts nach Lage des Einzelfalles unbillig wäre. Damit wird den in Einzelfällen sehr unterschiedlichen Ausstattungsqualitäten und Größen von Unterkünften Rechnung getragen.

3. Kein Ansatz der festen Sachbezugswerte bei einer Wohnung

Die festen Sachbezugswerte nach Nr. 2 gelten nur bei Überlassung einer Unterkunft. Bei freier oder verbilligter Wohnung ist grundsätzlich immer der ortsübliche Mietwert zu ermitteln (vgl. hierzu das Stichwort „Wohnungsüberlassung").

4. Verhältnis zu tarifvertraglichen Regelungen

Die amtlichen Sachbezugswerte gelten auch dann, wenn in einem Tarifvertrag, einer Betriebsvereinbarung oder in einem Arbeitsvertrag für Sachbezüge höhere oder niedrigere Werte festgesetzt worden sind. Werden die Sachbezüge, auf die der Arbeitnehmer danach Anspruch hat, durch Barvergütungen abgegolten, sind nicht die amtlichen Sachbezugswerte maßgebend, sondern die Barvergütungen zu versteuern.

Werden die Barvergütungen allerdings nur gelegentlich oder vorübergehend gezahlt, z. B. bei tageweiser auswärtiger Beschäftigung, im Krankheits- oder Urlaubsfall, so sind weiterhin die amtlichen Sachbezugswerte zugrunde zu legen. Das setzt aber voraus, dass die Barvergütung nicht überhöht ist, also keine anderen Lohnbestandteile enthält.

Freifahrten

Der den Arbeitnehmern eines Verkehrsunternehmens eingeräumte Vorteil, verbilligt oder unentgeltlich Fahrten mit den vom Arbeitgeber betriebenen Verkehrsmitteln zu unternehmen, ist im Rahmen des § 8 Abs. 3 EStG als „Personalrabatt" steuer- und damit auch beitragsfrei.

Freiflüge

Die von Luftverkehrsgesellschaften ihren Arbeitnehmern oder den Arbeitnehmern von Geschäftspartnern (Reiseveranstalter, Reisebüros) durch unentgeltliche oder verbilligte Flüge gewährten Vorteile gehören zum steuer- und beitragspflichtigen Arbeitslohn.

Wie dieser Vorteil zu bewerten ist, regeln ländereinheitliche Erlasse vom 10.9.2015, BStBl I S. 735. Im Einzelnen gilt danach Folgendes:

1. Gewähren Luftverkehrsgesellschaften ihren Arbeitnehmern unentgeltlich oder verbilligt Flüge, die **unter gleichen Beförderungsbedingungen** auch betriebsfremden Fluggästen angeboten werden, so kann der Wert der Flüge entweder nach § 8 Abs. 2 EStG bzw. nach Durchschnittswerten oder nach den für § 8 Abs. 3 EStG (vgl. „Personalrabatte")" maßgebenden Grundsätzen berechnet werden.

Beispiel:

Preis für einen betriebsfremden Fluggast	*3.000,– €*
Abschlag gemäß § 8 Abs. 3 EStG 4% =	*120,– €*
	2.880,– €
vom Arbeitnehmer zu entrichtender Preis	*1.000,– €*
	1.880,– €
jährlicher Rabattfreibetrag nach § 8 Abs. 3 EStG	*1.080,– €*
bei der Lohnabrechnung des Arbeitnehmers zu erfassender steuerpflichtiger Vorteil	*800,– €*

2. Die für „Personalrabatte" geltenden Grundsätze (4% Abschlag und 1.080,– € Rabattfreibetrag) finden keine Anwendung, wenn der dem Arbeitnehmer gewährte Flug **Beschränkungen im Reservierungsstatus** unterliegt und die Luftverkehrsgesellschaft solche Flüge betriebsfremden Kunden nicht anbietet. Die Regeln für „Personalrabatte" sind ferner nicht anwendbar, wenn der Arbeitgeber die Vorteile der Arbeitnehmer pauschal versteuern will. Sie gelten außerdem nicht für Vorteile, die die Luftverkehrsgesellschaft den Arbeitnehmern anderer Arbeitgeber gewährt (z. B. den Arbeitnehmern von Reiseveranstaltern oder Reisebüros).

3. Findet die für „Personalrabatte" geltende Regelung keine Anwendung, kann der Wert des Flugs auch nach Durchschnittssätzen ermittelt werden. Für die Jahre 2016 bis 2018 sind folgende Durchschnittswerte für jeden Flugkilometer festgesetzt:

   a) Wenn **keine Beschränkungen im Reservierungsstatus** bestehen, ist der Wert des Flugs wie folgt zu berechnen:

bei einem Flug von	Euro je Flugkilometer (FKM)
1 – 4 000 km	0,04 –
4 001 – 12 000 km	$0{,}04 - \frac{0{,}01 \times (FKM - 4\,000)}{8000}$
mehr als 12 000 km	0,03

   Jeder Flug ist gesondert zu bewerten. Die Zahl der Flugkilometer ist mit dem Wert anzusetzen, der der im Flugschein angegebenen Streckenführung entspricht. Nimmt der Arbeitgeber einen nicht vollständig ausgeflogenen Flugschein zurück, so ist die tatsächlich ausgeflogene Strecke zugrunde zu legen. Bei der Berechnung des Flugkilometerwerts sind die Euro-Beträge nur bis zur fünften Dezimalstelle anzusetzen.

   Die nach dem IATA-Tarif zulässigen Kinderermäßigungen finden entsprechend Anwendung.

b) Bei Beschränkungen im Reservierungsstatus mit dem Vermerk „space available - SA -" auf dem Flugschein beträgt der Wert je Flugkilometer **60%** des nach Buchstabe a ermittelten Werts.

c) Bei Beschränkungen im Reservierungsstatus ohne Vermerk „space available - SA -" auf dem Flugschein beträgt der Wert je Flugkilometer **80%** des nach Buchstabe a ermittelten Werts.

d) Der nach den Durchschnittswerten ermittelte Wert des Fluges ist nunmehr um 15% zu erhöhen. Bei einem Inlandsflug ist der nach Buchstaben a bis c ermittelte Wert um die Luftsicherheitsgebühr zu erhöhen, wenn diese vom Arbeitgeber getragen wird.

Beispiel:

Der Arbeitnehmer erhält einen Freiflug Frankfurt – Palma de Mallorca und zurück. Der Flugschein trägt den Vermerk "SA". Die Flugstrecke beträgt insgesamt 2.507 km.

Der Wert dieses Fluges beträgt 60% von (0,04 x 2.507) = 60,17 €, zu erhöhen um 15% (= 9,03 €) = 69,20 €.

4. Flüge, die der Arbeitnehmer von seinem Arbeitgeber, der keine Luftverkehrsgesellschaft ist, erhalten hat, können ebenfalls mit den Durchschnittssätzen bewertet werden. Voraussetzung ist, dass der Arbeitgeber diesen Flug von einer Luftverkehrsgesellschaft erhalten hat und dieser Flug den genannten Beschränkungen im Reservierungsstatus unterliegt.
5. Ein vom Arbeitnehmer entrichtetes Entgelt ist vom ermittelten Wert des Flugs abzuziehen. Der Rabattfreibetrag nach § 8 Abs. 3 EStG darf jedoch nicht abgezogen werden.

Freikarten

s. „Eintrittskarten"

Freitrunk und Freitabak

Die eingeräumten Vorteile sind im Rahmen des § 8 Abs. 3 EStG steuerfrei; vgl. hierzu „Personalrabatte".

Fürsorgeleistungen

Sachleistungen, die der Arbeitgeber im Rahmen seiner arbeitsrechtlichen Fürsorgepflicht oder im Hinblick auf eine fortschrittliche, von sozialen Erwägungen beeinflusste Ausgestaltung des Dienstverhältnisses erbringt, sowie Aufwendungen für die Gesundheitsvorsorge, die betriebsärztliche Betreuung, den Unterhalt von Parkplätzen auf dem Betriebsgelände, für Sportanlagen u.ä. führen nicht zu steuer- und beitragspflichtigem Arbeitslohn. Allerdings müssen solche Einrichtungen prinzipiell allen Arbeitnehmern zur Verfügung stehen (vgl. die Stichworte „Parkplätze", „Sozialräume", „Sportanlagen").

Dementsprechend gehören Maßnahmen des Arbeitgebers zur Vorbeugung spezifisch berufsbedingter Beeinträchtigungen der Gesundheit nicht zum Arbeitslohn, wenn die Notwendigkeit der Maßnahmen zur Verhinderung krankheitsbedingter Arbeitsausfälle durch Auskünfte des medizinischen Dienstes einer Krankenkasse bzw. Berufsgenossenschaft oder durch Sachverständigengutachten bestätigt wird. Dementsprechend können auch Aufwendungen des Arbeitgebers für Rückengymnastik und Massage am Arbeitsplatz nicht zu Arbeitslohn führen (vgl. BFH vom 30.5.2001, BStBl II S. 671 und vom 4.7.2007, VI B 78/06). Im Einzelnen siehe das Stichwort „betriebliche Gesundheitsförderung".

Pauschale Zahlungen des Arbeitgebers an ein Dienstleistungsunternehmen, das sich verpflichtet, alle Arbeitnehmer des Auftraggebers kostenlos in persönlichen und sozialen Angelegenheiten zu beraten und zu betreuen, gehören ebenfalls nicht zum Arbeitslohn.

Garagengeld

Zahlt der Arbeitgeber seinem Arbeitnehmer für die Unterbringung des ihm zur beruflichen und privaten Nutzung überlassenen **Dienstwagens** ein Garagengeld, so erhöht dies nicht den bei der pauschalen Nutzungswertermittlung zu erfassenden geldwerten Vorteil für die Privatfahrten (vgl. Nr. 1 beim Stichwort „Kraftfahrzeugüberlassung"). Erfolgt die Unterbringung des Dienstwagens in der **eigenen** Garage des Arbeitnehmers, so stellt das vom Arbeitgeber gezahlte Garagengeld regelmäßig keinen Arbeitslohn, sondern eine Einnahme aus Vermietung und Verpachtung dar. Stellt der Arbeitnehmer den Dienstwagen in einer von ihm **angemieteten** Garage unter, handelt es sich bei der vom Arbeitgeber erstatteten Garagenmiete um steuerfreien Auslagenersatz (BFH vom 7.6.2002, BStBl II S. 829).

Ersetzt der Arbeitgeber hingegen die Garagenkosten für ein **arbeitnehmereigenes** Fahrzeug, liegt regelmäßig Arbeitslohn vor. Soweit das arbeitnehmereigene Fahrzeug für eine Auswärtstätigkeit genutzt wird, ist bei Einzelnachweis der Fahrtkosten hinsichtlich des auf die berufliche Auswärtstätigkeit entfallenden Anteils steuerfreier Fahrtkostenersatz nach § 3 Nr. 16 EStG gegeben (vgl. Stichwort „Kilometergeld").

Geburtsbeihilfen

Sachgeschenke, die mehr als Aufmerksamkeiten sind (vgl. dieses Stichwort), sowie Barzuwendungen, die der Arbeitgeber seinem Arbeitnehmer anlässlich der Geburt seines Kindes zuwendet, führen in voller Höhe zu steuer- und beitragspflichtigen Arbeitslohn.

Geburtstagsgeschenke

s. „Aufmerksamkeiten" und „Arbeitnehmerfeier"

Gefahrenzulagen

werden wegen der Besonderheit der Arbeit gezahlt. Sie gehören wie andere Erschwerniszuschläge zum steuer- und beitragspflichtigen Arbeitslohn (vgl. BFH vom 15.9.2011, BStBl 2012 II S. 144).

Gehaltsumwandlung

Zur Frage, wann eine Arbeitgeberleistung zusätzlich zu dem **ohnehin geschuldeten Arbeitslohn** erbracht wird, wie es für die Steuerfreiheit bestimmter Arbeitgeberleistungen (vgl. z. B. die Stichworte „Betreuungsleistungen" „betriebliche Gesundheitsförderung", „Computerüberlassung", „Kindergarten" und Pauschalierung bei Fahrtkostenzuschüssen in Tz 6.7) Voraussetzung ist, oder wann eine steuerschädliche Umwandlung von Arbeitslohn vorliegt, sind das BFH-Urteil vom 1.10.2009, BStBl 2010 II S. 487, und R 3.33 Abs. 5 LStR zu beachten. Entscheidend für die steuerliche Anerkennung ist, ob die zweckbestimmte Arbeitgeberleistung zu den steuerpflichtigen Bezügen hinzukommt, die der Arbeitgeber ohne die Zweckbestimmung arbeitsrechtlich geschuldet hätte. Eine zweckbestimmte Arbeitgeberleistung wird nur dann zusätzlich zum ohnehin geschuldeten Arbeitslohn erbracht, wenn sie der Arbeitnehmer ohne die Zweckbindung nicht erhalten würde. Eine zusätzliche Leistung liegt aber dann vor, wenn sie unter Anrechnung auf eine andere freiwillige Sonderzahlung, z. B. freiwillig geleistetes Weihnachtsgeld, erbracht wird. Es ist unschädlich, wenn der Arbeitgeber verschiedene zweckgebundene Leistungen zur Auswahl anbietet oder die übrigen Arbeitnehmer die freiwillige Sonderzahlung erhalten. Kommt die zweckbestimmte Leistung zu dem Arbeitslohn hinzu, den der Arbeitgeber schuldet, ist das Tatbestandsmerkmal „zusätzlich zum ohnehin geschuldeten Arbeitslohn" auch dann erfüllt, wenn der Arbeitnehmer arbeitsvertraglich oder aufgrund einer anderen arbeits- oder dienstrechtlichen Rechtsgrundlage einen Anspruch auf die zweckbestimmte Leistung hat (vgl. BMF-Schreiben vom 22.5.2013, BStBl I S. 728). Mit dieser Klarstellung hat die Finanzverwaltung auf die BFH-Urteile vom 19.9.2012, BStBl 2013 II S. 395 und 398, reagiert, wonach das Tatbestandsmerkmal „zusätzlich zum ohnehin geschuldeten Arbeitslohn" nur bei freiwilligen Arbeitgeberleistungen erfüllt sein soll. Dass die zusätzliche Leistung auf freiwilliger Basis erfolgen muss, hat der BFH bisher nicht gefordert und hätte eine verschärfte Anforderung an die lohnsteuerliche Vergünstigung zur Folge gehabt. Auch die Sozialversicherung folgt der im BMF-Schreiben vom 22.5.2013 vertretenen großzügigen steuerlichen Betrachtungsweise.

Beispiel 1

Der arbeitsvertraglich geschuldete Arbeitslohn beträgt 2.500,– €. Ab Juli wird ohne Herabsetzung des geschuldeten Arbeitslohns zwischen Arbeitgeber und Arbeitnehmer vereinbart, dass der Arbeitnehmer einen Barlohn von 2.400,– € zuzüglich eines Kindergartenzuschusses von 100,– € erhält.

Die Steuerbefreiung für den Kindergartenzuschuss greift nicht, da weiterhin ein Arbeitslohn von 2.500,– € geschuldet wird. Es liegt kein zusätzlicher Arbeitslohn vor.

Beispiel 2

Der Arbeitgeber zahlt allen Arbeitnehmern eine freiwillige Sonderzahlung von 500,– €, auf die kein Rechtsanspruch besteht. Der einzelne Arbeitnehmer kann entscheiden, ob er sich die freiwillige Sonderzahlung als Barlohn auszahlen lässt oder stattdessen einen Kindergartenzuschuss, einen Zuschuss zur Gesundheitsvorsorge oder einen Fahrtkostenzuschuss erhält.

Die Voraussetzung der „zusätzlichen Leistung zum ohnehin geschuldeten Arbeitslohn" ist in diesen Fällen bei den Zuschüssen erfüllt. Es ist unerheblich, dass die anderen Arbeitnehmer, die keinen dieser Zuschüsse in Anspruch nehmen, die volle Sonderzahlung als Barlohn erhalten und nach ihren individuellen Besteuerungsmerkmalen versteuern müssen.

Steuervergünstigungen, die nicht an das Merkmal als zusätzlich zum ohnehin geschuldeten Arbeitslohn geknüpft sind, können vielfach durch Umwandlung von Barlohn in Sachlohn erreicht werden, weil damit Bewertungsvorteile beim Sachlohn ausgeschöpft werden (vgl. z. B. Überlassung eines Kraftfahrzeugs und Bewertung des Vorteils nach der 1-%-Methode). Vergütungen zur Erstattung von Reisekosten können auch dann nach § 3 Nr. 16 EStG steuerfrei sein, wenn sie der Arbeitgeber aus umgewandeltem Arbeitslohn zahlt. Voraussetzung ist, dass Arbeitgeber und Arbeitnehmer die Lohnumwandlung vor der Entstehung des Vergütungsanspruchs vereinbaren (vgl. BFH vom 27.4.2001, BStBl II S. 601).

Die **Umwandlung von Barlohn in Sachlohn** (vgl. Stichwort „Sachbezüge") setzt voraus, dass der Arbeitnehmer unter Änderung des Anstellungsvertrages auf einen Teil seines Barlohns verzichtet und ihm der Arbeitgeber stattdessen Sachlohn gewährt. Ob ein Anspruch auf Barlohn oder Sachlohn besteht, ist auf den Zeitpunkt bezogen zu entscheiden, zu dem der Arbeitnehmer über seinen Lohnanspruch verfügt (BFH-Urteil vom 6.3.2008, BStBl II S. 530).

Zur Gehaltsumwandlung zu Zwecke der Altersversorgung vgl. auch Tz 10.3.

Gehaltsverzicht

Vereinbaren Arbeitgeber und Arbeitnehmer zur wirtschaftlichen Gesundung des Unternehmens einen freiwilligen Gehaltsverzicht als Sanierungsbeitrag, so unterliegt nur der geminderte Arbeitslohn dem Lohnsteuerabzug und der Beitragspflicht. Dies gilt auch für tarifgebundene Arbeitnehmer, obwohl für diese ein Gehaltsverzicht nicht zulässig wäre.

In anderen Fällen führt nur ein unbedingter, nicht mit Verwendungsauflagen hinsichtlich der frei werdenden Mittel verknüpfter Gehaltsverzicht zur Minderung des steuer- und beitragspflichtigen Arbeitslohns (vgl. BFH vom 30.7.1993, BStBl II S. 884 und vom 25.11.1993, BStBl 1994 II S. 424). Kann der Arbeitnehmer in irgendeiner Weise bestimmen, zu welchem Zweck die Mittel, die der Arbeitgeber vom Lohn einbehalten soll, zu verwenden sind, liegt regelmäßig kein steuerlich anzuerkennender Gehaltsverzicht, sondern Einkommensverwendung vor, die aus versteuertem Arbeitslohn erfolgt. Eine Ausnahme gilt für die Arbeitslohnspende (vgl. dieses Stichwort), wenn diese ausdrücklich für bestimmte Fälle von der Finanzverwaltung zugelassen ist.

Vom Gehaltsverzicht zu unterscheiden ist der Verzicht des Arbeitnehmers auf eine bestimmte Lohnart zugunsten von anderen Bezügen. Hierbei handelt es sich nicht um einen Gehaltsverzicht, sondern um die Umwandlung von Arbeitslohn; vgl. das Stichwort „Gehaltsumwandlung".

Geldstrafen

des Arbeitnehmers, die der Arbeitgeber übernimmt, sind stets steuerpflichtiger Arbeitslohn. Dasselbe gilt für Geldbußen, Ordnungs- und Verwarnungsgelder (vgl. BFH vom 22.7.2008, BStBl 2009 II S. 151). Auch die Übernahme von Verwarnungsgeldern kann nach der BFH-Rechtsprechung vom 24.9.2013, BStBl 2014 II S. 124, wegen rechtswidrigem Tun nicht mehr im Rahmen des ganz überwiegend betrieblichen Interesses liegend gesehen werden, sondern muss als Arbeitslohn versteuert werden. Auch die Sozialversicherung hat sich dieser neuen Rechtsprechung angeschlossen. Es kommt nicht darauf an, ob die Bestrafung mit dem Dienstverhältnis in Zusammenhang steht oder dem Privatbereich des Arbeitnehmers zuzuordnen ist. Es spielt auch keine Rolle, ob die Festsetzung von einem deutschen Gericht oder einer deutschen Behörde, einem Organ der EU oder von Behörden anderer ausländischer Staaten erfolgt ist. Dem kommt erst für die Frage, ob die Geldstrafen usw. beim Arbeitnehmer als Werbungskosten abzugsfähig sind, Bedeutung zu.

Zum steuerpflichtigen Arbeitslohn gehören grundsätzlich auch die vom Arbeitgeber übernommenen **Kosten des Strafverfahrens** (Gerichtskosten, Kosten der Verteidigung). Beruht der strafrechtliche Schuldvorwurf auf dem beruflichen Verhalten des Arbeitnehmers, können die Kosten des Strafverfahrens von diesem als Werbungskosten geltend gemacht werden (BFH vom 19.2.1982, BStBl II S. 467).

Von den Geldstrafen, Geldbußen, Ordnungs- und Verwarnungsgeldern in diesem Sinne sind die gelegentlich in Tarifverträgen, Betriebsvereinbarungen oder Arbeitsverträgen festgelegten **Vertragsstrafen** zu unterscheiden. Diese werden vom Arbeitgeber beim Arbeitnehmer erhoben und mindern deshalb im Zeitpunkt der Einforderung den steuerpflichtigen Arbeitslohn.

Gemeinschaftsverpflegung

s. „Freie Verpflegung und Unterkunft" und „Mahlzeiten"

Geschäftsjubiläum

Jubiläumszuwendungen gehören in vollem Umfang zum steuer- und beitragspflichtigen Arbeitslohn. Soweit die Zuwendung, die ein Arbeitgeber seinem Arbeitnehmer aus Anlass eines Firmenjubiläums macht, nach den Zahlungsmodalitäten Arbeitslohn für mehrere Jahre darstellt (vgl. BFH vom 3.7.1987, BStBl II S. 820) und die Zahlung beim Arbeitnehmer zu einer Zusammenballung von Einkünften führt, kann die Jubiläumszuwendung als sonstiger Bezug ermäßigt nach der sog. Fünftelregelung besteuert werden (vgl. Tz 5.8c). Wenn die Zuwendung Arbeitslohn für mehrere Jahre darstellt und an einen Arbeitnehmer gezahlt wird, der voraussichtlich bis Ende des Kalenderjahres nicht aus dem Dienstverhältnis ausscheidet, kann der Arbeitgeber eine Zusammenballung von Einkünften unterstellen. Im Ausnahmefall kann die Anwendung der sog. Fünftelregelung im Lohnsteuerabzugsverfahren auch zu einem höheren Steuerabzug führen. In diesem Fall kann der Arbeitgeber die Versteuerung der Jubiläumszuwendung als normalen sonstigen Bezug durchführen.

Jubiläumszuwendungen gehören als einmalig gezahltes Arbeitsentgelt in voller Höhe zum beitragspflichtigen Arbeitsentgelt. Bei der Prüfung der Frage, ob das Arbeitsentgelt die Geringfügigkeitsgrenze des § 8 Abs. 1 Nr. 1 SGB IV übersteigt (vgl. Tz 6.9), bleiben Jubiläumszuwendungen jedoch außer Ansatz.

Geschenke

Geschenke, die der Arbeitnehmer im Rahmen seines Dienstverhältnisses erhält, gehören als Sachbezüge grundsätzlich zum steuer- und beitragspflichtigen Arbeitslohn (Ausnahmen vgl. „Aufmerksamkeiten" oder „Betriebsveranstaltungen"). Sie können aber im Rahmen der 44-€-Freigrenze (vgl. Nr. 4 des Stichworts „Sachbezüge") steuer- und beitragsfrei bleiben.

Getränke und Genussmittel

die der Arbeitgeber **zum Verzehr im Betrieb** unentgeltlich oder verbilligt überlässt, gehören als „Aufmerksamkeiten" nicht zum Arbeitslohn.

Gewinnbeteiligungen

gehören zum steuer- und beitragspflichtigen Arbeitslohn. Es kommt nicht darauf an, ob sie freiwillig, aufgrund eines Einzelarbeitsvertrags oder eines für den Betrieb bestehenden Beteiligungsmodells gewährt werden. Sie sind im Zeitpunkt des Zuflusses lohnsteuerlich als sonstiger Bezug und beitragsrechtlich als einmalig gezahltes Arbeitsentgelt zu erfassen.

Wird die Gewinnbeteiligung ausgezahlt, erfolgt der Zufluss mit der Zahlung. Bleibt die Gewinnbeteiligung im Unternehmen des Arbeitgebers „stehen", kommt es für die Frage, ob der Beteiligungsbetrag bereits bei Gutschrift oder erst bei Fälligkeit zufließt, hauptsächlich darauf an, in welchem Interesse die Gewinnbeteiligung zunächst beim Arbeitgeber verbleibt.

Kann der Arbeitnehmer wählen, ob die Gewinnbeteiligung ausgezahlt wird oder beim Arbeitgeber angelegt werden soll, ist in jedem Fall bereits im Zeitpunkt der Gutschrift der Zufluss erfolgt. Aber auch bei Fehlen einer solchen Wahlmöglichkeit kann der Zufluss bereits bei Gutschrift anzunehmen sein. Dies ist z. B. der Fall, wenn der Arbeitgeber und der Arbeitnehmer den Ausweis der Gewinnbeteiligung als Darlehen mit allen Konsequenzen (übliche Verzinsung und feste Rückzahlungstermine) vereinbaren, vgl. BFH-Urteil vom 14.5.1982, BStBl II S. 469. Eine Anlage der Gewinnbeteiligung als Vermögensbeteiligung nach § 3 Nr. 39 EStG und dem 5. VermBG führt ebenfalls zum sofortigen Zufluss, auch wenn die Einhaltung einer Sperrfrist oder ein Abtretungs- und Beleihungsverbot vorgeschrieben sind (vgl. das Stichwort „Vermögensbeteiligung").

Grenzgänger

sind Arbeitnehmer, die innerhalb eines bestimmten Grenzbezirks wohnen, im entsprechenden Grenzbereich des anderen Staates beschäftigt sind und täglich an ihren Wohnsitz im Heimatstaat zurückkehren. Die steuerliche Behandlung der Grenzgänger richtet sich nach dem mit dem jeweiligen Nachbarstaat bestehenden DBA. Verschiedene DBA (Frankreich – siehe hierzu auch BMF vom 3.4.2006, BStBl I S. 304 – und Österreich) enthalten für Grenzgänger besondere Regelungen, nach denen das Besteuerungsrecht nicht dem Tätigkeitsstaat, sondern dem Wohnsitzstaat zugewiesen ist. Der inländische Arbeitgeber darf vom Lohnsteuerabzug nur absehen, wenn ihm eine Freistellungsbescheinigung des Betriebsstätten-Finanzamts vorliegt. Diese kann der Grenzgänger oder in seinem Namen der Arbeitgeber mit amtlichem Vordruck beim Finanzamt beantragen.

Zur Erhebung der Lohnsteuer bei Grenzgängern aus der Schweiz, die ihre Ansässigkeit in der Schweiz durch eine amtliche Bescheinigung der zuständigen schweizerischen Finanzbehörde nachgewiesen haben, wird auf das Gesetz vom 30.9.1993, BStBl I S. 927, und die Ausführungsbestimmungen in den BMF-Schreiben vom 19.9.1994, BStBl I S. 683 mit Änderung vom 18.12.2014, BStBl 2015 I S. 22 und vom 7.7.1997, BStBl I S. 723 mit Änderung vom 30.9.2008, BStBl I S. 935 verwiesen. Bezüglich der

Grenzgängerregelung nach dem Zusatzabkommen zum DBA Belgien vergleiche BGBl. 2003 II S. 1.615.

Die Sozialversicherungspflicht richtet sich nach den Vorschriften der EU über die soziale Sicherung der Grenzgänger. Mit den anderen Staaten bestehen Abkommen, die die Sozialversicherungsfragen vergleichbar den EU-Vorschriften regeln.

Haustrunk

Der den Arbeitnehmern von Brauereien aufgrund tariflicher oder auch einzelvertraglicher Regelungen zustehende Haustrunk (unentgeltliche oder verbilligte Abgabe von Getränken) stellt steuerpflichtigen Arbeitslohn dar (BFH vom 27.3.1991, BStBl II S. 720). Der Vorteil ist allerdings nach den für Personalrabatte geltenden Grundsätzen steuer- und beitragsfrei, soweit er 1.080,– € im Kalenderjahr nicht übersteigt (vgl. das Stichwort „Personalrabatte").

Heimarbeiterzuschläge

Heimarbeiter erhalten aufgrund verschiedener gesetzlicher Vorschriften zu ihrem Stücklohn Zuschläge. Diese werden steuerlich und beitragsrechtlich wie folgt behandelt:

a) Der Zuschlag zur Sicherung im Krankheitsfall nach dem Lohnfortzahlungsgesetz ist steuerpflichtig aber beitragsfrei in der Sozialversicherung. Wird im Falle eines geringfügigen Beschäftigungsverhältnisses (vgl. Tz 6.9 A) das Arbeitsentgelt nicht nach den individuellen Lohnsteuerabzugsmerkmalen sondern nach § 40a Abs. 2 oder 2a EStG pauschal versteuert, bleibt der Zuschlag im Ergebnis ebenfalls steuerfrei.

b) Der Zuschlag zur Abgeltung des Feiertagslohns nach dem Gesetz zur Lohnzahlung an Feiertagen ist steuer- und beitragspflichtig.

c) Der Lohnzuschlag zur Abgeltung der mit der Heimarbeit verbundenen Aufwendungen (z. B. für Miete, Heizung und Beleuchtung der Arbeitsräume, für Arbeitsmittel und Zutaten) ist bis zur Höhe von 10% des Grundlohns steuer- und beitragsfrei.

Heiratsbeihilfen

Sachgeschenke, die mehr als Aufmerksamkeiten sind (vgl. dieses Stichwort), sowie Barzuwendungen, die der Arbeitgeber seinem Arbeitnehmer anlässlich der Eheschließung zuwendet, führen in voller Höhe zu steuer- und beitragspflichtigen Arbeitslohn.

Hinterbliebenenbezüge

Bezüge, die der Arbeitgeber an einen Hinterbliebenen (Erben) seines früheren Arbeitnehmers zahlt, gehören zum steuerpflichtigen Arbeitslohn. Auf den Grund der Zahlung kommt es nicht an; sowohl Nachzahlungen aus der Beschäftigungszeit des verstorbenen Arbeitnehmers als auch Versorgungsbezüge (Betriebsrente) sind bei dem Hinterbliebenen als Arbeitslohn zu erfassen. Maßgebend sind für den Steuerabzug jedoch nicht die Besteuerungsmerkmale des Verstorbenen, sondern die des Hinterbliebenen, der dem Arbeitgeber für Zwecke des Lohnsteuerabzugs den Abruf seiner ELStAM gestatten bzw. im Ausnahmefall eine Bescheinigung für den Lohnsteuerabzug vorlegen muss. Zur Berücksichtigung des Versorgungsfreibetrags und des Zuschlags zum Versorgungsfreibetrag vgl. Tz 5.6.

Zu den Hinterbliebenenbezügen gehört auch das nach vielen Tarifverträgen vom Arbeitgeber zu zahlende **Sterbegeld**. Dieses umfasst oft auch noch Arbeitslohn für die Beschäftigung im Sterbemonat. In diesem Fall muss es für die Feststellung, inwieweit ein Versorgungsbezug vorliegt, also der Versorgungsfreibetrag und der Zuschlag zum Versorgungsfreibetrag zusteht (Tz 5.6), aufgeteilt werden. Dabei gilt Folgendes:

a) Ist arbeitsrechtlich vereinbart, dass im Todesfall der Arbeitslohn für den ganzen Sterbemonat zu zahlen ist, unterbleibt eine Aufteilung; der Bezug rechnet insgesamt nicht zu den Versorgungsbezügen.

b) Ergibt sich aus den arbeitsrechtlichen Vereinbarungen, dass Anspruch auf Arbeitslohn nur bis zum Todestag besteht, ist die Zahlung für den Sterbemonat aufzuteilen. Das auf die Zeit nach dem Todestag entfallende Entgelt rechnet zu den Versorgungsbezügen.

c) Ist vereinbart, dass für den Sterbemonat insgesamt nur Sterbegeld bezahlt wird, muss es trotzdem aufgeteilt werden; wie im Fall b ist nur der auf die Zeit nach dem Todestag entfallende Teil den Versorgungsbezügen zuzurechnen.

Das Sterbegeld ist als sonstiger Bezug zu versteuern und zwar selbst dann, wenn es in mehreren Monatsbeträgen gezahlt wird, weil es sich dann dem Grunde nach um eine ratenweise Zahlung eines Einmalbetrages handelt.

Obwohl der laufende Arbeitslohn, der im Sterbemonat oder für den Sterbemonat gezahlt wird, steuerlich dem Hinterbliebenen zuzurechnen ist, darf der Arbeitgeber nach R 19.9 Abs. 1 Satz 2 LStR aus Vereinfachungsgründen von diesem Lohn den Steuerabzug noch nach den steuerlichen Merkmalen des Verstorbenen vornehmen. Die Lohnsteuerbescheinigung hierüber muss der Arbeitgeber jedoch auch in diesem Fall für den Hinterbliebenen ausstellen und der Finanzverwaltung übermitteln. Im ELStAM-Verfahren wird nach dem Tod eines Arbeitnehmers ein Abruf seiner ELStAM automatisch allgemein gesperrt. Versucht der Arbeitgeber ELStAM abzurufen, erhält er lediglich die Rückmeldung, dass ein Abruf nicht möglich ist; ein Rückschluss auf den Grund (Tod des Arbeitnehmers) ist nicht möglich. Bei Lohnzahlungen an Erben oder Hinterbliebene des verstorbenen Arbeitnehmers sind diese durch den Arbeitgeber als Arbeitnehmer anzumelden, damit die Finanzverwaltung ELStAM bilden und zum Abruf bereitstellen kann.

Der Ratgeber „Praktische Lohnabrechnung" enthält zur Sterbegeldzahlung ein Abrechnungsbeispiel.

Sozialversicherungsbeiträge sind von dem Arbeitsentgelt zu entrichten, das für die Zeit bis zum Sterbetag gezahlt wird. Darüber hinausgehende Bezüge werden nicht für eine Beschäftigung gezahlt und bleiben deshalb für die Beitragsberechnung außer Betracht. Sofern nach dem Tod des Arbeitnehmers Hinterbliebenenbezüge als Versorgungsbezüge der betrieblichen Altersversorgung gezahlt werden, unterliegen diese der Beitragspflicht zur Kranken- und Pflegeversicherung (vgl. Stichwort „Betriebsrenten"). Entsprechendes kann für Übergangsgelder, Überbrückungsgelder oder Ausgleichszahlungen gelten, die im Anschluss an das Arbeitsverhältnis und anstelle der Betriebsrente gewährt werden.

Incentive-Reisen

1. ohne Elemente einer beruflichen „Auswärtstätigkeit"

Diese werden von Arbeitgebern gelegentlich im Rahmen von Verkaufswettbewerben für besonders erfolgreiche Arbeitnehmer ausgeschrieben. Bei diesen Reisen handelt es sich in aller Regel um Belohnungsreisen. Der Wert der Reise gehört zum steuer- und beitragspflichtigen Arbeitslohn (BFH vom 9.3.1990, BStBl II S. 711 und vom 4.8.1994, BStBl II S. 954). Das Gleiche gilt, wenn die Zuwendung durch einen Dritten erfolgt, z. B. eine Bausparkasse, die Angestellten einer Bank als Belohnung für Vertragsabschlüsse eine solche Reise finanziert. Es handelt sich dann um eine Lohnzahlung durch einen Dritten; die Bank muss als Arbeitgeber den Wert der Reise dem Lohnsteuerabzug unterwerfen (vgl. das Stichwort „Lohnzahlung durch Dritte"). Der Wert der zugewandten Reise ist in ihrer Gesamtheit mit dem üblichen Endpreis am Abgabeort anzusetzen. Er entspricht regelmäßig dem Preis der von Reiseveranstaltern am Markt angebotenen Gruppenreisen mit vergleichbaren Leistungsmerkmalen (z. B. Hotelkategorie, Besichtigungsprogrammen); eine Wertminderung wegen des vom zuwendenden Unternehmen festgelegten Reiseziels, des Reiseprogramms, der Reisedauer und des fest umgrenzten Teilnehmerkreises kommt nicht in Betracht. Rabatte, die dem die Leistung gewährenden Unternehmen eingeräumt werden, bleiben für die Bewertung beim Empfänger ebenfalls außer Betracht; gleiches gilt für Preisaufschläge die das Unternehmen speziell für die Durchführung der Reise aufwenden muss (vgl. BMF-Schreiben vom 14.10.1996, BStBl I S. 1.192).

2. mit Elementen einer beruflichen „Auswärtstätigkeit"

Bei diesen Reisen handelt es sich vielfach um kurze Auslandstagungen von Mitarbeitern, die einerseits mit dienstlichen Verrichtungen (wie Fachvorträgen, Gruppenarbeit, Betriebsversammlung), aber auch touristischen Teilen (wie Ausflügen, Sport- oder Spielprogrammen) ausgefüllt sind. Bislang wurden die Zuwendungen mangels eines geeigneten Aufteilungsmaßstabes den Arbeitnehmern voll als Arbeitslohn zugerechnet. Nach der neuen BFH-Rechtsprechung vom 18.8.2005, BStBl 2006 II S. 30, gilt bezüglich der Kosten, die der Arbeitgeber für eine solche **gemischt** veranlasste Reise aufgewendet hat, Folgendes:

- Betriebsfunktionale Kosten:
  Darunter fallen beispielsweise die Kosten für die Zurverfügungstellung von Tagungsräumen nebst Ausstattung, Tagungsunterlagen und Referenten. Diese Kosten führen von vornherein nicht zu Arbeitslohn.
- Kosten des touristischen Programms:
  Die Aufwendungen für das touristische Programm, Ausflüge, das Sport- und Spielprogramm führen regelmäßig vollumfänglich zum Arbeitslohn.
- allgemeine nicht zuordenbare Kosten:
  Hierunter fallen insbesondere die Kosten für die Beförderung (Flugkosten bzw. Fahrtkosten, Transfers), die Hotelunterbringung, nicht direkt zuordenbare Kosten

der Reise (z. B. allgemeine Betreuung, Organisation, Vorbereitung). Diese Aufwendungen sind sachgerecht aufzuteilen. Als Aufteilungsmaßstab ist dabei in der Regel das Verhältnis der Zeitanteile heranzuziehen, in dem Reisebestandteile mit Entlohnungscharakter zu den aus betriebsfunktionalen Gründen durchgeführten Reisebestandteilen stehen.

- Verpflegungsmehraufwendungen:

  Hierfür hält der BFH eine Sonderbehandlung für geboten, da der Arbeitgeber die Verpflegungspauschbeträge für Auslandsreisen steuerfrei zuwenden kann, jedoch der gemischte Charakter der Reise zu berücksichtigen ist. Deswegen werden Pauschalen nur anteilig (im Verhältnis der Zeitanteile) gewährt. Die Verpflegungskosten sind damit nach Maßgabe der Rz. 88 des BMF-Schreibens vom 24.10.2014, BStBl I S. 1.412, zu berechnen.

Veranstaltet ein Arbeitgeber sog. Händler-Incentive-Reisen, so führt die Betreuung der Händler durch eigene Arbeitnehmer bei diesen nicht zu geldwerten Vorteilen, wenn die Betreuungsaufgaben das Eigeninteresse der Arbeitnehmer an der Teilnahme des touristischen Programms in den Hintergrund treten lassen (BFH vom 5.9.2006, BStBl 2007 II S. 312).

Insolvenzgeld

Bei Zahlungsunfähigkeit des Arbeitgebers hat der Arbeitnehmer Anspruch auf Insolvenzgeld in Höhe des Arbeitslohns, den ihm der Arbeitgeber für die letzten drei Monate vor Eröffnung des Insolvenzverfahrens schuldet (§ 165 SGB III). Das Insolvenzgeld wird auf Antrag von der Agentur für Arbeit in Höhe des Nettoarbeitslohns gezahlt. Es ist als Lohnersatzleistung nach § 3 Nr. 2 EStG steuerfrei, unterliegt aber dem Progressionsvorbehalt nach § 32b EStG, der vom Finanzamt bei der Einkommensteuerveranlagung berechnet wird.

Die Ansprüche des Arbeitnehmers auf das Arbeitsentgelt, das den Anspruch auf das Insolvenzgeld begründet hat, gehen gemäß § 169 Satz 1 SGB III auf die Bundesagentur für Arbeit über. Zahlt aufgrund dieser Regelung der Insolvenzverwalter oder der frühere Arbeitgeber Arbeitsentgelt an die Bundesagentur, sind diese Leistungen steuerfrei. Das Gleiche gilt für die nach § 175 Abs. 2 SGB III nachträglich entrichteten Sozialversicherungsbeiträge.

Pflichtbeiträge zur gesetzlichen Kranken- und Rentenversicherung sowie zur sozialen Pflegeversicherung und Beiträge zur Bundesagentur für Arbeit, die auf Arbeitsentgelte für die letzten der Eröffnung des Insolvenzverfahrens vorausgehenden drei Monate des Arbeitsverhältnisses entfallen und bei Eröffnung des Insolvenzverfahrens noch nicht entrichtet worden sind, entrichtet die Agentur für Arbeit auf Antrag der zuständigen Einzugsstelle (§ 175 Abs. 1 SGB III).

Insolvenzsicherung

Für den Fall der Zahlungsunfähigkeit des Arbeitgebers besteht nach dem BetrAVG zur Absicherung von Versorgungszusagen und -leistungen die **gesetzliche** Insolvenzsicherung. Träger ist der Pensions-Sicherungsverein VVaG, der durch Beiträge der betroffenen Arbeitgeber nach § 10 BetrAVG finanziert wird. Die Beiträge zur

Insolvenzsicherung werden aufgrund gesetzlicher Bestimmung geleistet und sind deshalb nach § 3 Nr. 62 EStG steuer- und beitragsfrei.

Steuerfrei sind auch Leistungen des Arbeitgebers zur Übernahme von Versorgungsleistungen oder unverfallbaren Versorgungsanwartschaften durch eine Pensionskasse oder ein Unternehmen der Lebensversicherung in den in § 4 Abs. 4 BetrAVG (vgl. Anlage 5 im Handbuch) bezeichneten Fällen (Einstellung der Betriebstätigkeit und Liquidation des Unternehmens). Diese Steuerbefreiung gilt sowohl für die Übertragung von Anwartschaften als auch von „bereits laufenden Renten" und ist auch auf Gesellschafter-Geschäftsführer anwendbar.

Neben der gesetzlichen Absicherung der Versorgungsansprüche der Arbeitnehmer über den Pensions-Sicherungs-Verein werden verstärkt **ergänzende vertragliche** Insolvenzsicherungen eingesetzt, z. B. über das Modell der doppelseitigen Treuhand (sog. Contractual Trust Agreement – CTA). Erst bei Insolvenz des Arbeitgebers kann der Versorgungsberechtigte nach Maßgabe der vom Arbeitgeber erteilten Versorgungszusage seinen Anspruch gegenüber dem Treuhänder geltend machen. Die Ergänzung des § 3 Nr. 65 EStG stellt sicher, dass das Einstehen des Dritten für die Erfüllung von Ansprüchen aufgrund bestehender Versorgungsverpflichtungen oder Versorgungsanwartschaften im Fall der Eröffnung des Insolvenzverfahrens oder in den gleichgestellten Fällen des § 7 Abs. 1 Satz 4 BetrAVG nicht einen sofortigen Lohnzufluss beim Arbeitnehmer bewirkt.

Sowohl bei der gesetzlichen als auch bei der ergänzenden vertraglichen Insolvenzsicherung sind erst die Leistungen aus der Insolvenzsicherung im Versorgungsfall steuerpflichtig und zwar genauso, als wenn die Versorgungsleistungen ohne Eintritt des Sicherungsfalls zu erbringen wären. Soweit sie zu den Einkünften aus nichtselbstständiger Arbeit im Sinne des § 19 EStG gehören, ist beispielsweise von einer Betriebsrente aufgrund einer Pensionszusage der Lohnsteuerabzug vorzunehmen, auch wenn sie vom jeweiligen Träger der Insolvenzsicherung gezahlt wird; das Gleiche gilt, wenn die betriebliche Altersversorgung durch eine Unterstützungskasse hätte erfolgen sollen. Für die Erhebung der Lohnsteuer gilt dann die Pensionskasse, das Versicherungsunternehmen oder der Dritte als Arbeitgeber (§ 3 Nr. 65 EStG).

Instrumentengeld

s. „Werkzeuggeld"

Jagdaufwandsentschädigungen

für Privatbedienstete gehören ebenso wie das Futtergeld, das Schussgeld und die Pauschalentschädigung für das Dienstzimmer zum steuer- und beitragspflichtigen Arbeitslohn. Steuerfrei ist dagegen der Dienstkleidungszuschuss, wenn er in Anlehnung an die staatlichen Regelungen gezahlt wird (§ 3 Nr. 31 EStG).

Jahreswagen

Der von Automobilherstellern ihren Arbeitnehmern eingeräumte Preisnachlass beim Kauf eines Fahrzeuges gehört zum steuerpflichtigen Arbeitslohn, soweit der Rabattfreibetrag nach § 8 Abs. 3 EStG (vgl. „Personalrabatte") überschritten ist. Da nach den Gepflogenheiten in der Automobilbranche Kraftfahrzeuge im allgemeinen

Geschäftsverkehr fremden Letztverbrauchern tatsächlich häufig zu einem Preis angeboten werden, der unter der unverbindlichen Preisempfehlung des Herstellers (UPE) liegt, kann nach den BFH-Urteilen vom 4.6.1993, BStBl II S. 687 und vom 17.6.2009, BStBl 2010 II S. 67 der tatsächliche Angebotspreis anstelle des empfohlenen Preises angesetzt werden. Im Hinblick auf die Schwierigkeiten bei der Ermittlung des tatsächlichen Angebotspreises wurde nach dem BMF-Schreiben vom 18.12.2009, BStBl 2010 I S. 20 ab 2009 nicht beanstandet, wenn als Endpreis im Sinne des § 8 Abs. 3 EStG der Preis angenommen wird, der sich ergibt, wenn 80% des Preisnachlasses, der durchschnittlich beim Verkauf an fremde Letztverbraucher im allgemeinen Geschäftsverkehr tatsächlich gewährt wird, von dem empfohlenen Preis abgezogen wird. Demgegenüber hat jedoch der BFH mit Urteilen vom 26.7.2012, BStBl 2013 II S. 400 und S. 402 entschieden, dass Rabatte, die der Arbeitgeber nicht nur seinen Arbeitnehmern, sondern auch fremden Dritten üblicherweise einräumt, bei den Arbeitnehmern keinen steuerpflichtigen Arbeitslohn begründen. Dementsprechend lässt die Finanzverwaltung nach Rdnr. 8 des BMF-Schreibens vom 16.5.2013, BStBl I S. 729, an Stelle von 80% den vollen durchschnittlichen Preisnachlass zum Abzug zu. Der durchschnittliche Preisnachlass ist modellbezogen nach den tatsächlichen Verkaufserlösen in den vorangegangenen drei Kalendermonaten zu ermitteln. Bei der Ermittlung des durchschnittlichen Preisnachlasses sind auch Fahrzeugverkäufe, deren Endpreise inklusive Transport- und Überführungskosten im Einzelfall über der UPE liegen, sowie Fahrzeugverkäufe, die mit überhöhter Inzahlungnahme von Gebrauchtfahrzeugen, Sachzugaben oder anderen indirekten Rabatten einhergehen, einzubeziehen. Fahrzeugverkäufe mit Marktzins unterschreitenden Finanzierungen bleiben bei der Ermittlung des durchschnittlichen Preisnachlasses unberücksichtigt. Der Arbeitgeber hat die Grundlagen für den ermittelten geldwerten Vorteil als Beleg zum Lohnkonto aufzubewahren.

Wird Arbeitnehmern beim Erwerb eines Kraftfahrzeugs unter Mitwirkung des Arbeitgebers ein Preisvorteil von dritter Seite eingeräumt, so gehört dieser Preisvorteil (ohne Abzug des Freibetrags von 1.080,– €) zum Arbeitslohn und ist nach § 8 Abs. 2 EStG auf der Grundlage des üblichen Endpreises zu bewerten (vgl. das Stichwort "Lohnzahlung durch Dritte").

Liegen die Voraussetzungen des § 8 Abs. 3 EStG vor, kann der geldwerte Vorteil wahlweise nach § 8 Abs. 2 EStG ohne Bewertungsabschlag und ohne Rabattfreibetrag oder mit diesen Abschlägen auf der Grundlage des Endpreises des Arbeitgebers nach § 8 Abs. 3 EStG bewertet werden (BFH-Urteil vom 26.7.2012, BStBl 2013 II S. 400 und 402). Dieses Wahlrecht ist sowohl im Lohnsteuerabzugsverfahren als auch im Veranlagungsverfahren anwendbar. Der Arbeitgeber ist nach dem BMF-Schreiben vom 16.5.2013, BStBl I S. 729, nicht verpflichtet, den geldwerten Vorteil nach § 8 Abs. 2 Satz 1 EStG zu bewerten und den „günstigsten Preis am Markt" zu ermitteln.

Jobticket

s. „Fahrtkostenersatz"

Jubiläumszuwendungen

s. „Arbeitnehmerjubiläum" und „Geschäftsjubiläum"

Kaskoversicherung

- Benutzt der Arbeitnehmer bei Auswärtstätigkeiten (Dienstreisen) seinen eigenen PKW und erstattet ihm der Arbeitgeber dafür neben dem pauschalen Kilometersatz von 0,30 € ganz oder teilweise die Prämien für die eigene, **private Fahrzeugvollversicherung**, so stellt diese Erstattung steuerpflichtigen Arbeitslohn dar (BFH vom 21.6.1991, BStBl II S. 814).
- Hat der Arbeitgeber dagegen selbst eine **Dienstreise-Kaskoversicherung** für die seinen Arbeitnehmern gehörenden Kraftfahrzeuge abgeschlossen, führt die Prämienzahlung durch den Arbeitgeber bei den Arbeitnehmern nicht zum Arbeitslohn (BFH vom 27.6.1991, BStBl 1992 II S. 365). Gleichwohl darf der Arbeitgeber bei der Auswärtstätigkeit 0,30 € je gefahrenen Kilometer steuerfrei ersetzen (vgl. BMF-Schreiben vom 9.9.2015, BStBl I S. 734).

Kaufkraftausgleich

a) Bei im **öffentlichen Dienst** beschäftigten Personen ist der nach § 54 Bundesbesoldungsgesetz zu gewährende Kaufkraftausgleich Bestandteil der Auslandsdienstbezüge und steuerfrei nach § 3 Nr. 64 EStG.

b) Wird bei einem Arbeitnehmer **außerhalb des öffentlichen Dienstes** von einem inländischen Arbeitgeber ein Kaufkraftausgleich gezahlt, bleibt dieser steuer- und beitragsfrei, soweit er den für den öffentlichen Dienst maßgebenden Zuschlag nicht übersteigt. Voraussetzung ist, dass der Arbeitnehmer aus dienstlichen Gründen in das Ausland entsandt wird und dort für einen begrenzten Zeitraum einen Wohnsitz oder gewöhnlichen Aufenthalt hat. Eine Entsendung für einen begrenzten Zeitraum wird angenommen, wenn die Rückkehr nach Beendigung der Tätigkeit geplant ist. Ob der Arbeitnehmer dann tatsächlich zurückkehrt oder im Ausland bleibt, beeinflusst die steuerliche Behandlung des Kaufkraftausgleichs nicht mehr. Ein steuerfreier Kaufkraftausgleich kommt somit nur in Betracht, wenn der geplante Auslandsaufenthalt 6 Monate überschreitet, denn bei einer kürzeren Dauer liegt weder ein gewöhnlicher Aufenthalt im Sinne von § 9 AO vor, noch kann von der Begründung eines Wohnsitzes ausgegangen werden (Tz 5.2).

Die Höhe des **steuerfreien Kaufkraftausgleichs** richtet sich nach den im öffentlichen Dienst für die einzelnen Länder geltenden Zuschlagssätzen. Diese werden vom Bundesfinanzministerium jeweils im Bundessteuerblatt Teil I veröffentlicht.

Die für den öffentlichen Dienst maßgebenden Zuschlagssätze beziehen sich auf 60%. der Bezüge. Für Arbeitnehmer außerhalb des öffentlichen Dienstes wird der steuerfreie Teil des Kaufkraftausgleichs durch einen entsprechenden Abschlagssatz von den Gesamtbezügen einschließlich des Kaufkraftausgleichs errechnet. Dabei ist folgende Formel anzuwenden:

$$\frac{\text{Zuschlagssatz} \times 600}{1000 + 6 \times \text{Zuschlagssatz}}$$

Die Umrechnung erleichtert die folgende Tabelle:

Ein Zuschlags-satz von	entspricht einem Abschlagssatz von	Ein Zuschlags-satz von	entspricht einem Abschlagssatz von
5	2,91	55	24,81
10	5,66	60	26,47
15	8,26	65	28,06
20	10,71	70	29,58
25	13,04	75	31,03
30	15,25	80	32,43
35	17,36	85	33,77
40	19,35	90	35,06
45	21,26	95	36,31
50	23,08	100	37,50

Ergibt sich durch Anwendung des Abschlagssatzes ein höherer Betrag als der tatsächlich gewährte Kaufkraftausgleich, so ist nur der niedrigere Betrag steuerfrei. Zu den Gesamtbezügen, auf die der Abschlagssatz anzuwenden ist, gehören nicht die steuerfreien Reisekostenvergütungen und steuerfreie Vergütungen für Mehraufwendungen bei doppelter Haushaltsführung.

Beispiel:

Ein Arbeitnehmer wird von seinem inländischen Arbeitgeber für 1 Jahr beispielsweise in das Land X entsandt. Er hat dort aufgrund der Dauer der Entsendung seinen gewöhnlichen Aufenthalt. Sein Gehalt von monatlich 3.000,– € wird für die Dauer des Auslandsaufenthaltes um einen Kaufkraftausgleich von 1.000,– € erhöht. Da die Familie den Wohnsitz im Inland beibehält, führt er steuerlich einen doppelten Haushalt. Zur Abgeltung hierfür zahlt der Arbeitgeber das steuerlich zulässige Auslandstage- und Übernachtungsgeld.

Monatsgehalt	*3.000,— €*
Kaufkraftausgleich	*1.000,— €*
Für die Berechnung des Kaufkraftausgleichs maßgebende Gesamtbezüge	*4.000,— €*
Zuschlagssatz für das Land X 10%; dies entspricht einem Abschlagssatz von 5,66%.	
Steuerfreier Kaufkraftausgleich somit 5,66% von 4.000,– € =	*226,40 €*
zu versteuern	*3.773,60 €*

Wird ein Zuschlagssatz rückwirkend erhöht, so ist der Arbeitgeber berechtigt, die bereits abgeschlossenen Lohnabrechnungen insoweit wieder aufzurollen und bei der jeweils nächstfolgenden Lohnzahlung die ggf. zu viel einbehaltene Lohnsteuer zu erstatten. Die Herabsetzung eines Abschlagssatzes ist beim nächsten Lohnzahlungszeitraum zu berücksichtigen.

c) Der Kaufkraftausgleich ist in dem Umfang, in dem er steuerfrei ist, auch beitragsfrei.

d) Zur Anrechnung des steuerfreien Kaufkraftausgleichs auf die Höhe der im Rahmen der Einkommensteuer-Veranlagung des Arbeitnehmers abziehbaren Werbungskosten vergleiche BFH-Urteil vom 11.2.1993, BStBl II S. 450.

Kilometergeld

zahlt der Arbeitgeber als Teil der Reisekostenerstattung für die Verwendung eines Fahrzeugs des Arbeitnehmers zu dienstlichen Zwecken. Werden die tatsächlichen Gesamtkosten des Fahrzeugs nicht nachgewiesen, darf der Arbeitgeber nach der Neuregelung des steuerlichen Reisekostenrechts höchstens die folgenden pauschalen Kilometersätze steuerfrei erstatten:

Je Fahrtkilometer

bei einem PKW	0,30 €
bei einem Motorrad oder Motorroller	0,20 €
bei einem Moped oder Mofa (ebenfalls)	0,20 €

Eine Mitnahmeentschädigung für jede Person, die aus beruflicher Veranlassung bei einer Auswärtstätigkeit vom Arbeitnehmer mit dem PKW mitgenommen wird, kann nicht nach § 3 Nr. 16 EStG steuerfrei gezahlt werden. Bei der Benutzung eines Fahrzeugs können nur die anteiligen tatsächlichen Aufwendungen steuerfrei erstattet werden, der Ansatz eines pauschalen Kilometersatzes für die Benutzung eines Fahrrads ist nicht möglich.

Nutzt der Arbeitnehmer sein privates Elektrofahrzeug oder Hybridelektrofahrzeug für Dienstfahrten, kann er die gesetzlich festgelegten pauschalen Kilometersätze nach dem BMF-Schreiben vom 14.12.2016, das im BStBl I veröffentlicht wird, aus Vereinfachungsgründen auch dann ungekürzt ansetzen, wenn der Arbeitnehmer vom Arbeitgeber für dieses Elektrofahrzeug oder Hybridelektrofahrzeug nach § 3 Nr. 46 EStG steuerfreie Vorteile (vgl. beim Stichwort Kraftfahrzeugüberlassung „13. Gesetz zur steuerlichen Förderung der Elektromobilität im Straßenverkehr") oder nach § 40 Abs. 2 Satz 1 Nr. 6 EStG pauschal besteuerte Leistungen und Zuschüsse (vgl. Tz 6.6) erhält.

Der Arbeitgeber kann auch ein höheres Kilometergeld als die vorstehenden Sätze zahlen. Für die Steuerfreiheit ist aber Voraussetzung, dass dieser Kilometersatz aus den für einen Zeitraum von 12 Monaten ermittelten Gesamtkosten für das gestellte Fahrzeug errechnet worden ist. Einen so ermittelten Kilometersatz kann der Arbeitgeber zugrunde legen, bis sich die Verhältnisse wesentlich ändern, z. B. bis zum Ablauf des Abschreibungszeitraums für den PKW.

Zu den **Gesamtkosten** gehören:

- die Betriebsstoffkosten,
- die Wartungs- und Reparaturkosten,
- die Kosten einer Garage am Wohnort,
- die Kraftfahrzeugsteuer,
- die Prämien für die Halterhaftpflicht- und Fahrzeugversicherung,
- die Zinsen für ein Anschaffungsdarlehen und

- die Absetzung für Abnutzung. Bei neu angeschafften Fahrzeugen beträgt die Nutzungsdauer grundsätzlich 6 Jahre. Bei gebraucht erworbenen Fahrzeugen ist die entsprechende Restnutzungsdauer zugrunde zu legen. Bei sehr hoher Fahrleistung kann auch eine kürzere Nutzungsdauer in Betracht kommen.
- Bei einem geleasten Fahrzeug gehört eine Leasingsonderzahlung nach Maßgabe des BFH-Urteils vom 15.4.2010, BStBl II S. 805, zu den Gesamtkosten.

Nicht zu den Gesamtkosten gehören:

- Park- und Straßenbenutzungsgebühren,
- Prämien für Insassen- und Unfallversicherungen,
- Unfallkosten,
- Verwarnungs- und Bußgelder,
- nach § 3 Nr. 46 EStG (vgl. beim Stichwort Kraftfahrzeugüberlassung „13. Gesetz zur steuerlichen Förderung der Elektromobilität im Straßenverkehr") steuerfreie oder nach § 40 Abs. 2 Satz 1 Nr. 6 EStG (vgl. Tz 6.6) pauschal besteuerte geldwerte Vorteile.

Kindergarten

Leistungen des Arbeitgebers zur Unterbringung und Betreuung von nichtschulpflichtigen Kindern der Arbeitnehmer in Kindergärten oder vergleichbaren Einrichtungen sind nach § 3 Nr. 33 EStG steuerfrei und gehören nicht zum beitragspflichtigen Arbeitsentgelt. Von der Steuerbefreiung werden auch die Aufwendungen für Schulkindergärten, Kindertagesstätten, Kinderkrippen, Tagesmütter, Wochenmütter und Ganztagspflegestellen erfasst. Die Steuerfreiheit ist beschränkt auf Arbeitgeberleistungen, die zur Unterbringung, einschließlich Unterkunft und Verpflegung, und Betreuung in den genannten Einrichtungen bestimmt sind. Die Steuerbefreiung gilt auch, wenn der nicht beim Arbeitgeber beschäftigte Elternteil die Aufwendungen trägt. Damit kommt es auch bei nicht miteinander verheirateten Eltern nicht darauf an, von welchem Konto der Eltern die Aufwendungen abgebucht werden.

Der Ersatz von Aufwendungen für die Betreuung im Haushalt, z. B. durch Kinderpflegerinnen, Hausgehilfinnen oder Familienangehörige ist dagegen nicht steuerfrei. Steuerpflichtig sind auch Arbeitgeberleistungen, die nicht unmittelbar der Betreuung dienen, z. B. die Beförderung zwischen Wohnung und Kindergarten.

Ob ein Kind schulpflichtig ist, richtet sich nach dem jeweiligen landesrechtlichen Schulgesetz des einzelnen Bundeslandes. Aus Vereinfachungsgründen braucht der Arbeitgeber gemäß R 3.33 Abs. 3 LStR die Schulpflicht nicht zu prüfen bei Kindern, die

- das 6 Lebensjahr noch nicht vollendet haben oder
- im laufenden Kalenderjahr das 6. Lebensjahr nach dem 30. Juni vollendet haben, es sei denn, sie sind vorzeitig eingeschult worden, oder
- im laufenden Kalenderjahr das 6. Lebensjahr vor dem 1. Juli vollendet haben, in den Monaten Januar bis Juli dieses Jahres.

Zudem ist in R 3.33 LStR festgelegt, dass den nicht schulpflichtigen Kindern schulpflichtige Kinder gleichstehen, solange sie mangels Schulreife vom Schulbesuch zurückgestellt oder noch nicht eingeschult sind.

Steuerfrei sind zudem nur Arbeitgeberleistungen, die zusätzlich zu dem ohnehin geschuldeten Arbeitslohn erbracht werden. Die Abspaltung eines Teils des vereinbarten Barlohns führt nicht zur Steuerfreiheit. Zur Frage, wann eine Arbeitgeberleistung zusätzlich zu dem ohnehin geschuldeten Arbeitslohn erbracht wird, wird auch auf die Ausführungen beim Stichwort „Gehaltsumwandlung" verwiesen.

Bei Barzuwendungen muss der Arbeitnehmer dem Arbeitgeber die zweckentsprechende Verwendung nachweisen. Die Originalbelege hierzu muss der Arbeitgeber mit den Lohnunterlagen aufbewahren. Im Übrigen werden Leistungen des Entleihers im Sinne des § 13b AÜG (wie z. B. Kinderbetreuungseinrichtungen) lohnsteuerlich so behandelt als hätte sie der Verleiher (Arbeitgeber) gegenüber seinen Arbeitnehmern (Leiharbeitnehmer) unmittelbar erbracht.

Kinderzuschläge

oder Kinderzulagen sind wie andere nach besoldungsrechtlichen oder tarifvertraglichen Bestimmungen gezahlte Familienzulagen steuer- und ggf. beitragspflichtig.

Konkursausfallgeld

s. „Insolvenzgeld"

Kontoführungsgebühren

Der Ersatz von Kontoführungsgebühren gehört zum steuer- und beitragspflichtigen Arbeitslohn (R 19.3 Abs. 3 Nr. 1 LStR). Der Arbeitnehmer kann für beruflich veranlasste Kontoführungsgebühren in der Regel pauschal 16,– € als Werbungskosten geltend machen.

Kraftfahrzeugüberlassung

Der Vorteil aus der unentgeltlichen oder verbilligten Überlassung eines PKW zur privaten Nutzung (vgl. Nr. 1) gehört zum steuer- und beitragspflichtigen Arbeitslohn. Zum steuerpflichtigen und beitragspflichtigen Arbeitslohn gehört auch der Vorteil aus der Überlassung des Kraftwagens zu den Fahrten zwischen Wohnung und erster Tätigkeitsstätte sowie Fahrten nach § 9 Abs. 1 Satz 3 Nr. 4a Satz 3 EStG (vgl. Nr. 2) und bestimmten Familienheimfahrten (vgl. Nr. 3). Wird ein Firmenwagen dem Arbeitnehmer neben seinen beruflichen Fahrten ausschließlich nur für Fahrten zwischen Wohnung und erster Tätigkeitsstätte und nicht zu Privatfahrten überlassen, kann bei pauschaler Nutzungswertermittlung von der 1%-Regelung abgesehen werden, wenn ein Nutzungsverbot für private Zwecke ausdrücklich schriftlich vereinbart ist.

Es spielt keine Rolle, ob es sich bei dem überlassenen Fahrzeug um ein firmeneigenes oder ein vom Arbeitgeber geleastes Fahrzeug handelt. An einer nach § 8 Abs. 2 Sätze 2 bis 5 EStG zu bewertenden Kraftfahrzeugüberlassung durch den Arbeitgeber kann es nach dem BFH-Urteil vom 18.12.2014, BStBl 2015 II S. 670, allerdings dann fehlen, wenn das Fahrzeug (im Urteilsfall: Behördenleasing) aufgrund einer vom Arbeitsvertrag unabhängigen Sonderrechtsbeziehung (im Urteilsfall: Gemeinderatsbeschluss) im Ausnahmefall dem Arbeitnehmer selbst zuzurechnen ist, weil dieser nach den Gesamtumständen des jeweiligen Einzelfalles im Innenverhältnis gegenüber seinem Arbeitgeber als wirtschaftlicher Eigentümer oder Leasingnehmer des Fahrzeugs die wesentlichen Rechte und Pflichten hat; dem Arbeitnehmer beispielsweise allein die Gefahr und Haftung für Instandhaltung, Sachmängel, Untergang und Beschädigung des Fahrzeugs treffen. In einem solchen Fall können mögliche, aus dem Arbeitsverhältnis resultierende Vorteile (z. B. verbilligte Leasingraten) nicht nach der speziellen Bewertungsnorm des § 8 Abs. 2 Satz 2 EStG, sondern nach den allgemeinen Grundsätzen, wie sie etwa für die Erfassung von Rabatten gelten, zu bewerten sein. Mit BMF-Schreiben vom 15.12.2016, das im BStBl I veröffentlicht wird, wurde nun in Bezug auf das BFH-Urteil vom 18.12.2014 klargestellt, dass eine nach § 8 Abs. 2 Sätze 2 bis 5 EStG zu bewertende Kraftfahrzeugüberlassung vorliegt, wenn der Anspruch auf die Kraftfahrzeugüberlassung aus dem Arbeitsvertrag oder aus einer anderen arbeitsrechtlichen Rechtsgrundlage und nicht aus einer vom Arbeitsvertrag unabhängigen Sonderrechtsbeziehung resultiert, auch wenn die Kraftfahrzeugüberlassung im Rahmen einer steuerlich anzuerkennenden Gehaltsumwandlung vereinbart und arbeitsrechtlicher Vergütungsbestandteil ist. In Leasingfällen muss der Arbeitgeber gegenüber der Leasinggesellschaft zivilrechtlicher Leasingnehmer sein.

Der Wert der nach § 8 Abs. 2 Sätze 2 bis 5 EStG aus einer Kraftfahrzeuggestellung zu bewertenden Sachbezüge kann nach zwei Methoden (pauschaler Nutzungswert oder individueller Nutzungswert) ermittelt werden. Der Arbeitgeber muss sich hierüber vorher mit seinem Arbeitnehmer abstimmen. Der Arbeitnehmer kann nach Maßgabe des BAG-Urteils vom 19.4.2005, 9 AZR 188/04, gegenüber dem Arbeitgeber einen Auskunftsanspruch über die tatsächlichen Kfz-Kosten haben, damit er die wegen einer nur geringen Privatnutzung möglicherweise überzahlte Lohnsteuer vom Finanzamt im Rahmen seiner Einkommensteuerveranlagung erstattet verlangen kann. Die festgelegte Methode gilt jeweils für ein Kalenderjahr und darf bei **demselben** PKW während des Kalenderjahres nicht gewechselt werden (BFH vom 20.3.2014, BStBl II S. 643). Die Wahl kann für Privatfahrten, Fahrten Wohnung und erster Tätigkeitsstätte sowie bestimmte Familienfahrten für den PKW nur einheitlich getroffen werden. Hinsichtlich des Wahlrechts 0,03%- oder 0,002%-Regelung für Fahrten zwischen Wohnung und erster Tätigkeitsstätte vgl. Nr. 2.

Die unentgeltliche oder verbilligte Überlassung eines Kfz durch den Arbeitgeber an den Arbeitnehmer auch für dessen Privatfahrten führt unabhängig davon, ob und in welchem Umfang der Arbeitnehmer das Kfz tatsächlich privat nutzt, zu einem lohnsteuerlichen Vorteil. Allein die Möglichkeit, das Kfz auch privat nutzen zu **dürfen**, führt zum geldwerten Vorteil, der nach der 1%-Regelung zu bewerten ist, sofern der Arbeitnehmer zur Anwendung der Gesamtkostenmethode kein ordnungsgemäßes Fahrtenbuch führt (BFH vom 21.3.2013, BStBl II S. 700). Wird hingegen dem Arbeitnehmer ein Kfz mit der Maßgabe zur Verfügung gestellt, es für Privatfahrten nicht zu nutzen (ausdrückliches **Nutzungsverbot**), gibt es nach den BFH-Urteilen vom 21.3.2013, BStBl II S. 918 und vom 18.4.2013, BStBl II S. 920 keinen allgemeinen Erfahrungssatz oder den Beweis des ersten Anscheins, dass das Privatnutzungsverbot nur zum Schein ausgesprochen ist oder ein Privatnutzungsverbot generell missachtet wird. Das gilt selbst dann, wenn der Arbeitgeber ein arbeitsvertraglich vereinbartes Nutzungsverbot nicht überwacht. Die unbefugte Privatnutzung eines betrieblichen Kfz hat keinen Lohncharakter; erst der Verzicht auf Schadenersatz bzw. der Erlass einer Schadensersatzforderung durch den Arbeitgeber führt zu Arbeitslohn.

Die Anwendung der individuellen Nutzungswertermittlung setzt voraus, dass ein ordnungsgemäßes Fahrtenbuch geführt wird. Wird kein ordnungsgemäßes Fahrtenbuch geführt, ist der zu versteuernde geldwerte Vorteil nach dem pauschalen Nutzungswertverfahren zu ermitteln. Eine Schätzung des Privatanteils anhand anderer Aufzeichnungen wird nicht anerkannt (vgl. BFH vom 16.11.2005, BStBl 2006 II S. 410).

1. Privatfahrten

Bei **pauschaler Nutzungswertermittlung** beträgt der geldwerte Vorteil monatlich 1% des auf volle 100,– € abgerundeten inländischen Listenpreises im Zeitpunkt der Erstzulassung (einschl. Umsatzsteuer und zuzüglich der Kosten für im Zeitpunkt der Erstzulassung werkseitig eingebaute Sonderausstattungen). Erst nachträglich eingebaute Sonderausstattungen und der Wert eines Autotelefons einschließlich Freisprecheinrichtung sowie der Wert eines weiteren Satzes Reifen einschließlich Felgen bleiben außer Ansatz. Demgegenüber gehören nach R 8.1 Abs. 9 Nr. 1 Satz 6 LStR in das Kfz eingebaute Diebstahlsicherungssysteme und Navigationsgeräte zur Bemessungsgrundlage für die Ermittlung des geldwerten Vorteils (vgl. BFH vom 16.2.2005, BStBl II S. 563). Der Listenpreis ist auch für gebrauchte oder geleaste Fahrzeuge maßgebend (vgl. BFH vom 13.12.2012, BStBl 2013 II S. 385). Der Nutzungswert ist als Monatswert auch dann anzusetzen, wenn das Fahrzeug dem Arbeitnehmer im Kalendermonat nur zeitweise zur Privatnutzung zur Verfügung steht. Für volle Kalendermonate, in denen dem Arbeitnehmer kein Fahrzeug zur Verfügung steht (z. B. weil er es während eines längeren Urlaubs oder einer längeren Krankheit im Betrieb stehen lässt), braucht kein Monatsbetrag angesetzt zu werden. Wenn das Fahrzeug nur gelegentlich (von Fall zu Fall) für nicht mehr als 5 Kalendertage im Kalendermonat überlassen wird, kann ebenfalls der Ansatz des Monatswertes unterbleiben; in diesem Fall ist der Nutzungswert je Fahrtkilometer mit 0,001% des Listenpreises zu ermitteln. Nutzt der Arbeitnehmer in einem Kalendermonat mehrere Fahrzeuge (z. B. Fahrzeugwechsel), so ist für die Nutzungswertermittlung das überwiegend genutzte Fahrzeug maßgebend. Stehen dem Arbeitnehmer gleichzeitig mehrere Fahrzeuge zur Verfügung, ist für jedes Fahrzeug 1% des Listenpreises anzusetzen; es sei denn, dass für die anderen Fahrzeuge ein ordentliches Fahrtenbuch geführt und der private Nutzungswert individuell ermittelt wird. Wenn die Nutzung von Fahrzeugen durch andere, der Privatsphäre des Arbeitnehmers angehörende Personen (z. B. Ehegatte/Lebenspartner oder Kinder) ausgeschlossen ist, kann der monatliche Nutzungswert weiterhin auf 1% des Listenpreises des überwiegend genutzten Fahrzeugs beschränkt werden [vgl. H 8.1 (9-10) LStH 2017, 1. Spiegelstrich beim Stichwort „Überlassung mehrerer Kraftfahrzeuge"].

Übernimmt der Arbeitgeber auch die **Straßenbenutzungsgebühren, Vignetten, Mautgebühren** oder Fährkosten etc., die auf Privatfahrten des Arbeitnehmers anfallen, dann sind diese Kosten nicht mit der 1-%-Regelung abgegolten und müssen als zusätzlicher geldwerter Vorteil dem steuerpflichtigen Arbeitslohn hinzugerechnet werden (BFH vom 14.9.2005, BStBl 2006 II S. 72). Zur Behandlung von **Unfallkosten** siehe Nr. 4.

Wird das Fahrzeug vom Arbeitnehmer noch im Zusammenhang mit einer **weiteren Einkunftsart** genutzt, ist dieser Vorteil nach R 8.1 Abs. 9 Nr. 1 Satz 8 LStR mit der 1%-Regelung abgegolten.

Die 1%-Regelung gilt nicht für Fahrzeuge, die auf Grund ihrer objektiven Beschaffenheit und Einrichtung typischerweise so gut wie ausschließlich nur zur Beförderung von Gütern bestimmt sind (BFH vom 18.12.2008, BStBl 2009 II S. 381).

Die Bewertung der Kfz-Gestellung nach der 1-%-Regelung gilt auch bei **Barlohnumwandlung** (vgl. BFH vom 20.8.1997, BStBl II S. 667 und das Stichwort „Gehaltsumwandlung") und wird im Bereich der Sozialversicherung nach dem BSG-Urteil vom 2.3.2010, B 12 R 5/09 R, ebenfalls anerkannt, wenn statt der bisherigen Vergütung arbeitsrechtlich wirksam die Zahlung eines reduzierten Barlohns sowie die Gewährung eines Sachlohns vereinbart ist. Die 1-%-Regelung ist auch anwendbar, wenn der Arbeitnehmer das Kraftfahrzeug auf Veranlassung des Arbeitgebers least, der Arbeitgeber aber sämtliche Kosten trägt und im Innenverhältnis allein die Nutzung des Kraftfahrzeugs bestimmt (BFH vom 6.11.2001, BStBl 2002 II S. 370). Erstattet hingegen der Arbeitgeber dem Arbeitnehmer jedoch für dessen eigenes Kraftfahrzeug sämtliche Kosten, wendet der Arbeitgeber dem Arbeitnehmer Barlohn und keinen Nutzungsvorteil zu (BFH vom 6.11.2001, BStBl 2002 II S. 164).

Der **individuelle Nutzungswert** (= Fahrtenbuch + Gesamtkosten) ergibt sich durch die Aufteilung der Gesamtkosten entsprechend der nachgewiesenen dienstlich und privat zurückgelegten Fahrtstrecken. Für das Fahrzeug sind somit eine Einzelkostenberechnung sowie das Führen eines Fahrtenbuchs erforderlich. Im Fahrtenbuch sind die folgenden Angaben notwendig:

- für Dienstfahrten:
  Datum und Kilometerstand zu Beginn und am Ende jeder einzelnen Auswärtstätigkeit, das Reiseziel und bei Umwegen auch die Reiseroute, der Reisezweck und der aufgesuchte Geschäftspartner;
- für Privatfahrten genügen jeweils die Kilometerangaben,
- für Fahrten zwischen Wohnung und erster Tätigkeitsstätte sowie Fahrten nach § 9 Abs. 1 Satz 3 Nr. 4a Satz 3 EStG genügt ein Vermerk im Fahrtenbuch,
- für die Familienheimfahrten ist für die wöchentliche Fahrt ein entsprechender Hinweis nötig, damit der Ansatz unterbleibt. Bei mehr Fahrten als einmal wöchentlich genügt ein diesbezüglicher Vermerk (vgl. Nr. 3).

Ein **ordnungsgemäßes Fahrtenbuch** muss nach den BFH-Urteilen vom 9.11.2005, BStBl 2006 II S. 408 und vom 16.3.2006, BStBl II S. 625 zeitnah und in geschlossener Form geführt werden und die zu erfassenden Fahrten einschließlich des an ihrem Ende erreichten Gesamtkilometerstands vollständig und in ihrem fortlaufenden Zusammenhang wiedergeben. Die erforderlichen Angaben müssen sich aus dem Fahrtenbuch selbst entnehmen lassen. Ein Verweis auf ergänzende Unterlagen ist nur zulässig, wenn der geschlossene Charakter der Fahrtenbuchaufzeichnungen dadurch nicht beeinträchtigt wird. Ein ordnungsgemäßes Fahrtenbuch muss insbesondere Datum und hinreichend konkret bestimmt das Ziel der jeweiligen Fahrt ausweisen. Dem ist nicht entsprochen, wenn als Fahrtziele nur Straßennamen angegeben sind und diese Angaben erst mit nachträglich erstellten Aufzeichnungen präzisiert werden (BFH vom 1.3.2012, BStBl II S. 505). Mehrere Teilabschnitte einer einheitlichen beruflichen Reise können miteinander zu einer zusammenfassenden Eintragung verbunden werden, wenn die einzelnen aufgesuchten Kunden oder Geschäftspartner im Fahrtenbuch in der zeitlichen Reihenfolge aufgeführt werden. Ein elektronisches Fahrtenbuch wird im Übrigen anerkannt, wenn sich dadurch dieselben Erkenntnisse wie aus einem manuell geführten Fahrtenbuch gewinnen lassen, nachträgliche Veränderungen der aufgezeichneten Angaben technisch ausgeschlossen sind oder aber zumindest dokumentiert werden. Die Ordnungsmäßigkeit eines elektronischen Fahrtenbuches, in dem alle Fahrten automatisch bei Beendigung jeder Fahrt mit Datum, Kilometerstand und Fahrtziel erfasst werden, bleibt zumindest dann unberührt, wenn der Fahrer den dienstlichen Fahrtanlass innerhalb eines Zeitraums von bis zu sieben Kalendertagen nach Abschluss der jeweiligen Fahrt in einem Webportal einträgt und die übrigen Fahrten dem privaten Bereich zugeordnet werden. Die Führung des Fahrtenbuchs kann nicht auf einen repräsentativen Zeitraum beschränkt werden. Kleinere Mängel führen nicht zur Verwerfung des Fahrtenbuchs, wenn die Angaben insgesamt plausibel sind (BFH vom 10.4.2008, BStBl II S. 768).

Zu den **Gesamtkosten** (wie z. B. Treibstoff, Reparaturen, Steuer, Versicherungen, Leasing- und Leasingsonderzahlungen – anstelle der Absetzung für Abnutzung –, Garagen-/Stellplatzmiete oder Aufwendungen für Anwohnerparkberechtigungen) gehören nach R 8.1 Abs. 9 Nr. 2 Sätze 8 – 11 LStR die Summe der Nettoaufwendungen für das Fahrzeug zuzüglich Umsatzsteuer und die Absetzung für Abnutzung (AfA). Kosten, die der Arbeitnehmer trägt, gehören hingegen nicht zu den Gesamtkosten, so dass vom Arbeitnehmer selbst getragene Treibstoffkosten bei Anwendung der Fahrtenbuchmethode nicht den geldwerten Vorteil erhöhen (BMF-Schreiben vom 6.2.2009, BStBl I S. 412). **Nicht** zu den Gesamtkosten gehören, z. B. Beiträge für einen auf den Namen des Arbeitnehmers ausgestellten Schutzbrief, Straßen- oder Tunnelbenutzungsgebühren, Aufwendungen für Insassen- und Unfallversicherungen, Verwarnungs-, Ordnungs- und Bußgelder sowie nach § 3 Nr. 46 EStG (vgl. nachfolgend Nr. 13) steuerfreie oder nach § 40 Abs. 2 Satz 1 Nr. 6 EStG (vgl. Tz. 6.6) pauschal besteuerte geldwerte Vorteile. Zur Behandlung der Unfallkosten vgl. Nr. 4.

2. Fahrten zwischen Wohnung und erster Tätigkeitsstätte u.ä.

Bei der **pauschalen und kostenunabhängigen Nutzungswertermittlung** des geldwerten Vorteils für Fahrten zwischen Wohnung und erster Tätigkeitsstätte sowie Fahrten nach § 9 Abs. 1 Satz 3 Nr. 4a Satz 3 EStG gilt Folgendes:

Grundsätzlich ist der geldwerte Vorteil unabhängig von der Anzahl der durchgeführten Fahrten **monatlich mit 0,03% des Listenpreises** (vgl. Nr. 1) **für jeden Entfernungskilometer** anzusetzen. Kann ein Arbeitnehmer ohne erste Tätigkeitsstätte das Fahrzeug auch für Fahrten nach § 9 Abs. 1 Satz 3 Nr. 4a Satz 3 EStG (arbeitstägliche Fahrten von der Wohnung zu einem dauerhaft vom Arbeitgeber bestimmten Treffpunkt oder in ein weiträumiges Tätigkeitsgebiet; vgl. Stichwort „Auswärtstätigkeit") alleine nutzen, sind für diese Fahrten je Entfernungskilometer ebenfalls 0,03% des Listenpreises anzusetzen. Dabei kommt es nicht darauf an, wie oft das Fahrzeug tatsächlich benutzt wurde. Ein eventueller Nutzungsausfall durch Urlaub oder Krankheit ist in dem gesetzlichen Satz von 0,03% pauschal berücksichtigt.

Entfernungskilometer bedeutet die einfache Straßenstrecke. Der 0,03%-Nutzungswert ist ein Monatswert; dabei ist ein durch Urlaub oder Krankheit bedingter Nutzungsausfall bereits pauschal berücksichtigt. Nutzt der Arbeitnehmer in einem Kalendermonat mehrere Fahrzeuge (z. B. Fahrzeugwechsel), so ist für die 0,03%-Nutzungswertermittlung stets das überwiegend genutzte Fahrzeug maßgebend.

Setzt der Arbeitnehmer das Fahrzeug nur für eine Teilstrecke ein, weil er regelmäßig die andere Teilstrecke mit öffentlichen Verkehrsmitteln zurücklegt **(Park and ride)**, so darf nach dem BMF-Schreiben vom 28.5.1996, BStBl I S. 654, an Stelle der Gesamtentfernung die kürzere Entfernung nur dann angesetzt werden, wenn der Arbeitgeber das Fahrzeug nur für die kürzere Entfernung überlassen hat und dem Arbeitgeber eine auf den Arbeitnehmer ausgestellte Jahres-Bahnkarte vorgelegt wird (vgl. BMF-Schreiben vom 1.4.2011, BStBl I S. 301).

Anstelle der 0,03%-Regelung kann eine auf das Kalenderjahr bezogene **Einzelbewertung** der tatsächlichen Fahrten zwischen Wohnung und erster Tätigkeitsstätte **mit 0,002% des Listenpreises** (vgl. Nr. 1) **für jeden Entfernungskilometer** entsprechend dem BMF-Schreiben vom 1.4.2011, BStBl I S. 301, erfolgen. Voraussetzung ist, dass sich Arbeitgeber und Arbeitnehmer auf dieses Verfahren verständigt haben und der Arbeitnehmer gegenüber dem Arbeitgeber kalendermonatlich fahrzeugbezogen schriftlich erklärt, an welchen Tagen (mit Datumsangabe) er das betriebliche Kraftfahrzeug tatsächlich für Fahrten zwischen Wohnung und erster Tätigkeitsstätte genutzt hat; die bloße Angabe der Anzahl der Tage reicht nicht aus. Aus Vereinfachungsgründen kann für den Lohnsteuerabzug jeweils auf die Erklärung des Vormonats abgestellt werden. Die Wahl kann für jedes Kalenderjahr nur einheitlich für alle dem einzelnen Arbeitnehmer überlassenen Fahrzeuge getroffen werden und darf während des Kalenderjahrs nicht gewechselt werden. Macht der Arbeitgeber von der Einzelbewertung im Lohnsteuerabzugsverfahren keinen Gebrauch, kann der Arbeitnehmer diese im Rahmen seiner Einkommensteuerveranlagung geltend machen und dem Finanzamt gegenüber die erforderlichen Angaben darlegen. Wird eine Einzelbewertung der tatsächlichen Fahrten zwischen Wohnung und erster Tätigkeitsstätte vorgenommen, gilt für alle dem einzelnen Arbeitnehmer überlassenen Fahrzeuge eine jahresbezogene Begrenzung auf insgesamt 180 Fahrten. Eine monatliche Begrenzung auf 15 Fahrten ist damit ausgeschlossen und auch bei der pauschalen Versteuerung des geldwerten Vorteils nach § 40 Abs. 2 Satz 2 EStG (vgl. Tz 6.7) nicht anwendbar. Nutzt ein Arbeitnehmer in einem Kalendermonat mehrere Fahrzeuge (z. B. Fahrzeugwechsel), ist der geldwerte Vorteil für die Fahrten zwischen Wohnung und erster Tätigkeitsstätte fahrzeugbezogen entsprechend den Angaben des Arbeitnehmers vorzunehmen; es darf – anders als bei der 0,03%-Regelung – nicht auf das überwiegend genutzte Fahrzeug abgestellt werden.

Beispiel:

Ein Arbeitnehmer nutzt den vom Arbeitgeber überlassenen Firmenwagen (Listenpreis 25.000,– €) auch für Fahrten zwischen Wohnung und erster Tätigkeitsstätte (15 Entfernungskilometer). Arbeitgeber und Arbeitnehmer haben vereinbart, dass der geldwerte Vorteil entsprechend der tatsächlichen Nutzung ermittelt wird. Dem Arbeitgeber werden deshalb für sämtliche Monate datumsgenaue Erklärungen des Arbeitnehmers vorgelegt. Im Januar hat der Arbeitnehmer das Fahrzeug für 4 Fahrten und im Februar für 16 Fahrten genutzt.

Ermittlung und Versteuerung des geldwerten Vorteils für die Fahrten zwischen Wohnung und erster Tätigkeitsstätte:

Januar:

15 km x 0,002% von 25.000,– € x 4 Tage =	*30,— €*
Davon kann der Arbeitgeber den Vorteil pauschal mit 15% versteuern (vgl. Tz 6.7)	
15 km x 0,30 € x 4 Tage =	*18,— €*
Dem allgemeinen Lohnsteuerabzug unterliegen somit	*12,— €*

Februar:

15 km x 0,002% von 25.000,– € x 16 Tage =	*120,— €*
Davon kann der Arbeitgeber den Vorteil pauschal mit 15% versteuern (vgl. Tz 6.7)	
15 km x 0,30 € x 16 Tage =	*72,— €*
(Die Vereinfachungsregelung von pauschal 15 Fahrten ist bei der 0,002%-Regelung nicht anwendbar.)	
Dem allgemeinen Lohnsteuerabzug unterliegen somit	*48,— €*

Der **individuelle Nutzungswert** (= Fahrtenbuch + Gesamtkosten) ist der auf die Fahrten zwischen Wohnung und erster Tätigkeitsstätte sowie die Fahrten nach § 9 Abs. 1 Satz 3 Nr. 4a Satz 3 EStG entfallende Teilbetrag (vgl. Nr. 1).

Ein geldwerter Vorteil ist für Fahrten zwischen Wohnung und erster Tätigkeitsstätte **nicht** zu erfassen, wenn ein Arbeitnehmer ein Firmenfahrzeug **ausschließlich** an den Tagen für seine Fahrten zwischen Wohnung und erster Tätigkeitsstätte erhält, an denen es erforderlich werden kann, dass er dienstliche Fahrten von der Wohnung aus antritt (z. B. beim Bereitschaftsdienst in Versorgungsunternehmen). Bei Arbeitnehmern mit **ständig wechselnden Tätigkeitsstätten**, die keine erste Tätigkeitsstätte haben (vgl. „Auswärtstätigkeit" Nr. 8) ist für die Fahrten zwischen der Wohnung und der Einsatzstelle ebenfalls kein Nutzungswert anzusetzen; etwas anderes gilt für den Sonderfall des § 9 Abs. 1 Satz 3 Nr. 4a Satz 3 EStG.

Beispiel:

Bei individueller Nutzungswertermittlung:

Aus Vereinfachungsgründen wird bei dieser Methode die genaue Ermittlung des Vorteils nach Ablauf des Jahres vorgenommen und bei den Lohnzahlungen zunächst der Monatsbetrag aus der letzten Abrechnung zugrunde gelegt. Der Arbeitgeber kann aber auch aus Vereinfachungsgründen den geldwerten Vorteil für jeden zu versteuernden gefahrenen Kilometer mit 0,001% des Listenpreises für das Fahrzeug als ***vorläufigen*** *Monatswert heranziehen.*

Jährliche Gesamtkosten:

Betriebskosten einschließlich USt	*12.000,— €*
Absetzung für Abnutzung: tatsächliche Anschaffungskosten einschl. USt 48.000,– €, der Listenpreis von 50.000,– € gilt nicht; Nutzungsdauer im Beispielsfall 8 Jahre	*6.000,— €*
(Nach dem BFH-Urteil vom 29.3.2005, BStBl 2006 II S. 368 kann bei der Berechnung des geldwerten Vorteils eine 8-jährige Nutzungs-	

dauer zugrunde gelegt werden. Dabei gibt es keinen korrespondierenden Ansatz der Abschreibung beim Arbeitnehmer und in der Gewinnermittlung des Arbeitgebers.)

Gesamtkosten		*18.000,— €*
Gesamtfahrstrecke	*50.000 km*	
davon entfallen auf: Fahrten zwischen Wohnung und erster Tätigkeitsstätte (100 Tage x 15 km x 2) =	*3.000 km*	
übrige Privatfahrten	*9.500 km*	
Privatfahrten insgesamt	*12.500 km*	
das sind 25% der Gesamtfahrstrecke; somit entfallen von den Gesamtkosten 25% auf die private Nutzung = steuerpflichtiger Arbeitslohn im Kalenderjahr		*4.500,— €*
Hiervon kann der Arbeitgeber den Vorteil aus den Fahrten zwischen Wohnung und erster Tätigkeitsstätte unter Berücksichtigung der maßgebenden Entfernungspauschale pauschal mit 15% versteuern (vgl. Tz 6.7): 15 km x 0,30 € x 100 Tage im Kalenderjahr		*450,– €*
Dem allgemeinen Lohnsteuerabzug unterliegen im Kalenderjahr		*4.050,–€*

Bei pauschaler Nutzungswertermittlung:

(Angaben über die tatsächliche Nutzung liegen nicht vor.)

für Privatfahrten: 1% von 50.000,– € (Listenpreis) = monatlich	*500,— €*
für Fahrten zwischen Wohnung und erster Tätigkeitsstätte: 15 km x 0,03% von 50.000,– € = monatliche	*225,— €*
Vorteil insgesamt:	*725,— €*
Hiervon kann der Arbeitgeber den Vorteil aus den Fahrten zwischen Wohnung und erster Tätigkeitsstätte unter Berücksichtigung der maßgebenden Entfernungspauschale und von 15 Arbeitstagen im Monat pauschal mit 15% versteuern (vgl. Tz 6.7): 15 km x 0,30 € x 15 Tage im Monat	*67,50 €*
Dem allgemeinen Lohnsteuerabzug unterliegen somit	*657,50 €*

Bei hoher Fahrleistung und einem geringen privaten Nutzungsanteil ist die individuelle Nutzungswertermittlung vielfach günstiger.

3. Familienheimfahrten

Für die wöchentliche Fahrt zum Ort des eigenen Hausstands im Rahmen einer beruflich veranlassten doppelten Haushaltsführung mit dem vom Arbeitgeber überlassenen Kraftfahrzeug ist kein geldwerter Vorteil anzusetzen. Dementsprechend entfällt beim Arbeitnehmer auch ein Werbungskostenabzug. Wird hingegen das Fahrzeug vom Arbeitnehmer für mehr als eine wöchentliche Familienheimfahrt genutzt, so ist für die Mehrfahrten ein geldwerter Vorteil anzusetzen. Bei pauschaler Nutzungswertermittlung beträgt der geldwerte Vorteil für jede zusätzliche Familienheimfahrt 0,002% des Listenpreises (vgl. Nr. 1) zwischen dem Ort des eigenen Hausstands/Familienhausstands und der auswärtigen Unterkunft. Der individuelle Nutzungswert ist der auf die zusätzlichen Familienheimfahrten entfallende Anteil der Gesamtkosten (vgl. Nr. 1).

Beispiel:

Ein verheirateter Arbeitnehmer führt aus beruflichen Gründen eine doppelte Haushaltsführung (Entfernung Familienwohnung–Unterkunft am Beschäftigungsort: 200 km). Von seinem Arbeitgeber hat er einen Firmenwagen (Listenpreis: 30.000,– €) zur Verfügung gestellt, den er nur einmal wöchentlich auch für Familienheimfahrten nutzt. Am Beschäftigungsort selbst fallen keine Fahrten zwischen Arbeitsstätte und Wohnung an.

Folgender geldwerter Vorteil ist zu versteuern:

Privatfahrten:

für jeden Monat 1% von 30.000,– € = *300,– €*

Dieser Betrag unterliegt dem allgemeinen Lohnsteuerabzug.

Für die ***eine*** *wöchentliche Familienheimfahrt (Fahrt zum Ort des eigenen Hausstands) ist kein geldwerter Vorteil anzusetzen.*

Arbeitnehmer, die typischerweise nur an ständig wechselnden Tätigkeitsstätten beruflich tätig sind und keine erste Tätigkeitsstätte haben (vgl. „Auswärtstätigkeit") und dabei am auswärtigen Beschäftigungsort vorübergehend eine Unterkunft beziehen, begründen keine doppelte Haushaltsführung. Daher ist für diese Arbeitnehmer, unabhängig ob mit oder ohne eigenen Hausstand, aus einer Kraftfahrzeugüberlassung für Fahrten zwischen Hauptwohnung und Tätigkeitsstätte bzw. dem Ort der auswärtigen Unterkunft, sowie für Fahrten zwischen auswärtiger Unterkunft und Einsatzstelle kein geldwerter Vorteil anzusetzen.

4. Behandlung der Unfallkosten

Mit R 8.1 Abs. 9 Nr. 2 Sätze 11 bis 16 LStR hat die Finanzverwaltung sowohl für die pauschale Nutzungswertmethode als auch für die Fahrtenbuchmethode festgelegt, dass Unfallkosten grundsätzlich nicht mehr zu den Gesamtkosten eines dem Arbeitnehmer überlassenen Firmenwagens gehören, sondern gesondert zu beurteilen sind. Lediglich Unfallkosten, die – bezogen auf den einzelnen Schadensfall und nach Erstattung von dritter Seite (z. B. Versicherung) – einen Betrag von 1.000,– € (zuzüglich Umsatzsteuer) nicht übersteigen, können aus Vereinfachungsgründen weiterhin in die Gesamtkosten miteinbezogen werden. In Bezug auf die 1-%-Regelung bedeutet diese Vereinfachung, dass Unfallkosten bis zu einem Betrag von 1.000,– € (zzgl. USt) daher weiterhin nicht als zusätzlicher geldwerter Vorteil zu versteuern sind.

Ist der Arbeitnehmer gegenüber dem Arbeitgeber wegen Unfallkosten nach allgemeinen zivilrechtlichen Regeln schadensersatzpflichtig (z. B. Privatfahrten, Trunkenheitsfahrten) und verzichtet der Arbeitgeber (z. B. durch arbeitsvertragliche Vereinbarungen) auf diesen Schadensersatz, liegt in Höhe des Verzichts ein gesonderter geldwerter Vorteil vor. Erstattungen durch Dritte (z. B. Versicherung) sind unabhängig vom Erstattungszeitpunkt des Dritten vorteilsmindernd zu berücksichtigen, so dass der geldwerte Vorteil regelmäßig in Höhe der vereinbarten Selbstbeteiligung anzusetzen ist. Hat der Arbeitgeber auf den Abschluss einer Versicherung verzichtet oder eine Versicherung mit einem Selbstbehalt von mehr als 1.000,– € abgeschlossen, wird aus Vereinfachungsgründen von einem Selbstbehalt von 1.000,– € ausgegangen. Bei diesen Regelungen ist jedoch zu beachten, dass eine Versicherung bei einem vorsätzlichen oder grob fahrlässigen Unfall in der Regel nicht zahlt und deshalb in einem solchen Fall ein geldwerter Vorteil in Höhe des tatsächlichen Schadenersatzverzichts des Arbeitgebers zu erfassen ist.

Liegt keine Schadensersatzpflicht des Arbeitnehmers vor (z. B. Fälle der höheren Gewalt, Verursachung des Unfalls durch einen Dritten) oder ereignet sich der Unfall auf einer beruflich veranlassten Fahrt (Auswärtstätigkeit oder einer Fahrt zwischen Wohnung und erster Tätigkeitsstätte bzw. einer Fahrt i.S.d. § 9 Abs. 1 Satz 3 Nr. 4a Satz 3 EStG), liegt kein geldwerter Vorteil vor, es sei denn, dem Unfall liegt eine Trunkenheitsfahrt zugrunde. Bei Unfällen auf beruflichen Fahrten verzichtet die Finanzverwaltung – wegen der zumindest im Einkommensteuer-Veranlagungsverfahren möglichen Saldierung von Arbeitslohn und Werbungskosten – auf den Ansatz eines geldwerten Vorteils.

5. Berücksichtigung von Nutzungsentgelten des Arbeitnehmers

Die Übernahme von Treibstoffkosten etc. durch den Arbeitnehmer führt bei der 1%-Regelung gemäß R 8.1 Abs. 9 Nr. 1 Satz 5 LStR nicht zur Minderung des geldwerten Vorteils, da übernommene individuelle Kosten kein Entgelt für die Einräumung der Nutzungsmöglichkeit sind (BFH vom 18.10.2007, BStBl 2008 II S. 198). Dagegen mindert sich der Nutzungswert, wenn der Arbeitnehmer an den Arbeitgeber ein **Nutzungsentgelt** für die Kraftfahrzeugüberlassung zahlt. Dabei kommt es nicht darauf an, ob es sich um ein pauschales oder um ein kilometerbezogenes Nutzungsentgelt handelt. Als Nutzungsentgelt erkennt die Finanzverwaltung nach dem BMF-Schreiben vom 19.4.2013, BStBl I S. 513, einen nutzungsunabhängigen pauschalen Betrag (z. B. Monatspauschale), einen an den gefahrenen Kilometern ausgerichteten Betrag (z. B. Kilometerpauschale) oder die vom Arbeitnehmer übernommenen Leasingraten an, wenn diese pauschalen Nutzungsentgelte arbeitsvertraglich oder auf anderer arbeitsrechtlicher Grundlage vereinbart sind. Die vollständige oder teilweise Übernahme einzelner Kfz-Kosten (z. B. Treibstoffkosten, Versicherungsbeiträge, Wagenwäsche) durch den Arbeitnehmer ist kein an der tatsächlichen Nutzung bemessenes Nutzungsentgelt. Auch die nachträgliche Kostenübernahme durch den Arbeitnehmer ist kein Nutzungsentgelt. Daher sollten Arbeitgeber und Arbeitnehmer bei der 1-%-Methode besser die Zahlung eines Entgeltes für die Kraftfahrzeugüberlassung vereinbaren als die Übernahme von laufenden Kosten durch den Arbeitnehmer. Bei der Fahrtenbuchmethode kann der geldwerte Vorteil zwar ebenfalls nicht um die vom Arbeitnehmer getragenen Treibstoffkosten gekürzt werden; allerdings bleiben die vom Arbeitnehmer selbst getragenen Kosten bei der Ermittlung der Gesamtkosten außer Ansatz (R 8.1 Abs. 9 Nr. 2 Satz 8 LStR).

Zuzahlungen des Arbeitnehmers zu den Anschaffungskosten des Fahrzeugs (z. B. wegen Sonderausstattungswünschen des Arbeitnehmers) können auf den geldwerten Vorteil angerechnet werden (vgl. BFH vom 23.10.1992, BStBl 1993 II S. 195). Dies gilt nach R 8.1 Abs. 9 Nr. 4 LStR nicht nur im Zahlungsjahr, sondern auch in den darauf folgenden Kalenderjahren, sofern die Zuzahlung im Zahlungsjahr noch nicht vollständig mit dem geldwerten Vorteil verrechnet werden konnte. Dies gilt jedoch nur, soweit es sich um denselben Firmenwagen handelt [vgl. H 8.1 (9-10) Zuzahlungen des Arbeitnehmers LStH 2017].

Beispiel:

Der PKW wird dem Arbeitnehmer ab 1. Juli 2017 überlassen.

Listenpreis des PKW bei Erstzulassung einschließlich USt	*25.000,– €*
Sonderausstattung einschließlich USt	*5.000,– €*
	30.000,– €
Privatfahrten: 1% monatlich =	*300,– €*
zuzüglich Fahrten zwischen Wohnung und erster Tätigkeitsstätte: angenommene Entfernung 50 km 50 km x 0,03% von 30.000,– € =	*450,– €*
insgesamt monatlich steuerpflichtig	*750,– €*

Die Kosten für die Sonderausstattung trägt der Arbeitnehmer; sie sind im Zahlungsjahr auf den geldwerten Vorteil anzurechnen:

im laufenden Kalenderjahr ab Juli zu erfassender Vorteil: 6 Monate x 750,– € =	*4.500,– €*
abzügl. Arbeitnehmerleistung	*4.500,– €*
zu versteuern im laufenden Jahr somit	*–,– €*

Der im Jahr 2017 noch nicht aufgebrauchte Betrag von 500,– € kann in dieser Höhe auf den geldwerten Vorteil im Januar 2018 angerechnet werden, so dass für dasselbe Fahrzeug im Januar 2018 nur der Restbetrag von 250,– € als geldwerter Vorteil zu erfassen ist.

6. Berücksichtigung der Fahrergestellung

Sie führt zu einem zusätzlichen geldwerten Vorteil (vgl. BFH vom 27.9.1996, BStBl 1997 II S. 147). Dies hat der Bundesfinanzhof mit Urteil vom 15.5.2013, BStBl 2014 II S. 589, ausdrücklich bestätigt. Der zusätzliche geldwerte Vorteil bemisst sich nach Auffassung des BFH grundsätzlich nach dem üblichen Endpreis am Abgabeort, der gegebenenfalls im Schätzungswege zu ermitteln ist. Nach dem hierzu ergangenem BMF-Schreiben vom 15.7.2014, BStBl I S. 1.109, bestehen keine Bedenken diese Schätzung nach R 8.1 Abs. 10 LStR vorzunehmen.

Bei den Fahrten zwischen Wohnung und erster Tätigkeitsstätte kann gemäß R 8.1 Abs. 10 Nr. 1 LStR der zusätzliche geldwerte Vorteil aus der Fahrergestellung mit einem Zuschlag von 50% angesetzt werden Der Zuschlag darf bei der Einkommensteuererklärung des Arbeitnehmers steuerlich nicht berücksichtigt werden, da die Aufwendungen für die Fahrten zwischen Wohnung und erster Tätigkeitsstätte mit der gesetzlichen Entfernungspauschale von 0,30 € abgegolten sind. Aus diesem Verbot folgt, dass der geldwerte Vorteil für die Fahrergestellung vom Arbeitgeber nicht in die Pauschalversteuerung mit 15% (vgl. Tz 6.7) einbezogen werden kann.

Beispiel:

Listenpreis des PKW: 40.000,– €
Entfernung Wohnung – erste Tätigkeitsstätte: 30 km
steuerpflichtiger Vorteil aus der Kfz-Überlassung Wohnung – erste Tätigkeitsstätte:

30 km x 0,03% v. 40.000,– € =	*360,– €*
Fahrerzuschlag 50% =	*180,– €*
Gesamtvorteil	*540,– €*
Davon können vom Arbeitgeber pauschal mit 15% versteuert werden (vgl. im Einzelnen Tz 6.7):	
15 Tage x 0,30 € x 30 km = monatlich	*135,– €*
Durch Lohnsteuerabzug sind monatlich zu erfassen:	*405,– €*

Bei den **übrigen Privatfahrten** ist der Fahrerzuschlag nach dem Umfang der Inanspruchnahme des Fahrers gestaffelt. Die Verwaltung geht dabei in R 8.1 Abs. 10 LStR von folgenden Kriterien aus:

Zuschlag	50%	bei überwiegender Inanspruchnahme des Fahrers
	40%	bei häufigem Selbststeuern des Arbeitnehmers
	25%	bei weit überwiegendem Selbststeuern des Arbeitnehmers

Sogenannte **Leerfahrten**, die bei der Überlassung eines Kraftfahrzeugs mit Fahrer durch die An- und Abfahrten des Fahrers auftreten können, werden bei der Feststellung der privat und der dienstlich zurückgelegten Fahrtstrecken den dienstlichen Fahrtstrecken zugerechnet.

Wird dem Arbeitnehmer aus Sicherheitsgründen ein gepanzerter PKW, der zum Selbststeuern nicht geeignet ist, einschließlich eines Fahrers auch für Privatfahrten zur Verfügung gestellt, entfällt bei der Ermittlung des steuerpflichtigen Vorteils der Zuschlag für die Fahrergestellung.

7. Nutzung von PKWs durch mehrere Arbeitnehmer

Wird ein und dasselbe Kraftfahrzeug von mehreren Arbeitnehmern genutzt, so ist bei pauschaler Nutzungswertermittlung für Privatfahrten (vgl. Nr. 1) der geldwerte Vorteil für jeden Kalendermonat insgesamt nur einmal mit 1% des Listenpreises zu berechnen. Dieser Wert ist dann entsprechend der Zahl der Nutzungsberechtigten aufzuteilen. Für die Fahrten zwischen Wohnung und erster Tätigkeitsstätte (vgl. Nr. 2) ist bei jedem Arbeitnehmer der geldwerte Vorteil mit 0,03% des Listenpreises je Entfernungskilometer zu ermitteln und dieser Wert durch die Zahl der Nutzungsberechtigten aufzuteilen (vgl. BFH vom 15.5.2002, BStBl 2003 II S. 311).

Diese Entscheidung gilt sinngemäß, wenn Fahrzeuge aus einem Fahrzeugpool von mehreren Arbeitnehmern genutzt werden und die Zahl der Nutzungsberechtigten größer ist als die zur Verfügung stehenden Fahrzeuge. In diesem Fall ist bei pauschaler Nutzungswertermittlung der geldwerte Vorteil für Privatfahrten mit 1% der Listenpreise aller Fahrzeuge zu ermitteln und die Summe entsprechend der Zahl der Nutzungsberechtigten aufzuteilen. Für Fahrten zwischen Wohnung und erster Tätigkeitsstätte ist der geldwerte Vorteil mit 0,03% der Listenpreise aller Fahrzeuge zu ermitteln und die Summe durch die Zahl der Nutzungsberechtigten zu teilen; dieser Wert ist beim einzelnen Arbeitnehmer dann mit der Zahl seiner Entfernungskilometer zu multiplizieren.

8. Überlassung eines PKW zu Sammelfahrten

Stellt der Arbeitgeber mehreren Arbeitnehmern einen PKW zu **gemeinsamen** Fahrten zwischen Wohnung und erster Tätigkeitsstätte zur Verfügung, ist der Vorteil nach Maßgabe des § 3 Nr. 32 EStG steuerfrei (vgl. das Stichwort „Sammelbeförderung"). Die Sammelbeförderung muss durch den Arbeitgeber veranlasst sein und darf nicht lediglich auf dem Entschluss des Arbeitnehmers beruhen, einen Kollegen mitzunehmen. Dementsprechend erfordert das Vorliegen einer Sammelbeförderung grundsätzlich eine besondere Rechtsgrundlage. Dies kann ein Tarifvertrag oder eine Betriebsvereinbarung sein (BFH vom 29.1.2009, BStBl 2010 II S. 1.067). Unter diesen Voraussetzungen kann auch die Beförderung von zwei Arbeitnehmern steuerlich bereits als Sammelbeförderung anerkannt werden.

9. Besonderheit bei Behinderten

Behinderte Arbeitnehmer, deren Grad der Behinderung mindestens 70% beträgt, oder deren Grad der Behinderung mindestens 50% beträgt und die außerdem geh- und stehbehindert sind (Merkzeichen "G" im Schwerbehindertenausweis), können an Stelle der gesetzlichen Entfernungspauschale ihre tatsächlichen Aufwendungen geltend machen. Infolgedessen kann der Arbeitgeber bei Überlassung eines PKW den gesamten Vorteil für die Fahrten zwischen Wohnung und erster Tätigkeitsstätte sowie Fahrten nach § 9 Abs. 1 Satz 3 Nr. 4a Satz 3 EStG mit 15% pauschal versteuern. Dies gilt sowohl für die individuelle als auch für die pauschale Nutzungswertermittlung.

10. Sozialversicherung

Der Vorteil aus der Kraftfahrzeugüberlassung gehört, soweit er nicht mit 15% pauschal versteuert wird (vgl. im Einzelnen Tz 6.7), zum beitragspflichtigen Arbeitsentgelt. Der pauschal versteuerte Teil ist beitragsfrei.

11. Private Kfz-Nutzung des Gesellschafter-Geschäftsführers

Zur Frage, ob und in welchen Fällen eine private Kfz-Nutzung des Gesellschafter-Geschäftsführers einer GmbH zu Arbeitslohn oder zu einer verdeckten Gewinnausschüttung führt, wird auf die BFH-Urteile vom 23.1.2008, BStBl 2012 II S. 260, vom 23.4.2009, BStBl 2012 II S. 262 und vom 11.2.2010, BStBl 2012 II S. 266, sowie das BMF-Schreiben vom 3.4.2012, BStBl I S. 478, hingewiesen.

Ist die Nutzung eines betrieblichen Kfz durch einen Gesellschafter-Geschäftsführer durch eine fremdübliche Überlassungs- oder Nutzungsvereinbarung abgedeckt, führt eine unentgeltliche oder verbilligte Nutzung zu Arbeitslohn, der entsprechend den obigen allgemeinen Ausführungen zur Kraftfahrzeugüberlassung zu bewerten ist. Die Überlassungs- oder Nutzungsvereinbarung kann auch durch eine – ggf. vom schriftlichen Arbeitsvertrag abweichende – mündliche oder konkludente Vereinbarung zwischen der Kapitalgesellschaft und dem Gesellschafter-Geschäftsführer erfolgen, wenn entsprechend dieser Vereinbarung auch für außen stehende Dritte zweifelsfrei erkennbar tatsächlich verfahren wird (insbesondere durch zeitnahe Verbuchung des Lohnaufwands und Abführung der Lohnsteuer).

Liegt keine fremdübliche Überlassungs- oder Nutzungsvereinbarung oder eine darüber hinausgehende oder einem ausdrücklichen Verbot widersprechende Nutzung vor, führt die Nutzung sowohl bei einem beherrschenden Gesellschafter-Geschäftsführer als auch bei einem nicht beherrschenden Gesellschafter-Geschäftsführer zu einer verdeckten Gewinnausschüttung.

12. Überlassung von Elektrofahrzeugen

Zur Förderung der Elektromobilität und vor dem Hintergrund, dass Elektrofahrzeuge im Vergleich zu Fahrzeugen mit Verbrennungsmotor derzeit erheblich teuerer sind, hat der Gesetzgeber mit dem Amtshilferichtlinie-Umsetzungsgesetz einen zeitlich befristeten sog. Nachteilsausgleich eingeführt, der sowohl bei der pauschalen Nutzungswertmethode als auch bei der Gesamtkosten/Fahrtenbuchmethode Anwendung findet.

Bei der privaten Nutzung und der Nutzung für Fahrten zwischen Wohnung und erster Tätigkeitsstätte bzw. Fahrten i.S.d. § 9 Abs. 1 Satz 3 Nr. 4a Satz 3 EStG sowie Mehrfachfahrten im Rahmen der doppelten Haushaltsführung dürfen bei Fahrzeugen mit Antrieb ausschließlich durch Elektromotoren, die ganz oder überwiegend aus mechanischen oder elektrochemischen Energiespeichern oder aus emissionsfrei betriebenen Energiewandlern gespeist werden **(Elektrofahrzeuge)**, oder bei extern aufladbaren Hybridelektrofahrzeugen der Listenpreis im Zeitpunkt der Erstzulassung bzw. die Gesamtkosten dieser Fahrzeuge um die darin enthaltenen Kosten des Batteriesystems pauschal wie folgt gemindert werden:

Für **bis zum 31.12.2013** angeschaffte Elektro- oder Hybridelektrofahrzeuge beträgt diese pauschale Minderung 500,– € pro kWh Batteriekapazität. Die Minderung beträgt pro Kfz höchstens 10.000,– €.

Für **nach dem 31.12.2013** angeschaffte Elektro- oder Hybridelektrofahrzeuge wird die Förderung jahrgangsweise abgeschmolzen, so dass in den Folgejahren sich der pauschale Minderungswert um jährlich 50,– € pro kWh Batteriekapazität und der Höchstbetrag um jährlich 500,– € vermindert.

Weitere Einzelheiten sind im BMF-Schreiben vom 5.6.2014, BStBl I S. 835, zusammengefasst.

13. Gesetz zur steuerlichen Förderung der Elektromobilität im Straßenverkehr

Nach dem Gesetz zur steuerlichen Förderung der Elektromobilität im Straßenverkehr vom 7.11.2016, BGBl. I S. 2.498, und dem BMF-Schreiben vom 14.12.2016, das im BStBl I veröffentlicht wird, bleibt befristet für die Zeit vom 1.1.2017 bis 31.1.2020 der zusätzlich zum ohnehin geschuldeten Arbeitslohn vom Arbeitgeber gewährte Vorteil für das **elektrische Aufladen (wie der Ladestrom)** eines Elektrofahrzeugs oder Hybridelektrofahrzeugs i.S.d. § 6 Abs. 1 Nr. 4 Satz 2 zweiter Halbsatz EStG **steuerfrei**, wenn das Aufladen an einer ortsfesten betrieblichen Einrichtung des Arbeitgebers oder eines verbundenen Unternehmens (§ 15 AktG) steuerfrei. Zum begünstigten Personenkreis gehören die eigenen Arbeitnehmer, Arbeitnehmer verbundener Unternehmen sowie Leiharbeitnehmer, die den Ladestrom im Betrieb des Entleihers beziehen. **Nicht begünstigt** ist der Ladestrom beim Aufladen zu Hause beim Arbeitnehmer, bei einem Dritten oder an einer von einem fremden Dritten betriebenen Ladevorrichtung.

Begünstigt ist das Aufladen sowohl privater Elektrofahrzeuge oder Hybridelektrofahrzeuge des Arbeitnehmers als auch das Aufladen betrieblicher Fahrzeuge des Arbeitgebers (Dienstwagen), die der Arbeitnehmer auch privat und/oder für Fahrten zwischen Wohnung und erster Tätigkeitsstätte nutzen darf. Zu den begünstigten Fahrzeugen zählen auch Elektrofahrräder, wenn diese verkehrsrechtlich als Kraftfahrzeuge einzuordnen sind (siehe Stichwort „Fahrrad").

Wird der geldwerte Vorteil aus der privaten Nutzung des Dienstwagens zu privaten Zwecken und/oder für Fahrten zwischen Wohnung und erster Tätigkeitsstätte nach **der pauschalen Nutzungswertmethode** ermittelt, ist der geldwerte Vorteil für den vom Arbeitgeber verbilligt oder unentgeltlich gestellten Ladestroms abgegolten.

Bei Anwendung der **individuellen Nutzungswertermittlung** nach nach der Fahrtenbuchmethode bleibt nach dem BMF-Schreiben vom 14.12.2016, das im BStBl I veröffentlicht wird, der nach § 3 Nr. 46 EStG steuerfreie Ladestrom bei der Ermittlung der Gesamtkosten des Fahrzeugs außer Ansatz.

Aus Vereinfachungsgründen ist der Arbeitgeber nicht verpflichtet, die nach § 3 Nr. 46 EStG steuerfreien Vorteile im Lohnkonto des Arbeitnehmers aufzuzeichnen.

Zur Pauschalierung bei Übereignung von Ladestromvorrichtungen und Zuschüssen zu solchen siehe Tz 6.6.

14. Überlassung von Elektrofahrrädern und Fahrrädern

Siehe Stichwort „Fahrrad".

Krankengeldzuschuss

Der gesetzliche Anspruch auf Lohnfortzahlung endet grundsätzlich nach 6 Wochen Krankheit. Danach bezieht der Arbeitnehmer Krankengeld von der gesetzlichen Krankenkasse oder einer entsprechenden privaten Krankenversicherung. In manchen

Beschäftigungsverhältnissen wird vom Arbeitgeber nach Ablauf der 6-wöchigen gesetzlichen Lohnfortzahlung ein Zuschuss zum Krankengeld entweder freiwillig oder nach tariflichen Bestimmungen gezahlt.

Dieser Krankengeldzuschuss ist steuerpflichtig, und zwar unabhängig davon, ob das Krankengeld von der gesetzlichen Krankenkasse oder von einer privaten Krankenversicherung gezahlt wird.

Der Arbeitgeber muss wegen der Unterbrechung des Anspruchs auf Arbeitslohn im Lohnkonto den Großbuchstaben „**U**" eintragen, wenn der Lohnanspruch mindestens 5 Tage im Wesentlichen entfällt. Dies ist z. B. der Fall, wenn der Arbeitgeber nach Ablauf der 6-wöchigen gesetzlichen Lohnfortzahlung lediglich einen Krankengeldzuschuss oder die vermögenswirksame Leistung gewährt. Die Anzahl der „**U**" ist außerdem in der Lohnsteuerbescheinigung zu vermerken.

In der Sozialversicherung gehört der Zuschuss des Arbeitgebers zum Krankengeld nach Maßgabe des § 23c SGB IV in der Regel nicht zu den beitragspflichtigen Einnahmen.

Krankenversicherung

Beiträge des Arbeitgebers zur Krankenversicherung des Arbeitnehmers sind steuerfrei, soweit sie aufgrund **gesetzlicher Verpflichtung** zu leisten sind. Im gleichen Umfang gehören sie auch nicht zum Arbeitsentgelt in der Sozialversicherung. Auch Beiträge für eine inländische Krankenversicherung der (ausländischen) Arbeitnehmer können steuerfrei sein, wenn der Arbeitgeber nach einer zwischenstaatlichen Verwaltungsvereinbarung, die ihrerseits auf einer gesetzlichen Ermächtigung beruht, zur Leistung verpflichtet ist (§ 3 Nr. 62 Satz 1 3. Alternative EStG; BFH vom 14.4.2011, BStBl II S. 767). Im Übrigen ist hinsichtlich der gesetzlichen Verpflichtung des Arbeitgebers zu unterscheiden zwischen pflichtversicherten, freiwillig in der gesetzlichen Krankenkasse versicherten und in einer privaten Krankenkasse versicherten Arbeitnehmern.

1. Pflichtversicherte

Der Arbeitgeber hat die Hälfte des Beitrags zur gesetzlichen Krankenkasse (z. B. AOK, Betriebskrankenkasse, Innungskrankenkasse oder Ersatzkasse) zu tragen. Dies gilt nur für den allgemeinen und ermäßigten Beitragssatz, nicht aber für den kassenindividuellen oder durchschnittlichen Zusatzbeitragssatz. Diesen Zusatzbeitrag hat der Arbeitgeber zwar ebenfalls vom Arbeitslohn einzubehalten, er ist jedoch grundsätzlich allein vom Arbeitnehmer zu tragen. Übernimmt der Arbeitgeber einen höheren Beitragsanteil als er gesetzlich zu Tragen verpflichtet ist, stellt dieser Teil eine steuer- und beitragspflichtige Zukunftssicherungsleistung dar. Dies gilt auch für den kassenindividuellen oder durchschnittlichen Zusatzbeitragssatz, der vom Arbeitnehmer allein zu tragen ist und deshalb vom Arbeitgeber nicht steuerfrei erstattet werden kann.

2. Freiwillig in der gesetzlichen Krankenkasse Versicherte,

die wegen Überschreitung der Jahresarbeitsentgeltgrenze versicherungsfrei sind (vgl. Tz 1.12), haben gemäß § 257 Abs. 1 SGB V Anspruch auf einen Zuschuss zum Krankenversicherungsbeitrag. Für den Zusatzbeitragssatz besteht hingegen kein Anspruch auf einen Zuschuss, da dieser Sonderbeitrag allein vom Arbeitnehmer zu tragen ist. Der Arbeitgeber muss als Zuschuss die Hälfte des Beitrags aufbringen, der für einen pflichtversicherten Arbeitnehmer bei der Krankenkasse zu zahlen wäre, bei der die freiwillige Versicherung besteht; höchstens muss der Arbeitgeber die Hälfte des tatsächlichen Beitrags übernehmen. Darüber hinausgehende Beitragsleistungen des Arbeitgebers erfolgen freiwillig und sind deshalb steuer- und beitragspflichtig.

3. In einer ausländischen gesetzlichen Krankenversicherung Versicherte,

gilt hinsichtlich der steuerlichen Behandlung der Zuschüsse an einen Arbeitnehmer für dessen Versicherung in einer ausländischen gesetzlichen Krankenversicherung innerhalb der EU, des EWR (Norwegen, Liechtenstein und Island) sowie im Verhältnis zur Schweiz nach dem BMF-Schreiben vom 30.1.2014, BStBl I S. 210, das Gleiche, wie bei einer freiwilligen Mitgliedschaft bei einer inländischen gesetzlichen Krankenkasse.

4. In einer privaten Krankenkasse Versicherte,

die wegen Überschreitens der Jahresarbeitsentgeltgrenze versicherungsfrei sind oder von der Versicherungspflicht befreit wurden oder die nicht mehr in die gesetzliche Krankenversicherung gelangen können (vgl. Nr. 5), haben gemäß § 257 Abs. 2 und 2a SGB V Anspruch auf einen Zuschuss zum Krankenversicherungsbeitrag. Voraussetzung ist, dass der private Versicherungsschutz Leistungen zum Inhalt hat, die ihrer Art nach auch bei gesetzlicher Krankenversicherung bestehen, und eine Bescheinigung des Versicherungsunternehmens über die Zuschussfähigkeit des Vertrags vorliegt. Die Höhe des Arbeitgeberzuschusses bemisst sich nach § 257 Abs. 2 Satz 2 SGB V; eine leistungsbezogene Begrenzung des Zuschusses sieht § 257 Abs. 2 Satz 2 SGB V nicht vor, so dass Beiträge zur privaten Krankenversicherung im Rahmen des § 257 SGB V zuschussfähig sind, auch wenn der Krankenversicherungsvertrag Leistungserweiterungen enthält (§ 11 Abs. 1, § 257 Abs. 2 Satz 1 SGB V). Ist die Krankenversicherung bei einem Versicherungsunternehmen abgeschlossen, das in einem anderen Land der EU seinen Sitz hat, muss der Arbeitnehmer für die Steuerfreiheit des Arbeitgeberzuschusses entsprechend dem BFH-Urteil vom 22.7.2008, BStBl II S. 894, nachweisen, dass dieses Versicherungsunternehmen vergleichbare Leistungen erbringt. Für privat krankenversicherte Arbeitnehmer ist der Arbeitgeberzuschuss auf einen bestimmten Höchstbetrag begrenzt. Dieser beträgt für das Jahr 2017 unter Berücksichtigung der Beitragsbemessungsgrenze 2017 für das gesamte Bundesgebiet [4.350,– € x 14,6% : 2 =] 317,55 €. Im Übrigen umfasst nach dem BSG-Urteil vom 20.3.2013, B 12 KR 4/11 R, der Anspruch eines privat krankenversicherten Arbeitnehmers gegen seinen Arbeitgeber nach § 257 SGB V auf einen Beitragszuschuss zur privaten Krankenversicherung nicht die Beiträge für seine freiwillig in der gesetzlichen Krankenversicherung versicherte Ehefrau.

Für Arbeitnehmer, die bei Mitgliedschaft in der gesetzlichen Krankenversicherung **keinen Anspruch auf Krankengeld** hätten (z. B. Altersrentner oder in der Freistellungsphase der Altersteilzeit), beträgt nach § 257 Abs. 2 Satz 3 SGB V der Höchstbetrag des Beitragszuschusses für das Jahr 2017 [4.350,- € x 14,0% : 2 =] **304,50 €**.

Zu beachten ist, dass der Arbeitgeber nicht mehr als die Hälfte des tatsächlichen Krankenversicherungsbeitrags des Arbeitnehmers als Zuschuss zu zahlen hat. Darüber hinausgehende Beitragsleistungen des Arbeitgebers erfolgen freiwillig und sind deshalb steuer- und beitragspflichtig. Zahlt der Arbeitgeber den Zuschuss an den

Arbeitnehmer aus, kann das Versicherungsunternehmen in die Bescheinigung über die Zuschussfähigkeit der Versicherung gleichzeitig den für die Steuerfreiheit erforderlichen Nachweis über die zweckentsprechende Verwendung des Zuschusses aufnehmen. Dieser Nachweis muss nach Ablauf eines jeden Kalenderjahres erbracht werden. Diese Zuschuss-Bescheinigung darf nicht mit der Beitragsmitteilung der privaten Krankenversicherung über die Höhe der im Lohnsteuerabzugsverfahren vom Arbeitgeber zu berücksichtigenden Basiskranken- und Pflegepflichtversicherungsbeiträge verwechselt werden.

Zahlungen des Arbeitgebers an ausländische Versicherungsunternehmen sind nicht steuerfrei, wenn sie lediglich auf vertraglicher und nicht auf gesetzlicher Grundlage entrichtet werden (BFH vom 28.5.2009, BStBl II S. 857).

5. Von der gesetzlichen Krankenversicherung ausgeschlossene Über-55-Jährige

Bestimmte Beschäftigte sind von der Rückkehr aus der privaten in die gesetzliche Krankenversicherung ausgeschlossen. Das gilt selbst dann, wenn der privat Krankenversicherte z. B. wegen Unterschreitens der Jahresarbeitsentgeltgrenze eigentlich wieder versicherungspflichtig werden würde oder erstmals eine versicherungspflichtige Tätigkeit aufnimmt.

Von der Regelung sind gemäß § 6 Abs. 3a SGB V diejenigen Arbeitnehmer betroffen,

a) die nach Vollendung des 55. Lebensjahres versicherungspflichtig werden,

b) wenn sie in den letzten 5 Jahren zuvor keiner gesetzlichen Krankenkasse angehörten und

c) wenn sie in diesen 5 Jahren zumindest 2 $^1/_2$ Jahre lang aufgrund ihres Status keiner gesetzlichen Krankenkasse angehören mussten (z. B. als Höherverdienende oder Selbstständige).

Diese Arbeitnehmer müssen sich privat krankenversichern. Hinsichtlich des vom Arbeitgeber gemäß § 257 Abs. 2 SGB V zu leistenden Zuschusses gelten die obigen Ausführungen bei Nr. 4.

6. Bescheinigungspflichten

Die steuerfrei gezahlten Zuschüsse des Arbeitgebers zur Krankenversicherung und die Arbeitnehmeranteile sind vom Arbeitgeber in die Lohnsteuerbescheinigung entsprechend § 41b EStG und den BMF-Schreiben vom 30.7.2015, BStBl I S. 614, und vom 31.8.2016, BStBl I S. 1.004, einzutragen.

Kreditkarten

Übernimmt der Arbeitgeber die Gebühr für eine **Kreditkarte des Arbeitnehmers**, so ist die Übernahme der Kreditkartengebühr durch den Arbeitgeber in voller Höhe nach § 3 Nr. 16 EStG steuer- und beitragsfrei, wenn gewährleistet ist, dass die Kreditkarte ausschließlich zur Abrechnung von Reisekosten und Auslagenersatz eingesetzt wird. Hierfür ist es erforderlich, dass der Arbeitgeber auf den monatlich vorgelegten Kreditkartenabrechnungen sämtliche der dort ausgewiesenen Transaktionen im Rahmen der Reisekostenabrechnung kontrolliert und die Kreditkartenabrechnung zum Lohnkonto nimmt.

Werden mit der Kreditkarte andere Umsätze als Reisekosten oder Auslagenersatz ausgeführt, so kann nur der Anteil der übernommenen Kreditkartengebühr nach § 3 Nr. 16 EStG steuer- und beitragsfrei bleiben, der dem Volumenanteil der abgebuchten Beträge für Reisekosten und Auslagenersatz an den gesamten Abbuchungen entspricht.

Falls steuerpflichtige Anteile zu erfassen sind, ist zudem zu beachten, dass aufgrund eines zwischen dem Arbeitgeber und der Kreditkartenorganisation abgeschlossenen Rahmenabkommens eventuell eine verbilligte Kreditkartengebühr zu entrichten ist, und dadurch dem Arbeitnehmer Sachbezüge zufließen. Auf diese findet ggf. die Freigrenze von monatlich 44,– € Anwendung (vgl. „Sachbezüge" Nr. 4).

Die Überlassung von **Firmenkreditkarten** (die Kreditkarte wird über ein Konto des Arbeitgebers abgerechnet) zur ausschließlichen beruflichen Verwendung durch den Arbeitnehmer, z. B. anlässlich von Dienstreisen und Kundenbewirtungen, ist steuer- und beitragsfrei. Eine gelegentliche Benutzung zu privaten Zwecken durch den Arbeitnehmer ist unschädlich, wenn sie insgesamt untergeordneter Bedeutung ist.

Kuraufwendungen

Die vom Arbeitgeber getragenen Kosten für Kuraufenthalte der Arbeitnehmer gehören in der Regel zum steuer- und beitragspflichtigen Arbeitslohn (BFH vom 31.10.1986, BStBl 1987 II S. 142 und vom 11.3.2010, BStBl II S. 763).

Die Übernahme solcher Aufwendungen ist nur dann steuer- und beitragsfrei, wenn aus den besonderen Umständen bei der Durchführung und dem Ablauf der Kur das ganz überwiegende betriebliche Interesse des Arbeitgebers an dem Kuraufenthalt des Arbeitnehmers deutlich wird. Die Kostentragung für Kreislauftrainingskuren, die der Arbeitgeber selbst durchführt und von eigenen Betriebsärzten leiten lässt und bei denen er die Art und Weise der Auswahl der Kurteilnehmer, die Planung und Überwachung der Kuranwendungen bestimmt, ist deshalb kein Arbeitslohn (BFH vom 24.1.1975, BStBl II S. 340). Auf das Stichwort „betriebliche Gesundheitsförderung" wird ergänzend hingewiesen.

Kurzarbeitergeld

1. Das Kurzarbeitergeld ist als Lohnersatzleistung gemäß § 3 Nr. 2 EStG **steuerfrei**. Es unterliegt aber dem Progressionsvorbehalt, der vom Finanzamt bei der Einkommensteuerveranlagung berechnet wird. Deshalb muss das Kurzarbeitergeld in der Lohnsteuerbescheinigung erfasst werden.

2. Die beitragsrechtliche Behandlung bei Kurzarbeit ist je nach Sozialversicherungszweig unterschiedlich geregelt:

   a) Zur **Arbeitslosenversicherung** wird nur das tatsächliche, für die verkürzte Arbeitszeit gezahlte Arbeitsentgelt herangezogen. Das Kurzarbeitergeld ist also beitragsfrei.

   b) In der **Renten-, Kranken- und Pflegeversicherung** gelten nach §§ 163 Abs. 6 SGB VI, 232a Abs. 2 SGB V und 57 Abs. 1 SGB XI im Falle des Bezugs von Kurzarbeitergeld (oder Saison-Kurzarbeitergeld) als beitragspflichtige Einnahmen 80% des Unterschiedsbetrags zwischen dem Sollentgelt und dem

Istentgelt nach § 106 SGB III. Sollentgelt ist das Bruttoarbeitsentgelt, das der Arbeitnehmer ohne den Arbeitsausfall und vermindert um Entgelt für Mehrarbeit in dem Anspruchszeitraum erzielt hätte.

Istentgelt ist dagegen das Bruttoarbeitsentgelt, das der Arbeitnehmer in dem Anspruchszeitraum tatsächlich erzielt hat, zuzüglich aller ihm zustehenden Entgeltanteile. Arbeitsentgelte wie Zulagen oder Zuschläge, die dem Arbeitnehmer arbeitsrechtlich zustehen, aber nicht gezahlt worden sind, werden wie erzieltes Entgelt behandelt und wirken sich somit mindernd auf die Höhe des Kurzarbeitergeldes aus. Soweit Beiträge für Kurzarbeitergeld (oder Saison-Kurzarbeitergeld) zu zahlen sind, hat der Arbeitgeber die Beiträge allein zu tragen. Auf Tz 1.11 Buchstabe b wird hingewiesen.

3. Gewährt der Arbeitgeber einen Zuschuss zum Kurzarbeitergeld, gehört dieser wie das Entgelt für die tatsächliche Arbeitsleistung zum steuerpflichtigen Arbeitslohn des Lohnzahlungszeitraums. In der Sozialversicherung gehören die Zuschüsse des Arbeitgebers zum Kurzarbeitergeld nicht zum Arbeitsentgelt, soweit die Zuschüsse zusammen mit dem Kurzarbeitergeld 80% des Unterschiedsbetrags zwischen dem Soll- und dem Istentgelt nach § 106 SGB III nicht übersteigen (vgl. § 1 Abs. 1 Nr. 8 SvEV – Anlage 2 im Handbuch).

Die für das Jahr 2017 gültige Tabelle über die pauschalierten Nettoentgelte für das Kurzarbeitergeld ist mit der Verordnung vom 10.12.2016 im BGBl. I S. 2.893, veröffentlicht. Ein ausführliches Beispiel zur Lohnabrechnung bei Kurzarbeit enthält der Ratgeber „Praktische Lohnabrechnung".

Lebensversicherung

1. **Freiwillige oder nach arbeitsvertraglicher Verpflichtung übernommene Beiträge** zu einer Lebensversicherung des Arbeitnehmers gehören zum steuerpflichtigen Arbeitslohn und zum beitragspflichtigen Arbeitsentgelt. Das Gleiche gilt für Zuschüsse zum Prämienaufwand des Arbeitnehmers.

   Handelt es sich bei der Lebensversicherung um eine „Direktversicherung", wird hinsichtlich der steuerlichen Behandlung dieser Beiträge auf Tz 6.11 (Pauschalversteuerung) und Tz 13 (Steuerfreiheit) verwiesen.

2. Der Zuschuss des Arbeitgebers zu einer **befreienden Lebensversicherung** ist in § 3 Nr. 62 EStG dem gesetzlichen Arbeitgeberanteil gleichgestellt. Er ist somit steuer- und beitragsfrei. Das Gleiche gilt für eine entsprechende freiwillige Versicherung in der gesetzlichen Rentenversicherung oder bei einer öffentlich-rechtlichen Versicherungs- oder Versorgungseinrichtung der Berufsgruppe.

   Betroffen sind hiervon Arbeitnehmer, die auf eigenen Antrag nach bestimmten rentenversicherungsrechtlichen Vorschriften im Zusammenhang mit der Einführung der verdienstunabhängigen Rentenversicherungspflicht im Jahr 1968 befreit worden sind. Ein steuerfreier Zuschuss kann auch gezahlt werden, wenn der Arbeitnehmer auf Antrag des Arbeitgebers von der gesetzlichen Rentenversicherung befreit worden ist und die Leistungen aus dem Versicherungsverhältnis auf die vom Arbeitgeber im Dienstvertrag zugesagten Versorgungsleistungen angerechnet werden (BFH vom 20.5.1983, BStBl II S. 712). Für die Steuerfreiheit von Arbeitgeberzuschüssen ist der gegenwärtige Versicherungsstatus des Arbeitnehmers maßgebend. Die Zuschüsse sind daher nicht nach § 3 Nr. 62 Satz 2 EStG steuerfrei, wenn der Arbeitnehmer als nunmehr beherrschender Gesellschafter-Geschäftsführer kraft Gesetzes rentenversicherungsfrei geworden ist, auch wenn er sich ursprünglich auf eigenen Antrag von der Rentenversicherungspflicht hatte befreien lassen (BFH vom 10.10.2002, BStBl II S. 886).

Der Zuschuss ist nur insoweit steuerfrei und beitragsfrei in der Sozialversicherung als er den Betrag nicht überschreitet, den der Arbeitgeber als Arbeitgeberanteil zur allgemeinen Rentenversicherung zu leisten hätte, wenn der Arbeitnehmer nicht befreit worden wäre.

Beispiel (West):

Monatliche Beitragsbemessungsgrenze (West) in der allgemeinen Rentenversicherung für das Jahr 2017 nunmehr:	*6.350,— €*
Arbeitgeberanteil zur allgemeinen Rentenversicherung: weiterhin 9,35%	*593,73 €*

Der steuerfreie Zuschuss zu einer befreienden Lebensversicherung kann somit höchstens 593,73 € betragen. Voraussetzung ist, dass der Arbeitnehmer mindestens den doppelten Betrag für die Lebensversicherung aufwendet und dem Arbeitgeber durch eine Bescheinigung des Versicherungsträgers die zweckentsprechende Verwendung des Zuschusses bis spätestens 30. April des folgenden Kalenderjahres nachweist. Die Bescheinigung muss der Arbeitgeber als Unterlage zum Lohnkonto aufbewahren.

Die spätere Kapitalauszahlung aus der befreienden Lebensversicherung führt nach dem BSG-Urteil vom 5.5.2010, B 12 KR 15/09 R nicht zu in der Kranken- und Pflegeversicherung beitragspflichtigen Leistungen i.S.d. § 228 oder § 229 SGB V.

Lehrabschlussprämien

sind steuer- und beitragspflichtig (BFH vom 22.3.1985, BStBl II S. 641).

Lohnfortzahlung im Krankheitsfall

Nach dem Entgeltfortzahlungsgesetz ist der Arbeitslohn für Arbeiter und Angestellte in der Zeit der Arbeitsunfähigkeit vom Arbeitgeber bis zu 6 Wochen weiterzuzahlen. Überstundenvergütungen müssen bezüglich des nach dem Lohnfortzahlungsgesetz fortzuzahlenden Arbeitsentgeltes nicht berücksichtigt werden. Der fortgezahlte Arbeitslohn ist steuer- und beitragspflichtig. Soweit bei der Berechnung des Fortzahlungsanspruchs z. B. aufgrund tarifvertraglicher Regelung Zuschläge für Sonntags-, Feiertags- und Nachtarbeit berücksichtigt werden, ist zu beachten, dass diese Zuschläge für die Zeit der Arbeitsunfähigkeit nicht steuer- und beitragsfrei bleiben können, da sie nicht für tatsächlich geleistete Sonntags-, Feiertags- und Nachtarbeit gezahlt werden.

Lohnverzicht

s. „Gehaltsverzicht"

Lohnzahlung durch Dritte

1. Verpflichtung zum Lohnsteuerabzug

Dem Lohnsteuerabzug unterliegt nicht nur der vom Arbeitgeber, sondern unter bestimmten Voraussetzungen auch der von einem Dritten gezahlte Arbeitslohn. Der Arbeitgeber hat auch von diesen Lohnteilen den Steuerabzug vorzunehmen, wenn er weiß oder erkennen ka nn, dass derartige Vergünstigungen von einem Dritten erbracht werden. Den Dritten treffen keine lohnsteuerlichen Pflichten. Die Verpflichtung des Arbeitgebers zur Vornahme des Lohnsteuerabzugs geht einher mit der gesetzlichen Anzeigepflicht des Arbeitnehmers gegenüber seinem Arbeitgeber (vgl. Nr. 3). Die Verpflichtung zum Lohnsteuerabzug betrifft insbesondere folgende Sachverhalte:

a) Leistungen an den Dritten

Der Dritte zahlt für eine Leistung, die der Arbeitnehmer zwar ihm gegenüber erbringt, die dieser aber dem Arbeitgeber aus dem Dienstverhältnis schuldet. Der Arbeitgeber ist in diesen Fällen zum Lohnsteuerabzug verpflichtet, wenn der Arbeitslohn von dem Dritten im Rahmen des Dienstverhältnisses für eine Arbeitsleistung gezahlt wird.
Hierzu gehören

- „**Trinkgelder**" (vgl. dieses Stichwort);
- **Beteiligungen des Krankenhauspersonals an den Liquidationseinnahmen der Chefärzte.** In der Regel erfolgt die Mitarbeit des Krankenhauspersonals im Rahmen des Dienstverhältnisses zum Krankenhausträger. Vergütungen, die der Chefarzt für diese Mitarbeit aus seinen Liquidationseinnahmen dem Krankenhauspersonal zahlt, müssen deshalb vom Krankenhausträger bei den Mitarbeitern lohnsteuerlich erfasst werden. Dabei ist es unerheblich, ob der Chefarzt die Mitarbeiter freiwillig oder aufgrund besonderer Verpflichtung beteiligt, ob er Zahlungen direkt an Mitarbeiter leistet oder ob er die Mittel einem Pool zuführt, der die Zuwendungen verteilt.

  Nur wenn ausnahmsweise gegenüber dem Krankenhausträger keine Verpflichtung des Krankenhauspersonals zur Mitarbeit im Liquidationsbereich des Chefarztes gegeben ist, entfällt für den Krankenhausträger die Verpflichtung zum Lohnsteuerabzug. In solchen Fällen ist der Chefarzt insoweit selbst Arbeitgeber und hat die lohnsteuerlichen Pflichten zu erfüllen.
- **Provisionen**, die Arbeitnehmer von Kreditinstituten für den Abschluss von Bauspar- oder Versicherungsverträgen von Bausparkassen oder Versicherungsunternehmen erhalten. Dies gilt allerdings nur für solche Bankangestellte, zu deren Aufgabengebiet der Abschluss von solchen Verträgen gehört, da nur bei diesen die Vergütungen im Rahmen des Dienstverhältnisses anfallen. Zum steuerpflichtigen Arbeitslohn gehören in diesen Fällen auch die Vergütungen für Eigenversicherungen und im Verwandtenbereich abgeschlossene Verträge, und zwar unabhängig davon, ob der Abschluss während oder außerhalb der Bankdienstzeit getätigt wird.

  Ist aufgrund der vertraglichen Gestaltung das Kreditinstitut gegenüber der Bausparkasse oder dem Versicherungsunternehmen provisionsberechtigt und leitet es die Provisionen an seine Arbeitnehmer weiter, liegt stets Arbeitslohn vor, unabhängig davon, ob es sich um Arbeitnehmer mit oder ohne Kundenkontakt handelt, und unabhängig davon, ob die Verträge während der Dienstzeit oder in der Freizeit abgeschlossen wurden. Da das Kreditinstitut in diesem Fall selbst der Vermittler ist, bleibt die auf Eigenverträge der Arbeitnehmer entfallende Provision im Rahmen des § 8 Abs. 3 EStG (Rabattfreibetrag 1.080,– €) steuerfrei (vgl. „Personalrabatte").

b) Dritter als Zahlstelle

Der Dritte zahlt aufgrund **konkreter Vereinbarungen mit dem Arbeitgeber**, z. B.

- eine Unterstützungskasse zahlt die mit dem Arbeitgeber vereinbarten Leistungen an die Arbeitnehmer;
- Unterstützungsleistungen oder Erholungsbeihilfen werden über eine Sonderkasse (Betriebsratskasse) abgewickelt.

c) Rabattgewährung durch Dritte

Auch Preisvorteile und Rabatte, die Arbeitnehmern von Dritten gewährt werden, sind dann Arbeitslohn, wenn sie sich für den Arbeitnehmer als Frucht seiner Arbeit für den Arbeitgeber darstellen und wenn sie im Zusammenhang mit dem Dienstverhältnis stehen. Ein überwiegend eigenwirtschaftliches Interesse des Dritten schließt demgegenüber die Annahme von Arbeitslohn dagegen in der Regel aus. Arbeitslohn liegt auch dann nicht vor, wenn und soweit der Preisvorteil auch fremden Dritten üblicherweise im normalen Geschäftsverkehr eingeräumt wird (z. B. Mengenrabatte). Unter Berücksichtigung der BFH-Urteile vom 18.10.2012, BStBl 2015 II S. 184 (zu Rabatten bei einem Mitarbeiter-Vorteilsprogramm im Arzneihandel) und vom 10.4.2014, BStBl 2015 II S. 191 (zu Rabatten beim Abschluss von Versicherungsverträgen, wenn die Rabatte auch fremden Dritten eingeräumt werden), kann bezüglich der steuerlichen Behandlung von Preisvorteilen, die Arbeitnehmern von dritter Seite eingeräumt werden, in Bezug auf das Vorliegen von Arbeitslohn nach dem BMF-Schreiben vom 20.1.2015, BStBl I S. 143, von Folgendem ausgegangen werden:

- Preisvorteile gehören zum Arbeitslohn, wenn der Arbeitgeber an der Verschaffung dieser Preisvorteile **aktiv** mitgewirkt hat. Das ist im Regelfall der Fall, wenn der Arbeitgeber
  - durch sein Handeln einen Anspruch des Arbeitnehmers auf den Preisvorteil gesichert hat (z. B. durch den Abschluss eines Rahmenvertrags mit einem Lieferanten) oder
  - für den Dritten Verpflichtungen übernommen hat (z. B. Inkassotätigkeit).
- An einer aktiven Mitwirkung des Arbeitgebers an der Verschaffung von Preisvorteilen fehlt es aber, wenn sich seine Beteiligung darauf beschränkt
  - Angebote Dritter in seinem Betrieb z. B. am „schwarzen Brett", im betriebseigenen Intranet oder in einem Personalhandbuch bekannt zu machen,
  - Angebote Dritter an die Arbeitnehmer in seinem Betrieb und evtl. damit verbundene Störungen des Betriebsablaufs zu dulden,
  - Räumlichkeiten für Treffen seiner Arbeitnehmer mit Ansprechpartnern des Dritten zur Verfügung zu stellen oder

— die Betriebszugehörigkeit der Arbeitnehmer zu bescheinigen.

An einer Mitwirkung des Arbeitgebers fehlt es auch dann, wenn bei der Verschaffung von Preisvorteilen allein eine vom Arbeitgeber unabhängige Selbsthilfeeinrichtung der Arbeitnehmer mitwirkt oder wenn allein der Betriebsrat oder Personalrat die Preisvorteile verschafft. Deren alleiniges Handeln bei der Rabattverschaffung wird nicht dem Arbeitgeber zugerechnet, so dass kein steuerpflichtiger Arbeitslohn vorliegt.

Einer aktiven Mitwirkung des Arbeitgebers im vorstehenden Sinne steht gleich, wenn zwischen dem Arbeitgeber und dem Dritten eine enge wirtschaftliche oder tatsächliche Verflechtung oder enge Beziehung besteht

Beispiele:

- *Ein Baustoffgroßhandelsunternehmen räumt den Arbeitnehmern eines rechtlich selbstständigen, als Tochtergesellschaft geführten Planungsbüros beim Einkauf den gleichen Rabatt ein wie den eigenen Arbeitnehmern.*
- *Die Steuervergünstigung für „Personalrabatte" findet auf die Einkäufe der Arbeitnehmer der Tochtergesellschaft keine Anwendung, da diese keine Waren ihres Arbeitgebers beziehen.*
- *Ein Reiseveranstalter räumt den Arbeitnehmern eines Reisebüros, die über ihren Arbeitgeber für sich eine Reise buchen, einen Rabatt ein.*

  Der Vorteil ist vom Reisebüro dem Lohnsteuerabzug zu unterwerfen. Steuerpflichtig ist die gesamte, vom Reiseveranstalter gewährte Verbilligung (zur Bewertung vgl. Nr. 2); der Rabatt-Freibetrag von 1.080,– € steht nicht zu, weil der Arbeitgeber (Reisebüro) nur Vermittlungsleistungen erbringt. Falls das Reisebüro auf die Vermittlungsprovision verzichtet, bleibt dieser Vorteil nach den für „Personalrabatte" geltenden Grundsätzen steuerfrei.
- *Ein Zulieferbetrieb liefert seine Produkte so gut wie ausschließlich an das Unternehmen A. Aufgrund dieser engen wirtschaftlichen Verflechtung räumt das Unternehmen A den Arbeitnehmern des Zulieferbetriebes einen Rabatt für seine Waren ein.*

  Der Vorteil ist in voller Höhe steuerpflichtig; der Rabatt-Freibetrag steht nicht zu, weil die Arbeitnehmer nicht Waren ihres Arbeitgebers verbilligt erhalten (vgl. „Personalrabatte"). Es handelt sich um eine Lohnzahlung durch einen Dritten, die dem Lohnsteuerabzug unterliegt.
- *Eine ausländische Muttergesellschaft gibt im Rahmen ihres weltweiten Optionsprogramms auch an die Arbeitnehmer ihrer inländischen Töchtergesellschaften Optionen aus.*

  Die inländischen Töchtergesellschaften sind zum Lohnsteuerabzug verpflichtet, sobald ihre Arbeitnehmer das Optionsrecht ausüben, auch wenn die inländischen Töchtergesellschaften nicht unmittelbar in die Gewährung der Optionen eingeschaltet sind. Zum geldwerten Vorteil aus Optionen siehe das Stichwort „Optionen".

oder

- dem Arbeitnehmer Preisvorteile von einem Unternehmen eingeräumt werden, dessen Arbeitnehmer ihrerseits Preisvorteile vom Arbeitgeber erhalten (wechselseitige Rabattgewährung).

2. Bewertung von Sachbezügen, die als steuerpflichtiger Arbeitslohn von Dritten gewährt werden

Maßgebend ist der um übliche Preisnachlässe geminderte übliche Endpreis am Abgabeort im Zeitpunkt der Abgabe des Sachbezugs an den Arbeitnehmer. Dies ist der Preis, der im allgemeinen Geschäftsverkehr von Letztverbrauchern in der Mehrzahl der Verkaufsfälle am Abgabeort für die Ware oder Dienstleistung tatsächlich gezahlt wird. Maßgebend ist allein der übliche Endpreis für die konkrete Ware oder Dienstleistung. Dies gilt auch, wenn funktionsgleiche und qualitativ gleichwertige Waren anderer Hersteller billiger sind (BFH vom 30.5.2001, BStBl 2002 II S. 230). Dieser Endpreis schließt die Umsatzsteuer mit ein. Aus Vereinfachungsgründen kann auf die Feststellung des üblichen Endpreises verzichtet werden und stattdessen vom maßgebenden konkreten Endpreis, zu dem der Sachbezug fremden Letztverbrauchern im allgemeinen Geschäftsverkehr angeboten wird, ein Abschlag von 4% vorgenommen werden. Bezüglich der 44,-€-Freigrenze vergleiche Nr. 4 des Stichworts „Sachbezüge". Der Rabattfreibetrag von 1.080,– € ist jedoch nicht abziehbar.

3. Verfahren beim Lohnsteuerabzug

Zur Sicherstellung des Lohnsteuerabzugs ist der Arbeitnehmer nach § 38 Abs. 4 Satz 3 EStG verpflichtet, seinem Arbeitgeber die von einem Dritten gewährten Bezüge am Ende des jeweiligen Lohnzahlungszeitraums anzugeben. Die Anzeige ist als Beleg zum Lohnkonto aufzubewahren. Der Arbeitgeber hat seine Arbeitnehmer auf seine Verpflichtung hinzuweisen. Kommt der Arbeitnehmer seiner Angabepflicht nicht nach und kann der Arbeitgeber bei der gebotenen Sorgfalt aus seiner Mitwirkung an der Lohnzahlung des Dritten oder aus der Unternehmensverbundenheit mit dem Dritten erkennen, dass der Arbeitnehmer zu Unrecht keine oder unzutreffende Angaben macht, hat der Arbeitgeber die ihm bekannten Tatsachen zur Lohnzahlung von dritter Seite dem Betriebsstättenfinanzamt anzuzeigen. Der Arbeitgeber kann dann vom Finanzamt auch nicht für zu wenig einbehaltene Lohnsteuer in Anspruch genommen werden. Vielmehr fordert dann das Finanzamt die Lohnsteuer unmittelbar vom Arbeitnehmer nach.

Ist der von dem Dritten gezahlte Arbeitslohn so hoch, dass der vom Arbeitgeber gezahlte Arbeitslohn zur Deckung der Lohnsteuer nicht ausreicht, muss der Arbeitnehmer dem Arbeitgeber gemäß § 38 Abs. 4 EStG den Fehlbetrag zur Verfügung stellen. Falls der Arbeitnehmer dieser Verpflichtung nicht nachkommt, hat der Arbeitgeber dies ebenfalls dem Betriebsstättenfinanzamt anzuzeigen, das die Lohnsteuer dann vom Arbeitnehmer nachfordert.

4. Sozialversicherung

Die Lohnzahlung durch Dritte unterliegt auch der Beitragspflicht in der Sozialversicherung. Dabei können sich insbesondere hinsichtlich der Aufbringung des Arbeitgeberanteils Probleme ergeben, die in Vereinbarungen zwischen dem Dritten und dem Arbeitgeber gelöst werden müssen.

Mahlzeiten

Vom Arbeitgeber **arbeitstäglich** unentgeltlich oder verbilligt abgegebene Mahlzeiten oder Zuschüsse zum Essenspreis stellen grundsätzlich steuerpflichtigen Arbeitslohn dar. Zu den Mahlzeiten gehören alle Speisen und Lebensmittel, die üblicherweise der Ernährung dienen, einschließlich der dazu üblichen Getränke. Entscheidend für die Ermittlung des Vorteils ist die Bewertung der Mahlzeiten. Sie sind gemäß R 8.1 Abs. 7 LStR grundsätzlich mit dem amtlichen Sachbezugswert der Sozialversicherungsentgeltverordnung anzusetzen.

Dieser Wert (Mittagessen) beträgt im Jahr 2017 für alle Arbeitnehmer einheitlich nunmehr **3,17 €.**

Der Sachbezugswert findet keine Anwendung, wenn der Arbeitgeber Barzuschüsse unmittelbar an die Arbeitnehmer leistet. In diesem Fall sind die Barzuschüsse in voller Höhe steuerpflichtiger Arbeitslohn.

1. Abgabe von Mahlzeiten in der betriebseigenen Kantine

Mahlzeiten, die durch eine vom Arbeitgeber selbst betriebene Kantine, Gaststätte oder vergleichbare Einrichtung abgegeben werden, sind immer mit dem maßgebenden amtlichen Sachbezugswert zu bewerten. Im Übrigen werden Leistungen des Entleihers im Sinne des § 13b AÜG (z. B. Gemeinschaftsverpflegung) lohnsteuerlich so behandelt als hätte sie der Verleiher (Arbeitgeber) gegenüber seinen Arbeitnehmern (Leiharbeitnehmer) unmittelbar erbracht. Auch bei Arbeitnehmern im Hotel- und Gaststättengewerbe finden die Sachbezugswerte dann Anwendung, wenn die Speisen für sie gesondert zubereitet und Gästen nicht angeboten werden (andernfalls gelten bei diesem Personenkreis die günstigeren Regelungen über die Gewährung von „Personalrabatten" – vgl. dieses Stichwort). Ein geldwerter Vorteil entsteht, wenn und soweit der vom Arbeitnehmer für eine Mahlzeit gezahlte Preis den maßgebenden amtlichen Sachbezugswert unterschreitet. Beträgt die Zuzahlung des Arbeitnehmers für die Mahlzeit mindestens den amtlichen Sachbezugswert, dann entfällt die steuerliche Erfassung der Mahlzeit als Arbeitslohn.

In den Fällen, in denen die Arbeitnehmer verbilligt unterschiedliche Mahlzeiten zu unterschiedlichen Preisen erhalten, kann die Aufzahlung der Arbeitnehmer mit dem Durchschnittswert für den Lohnzahlungszeitraum angesetzt werden. Die Aufzahlung bei teureren Essen gleicht also den Vorteil bei billigen Essen aus. In die Durchschnittsberechnung dürfen aber nur solche Mahlzeiten einbezogen werden, die allen Arbeitnehmern angeboten werden. Erfolgt die Abgabe der Mahlzeiten von verschiedenen Einrichtungen, so ist die durchschnittliche Aufzahlung für jede Einrichtung zu ermitteln. Da zu den Mahlzeiten auch übliche Getränke gehören, erhöhen die hierfür von den Arbeitnehmern entrichteten Entgelte den Durchschnittsbetrag.

Beispiel:

In der betriebseigenen Kantine bietet der Arbeitgeber verschiedene Menüs zu festen Preisen an. Nach Ablauf des Lohnzahlungszeitraums stellt er folgende Essenabgaben fest:

Menü I zu	*2,60 €*	*x*	*300 =*	*780,– €*
Menü II zu	*3,10 €*	*x*	*200 =*	*620,– €*
Menü III zu	*3,70 €*	*x*	*400 =*	*1.480,– €*
Zahl der verbilligten Mahlzeiten			*900*	
Von den Arbeitnehmern entrichtete Entgelte				*2.880,– €*

Durchschnittswert: 2.880,– € : 900 = 3,20 €.

Da der Durchschnittswert den für das Jahr 2017 maßgebenden Sachbezugswert von 3,17 € übersteigt, liegt insgesamt kein geldwerter Vorteil vor.

2. Abgabe von Mahlzeiten durch Dritte durch Einlösung von Essenmarken

Erhält ein Arbeitnehmer von seinem Arbeitgeber Essenmarken (Essengutscheine, Restaurantschecks), die von einer Gaststätte oder vergleichbaren Einrichtung bei der Abgabe von Mahlzeiten in Zahlung genommen werden, so kann unter bestimmten Voraussetzungen nicht die Essenmarke mit ihrem Verrechnungswert, sondern der günstigere Sachbezugswert als Wert der Mahlzeit angesetzt werden (vgl. R 8.1 Abs. 7 Nr. 4 LStR). Die Voraussetzungen sind:

- Es müssen tatsächlich Mahlzeiten abgegeben werden. Lebensmittel werden nur dann als Mahlzeiten anerkannt, wenn sie zum unmittelbaren Verzehr geeignet oder zum Verbrauch während der Essenpausen bestimmt sind.
- Für jede Mahlzeit darf nur eine Essenmarke täglich in Zahlung genommen werden. Der Arbeitgeber muss daher grundsätzlich für jeden Arbeitnehmer die Tage der Abwesenheit (z. B. wegen einer Auswärtstätigkeit, Urlaub oder Erkrankung) feststellen und die für diese Tage ausgegebenen Essenmarken zurückfordern oder bei der Essenmarkenausgabe für den folgenden Monat die Zahl der auszugebenden Marken entsprechend mindern. Diese taggenaue Abrechnung braucht aus Vereinfachungsgründen nicht vorgenommen zu werden für Arbeitnehmer, die im Kalenderjahr durchschnittlich an nicht mehr als drei Arbeitstagen je Kalendermonat Auswärtstätigkeiten ausführen, wenn keiner dieser Arbeitnehmer im Kalendermonat mehr als 15 Essenmarken erhält.
- Der Verrechnungswert der Essenmarke darf den amtlichen Sachbezugswert einer Mittagsmahlzeit um nicht mehr als **3,10 €** übersteigen. Für das Jahr 2017 darf somit der Wert der Essenmarke 6,27 € nicht übersteigen.
- Die Essenmarken dürfen nicht an Arbeitnehmer ausgegeben werden, die eine Auswärtstätigkeit ausüben. Das gilt nicht für Arbeitnehmer, die eine längerfristige berufliche Auswärtstätigkeit an derselben Tätigkeitsstätte ausüben, nach Ablauf von drei Monaten (vgl. BMF-Schreiben vom 5.1.2015, BStBl I S. 119).

Werden diese Voraussetzungen eingehalten, dann kann der günstigere Sachbezugswert auch dann angesetzt werden, wenn zwischen dem Arbeitgeber und der Gaststätte oder der vergleichbaren Einrichtung keine unmittelbaren vertraglichen

Beziehungen bestehen, weil ein Unternehmen eingeschaltet ist, das die Essenmarken ausgibt (Essenmarkenemittent).

Soll mit der Essenmarkeneinlösung kein steuerpflichtiger Vorteil aus der Mahlzeitenabgabe entstehen, muss der Arbeitgeber auch sicherstellen, dass die Aufzahlung der Arbeitnehmer mindestens den Sachbezugswert erreicht.

Beispiel:

Ein Arbeitnehmer, der fast nur im Betrieb tätig ist, erhält von seinem Arbeitgeber monatlich 15 Essenmarken. Der Verrechnungswert der Essenmarke beträgt 5,– €. Der Arbeitnehmer hat dem Arbeitgeber für die Essenmarken monatlich 45,– € (15 x 3,– €) zu zahlen.

Der Essenzuschuss des Arbeitgebers bleibt steuer- und beitragsfrei, da die Essen mit dem Sachbezugswert angesetzt werden können und dieser vom Arbeitnehmer an den Arbeitgeber entrichtet wird.

Nach R 8.1 Abs. 7 Nr. 4 LStR wird auch eine Minderung des Barlohns zugunsten von Essenmarken steuerlich anerkannt, wenn der Arbeitsvertrag entsprechend geändert wird. In diesem Fall unterliegt der gekürzte Barlohn zuzüglich des Sachbezugswerts der Essenmarken dem Lohnsteuerabzug. Die Essenmarken werden dabei entweder mit dem amtlichen Sachbezugswert für Mahlzeiten oder mit dem tatsächlichen Verrechnungswert angesetzt, abhängig davon, ob der Wert der Essenmarke 6,27 € übersteigt oder nicht übersteigt.

Ohne Änderung des Arbeitsvertrags führt der Austausch von Barlohn durch Essenmarken nicht zu einer Herabsetzung des steuerpflichtigen Barlohns. Vielmehr wäre in diesem Fall der Betrag, um den sich der ausgezahlte Barlohn verringert, als Entgelt für die Mahlzeit oder die Essenmarke anzusehen und von dem anzusetzenden Wert für die Essenmarke zu kürzen.

3. Arbeitstägliche Zuschüsse zu Mahlzeiten ohne Verwendung von Essenmarken

Die obigen und in R 8.1 Abs. 7 Nr. 4 LStR dargestellten Regelungen zu Kantinenmahlzeiten und Essenmarken sind nach dem BMF-Schreiben vom 24.2.2016, BStBl I S. 238, ebenfalls anzuwenden, wenn der Arbeitgeber dem Arbeitnehmer arbeitsvertraglich oder aufgrund einer anderen arbeitsrechtlichen Rechtsgrundlage einen Anspruch auf arbeitstägliche Zuschüsse zu Mahlzeiten einräumt, auch ohne sich Papier-Essenmarken (Essengutscheine, Restaurantschecks) zu bedienen, die bei einer Annahmestelle in Zahlung genommen werden.

Bestehen die Leistungen des Arbeitgebers in einem arbeitsvertraglich oder aufgrund einer anderen arbeitsrechtlichen Rechtsgrundlage vereinbarten Anspruch des Arbeitnehmers auf arbeitstägliche Zuschüsse zu Mahlzeiten, ist als Arbeitslohn nicht der Zuschuss, sondern die Mahlzeit des Arbeitnehmers mit dem maßgebenden amtlichen Sachbezugswert nach der Sozialversicherungsentgeltverordnung (SvEV) anzusetzen, wenn sichergestellt ist, dass

a) tatsächlich eine Mahlzeit durch den Arbeitnehmer erworben wird. Lebensmittel sind nur dann als Mahlzeit anzuerkennen, wenn sie zum unmittelbaren Verzehr geeignet oder zum Verbrauch während der Essenpausen bestimmt sind,

b) für jede Mahlzeit lediglich ein Zuschuss arbeitstäglich (ohne Krankheitstage, Urlaubstage und – vorbehaltlich Buchstabe e) – Arbeitstage, an denen der Arbeitnehmer eine Auswärtstätigkeit ausübt) beansprucht werden kann,

c) der Zuschuss den amtlichen Sachbezugswert einer Mittagsmahlzeit um nicht mehr als 3,10 € übersteigt,

d) der Zuschuss den tatsächlichen Preis der Mahlzeit nicht übersteigt und

e) der Zuschuss nicht von Arbeitnehmern beansprucht werden kann, die eine Auswärtstätigkeit ausüben, bei der die ersten drei Monate (§ 9 Abs. 4a Satz 6 und 7 EStG) noch nicht abgelaufen sind (BMF-Schreiben vom 5.1.2015, BStBl I S. 119).

Dies gilt auch dann, wenn keine vertraglichen Beziehungen zwischen Arbeitgeber und dem Unternehmen (Gaststätte oder vergleichbarer Einrichtung), das die bezuschusste Mahlzeit abgibt, bestehen.

4. Versteuerung

Ergibt sich aus der Mahlzeitengewährung ein steuerpflichtiger Arbeitslohn, bestehen für die steuerliche Erfassung zwei Möglichkeiten:

a) Die Versteuerung kann individuell im Wege des Lohnsteuerabzugs erfolgen. Dabei wird die Summe der im Lohnzahlungszeitraum gewährten Vorteile dem übrigen Arbeitslohn des Arbeitnehmers hinzugerechnet und nach den individuellen Lohnsteuerabzugsmerkmalen des Arbeitnehmers versteuert.

   Im Fall der Einzelversteuerung gehört der errechnete Vorteil zum beitragspflichtigen Arbeitsentgelt in der Sozialversicherung.

b) Der Arbeitgeber kann den Vorteil aus der unentgeltlichen oder verbilligten Abgabe der Mahlzeiten oder den Vorteil aus der Verbilligung durch Gewährung von Barzuschüssen an ein anderes Unternehmen nach § 40 Abs. 2 Satz 1 Nr. 1 EStG pauschal mit dem Pauschsteuersatz von 25% versteuern (vgl. Tz 6.2a). Dies gilt in den obigen Beispielsfällen nur, wenn die Essenmarke mit dem Sachbezugswert und nicht mit ihrem Verrechnungswert angesetzt werden kann. Essenmarken mit einem Verrechnungswert über **6,27 €** können nicht pauschal mit 25% versteuert werden. Bei der Ermittlung des pauschal zu versteuernden Vorteils kann der Arbeitgeber die Aufzahlung des Arbeitnehmers mit dem Durchschnittswert für den Lohnzahlungszeitraum (vgl. Nr. 1) ansetzen.

   Wird die Zuwendung pauschal versteuert, gehört die Zuwendung nach Maßgabe des § 1 Abs. 1 Satz 1 Nr. 3 und Satz 2 SvEV (vgl. Anlage 2) nicht zum beitragspflichtigen Arbeitsentgelt.

Ausführliche Beispiele zur steuerlichen Auswirkung bei verbilligter Abgabe von Mahlzeiten enthält der Ratgeber „Praktische Lohnabrechnung“. Hinsichtlich der Gewährung von Mahlzeiten vergleiche auch die Stichworte „Arbeitsessen“, „Bewirtungskosten“ und „Auswärtstätigkeit“.

Mankogeld

s. „Fehlgeldentschädigung“

Mehrarbeitszuschläge

sind wie der Grundlohn für die Überstunden steuer- und beitragspflichtig. Wegen der Behandlung von einheitlichen Zuschlägen zur Abgeltung der Mehrarbeit und der „Zuschläge für Sonntags-, Feiertags- und Nachtarbeit" vgl. dieses Stichwort.

miles + more

Verschiedene Luftverkehrsgesellschaften räumen Vielfliegern Prämienpunkte ein. Die Anzahl der Prämienpunkte, die dann zu Bonusmeilen durch die Luftverkehrsgesellschaft führen, richtet sich im Wesentlichen nach der Anzahl der geflogenen Meilen. Die Bonusmeilen werden auch Arbeitnehmern persönlich gutgeschrieben, die im Auftrag und für Rechnung ihres Arbeitgebers fliegen. Soweit die Bonusmeilen auf dienstlichen Reisen erflogen wurden, die vom Arbeitgeber bezahlt wurden, gehören die Prämien zum Arbeitslohn. (Ausnahme: wenn der Arbeitgeber die Gutschrift „einzieht" und wieder für beruflich veranlasste Flüge verwendet). Da der Arbeitgeber auch in die Arbeitslohnzahlung durch einen Dritten eingeschaltet ist (durch die Beschaffung und Bezahlung der Flugtickets), obliegt ihm grundsätzlich der Lohnsteuerabzug. Ein Lohnsteuerabzug ist jedoch dann nicht vorzunehmen, wenn der Wert der Prämien den Freibetrag nach § 3 Nr. 38 EStG nicht übersteigt, oder wenn der Prämienanbieter die Einkommensteuer nach § 37a EStG selbst trägt.

Nach § 3 Nr. 38 EStG bleiben Sachprämien steuerfrei, die der Steuerpflichtige für die persönliche Inanspruchnahme von Dienstleistungen von Unternehmen unentgeltlich erhält, die diese zum Zwecke der Kundenbindung im allgemeinen Geschäftsverkehr in einem jedermann zugänglichen planmäßigen Verfahren gewähren, soweit der Wert der Prämien 1.080,– € im Kalenderjahr nicht übersteigt. Nicht begünstigt sind nach § 3 Nr. 38 EStG z. B. Preisnachlässe, Skonti und Rückvergütungen.

Nach § 37a EStG kann das Finanzamt auf Antrag zulassen, dass das Unternehmen, das die **Sachprämien** im Sinne des § 3 Nr. 38 EStG gewährt, die Einkommensteuer mit einem Pauschsteuersatz von 2,25% selbst trägt. Bemessungsgrundlage ist dann aber der gesamte Wert der Prämien, die den im Inland ansässigen Steuerpflichtigen zufließen. Der Prämienanbieter hat die Prämienempfänger von der Steuerübernahme zu unterrichten und die pauschale Einkommensteuer als Lohnsteuer in seiner Lohnsteuer-Anmeldung bei seinem Betriebsstättenfinanzamt anzumelden.

Die nach § 37a EStG versteuerten Sachprämien gehören nach Maßgabe des § 1 Abs. 1 Satz 1 Nr. 13 und Satz 2 SvEV (vgl. Anlage 2 im Handbuch) nicht zum beitragspflichtigen Arbeitsentgelt.

Mitgliedsbeiträge

Die steuer- und beitragsrechtliche Behandlung von Beiträgen, die der Arbeitgeber für die Mitgliedschaft des Arbeitnehmers in betrieblichen Organisationen übernimmt, hängt davon ab, in wessen Interesse der Arbeitnehmer die Mitgliedschaft erworben hat. Die Beitragsübernahme gehört nur dann nicht zum Arbeitslohn, wenn an der Mitgliedschaft ein ganz überwiegendes Interesse des Arbeitgebers besteht und die privaten Belange des Arbeitnehmers demgegenüber von untergeordneter Bedeutung sind.

Die Übernahme von Beiträgen für die Mitgliedschaft in Arbeitnehmer-Organisationen ist dagegen steuer- und beitragspflichtig, auch wenn die Beiträge beim Arbeitnehmer abzugsfähige Werbungskosten darstellen.

Ersetzt der Arbeitgeber dem Arbeitnehmer seine Beiträge für die Mitgliedschaft in privaten Vereinen (z. B. Rotary- oder Tennis-Club), so liegt steuerpflichtiger Arbeitslohn vor, selbst wenn die Mitgliedschaft dem Arbeitgeber nützt, weil sich auf diesem Weg Kontakte mit Kunden anknüpfen oder vorhandene Geschäftsbeziehungen intensivieren lassen (BFH vom 15.5.1992, BStBl 1993 II S. 840). Die 44,-€-Freigrenze findet hierfür keine Anwendung (vgl. „Sachbezüge" Nr. 4). Auch die vom Arbeitgeber übernommenen Kammerbeiträge für Geschäftsführer von Wirtschaftsprüfungs-/Steuerberatungsgesellschaften (BFH vom 17.1.2008, BStBl II S. 378), die vom Arbeitgeber übernommen Beiträge einer angestellten Rechtsanwältin zum deutschen Anwaltverein (BFH vom 12.2.2009, BStBl II S. 462) oder die vom Arbeitgeber übernommenen Beiträge für eine Mitgliedschaft in einem Golfclub (BFH vom 21.3.2013, BStBl III S. 700) gehören zum Arbeitslohn.

Mutterschaftsgeld

wird von der Krankenkasse für die Zeit der Schutzfristen gezahlt. Es ist steuerfrei (§ 3 Nr. 1 d EStG). Das Gleiche gilt für den Zuschuss zum Mutterschaftsgeld, den der Arbeitgeber aufgrund des Mutterschutzgesetzes zur Sicherung des Nettoverdienstes leisten muss. Ein ausführliches Beispiel zur Berechnung des Zuschusses und der Lohnabrechnung während der Mutterschutzfrist enthält der Ratgeber „Praktische Lohnabrechnung".

Nachtarbeitszuschlag

s. „Zuschläge für Sonntags-, Feiertags- und Nachtarbeit"

Nachzahlungen

von Arbeitslohn sind steuer- und beitragspflichtig. Zur Steuerberechnung sind Nachzahlungen, die sich ganz oder zum Teil auf ein früheres Kalenderjahr beziehen, insgesamt als sonstiger Bezug zu behandeln. Betrifft die Nachzahlung mindestens 2 Kalenderjahre, kann dieser sonstige Bezug als Arbeitslohn für eine mehrjährige Tätigkeit steuerbegünstigt sein, wenn der Zeitraum der Nachzahlung mehr als 12 Kalendermonate umfasst (vgl. Tz 5.8 Buchstabe c). Nachzahlungen, die nur das laufende Jahr betreffen, sind hingegen nicht steuerbegünstigt und grundsätzlich dem jeweiligen Zeitraum zuzurechnen, für den nachgezahlt wird; sie können aus Vereinfachungsgründen auch als „gewöhnlicher" sonstiger Bezug besteuert werden (vgl. Tz 5.8).

Für die Berechnung der Sozialversicherungsbeiträge sind Nachzahlungen grundsätzlich auf die betroffenen Zeiträume zu verteilen. Bei rückwirkenden Lohn- und Gehaltserhöhungen kann die Nachzahlung als einmalig gezahltes Arbeitsentgelt behandelt und dabei zum Abgleich mit der Beitragsbemessungsgrenze der Nachzahlungszeitraum zugrunde gelegt werden.

Ausführliche Beispiele zur Lohnnachzahlung enthält der Ratgeber „Praktische Lohnabrechnung".

Notstandsbeihilfen

s. „Beihilfen"

Optionen

Die verbilligte Überlassung von Aktien im Rahmen eines Dienstverhältnisses gehört zum Arbeitslohn (vgl. die Stichworte „Belegschaftsaktien" und „Vermögensbeteiligungen"). In verstärktem Umfang räumen Arbeitgeber ihren Mitarbeitern auch Optionen ein, in einem bestimmten Zeitpunkt Aktien des Arbeitgebers zu einem vorab festgelegten Preis zu erwerben. Der Arbeitnehmer hat damit die Möglichkeit eines verbilligten Aktienerwerbs, wenn im vereinbarten Zeitpunkt der für den Erwerb der Aktie festgelegte Kaufpreis niedriger ist als der Marktwert der Aktie. Im umgekehrten Fall wird der Arbeitnehmer sein Optionsrecht verfallen lassen und nicht ausüben. Zur steuerlichen Behandlung von Aktienoptionsrechten gilt unabhängig davon, ob es sich um ein an der Börse handelbares oder nicht handelbares Optionsrecht handelt, Folgendes:

Werden einem Arbeitnehmer vom Arbeitgeber oder einem Dritten (z. B. Konzernmutter) im Hinblick auf das Dienstverhältnis Aktienoptionsrechte eingeräumt, fließt nach der gefestigten Rechtsprechung des Bundesfinanzhofs (vgl. z. B. vom 23.7.1999, BStBl II S. 684, vom 20.6.2001, BStBl II S. 689 und vom 20.11.2008, BStBl 2009 II S. 382) ein geldwerter Vorteil weder bei der Einräumung, noch zum Zeitpunkt der erstmaligen Ausübbarkeit zu, sondern erst im Zeitpunkt des verbilligten Aktienerwerbs nach der Optionsausübung. Die Einräumung der Option selbst ist lediglich eine Chance, die noch keinen Lohnzufluss bewirkt. Bei Verkauf eines Darlehens, das mit einem Wandlungsrecht zum Bezug von Aktien ausgestattet ist, fließt der geldwerte Vorteil im Zeitpunkt des Verkaufs zu (BFH vom 23.6.2005, BStBl II S. 770). Im Übrigen fließt ein geldwerter Vorteil nicht zu, solange dem Arbeitnehmer eine Verfügung über die im Rahmen eines Aktienoptionsplans erhaltenen Aktien rechtlich unmöglich ist (BFH vom 30.6.2011, BStBl II S. 923 zu vinkulierten Namensaktien). Im Gegensatz dazu stehen Sperr- und Haltefristen einem Zufluss nicht entgegen (BFH vom 30.9.2008, BStBl 2009 II S. 282). Der Vorteil aus einem vom Arbeitgeber eingeräumten Aktienoptionsrecht fließt dem Arbeitnehmer zu, wenn er das Recht ausübt oder anderweitig verwertet. Eine solche Verwertung liegt insbesondere vor, wenn der Arbeitnehmer das Recht auf einen Dritten überträgt. Der Vorteil bemisst sich nach dem Wert des Rechts im Zeitpunkt der Verfügung darüber (BFH vom 18.9.2012, BStBl 2013 II S. 289).

Im Zuflusszeitpunkt liegt zu versteuernder Arbeitslohn vor in Höhe der Differenz zwischen dem Kurswert der überlassenen Aktien am maßgebenden Bewertungsstichtag und den Aufwendungen des Arbeitnehmers für die überlassene Aktie. Bezüglich der Aufteilung des geldwerten Vorteils aus der verbilligten Aktienüberlassung an Arbeitnehmer, die bei international tätigen Firmen und Konzernen beschäftigt sind und Zeiten mit steuerfreier Auslandstätigkeit haben, wird auf die beiden BFH-Urteile vom 24.1.2001, BStBl II S. 509 und S. 512, sowie Tz 5.5.5 des BMF-Schreibens vom 12.11.2014, BStBl I S. 1.467, verwiesen. Danach stellt der im Zeitpunkt der Ausübung des Aktienoptionsrechts zugeflossene geldwerte Vorteil eine Vergütung für den Zeitraum zwischen der Einräumung des Aktienoptionsrechts und der erstmalig möglichen Ausübbarkeit des Aktienoptionsrechts dar. Soweit der von dem Arbeitnehmer in diesem Zeitraum bezogener Arbeitslohn wegen einer Auslandstätigkeit nach DBA in

Deutschland steuerfrei ist, ist auch der bei Ausübung des Aktienoptionsrechts zugeflossene geldwerte Vorteil auf den Zeitraum zwischen der Einräumung und dem Zeitpunkt der erstmalig möglichen Ausübung aufzuteilen. Der inländischen Besteuerung wird nur der anteilige geldwerte Vorteil unterworfen, für den Deutschland das Besteuerungsrecht hat.

Für steuerpflichtige geldwerte Vorteile aus der Ausübung der Aktienoptionsrechte kommt die Tarifbegünstigung des § 34 EStG (vgl. Tz 5.8 Buchstabe c) in Betracht, wenn es sich um Vergütungen für mehrjährige Tätigkeiten handelt. Hiervon kann i.d.R. ausgegangen werden, wenn die Laufzeit zwischen der Einräumung und Ausübung des Optionsrechts mehr als 12 Monate beträgt und der Arbeitnehmer in dieser Zeit auch bei seinem Arbeitgeber beschäftigt ist. Dies gilt auch dann, wenn dem Arbeitnehmer wiederholt Aktienoptionen eingeräumt worden sind und die jeweilige Option nicht in vollem Umfang in einem Kalenderjahr ausgeübt worden ist (BFH vom 18.12.2007, BStBl 2008 II S. 294).

Wird ein fehlgeschlagenes Mitarbeiteroptionsprogramm rückgängig gemacht, indem zuvor vergünstigt erworbene Aktien an den Arbeitgeber zurückgegeben werden, liegen negative Einnahmen bzw. Werbungskosten vor. Die Höhe des Erwerbsaufwands bemisst sich in einem solchen Fall gemäß dem BFH-Urteil vom 17.9.2009, BStBl 2010 II S. 299 nach dem ursprünglich gewährten geldwerten Vorteil; zwischenzeitlich eingetretene Wertveränderungen der Aktien sind unbeachtlich.

Outplacementberatung

Outplacementberatung ist in den letzten Jahren für Unternehmen ein wichtiges Instrument im Zusammenhang mit Entlassungsmaßnahmen geworden. Dabei beauftragt der Arbeitgeber i.d.R. Unternehmensberater (Outplacementberatungsunternehmen), die aus dem Dienstverhältnis ausscheidenden Arbeitnehmern durch individuelle Betreuung, fachliche Beratung und organisatorische Unterstützung bei der Suche nach einem neuen Arbeitsplatz helfen.

Ausnahmsweise stellt die Kostenübernahme durch den Arbeitgeber dann keinen Arbeitslohn dar, wenn das Beratungsunternehmen aufgrund eines für **alle** Arbeitnehmer in ihrer Gesamtheit **pauschal** vergüteten Vertrages tätig wird und dem einzelnen Arbeitnehmer der individuell verursachte Betreuungsaufwand nicht zugeordnet werden kann (vgl. R 19.3 Abs. 2 Nr. 5 LStR). Entsprechendes gilt nach R 19.7 Abs. 2 Satz 5 LStR bei Trainings- und Qualifikationsmaßnahmen im Sinne des SGB III, wenn sie der Arbeitgeber oder eine zwischengeschaltete Beschäftigungsgesellschaft im Zusammenhang mit Auflösungsvereinbarungen erbringt.

Liegt ein derartiger Ausnahmefall nicht vor, stellt die individuelle Kostenübernahme des Arbeitgebers für den einzelnen Arbeitnehmer begrifflich Arbeitslohn dar, da die Beratung nicht im ganz überwiegend betrieblichen Interesse des Arbeitgebers erfolgt und die Beratung selbst auf die Interessen des einzelnen Arbeitnehmers und speziell auf dessen künftige berufliche Entwicklung zugeschnitten ist. Wird der Beratungsvertrag zwischen dem Outplacementberatungsunternehmen und dem Arbeitnehmer geschlossen, fließt der Arbeitslohn in dem Zeitpunkt zu, in dem der Arbeitgeber die Zahlung leistet. Besteht der Beratungsvertrag zwischen dem

Outplacementberatungsunternehmen und dem Arbeitgeber, erbringt der Arbeitgeber einen Sachbezug, der dem Arbeitnehmer in dem Zeitpunkt zufließt, in dem der Arbeitnehmer die Beratung in Anspruch nimmt. Nachdem der Vorteil im Zusammenhang mit der Auflösung des Dienstverhältnisses entsteht, wird hinsichtlich der Versteuerung der Arbeitgeberleistungen auf die Ausführungen beim Stichwort „Abfindungen wegen Entlassung aus dem Dienstverhältnis" verwiesen.

Parkplätze

Stellt der Arbeitgeber für das Abstellen des Fahrzeugs während der Arbeitszeit eine Parkmöglichkeit unentgeltlich zur Verfügung, so handelt es sich um Leistungen, die der Arbeitgeber im ganz überwiegenden betrieblichen Interesse erbringt; diese gehören nicht zum Arbeitslohn. Das gilt auch, wenn der Arbeitgeber die Park- oder Einstellplätze selbst von einem Dritten anmietet und sie seinen Arbeitnehmern unentgeltlich überlässt (vgl. ländereinheitliche Erlasse – Der Betrieb 1981 S. 42). Soweit das Finanzgericht Köln im Urteil vom 15.3.2006 (Entscheidungen der Finanzgerichte 2006 S. 1.516) die unentgeltliche Überlassung von Parkplätzen grundsätzlich als Arbeitslohn beurteilt und nur in Ausnahmefällen (z. B. bei schwerbehinderten Arbeitnehmern wegen der Fürsorgepflicht des Arbeitgebers) das Vorliegen von Arbeitslohn verneint, folgt die Finanzverwaltung zugunsten der Arbeitnehmer dieser einschränkenden Rechtsprechung nicht (vgl. Der Betrieb 2007 S. 1.498). Müssen die Arbeitnehmer dagegen ein Entgelt für die vom Arbeitgeber gemieteten Parkplätze entrichten, erfolgt die Überlassung der Parkplätze nicht mehr im ganz überwiegenden betrieblichen Interesse; die verbilligte Überlassung kann aber im Rahmen der 44,-€-Freigrenze (vgl. das Stichwort „Sachbezüge") steuer- und beitragsfrei bleiben.

Ersetzt der Arbeitgeber dem Arbeitnehmer unmittelbar die Parkgebühren, liegt steuerpflichtiger Arbeitslohn vor. Die Zuwendung kann nicht mit 15% pauschal versteuert werden (vgl. Tz 6.7), weil die gesetzliche Entfernungspauschale von 0,30 € die Parkgebühren abgilt und der Arbeitnehmer diese deshalb nicht wie Werbungskosten geltend machen könnte.

Pension

s. „Betriebsrenten"

Pensionskassen

Die steuer- und beitragsrechtliche Behandlung von Leistungen des Arbeitgebers in eine Pensionskasse im Rahmen der betrieblichen Altersversorgung ist in Tz 14 dargestellt.

Personalrabatte

Sie sind gemäß § 8 Abs. 3 EStG steuerpflichtig, soweit der **Rabatt-Freibetrag von 1.080,– €** überschritten wird. Die Bewertung eines Sachbezugs i.S.d. § 8 Abs. 3 EStG hat nicht zwingend vorrangig nach § 8 Abs. 3 EStG zu erfolgen. Liegen die Voraussetzungen des § 8 Abs. 3 EStG vor, kann der geldwerte Vorteil wahlweise nach § 8 Abs. 2 EStG ohne Bewertungsabschlag und ohne Rabattfreibetrag oder mit diesen Abschlägen auf der Grundlage des Endpreises des Arbeitgebers nach § 8 Abs. 3 EStG bewertet werden (BFH-Urteile vom 26.7.2012, BStBl 2013 II S. 400 und 402). Dieses Wahlrecht ist sowohl im Lohnsteuerabzugsverfahren als auch im Veranlagungsverfahren anwendbar. Der Arbeitgeber ist nach dem BMF-Schreiben vom 16.5.2013, BStBl I S. 729, nicht verpflichtet, den geldwerten Vorteil nach § 8 Abs. 2 Satz 1 EStG zu bewerten und den „günstigsten Preis am Markt" zu ermitteln.

1. Anwendung der Steuervergünstigung nach § 8 Abs. 3 EStG

a) Der Arbeitgeber muss im Rahmen des Dienstverhältnisses unentgeltlich oder verbilligt **Waren überlassen oder Dienstleistungen erbringen.** Zu den Dienstleistungen rechnen Beförderungsleistungen, die Beratung (z. B. in einer Anwaltskanzlei), die Werbung (verbilligte Anzeigen durch einen Zeitungsverlag), die Kontoführung, der Versicherungsschutz (Prämienermäßigung für Versicherungsangestellte) sowie Reiseveranstaltungen. Fahrvergünstigungen, die die Deutsche Bahn AG Ruhestandsbeamten des Bundeseisenbahnvermögens gewährt (vgl. BFH-Urteil vom 26.6.2014, BStBl 2015 II S. 39), fallen daher nur dann in den Anwendungsbereich für Personalrabatte, soweit auch die übrigen Voraussetzungen des § 8 Abs. 3 EStG (Freifahrtberechtigung zu denselben Bedingungen wie fremde Dritte) erfüllt sind.

Unter die steuerliche Rabattregelung fallen auch die leih- oder mietweise Überlassung von Grundstücken, Wohnungen, möblierten Zimmern, Kraftfahrzeugen und Maschinen sowie die Gewährung von Darlehen. Gibt der Arbeitgeber Provisionen, die er von Verbundunternehmen für die Vermittlung von Versicherungsbeiträgen erhalten hat, in bestimmten Fällen an eigene Arbeitnehmer weiter, gewährt er Bar- und nicht Sachlohn, wenn eine Vermittlungsleistung nur den Verbundunternehmen erbracht wird und auch nur diesen gegenüber Ansprüche bestehen, mit der Folge, dass weitergeleitete Provisionen nicht nach § 8 Abs. 3 EStG zu bewerten sind (BFH vom 23.8.2007, BStBl 2008 II S. 52).

b) Es muss sich um Waren handeln, die **vom Arbeitgeber hergestellt oder vertrieben** werden.

Auf die Abgabe von Rohstoffen, Zutaten und Halbfertigprodukten durch einen Fertigungsbetrieb ist die Steuervergünstigung anwendbar, wenn der Arbeitgeber solche Waren nicht für den Verkauf an die Arbeitnehmer beschafft, sondern diese Stoffe mengenmäßig überwiegend für die betriebliche Produktion bestimmt sind (z. B. die Abgabe von Holz durch eine Möbelfabrik).

Die Abgabe von Betriebs- und Hilfsstoffen ist nicht begünstigt, es sei denn sie werden mengenmäßig überwiegend an fremde Dritte abgegeben.

Beispiel:

Ein Speditionsunternehmen hat zur Versorgung des betrieblichen Fuhrparks im Betrieb eine Tankstelle eingerichtet, von der auch an Arbeitnehmer verbilligt Treibstoff abgegeben wird.

Auf diese Verbilligung findet der Rabatt-Freibetrag keine Anwendung, weil Treibstoff mengenmäßig überwiegend nicht an fremde Dritte abgegeben wird (der Arbeitgeber handelt nicht mit Treibstoff).

Nicht unter die Steuervergünstigung fällt auch die verbilligte Abgabe von Waren, die der Arbeitgeber überwiegend für seine Arbeitnehmer herstellt oder die er überwiegend an seine Arbeitnehmer vertreibt. Dies bedeutet, dass der Arbeitgeber Waren der Art, wie er sie an die Belegschaft verbilligt abgibt, mindestens im gleichem Umfang auch am Markt vertreiben muss (vgl. BFH vom 27.8.2002, BStBl II S. 881 und BStBl 2003 II S. 95).

Beispiel:

Die von einer betriebseigenen Kantine überwiegend an die Belegschaft des Arbeitgebers verbilligt abgegebenen Mahlzeiten werden für diese Arbeitnehmer hergestellt. Der Rabatt-Freibetrag darf von den Vorteilen nicht abgezogen werden.

Beispiel:

Ein PKW-Leasing-Unternehmen verkauft Neuwagen ausschließlich an seine Arbeitnehmer. Der Rabatt-Freibetrag darf nicht abgezogen werden, weil dieses Leasing-Unternehmen normalerweise kein Neuwagengeschäft betreibt.

Veräußert das Leasing-Unternehmen dagegen Gebrauchtwagen nach Ablauf der Leasing-Zeit auch an Arbeitnehmer, steht der Rabatt-Freibetrag zu.

c) **Von einem Dritten eingeräumte Rabatte** stellen dann Arbeitslohn dar, wenn die Voraussetzungen für die Annahme einer „Lohnzahlung durch Dritte" (vgl. dieses Stichwort) gegeben sind. Ist dies der Fall, gehört der vom Dritten eingeräumte Rabatt in vollem Umfang zum steuer- und beitragspflichtigen Arbeitslohn, denn die Steuervergünstigung findet nur Anwendung, wenn der Arbeitnehmer Waren oder Dienstleistungen seines Arbeitgebers verbilligt erhält. Zur Ermittlung des Vorteils ist in diesem Fall die überlassene Ware nach § 8 Abs. 2 Satz 1 EStG mit dem um den üblichen Preisnachlass geminderten üblichen Endpreis am Abgabeort im Zeitpunkt der Abgabe anzusetzen (vgl. „Sachbezüge").

Beispiel:

Ein Reiseveranstalter gewährt dem Angestellten eines Reisebüros, das die von diesem Veranstalter angebotenen Reisen vermittelt, einen Nachlass auf eine Pauschalreise.

Der Rabatt-Freibetrag darf nicht abgezogen werden. Der Vorteil ist in voller Höhe steuerpflichtig und vom Reisebüro zusammen mit den übrigen Bezügen des Angestellten dem Lohnsteuerabzug zu unterwerfen.

Bei Personalrabatten innerhalb eines Konzerns an die Arbeitnehmer anderer rechtlich selbstständiger Konzerngesellschaften ist der Rabatt-Freibetrag ebenfalls nicht anwendbar.

Beispiel:

Die Obergesellschaft eines Konzerns hält die Beteiligungen von drei rechtlich selbstständigen Konzerngesellschaften.

Die Konzerngesellschaft A stellt Kühlschränke her; die Gesellschaft B Elektroherde. Die Gesellschaft C vertreibt die von den anderen Unternehmen hergestellten Geräte.

Alle Arbeitnehmer des Konzerns können von den Gesellschaften A und B mit Personalrabatt Geräte beziehen.

- *Den Arbeitnehmern der Obergesellschaft steht der Rabatt-Freibetrag nicht zu, denn ihr Arbeitgeber stellt diese Geräte weder her noch vertreibt er sie.*

- *Den Arbeitnehmern der Gesellschaft A steht der Freibetrag zu, soweit sie Kühlschränke kaufen. Für verbilligt abgegebene Elektroherde steht der Freibetrag nicht zu.*
- *Den Arbeitnehmern der Gesellschaft B steht der Freibetrag zu, soweit sie Elektroherde kaufen. Für verbilligt abgegebene Kühlschränke steht der Freibetrag nicht zu.*
- *Den Arbeitnehmern der Vertriebsgesellschaft C steht der Freibetrag sowohl für den verbilligten Einkauf von Kühlschränken als auch für Elektroherde zu, weil ihr Arbeitgeber mit beiden Artikeln handelt.*

d) **Nachträglich über Gutschriften gewährte Rabatte** fallen unter die Steuervergünstigung, wenn sichergestellt ist, dass die Rabattkonditionen, die zu den späteren Gutschriften führen, bereits im Zeitpunkt der Überlassung der Ware oder Dienstleistung festgelegt sind.

e) Voraussetzung für die Anwendung des Freibetrags ist in jedem Fall, dass der Arbeitgeber die Vorteile **nicht pauschal versteuert.** In den Fällen, in denen die Voraussetzungen für eine Pauschalversteuerung vorliegen, kann der Arbeitgeber zwischen der Pauschalierung und der Anwendung des Rabatt-Freibetrags wählen.

f) Zur Automobilindustrie vergleiche auch das Stichwort „Jahreswagen".

2. Bewertung der vom Arbeitgeber überlassenen Waren oder Dienstleistungen

a) Die Bewertung mit den amtlichen Sachbezugswerten nach der Sozialversicherungsentgeltverordnung (z. B. für freie Verpflegung und Wohnung) ist ausgeschlossen, wenn der Rabatt-Freibetrag zur Anwendung kommt.

b) Auszugehen ist von den **Endpreisen** (einschließlich Umsatzsteuer), zu denen der Arbeitgeber die Waren oder Dienstleistungen **fremden Letztverbrauchern** im allgemeinen Geschäftsverkehr anbietet. Endpreis i.S.d. § 8 Abs. 3 EStG ist der am Ende von Verkaufsverhandlungen als letztes Angebot stehender Preis und umfasst deshalb auch Rabatte (BFH-Urteil vom 26.7.2012, BStBl 2013 II S. 400). Auf diesen Angebotspreis sind der gesetzliche Bewertungsabschlag von 4% und der gesetzliche Rabattfreibetrag von 1.080,– € zu berücksichtigen. Nach dem BMF-Schreiben vom 16.5.2013, BStBl I S. 729, ist es bei der Ermittlung des tatsächlichen Angebotspreises nicht zu beanstanden, wenn als Endpreis i.S.d. § 8 Abs. 3 EStG der Preis angenommen wird, der sich ergibt, wenn der Preisnachlass, der durchschnittlich beim Verkauf an fremde Letztverbraucher im allgemeinen Geschäftsverkehr tatsächlich gewährt wird, von dem empfohlenen Preis abgezogen wird.

c) Zum Endpreis bei Dienstleistungen, die ein **Kreditinstitut** gegenüber seinen Arbeitnehmern erbringt, wird auf das BMF-Schreiben vom 19.5.2015, BStBl I S. 484, verwiesen.

d) Im Einzelhandel sind dies die Preise, zu denen sie ausgezeichnet werden.

e) Bei **Herstellern oder Großhändlern**, die selbst nicht Letztverbraucher beliefern, sind die Endpreise zugrunde zu legen, zu denen der dem Abgabeort nächstansässige Abnehmer die Waren des Arbeitgebers fremden Letztverbrauchern anbietet.

Der Abgabeort ist dort, wo der Kaufpreis festgesetzt wird; in der Regel wird dies der Ort der Geschäftsleitung sein.

f) Für die Preisfeststellung ist der Kalendertag der Abgabe an den Arbeitnehmer maßgebend.

g) Der festgestellte Endpreis ist **um 4% zu mindern**.

Zur Bewertung bei Überlassung von Waren oder bei Dienstleistungen, die nicht unter die Steuervergünstigung fallen, vgl. die Stichworte „Lohnzahlung durch Dritte" und „Sachbezüge".

3. Berücksichtigung des Rabatt-Freibetrags

a) Die dem Arbeitnehmer eingeräumten Vorteile sind steuerpflichtig, soweit der Unterschied zwischen den um 4% geminderten Endpreisen der Waren oder Dienstleistungen und den vom Arbeitnehmer gezahlten Entgelten den Freibetrag von 1.080,– € im Kalenderjahr insgesamt übersteigt.

Beispiel:

Ein Küchenhersteller verkauft an einen Angestellten eine komplette Küche zu einem Preis von 12.000,– €. Da er selbst nicht an Letztverbraucher liefert, ermittelt er den maßgeblichen Letztverbraucher-Endpreis anhand der Preisauszeichnung seines nächstansässigen Abnehmers mit 15.000,– €.

Der steuer- und beitragspflichtige Vorteil ist wie folgt zu berechnen:

Endpreis	*15.000,– €*
• *pauschaler Bewertungsabschlag 4%*	*600,– €*
	14.400,– €
• *Zahlung des Arbeitnehmers*	*12.000,– €*
Vorteil	*2.400,– €*
• *Rabatt-Freibetrag*	*1.080,– €*
steuer- und beitragspflichtig	*1.320,– €*

b) Der Rabatt-Freibetrag ist auch dann zu berücksichtigen, wenn der Vorteil aufgrund eines künftigen oder eines früheren Dienstverhältnisses (z. B. Werkspensionäre oder versetzte Arbeitnehmer) eingeräumt wird.

Beispiel:

Der Arbeitnehmer eines Kaufhauskonzerns wird unter Auflösung des Dienstverhältnisses an eine andere, rechtlich selbstständige Konzerngesellschaft versetzt. Das Recht auf Einkauf zu Personalrabatten beim bisherigen Arbeitgeber bleibt ihm vereinbarungsgemäß erhalten.

Die Vorteile aus dem verbilligten Einkauf beim bisherigen Arbeitgeber fließen dem Arbeitnehmer aus dem früheren Dienstverhältnis zu. Der Rabatt-Freibetrag kann abgezogen werden. Zur Versteuerung eventuell den Freibetrag übersteigender Beträge muss der Arbeitnehmer dem bisherigen Arbeitgeber seine ELStAM abrufen lassen bzw. im Ausnahmefall eine Bescheinigung für den Lohnsteuerabzug vorlegen.

c) Der Freibetrag ist auf das Dienstverhältnis bezogen, d.h., bei einem Arbeitgeberwechsel im Laufe des Jahres wird der Betrag von 1.080,– € nicht umgerechnet. Er kann von jedem Arbeitgeber in voller Höhe berücksichtigt werden. Das Gleiche gilt, wenn der Arbeitnehmer zwei Dienstverhältnisse nebeneinander hat.

4. Aufzeichnungspflichten im Zusammenhang mit Personalrabatten

Die Sachbezüge müssen grundsätzlich im **Lohnkonto** festgehalten werden. Auf Antrag des Arbeitgebers hat das Betriebsstättenfinanzamt auf diese Aufzeichnung zu verzichten, wenn es im Hinblick auf die betrieblichen Verhältnisse nach der Lebenserfahrung so gut wie ausgeschlossen ist, dass der Freibetrag von 1.080,– € im Einzelfall überschritten wird. Zusätzliche Überwachungsmaßnahmen durch den Arbeitgeber sind in diesen Fällen nicht erforderlich (R 41.1 Abs. 3 LStR).

Falls der Arbeitgeber bereits aus internem Interesse den Umfang der Personalverkäufe arbeitnehmerbezogen festhält, kann auf die Aufzeichnung im Lohnkonto ohne weiteres verzichtet werden, weil sich aus diesen Nebenaufzeichnungen leicht feststellen lässt, ob der Freibetrag im Einzelfall überschritten ist.

Falls solche arbeitnehmerbezogenen Aufzeichnungen nicht vorhanden sind, muss auf andere Weise dargetan werden, dass Überschreitungen des Freibetrags so gut wie ausgeschlossen sind. Als Anhaltspunkte können dienen:

- Aufzeichnungen über die insgesamt eingeräumten Personalrabatte;
- die betriebliche Regelung über die Höhe des Rabatts;
- Zusammensetzung des vom Arbeitgeber angebotenen Warensortiments.

Beispiel:

Personalrabatt 25%:

Der Arbeitnehmer kauft im Kalenderjahr Waren mit einem Endpreis von 5.143,– €; der Rabatt hat somit betragen	*1.286,– €*
abzüglich pauschaler Bewertungsabschlag 4% von 5.143,– € =	*206,– €*
Der Vorteil beträgt	*1.080,– €*
Freibetrag	*1.080,– €*

Bei Einkäufen bis ca. 5.143,– € im Kalenderjahr entsteht somit kein steuerpflichtiger Vorteil.

Dementsprechend beträgt der steuerlich noch nicht relevante Einkauf (Endpreise) jährlich

bei einem Personalrabatt von	*20%*	*–*	*6.750,– €*
	15%	*–*	*9.818,– €*
	10%	*–*	*18.000,– €*

Zu Aufzeichnungserleichterungen der Personalrabatte bei Arbeitnehmern von Kreditinstituten wird auf das BMF-Schreiben vom 19.5.2015, BStBl I S. 484, verwiesen.

5. Sozialversicherung und Personalrabatte

a) Soweit die eingeräumten Rabatte aufgrund des § 8 Abs. 3 EStG nach den vorstehenden Erläuterungen steuerfrei bleiben, besteht auch Beitragsfreiheit in der Sozialversicherung.

Hinsichtlich der beitragsrechtlichen Behandlung von Warengutscheinen und Sachleistungen anstelle von Arbeitsentgelt vertreten die Spitzenverbände der Sozialversicherungsträger für den Bereich der Sozialversicherung die folgende Auffassung:

- Geldwerte Vorteile aus Warengutscheinen und Sachleistungen, die der Arbeitgeber als freiwillige Leistung **zusätzlich** zum Arbeitsentgelt gewährt, fallen unter § 8 Abs. 3 EStG und gehören – soweit sie hiernach steuerfrei sind – nicht zum Arbeitsentgelt im Sinne der Sozialversicherung.
- Geldwerte Vorteile aus Warengutscheinen und Sachleistungen, die anstelle von in den Vorjahren außervertraglich **(freiwillig)** gezahltem Arbeitsentgelt gewährt werden, fallen unter § 8 Abs. 3 EStG und gehören – soweit sie hiernach steuerfrei sind – nicht zum Arbeitsentgelt im Sinne der Sozialversicherung.
- Geldwerte Vorteile die **anstelle von vertraglich vereinbartem** Arbeitsentgelt gewährt werden, fallen nicht unter § 8 Abs. 3 EStG und gehören somit in voller Höhe zum beitragspflichtigen Arbeitsentgelt im Sinne der Sozialversicherung.

b) Falls der Arbeitgeber die Steuervergünstigung des § 8 Abs. 3 EStG nicht in Anspruch nimmt und die geldwerten Vorteile aus der verbilligten Überlassung der Waren und Dienstleistungen, die vom Arbeitgeber nicht überwiegend für den Bedarf seiner Arbeitnehmer hergestellt, vertrieben oder erbracht werden, als sonstige Bezüge im Rahmen des § 40 Abs. 1 Satz 1 Nr. 1 EStG pauschal versteuert, können die pauschal versteuerten Bezüge nach Maßgabe des § 1 Abs. 1 Satz 1 Nr. 2 und Satz 2 SvEV (vgl. Anlage 2) beitragsfrei sein (vgl. Tz 6.1).

Pflegeversicherung

Die Pflegeversicherung (Elftes Buch Sozialgesetzbuch – SGB XI –) ist eine Pflichtversicherung neben der Renten-, Kranken-, Arbeitslosen- und Unfallversicherung.

1. Beitragssatz und Beitragszuschlag für Kinderlose

Der Beitrag zur sozialen Pflegeversicherung wird von den beitragspflichtigen Einnahmen des Versicherten erhoben. Die Beitragsbemessungsgrenze in der sozialen Pflegeversicherung entspricht der der Krankenversicherung, so dass im gesamten Bundesgebiet für die Pflegeversicherung die einheitliche Beitragsbemessungsgrenze von nunmehr 52.200,– € (monatlich: 4.350,– €) gilt. Der Beitragssatz beträgt ohne den Zuschlag für Kinderlose nunmehr 2,55%; diese Beiträge sind grundsätzlich vom Arbeitgeber und Arbeitnehmer je zur Hälfte zu tragen.

Bei nach dem 31.12.1939 geborenen Arbeitnehmern, die das 23. Lebensjahr vollendet und keine Kinder haben, ist vom Arbeitgeber zusätzlich ein Zuschlag in Höhe von 0,25% zu erheben. Diesen Beitragszuschlag für Kinderlose muss allein der

Arbeitnehmer tragen. Der Zuschlag für Kinderlose fällt nicht für Arbeitnehmer an, die vor dem 1.1.1940 geboren sind, sowie Bezieher von Arbeitslosengeld II.

Bereits der Nachweis eines Kindes führt dazu, dass für den beitragspflichtigen Elternteil ein Beitragszuschlag auf Dauer nicht zu erheben ist. Eltern, deren Kind bereits volljährig ist oder nicht mehr lebt, gelten deshalb nicht als kinderlos. Als Kinder werden neben den leiblichen Kindern auch Adoptiv-, Stief- und Pflegekinder berücksichtigt. Damit der Arbeitgeber den Beitragszuschlag nicht zu erheben braucht, muss er über die Elterneigenschaft seines Arbeitnehmers informiert sein, z. B. durch den Kinderfreibetrag in den ELStAM-Daten des Arbeitnehmers oder im Ausnahmefall auf dessen Bescheinigung für den Lohnsteuerabzug, durch Vorlage des Kindergeldbescheids der Familienkasse oder – insbesondere bei erwachsenen Kindern – durch Vorlage eines Auszugs aus dem Familienstammbuch oder dem Geburtsbuch des Standesamtes. Es ist ausreichend, wenn sich aus den Personal- bzw. den Lohn- oder Gehaltsunterlagen die Elterneigenschaft des Arbeitnehmers nachprüfbar ergibt.

Arbeitnehmer, die ihre Elterneigenschaft nicht darlegen, gelten bis zum Ablauf des Monats, in dem der Nachweis erbracht wird, beitragsrechtlich als kinderlos. Erfolgt die Vorlage des Nachweises innerhalb von drei Monaten nach der Geburt eines Kindes, gilt der Nachweis mit Beginn des Monats der Geburt an erbracht; ansonsten erst vom Beginn des auf die Vorlage des Nachweises folgenden Monats.

2. Steuerliche Behandlung der Beiträge

Beiträge des Arbeitgebers zur Pflegeversicherung des Arbeitnehmers sind steuerfrei, soweit sie aufgrund gesetzlicher Verpflichtung zu leisten sind. Im gleichen Umfang gehören sie auch nicht zum Arbeitsentgelt in der Sozialversicherung. Hinsichtlich der gesetzlichen Verpflichtung des Arbeitgebers ist zu unterscheiden zwischen pflicht- und freiwillig versicherten in der gesetzlichen Krankenkasse und privat versicherten Arbeitnehmern. Übernimmt der Arbeitgeber einen höheren Beitragsanteil, stellt der übersteigende Teil eine steuer- und beitragspflichtige Zukunftssicherungsleistung dar.

Pflichtversicherte

Versicherungspflichtig in der sozialen Pflegeversicherung sind die versicherungspflichtigen Mitglieder der gesetzlichen Krankenversicherung. Der Arbeitnehmer ist bei der Pflegekasse seiner Krankenkasse automatisch pflichtversichert. Der Arbeitgeber hat nach § 58 SGB XI die Hälfte des Beitrags von 2,55% aufzubringen (Ausnahmen in Sachsen: Weil dort kein Feiertag gestrichen wurde, sind dort von den 2,55% vom Arbeitnehmer 1,775% und vom Arbeitgeber 0,775% aufzubringen. Zu weiteren Ausnahmen vgl. Tz 1.11). Der Beitragszuschlag für Kinderlose in Höhe von 0,25% ist grundsätzlich allein vom Arbeitnehmer zutragen; eine freiwillige Übernahme durch den Arbeitgeber stellt Arbeitslohn dar. Sowohl der Zuschlag für kinderlose Arbeitnehmer als auch die länderspezifische Besonderheit von Sachsen (höherer Arbeitnehmeranteil) wirken sich auch auf die Höhe des Steuerabzugs aus.

Freiwillig in der gesetzlichen Krankenkasse Versicherte

Arbeitnehmer, die nur wegen Überschreitung der Jahresarbeitsentgeltgrenze krankenversicherungsfrei und in der gesetzlichen Krankenversicherung freiwillig versichert sind, haben nach § 257 Abs. 1 SGB V gegen ihren Arbeitgeber einen Anspruch auf einen Beitragszuschuss (vgl. Stichwort „Krankenversicherung"). Dieser Zuschussanspruch besteht nach § 61 Abs. 1 SGB XI auch zum Pflegeversicherungsbeitrag und ist auf die Hälfte des Beitrags von 2,55% begrenzt, der als Arbeitgeberanteil für einen in der Krankenkasse pflichtversicherten Arbeitnehmer zu zahlen wäre. Der steuerfreie Arbeitgeberzuschuss beträgt damit für 2017 höchstens 55,46 € [= 4.350,– € x (2,8% - 0,25%) : 2 = 1,275%] im Monat und in Sachsen 33,71 € [= 4.350,– € x (2,8% - 0,25% - 1%) : 2 = 0,775%].

Freiwillig in der gesetzlichen Krankenversicherung Versicherte, die bei einem privaten Unternehmen gegen das Risiko der Pflege versichert sind, werden auf Antrag (Frist drei Monate) von der Versicherungspflicht in der sozialen Pflegeversicherung befreit, wenn die Leistungsansprüche aus diesem Vertrag dem Leistungsumfang der sozialen Pflegeversicherung gleichwertig sind.

Privatversicherte Arbeitnehmer

Arbeitnehmer, die gegen das Risiko Krankheit bei einem privaten Krankenversicherungsunternehmen versichert sind, haben gegenüber ihrem Arbeitgeber nach § 61 Abs. 2 SGB XI auch einen Anspruch auf einen Beitragszuschuss zu ihrer Pflegeversicherung. Der Zuschuss für Privatversicherte ist begrenzt auf die Höhe des Beitrags, der als Arbeitgeberanteil bei Versicherungspflicht zu zahlen wäre; höchstens jedoch auf die Hälfte des Betrags, den der Arbeitnehmer für seine private Pflegeversicherung tatsächlich zu zahlen hat. Der steuerfreie Arbeitgeberzuschuss beträgt damit für 2017 höchstens 55,46 € [= 4.350,– € x (2,8% - 0,25%) : 2 = 1,275%] im Monat und in Sachsen 33,71 € [= 4.350,– € x (2,8% - 0,25% - 1%) : 2 = 0,775%].

Voraussetzung für die Steuerfreiheit des Zuschusses ist, dass der Zuschuss für eine private Pflegeversicherung gewährt wird, die die Voraussetzungen des § 61 Abs. 6 SGB XI erfüllt. Das Versicherungsunternehmen hat dem Arbeitnehmer eine Bescheinigung darüber auszuhändigen, dass ihm die Aufsichtsbehörde die entsprechenden Voraussetzungen bestätigt hat. Der Arbeitnehmer muss diese Bescheinigung seinem Arbeitgeber zur Zahlung des Beitragszuschusses vorlegen.

Arbeitnehmer, die nach beamtenrechtlichen Vorschriften oder Grundsätzen einen Anspruch auf Beihilfe haben, erhalten nach § 61 Abs. 8 SGB XI keinen Beitragszuschuss von ihrem Dienstherrn und können stattdessen die Beihilfe in Anspruch nehmen.

3. Bescheinigungspflichten

Die steuerfrei gezahlten Zuschüsse des Arbeitgebers zur sozialen oder privaten Pflegeversicherung eines freiwillig in der gesetzlichen Krankenkasse versicherten oder privat versicherten Arbeitnehmers und die Arbeitnehmeranteile sind vom Arbeitgeber in die Lohnsteuerbescheinigung entsprechend den BMF-Schreiben vom 30.7.2015, BStBl I S. 614, und vom 31.8.2016, BStBl I S. 1.004, einzutragen.

PKW-Nutzung

s. „Kraftfahrzeugüberlassung"

PKW-Sicherheitstraining

Vielfach bieten Arbeitgeber ihren Arbeitnehmern die Teilnahme an PKW-Sicherheitstrainings an, die z. B. vom ADAC, Deutscher Verkehrswacht und TÜV durchgeführt werden. Die Kosten werden vom Arbeitgeber getragen. Die Teilnahme an den Sicherheitskursen erfolgt auch während der Arbeitszeit.

Werden die Sicherheitstrainings für Berufskraftfahrer durchgeführt, kann ein überwiegendes betriebliches Interesse des Arbeitgebers regelmäßig unterstellt werden. In anderen Fällen können vom Arbeitgeber finanzierte PKW-Sicherheitstrainings dann im ganz überwiegend betrieblichen Interesse liegen, wenn sich aus den betrieblichen Umständen und insbesondere dem Teilnehmerkreis ein besonderer Bezug zu dienstlichen Autofahrten ergibt (z. B. bei Außendienstmitarbeitern in Bereichen Service und Montage, die häufig zwischen verschiedenen Betriebsstellen hin- und herfahren müssen, auch wenn der Schwerpunkt ihrer Tätigkeit nicht eine Fahrtätigkeit ist).

Soweit jedoch an den Veranstaltungen Mitarbeiter teilnehmen, deren Arbeit keinen Bezug zum Autofahren hat, und die lediglich den Weg zwischen Wohnung und Tätigkeitsstätte mit einem PKW zurücklegen, liegt ein überwiegend eigenbetriebliches Interesse nicht vor, so dass in diesen Fällen ein vom Arbeitgeber bezahltes Sicherheitstraining zu steuerpflichtigem Arbeitslohn führt.

Prämien für Verbesserungsvorschläge

s. „Verbesserungsvorschläge“

Preisausschreiben

Veranstaltet der Arbeitgeber ein Preisausschreiben, durch das seine Arbeitnehmer zu besonderen Leistungen oder Vorschlägen im betrieblichen Bereich angespornt werden sollen, gehören die Gewinne bei den Empfängern zum steuer- und beitragspflichtigen Arbeitslohn.

Preise

Auch der einem Arbeitnehmer von einem Dritten verliehene Nachwuchsförderpreis kann zu Arbeitslohn führen, wenn die Preisverleihung nicht vor allem eine Ehrung der Persönlichkeit des Preisträgers darstellt, sondern wirtschaftlich den Charakter eines leistungsbezogenen Entgelts hat (BFH vom 23.4.2009, BStBl II S. 668)

Provisionen

gehören zum steuer- und beitragspflichtigen Arbeitslohn, wenn sie im Rahmen des Dienstverhältnisses gezahlt werden. Lohnsteuer und Sozialversicherungsbeiträge sind vom Arbeitgeber auch dann einzubehalten, wenn die Provisionen von einem Dritten gezahlt werden (vgl. das Stichwort „Lohnzahlung durch Dritte“).

Können die Provisionen einem bestimmten Lohnzahlungszeitraum zugeordnet werden, sind sie als laufender Arbeitslohn zu versteuern und zur Beitragsberechnung heranzuziehen. Werden sie ohne Bezug zu einem bestimmten Lohnzahlungszeitraum gewährt (z. B. Provisionen aus dem erzielten Jahresumsatz), sind sie als sonstiger Bezug (Tz 5.8) bzw. als einmalig gezahltes Arbeitsentgelt zu behandeln.

Rabatte

s. „Personalrabatte"

Reisekosten

Unter den steuerlichen Begriff der Reisekosten fallen die Fahrtkosten, Verpflegungsmehraufwendungen, Übernachtungskosten und Reisenebenkosten, wenn diese durch eine so gut wie ausschließlich beruflich veranlasste Auswärtstätigkeit des Arbeitnehmers entstehen. Beim Stichwort Auswärtstätigkeit ist erläutert, unter welchen Voraussetzungen und in welchem Umfang Fahrtkosten, Verpflegungsmehraufwendungen und Übernachtungskosten vom Arbeitgeber steuerfrei ersetzt werden können.

Von den Reisekosten zu unterscheiden ist die aus beruflichem Anlass begründete „doppelte Haushaltsführung". Der hierbei mögliche steuerfreie Ersatz ist unter diesem Stichwort erläutert.

Reisenebenkosten

können vom Arbeitgeber steuerfrei ersetzt werden. Hierzu gehören z. B.

- Aufwendungen für eine Reiseunfallversicherung (vgl. das Stichwort „Unfallversicherung");
- Park- und Straßenbenutzungsgebühren;
- Beförderung und Aufbewahrung von Gepäck;
- Schadensersatzleistungen infolge eines Verkehrsunfalls;
- verauslagte berufliche Telefongebühren. Nach dem BFH-Urteil vom 5.7.2012, BStBl 2013 II S. 282, können während einer beruflich veranlassten Auswärtstätigkeit von mindestens einer Woche in notwendigem Umfang auch Aufwendungen für private Telefongespräche mit Familienangehörigen steuerlich berücksichtigungsfähig sein.

Keine berücksichtigungsfähigen Reisenebenkosten sind

- Bekleidungskosten;
- Anschaffung von Koffern und anderer Reiseausrüstung;
- der Verlust von Bargeld;
- Geldbußen, Ordnungsgelder und Verwarnungsgelder.

Schließt ein Arbeitgeber für seine Arbeitnehmer eine Reisegepäckversicherung ab, aus der den Arbeitnehmern ein eigener Anspruch gegenüber dem Versicherer zusteht, so führt die Zahlung der Prämien durch den Arbeitgeber zu Arbeitslohn. Dieser ist in der Regel aber dann gemäß § 3 Nr. 16 EStG als Reisenebenkosten steuerbefreit, wenn sich der Versicherungsschutz auf Dienstreisen beschränkt. Zur Frage einer Aufteilung der gesamten Prämie, wenn sich der Versicherungsschutz auf sämtliche Reisen des Arbeitnehmers bezieht, wird auf das BFH-Urteil vom 19.2.1993, BStBl III S. 519, verwiesen.

Bezüglich Arbeitgeberleistungen für Schäden oder Verlust von Reisegepäck wird auf das BFH-Urteil vom 30.11.1993, BStBl 1994 II S. 256, verwiesen. Diese können dann steuerfrei bleiben, wenn der Schaden auf einer reisespezifischen Gefährdung beruht.

Rückdeckungsversicherung

Sie wird vom Arbeitgeber abgeschlossen um zu gewährleisten, dass im Versorgungsfall die Mittel für die dem Arbeitnehmer zugesagte Versorgung vorhanden sind. Die Beiträge des Arbeitgebers zu einer Rückdeckungsversicherung gehören nicht zum steuer- und beitragspflichtigen Arbeitslohn. Als Arbeitslohn sind erst die Versorgungsleistungen des Arbeitgebers zu erfassen (vgl. das Stichwort „Betriebsrenten" und Tz 5.6).

Die Abgrenzung zwischen einer Rückdeckungsversicherung und einer „**Direktversicherung**", bei der bereits die geleisteten Beiträge Arbeitslohn darstellen, ist im Einzelfall oft schwierig. Steuerlich wird eine Rückdeckungsversicherung nur anerkannt, wenn alle folgenden Voraussetzungen erfüllt sind:

a) Der Arbeitgeber muss Versorgungsleistungen aus eigenen Mitteln zugesagt haben.

b) Der Arbeitnehmer darf keine eigenen Beiträge zu der vom Arbeitgeber zur Gewährleistung abgeschlossenen Versicherung erbringen.

c) Ansprüche gegen die Versicherung darf nur der Arbeitgeber, nicht aber der Arbeitnehmer erlangen. Unschädlich ist aber die **Verpfändung** der Ansprüche aus der Rückdeckungsversicherung an den Arbeitnehmer, weil dieser bei einer Verpfändung gegenwärtig keine Rechte erwirbt, die ihm einen Zugriff auf die Versicherung ermöglichen. Entsprechendes gilt auch für eine **aufschiebend bedingte Abtretung** des Rückdeckungsanspruchs, da die Abtretung rechtlich erst wirksam wird, wenn die Bedingung eintritt, und für die Abtretung des Rückdeckungsanspruchs zahlungshalber im Falle der Liquidation oder der Vollstreckung in die Versicherungsansprüche durch Dritte. Tritt der Arbeitgeber Ansprüche aus einer von ihm mit einem Versicherer abgeschlossenen Rückdeckungsversicherung an den Arbeitnehmer ab und leistet im Anschluss hieran Beiträge an den Versicherer, sind diese Ausgaben Arbeitslohn (BFH vom 5.7.2012, BStBl 2013 II S. 190). Verzichtet der frühere Arbeitnehmer auf seine Rechte aus einer Versorgungszusage des Arbeitgebers, tritt im Gegenzug der Arbeitgeber sämtliche Rechte aus der zur Absicherung der Versorgungszusage abgeschlossenen Rückdeckungsversicherung an den vom Arbeitnehmer nunmehr getrennt lebenden Ehegatten / Lebenspartner ab und zahlt die Versicherung daraufhin das angesammelte Kapital an den Ehegatten / Lebenspartner aus, beinhaltet dies einen den früheren Arbeitnehmer bereichernden Lohnzufluss (BFH vom 9.10.2002, BStBl II S. 884).

Bei **Übertragung** des Anspruchs aus der Rückdeckungsversicherung ohne Entgelt auf den Arbeitnehmer (z. B. beim Ausscheiden aus dem Dienstverhältnis) oder bei **Umwandlung** in eine Direktversicherung (z. B. bei Eintritt des Versorgungsfalls) fließt dem Arbeitnehmer zu diesem Zeitpunkt ein geldwerter Vorteil zu, den der Arbeitgeber dem Lohnsteuerabzug unterwerfen muss. Als steuerpflichtig ist das planmäßige Deckungskapital der Versicherung zu erfassen. Entsprechendes gilt, wenn eine aufschiebend bedingte Abtretung rechtswirksam wird, der Versicherungsanspruch also dem Arbeitnehmer zufällt.

S.a. „Insolvenzversicherung".

Rundfunk-, Fernseh- und Videogeräte

Überlässt ein Arbeitgeber oder aufgrund des Dienstverhältnisses ein Dritter dem Arbeitnehmer Rundfunk- oder Fernsehgeräte (einschl. Videogeräte) unentgeltlich zur privaten Nutzung, so ist der darin liegende Sachbezug steuer- und beitragspflichtig. Der Vorteil wird nach ländereinheitlichen Erlassen vom 12.10.2001 mit monatlich 1% des auf volle 100,– € abgerundeten Kaufpreises des jeweiligen Gerätes angesetzt. Kaufpreis in diesem Sinne ist die im Zeitpunkt der Inbetriebnahme des genutzten Geräts unverbindliche Preisempfehlung (Listenpreis) einschließlich Umsatzsteuer.

Beispiel:

Kaufpreis des überlassenen Fernsehgeräts	*1.500,– €*
Kaufpreis des überlassenen Videogeräts	*1.100,– €*
	2.600,– €
monatlich als steuer- und beitragspflichtig zu erfassen 1% =	*26,– €*

Da die Bewertung nach Durchschnittssätzen der obersten Finanzbehörden gemäß § 8 Abs. 2 Satz 10 EStG erfolgt ist, kommt die Freigrenze von monatlich 44,– € (vgl. „Sachbezüge") nicht zur Anwendung.

Sachbezüge

Arbeitslohn sind alle Einnahmen, die dem Arbeitnehmer aus dem Dienstverhältnis oder einem früheren Dienstverhältnis zufließen. Einnahmen sind alle Güter, die in Geld oder Geldeswert bestehen. Sachbezüge sind alle nicht in Geld bestehenden Einnahmen. Ob Barlöhne oder Sachbezüge vorliegen, entscheidet sich nach dem Rechtsgrund des Zuflusses, also auf Grundlage der arbeitsvertraglichen Vereinbarungen danach, was der Arbeitnehmer vom Arbeitgeber beanspruchen kann. Es kommt nicht darauf an, auf welche Art und Weise der Arbeitgeber den Anspruch erfüllt und seinem Arbeitnehmer den zugesagten Vorteil verschafft (BFH-Urteile vom 11.11.2010, BStBl 2011 II S. 383 ff.). Somit gehören auch Sachbezüge, wenn sie nicht ausdrücklich steuerfrei gestellt sind, wie Barzuwendungen zum steuerpflichtigen Arbeitslohn bzw. zum beitragspflichtigen Arbeitsentgelt in der Sozialversicherung. Sachbezüge werden im Rahmen des Dienstverhältnisses häufig und in den verschiedensten Formen gegeben; vgl. hierzu die Stichworte

„Aufmerksamkeiten"
„Arbeitsessen"
„Berufskleidung"
„Betriebsveranstaltung"
„Computerüberlassung"
„Eintrittskarten"
„Fahrrad"
„Freie Verpflegung und Unterkunft"
„Kindergarten"
„Kraftfahrzeugüberlassung"
„Kuraufwendungen"
„Rundfunk-, Fernseh- und Videogeräte"
„Freifahrten"
„Freiflüge"
„Freitrunk und Freitabak"
„Fürsorgeleistungen"
„Getränke und Genussmittel"
„Incentive-Reisen"
„Jahreswagen"
„Sammelbeförderung"
„Sozialräume"
„Verlosungsgewinne"

„Mahlzeiten“
„Parkplätze“
„Personalrabatte“
„Vermögensbeteiligungen“
„Werkzeuggeld“
„Wohnungsüberlassung“

Für die **Bewertung der Sachbezüge** ist § 8 EStG maßgebend. Danach sind vier Gruppen zu unterscheiden:

1. Überlassung von Waren, die der Arbeitgeber herstellt oder mit denen er handelt, und Inanspruchnahme von Dienstleistungen, die vom Arbeitgeber erbracht werden.

   Für diese Sachbezüge gelten nach § 8 Abs. 3 EStG besondere Bewertungsvorschriften. Sie sind unter dem Stichwort „**Personalrabatte**“ erläutert.

2. Sachbezüge, für die in der **Sozialversicherungsentgeltverordnung** (vgl. Anlage 2 im Handbuch) amtliche Werte festgesetzt sind:

   Die **amtlichen Sachbezugswerte** sind bei Gewährung „Freier Verpflegung und Unterkunft“ (vgl. dieses Stichwort und Anlage 2) anzusetzen. Auch für die vom Arbeitgeber bei Auswärtstätigkeiten unentgeltlich oder verbilligt abgegebenen üblichen Mahlzeiten sind nach Ablauf der Dreimonatsfrist die amtlichen Sachbezugswerte maßgebend (vgl. Stichwort „Auswärtstätigkeit“).

3. Für bestimmte Sachbezüge erfolgt die Bewertung nach Sondervorschriften (z. B. „Kraftfahrzeugüberlassung“ oder „Vermögensbeteiligungen“) oder nach Durchschnittssätzen, die die obersten Finanzbehörden auf Grundlage des § 8 Abs. 2 Satz 10 EStG festgesetzt haben (z. B. „Fahrrad“, „Freiflüge“ oder „Rundfunk-, Fernseh- und Videogeräte“).

4. Alle anderen Sachbezüge sind mit den **um übliche Preisnachlässe gemilderten üblichen Endpreisen** am Abgabeort im Zeitpunkt der Abgabe an den Arbeitnehmer anzusetzen. Dies ist der Preis, der im allgemeinen Geschäftsverkehr von Letztverbrauchern in der Mehrzahl der Verkaufsfälle am Abgabeort für gleichartige Waren oder Dienstleistungen tatsächlich gezahlt wird. Dieser Endpreis schließt die Umsatzsteuer mit ein; Preisnachlässe, die evtl. auf den angegebenen Preis noch gewährt werden, mindern den maßgeblichen Endpreis nicht. Von diesem Bewertungsgrundsatz kann in den folgenden Ausnahmefällen abgewichen werden:

   a) Der Arbeitgeber bietet die Ware oder die Dienstleistung in nicht unerheblichem Umfang fremden Letztverbrauchern zu einem niedrigeren als dem üblichen Endpreis an. In diesem Fall kann auch für die Leistungen an die Arbeitnehmer dieser niedrigere Preis zugrunde gelegt werden.

   b) Bietet der Arbeitgeber die Waren nicht fremden Letztverbrauchern an, führt er aber ein sehr umfangreiches Warenangebot (z. B. Lebensmittelgroßhändler), kann der übliche Preis aus Vereinfachungsgründen nach repräsentativen Erhebungen über die Aufschlagsätze der Abnehmer für die gängigsten Einzelstücke jeder Warengruppe ermittelt werden.

   c) Aus Vereinfachungsgründen kann auf die Feststellung des um den üblichen Preisnachlass geminderten üblichen Endpreises verzichtet werden und stattdessen vom maßgebenden konkreten Endpreis ein Abschlag von 4% vorgenommen werden.

Die Bewertung nach diesen sich aus § 8 Abs. 2 Satz 1 EStG und R 8.1 Abs. 2 LStR ergebenden Grundsätzen wird in der Regel bei Sachbezügen (Preisnachlässen) von Dritten in Betracht kommen (vgl. „Lohnzahlung durch Dritte").

Soweit geldwerte Vorteile für Sachbezüge entstehen, die nach Nr. 4 zu bewerten sind, bleiben diese steuer- und beitragsfrei, soweit sie **insgesamt 44,– € im Kalendermonat** nicht übersteigen. Wird diese Freigrenze überschritten, ist der gesamte Betrag steuer- und beitragspflichtig. Für die Feststellung, ob die Freigrenze überschritten wird, müssen die in einem Kalendermonat zufließenden und nach Nr. 4 zu bewertenden Vorteile – auch soweit für solche Vorteile Lohnsteuer nach den individuellen Besteuerungsmerkmalen des Arbeitnehmers erhoben wird – zusammengerechnet werden. Für die Feststellung der 44,-€-Freigrenze unberücksichtigt bleiben hingegen pauschal besteuerte Vorteile sowie Sachbezüge, die nach den Nrn. 1–3 zu bewerten sind. Für nach Nrn. 1–3 zu bewertende Sachbezüge gilt die Freigrenze nicht. Die Freigrenze kommt z. B. für die private Nutzung betrieblicher Kreditkarten, für Konzernrabatte oder für Mietvorteile zur Anwendung, nicht aber für Mahlzeiten, die mit den amtlichen Sachbezugswerten angesetzt werden, für Personalrabatte, die nach § 8 Abs. 3 EStG bewertet werden, oder für die Kraftfahrzeugüberlassung sowie für Zukunftssicherungsleistungen des Arbeitgebers i.S.d. § 40b EStG (wie z. B. Beiträge zur Unfallversicherung oder Direktversicherung, vgl. BFH vom 26.11.2002, BStBl 2003 II S. 331 und S. 492). Im Übrigen gilt nach dem BMF-Schreiben vom 10.10.2013, BStBl I S. 1.301, die 44,-€-Sachbezugsfreigrenze nicht für Zukunftssicherungsleistungen. Zukunftssicherungsleistungen sind nach Auffassung der Finanzverwaltung generell als Barlohn anzusehen, wenn der Arbeitnehmer Versicherungsnehmer ist und der Arbeitgeber die Beiträge des Arbeitnehmers übernimmt. An der Qualifizierung als Barlohn ändert nach Auffassung des BMF-Schreibens auch das BFH-Urteil vom 14.4.2011, BStBl II S. 767, nichts; in diesem Urteil hatte der BFH entschieden, dass die Gewährung von Krankenversicherungsschutz in Höhe der geleisteten Beiträge Sachlohn ist, wenn der Arbeitnehmer aufgrund des Arbeitsvertrags von seinem Arbeitgeber ausschließlich Versicherungsschutz und nicht auch eine Geldzahlung verlangen kann. Ob die Auffassung der Finanzverwaltung Bestand haben wird, wird sich im Revisionsverfahren VI R 13/16 klären. Auch für Zuwendungen bei Betriebsveranstaltungen gilt die 44,-€-Freigrenze nicht.

Sammelbeförderung

Die unentgeltliche oder verbilligte Beförderung eines Arbeitnehmers zwischen Wohnung und erster Tätigkeitsstätte sowie bei Fahrten nach § 9 Abs. 1 Satz 3 Nr. 4a Satz 3 EStG mit einem vom Arbeitgeber eingesetzten Omnibus, Kleinbus oder mit einem für mehrere Arbeitnehmer zur Verfügung gestellten Beförderungsmittel ist gemäß § 3 Nr. 32 EStG steuerfrei und damit auch beitragsfrei in der SozV. Das Gleiche gilt, wenn das Fahrzeug von einem Dritten **im Auftrag des Arbeitgebers** eingesetzt wird.

Voraussetzung für die Steuerfreiheit ist, dass die Sammelbeförderung für den betrieblichen Einsatz des Arbeitnehmers notwendig ist. Beim Einsatz von Werksbussen wird diese Voraussetzung im Allgemeinen vorliegen.

Erfolgt die nach § 3 Nr. 32 EStG steuerfreie Sammelbeförderung des Arbeitnehmers auf Fahrten zwischen Wohnung und erster Tätigkeitsstätte sowie bei Fahrten nach § 9 Abs. 1 Satz 3 Nr. 4a Satz 3 EStG, muss der Arbeitgeber in die Lohnsteuerbescheinigung des Arbeitnehmers den Großbuchstaben „F" entsprechend den BMF-Schreiben vom 30.7.2015, BStBl I S. 614, und vom 31.8.2016, BStBl I S. 1. 004, eintragen.

Darüber hinaus wird die Steuerfreiheit der Sammelbeförderung von Arbeitnehmern ohne erste Tätigkeitsstätte (mit ständig wechselnden auswärtigen Tätigkeiten) von § 3 Nr. 16 EStG erfasst.

Schadensersatz

Nicht zum Arbeitslohn gehören **Schadensersatzleistungen**, soweit der Arbeitgeber hierzu gesetzlich verpflichtet ist und es sich um Vermögensschäden (Beschädigung von Privateigentum des Arbeitnehmers im Betrieb) oder immaterielle Schäden (Schmerzensgeld) handelt. Nicht zum Arbeitslohn gehören auch Schadensersatzleistungen des Arbeitgebers, soweit der Arbeitgeber einen zivilrechtlichen Schadensersatzanspruch des Arbeitnehmers wegen schuldhafter Verletzung arbeitsvertraglicher Fürsorgepflichten erfüllt (BFH vom 20.9.1996, BStBl 1997 II S. 144). Nur echte Schadensersatzleistungen des Arbeitgebers – also Leistungen aufgrund eines zivilrechtlichen Schadensersatzanspruchs, der dem Arbeitnehmer gegen den Arbeitgeber zusteht – gehören nicht zum Arbeitslohn. Werden beispielsweise Verluste, die aufgrund einer widerrufenen Versetzung entstanden sind, durch den Arbeitgeber übernommen und fallen diese Verluste dem Grunde nach in die private Vermögenssphäre des Arbeitnehmers, so stellt die Übernahme der Verluste durch den Arbeitgeber für den Arbeitnehmer Arbeitslohn dar (BFH vom 24.5.2000, BStBl II S. 584).

Steuer- und beitragspflichtig sind dagegen **Verdienstausfallentschädigungen** (Entschädigungen für entgangenen oder entgehenden Arbeitslohn). Zahlt der Arbeitgeber die Entschädigung, muss er die Lohnsteuer und die Sozialversicherungsbeiträge erheben; zahlt ein fremder Dritter (z. B. eine Versicherung), gehört die Entschädigung zwar zu den Einkünften aus nichtselbstständiger Arbeit, für den Arbeitgeber besteht aber keine Abzugspflicht.

Zum steuer- und beitragspflichtigen Arbeitslohn gehört auch der **Verzicht auf eine Schadensersatzforderung** durch den Arbeitgeber. Verzichtet beispielsweise der Arbeitgeber gegenüber dem Arbeitnehmer auf Schadensersatz nach einem während einer beruflichen Fahrt alkoholbedingt entstandenen Schaden am auch zur privaten Nutzung überlassenen Firmenwagen, so liegt nach dem BFH-Urteil vom 24.5.2007, BStBl II S. 766 steuerpflichtiger Arbeitslohn vor. Der Arbeitslohn fließt in dem Zeitpunkt zu, in dem der Arbeitgeber den Verzicht zu erkennen gibt (BFH vom 27.3.1992, BStBl II S. 837).

Muss der Arbeitgeber eine **Entschädigung** nach dem **Allgemeinen Gleichbehandlungsgesetz** (AGG) für vermeintlich erlittene Diskriminierung zahlen, so handelt es sich bei dem nach § 15 Abs. 1 AGG ersetzten materiellen Schaden regelmäßig um steuerpflichtigen Arbeitslohn. Handelt es sich hingegen um eine Entschädigung nach § 15 Abs. 2 AGG, die ein Beschäftigter wegen Verletzung des Benachteiligungsverbots durch den Arbeitgeber für immaterielle Schäden verlangen kann, liegt regelmäßig kein steuerpflichtiger Arbeitslohn vor.

Schichtlohnzulagen

werden zur Abgeltung der mit dem Schichtdienst verbundenen Erschwernisse gezahlt; sie sind deshalb insgesamt steuer- und beitragspflichtig. Die Abspaltung eines steuerfreien Teils als „Zuschlag für Sonntags-, Feiertags- und Nachtarbeit" ist nicht zulässig (vgl. dieses Stichwort).

Dies gilt nicht für so genannte Spätarbeitszuschläge, z. B. für die Arbeit von 14 Uhr bis 22 Uhr. Diese Zuschläge bleiben steuerfrei, soweit sie in die Nachtzeit fallen (von 20 Uhr bis 22 Uhr); vgl. das Stichwort „Zuschläge für Sonntags-, Feiertags- und Nachtarbeit".

Schmerzensgeld

ist steuer- und beitragsfrei, soweit der Arbeitgeber zur Leistung gesetzlich verpflichtet ist (vgl. das Stichwort „Schadensersatz").

Schmutzzulagen

gehören als Erschwerniszulagen zum steuer- und beitragspflichtigen Arbeitslohn.

Schutzkleidung

s. „Berufskleidung"

Sicherheitsmaßnahmen

Die lohnsteuerliche Behandlung der vom Arbeitgeber getragenen oder ersetzten Aufwendungen für Sicherheitsmaßnahmen bei Arbeitnehmern, die aufgrund ihrer beruflichen Position den Angriffen gewaltbereiter politisch motivierter Personen ausgesetzt sind (Positionsgefährdung), ist im BMF-Schreiben vom 30.6.1997, BStBl I S. 696, zusammengefasst. Aufwendungen des Arbeitgebers für das ausschließlich mit dem Personenschutz befasste Personal führen nicht zu steuerpflichtigem Arbeitslohn der zu schützenden Person. Bei den Aufwendungen des Arbeitgebers für den Einbau von Sicherheitseinrichtungen (Grund- und Spezialschutz) in eine Mietwohnung oder in ein selbst genutztes Wohneigentum zum Schutze positionsgefährdeter Arbeitnehmer beurteilt sich die Frage, ob diese Aufwendungen steuerpflichtiger Arbeitslohn sind oder im ganz überwiegend eigenbetrieblichen Interesse des Arbeitgebers liegen, nach dem Maß der Gefährdung des einzelnen Arbeitnehmers.

Sicherheitsprämien

Zahlt der Arbeitgeber an den Arbeitnehmer im Rahmen eines so genannten Sicherheitswettbewerbs Prämien, so gehören diese zum steuer- und beitragspflichtigen Arbeitslohn. Das gilt auch dann, wenn die Prämie nicht der konkreten Arbeitsleistung des einzelnen Arbeitnehmers zugeordnet werden kann, sondern für eine Gruppe von Arbeitnehmern ausgesetzt ist (BFH-Urteil vom 11.3.1988, BStBl II S. 726).

Gewährt der Arbeitgeber für Leistungen in der Unfallverhütung und im Arbeitsschutz Sachprämien, können diese im Rahmen der 44,-€-Freigrenze ggf. steuer- und beitragsfrei bleiben (vgl. Nr. 4 des Stichworts „Sachbezüge"). Kommt die Freigrenze nicht zur Anwendung und werden die Sachprämien im Rahmen des § 40 Abs. 1 Satz 1 Nr. 1 EStG pauschal versteuert (vgl. Tz 6.1), können die pauschal versteuerten Sachprämien nach Maßgabe des § 1 Abs. 1 Satz 1 Nr. 2 und Satz 2 sowie des § 3 Abs. 3 Satz 4 SvEV (vgl. Anlage 2 im Handbuch) in der Sozialversicherung beitragsfrei sein.

Sonntagszuschläge

s. „Zuschläge für Sonntags-, Feiertags- und Nachtarbeit"

Sonstige Bezüge

sind solche Zuwendungen des Arbeitgebers, die nicht ausschließlich Lohn für die Arbeitsleistung des Lohnzahlungszeitraums, in dem sie gezahlt werden, darstellen. Im Beitragsrecht der Sozialversicherung werden diese Zuwendungen als „einmalig gezahltes Arbeitsentgelt" bezeichnet. Zur Besteuerung sonstiger Bezüge s. Tz 5.8.

Sozialräume

Die Bereitstellung von so genannten Sozialräumen im Betrieb (Aufenthalts- und Erholungsräume, Raucherzimmer, Fitnessräume, Dusch- und Badeanlagen) dient der Verbesserung der Arbeitsbedingungen. Solche Leistungen gehören begrifflich nicht zum Arbeitslohn; sie sind steuer- und beitragsfrei.

Sparzulage

steht für die nach dem 5. VermBG angelegte „vermögenswirksame Leistung" zu. **Sie wird nicht vom Arbeitgeber gezahlt.** Der Arbeitnehmer muss die Sparzulage für die angelegten Beträge vielmehr beim Finanzamt beantragen. Die Zulage wird entweder im Rahmen der Einkommensteuerveranlagung oder, wenn eine solche nicht in Frage kommt, in einem gesonderten Verfahren gewährt.

Sportanlagen

Stellt der Arbeitgeber seinen Arbeitnehmern unentgeltlich Sportanlagen zur Verfügung (z. B. einen eigenen Trimmraum, eine Betriebssportanlage mit Fußballplatz), so handelt es sich um eine steuer- und beitragsfreie Leistung im überwiegend betrieblichen Interesse, wenn sie der Belegschaft als Ganzem zur Verfügung stehen. Mietet ein Arbeitgeber für seine Arbeitnehmer Tennis- und Squashplätze an, so führt die unentgeltliche Nutzung bei den Arbeitnehmern zum Zufluss von Arbeitslohn. Die unentgeltliche Inanspruchnahme solcher Einrichtungen führt bei den Arbeitnehmern zu Sachbezügen. Sie bleiben außer Ansatz, wenn die Vorteile insgesamt unter der Monatsfreigrenze von 44,– € (vgl. Nr. 4 des Stichwortes „Sachbezüge") bleiben (vgl. BFH vom 27.9.1996, BStBl 1997 II S. 146).

Ständig wechselnde Einsatzstellen

s. „Auswärtstätigkeit"

Sterbegeld

s. „Hinterbliebenenbezüge"

Strafverteidigungskosten

s. „Geldstrafen"

Streikgelder

werden wie Aussperrungsunterstützungen an vom Arbeitskampf betroffene Arbeitnehmer gezahlt. Diese Leistungen gehören nicht zu den steuerpflichtigen Einnahmen. Es liegt weder Arbeitslohn vor, noch handelt es sich um sonstige Einkünfte im Sinne des Einkommensteuergesetzes. Die Angabe der von den Gewerkschaften gewährten Unterstützungen in der Einkommensteuererklärung des Arbeitnehmers entfällt deshalb (BFH vom 24.10.1990, BStBl 1991 II S. 337).

Studienreisen

Für Zuschüsse des Arbeitgebers zu einer Studienreise des Arbeitnehmers gelten die beim Stichwort „Fortbildungsleistungen" dargestellten Grundsätze. Die Leistungen des Arbeitgebers sind danach steuer- und beitragsfrei, wenn der Arbeitnehmer die Studienreise im ganz überwiegenden betrieblichen Interesse des Arbeitgebers unternimmt. Veranstaltet der Arbeitgeber so genannte Incentive-Reisen (vgl. dieses Stichwort), um bestimmte Arbeitnehmer für besondere Leistungen zu belohnen, so erhalten die Arbeitnehmer damit einen steuerpflichtigen geldwerten Vorteil.

Zur steuerlichen Behandlung unentgeltlicher oder verbilligter Reisen bei Mitarbeitern von Reisebüros und Reiseveranstaltern wird auf das BMF-Schreiben vom 14.9.1994, BStBl I S. 755, verwiesen.

Telefonkosten

1. Nutzung betrieblicher Datenverarbeitungsgeräte und Telekommunikationsgeräte

Die Vorteile des Arbeitnehmers aus der privaten Nutzung von betrieblichen Datenverarbeitungsgeräten und Telekommunikationseinrichtungen sowie deren Zubehör, aus zur privaten Nutzung überlassenen System- und Anwendungsprogrammen, die der Arbeitgeber auch in seinem Betrieb einsetzt, und aus den im Zusammenhang mit diesen Zuwendungen erbrachten Dienstleistungen sind nach § 3 Nr. 45 EStG und R 3.45 LStR steuerfrei. Die steuerfreien Bezüge brauchen nach § 4 Abs. 2 Nr. 4 LStDV (vgl. Anlage 1) nicht im Lohnkonto vermerkt zu werden. Die Steuerfreiheit greift nicht nur für die private Mitbenutzung von Geräten, die sich am Arbeitsplatz des Arbeitnehmers im Betrieb des Arbeitgebers befinden, sondern auch für Geräte, die im Besitz des Arbeitnehmers sind, wie z. B. beim Telearbeitsplatz zu Hause oder beim Mobiltelefon des Außendienstmitarbeiters. Für die Steuerfreiheit ist allein maßgebend, dass es sich um Telekommunikationseinrichtungen handelt, die im Eigentum des Arbeitgebers stehen oder vom Arbeitgeber geleast sind (d.h., dass der Arbeitgeber selbst Vertragspartner mit der Telefongesellschaft ist). Der Umfang der privaten Mitbenutzung ist für die Steuerfreiheit unerheblich. Daher gehört z. B. die Überlassung von Dienstfernsprechern nicht nur für private Ortsgespräche, sondern auch für private Ferngespräche nicht zum steuer- und beitragspflichtigen Arbeitsentgelt. Für die Steuerbefreiung ist auch nicht Voraussetzung, dass die Erlaubnis zur privaten Nutzung zusätzlich zum geschuldeten Arbeitslohn erfolgt. Daher ist es für die Steuerfreiheit unschädlich, wenn der Arbeitgeber dem Arbeitnehmer (z. B. Geschäftsführer) anstelle von Barlohn ein betriebliches Telefon überlässt, das der Arbeitnehmer auch privat nutzen kann. In der Sozialversicherung ist dann allerdings zu beachten, dass die Beitragspflicht grundsätzlich an den geschuldeten Arbeitslohn anknüpft. Anders als im Steuerrecht führt damit die Umwandlung von Barlohn in einen Sachlohn nicht zur Beitragsfreiheit.

2. Auslagenersatz

Die private Nutzung betrieblicher Telekommunikationseinrichtungen (vgl. Nr. 1) ist steuerfrei. Für die berufliche Nutzung arbeitnehmereigener Telekommunikationseinrichtungen kommen hingegen die Regelungen des Auslagenersatzes nach § 3 Nr. 50 EStG und R 3.50 LStR in Betracht. Im Einzelnen gilt für den Auslagenersatz Folgendes:

- Fallen erfahrungsgemäß beruflich veranlasste Telekommunikationsaufwendungen an, dann können auch **ohne Einzelnachweis** bis zu 20% des Rechnungsbetrags, höchstens 20,– € monatlich steuerfrei ersetzt werden. Dabei kann der monatliche Durchschnittsbetrag aus den Rechnungsbeträgen für einen repräsentativen Zeitraum von 3 Monaten für den pauschalen Auslagenersatz fortgeführt werden.

  Beispiel:

  Der Rechnungsbetrag beträgt 80,– €. Steuer- und beitragsfrei bleibt ein Betrag von 16,– €.

- **Bei Einzelnachweis** muss dieser für einen repräsentativen Zeitraum von **drei** Monaten geführt werden. Die Aufwendungen (einschließlich der monatlichen Grundgebühr für den Anschluss) können dann entsprechend dem beruflichen Anteil der Verbindungsentgelte an den gesamten Verbindungsentgelten (Telefon und Internet) steuerfrei ersetzt werden. Der pauschale Telefonkostenersatz bleibt dann so lange steuerfrei, bis sich die Verhältnisse wesentlich ändern (z. B. Änderung der Berufstätigkeit).

Soweit steuerfreier Auslagenersatz vorliegt, gehört er auch nicht zum Arbeitsentgelt in der Sozialversicherung.

Teleheimarbeitsplatz

Neue Arbeitsorganisationen sehen vermehrt vor, dass Arbeitnehmer ihre Arbeit teilweise beim Arbeitgeber (in der Firma) und teilweise bei sich zu Hause (Telearbeit) verrichten. Für die Arbeit am häuslichen Arbeitsplatz stellt der Arbeitgeber dem Arbeitnehmer die erforderlichen technischen Arbeitsmittel (PC, Drucker, Faxgeräte, spezielles EDV-Mobiliar etc.) zur Verfügung und sorgt ggf. für den Anschluss der Geräte an das Datennetz des Unternehmens.

a) Gestellung von Arbeitsmitteln durch den Arbeitgeber:

Bleiben die vom Arbeitgeber gestellten Arbeitsmittel (PC etc.) im Eigentum des Unternehmens, dann erwächst dem Arbeitnehmer aus der Gestellung kein geldwerter Vorteil, auch wenn der Arbeitnehmer die Arbeitsmittel privat nutzen kann. Die Vorteile aus der privaten Nutzung des PC, der Telekommunikations- und betrieblichen Datenverarbeitungsgeräte ist gemäß § 3 Nr. 45 EStG steuerfrei.

b) Ersatz der Betriebskosten für die Arbeitsmittel:

Werden dem Arbeitnehmer die Betriebskosten für die Arbeitsmittel ersetzt, kann steuer- und beitragsfreier Auslagenersatz dann vorliegen, wenn einzeln oder nach dem für einen repräsentativen Zeitraum ermittelten Aufwand abgerechnet wird (vgl. auch „Auslagenersatz" und „Telefonkosten".)

c) Arbeitszimmer:

Erhält der Arbeitnehmer Kosten für sein häusliches Arbeitszimmer ersetzt (z. B. für Heizung und Beleuchtung), so ist die Erstattung als steuer- und beitragspflichtiger Arbeitslohn zu behandeln (= steuerpflichtiger Werbungskostenersatz). Der Arbeitnehmer muss seine Aufwendungen im Rahmen des § 4 Abs. 5 Satz 1 Nr. 6b EStG als Werbungskosten bei seiner persönlichen Einkommensteuererklärung gegenüber dem Finanzamt steuerlich geltend machen. Mietet hingegen der Arbeitgeber das häusliche Arbeitszimmer vom Arbeitnehmer an, so ist die Unterscheidung, ob beim Arbeitnehmer Arbeitslohn oder Einkünfte aus Vermietung und Verpachtung vorliegen, danach zu treffen, in wessen vorrangigem Interesse die Nutzung des häuslichen Büros erfolgt. Ist für den Arbeitnehmer im Unternehmen kein geeignetes Arbeitszimmer vorhanden, hat der Arbeitgeber auch für andere vergleichbare Arbeitnehmer, die über keine für ein Arbeitszimmer geeignete Wohnung verfügen, bei einem Dritten Räumlichkeiten angemietet und wurde eine ausdrückliche, schriftliche Vereinbarung über die Bedingungen der Nutzung des häuslichen Arbeitszimmers abgeschlossen, dann sprechen diese Anhaltspunkte dafür, die Zahlungen nicht als Arbeitslohn, sondern als Einkünfte aus Vermietung und Verpachtung zu erfassen. Verfügt hingegen der Arbeitnehmer im Betrieb des Arbeitgebers über einen weiteren Arbeitsplatz und wird die Nutzung des häuslichen Arbeitszimmers vom Arbeitgeber lediglich gestattet oder geduldet, führen die Mietzahlungen des Arbeitgebers zu Arbeitslohn. Auf das BFH-Urteil vom 16.9.2004, BStBl 2005 II S. 10 und das hierzu ergangene BMF-Schreiben vom 13.12.2005, BStBl 2006 I S. 4, wird ergänzend hingewiesen.

Theaterbetriebszuschläge

für Bühnenbeschäftigte sind steuer- und beitragspflichtig. Sie können auch nicht teilweise als Sonntags-, Feiertags- oder Nachtarbeitszuschläge steuerfrei belassen werden.

Theaterkarten

s. „Eintrittskarten"

Trennungsgelder

werden im öffentlichen Dienst nach reisekostenrechtlichen Bestimmungen für eine auswärtige Beschäftigung gezahlt. Sie sind in Bezug auf Verpflegungsmehraufwendungen insoweit steuerfrei nach § 3 Nr. 13 EStG und beitragsfrei, als sie die gesetzlichen Pauschbeträge nicht übersteigen. Die Regelungen zum „Fahrtkostenersatz" und zur „doppelte Haushaltsführung" sind zu beachten.

In privaten Beschäftigungsverhältnissen werden vergleichbare Zahlungen häufig als „Auslösungen" bezeichnet (vgl. dieses Stichwort).

Treueprämien

sind steuer- und beitragspflichtig. Zur Behandlung von Zuwendungen anlässlich eines „Arbeitnehmerjubiläums" vgl. dieses Stichwort.

Trinkgelder

Freiwillige Trinkgelder sind ausdrücklich steuerfrei gestellt.

Trinkgelder, auf die der Arbeitnehmer einen **Rechtsanspruch** hat (z. B. der Bedienungszuschlag im Hotel- und Gaststättengewerbe, die Metergelder im Möbeltransportgewerbe oder auch die Tronc-Einnahmen der Angestellten von Spielbanken), sind weiterhin in voller Höhe steuer- und beitragspflichtig und vom Arbeitgeber zu erfassen (BFH vom 18.12.2008, BStBl 2009 II S. 820). Freiwillige Sonderzahlungen an Arbeitnehmer eines konzernverbundenen Unternehmens sind keine steuerfreien Trinkgelder (BFH vom 3.5.2007, BStBl II S. 712). Ebenso sind freiwillige Zahlungen von Notaren an Notarassessoren für deren Vertretungstätigkeit keine steuerfreien Trinkgelder (BFH vom 10.3.2015, BStBl II S. 767). Freiwillige Zahlungen von Spielbankkunden an die Saalassistenten einer Spielbank für das Servieren von Speisen und Getränken können hingegen steuerfreie Trinkgelder sein (BFH vom 18.6.2015, BStBl 2016 II S. 751).

Übernachtungsgeld

s. „Auslandsreisekosten", „Auswärtstätigkeit", „Doppelte Haushaltsführung"

Überstundenvergütungen

umfassen den Grundlohn für die geleistete Mehrarbeit und die je nach Tarif- oder Arbeitsvertrag zustehenden Mehrarbeitszuschläge. Sie sind laufender Arbeitslohn und insgesamt steuer- und beitragspflichtig.

Umsatzbeteiligungen

s. „Provisionen"

Umzugskostenvergütungen

sind nach § 3 Nr. 16 EStG steuer- und damit auch beitragsfrei, soweit sie die beruflich veranlassten Mehraufwendungen nicht übersteigen.

1. Beruflicher Umzugsgrund

Vom Arbeitgeber ist zunächst zu prüfen, ob der Wohnungswechsel des Arbeitnehmers beruflich veranlasst ist. Dies ist der Fall,

a) wenn durch den Umzug die Entfernung zwischen Wohnung und erster Tätigkeitsstätte erheblich verkürzt wird und die verbleibende Wegezeit im Berufsverkehr als normal angesehen werden kann. Davon kann ausgegangen werden, wenn sich die Dauer der täglichen Hin- und Rückfahrt insgesamt wenigstens um eine Stunde ermäßigt; ein Wohnort- oder Arbeitsplatzwechsel ist nicht Voraussetzung. Steht bei einem Umzug eine arbeitstägliche Fahrzeitersparnis von mindestens einer Stunde fest, sind private Gründe (z. B. Gründung eines gemeinsamen Haushaltes aus Anlass einer Eheschließung, erhöhter Wohnbedarf wegen Geburt eines Kindes) unbeachtlich (BFH vom 23.3.2001, BStBl II S. 585 und BStBl 2002 II S. 56);

b) wenn der Umzug im ganz überwiegenden betrieblichen Interesse des Arbeitgebers durchgeführt wird, z. B. beim Beziehen einer Dienstwohnung, die aus betrieblichen Gründen bestimmten Arbeitnehmern vorbehalten ist, um z. B. deren jederzeitige Einsatzmöglichkeit zu gewährleisten;

c) wenn der Umzug aus Anlass der erstmaligen Aufnahme einer beruflichen Tätigkeit, eines Arbeitgeberwechsels oder im Zusammenhang mit einer Versetzung durchgeführt wird;

d) wenn der eigene Hausstand zur Beendigung einer doppelten Haushaltsführung an den Beschäftigungsort verlegt wird oder wenn die Zweitwohnung am Beschäftigungsort wieder aufgegeben und an den Ort des eigenen Hausstands zurück verlegt wird (siehe Stichwort „doppelte Haushaltsführung“).

2. Höhe der steuerfreien Umzugskostenvergütung

Der Arbeitgeber kann bei einem beruflich veranlassten Wohnungswechsel die Umzugskosten ohne weitere Prüfung bis zur Höhe der Beträge steuerfrei erstatten, die nach dem im öffentlichen Dienst geltenden Umzugskostenrecht höchstens gezahlt werden. Maklergebühren für eine eigene Wohnung und der in § 21 Auslandsumzugskostenverordnung (AUV) genannte Beitrag für die Anschaffung klimabedingter Kleidung sowie der in § 19 AUV genannte Ausstattungsbeitrag können nicht steuerfrei erstattet werden. Im Übrigen ergibt sich die Erstattung aus folgenden Vorschriften:

- dem Bundesumzugskostengesetz (BUKG) in der Fassung der Bekanntmachung vom 11.12.1990 (BGBl. I S. 2682, zuletzt geändert durch Artikel 7 des Gesetzes zur Änderung des Versorgungsrücklagegesetzes und weiterer dienstrechtlicher Vorschriften;
- der Auslandsumzugskostenverordnung vom 26.11.2012 (BGBl. I S. 2.349), zuletzt geändert durch Verordnung vom 28.6.2016, BGBl. I S. 1.561.

Im Einzelnen regeln diese Vorschriften die Erstattung folgender Umzugskosten:

- Beförderung des Umzugsguts,
- Reisekosten für den Umziehenden und die zur häuslichen Gemeinschaft gehörenden Personen (Fahrtkosten, Tagegeld, Übernachtungskosten). Hierunter fallen auch Reisen zur Besichtigung einer Wohnung; erstattungsfähig sind die Kosten für zwei Reisen einer Person oder einer Reise für zwei Personen. Tage- und Übernachtungsgeld steht je Reise für höchstens zwei Reise- und zwei Aufenthaltstage zu; bei den Verpflegungsmehraufwendungen (Tagegeld) sind die Pauschbeträge zu beachten (vgl. „Auswärtstätigkeit“);

- Mietentschädigungen, wenn die Miete wegen des Umzugs für die frühere Wohnung noch weiterbezahlt werden muss,
- Wohnungsvermittlungsgebühren,
- Auslagen für zusätzlichen Unterricht der Kinder bis zu einem Höchstbetrag

  ab 1.3.2016: von 1.882,– € je Kind

  ab 1.2.2017: von 1.926,– € je Kind

  Von den nachgewiesenen Auslagen werden 50% des nachgewiesenen Betrags voll und darüber hinaus ¾ bis zu dem Höchstbetrag von 1.882,– € bzw. von 1.926,– € steuerfrei anerkannt. Die genannten Werte gelten nach dem BMF-Schreiben vom 18.10.2016, BStBl I S. 1.147.

- Auslagen für einen Kochherd und für Öfen unter den engen Voraussetzungen des § 9 Abs. 3 BUKG und innerhalb dessen Grenzen. Aufwendungen für die Ausstattung der neuen Wohnung (z. B. Renovierungsmaterial, Gardinen, Rollos, Lampen, Telefonanschluss etc.) können hingegen nur im Rahmen der Pauschale nach § 10 BUKG berücksichtigt werden.
- Pauschvergütungen für sonstige Umzugsauslagen; sie sind im öffentlichen Dienst an das Endgrundgehalt der Besoldungsgruppe A 13 nach Anlage IV des Bundesbesoldungsgesetzes gekoppelt. Für die Umzugskostenerstattung durch private Arbeitgeber gelten steuerlich zur Abgeltung der sonstigen Umzugsauslagen nach dem BMF-Schreiben vom 18.10.2016, BStBl I S. 1.147, folgende Pauschbeträge:
  - Verheiratete/Verpartnerte

    ab 1.3.2016 1.493,– €

    ab 1.2.2017 1.528,– €
  - Ledige

    ab 1.3.2016 746,– €

    ab 1.2.2017 764,– €

  Für jede weitere zur häuslichen Gemeinschaft gehörende Person (§ 6 Abs. 3 Sätze 2 und 3 BUKG) erhöht sich der Pauschbetrag um 329,– € bzw. ab 1.2.2017 um 337,– €. Für den Ehegatten/Lebenspartner i.S.d. Lebenspartnerschaftsgesetzes gilt diese Erhöhung nicht.

  Der Einzelnachweis höherer sonstiger Umzugsauslagen ist nach R 9.9 Abs. 2 LStR grundsätzlich zulässig; allerdings prüft die Finanzverwaltung dann insgesamt, inwieweit eine steuerpflichtige Erstattung von Kosten vorliegt.

- Bei **Auslandsumzügen innerhalb der Europäischen Union** beträgt nach § 18 Abs. 2 AUV die Umzugspauschale für den Arbeitnehmer 20% des Grundgehalts der Stufe 8 der Besoldungsgruppe A 13. Dementsprechend gelten folgende Beträge:

	ab 1.3.2016	ab 1.2.2017
für Ledige	1.044,– €	1.069,– €
für Verheiratete/Verpartnerte zusätzlich	992,– €	1.015,– €
für jedes Kind zusätzlich	522,– €	535,– €

- Bei **Auslandsumzügen außerhalb der Europäischen Union** beträgt nach § 18 Abs. 3 AUV die Umzugspauschale für den Arbeitnehmer 21% des Grundgehalts der Stufe 8 der Besoldungsgruppe A 13. Dementsprechend gelten folgende Beträge:

	ab 1.3.2016	ab 1.2.2017
für Ledige	1.096,– €	1.122,– €
für Verheiratete/Verpartnerte zusätzlich	1.096,– €	1.122,– €
für jedes Kind zusätzlich	731,– €	748,– €

Unfallkosten

Aufwendungen wegen eines Unfalls mit dem privaten Kfz kann der Arbeitgeber nur steuer- und beitragsfrei ersetzen, wenn die Fahrten begrifflich wie **Reisekosten** behandelt werden können (vgl. „Auswärtstätigkeit" und „Umzugskostenvergütungen"). Zu den Unfallkosten gehören die Reparaturaufwendungen oder die Wertminderung des Fahrzeugs sowie die Nebenkosten des Unfalls (z. B. Prozesskosten, Schadensersatzleistungen an Dritte). Es kommt nicht darauf an, ob der Unfall durch einen bewussten oder leichtfertigen Verstoß gegen Verkehrsvorschriften durch den Arbeitnehmer verursacht worden ist (BFH vom 28.11.1977, BStBl 1978 II S. 105). Die Unfallkosten können vom Arbeitgeber neben dem pauschalen Kilometersatz von 0,30 € steuer- und beitragsfrei ersetzt werden. Dies gilt auch für Unfallkosten auf einer sogenannten Familienheimfahrt, weil diese im Rahmen einer beruflich veranlassten doppelten Haushaltsführung steuerrechtlich wie Reisekosten behandelt werden kann.

Die Kosten eines Unfalls anlässlich einer **Fahrt zwischen Wohnung erster Tätigkeitsstätte** sowie einer Fahrt i.S.d. § 9 Abs. 1 Satz 3 Nr. 4a Satz 3 EStG kann der Arbeitgeber dagegen nicht steuerfrei ersetzen. Auch wenn die Unfallkosten als außergewöhnliche Aufwendungen und Werbungskosten nach § 9 Abs. 1 Satz 1 EStG neben der gesetzlichen Entfernungspauschale nach § 9 Abs. 1 Satz 3 Nr. 4 EStG steuerlich berücksichtigt werden, kann der Arbeitgeber die Lohnsteuer gleichwohl nicht mit dem pauschalen Steuersatz von 15% berechnen (vgl. Tz 6.7); eine Ausnahme gilt lediglich bei behinderten Arbeitnehmern (GdB mindestens 70% oder GdB mindestens 50% mit Merkzeichen G), wenn diese anstelle der Entfernungspauschale ihre tatsächlichen Aufwendungen geltend machen.

Unfallverhütungsprämien

s. „Sicherheitsprämien"

Unfallversicherung

1. Gesetzliche Unfallversicherung

Beiträge zur gesetzlichen Unfallversicherung sind nach § 3 Nr. 62 EStG steuerfrei und gehören nicht zum beitragspflichtigen Arbeitslohn in der Sozialversicherung.

2. Freiwillige Unfallversicherung

a) Versicherungen des Arbeitnehmers

Vom Arbeitgeber übernommene Beiträge des Arbeitnehmers sind grundsätzlich steuerpflichtiger Arbeitslohn. Soweit Beiträge zu Unfallversicherungen, die ausschließlich berufliche Unfälle (einschl. der Unfälle auf dem Weg von und zur ersten Tätigkeitsstätte sowie bei einer Fahrt i.S.d. § 9 Abs. 1 Satz 3 Nr. 4a Satz 3 EStG) abdecken, und zu Unfallversicherungen, die das Unfallrisiko sowohl im beruflichen als auch im außerberuflichen Bereich abdecken, auf Unfälle bei einer Auswärtstätigkeit entfallen, **ist der auf die Auswärtstätigkeit entfallende Beitragsanteil** als Vergütung von Reisenebenkosten **steuerfrei**. Es bestehen nach dem BMF-Schreiben vom 28.10.2009, BStBl I S. 1.275, keine Bedenken, den auf steuerfreie Reisenebenkosten entfallenden Beitragsanteil

- bei Versicherungen, die **ausschließlich** berufliche Unfälle abdecken, mit **40%** (60% entfallen auf steuerpflichtigen Werbungskostenersatz, z. B. für Fahrten zwischen Wohnung und erster Tätigkeitsstätte) und
- bei Versicherungen, die **alle** Unfälle abdecken, mit **20%** des **Gesamt**beitrags zu schätzen (30% entfallen auf steuerpflichtigen Werbungskostenersatz und 50% auf das Unfallrisiko im außerberuflichen Bereich).

b) Versicherungen des Arbeitgebers, bei denen der Arbeitnehmer einen Rechtsanspruch unmittelbar gegenüber der Versicherung erwirbt

- Die Beitragsleistungen des Arbeitgebers zu den von ihm abgeschlossenen Unfallversicherungen seiner Arbeitnehmer führen im Zeitpunkt der Zahlung zum **Arbeitslohn**, wenn der **Arbeitnehmer** den **Versicherungsanspruch** (also den Anspruch auf die Leistungen) **unmittelbar** gegenüber dem Versicherungsunternehmen geltend machen kann. Von einem unentziehbaren Rechtsanspruch unmittelbar gegenüber dem Versicherungsunternehmen ist auch dann auszugehen, wenn zwar der Anspruch durch den Versicherungsnehmer (Arbeitgeber) geltend gemacht werden kann, vertraglich nach den Versicherungsbedingungen jedoch vorgesehen ist, dass der Versicherer die Versicherungsleistung in jedem Fall an die versicherte Person (Arbeitnehmer) auszahlt. Das gilt unabhängig davon, ob es sich um eine Einzelunfallversicherung oder um eine Gruppenunfallversicherung handelt. Beiträge zu Gruppenunfallversicherungen sind ggf. nach der Zahl der versicherten Arbeitnehmer auf diese aufzuteilen. Steuerfrei sind Beiträge oder Beitragsanteile, die das Unfallrisiko auf einer Auswärtstätigkeit abdecken und deshalb zu den steuerfreien Reisekostenvergütungen gehören. Für die Feststellung des steuerfreien Beitragsteils gelten die obigen Ausführungen entsprechend. Bei pauschaler Aufteilung beträgt damit der steuerfreie Anteil bei Versicherungen, die ausschließlich berufliche Unfälle abdecken, 40% und bei Versicherungen, die alle Unfälle abdecken, 20%.
- Die als Arbeitslohn zu erfassenden Beiträge des Arbeitgebers sind im Zeitpunkt ihrer Zahlung dem steuer- und beitragspflichtigen Arbeitslohn des Arbeitnehmers hinzuzurechnen und dem Lohnsteuerabzug zu unterwerfen, wenn nicht – wie bei Gruppenunfallversicherungen – Pauschalierung nach § 40b Abs. 3 EStG (vgl. Tz 6.12) durchgeführt wird. Die 44,-€-Freigrenze (vgl. das Stichwort „Sachbezüge") greift nicht.
- Leistungen aus der Unfallversicherung sind lohnsteuerlich nicht relevant, wenn der Versicherungsfall im **privaten Bereich** eingetreten ist. Soweit die Versicherung wiederkehrende Leistungen erbringt, prüft das Finanzamt jedoch, ob Einkünfte nach § 22 Nr. 1 EStG (Renteneinkünfte) vorliegen.

- Ist der Versicherungsfall im **beruflichen Bereich** eingetreten, sind die Leistungen nur insoweit steuerpflichtig als sie Entschädigungen für entgangene oder entgehende Einnahmen darstellen und die Beiträge ganz oder teilweise Werbungskosten bzw. steuerfreie Reisenebenkostenvergütungen waren. Der Arbeitgeber hat den Lohnsteuerabzug dann vorzunehmen, wenn er weiß oder erkennen kann, dass derartige Zahlungen erbracht wurden. Andernfalls ist der als Entschädigung i.S.d. § 24 Nr. 1 Buchstabe a EStG steuerpflichtige Teil des Arbeitslohns, der ggf. durch Schätzung zu ermitteln ist, im Rahmen der Einkommensteuerveranlagung des Arbeitnehmers durch das Finanzamt zu erfassen.

c) Versicherungen des Arbeitgebers, bei denen der Arbeitnehmer selbst keinen Rechtsanspruch unmittelbar gegenüber der Versicherung erwirbt

- Die Beitragszahlungen des Arbeitgebers stellen im Zeitpunkt der Zahlung **keinen Arbeitslohn** dar, wenn es sich bei den vom Arbeitgeber abgeschlossenen Unfallversicherungen seiner Arbeitnehmer um Versicherungen für fremde Rechnung im Sinne von § 179 Abs. 2 i.V.m. §§ 43 bis 48 VVG handelt, bei denen die **Ausübung der Rechte** aus dem Versicherungsvertrag ausschließlich dem **Arbeitgeber** zusteht (vgl. BFH vom 16.4.1999, BStBl 2000 II S. 406 und S. 408 sowie BMF-Schreiben vom 28.10.2009, BStBl I S. 1.275). Die Ausübung der Rechte steht auch dann nicht unmittelbar dem Arbeitnehmer zu, wenn die Versicherung mit befreiender Wirkung auch an den Arbeitgeber gezahlt werden kann; denn in einem solchen Fall kann der Arbeitnehmer die Auskehrung der Versicherungsleistung letztlich nur im Innenverhältnis vom Arbeitgeber und nicht unmittelbar gegen die Versicherung erlangen.
- Lohnzufluss wird erst im Zeitpunkt des Leistungsfalles bewirkt und zwar in Höhe der in der Vergangenheit vom Arbeitgeber zugunsten des verunglückten Arbeitnehmers geleisteten Beiträge. Dabei gilt Folgendes:
  - Da in aller Regel bei einer Gruppenunfallversicherung die Person des Versicherten gegenüber der Versicherung nicht bekannt ist, muss der in den Beiträgen zugunsten des Arbeitnehmers liegende Vorteil bei Weiterleitung der Versicherungsleistung durch den Versicherungsnehmer (Arbeitgeber) oder bei Auskehrung durch die Versicherung erstmals konkretisiert und individualisiert werden. Der Anteil des betroffenen Arbeitnehmers an den Beiträgen muss dabei ggf. geschätzt werden. Es sind **alle** bis zum Zeitpunkt der Versicherungsleistung aufgelaufenen (nicht als Arbeitslohn versteuerten) Beiträge, die der Arbeitgeber seit Begründung des Dienstverhältnisses für den Arbeitnehmer erbracht hat, einzubeziehen, unabhängig davon, ob es sich um einen oder mehrere Versicherungsverträge handelt. Aus Vereinfachungsgründen können die auf den Arbeitnehmer entfallenden Beiträge unter Berücksichtigung der Beschäftigungsdauer auf Basis des zuletzt vor Eintritt des Versicherungsfalls geleisteten Versicherungsbeitrags hochgerechnet werden. Der Vorteil ist dabei auf die Höhe der ausgezahlten Versicherungsleistung begrenzt. Es kommt nicht darauf an, ob der Unfall im beruflichen oder im privaten Bereich eingetreten ist und ob die Versicherungsleistungen Ersatz für entgangene Einnahmen darstellen.

- Der auf das Unfallrisiko bei Auswärtstätigkeiten entfallende Beitragsanteil, ist zum Zeitpunkt der Leistungsgewährung steuerfreier Reisekostenersatz, während der auf das restliche Unfallrisiko entfallende Anteil der Beiträge zu Arbeitslohn führt. Dies gilt auch für den beruflichen Teil, der als steuerpflichtiger Werbungskostenersatz erst im Rahmen der Einkommensteuerveranlagung des Arbeitnehmers mit dem entsprechenden steuerpflichtigen Arbeitslohn saldiert werden kann. Bei gemischten Unfallversicherungen, die das Risiko privater und beruflicher Unfälle abdecken, gelten für die Aufteilung und Zuordnung der Beiträge die Ausführungen unter 2a entsprechend.
- Da bis zum Schadensfall in der Regel über mehrere Jahre hinweg Beiträge geleistet worden sind, kommt bei der Versteuerung des nach den obigen Grundsätzen ermittelten geldwerten Vorteils die sog. Fünftel-Regelung und die Steuerermäßigung für Vergütungen für mehrjährige Tätigkeiten in Betracht.
- Bei mehrfacher Zahlung von Versicherungsleistungen (z. B. aufgrund eines vorangegangenen Unfalls) gelten die bei einer früheren Versicherungsleistung als Arbeitslohn berücksichtigten Beiträge als verbraucht; insoweit sind sie daher bei einer späteren Versicherungsleistung nicht erneut als Arbeitslohn zu erfassen.
- Darüber hinaus gehören bei einem im beruflichen Bereich eingetretenen Unfall die Auskehrungen des Arbeitgebers nicht zum Arbeitslohn, soweit der Arbeitgeber gesetzlich zur Schadensersatzleistung verpflichtet ist oder soweit der Arbeitgeber einen zivilrechtlichen Schadensersatzanspruch des Arbeitnehmers wegen schuldhafter Verletzung arbeitsvertraglicher Führsorgepflichten erfüllt.
- Sind die Versicherungsleistungen ausnahmsweise Entschädigungen für entgangene oder entgehende Einnahmen i.S.d. § 24 Nr. 1 Buchstabe a EStG (z. B. Leistungen wegen einer Körperverletzung, soweit sie den Verdienstausfall ersetzen), liegt insoweit Arbeitslohn vor, den der Arbeitgeber dann dem Lohnsteuerabzug zu unterwerfen hat, wenn er weiß oder erkennen kann, dass derartige Leistungen erbracht wurden.

Unterstützungen

s. „Beihilfen“

Unterstützungskassen

in lohnsteuerlichem Sinne gewähren dem Arbeitnehmer im Gegensatz zu „Pensionskassen“ keinen Rechtsanspruch auf ihre Leistungen. Die Zuwendungen des Arbeitgebers an die Unterstützungskasse führen deshalb nicht zu steuerpflichtigem Arbeitslohn (vgl. BFH vom 5.11.1992, BStBl 1993 II S. 185). Lohnsteuerlich von Bedeutung sind vielmehr erst die Leistungen aus der Unterstützungskasse an die Arbeitnehmer. Zum Einsatz von Unterstützungskassen im Rahmen der betrieblichen Altersversorgung vergleiche auch Tz 12.

Zur steuer- und beitragsrechtlichen Behandlung von Leistungen, die von Fall zu Fall gezahlt werden (Übernahme von Krankheitskosten, Erholungsbeihilfen, Beihilfen im Notfall), vgl. das Stichwort „Beihilfen“.

Urlaubsabgeltung

Kann der Urlaub wegen der Beendigung des Arbeitsverhältnisses nicht mehr als Freizeit gewährt werden, so ist der Anspruch vom Arbeitgeber abzugelten. Der Abgeltungsbetrag wird wie das Urlaubsentgelt berechnet; er ist als sonstiger Bezug zu versteuern und als einmalig gezahltes Arbeitsentgelt zur Sozialversicherung heranzuziehen.

Urlaubsentgelt

ist der vom Arbeitgeber für die Zeit des Urlaubs weitergezahlte Arbeitslohn. Es ist wie der laufende Arbeitslohn steuer- und beitragspflichtig.

Urlaubsgeld

wird vom Arbeitgeber freiwillig oder aufgrund tariflicher Vereinbarungen zusätzlich zum Urlaubsentgelt gezahlt. Es ist als sonstiger Bezug zu versteuern und als einmalig gezahltes Arbeitsentgelt zur Sozialversicherung heranzuziehen.

Verbesserungsvorschläge

Prämien für Verbesserungsvorschläge gehören in voller Höhe zum steuer- und beitragspflichtigen Arbeitslohn (BSG vom 26.3.1998 – B 12 KR 17/97 R –). Sachprämien können nach der 44,-€-Freigrenze ggf. steuer- und beitragsfrei bleiben (vgl. Nr. 4 des Stichworts „Sachbezüge"). Die einem Arbeitnehmer gewährte Prämie für einen Verbesserungsvorschlag kann eine Entlohnung für eine mehrjährige Tätigkeit sein (BFH vom 16.12.1996, BStBl 1997 II S. 222). Zum Lohnsteuerabzug bei Entlohnung für eine mehrjährige Tätigkeit vgl. Tz 5.8 Buchstabe c. Die einem Arbeitnehmer gewährte Prämie für einen Verbesserungsvorschlag stellt nach dem BFH-Urteil vom 31.8.2016, VI R 53/14, jedoch dann keine Entlohnung für eine mehrjährige Tätigkeit dar, wenn sie nicht nach dem Zeitaufwand des Arbeitnehmers, sondern ausschließlich nach der Kostenersparnis des Arbeitgebers in einem bestimmten künftigen Zeitraum berechnet wird.

Gewährt der Arbeitgeber für Verbesserungsvorschläge Sachprämien und werden die Sachprämien im Rahmen des § 40 Abs. 1 Satz 1 Nr. 1 EStG pauschal versteuert (vgl. Tz 6.1), können die pauschal versteuerten Sachprämien nach Maßgabe des § 1 Abs. 1 Satz 1 Nr. 2 und Satz 2 sowie des § 3 Abs. 3 Satz 4 SvEV (vgl. Anlage 2 im Handbuch) in der Sozialversicherung beitragsfrei sein.

Verdienstausfallentschädigungen

sind steuer- und beitragspflichtig. Die Abzugspflicht trifft den Arbeitgeber nur, wenn er die Entschädigung an den Arbeitnehmer zahlt. Leistet ein Dritter (z. B. eine Versicherung) unmittelbar an den Arbeitnehmer, liegen zwar ebenfalls Einkünfte aus nichtselbstständiger Arbeit vor, die Verdienstausfallentschädigungen müssen dann aber vom Arbeitnehmer in der Einkommensteuererklärung angegeben werden.

Vereinsbeiträge

s. „Mitgliedsbeiträge"

Verlosungsgewinne

sind grundsätzlich steuer- und beitragspflichtig, weil die Gewinne aus einer betriebsintern veranstalteten Verlosung immer als durch das Arbeitsverhältnis veranlasst angesehen werden müssen und damit – von dem Ausnahmefall des ganz überwiegend eigenbetrieblichen Interesses des Arbeitgebers abgesehen – Arbeitslohn darstellen (BFH vom 25.11.1993, BStBl 1994 II S. 254). Die Einräumung der bloßen Gewinnchance durch den Arbeitgeber führt jedoch noch nicht zum Zufluss von Arbeitslohn. Zur steuerlichen Behandlung von Verlosungen im Rahmen einer Betriebsveranstaltung, wenn alle an der Veranstaltung teilnehmenden Arbeitnehmer Lose erhalten, wird auf das Stichwort „Betriebsveranstaltungen" verwiesen. Wird die Verlosung allerdings nur gelegentlich einer Betriebsveranstaltung durchgeführt und ist die Teilnahme an der Verlosung an bestimmte Voraussetzungen geknüpft (z. B. wenn nur diejenigen Arbeitnehmer teilnahmeberechtigt sind, die einen Verbesserungsvorschlag eingereicht haben), dann erweisen sich die Sachpreise als Belohnung und damit als Arbeitslohn, soweit nicht Aufmerksamkeiten (vgl. Stichwort „Aufmerksamkeiten") gegeben sind.

Vom Fall der betriebsinternen, vom Arbeitgeber selbst veranstalteten Verlosung zu unterscheiden ist der Fall, in dem der Arbeitgeber dem Arbeitnehmer mit der Schenkung eines so genannten Geschenkloses die Teilnahme an einer von einem fremden Dritten durchgeführten Lotterie verschafft. In diesem Fall liegt in der Hingabe des Geschenkloses an den Arbeitnehmer die Gewährung eines Sachbezugs, der jedoch im Rahmen der 44,-€-Monatsfreigrenze nach § 8 Abs. 2 Satz 11 EStG (vgl. Nr. 4 des Stichworts „Sachbezüge" steuer- und beitragsfrei bleiben kann. Ein etwaiger Lotteriegewinn führt hier hingegen nicht zu Arbeitslohn.

Vermögensbeteiligungen

Mit dem Gesetz zur steuerlichen Förderung der Mitarbeiterkapitalbeteiligung ist die steuerliche Förderung in § 3 Nr. 39 EStG geregelt worden. Der steuerfreie Höchstbetrag beträgt 360,– €. Voraussetzung für die Steuerbefreiung nach § 3 Nr. 39 EStG ist, dass das Angebot zur Beteiligung am Unternehmen allen Arbeitnehmern offen stehen muss, die im Zeitpunkt der Bekanntgabe des Angebots ein Jahr oder länger ununterbrochen in einem gegenwärtigen Dienstverhältnis zum Unternehmen stehen. Die ursprüngliche weitere Voraussetzung für die Steuerfreiheit, dass die Mitarbeiterkapitalbeteiligungen freiwillig zum ohnehin geschuldeten Arbeitslohn gewährt werden muss und nicht durch Entgeltumwandlung oder aus Lohnbestandteilen, auf die der Arbeitnehmer arbeits- oder tarifvertraglich bereits einen Rechtsanspruch hat, finanziert werden darf, ist zwar wieder gestrichen worden, fraglich ist jedoch, ob bei einer Entgeltumwandlung der steuerliche Freibetrag auch zur Beitragsfreiheit in der Sozialversicherung führt.

Einzelheiten zu § 3 Nr. 39 EStG sind im BMF-Schreiben vom 8.12.2009, BStBl I S. 1.513, zusammengefasst. Im Übrigen stehen Sperr- und Haltefristen einem Zufluss und einer Versteuerung des geldwerten Vorteils im Zeitpunkt der Überlassung der Vermögensbeteiligung nicht entgegen (BFH vom 30.9.2008, BStBl 2009 II S. 282).

Begünstigter Personenkreis

Die Steuervergünstigung gilt sowohl für unbeschränkt als auch für beschränkt steuerpflichtige Arbeitnehmer. Der Vorteil muss jedoch im Rahmen eines **gegenwärtigen** Dienstverhältnisses gewährt werden. An ausgeschiedene Arbeitnehmer kann der Arbeitgeber nur im Rahmen der Abwicklung des Dienstverhältnisses für die tatsächliche Arbeitsleistung steuerbegünstigt eine Vermögensbeteiligung überlassen. Als Teil von Versorgungsbezügen sind steuerbegünstigte Vermögensbeteiligungen somit nicht möglich. Für die Steuerbefreiung nach § 3 Nr. 39 EStG ist zudem Voraussetzung, dass das Angebot zur Beteiligung am Unternehmen allen Arbeitnehmern offenstehen muss, die im Zeitpunkt der Bekanntgabe des Angebots ein Jahr oder länger ununterbrochen in einem gegenwärtigen Dienstverhältnis zum Unternehmen stehen.

Umfang der Steuerbegünstigung

Der Steuerfreibetrag nach § 3 Nr. 39 EStG beträgt bis zu 360,– € im Kalenderjahr. Die Übernahme von Nebenkosten für die Begründung oder den Erwerb von Vermögensbeteiligungen durch den Arbeitgeber (z. B. Depotgebühren, Notariatsgebühren usw.) gehört nicht zum Arbeitslohn. Ebenfalls kein Arbeitslohn sind vom Arbeitgeber übernommene Depotgebühren, die durch die Festlegung der Wertpapiere für die Dauer einer vertraglich vereinbarten Sperrfrist entstehen; dies gilt entsprechend bei der kostenlosen Depotführung durch den Arbeitgeber. In die Berechnung des steuerfreien Höchstbetrags sind deshalb diese dem Arbeitnehmer ersparten Aufwendungen nicht einzubeziehen.

Wann liegt eine unentgeltliche oder verbilligte Überlassung vor?

1. Die Steuerbegünstigung kann nur in Anspruch genommen werden, soweit der Arbeitnehmer die Vermögensbeteiligung als **Sachbezug** unentgeltlich oder verbilligt erhält.

   Beispiel:

   Der Arbeitnehmer hat arbeitsvertraglich einen Anspruch auf vermögenswirksame Leistungen in Höhe von 312,– €. Er entscheidet sich dafür, diesen Betrag für eine Vermögensbeteiligung zu verwenden.

   Die Steuervergünstigung steht nicht zu, weil der Arbeitgeber keine Leistung erbringt, die Vermögensbeteiligung also nicht unentgeltlich oder verbilligt überlässt.

2. **Geldleistungen an den Arbeitnehmer** zur Begründung oder zum Erwerb einer Vermögensbeteiligung sind nicht begünstigt.

3. Für die Steuerbefreiung kommt es nicht darauf an, ob die Vermögensbeteiligung zusätzlich zum ohnehin geschuldeten Arbeitslohn oder auf Grund einer Vereinbarung mit dem Arbeitnehmer über die Herabsetzung des individuell zu besteuernden Arbeitslohn überlassen wird. Verzichtet der Arbeitnehmer zugunsten einer Vermögensbeteiligung arbeitsvertraglich auf Barlohn, steht die Steuerbegünstigung ebenfalls zu. Durch eine **Umwandlung von Arbeitslohn** kann die Steuerbegünstigung somit erreicht werden.

Beispiel:

Der Arbeitnehmer vereinbart mit dem Arbeitgeber, dass er auf einen Teil seines arbeitsvertraglich zustehenden 13. Monatsgehalts in Höhe von 200,– € verzichtet und ihm der Arbeitgeber dafür eine Vermögensbeteiligung im Wert von 300,– € überlässt.

Der Gehaltsverzicht wird steuerlich anerkannt. Der Arbeitgeber überlässt also eine Vermögensbeteiligung im Wert von 300,– €, und gewährt nicht lediglich einen Vorteil von 100,– € (300,– € ./. 200,– €). Deshalb bleibt der Vorteil in Höhe von 100,– € steuerfrei.

4. Voraussetzung für die Steuerbegünstigung ist nicht, dass der Arbeitgeber Rechtsinhaber der zu überlassenden Vermögensbeteiligung ist. Der Arbeitgeber muss sie also nicht vor der Überlassung an den Arbeitnehmer erwerben. Die Steuerbegünstigung steht deshalb auch dann zu, wenn die Vermögensbeteiligung **durch einen Dritten** überlassen wird. Voraussetzung ist aber, dass die Überlassung durch das Dienstverhältnis veranlasst ist.

Beispiel:

Der Arbeitgeber beauftragt ein Kreditinstitut, an seine Arbeitnehmer bestimmte Aktien im Wert von 300,– € zu einem Preis von 200,– € zu überlassen. Über die Differenz rechnet das Kreditinstitut mit dem Arbeitgeber ab.

Der Vorteil in Höhe von 100,– € ist steuerfrei.

Beispiel:

Die Konzernobergesellschaft überlässt Aktien oder andere Vermögensbeteiligungen an die Arbeitnehmer einer konzernangehörigen Gesellschaft.

Der geldwerte Vorteil ist steuerfrei, unabhängig davon, ob der Arbeitgeber (Konzerngesellschaft) der überlassenden Konzernobergesellschaft die eingeräumten Vorteile ersetzen muss oder ob diese wirtschaftlich von der Konzernobergesellschaft getragen werden.

Begünstigte Anlagearten

Von der Steuerbegünstigung werden im Einzelnen folgende Anlagen erfasst:

1. Aktien, die vom Arbeitgeber ausgegeben werden oder an einer deutschen Börse zum regulierten Markt zugelassen oder in den Freiverkehr einbezogen sind;
2. Wandelschuldverschreibungen, die vom Arbeitgeber ausgegeben werden oder an einer deutschen Börse zum regulierten Markt zugelassen oder in den Freiverkehr einbezogen sind, sowie Gewinnschuldverschreibungen, die vom Arbeitgeber ausgegeben werden. Bei Namensschuldverschreibungen des Arbeitgebers ist Voraussetzung, dass die Ansprüche der Arbeitnehmer durch ein Kreditinstitut verbürgt oder durch ein Versicherungsunternehmen gesichert sind;
3. Genussscheine, die vom Arbeitgeber als Wertpapiere ausgegeben werden, oder die von einem anderen inländischen Unternehmen (mit Ausnahme von Kreditinstituten) als Wertpapiere ausgegeben werden und an einer deutschen Börse zum regulierten Markt zugelassen oder in den Freiverkehr einbezogen sind. Mit den Genussscheinen muss das Recht am Gewinn des Unternehmens verbunden sein und der Arbeitnehmer darf dadurch nicht zum Mitunternehmer (§ 15 Abs. 1 Nr. 2 EStG) werden;

4. Anteile an bestimmten OGAW-Sondervermögen sowie an als Sondervermögen aufgelegten offenen Publikums-AIF nach den §§ 218 und 219 des Kapitalanlagegesetzbuchs sowie an offenen EU-Investmentvermögen und offenen ausländischen AIF, die nach dem Kapitalanlagegesetzbuch vertrieben werden dürfen;
5. Geschäftsguthaben bei einer inländischen Genossenschaft, wenn die Genossenschaft das Unternehmen des Arbeitgebers, ein Kreditinstitut oder eine bestimmte Wohnungsbaugenossenschaft ist;
6. Stammeinlagen oder Geschäftsanteile an einer inländischen GmbH, wenn die Gesellschaft das Unternehmen des Arbeitgebers ist;
7. stille Beteiligung am Unternehmen des Arbeitgebers sowie die Anlage in einer indirekten stillen Beteiligung in Form einer stillen Beteiligung an einer so genannten Mitarbeiterbeteiligungsgesellschaft;
8. Darlehensforderungen gegen den Arbeitgeber, wenn die Ansprüche durch ein Kreditinstitut verbürgt oder durch eine Versicherung gesichert sind;
9. nicht verbriefte Genussrechte am Unternehmen des Arbeitgebers, wenn damit das Recht am Gewinn verbunden ist, der Arbeitnehmer dadurch aber nicht zum Mitunternehmer wird,
10. im Rahmen der Steuervergünstigung nach § 3 Nr. 39 EStG Anteile an einem Mitarbeiterbeteiligungs-Sondervermögen nach Abschnitt 7a des Investmentgesetzes.

Aktien, Wandelschuldverschreibungen, Gewinnschuldverschreibungen und Genussscheine des herrschenden Unternehmens (§ 18 Abs. 1 AktG) stehen solchen vom Arbeitgeber ausgegebenen Wertpapieren gleich. Entsprechendes gilt für Darlehensforderungen, Genussrechte, Genossenschaftsanteile sowie Stammeinlagen oder Geschäftsanteile an einer GmbH.

Wert der Vermögensbeteiligungen

Gemäß § 3 Nr. 39 Satz 4 EStG ist als Wert der Vermögensbeteiligung immer der gemeine Wert zum Zeitpunkt der Überlassung anzusetzen. Entsprechend dem BFH-Urteil vom 7.5.2014, BStBl II S. 904, können auch die Wertverhältnisse bei Abschluss des für beide Seiten verbindlichen Veräußerungsgeschäftes herangezogen werden. Für die Höhe des Wertes knüpft § 3 Nr. 39 Satz 4 EStG an die Grundsätze des Bewertungsgesetzes und nicht an die üblichen Endpreise am Abgabeort gemäß § 8 Abs. 2 Satz 1 EStG an. Bei börsennotierten Aktien ist damit der Börsenkurs im Zeitpunkt der Überlassung und nicht am Tag der Beschlussfassung maßgebend. Veräußerungssperren mindern den Wert der Vermögensbeteiligung nicht (BFH vom 7.4.1989, BStBl II S. 608 und vom 30.9.2008, BStBl 2009 II S. 282). Zur Ermittlung von (noch) nicht börsennotierten Aktien, die vom Arbeitgeber als Belegschaftsaktien im Rahmen einer Kapitalerhöhung zugewendet werden, vergleiche die BFH-Urteile vom 29.7.2010, BStBl 2011 II S. 68, und VI R 53/08.

Vermögenswirksame Leistungen

sind Geldleistungen, die der Arbeitgeber für den Arbeitnehmer in einer bestimmten, im 5. VermBG vorgeschriebenen Form anlegt. Dabei kann es sich sowohl um Leistungen, die der Arbeitgeber zusätzlich erbringt, als auch um die Anlage von Teilen des dem Arbeitnehmer ohnehin zustehenden Arbeitslohns handeln. Unabhängig davon, wie die vermögenswirksame Leistung erbracht wird, gehört der angelegte Betrag zum steuer- und beitragspflichtigen Arbeitslohn. Beitragspflicht besteht allerdings nicht, wenn die vermögenswirksame Leistung für Zeiten des Bezugs von Kranken-, Erziehungs- oder Mutterschaftsgeld weitergezahlt wird und nicht Teile des Monats mit Entgelt belegt sind.

Sparzulage

Die Anlage vermögenswirksamer Leistungen wird vom Staat durch die Gewährung einer Sparzulage (sog. Arbeitnehmer-Sparzulage) gefördert, wenn das zu versteuernde Einkommen die maßgebende Einkommensgrenze nicht übersteigt. Für Vermögensbeteiligungen (vgl. die Ausführungen zur Gruppe I) beträgt die Einkommensgrenze 20.000,– € (Ledige) bzw. 40.000,– € (zusammenveranlagte Ehegatten/Lebenspartner), während bei Anlagen zum Wohnungsbau (vgl. die Ausführungen zur Gruppe II) eine Einkommensgrenzen von 17.900,– € für Alleinstehende bzw. 35.800,– € für zusammenveranlagte Ehegatten/Lebenspartner gilt. Die Einkommensgrenze wird vom Finanzamt im Rahmen der Einkommensteuerveranlagung des Arbeitnehmers geprüft. Maßgebend ist nicht der Bruttoarbeitslohn, sondern das zu versteuernde Einkommen ggf. unter Berücksichtigung des steuerlichen Kinderfreibetrags sowie des Freibetrags für den Betreuungs- und Erziehungs- oder Ausbildungsbedarf. Die Höhe der Sparzulage hängt von der jeweiligen Anlageart ab (vgl. die nachfolgenden Erläuterungen zu den Anlagearten, Sparzulagen, Höchstbetrag und Sperrfrist). Die Förderungen gemäß den Anlagen der Gruppe I und den Anlagearten der Gruppe II können nebeneinander in Anspruch genommen werden, so dass die staatliche Arbeitnehmer-Sparzulage jährlich 123,– € betragen kann (20% von 400,– € + 9% von 470,– €).

Die Sparzulage ist nicht vom Arbeitgeber zu berechnen und auszuzahlen. Vielmehr muss der Arbeitnehmer ihre Festsetzung nach Ablauf des Kalenderjahres in der Einkommensteuererklärung oder, wenn eine solche nicht in Frage kommt, in einem gesonderten Verfahren beim Finanzamt beantragen. Hierzu hat das Unternehmen, das Institut oder der Empfänger der vermögenswirksamen Leistungen dem Arbeitnehmer auf Verlangen eine Bescheinigung nach amtlich vorgeschriebenem Muster auszustellen (vgl. BStBl 2016 I S. 1.002). Die Papierbescheinigung soll für ab dem 1.1.2017 angelegte vermögenswirksame Leistungen durch die elektronische Vermögensbildungsbescheinigung nach § 15 5. VermBG ersetzt werden (vgl. BMF-Schreiben vom 16.12.2016, das im BStBl Teil I veröffentlicht wird). Die Auszahlung der vom Finanzamt festgesetzten Arbeitnehmer-Sparzulage erfolgt in der Regel erst nach Ablauf der für die jeweilige Anlageart geltenden Sperrfrist.

Begünstigter Personenkreis

Das 5. Vermögensbildungsgesetz findet Anwendung auf

- Arbeiter, Angestellte, Auszubildende, Heimarbeiter, Beamte, Richter,
- ausländische Arbeitnehmer, deren Arbeitsverhältnis dem deutschen Arbeitsrecht unterliegt,
- Altersrentner und Beamtenpensionäre, wenn sie weiterbeschäftigt werden,
- mithelfende Familienangehörige, wenn das Dienstverhältnis steuerlich anerkannt ist,
- freiwillig Wehrdienstleistende, deren Arbeitsverhältnis ruht und die aus diesem Arbeitsverhältnis noch Arbeitslohn erhalten.

Von der Begünstigung ausgeschlossen sind

- die Vorstandsmitglieder von Aktiengesellschaften, Vereinen, Stiftungen und Genossenschaften,
- die Geschäftsführer von Gesellschaften mit beschränkter Haftung,
- Empfänger von Vorruhestandsleistungen,
- Personen, die einen Freiwilligendienst (z. B. den Bundesfreiwilligendienst) leisten.

Anlagefähige Bezüge

Die Anlage ist nicht nur aus den üblichen Lohnzahlungen zulässig; sie kommt z. B. auch in Betracht aus

- pauschal versteuertem Arbeitslohn von Aushilfskräften und Teilzeitbeschäftigten;
- pauschal versteuerten sonstigen Bezügen;
- steuerfreien Zuschüssen zum Mutterschaftsgeld (§ 3 Nr. 1 Buchstabe d EStG).

Angaben des Arbeitnehmers

Damit die vermögenswirksame Anlage vom Arbeitgeber durchgeführt werden kann, sind anzugeben

- die Höhe des einmaligen Betrags oder der laufenden Beträge, die angelegt werden sollen,
- der Zeitpunkt, von dem an die Anlage erfolgen soll,
- das Institut, bei dem die Anlage erfolgen soll, einschließlich Konto- und Vertragsnummer.

Die Banken, Bausparkassen usw. stellen entsprechende Antragsformulare zur Verfügung.

Aufgaben des Arbeitgebers

- Der Arbeitgeber hat bei der Überweisung an das Anlageinstitut die Konto- oder Vertragsnummer des Arbeitnehmers anzugeben und die Beträge als vermögenswirksame Leistungen besonders kenntlich zu machen. Bei Überweisungen im Dezember und Januar ist auch das Kalenderjahr anzugeben, dem die vermögenswirksamen Leistungen zuzuordnen sind.

- Bei der Anlage vermögenswirksamer Leistungen im eigenen Unternehmen hat der Arbeitgeber in Zusammenarbeit mit dem Arbeitnehmer Vorkehrungen zu treffen, die der Absicherung der angelegten vermögenswirksamen Leistungen bei Zahlungsunfähigkeit dienen (sog. Insolvenzschutz). Die Ausgestaltung bleibt dabei jedoch den Vertragsparteien überlassen.
- Das Institut oder der Empfänger der vermögenswirksamen Leistungen hat dem Arbeitnehmer auf Verlangen eine Bescheinigung über die vermögenswirksam angelegten Leistungen zu erteilen. Bei Anlageverträgen mit dem Arbeitgeber (z. B. bei Beteiligungsverträgen am Unternehmen des Arbeitgebers) hat der Arbeitgeber dem Arbeitnehmer die Bescheinigung über die im Unternehmen angelegten vermögenswirksamen Leistungen auszustellen. Das amtliche Vordruckmuster für die Bescheinigung der **2016** angelegten vermögenswirksamen Leistung ist im BStBl 2016 I S. 1.002 bekannt gemacht. Die Papierbescheinigung soll für ab dem 1.1.2017 angelegte vermögenswirksame Leistungen durch die elektronische Vermögensbildungsbescheinigung nach § 15 5. VermBG ersetzt werden (vgl. BMF-Schreiben vom 16.12.2016, das im BStBl Teil I veröffentlicht wird). Der Institutsschlüssel für Sparzulagen wird von der Zentralstelle der Länder beim Technischen Finanzamt Berlin – ZPS ZANS –, Klosterstraße 59, 10179 Berlin vergeben und ist dort ggf. vom Arbeitgeber anzufordern.
- Bei Anlageverträgen mit dem Arbeitgeber hat der Arbeitgeber eine Anzeige nach § 8 Abs. 1 Nr. 4 bis 6 VermBDV zu erstatten, wenn der Arbeitnehmer vor Ablauf der Sperrfrist über die vermögenswirksamen Leistungen verfügt. Das Muster der Anzeige ist im BStBl 2011 I S. 801 veröffentlicht.

Anlagearten, Sparzulagen, Höchstbetrag und Sperrfrist

Die nachfolgende Aufstellung über die **begünstigten Anlageformen** soll dem Arbeitgeber einen Überblick für Anfragen seiner Arbeitnehmer verschaffen. Ob der Arbeitnehmer vom Finanzamt eine Arbeitnehmer-Sparzulage erhält, ist von seinem zu versteuernden Einkommen abhängig.

Gruppe I

1. Sparbeiträge aufgrund eines Sparvertrags mit einem Kreditinstitut zum Erwerb von Wertpapieren oder anderen Vermögensbeteiligungen in Form von
    - Aktien, die vom Arbeitgeber ausgegeben oder an einer deutschen Börse zum regulierten Markt zugelassen oder in den Freiverkehr einbezogen sind (§ 2 Abs. 1 Nr. 1 Buchstabe a 5.VermBG)
    - Wandelschuldverschreibungen, die vom Arbeitgeber ausgegeben werden oder an einer deutschen Börse zum regulierten Markt zugelassen oder in den Freiverkehr einbezogen sind, sowie Gewinnschuldverschreibungen, die vom Arbeitgeber ausgegeben werden; bei Namensschuldverschreibungen des Arbeitgebers ist Voraussetzung, dass die Ansprüche der Arbeitnehmer durch ein Kreditinstitut verbürgt oder durch eine Versicherung gesichert sind; von Kreditinstituten ausgegebene Gewinnschuldverschreibungen werden nicht gefördert (Ausnahme: für eigene Arbeitnehmer des Kreditinstituts)

      (§ 2 Abs. 1 Nr. 1 Buchstabe b 5.VermBG)

- Anteilen an bestimmten OGAW-Sondervermögen sowie an als Sondervermögen aufgelegten offenen Publikums-AIF nach den §§ 218 und 219 des Kapitalanlagegesetzbuchs sowie an offenen EU-Investmentvermögen und offenen ausländischen AIF, die nach dem Kapitalanlagegesetzbuch vertrieben werden dürfen
  (§ 2 Abs. 1 Nr. 1 Buchstabe c 5. VermBG)
- Genussscheinen, die vom Arbeitgeber als Wertpapiere ausgegeben werden und mit denen das Recht am Gewinn eines Unternehmens verbunden ist, unter der Voraussetzung, dass der Arbeitnehmer steuerlich nicht als Mitunternehmer anzusehen ist; dasselbe gilt für Genussscheine, die von anderen inländischen Unternehmen ausgegeben und an einer deutschen Börse zum regulierten Markt zugelassen oder in den Freiverkehr einbezogen sind; von Kreditinstituten ausgegebene Genussscheine werden nicht gefördert (Ausnahme: für eigene Arbeitnehmer des Kreditinstitutes)
  (§ 2 Abs. 1 Nr. 1 Buchstabe f 5.VermBG)
- Geschäftsguthaben bei einer inländischen Genossenschaft, wenn die Genossenschaft der Arbeitgeber, ein Kreditinstitut oder eine bestimmte Wohnungsbaugenossenschaft ist
  (§ 2 Abs. 1 Nr. 1 Buchstabe g 5.VermBG)
- Anteilen an einer inländischen GmbH, wenn die Gesellschaft der Arbeitgeber ist
  (§ 2 Abs. 1 Nr. 1 Buchstabe h 5.VermBG)
- direkten stillen Beteiligungen an Unternehmen des Arbeitgebers sowie in einer indirekten stillen Beteiligung als stiller Gesellschafter über eine so genannte Mitarbeiterbeteiligungsgesellschaft, wenn die Beteiligung keine Mitunternehmerschaft begründet
  (§ 2 Abs. 1 Nr. 1 Buchstabe i 5.VermBG)
- Darlehensforderungen gegen den Arbeitgeber, wenn die Ansprüche durch ein Kreditinstitut verbürgt oder durch eine Versicherung gesichert sind
  (§ 2 Abs. 1 Nr. 1 Buchstabe k 5.VermBG)
- nicht verbrieften Genussrechten am Unternehmen des Arbeitgebers
  (§ 2 Abs. 1 Nr. 1 Buchstabe l 5.VermBG)

Die Sperrfrist beträgt bei diesen Anlagen 7 Jahre. Sie beginnt am 1. Januar des Kalenderjahres, in dem die erste vermögenswirksame Leistung beim Kreditinstitut eingeht.

2. Wertpapier-Kaufvertrag zwischen dem Arbeitnehmer und Arbeitgeber

   zum Erwerb von Wertpapieren im Sinne von § 2 Abs. 1 Nr. 1 Buchstaben a bis f.

   Die Sperrfrist beträgt 6 Jahre und beginnt am 1. Januar des Kalenderjahres, in dem das Wertpapier erworben wurde.
   (§ 2 Abs. 1 Nr. 2 und § 5 5.VermBG)

3. Beteiligungs-Vertrag zwischen Arbeitgeber und Arbeitnehmer zum Aufbau nichtverbriefter Beteiligungen am Unternehmen des Arbeitgebers oder Vertrag mit einem Dritten

   zur Begründung oder zum Erwerb von Rechten im Sinne von § 2 Abs. 1 Nr. 1 Buchstaben g bis l

   Die Sperrfrist beträgt 6 Jahre und beginnt am 1. Januar des Jahres, in dem das Recht begründet bzw. erworben wurde.
   (§ 2 Abs. 1 Nr. 3 und §§ 6 und 7 5.VermBG)

Höchstbetrag (bei den Anlagen der Gruppe I):

400,– € im Kalenderjahr

Einkommensgrenzen:

20.000,– € bei Alleinstehenden
40.000,– € bei zusammenveranlagten Ehegatten/Lebenspartnern

Sparzulage vom Finanzamt:

20% für den jeweiligen Arbeitnehmer

Gruppe II

1. Anlagen nach dem Wohnungsbau-Prämiengesetz (z. B. Bausparvertrag)

   Sperrfrist 7 Jahre nach Abschluss des Bausparvertrags oder bis zur wohnwirtschaftlichen Verwendung

   (§ 2 Abs. 1 Nr. 4 5. VermBG)

2. unmittelbare Aufwendungen zum Wohnungsbau (z. B. Entschuldung)

   keine Sperrfrist

   (§ 2 Abs. 1 Nr. 5 5. VermBG)

Höchstbetrag (bei Anlagen der Gruppe II):

470,– € im Kalenderjahr

Einkommensgrenzen:

17.900,– € bei Alleinstehenden
35.800,– € bei zusammenveranlagten Ehegatten/Lebenspartnern

Sparzulage vom Finanzamt:

9% für den jeweiligen Arbeitnehmer

Gruppe III

1. Beiträge zu Kapitalversicherungen
   - Mindestvertragsdauer 12 Jahre
   - Eine Sparzulage wird für Kapitalversicherungen nicht mehr gewährt. Die 12-jährige Übergangsfrist für vor dem 1.1.1989 abgeschlossene Altverträge ist abgelaufen.
     (§ 2 Abs. 1 Nr. 7 5.VermBG, § 9 5.VermBG, § 17 5.VermBG)

2. Einzahlungen aufgrund eines (Geld)Sparvertrags mit einem Kreditinstitut
   - Sperrfrist 7 Jahre
   - Für diese Verträge gibt es ebenfalls keine Sparzulage mehr. (§ 2 Abs. 1 Nr. 6 5.VermBG, § 8 5.VermBG)

Weitere Erläuterungen zur Anwendung des 5. VermBG enthält das BMF-Schreiben vom 23.7.2014, BStBl I S. 1.175, das im Laufe des Jahres wegen der Einführung der elektronischen VL-Bescheinigung angepasst werden soll.

Verpflegungsmehraufwendungen

darf der Arbeitgeber in den folgenden Fällen steuer- und beitragsfrei ersetzen:

„Auswärtstätigkeit"
„Doppelte Haushaltsführung"

Die begrifflichen Voraussetzungen und der Umfang der steuerfreien Erstattung sind bei den beiden Stichwörtern erläutert.

Versorgungsbezüge

s. „Betriebsrenten" und Tz 5.6

Versorgungszusagen

Die steuer- und beitragsrechtliche Beurteilung von Versorgungszusagen (Direktzusagen) im Rahmen der betrieblichen Altersversorgung ist ausführlich bei Tz 11 dargestellt.

VIP-Logen

Unternehmen laden Geschäftsfreunde (z. B. andere Unternehmer und deren Arbeitnehmer) zusammen mit eigenen Arbeitnehmern in eine VIP-Loge in Sportstätten ein. Bei den Aufwendungen handelt es sich erfahrungsgemäß um ein Gesamtpaket mit verschiedenen Aufwandsposten (Werbeleistung, Eintrittsgelder, Bewirtungskosten, Geschenke usw.). Die auf eigene Arbeitnehmer entfallenden Zuwendungen können zu steuerpflichtigen Arbeitslohn führen (vgl. in dieser Tz. die Stichworte "Aufmerksamkeiten", "Bewirtung von Arbeitnehmern" und "geringwertige Sachbezüge"). Sofern eine konkrete Aufteilung und Zuordnung der Aufwendungen nicht erfolgt, können nach den BMF-Schreiben vom 22.8.2005, BStBl I S. 845 und 11.7.2006, BStBl I S. 307, die Aufwendungen für das Gesamtpaket aus Vereinfachungsgründen wie folgt aufgeteilt werden:

• Anteil der Werbung:	40% des Gesamtbetrages
• Anteil für die Bewirtung	30% des Gesamtbetrages
• Anteil für die Geschenke	30% des Gesamtbetrages

Hinsichtlich der Möglichkeit, die Besteuerung durch eine Pauschalierung der Einkommensteuer durch das zuwendende Unternehmen zu übernehmen, wird auf Tz 6.14 verwiesen.

Vorruhestandsgeld

Die Vorruhestandsleistungen stellen begrifflich "Abfindungen wegen Entlassung aus dem Dienstverhältnis" dar (vgl. dieses Stichwort). Ist danach der steuerfreie Höchstbetrag durch die Vorruhestandsleistungen verbraucht, muss der Arbeitgeber vom Vorruhestandsgeld wie von anderem laufenden Arbeitslohn den Lohnsteuerabzug vornehmen.

Die sozialversicherungsrechtliche Behandlung weicht von der steuerlichen ab. Das vom Arbeitgeber gezahlte Vorruhestandsgeld unterliegt aufgrund ausdrücklicher gesetzlicher Regelung der Beitragspflicht in der Kranken-, Pflege- und Rentenversicherung; Beiträge zur Bundesagentur für Arbeit fallen nach dem SGB III nicht an. Nach § 5 Abs. 3 SGB V besteht Krankenversicherungspflicht nur, wenn das Vorruhestandsgeld mindestens in Höhe von 65% des Bruttoarbeitsentgelts im Sinne des § 3 Abs. 2 des Vorruhestandsgesetzes gezahlt wird. Die Kranken-, Pflege- und Rentenversicherungsbeiträge sind vom Arbeitgeber und vom Arbeitnehmer aufzubringen.

Bei Arbeitnehmern, die **vor** Eintritt in den Vorruhestand in der gesetzlichen Renten- und Krankenversicherung nicht pflichtversichert waren, unterliegt auch das Vorruhestandsgeld nicht der Beitragspflicht. Der Beitragszuschuss, den der Arbeitgeber in diesen Fällen zur Kranken- und Pflegeversicherung zu leisten hat (§ 257 Abs. 3 und 4 SGB V sowie § 61 Abs. 4 SGB XI), ist steuerfrei. Er beträgt die Hälfte des aus dem Vorruhestandsgeld bis zur Beitragsbemessungsgrenze und des ermäßigten Beitragssatzes der Krankenkassen als Beitrag errechneten Betrags, höchstens jedoch die Hälfte des Betrags, den der Vorruhestandsgeldbezieher für seine Krankenversicherung zu zahlen hat. Der steuerfreie Höchstbeitragszuschuss für privat krankenversicherte Bezieher von Vorruhestandsgeld beträgt damit im Jahr 2017 in den alten und neuen Bundesländern einheitlich [4.350,– € x 7,0% (=14,0% : 2) =] 304,50 € im Monat.

Vorsorgeuntersuchungen

Vom Arbeitgeber übernommene Aufwendungen für Vorsorgeuntersuchungen gehören nicht zum steuer- und beitragspflichtigen Arbeitslohn, wenn das ganz überwiegende betriebliche Interesse des Arbeitgebers im Vordergrund steht. Davon kann nach dem BFH-Urteil vom 17.9.1982, BStBl 1983 II S. 39, ausgegangen werden, wenn der Arbeitgeber auf die Arbeitnehmer einen Zwang zur Teilnahme an den Vorsorgeuntersuchungen ausübt. Vom Arbeitgeber getragene Kosten für die Massage von Arbeitnehmern können im Einzelfall kein Arbeitslohn sein, wenn damit einer spezifisch berufsbedingten Beeinträchtigung der Gesundheit des Arbeitnehmers vorgebeugt oder ihr entgegengewirkt wird (BFH vom 30.5.2001, BStBl II S. 671). Entsprechendes gilt für Aufwendungen des Arbeitgebers für Rückengymnastik und Massage am Arbeitsplatz (vgl. BFH vom 4.7.2007, VI B 78/06).

Wachhunde

Vom Arbeitgeber ohne Kostennachweis mit einem Pauschbetrag ersetzte Futter- und Wartungskosten gehören zum steuer- und beitragspflichtigen Arbeitslohn. Die Pauschvergütung ist weder als „Werkzeuggeld" noch als „Auslagenersatz" steuerfrei.

Ein steuerfreier Auslagenersatz liegt nur vor, wenn der Wachhund Eigentum der Wachgesellschaft ist und über die Kosten einzeln abgerechnet wird.

Wandelschuldverschreibung

Wird einem Arbeitnehmer im Rahmen seines Arbeitsverhältnisses durch Übertragung einer nicht handelbaren Wandelschuldverschreibung ein Anspruch auf Verschaffung von Aktien eingeräumt, wird ein Zufluss von Arbeitslohn nicht bereits durch die Übertragung der Wandelschuldverschreibung begründet. Der geldwerte Vorteil bemisst sich im Falle der Ausübung des Wandlungsrechts aus der Differenz zwischen dem Börsenpreis der Aktien an dem Tag, an dem der Arbeitnehmer die wirtschaftliche Verfügungsmacht über die Aktien erlangt, und seinen Erwerbsaufwendungen (BFH vom 22.6.2005, BStBl II S. 770).

Warengutschein

Häufig werden vom Arbeitgeber im Rahmen des Dienstverhältnisses Warengutscheine ausgegeben. Für die steuer- und sozialversicherungsrechtliche Beurteilung gilt dabei Folgendes:

- Darf der Warengutschein **nur beim Arbeitgeber** eingelöst werden, hat die Finanzverwaltung den Warengutschein schon bislang als Sachbezug beurteilt, auch wenn der Gutschein auf einen Geldbetrag lautet. Der geldwerte Vorteil bestimmt sich grundsätzlich nach den für Sachbezüge geltenden günstigen Regelungen (vgl. Stichwort „Personalrabatte"). Bei Anwendung des § 8 Abs. 3 EStG scheidet die 44,-€-Monats-Freigrenze nach § 8 Abs. 2 Satz 11 EStG aus (vgl. Nr. 4 des Stichworts „Sachbezüge"). Der Zufluss des Arbeitslohns wird im Zeitpunkt der Einlösung des Gutscheins bewirkt. In der Sozialversicherung wird ein beitragsfreier Personalrabatt weiterhin nur dann anerkannt, wenn der Gutschein zusätzlich zu dem ohnehin geschuldeten Arbeitsentgelt gezahlt wird (vgl. Nr. 5 Stichwort „Personalrabatte").
- Warengutscheine, die einen Anspruch **gegen einen Dritten** begründen, wurden von der Finanzverwaltung dann nicht als ein Sachbezug anerkannt, wenn sie auf einen bestimmten Geldbetrag lauteten. Ein bei einem Dritten einlösbarer Warengutschein durfte nur dann als ein Sachbezug behandelt werden und im Rahmen der 44,-€-Monats-Freigrenze nach § 8 Abs. 2 Satz 11 EStG (vgl. Nr. 4 des Stichworts „Sachbezüge") steuer- und beitragsfrei bleiben, wenn auf dem Gutschein die konkrete Ware oder Dienstleistung bezeichnet und kein anzurechnender Betrag oder Höchstbetrag angegeben war. Dieser Auffassung ist der Bundesfinanzhof nicht gefolgt. Ob ein Barlohn oder ein Sachbezug vorliegt, entscheidet sich vielmehr nach dem Rechtsgrund des Zuflusses, also auf der Grundlage der arbeitsvertraglichen Vereinbarungen danach, was der Arbeitnehmer vom Arbeitgeber beanspruchen kann. Es kommt nicht darauf an, auf welche Art und Weise der Arbeitgeber den Anspruch erfüllt und seinem Arbeitnehmer den zugesagten Vorteil verschafft (vgl. BFH-Urteile vom 11.11.2010, BStBl 2011 II S. 383, 386 und 389). In den vom BFH entschiedenen Fällen
  - hatten Arbeitgeber ihren Mitarbeitern das Recht eingeräumt, gegen Vorlage einer Tankkarte bis zu einem Höchstbetrag von 44,– € monatlich zu tragen oder
  - die Mitarbeiter hatten anlässlich ihres Geburtstags Geschenkgutscheine über einen bestimmten Geldbetrag unter 44,– € erhalten oder

- die Mitarbeiter durften mit vom Arbeitgeber ausgestellten Tankgutscheinen bei einer Tankstelle ihrer Wahl eine bestimmte Menge Treibstoff tanken und sich die Kosten dafür von ihrem Arbeitgeber erstatten lassen.

Dieser Rechtsprechung ist die Finanzverwaltung gefolgt. **Sachbezug** mit der Möglichkeit der Anwendung der 44,-€-Monats-Freigrenze ist u.a.

- ein dem Arbeitnehmer durch den Arbeitgeber eingeräumtes Recht, bei einer Tankstelle zu tanken,
- ein Gutschein über einen in Euro lautenden Höchstbetrag,
- eine Zahlung des Arbeitgebers an den Arbeitnehmer, die mit der Auflage verbunden ist, den empfangenen Geldbetrag nur in bestimmter Weise zu verwenden.

Kein Sachbezug ist gegeben, wenn der Arbeitnehmer anstelle der Sachleistung Barlohn verlangen kann. Anders als im Steuerrecht führt auch hier die Umwandlung von Barlohn in einen Sachbezug nicht zur Beitragsfreiheit in der Sozialversicherung. Der Zufluss des Arbeitslohns erfolgt bei einem Gutschein, der bei einem Dritten einzulösen ist, nicht erst im Zeitpunkt der Einlösung des Gutscheins, sondern bereits mit der Hingabe des Gutscheins durch den Arbeitgeber an den Arbeitnehmer, weil der Arbeitnehmer bereits zu diesem Zeitpunkt einen Rechtsanspruch gegenüber dem Dritten erhält.

Waschgeld

erhalten aufgrund tariflicher Bestimmungen Kaminkehrergesellen. Es gehört zum steuer- und beitragspflichtigen Arbeitslohn.

Wechselschichtzulagen

werden zur Abgeltung der mit dem Schichtdienst verbundenen Erschwernisse gezahlt; sie sind deshalb insgesamt steuer- und beitragspflichtig. Die Abspaltung eines steuerfreien Teils als „Zuschlag für Sonntags-, Feiertags- und Nachtarbeit" ist nicht zulässig (vgl. dieses Stichwort).

Wegegeld

wird gelegentlich nach tariflichen Vorschriften bei auswärtiger Beschäftigung gezahlt. Es ist steuer- und beitragspflichtig, soweit nicht Reisekostenvergütungen vorliegen (vgl. das Stichwort „Reisekosten").

Weihnachtsgeld

gehört zum steuer- und beitragspflichtigen Arbeitslohn, unabhängig davon, ob es freiwillig gezahlt wird oder ob ein Rechtsanspruch besteht. Es ist als sonstiger Bezug zu besteuern (Tz 5.8) und als einmalig gezahltes Arbeitsentgelt zur Beitragsberechnung heranzuziehen.

Werksrenten

s. „Betriebsrenten"

Werkswohnung

s. „Wohnungsüberlassung"

Werkzeuggeld

ist gemäß § 3 Nr. 30 EStG steuerfrei. Es handelt sich dabei um die Erstattung von Aufwendungen, die dem Arbeitnehmer durch die betriebliche Benutzung eigener Werkzeuge entstehen. Der Arbeitgeber kann steuerfrei auch pauschale Entschädigungen leisten, soweit diese

- die regelmäßigen Absetzungen für Abnutzung der Werkzeuge,
- die üblichen Betriebs-, Instandhaltungs- und Instandsetzungskosten sowie
- die Kosten der Beförderung der Werkzeuge zwischen Wohnung und Einsatzstelle

abgelten. Soweit Entschädigungen für den Zeitaufwand des Arbeitnehmers gezahlt werden, z. B. für die ihm obliegende Reinigung und Wartung der Werkzeuge, gehören sie zum steuer- und beitragspflichtigen Arbeitslohn.

Der Begriff Werkzeug wird eng ausgelegt und ist nicht gleichbedeutend mit dem Begriff Arbeitsmittel. Der Bundesfinanzhof beschränkt den Begriff Werkzeug in § 3 Nr. 30 EStG auf Handwerkzeug, dessen Anschaffungskosten in der weitaus überwiegenden Zahl der Fälle unter 410,– € liegt (BFH vom 21.8.1995, BStBl II S. 906). Eine Schreibmaschine oder ein Personalcomputer gehören danach ebenso wenig dazu wie ein Musikinstrument.

Winterausfallgeld

Saison-Kurzarbeitergeld wird Arbeitnehmern des Baugewerbes oder vergleichbares Wirtschaftsgewerbes mit saisonbedingtem Arbeitsausfall für jede witterungsbedingte Ausfallstunde in der Zeit vom 1.12. bis 31.3. (Schlechtwetterzeit) gezahlt, wenn der Arbeitsausfall der Agentur für Arbeit entsprechend § 99 SGB III angezeigt worden ist bzw. diese gemäß § 101 Abs. 7 SGB III unterbleiben kann. Die Berechnung und die Höhe des Saison-Kurzarbeitergeldes entspricht dem Kurzarbeitergeld und dem früheren Winterausfallgeld; sie richtet sich nach dem pauschalierten Nettoausfallgeld im Kalendermonat entsprechend der im Bundesgesetzblatt jeweils veröffentlichten Verordnung über die pauschalierten Nettoentgelte für das Kurzarbeitergeld (für 2017 vgl. BGBl. 2016 S. 2.893). Auch das Saison-Kurzarbeitergeld wird in zwei verschieden hohen Leistungssätzen gewährt: Arbeitnehmer ohne Kinder erhalten 60% und Arbeitnehmer mit mindestens einem Kind 67% des um pauschalierte Abzüge geminderten entgangenen Arbeitsentgelts.

Zur beitragsrechtlichen Behandlung des Saison-Kurzarbeitergeldes und zur Erstattung der vom Arbeitgeber allein zu tragenden Beiträge zur Sozialversicherung gelten die Ausführungen beim Stichwort „Kurzarbeitergeld" sinngemäß. Weitergehende Erläuterungen enthält auch der Ratgeber „Baulohn".

Das Wintergeld, das als Mehraufwands-Wintergeld zur Abgeltung der witterungsbedingten Mehraufwendungen bei Arbeit und als Zuschuss-Wintergeld für jede aus Arbeitszeitguthaben ausgeglichene Ausfallstunde (zur Vermeidung der Inanspruchnahme des Saison-Kurzarbeitergeldes) gezahlt wird (§ 102 SGB III), ist steuerfrei (§ 3 Nr. 2 EStG und R 3.2 Abs. 3 LStR). Da es bei der Einkommensteuerveranlagung des Arbeitnehmers dem Progressionsvorbehalt unterliegt, muss es der Arbeitgeber, dem das Kurzarbeitergeld von der Agentur für Arbeit erstattet wird, auf der Lohnsteuerbescheinigung als Lohnersatzleistung eintragen.

Die Eigenbeteiligung des Arbeitnehmers, die dieser nach der Winterbeschäftigungs-Verordnung als Winterbeschäftigungs-Umlage an der Finanzierung zu leisten hat (z.Z. in der Regel 0,8% des Bruttoarbeitslohns; vgl. § 3 Abs. 2 der Winterbeschäftigungs-Verordnung), ist aus dem versteuernden Arbeitslohn zu erbringen und beim Arbeitnehmer im Rahmen seiner Einkommensteuerveranlagung als Werbungskosten abzugsfähig (vgl. Der Betrieb 2007 S. 946).

Wintergeld

Als ergänzende Leistungen nach § 102 SGB III haben Arbeitgeber Anspruch auf Erstattung der von ihnen allein zutragenden Beiträge zur Sozialversicherung für Bezieher von Saison-Kurzarbeitergeld sowie Arbeitnehmer Anspruch auf Wintergeld als Zuschuss-Wintergeld und Mehraufwands-Wintergeld, soweit für diese Zwecke Mittel durch eine Umlage aufgebracht werden.

1. Mehraufwands-Wintergeld

Mehraufwands-Wintergeld wird während der Förderzeit vom 15.12. bis 28.2. in Höhe von 1,– € je berücksichtigungsfähiger Arbeitsstunde gewährt. Berücksichtigungsfähig sind im Dezember bis zu 90, im Januar und Februar jeweils bis zu 180 Arbeitsstunden.

2. Zuschuss-Wintergeld

Das Zuschuss-Wintergeld wird in Höhe von bis zu 2,50 € je ausgefallener Arbeitsstunde gewährt, wenn zu deren Ausgleich Arbeitszeitguthaben aufgelöst und die Inanspruchnahme des Saison-Kurzarbeitergeldes vermieden wird.

Beide Leistungen sind sowohl steuer- als auch sozialversicherungsfrei. Es wird dem Arbeitgeber in einem einheitlichen Verfahren zusammen mit dem Saison-Kurzarbeitergeld von der Agentur für Arbeit erstattet (§§ 323, 327 SGB III). Die Verordnung über ergänzende Leistungen zum Saison-Kurzarbeitergeld und die Aufbringung der erforderlichen Mittel zur Aufrechterhaltung der Beschäftigung in den Wintermonaten vom 26.4.2006 ist im BGBl. I S. 1.086 veröffentlicht und mit der 5. Änderungsverordnung vom 24.6.2013, BGBl. I S. 1.681 angepasst worden. Weitergehende Erläuterungen enthält auch der Ratgeber „Baulohn".

Witwen- und Waisengeld

s. „Hinterbliebenenbezüge"

Wohnungsüberlassung

Der Vorteil aus der unentgeltlichen oder verbilligten Überlassung einer Wohnung (wegen der Abgrenzung einer Wohnungsüberlassung zur freien Unterkunft vgl. das Stichwort „Freie Verpflegung und Unterkunft") gehört zum steuer- und beitragspflichtigen Arbeitslohn. Zur Anwendung der monatlichen Freigrenze von 44,– € wird auf die Ausführungen bei Nr. 4 des Stichworts „Sachbezüge" verwiesen. Der Ermittlung des Vorteils ist (soweit kein Fall von „Personalrabatt" vorliegt) grundsätzlich der ortsübliche

Mietpreis zugrunde zu legen. In Ausnahmefällen können aber bei Fremdvermietungen oder bei mietpreisrechtlichen Beschränkungen ein niedrigerer Wert in Betracht kommen oder feste Sachbezugswerte maßgebend sein. Bei der Prüfung, ob eine verbilligte Überlassung ihren Rechtsgrund im Arbeitsverhältnis hat, kann ein gewichtiges Indiz sein, in welchem Umfang der Arbeitgeber vergleichbare Wohnungen auch an fremde Dritte zu einem niedrigeren als dem üblichen Mietzins vermietet; dabei kann nicht typisierend immer davon ausgegangen werden, dass bei einem unter 10% liegenden Anteil an fremdvermieteten Wohnungen ein Veranlassungszusammenhang zum Arbeitsverhältnis besteht (BFH vom 11.5.2011, BStBl II S. 946).

1. Bewertung mit dem ortsüblichen Mietwert

Maßgebend ist die Miete, die für eine nach Baujahr, Lage, Art, Größe, Ausstattung und Beschaffenheit vergleichbare Wohnung üblich ist. Anzusetzen ist stets der objektive Mietwert; persönliche Bedürfnisse des Arbeitnehmers, z. B. hinsichtlich der Größe oder der Lage der Wohnung bleiben außer Betracht (BFH vom 8.3.1968, BStBl III S. 435, und vom 2.10.1968, BStBl 1969 II S. 73). Eine geringere, den Bedürfnissen des Arbeitnehmers entsprechende Wohnfläche kann nur zugrunde gelegt werden, wenn der Arbeitnehmer einen Teil der Wohnung tatsächlich nicht nutzt. Beeinträchtigungen des Wohnwerts sind durch einen entsprechenden Abschlag, der im Einzelfall im Schätzungswege ermittelt werden muss, zu berücksichtigen (BFH vom 3.10.1974, BStBl 1975 II S. 81). Überlässt der Arbeitgeber seinem Arbeitnehmer eine Wohnung zu einem Mietpreis, der innerhalb der Mietpreisspanne des Mietspiegels der Gemeinde liegt, scheidet regelmäßig die Annahme eines geldwerten Vorteils durch verbilligte Wohnraumüberlassung aus (BFH vom 17.8.2005 BStBl 2006 II S. 71 und vom 11.5.2011, BStBl II S. 946).

2. Ansatz der Vergleichsmiete bei Fremdvermietungen

Vermietet der Arbeitgeber vergleichbare Wohnungen in nicht unerheblichem Umfang an fremde Dritte zu einer niedrigeren als der ortsüblichen Miete, ist steuerlich auch für die Arbeitnehmer die niedrigere Miete maßgebend.

3. Beschränkung der maßgeblichen Miete durch mietpreisrechtliche Vorschriften

Bei der Ermittlung des steuerlich maßgebenden Mietwerts darf keine höhere Miete zugrunde gelegt werden, als der Arbeitgeber nach mietpreisrechtlichen Vorschriften vom Arbeitnehmer verlangen könnte.

Eine solche mietpreisrechtliche Beschränkung bis zur ortsüblichen Vergleichsmiete ergibt sich aus § 558 Abs. 3 BGB. Danach ist eine Mieterhöhung innerhalb von 3 Jahren grundsätzlich nur um höchstens 20% zulässig. Die Landesregierungen können für bestimmte Gemeinden mit knappem Wohnraum die Mieterhöhung auf 15% begrenzen. Diese Grenzen sind auch steuerlich zu beachten. Allerdings ist von dem zuletzt steuerlich maßgeblichen (vom Finanzamt) akzeptierten Wert auszugehen.

Beispiel:

2013 wurden vom Finanzamt als ortsübliche Miete umgerechnet angesetzt	*300,– €*
abz. vom Arbeitnehmer entrichtete umgerechnete Miete	*200,– €*
als Vorteil zu versteuern	*100,– €*
Im Jahr 2017 beträgt die ortsübliche Miete	*450,– €*
der Arbeitnehmer entrichtet weiterhin	*200,– €*
Der steuerpflichtige Vorteil ist im Jahr 2017 wie folgt zu berechnen:	
Bisherige ortsübliche Miete	*300,– €*
Erhöhung um höchstens 20% (angenommen)	*60,– €*
steuerlich maßgebender neuer Mietwert	*360,– €*
abz. vom Arbeitnehmer entrichtete Miete	*200,– €*
als Vorteil zu versteuern	*160,– €*

4. Beschränkung der maßgeblichen Miete beim Einsatz öffentlicher und gleichgestellter Mittel im Rahmen des sozialen Wohnungsbaus und bei Werks- und Dienstwohnungen

Nach § 3 Nr. 59 EStG sind im Rahmen eines Dienstverhältnisses gewährte Mietvorteile steuer- und damit beitragsfrei, die auf der Förderung nach dem Zweiten Wohnungsbaugesetz oder dem Wohnungsbaugesetz für das Saarland oder nach einem Wohnraumförderungsgesetz eines anderen Bundeslandes beruhen. Das Gleiche gilt für Mietvorteile, die sich aus dem Einsatz von Wohnungsfürsorgemitteln aus öffentlichen Haushalten ergeben.

Bei einer Wohnung, die **ohne** Inanspruchnahme von Mitteln aus öffentlichen Haushalten errichtet worden ist, sind Mietvorteile im Rahmen eines Dienstverhältnisses nach § 3 Nr. 59 EStG und R 3.59 LStR steuerfrei, wenn die Wohnung im Zeitpunkt ihres Bezugs durch den Arbeitnehmer für eine Förderung mit Mitteln aus öffentlichen Haushalten in Betracht gekommen wäre (vgl. BMF-Schreiben vom 10.10.2005, BStBl I S. 959). Dabei ist es unerheblich, ob die überlassene Wohnung tatsächlich nach dem Zweiten Wohnungsbaugesetz oder einem Wohnraumförderungsgesetz gefördert worden ist. Entscheidend ist, dass eine Förderung möglich gewesen wäre. § 3 Nr. 59 EStG ist deshalb nur auf Wohnungen anwendbar, die im Geltungszeitraum der genannten Wohnungsbaugesetze errichtet worden sind; d.h. auf Baujahre ab 1957. Eine Prüfung, ob der Arbeitnehmer nach seinen Einkommensverhältnissen als Mieter einer geförderten Wohnung in Betracht kommt, wird nicht vorgenommen. Der Höhe nach ist die Steuerbefreiung auf die Mietvorteile begrenzt, die sich aus der Förderung nach den genannten Wohnungsbaugesetzen ergeben würden. Ist der Förderzeitraum danach bereits abgelaufen, ist die Steuerbefreiung nach § 3 Nr. 59 EStG nicht mehr auf die Wohnungen anwendbar. Wenn der Förderzeitraum im Zeitpunkt des Bezugs der Wohnung durch den Arbeitnehmer noch nicht abgelaufen ist, ist ein Mietvorteil bis zur Höhe des Teilbetrags steuerfrei, auf den der Arbeitgeber gegenüber der Vergleichsmiete verzichten müsste, wenn die Errichtung der Wohnung nach den Wohnungsbaugesetzen gefördert worden wäre. Der steuerfreie Teilbetrag verringert sind in dem Maße, in dem der Arbeitgeber nach den Förderregelungen eine höhere Miete verlangen könnte. Mit Ablauf der Mietbindungsfrist läuft somit auch die Steuerbefreiung aus.

5. Fester Wertansatz, wenn die ortsübliche Miete nur unter außergewöhnlichen Schwierigkeiten ermittelt werden kann

Für diese Fälle ist in § 2 Abs. 4 Satz 2 SvEV (Anlage 2 im Handbuch) die Bewertung mit festen Sätzen festgelegt und zwar einheitlich im gesamten Bundesgebiet für 2017 weiterhin:

- bei normaler Ausstattung 3,92 €/m²
- bei einfacher Ausstattung (ohne Sammelheizung oder ohne Bad oder Dusche) 3,20 €/m²

Diese Werte kommen nur dann zur Anwendung, wenn keine ortsübliche Miete ermittelt werden kann; sonst ist diese maßgebend, auch wenn sie noch niedriger ist.

6. Bewertung nach der Sozialversicherungsentgeltverordnung

Wird keine Wohnung, sondern eine Unterkunft überlassen, erfolgt die Bewertung der Unterkunft mit den amtlichen Sachbezugswerten; vgl. das Stichwort „Freie Verpflegung und Unterkunft".

7. Anwendung der steuerlichen Rabattregelung

Überlässt ein Arbeitgeber (z. B. Wohnungsunternehmen), der Mietwohnungen überwiegend an fremde Dritte vermietet, seinem Arbeitnehmer (z. B. Hauswart) eine Wohnung, so ist diese Nutzungsüberlassung als Personalrabatt (vgl. dieses Stichwort) zu behandeln (vgl. BFH vom 4.11.1994, BStBl 1995 II S. 338, und vom 16.2.2005, BStBl II S. 529).

8. Belegschaftsrabatte im Hotelgewerbe

Zum geldwerten Vorteil aus einer verbilligten Hotelübernachtung, wenn dem Arbeitnehmer ein Zimmer im Hotel seines Arbeitgebers überlassen wird, das der Arbeitgeber nicht überwiegend für seine Arbeitnehmer bereit hält, vergleiche Der Betrieb 1995 S. 1442.

9. Sonderbewertung für im Ausland überlassene Wohnungen

Überlässt der Arbeitgeber im Rahmen einer Auslandstätigkeit eine Wohnung im Ausland, deren ortsübliche Miete 18% des Arbeitslohns ohne „Kaufkraftausgleich" übersteigt, so ist diese Wohnung mit 18% des Arbeitslohns zuzüglich 10% der darüber hinausgehenden ortsüblichen Miete zu bewerten.

Beispiel:

Ortsübliche Auslandsmiete	*1.200,– €*
Arbeitslohn ohne Kaufkraftausgleich 3.000,– €	
18% =	*540,– €*
übersteigender Betrag	*660,– €*

steuerlicher Ansatz für die Wohnung im Ausland:

18% des Arbeitslohns	*540,– €*
+ 10% des übersteigenden Betrags =	*66,– €*
maßgeblicher Mietwert	*606,– €*

10. Nebenkosten

Bei der Wohnungsüberlassung ist neben dem ortsüblichen Mietpreis für die Wohnung ggf. auch für Energie, Wasser und sonstige Nebenkosten der übliche Preis am Abgabeort anzusetzen.

11. Schönheitsreparaturen

Vom Arbeitgeber hierfür getragene Aufwendungen sind neben dem Mietvorteil als steuer- und beitragspflichtiger Arbeitslohn zu erfassen (BFH vom 17.8.1973, BStBl 1974 II S. 8).

12. Andere Aufwendungen des Arbeitgebers für Mietwohnungen

a) Der Arbeitgeber gewährt dem Arbeitnehmer ohne jede Auflage einen verlorenen Zuschuss zur Miete einer Wohnung:
Der Zuschuss ist in voller Höhe steuerpflichtig.

b) Der Arbeitgeber gewährt einen Zuschuss zu einer Mietvorauszahlung; in Höhe der Mietminderung zahlt der Arbeitnehmer den Zuschuss an den Arbeitgeber zurück:
Der Zuschuss hat den Charakter eines Darlehens. Deshalb liegt kein steuerpflichtiger Arbeitslohn vor.

c) Der Arbeitgeber gewährt einen Zuschuss zur Miete mit der Auflage, dass der Zuschuss nach vorzeitigem Ausscheiden aus dem Dienstverhältnis ganz oder teilweise zurückgezahlt werden muss:
Der Zuschuss ist steuerpflichtiger Arbeitslohn. Rückzahlungen mindern den steuerpflichtigen Arbeitslohn im Kalenderjahr der Zahlung.

Zehrgelder

sind steuer- und beitragsfrei, soweit sie im Rahmen einer Reisekostenerstattung zur Abgeltung des Verpflegungsmehraufwands gezahlt werden und die entsprechenden Pauschbeträge nicht übersteigen (vgl. das Stichwort „Reisekosten").

Zinsersparnisse und Zinszuschüsse

Gewährt der Arbeitgeber oder aufgrund des Dienstverhältnisses ein Dritter dem Arbeitnehmer unverzinsliche oder zinsverbilligte Darlehen, so gehört die Zinsverbilligung wie auch ein Zinszuschuss grundsätzlich zum steuer- und beitragspflichtigen Arbeitslohn. Der Arbeitnehmer erlangt jedoch keinen geldwerten Vorteil, wenn der Arbeitgeber ihm ein Darlehen zu einem marktüblichen Zinssatz (Maßstabszinssatz) gewährt (BFH-Urteil vom 4.5.2006, BStBl II S. 781). Für die Ermittlung des Zinsvorteils ist zwischen einer Bewertung nach § 8 Abs. 2 EStG (z. B. der Arbeitnehmer eines Einzelhändlers erhält ein zinsverbilligtes Arbeitgeberdarlehen) und einer Bewertung nach § 8 Abs. 3 EStG (z B. der Bankangestellte erhält von seinem Arbeitgeber ein zinsverbilligtes Arbeitgeberdarlehen mit Ansatz des Rabattfreibetrags) zu unterscheiden. Im Übrigen gilt nach dem BMF-Schreiben vom 19.5.2015, BStBl I S. 484, Folgendes:

1. Kleindarlehen

Auch nach dem BMF-Schreiben vom 19.5.2015, BStBl I S. 484, gilt, dass die Zinsverbilligung aus Vereinfachungsgründen nicht zum steuer- und beitragspflichtigen Arbeitslohn gehört, wenn die Summe der noch nicht getilgten Darlehen am Ende des Lohnzahlungszeitraums 2.600,– € oder weniger beträgt. Diese Regelung für Kleindarlehen (Bagatellgrenze) hat einen erheblichen Vereinfachungseffekt. Daher sind Kleindarlehen bei der Feststellung, ob die 44,-€-Monatsfreigrenze überschritten wird (vgl. "Sachbezüge" Nr. 4), nicht mit einzubeziehen (vgl. RdNr. 10 des BMF-Schreibens). Somit bleibt die 44,-€-Monatsfreigrenze von einem Kleindarlehen unberührt.

2. Arbeitnehmer von Kreditinstituten (Bewertung nach § 8 Abs. 3 EStG)

Gewährt ein Kreditinstitut seinen Arbeitnehmern Zinsersparnisse, so kann nach dem BFH-Urteil vom 4.11.1994, BStBl 1995 II S. 338, der steuerpflichtige Vorteil des zinsgünstigen Darlehens nach § 8 Abs. 3 EStG (vgl. das Stichwort „Personalrabatte") behandelt werden, wenn

- der Arbeitgeber Darlehen gleicher Art – mit Ausnahme des Zinssatzes – zu gleichen Konditionen (Laufzeit, Zinsfestlegung, Sicherung) überwiegend an betriebsfremde Dritte vergibt (vgl. BFH vom 18.9.2002, BStBl 2003 II S. 371 und vom 9.10.2002, BStBl 2003 I S. 373)

und

- der Vorteil nicht nach § 40 EStG pauschal versteuert wird.

Bei der Bewertung nach § 8 Abs. 3 EStG ist gemäß dem BMF-Schreiben vom 19.5.2015, BStBl I S. 484, zu beachten, dass grundsätzlich nicht der von der Bank mit einem Kunden in einem speziellen Einzelfall ausgehandelte Zinssatz zum Vergleich herangezogen werden kann, sondern regelmäßig der Zinssatz maßgebend ist, den der Arbeitgeber (Bank) fremden Letztverbrauchern im allgemeinen Geschäftsverkehr in hinsichtlich Zinsbindung und Darlehenslaufzeit vergleichbaren Fällen anbietet. Das ist der Zins, der sich aus dem Preisaushang der kontoführenden Zweigstelle des Kreditinstituts ergibt oder aus dem Preisverzeichnis des Arbeitgebers, das zur Einsichtnahme bereitgehalten wird. Allerdings ist es auch zulässig, von dem im Preisaushang dargestellten Preis abzuweichen und entsprechend RdNr. 7 und 8 des BMF-Schreibens vom 16.5.2013, BStBl I S. 729, zu verfahren, wonach am Ende von Verkaufsverhandlungen durchschnittlich gewährte Preisnachlässe beim Verkauf an fremde Letztverbraucher berücksichtigt werden. Der Abschlag von 4% nach § 8 Abs. 3 Satz 1 EStG ist stets vorzunehmen. Werden die Zinsvorteile auf Antrag des Arbeitgebers als sonstiger Bezug nach § 40 EStG pauschal versteuert (das gilt selbst dann, wenn keine pauschale Lohnsteuer anfällt), ist § 8 Abs. 3 EStG nicht anwendbar, so dass dann die allgemeinen Bewertungsregelungen nach § 8 Abs. 2 EStG (vgl. Nr. 3) zur Anwendung kommen. Im Übrigen kann an Stelle der Bewertung nach § 8 Abs. 3 EStG (mit Anwendung des Rabattfreibetrags) auch die Bewertung nach § 8 Abs. 2 EStG (vgl. Nr. 3; dann aber ohne Rabattfreibetrag) angewandt werden (vgl. auch BMF-Schreiben vom 16.5.2013, BStBl I S. 729).

3. Zinsersparnisse bei anderen Arbeitgeberdarlehen (Bewertung nach § 8 Abs. 2 EStG)

Für alle anderen Arbeitnehmer, die keine Arbeitnehmer von Kreditinstituten sind, gilt § 8 Abs. 2 EStG und damit nach dem BMF-Schreiben vom 19.5.2015, BStBl I S. 484, Folgendes:

Bei Arbeitgeberdarlehen bemisst sich der geldwerte Vorteil nach dem Unterschiedsbetrag zwischen dem **marktüblichen Zins** (sog. Maßstabszinssatz) für vergleichbare Darlehen am Abgabeort und dem Zins, den der Arbeitnehmer **im konkreten Einzelfall** zahlt. Der pauschale Abschlag von 4% nach R 8.1 Abs. 2 Satz 3 LStR kann hier berücksichtigt werden. Als marktüblich gilt auch die nachgewiesene **günstigste** Marktkondition für Darlehen mit vergleichbaren Bedingungen am Abgabeort hinsichtlich der Kreditart (z. B. Wohnungsbaukredit, Konsumkredit, Ratenkredit, Überziehungskredit), der Laufzeit des Darlehens, der Dauer der Zinsfestlegung und der Art der Sicherung unter Einbeziehung allgemein zugänglicher Internetangebote (z. B. von Direktbanken). Maßgebend ist grundsätzlich für die gesamte Laufzeit der Zinssatz bei Vertragsabschluss; dies gilt nur dann nicht, wenn ein variabler Zins vereinbart ist. Der pauschale Abschlag von 4% nach R 8.1 Abs. 2 Satz 3 LStR kann bei der Bewertung mit dem günstigsten Preis am Markt nicht zusätzlich abgezogen werden.

Im Lohnsteuerabzugsverfahren ist der Arbeitgeber nicht verpflichtet, an Stelle des um die üblichen Preisnachlässe geminderten Endpreises noch den günstigsten Preis am Markt ermitteln zu müssen. Der Arbeitgeber hat die Unterlagen für den ermittelten und der Lohnversteuerung zu Grunde gelegten Endpreis sowie die Berechnung der Zinsvorteile zu dokumentieren, als Belege zum Lohnkonto aufzubewahren und dem Arbeitnehmer auf Verlangen formlos mitzuteilen. Dem Arbeitnehmer bleibt es unbenommen, im Rahmen seiner Einkommensteuerveranlagung gegenüber dem Finanzamt einen niedrigeren günstigeren Preis am Markt nachzuweisen (z. B. durch Ausdruck des in einem Internet-Vergleichsportal ausgewiesenen individualisierten günstigeren inländischen Kreditangebots zum Zeitpunkt des Vertragsabschlusses). Das günstigere inländische Angebot muss in einem zeitlichen Zusammenhang mit der Gewährung des Arbeitnehmerdarlehens stehen. Aus Vereinfachungsgründen wird es nicht beanstandet, wenn dieses Angebot bis zu 10 Tage vor der Kreditanfrage beim Arbeitgeber und bis zu 10 Tage nach dem Vertragsabschluss des Arbeitgeberdarlehens eingeholt wird.

Aus **Vereinfachungsgründen** können bei der Bewertung des Zinsvorteils für die Feststellung des marktüblichen Zinssatzes die bei Vertragsabschluss von der **Deutschen Bundesbank** zuletzt veröffentlichten Effektivzinssätze (die gewichteten Durchschnittssätze) herangezogen werden (vgl. unter http://www.bundesbank.de/Navigation/DE/Statistiken/Zeitreihen_Datenbanken/Geld_und_Kapitalmaerkte/geld_und_kapitalmaerkte_details_value_node.html?tsId=BBK01.SUD010&listId=www_s510_bk1). Von dem sich hiernach ergebenden Effektivzinssatz kann ein Abschlag von 4% vorgenommen werden. Die Differenz zwischen diesem Maßstabszinssatz und dem Effektivzinssatz ergibt den geldwerten Vorteil, wobei die Zahlungsweise der Zinsen (z. B. monatlich, jährlich) unmaßgeblich ist. Es muss jedoch zwischen den einzelnen Arten von Krediten (z. B. Wohnungsbaukredit, Konsumkredit) unterscheiden werden. Bei der

Feststellung, ob die 44,-€-Monatsfreigrenze (vgl. „Sachbezüge" Nr. 4) überschritten wird, sind auch die Vorteile aus zinsverbilligten Arbeitgeberdarlehen einzubeziehen, sofern es sich nicht um ein Kleindarlehn handelt (vgl. Nr. 1).

Beispiel:

Ein Arbeitnehmer erhält im März 2017 ein Arbeitgeberdarlehen von 30.000,– € zu einem Effektivzinssatz von 2% jährlich (Laufzeit 4 Jahre mit monatlicher Tilgungsverrechnung und monatlicher Fälligkeit der Zinsen). Der bei Vertragsabschluss im März 2017 von der Deutschen Bundesbank für Konsumentenkredite mit anfänglicher Zinsbindung von über einem Jahr bis zu fünf Jahren veröffentlichte Effektivzinssatz beträgt angenommen 4,71%.

Nach Abzug des pauschalen Abschlags von 4% ergibt sich ein Maßstabszinssatz von 4,52% (Ansatz von zwei Dezimalstellen – ohne Rundung). Die Zinsverbilligung beträgt somit 2,52% (4,52% abzüglich 2%). Danach ergibt sich im März 2017 ein Zinsvorteil von 63,– € (2,52% von 30.000,– € x 1/12). Dieser Vorteil ist – da die 44,–€-Monatsfreigrenze überschritten ist – lohnsteuerpflichtig. Der Zinsvorteil ist jeweils bei Tilgung des Arbeitgeberdarlehens für die Restschuld neu zu ermitteln.

4. Zinsvorteile aus Wohnungsfürsorgedarlehen im öffentlichen Dienst

Nach § 3 Nr. 58 EStG sind Zinsvorteile bei Darlehen steuerfrei, die aus öffentlichen Haushalten für eine eigengenutzte Wohnung (Eigentumswohnung oder Familienheim) gewährt werden, soweit die Zinsvorteile diejenigen Vorteile nicht übersteigen, die bei einer entsprechenden Förderung aus öffentlichen Mitteln nach dem Zweiten Wohnungsbaugesetz oder einem Wohnraumförderungsgesetz gewährt werden. Das Gleiche gilt für Zinszuschüsse. Öffentliche Haushalte im Sinne des § 3 Nr. 58 EStG sind nach R 3 Nr. 58 LStR die Haushalte des Bundes, der Länder, der Gemeinden, der Gemeindeverbände, der kommunalen Zweckverbände und der Sozialversicherungsträger.

Zukunftssicherungsleistungen

sind Ausgaben, die der Arbeitgeber leistet, um den Arbeitnehmer oder diesem nahe stehende Personen für den Fall der Krankheit, eines Unfalls, der Invalidität, des Alters oder des Todes abzusichern (§ 2 Abs. 2 Nr. 3 LStDV – vgl. Anhang 1 im Handbuch).

Zukunftssicherungsleistungen, die der Arbeitgeber **aufgrund gesetzlicher Verpflichtung** leistet, sind steuer- und beitragsfrei (vgl. hierzu die Stichworte „Arbeitgeberanteil zur Sozialversicherung", „Lebensversicherung, befreiende" und „Kranken-" und „Pflegeversicherung"). Bei der Frage, ob die Ausgaben auf einer gesetzlichen Verpflichtung beruhen, folgt die Finanzverwaltung regelmäßig der Entscheidung des zuständigen Sozialversicherungsträgers (vgl. BFH vom 21.1.2010, BStBl II S. 703). Für die Steuerfreiheit von Arbeitgeberzuschüssen zu einer Lebensversicherung ist dessen gegenwärtiger Versicherungsstatus maßgebend (vgl. das Stichwort „Lebensversicherung, befreiende").

Andere Zukunftssicherungsleistungen sind steuer- und beitragspflichtig. Dabei kommt es nicht darauf an, ob der Arbeitgeber die Aufwendungen freiwillig oder aufgrund tariflicher oder arbeitsvertraglicher Verpflichtung erbringt. Der Arbeitnehmer muss gegenüber der Versorgungseinrichtung einen Rechtsanspruch auf die Leistungen aus der Zukunftssicherung haben (vgl. BFH vom 27.5.1993, BStBl 1994 II S. 246). Freiwillige

Aufwendungen gehören allerdings nur zum Arbeitslohn, wenn der Arbeitnehmer der Zukunftssicherung ausdrücklich oder zumindest stillschweigend zustimmt.

Zu den steuer- und beitragspflichtigen Zukunftssicherungsleistungen gehören:

- der Zuschuss zur freiwilligen „Kranken-" und „Pflegeversicherung", soweit er den nach gesetzlicher Verpflichtung zu leistenden Zuschuss übersteigt;
- der Zuschuss zu einer Höherversicherung in der gesetzlichen Rentenversicherung;
- der Zuschuss zu einer befreienden „Lebensversicherung", soweit er den Arbeitgeberanteil zur gesetzlichen Rentenversicherung übersteigt;
- der Beitrag zu einer „Direktversicherung";
- der Beitrag zu einer privaten „Unfallversicherung".

Die Zukunftssicherungsleistungen werden vom Arbeitgeber in der Regel durch laufende Aufwendungen erbracht; sie sind deshalb zusammen mit dem laufenden Arbeitslohn des jeweiligen Lohnzahlungszeitraums zu versteuern und zur Beitragsberechnung heranzuziehen. Die steuerpflichtigen Beiträge zu einer Direktversicherung und die steuerpflichtigen Zuwendungen an eine Pensionskasse können unter bestimmten Voraussetzungen pauschal versteuert werden (vgl. Tz 6.11 zur Lohnsteuer-Pauschalierung und zur sozialversicherungsrechtlichen Behandlung des pauschal versteuerten Arbeitslohns).

Beitragsanteile am Gesamtsozialversicherungsbeitrag, die der Arbeitgeber ohne gesetzliche Verpflichtung übernommen hat, sind kein Arbeitslohn, wenn sie dem Arbeitgeber zurückgezahlt worden sind und der Arbeitnehmer keine Versicherungsleistungen erhalten hat (BFH vom 27.3.1992, BStBl II S 663).

Werden in Folge einer irrtümlich angenommenen Sozialversicherungspflicht eines Gesellschafter-Geschäftsführers Arbeitgeberbeiträge zur gesetzlichen RV und ALV an den Arbeitgeber erstattet, ohne dass sie an den Arbeitnehmer weitergegeben werden, ist dies lohnsteuerlich nicht relevant. Wird jedoch beispielsweise auf die Rückzahlung der Arbeitgeberbeiträge zur gesetzlichen RV durch den Arbeitgeber verzichtet und werden die Beiträge für eine freiwillige Versicherung des Arbeitnehmers in der gesetzlichen RV verwendet (Umwandlung), führt dies im Jahr der Umwandlung in freiwillige Beiträge zu steuerpflichtigen Arbeitslohn. Entsprechendes gilt für die Beiträge zur gesetzlichen KV und PV.

Arbeitgeberzuschüsse zu Beiträgen der Vorstandsmitglieder für eine Lebensversicherung, für die freiwillige Versicherung in der gesetzlichen Rentenversicherung oder für eine öffentlich-rechtliche Versicherungs- oder Versorgungseinrichtung der Berufsgruppe sind nicht nach § 3 Nr. 62 EStG steuerfrei, weil Vorstandsmitglieder einer Aktiengesellschaft regelmäßig in der gesetzlichen Rentenversicherung nach § 1 Satz 4 SGB VI versicherungsfrei sind.

Zuschläge für Sonntags-, Feiertags- und Nachtarbeit

SFN-Zuschläge sind in dem in § 3b EStG beschriebenen Umfang steuerfrei. Dabei ist zu beachten, dass die begünstigte Stundenlohnbasis im Steuerrecht auf einen Höchstbetrag von 50,– € und im Sozialversicherungsrecht auf einen Höchstbetrag von 25,– € beschränkt ist (vgl. im Einzelnen nachfolgend "Ermittlung des Grundlohns für den Lohnzahlungszeitraum" Nr. 7).

Die Steuerbefreiung nach § 3b EStG setzt voraus, dass die Zuschläge ohne die Steuerbefreiung als Arbeitslohn den Einkünften aus nichtselbstständiger Arbeit zuzurechnen wären. Daher können die Steuerbefreiung auch kurzfristig und gegen geringen Arbeitslohn Beschäftigte, deren Arbeitslohn pauschal versteuert wird (vgl. Tz 6.8, 6.9), sowie Ehegatten, wenn die Vergütungen steuerlich als Einkünfte aus nichtselbständiger Arbeit anzuerkennen sind (Tz 2.5 „Ehegattenarbeitsverhältnis"), beanspruchen. Bei einem Gesellschafter-Geschäftsführer hat der Bundesfinanzhof in mehreren Urteilen (z. B. BFH vom 19.3.1997, BStBl II S. 577) entschieden, dass eine Vereinbarung über Überstunden mit dem Aufgabenbild eines Gesellschafter-Geschäftsführers einer GmbH unvereinbar sei und die von der GmbH an ihren Gesellschafter-Geschäftsführer geleisteten Überstundenvergütungen steuerlich als verdeckte Gewinnausschüttungen zu behandeln sind. Nur in Ausnahmefällen liegt keine verdeckte Gewinnausschüttung vor (BFH vom 14.7.2004, BStBl 2005 II S. 307).

Es kommt nicht darauf an, nach welcher Rechtsgrundlage die Zuschläge gezahlt werden; steuerfrei sind gesetzliche, tarifvertragliche oder in einem Einzelarbeitsvertrag vereinbarte Zuschläge. Auch auf die Bezeichnung kommt es nicht an. Voraussetzung ist aber, dass die Zuschläge für die Arbeit in den begünstigten Zeiten gezahlt werden; deshalb fallen die Barabgeltung eines Freizeitanspruchs oder eines Freizeitüberhanges sowie Mehrarbeitsvergütungen und Erschwerniszuschläge nicht unter die Steuerbefreiung. Die Steuerbefreiung gilt auch nicht für Gefahrenzulagen (vgl. BFH vom 15.9.2011, BStBl 2012 II S. 144).

Beispiel:

*Der Arbeitnehmer erhält für die Arbeit in der Zeit von 18 bis 22 Uhr einen **Spätarbeitszuschlag**.*

*Der Zuschlag wird für die Arbeit zu einer bestimmten Zeit gezahlt. Soweit er auf die Zeit von 20 bis 22 Uhr entfällt, liegt somit ein steuerfreier **Nachtarbeitszuschlag** vor.*

Beispiel:

*Der Arbeitnehmer erhält für die Arbeit von 19 bis 21 Uhr eine **Gefahrenzulage**.*

Die Gefahrenzulage wird wegen der Art der Tätigkeit und nicht für die Arbeit zu einer bestimmten Zeit gezahlt. Die Zulage stellt deshalb, auch soweit sie auf die Zeit von 20 bis 21 Uhr entfällt, keinen Nachtarbeitszuschlag dar.

Höhe der steuerfreien Zuschläge nach § 3b EStG

Vom **Grundlohn** sind steuerfrei

für Nachtarbeit von 20 Uhr bis 6 Uhr	**25%**
für Nachtarbeit von 0 Uhr bis 4 Uhr, wenn die Nachtarbeit vor 0 Uhr aufgenommen worden ist	**40%**
für Sonntagsarbeit von 0 Uhr bis 24 Uhr	**50%**
für Arbeit an den gesetzlichen Feiertagen (hierzu gehören im Sinne des § 3b EStG auch der Oster- und der Pfingstsonntag) von 0 Uhr bis 24 Uhr, sowie für Arbeit am 31. Dezember ab 14 Uhr	**125%**

für Arbeit
am 24. Dezember ab 14 Uhr,
am 25. und 26. Dezember sowie
am 1. Mai (von 0 Uhr bis 24 Uhr) **150%**

Die höheren Zuschläge für **Sonntags- und Feiertagsarbeit** werden auch für Arbeit von 0 Uhr bis 4 Uhr des **folgenden Tages** gewährt, wenn die Nachtarbeit noch vor 0 Uhr aufgenommen wurde.

Kombinationen von steuerfreien Zuschlägen für Sonntags- und Feiertagsarbeit mit Zuschlägen für Nachtarbeit

Wird an Sonntagen und Feiertagen bzw. in der zu diesen Tagen gehörenden Zeit Nachtarbeit geleistet, kann neben dem Sonntags- bzw. Feiertagszuschlag der jeweils in Betracht kommende Nachtarbeitszuschlag steuerfrei bleiben. Es kommt nicht darauf an, welche Zuschlagsart der Arbeitgeber zahlt.

Beispiel:

Für Arbeit am 1. Mai zahlt der Arbeitgeber den tariflichen Feiertagszuschlag von 200%.

Steuerfrei sind für die Arbeit von

0 Uhr bis 4 Uhr (Nachtarbeit vor 0 Uhr aufgenommen)	*150% + 40% =*	*190%*
4 Uhr bis 6 Uhr	*150% + 25% =*	*175%*
6 Uhr bis 20 Uhr		*150%*
20 Uhr bis 24 Uhr	*150% + 25% =*	*175%*
0 Uhr bis 4 Uhr des folgenden Tages (Nachtarbeit vor 0 Uhr aufgenommen)	*150% + 40% =*	*190%*

Beispiel:

Für Arbeit an einem Sonntag zahlt der Arbeitgeber den tariflichen Sonntagszuschlag von 70%.

Steuerfrei sind für die Arbeit von

0 Uhr bis 4 Uhr (Nachtarbeit vor 0 Uhr aufgenommen)	*50% + 40% =*	*höchstens 70%*
4 Uhr bis 6 Uhr	*50% + 25% =*	*höchstens 70%*
6 Uhr bis 20 Uhr		*50%*
20 Uhr bis 24 Uhr	*50% + 25% =*	*höchstens 70%*
0 Uhr bis 4 Uhr des folgenden Tages (Nachtarbeit vor 0 Uhr aufgenommen)	*50% + 40% =*	*höchstens 70%*

Fällt ein Feiertag auf einen Sonntag, kann der Zuschlag nur in Höhe des in Betracht kommenden Feiertagszuschlags steuerfrei bleiben. Es kommt nicht darauf an, welche Zuschlagsart der Arbeitgeber zahlt.

Beispiel:

Der Arbeitgeber zahlt für den auf einen Sonntag fallenden Feiertag den tariflichen Feiertagszuschlag von 200%.

Steuerfrei ist nur der Feiertagszuschlag von 125% oder 150%.

Kombinationen mit Mehrarbeitszuschlägen

Für die Steuerfreiheit der Zuschläge für SFN-Arbeit, die als Mehrarbeit geleistet wird, ist die tarifliche bzw. arbeitsvertragliche Regelung über die Zahlung der jeweiligen Zuschlagsarten maßgebend. Zur steuerlichen Behandlung dieser Mischzuschläge ist vor allem das BFH-Urteil vom 13.10.1989 (BStBl 1991 II S. 8) zu beachten. Mit dem BMF-Schreiben vom 28.12.1990 (BStBl 1991 I S. 57) wurde zur Anwendung dieser Rechtsprechung eine Übergangsregelung mit Wirkung bis 31.12.1991 getroffen.

Im Einzelnen gilt Folgendes:

1. tariflich vereinbart
   Nachtarbeit 20%
   Mehrarbeit 30%
   der Arbeitgeber zahlt 50%

   Steuerfrei sind für die Nachtarbeit
   nicht 25%, sondern nur **20%**,
   weil kein höherer Nachtarbeitszuschlag vereinbart ist.
2. tariflich vereinbart
   Nachtarbeit 25%
   Mehrarbeit 20%
   der Arbeitgeber zahlt nur den
   Nachtarbeitszuschlag

   Dieser ist steuerfrei, auch wenn damit
   der Mehrarbeitszuschlag abgegolten ist **25%**
3. tariflich vereinbart
   Nachtarbeit 25%
   Mehrarbeit 30%
   der Arbeitgeber zahlt nur den
   Mehrarbeitszuschlag von 30%

   Da bei dieser tariflichen Regelung kein Nachtarbeitszuschlag gezahlt wird, entfällt der gesamte Zuschlag auf die steuerpflichtige Mehrarbeit.
4. tariflich vereinbart
   Nachtarbeit 20%
   Mehrarbeit 30%
   der Arbeitgeber zahlt einen
   Mischzuschlag von 40%

   Der Mischzuschlag ist im Verhältnis
   der tariflich bestimmten Zuschläge aufzuteilen:
   Steuerfrei sind somit 2/5 von 40% = **16%**

5. tariflich vereinbart

Nachtarbeit	20%	
Mehrarbeit	30%	
der Arbeitgeber zahlt einen Mischzuschlag von	70%	
Auch dieser Mischzuschlag ist im Verhältnis der tariflich bestimmten Zuschläge aufzuteilen: Steuerfrei sind somit 2/5 von 70% =		**28%**;
für Nachtarbeit von 20 bis 24 Uhr aber höchstens der in § 3b EStG bestimmte Satz von		**25%**

6. tariflich vereinbart

Nachtarbeit (z. B. für Pförtner)	0	
Mehrarbeit	30%	
Steuerfrei		**0**

Da kein Nachtarbeitszuschlag vereinbart ist, muss der Mehrarbeitszuschlag für die als Nachtarbeit erbrachte Mehrarbeit voll versteuert werden.

Zahlung eines Zuschlags

Die SFN-Zuschläge müssen **neben dem Grundlohn** gezahlt werden; die nachträgliche Herausrechnung aus einem einheitlich geschuldeten Arbeitslohn ist nicht zulässig (BFH vom 28.11.1990, BStBl 1991 II S. 296).

Beispiel:

Der Geschäftsführer einer GmbH, der nicht zugleich Gesellschafter ist, bezieht ein Monatsgehalt von 10.000,– €. Eine Arbeitszeitregelung besteht nicht.
Für Sonntags-, Feiertags- oder Nachtarbeit des Geschäftsführers kann kein steuerfreier Teil des Monatsgehalts abgespalten werden, selbst wenn die tatsächlich geleistete SFN-Arbeit aufgezeichnet wird.

Beispiel:

Bei einer regelmäßigen Arbeitszeit von 40 Stunden wöchentlich verdient der Arbeitnehmer im Monat 2.000,– €. Ausnahmsweise hat er an einem Sonntag 8 Stunden gearbeitet und dafür an einem Werktag freigenommen.
Der Monatslohn ist in voller Höhe steuer- und beitragspflichtig, denn der Arbeitgeber zahlt für die Sonntagsarbeit keinen Zuschlag. Aus dem Monatslohn darf kein steuerfreier Teil herausgerechnet werden.

Die Vereinbarung eines durchschnittlichen Auszahlungsbetrags pro tatsächlich geleisteter Arbeitsstunde steht der Steuerbefreiung nicht entgegen; der laufende Arbeitslohn kann der Höhe nach schwanken und durch eine Grundlohnergänzung aufgestockt werden (BFH vom 17.6.2010, BStBl 2011 II S. 43).

Nachweis der durch steuerfreie Zuschläge begünstigten Zeiten

Steuerfrei sind nur Zuschläge, die für tatsächlich geleistete Sonntags-, Feiertags- oder Nachtarbeit gezahlt werden (BFH vom 28.11.1990, BStBl 1991 II S. 298). Werden die SFN-Zuschläge mit einem festen Monatsbetrag abgegolten, ohne dass die tatsächliche Arbeit zu den begünstigten Zeiten nachgewiesen wird, gehört die Pauschale zum steuerpflichtigen Arbeitslohn (BFH vom 28.11.1990, BStBl 1991 II S. 293). Der Arbeitgeber muss deshalb die begünstigten Zeiten im Einzelnen nachweisen (z. B. durch Stundenzettel, Stempelkarten u.ä.). Auch Schichtpläne können als Nachweis dienen, wenn durch ergänzende Aufzeichnungen ihre Einhaltung belegt werden kann. Soweit Zuschläge gezahlt werden, ohne dass der Arbeitnehmer in der begünstigten Zeit gearbeitet hat, z. B. bei Lohnfortzahlung im Krankheitsfall, zum Urlaubsentgelt oder bei der Lohnfortzahlung für freigestellte Betriebsratsmitglieder, sind sie steuerpflichtig. Dementsprechend sind Zuschläge für tatsächlich nicht geleistete Sonntags-, Feiertags- und Nachtarbeit, die in dem nach § 11 MuSchG gezahlten Mutterschutzlohn enthalten sind, nicht nach § 3b EStG steuerfrei.

Ermittlung des Grundlohns für den Lohnzahlungszeitraum

1. Zum Grundlohn gehört nur der laufende Arbeitslohn; hierzu zählen auch laufend gewährte Sachbezüge, Fahrtkostenzuschüsse, vermögenswirksame Leistungen, Erschwerniszuschläge und andere Zulagen. Lohnzuschläge für Zeiten, die nicht steuerbegünstigt sind, gehören unabhängig von ihrer Bezeichnung zum Grundlohn.

   Beispiel:

   Für die Zeit von 18 bis 6 Uhr ist ein Nachtarbeitszuschlag vereinbart.

   Der für die nichtbegünstigte Zeit von 18 bis 20 Uhr gezahlte Zuschlag gehört zum Grundlohn.

   Nicht zum Grundlohn gehören

   - sonstige Bezüge,
   - Lohnnachzahlungen, die sich auf mehrere Kalenderjahre erstrecken,
   - Überstundenvergütungen,
   - die Zuschläge für Sonntags-, Feiertags- und Nachtarbeit,
   - pauschal nach § 40 EStG versteuerte Bezüge,
   - steuerfreie Bezüge, mit Ausnahme der nach § 3 Nr. 56 oder 63 EStG steuerfreien Beiträge an eine Pensionskasse, einen Pensionsfonds oder eine Direktversicherung, soweit es sich um laufenden Arbeitslohn handelt.

2. Der Grundlohn ist für die für den Arbeitnehmer maßgebende regelmäßige Arbeitszeit zu ermitteln. Dabei ist zu unterscheiden zwischen dem Basisgrundlohn und den Grundlohnzusätzen. Bei einer Beschäftigung nach dem Altersteilzeitgesetz ist der Grundlohn so zu berechnen, als habe eine Vollzeitbeschäftigung bestanden.

3. **Basisgrundlohn** ist der für den jeweiligen Lohnzahlungszeitraum vereinbarte Grundlohn; Arbeitszeitausfälle (z. B. wegen Krankheit oder Urlaub) bleiben unberücksichtigt, so dass der Basisgrundlohn über mehrere Lohnzahlungszeiträume hinweg unverändert bleibt. Er ändert sich erst, wenn eine Lohnerhöhung oder eine Veränderung in der regelmäßigen Arbeitszeit eintritt.

4. **Grundlohnzusätze** sind die Teile des Grundlohns, die nicht im Voraus bestimmbar sind (z. B. Erschwerniszuschläge). Sie sind mit den Beträgen in den Grundlohn einzubeziehen, die für den jeweiligen Lohnzahlungszeitraum tatsächlich zustehen.

5. Der Grundlohn ist für den Lohnzahlungszeitraum zu ermitteln, in dem die begünstigte Arbeitsleistung erbracht wurde. Werden die für den Lohnzahlungszeitraum zu zahlenden Zuschläge nach den Verhältnissen eines früheren Lohnzahlungszeitraums bemessen, ist auch der Ermittlung des Basisgrundlohns dieser frühere Lohnzahlungszeitraum zugrunde zu legen.
   Abweichend hiervon lässt das BMF-Schreiben vom 13.12.1989 aus Vereinfachungsgründen den Ansatz des Grundlohns für den Lohnzahlungszeitraum zu, mit dem die Zuschläge gezahlt werden.

   Beispiel:

   Die Zuschläge für die im März geleistete Nachtarbeit werden mit der Lohnabrechnung für April gezahlt.

   Aus Vereinfachungsgründen können die steuerfreien Zuschläge nach dem für den Monat April maßgebenden Grundlohn errechnet werden.

6. Der sich aus dem Basisgrundlohn und den Grundlohnzusätzen für den jeweiligen Lohnzahlungszeitraum ergebende Wert ist auf einen **Stundenlohn** umzurechnen. Dabei ist im Falle eines monatlichen Lohnzahlungszeitraums die regelmäßige wöchentliche Arbeitszeit mit dem **4,35-fachen** anzusetzen.

   Beispiel:

Für den Arbeitnehmer ermittelter monatlicher Basisgrundlohn	*2.000,– €*
Grundlohnzusätze	*100,– €*
Grundlohn	*2.100,– €*
regelmäßige wöchentliche Arbeitszeit 38,5 Stunden	
Arbeitszeit im Abrechnungsmonat 38,5 x 4,35 = 167,5 Stunden	
Stundengrundlohn 2.100,– € : 167,5 =	*12,54 €*

7. Der nach den vorstehenden Nummern umgerechnete Stundenlohn darf im **Steuerrecht** nur mit einem Betrag von höchstens **50,– €** angesetzt werden. Damit will der Gesetzgeber den Umfang der steuerfreien Zuschläge bei Spitzenverdienern beschränken. Soweit die Zuschläge nach den vorstehenden Grundsätzen steuerfrei sind, besteht in der **Sozialversicherung** grundsätzlich auch keine Beitragspflicht. Nach § 1 Abs. 1 Nr. 1 SvEV (vgl. Anlage 2 im Handbuch) ist der Zuschlag jedoch insoweit dem Arbeitsentgelt hinzuzurechnen und damit beitragspflichtig, als der SNF-Zuschlag auf einen den Grundlohn von **25,– €** übersteigenden Betrag beruht.

8. **Ermittlung des Stundengrundlohns bei fehlender Arbeitszeitvereinbarung**

Beispiel:

Ein leitender Angestellter erhält ein Monatsgehalt von 4.000,– €. Eine feste Arbeitszeit ist nicht vereinbart. Neben dem monatlichen Gehalt zahlt der Arbeitgeber Zuschläge für Sonntags-, Feiertags- und Nachtarbeit in der nach § 3b EStG zulässigen Höhe. Die tatsächliche Arbeitszeit des Angestellten beträgt im Abrechnungsmonat 200 Stunden. Nach seinen Aufzeichnungen entfallen hiervon 10 Stunden auf Sonntagsarbeit.

Berechnung:

Gehalt		*4.000,– €*
Stundenlohn 4.000,– € : 200 =	*20,– €*	
Sonntagszuschlag 50%	*10,– €*	
x 10 Stunden = steuerfreier Zuschlag		*100,– €*
Gesamtbrutto		*4.100,– €*

Falls für den leitenden Angestellten die Arbeitszeit fest vereinbart wurde (z. B. 40 Stunden wöchentlich), ist diese Arbeitszeit für die Ermittlung des Stundengrundlohns maßgebend:

40 Stunden wöchentlich x 4,35 = 174 Stunden monatlich;	
Monatsgehalt 4.000,– € : 174 =	
begünstigter Stundengrundlohn (vgl. Nr. 7)	*22,99 €*

9. **Abweichung des steuerlichen Grundlohns von der Bemessungsgrundlage des Arbeitgebers für die Bezahlung der Zuschläge**

Die tarifliche oder arbeitsvertragliche Bemessungsgrundlage für die Bezahlung der Zuschläge ist für die steuerliche Behandlung nur insoweit von Bedeutung, als kein höherer Betrag steuerfrei bleiben kann als tatsächlich an Zuschlägen gezahlt wird.

Beispiel:

Laut dem für den Arbeitgeber maßgeblichen Tarifvertrag sind die SFN-Zuschläge aus dem tariflichen Ecklohn von 10,– € zu berechnen. Der Sonntagszuschlag beträgt 70%.

Für 6 Stunden Sonntagsarbeit zahlt der Arbeitgeber somit als Zuschlag:	
70% von 10,– € = 7,– € x 6 Stunden =	*42,– €*
Der tatsächliche Grundlohn des Arbeitnehmers beträgt im Abrechnungsmonat 12,– €.	
Somit sind für 6 Stunden Sonntagsarbeit steuerfrei:	
50% von 12,– € = 6,– € x 6 Stunden =	*36,– €*
Die Differenz gehört zum steuer- und beitragspflichtigen Arbeitslohn	*6,– €*

Pauschale Abschlagszahlungen

Der Arbeitgeber kann aus Vereinfachungsgründen die steuerfreien Zuschläge zunächst in Form einer gleichbleibenden Monatspauschale bezahlen (vgl. BFH vom 23.10.1992, BStBl 1993 II S. 314). Diese Pauschale ist steuerfrei, wenn

1. der steuerfreie Betrag höchstens nach den in § 3b EStG genannten Sätzen berechnet wird,
2. der steuerfreie Betrag nach dem durchschnittlichen Grundlohn und der durchschnittlich anfallenden Sonntags-, Feiertags- oder Nachtarbeit bemessen wird,
3. die Verrechnung mit den einzeln für jeden Lohnzahlungszeitraum ermittelten Zuschlägen jeweils vor der Erstellung der Lohnsteuerbescheinigung erfolgt (spätestens zum Ende des Kalenderjahres oder beim Ausscheiden des Arbeitnehmers); dabei ist die infolge der Pauschalierung zuwenig oder zuviel einbehaltene Lohnsteuer auszugleichen,
4. bei der Pauschalierung erkennbar ist, welche Zuschläge im Einzelnen abgegolten sein sollen und nach welchen Vom-Hundert-Sätzen des Grundlohns sie bemessen worden sind,
5. die Pauschale tatsächlich als Zuschlag neben dem Grundlohn gezahlt wird.

Ergibt die Einzelfeststellung, dass der dem Arbeitnehmer aufgrund der tatsächlich geleisteten Sonntags-, Feiertags- oder Nachtarbeit zustehende Zuschlag höher ist als die Pauschalzahlungen, so kann der Differenzbetrag nur steuerfrei bleiben, wenn er auch tatsächlich nachgezahlt wird. Eine Kürzung des steuerpflichtigen Arbeitslohns um den Differenzbetrag ist nicht zulässig. Pauschale Zuschläge, die der Arbeitgeber ohne Rücksicht auf die Höhe der tatsächlich erbrachten Sonntags-, Feiertags- oder Nachtarbeit an den Arbeitnehmer leistet, sind nur dann nach § 3b EStG begünstigt, wenn sie nach dem übereinstimmenden Willen von Arbeitgeber und Arbeitnehmer als Abschlagszahlungen oder Vorschüsse auf eine spätere Einzelabrechnung gemäß § 41b EStG geleistet werden. Diese Einzelabrechnung zum jährlichen Abschluss des Lohnkontos ist grundsätzlich unverzichtbar. Auf sie kann im Einzelfall nur verzichtet werden, wenn die Arbeitsleistungen fast ausschließlich zur Nachtzeit zu erbringen und die pauschal geleisteten Zuschläge so bemessen sind, dass sie auch unter Einbeziehung von Urlaub und sonstigen Fehlzeiten – aus Jahr bezogen – die Voraussetzungen der Steuerfreiheit erfüllen (BFH vom 8.12.2011, BStBl 2012 II S. 291). Pauschale Zuschläge sind hingegen nicht steuerfrei, wenn sie nicht als Abschlagszahlungen oder Vorschüsse auf Zuschläge für tatsächlich geleistete Sonntags-, Feiertags- oder Nachtarbeit gezahlt werden, sondern Teil einer einheitlichen Tätigkeitsvergütung sind (BFH vom 16.12.2010, BStBl 2012 II S. 288).

Zeitversetzte Auszahlung

Die Steuerfreiheit von Zuschlägen für Sonntags-, Feiertags- oder Nachtarbeit bleibt auch bei zeitversetzter Auszahlung grundsätzlich erhalten. Voraussetzung ist jedoch, dass vor der Leistung der begünstigten Arbeit bestimmt wird, dass ein steuerfreier Zuschlag – ggf. teilweise – als Wertguthaben auf ein Arbeitszeitkonto genommen und getrennt ausgewiesen wird. Dies gilt z. B. in Fällen der Altersteilzeit bei Aufteilung in Arbeits- und Freistellungsphase (sogenannte Blockmodelle).

Zuschuss zur Krankenversicherung und Pflegeversicherung

s. „Krankenversicherung" und „Pflegeversicherung"

5. Lohnsteuerabzug

5.1 Was ist ELStAM und welche Funktion hat die Bescheinigung für den Lohnsteuerabzug?

Das Lohnsteuerabzugsverfahren war lange Zeit vom Prinzip der Maßgeblichkeit der (Papier-)Lohnsteuerkarte beherrscht. Der Arbeitnehmer musste dem Arbeitgeber zur Durchführung des Lohnsteuerabzugs seine Lohnsteuerkarte 2010 bzw. eine (Ersatz-) Bescheinigung vorlegen, worauf die individuellen Besteuerungsmerkmale des Arbeitnehmers eingetragen waren. Dieses Verfahren ist **ab 2013** durch ein **elektronisches Abrufverfahren** ersetzt worden. Die für das Lohnsteuerabzugsverfahren maßgebenden **E**lektronischen **L**ohn**S**teuer**A**bzugs**M**erkmale **(ELStAM)**, wie Geburtsdatum des Arbeitnehmers, seine Steuerklasse, ggf. Faktor, Zahl der Kinderfreibeträge, individueller Freibetrag und Hinzurechnungsbetrag des Arbeitnehmers, aber auch das Kirchensteuermerkmal werden von der Finanzverwaltung für alle im Inland gemeldeten, unbeschränkt einkommensteuerpflichtigen Arbeitnehmer, die eine Steueridentifikationsnummer haben, dauerhaft in einer zentralen Datenbank gespeichert.

Für das Lohnsteuerabzugsverfahren gilt grundsätzlich nur noch das ELStAM-Verfahren.

Eine **Bescheinigung für den Lohnsteuerabzug** ist nur noch in **Ausnahmefällen** erforderlich. Das ist insbesondere bei folgenden Fallgruppen der Fall:

- Alle Arbeitnehmer, die **im Inland nicht mit Wohnsitz gemeldet** sind, können derzeit noch nicht am ELStAM-Verfahren teilnehmen. Wie bisher erhalten diese Arbeitnehmer auf Antrag vom Betriebsstättenfinanzamt eine jahresbezogene Bescheinigung für den Lohnsteuerabzug, die dem Arbeitgeber vorzulegen und Grundlage für den Lohnsteuerabzug des Arbeitgeber ist.
- Stellt die Finanzverwaltung dem Arbeitgeber **unzutreffende ELStAM-Daten** bereit, kann der Arbeitnehmer deren Berichtigung bei seinem Wohnsitzfinanzamt beantragen. Um bei unzutreffenden ELStAM-Daten den zutreffenden Lohnsteuerabzug vornehmen zu können, stellt das Wohnsitzfinanzamt auf Antrag des Arbeitnehmers eine Bescheinigung für den Lohnsteuerabzug (§ 39 Abs. 1 Satz 2 EStG) längstens für die Dauer eines Kalenderjahres aus und sperrt in der Regel gleichzeitig den Arbeitgeberabruf.
- Der **Arbeitgeber kann am ELStAM-Verfahren nicht teilnehmen**. In einem solchen Fall hat der Arbeitgeber zur Vermeidung unbilliger Härten nach § 39e Abs. 7 EStG seinem Antrag unter Angabe seiner Wirtschafts-Identifikationsnummer ein Verzeichnis der beschäftigten Arbeitnehmer mit Angabe der jeweiligen Steueridentifikationsnummer und des Geburtsdatum der einzelnen Arbeitnehmer beizufügen. Das Betriebsstättenfinanzamt stellt dann für diese Arbeitnehmer für ein Jahr eine arbeitgeberbezogene Bescheinigung mit den Lohnsteuerabzugsmerkmalen der Arbeitnehmer aus. Diese Bescheinigung sowie

evtl. Änderungsmitteilungen sind vom Arbeitgeber als Beleg zum Lohnkonto zu nehmen und bis zum Ablauf des Kalenderjahres aufzubewahren. Im Falle der Beendigung des Dienstverhältnisses ist dies dem Betriebsstättenfinanzamt mitzuteilen.

Ausführliche Erläuterungen zum ELStAM-Verfahren enthält der Ratgeber „Praktische Lohnabrechnung"

Beschränkt einkommensteuerpflichtige Arbeitnehmer und Arbeitnehmer, die im Inland weder einen Wohnsitz noch ihren gewöhnlichen Aufenthalt haben, erhalten – wie bisher – auf Antrag vom Betriebsstättenfinanzamt eine kalenderjahrbezogene Bescheinigung über die beim Lohnsteuerabzug zu berücksichtigenden Besteuerungsgrundlagen (vgl. Tz 5.4 und Tz 5.3). Das ELStAM-Verfahren gilt derzeit noch nicht für im Inland nicht gemeldete Arbeitnehmer.

5.2 Wer ist unbeschränkt einkommensteuerpflichtig?

Personen, die ihren Wohnsitz oder gewöhnlichen Aufenthalt im Inland haben, sind unbeschränkt einkommensteuerpflichtig. Auf die Staatsangehörigkeit des Arbeitnehmers kommt es nicht an.

a) Einen **Wohnsitz** hat jemand dort, wo er eine Wohnung unter Umständen inne hat, die darauf schließen lassen, dass er die Wohnung beibehalten und benutzen wird (§ 8 AO). Dabei ist allein auf die tatsächlichen Verhältnisse abzustellen; auf die polizeiliche An- und Abmeldung kommt es nicht entscheidend an; sie stellt jedoch ein wichtiges Indiz dar. Unter Wohnung sind die objektiv zum Wohnen geeigneten, den Verhältnissen des Steuerpflichtigen angemessenen Wohnräume zu verstehen. Dies kann auch ein möbliertes Zimmer sein. Diese Wohnung muss vom Steuerpflichtigen ständig oder mit gewisser Regelmäßigkeit und nicht nur vorübergehend benutzt werden.

   Unbeschränkte Einkommensteuerpflicht besteht auch, wenn im Ausland ein Wohnsitz begründet, aber die Wohnung im Inland beibehalten wird (BFH vom 17.5.1995, BStBl 1996 II S. 2). Die Wohnung wird nicht nur dann „beibehalten", wenn der Steuerpflichtige zwischenzeitlich immer wieder in diese Wohnung zurückkehrt, sondern auch dann, wenn die Wohnung für die Dauer eines befristeten Auslandsaufenthalts eingerichtet oder leer zurückgelassen wird, mit der Absicht, sie nach Rückkehr in das Inland wieder zu benutzen.

   Ein inländischer Wohnsitz besteht dagegen nicht mehr, wenn die Wohnung aufgegeben wird, z. B. durch Kündigung einer Mietwohnung oder durch die unbefristete Vermietung der Wohnung im eigenen Haus.

b) Den **gewöhnlichen Aufenthalt** (§ 9 AO) hat jemand dort, wo er sich unter Umständen aufhält, die erkennen lassen, dass er an diesem Ort oder in diesem Gebiet nicht nur vorübergehend verweilt. Wer sich zeitlich zusammenhängend mehr als 6 Monate im Inland aufhält, hat hier seinen gewöhnlichen Aufenthalt, und zwar von Beginn an. Kurzfristige Unterbrechungen des Inlandsaufenthalts bleiben bei der Feststellung des 6-Monatszeitraums unberücksichtigt. Ein Ausländer hat in der Bundesrepublik keinen gewöhnlichen Aufenthalt, wenn er sich weniger als

6 Monate hier aufhält und seine Aufenthaltsabsicht von vornherein auf diese Dauer beschränkt ist (BFH vom 30.8.1989, BStBl II S. 956).

c) Weiterführende Erläuterungen zu den Begriffen „Wohnsitz" und „gewöhnlicher Aufenthalt" finden sich im jeweiligen AO-Anwendungserlass des Bundesministeriums der Finanzen zu den §§ 8 und 9 AO.

5.3 Wer fällt unter die erweiterte unbeschränkte Einkommensteuerpflicht?

Betroffen sind davon Arbeitnehmer, die im Inland weder einen Wohnsitz noch ihren gewöhnlichen Aufenthalt haben und zu einer inländischen juristischen Person des öffentlichen Rechts in einem Dienstverhältnis stehen und dafür Arbeitslohn aus einer inländischen öffentlichen Kasse beziehen. Voraussetzung ist außerdem, dass diese Personen die deutsche Staatsangehörigkeit besitzen und im Ausland nur in beschränktem Umfang zur Einkommensbesteuerung herangezogen werden. Hierunter fallen insbesondere deutsche Diplomaten im Ausland oder Mitglieder konsularischer Vertretungen. Erweitert unbeschränkt einkommensteuerpflichtig nach § 1 Abs. 2 EStG sind auch die zum Haushalt gehörenden Angehörigen (Ehegatte/Lebenspartner i.S.d. Lebenspartnerschaftsgesetzes und Kinder), wenn sie die deutsche Staatsangehörigkeit besitzen oder im Ausland keine Einkünfte beziehen. Liegen beim Ehegatten/Lebenspartner diese Voraussetzungen vor, erhält der Arbeitnehmer die Steuerklasse III. Erfüllt hingegen der Ehegatten/Lebenspartner diese Voraussetzungen nicht (etwa weil er nicht die deutsche Staatsangehörigkeit besitzt und eigene Einkünfte im Ausland erzielt), kann der Arbeitnehmer die Steuerklasse III nur dann erhalten, wenn die Summe der Einkünfte beider Ehegatten/Lebenspartner im Kalenderjahr zu mindestens 90% der deutschen Einkommensteuer unterliegen oder die nicht der deutschen Einkommensteuer unterliegenden Einkünfte 17.640,– € betragen. Dieser Höchstbetrag ist bei bestimmten Ländern entsprechend der neuen Ländergruppeneinteilung gemäß dem BMF-Schreiben vom 20.12.2016, BStBl I S. 1.183, ggf. mit 3/4, 2/4 oder 1/4 anzusetzen. Einem Alleinstehenden, der Anspruch auf den Entlastungsbetrag für Alleinerziehende hat, wird die Steuerklasse II gewährt (vgl. Tz 1.6). Auslandsbeamte, die im Ausland nicht nur in beschränktem Umfang zur Einkommensbesteuerung herangezogen werden, fallen nicht unter die erweiterte unbeschränkte Einkommensteuerpflicht nach § 1 Abs. 2 EStG. Zur Steuerpflicht von diesen Auslandsbeamte, die im Ausland nicht nur in beschränktem Umfang zur Einkommensbesteuerung herangezogen werden, fallen nicht unter die erweiterte unbeschränkte Einkommensteuerpflicht nach § 1 Abs. 2 EStG. Zur Steuerpflicht von diesen Auslandsbeamten vgl. Tz 5.4 a.

Wegen des fehlenden Wohnsitzes im Inland sind diese Arbeitnehmer im Inland nicht gemeldet. Daher können bei erweiterter unbeschränkter Einkommensteuerpflicht diese Arbeitnehmer derzeit nicht am ELStAM-Verfahren teilnehmen. Auf Antrag erteilt das für die bezügezahlende Kasse zuständige Betriebsstättenfinanzamt nach § 39 Abs. 3 EStG eine Bescheinigung über die beim Lohnsteuerabzug maßgebenden Merkmale.

5.4 Wie wird bei beschränkt einkommensteuerpflichtigen Arbeitnehmern verfahren?

Arbeitnehmer mit inländischen Einkünften aus nichtselbstständiger Arbeit, die im Inland weder einen Wohnsitz noch ihren gewöhnlichen Aufenthalt haben, sind grundsätzlich beschränkt einkommensteuerpflichtig. Wegen des fehlenden Wohnsitzes sind diese Arbeitnehmer im Inland nicht gemeldet und können derzeit am ELStAM-Verfahren noch nicht teilnehmen. Auf Antrag des Arbeitnehmers oder des Arbeitgebers erteilt das für den Arbeitgeber zuständige Betriebsstättenfinanzamt eine kalenderjahrbezogene Bescheinigung, aus der sich die maßgebende Steuerklasse sowie ggf. der beim Lohnsteuerabzug zu berücksichtigende Freibetrag ergibt. Beschränkt steuerpflichtige Arbeitnehmer können in drei Hauptgruppen eingestuft werden:

a) Staatsangehörige von EU/EWR-Mitgliedstaaten einschließlich deutsche Auslandsbeamte

Staatsangehörige der EU-Mitgliedstaaten und der Mitgliedstaaten des Europäischen Wirtschaftsraums – EWR – (Island, Norwegen und Liechtenstein), die im Inland weder einen Wohnsitz noch ihren gewöhnlichen Aufenthalt haben, werden auf Antrag als unbeschränkt einkommensteuerpflichtig nach § 1 Abs. 3 EStG behandelt, wenn

- die Summe ihrer Einkünfte im Kalenderjahr zu mindestens 90% der deutschen Einkommensteuer unterliegt

oder

- die Einkünfte, die nicht der deutschen Einkommensteuer unterliegen, nicht mehr als 8.820,– € betragen. Entsprechend der neuen Ländergruppeneinteilung gemäß dem BMF-Schreiben vom 20.10.2016, BStBl I S. 1.183, ist dieser Höchstbetrag bei bestimmten EU-Staaten mit 3/4 bzw. 2/4 anzusetzen. Die Höhe der nicht der deutschen Einkommensteuer unterliegenden Einkünfte ist durch eine Bescheinigung der zuständigen ausländischen Steuerbehörde nachzuweisen.

Nachdem diese Arbeitnehmer den unbeschränkt steuerpflichtigen Arbeitnehmern gleichgestellt sind, kann auf Antrag in der Bescheinigung für den Lohnsteuerabzug ein Freibetrag eingetragen werden, wegen

- erhöhter Werbungskosten (soweit sie den Arbeitnehmer-Pauschbetrag von 1.000,– € übersteigen);
- erhöhter Sonderausgaben (soweit sie den Sonderausgaben-Pauschbetrag von 36,– € übersteigen);
- außergewöhnlicher Belastungen;
- Kindern (wenn Anspruch auf Kindergeld oder vergleichbare Leistungen besteht, wirken sich die Freibeträge für Kinder nur bei der Ermittlung des Solidaritätszuschlags aus – vgl. Tz 5.16);

wie bei unbeschränkt steuerpflichtigen Arbeitnehmern mit Wohnsitz im Inland.

Außerdem wird bei einem verheirateten/verpartnerten Arbeitnehmer, dessen Ehegatte/Lebenspartner i.S.d. Lebenspartnerschaftsgesetzes im EU/EWR-Ausland lebt, auf Antrag die Steuerklasse III gewährt, wenn die Einkünfte beider Ehegatten/Lebenspartner zu mindestens 90% der deutschen Einkommensteuer unterliegen oder ihre nicht der deutschen Einkommensteuer unterliegenden Einkünfte höchstens 17.640,– € betragen. Bei bestimmten EU-Staaten ist dieser Höchstbetrag entsprechend der neuen Ländergruppeneinteilung gemäß dem BMF-Schreiben vom 20.10.2016, BStBl I S. 1.183, mit 3/4 bzw. 2/4 anzusetzen. Einem alleinstehenden Arbeitnehmer wird auf Antrag die Steuerklasse II gewährt, wenn er Anspruch auf den Entlastungsbetrag für Alleinerziehende hat (vgl. Tz 1.6).

Nachdem diese Arbeitnehmer nicht im Inland gemeldet sind und daher derzeit auch nicht am ELStAM-Verfahren teilnehmen können, trägt das Betriebsstättenfinanzamt die für den Lohnsteuerabzug maßgebenden Besteuerungsmerkmale in eine Bescheinigung nach § 39 Abs. 3 EStG ein. Bei Beendigung des Dienstverhältnisses oder am Ende des Kalenderjahres muss der Arbeitgeber dem Arbeitnehmer eine Lohnsteuerbescheinigung erteilen, weil der Arbeitnehmer nach Maßgabe des § 46 Abs. 2 Nr. 4 EStG zur Abgabe einer Einkommensteuererklärung verpflichtet ist.

b) Staatsangehörige von Ländern außerhalb EU/EWR

Arbeitnehmer, die im Inland weder einen Wohnsitz noch ihren gewöhnlichen Aufenthalt haben und keine EU/EWR-Staatsangehörigkeit besitzen, werden auf Antrag ebenfalls als unbeschränkt einkommensteuerpflichtig nach § 1 Abs. 3 EStG behandelt, wenn

- die Summe ihrer Einkünfte im Kalenderjahr zu mindestens 90% der deutschen Einkommensteuer unterliegt

oder

- die Einkünfte, die nicht der deutschen Einkommensteuer unterliegen, nicht mehr als 8.820,– € betragen. Dieser Betrag ist bei bestimmten Ländern entsprechend der neuen Ländergruppeneinteilung gemäß dem BMF-Schreiben vom 20.10.2016, BStBl I S. 1.183, mit 3/4, 2/4 oder 1/4 anzusetzen. Die Einkünfte sind durch eine Bescheinigung der zuständigen ausländischen Steuerbehörde nachzuweisen.

Bei diesen Arbeitnehmern können auf Antrag die bei a) genannten Freibeträge auf der Bescheinigung für den Lohnsteuerabzug eingetragen werden. Besteht für im Heimatland lebende, steuerlich anzuerkennende Kinder kein Anspruch auf Kindergeld oder vergleichbare Leistungen, dann können die Kinderfreibeträge unter Berücksichtigung der neuen Ländergruppeneinteilung gemäß dem BMF-Schreiben vom 20.10.2016, BStBl I S. 1.183, auf der Bescheinigung als allgemeiner Freibetrag eingetragen werden.

Im Gegensatz zu verheirateten Arbeitnehmern der Gruppe a) erhalten verheiratete Arbeitnehmer der Gruppe b) nur die Steuerklasse I und im Ausnahmefall die Steuerklasse II. Die Steuerklasse III wird hingegen grundsätzlich nicht gewährt. Stattdessen können Unterhaltsleistungen an den Ehegatten/Lebenspartner als außergewöhnliche Belastungen berücksichtigt werden.

Nachdem diese Arbeitnehmer nicht im Inland gemeldet sind und daher derzeit auch nicht am ELStAM-Verfahren teilnehmen können, trägt das Betriebsstättenfinanzamt die maßgebenden Besteuerungsmerkmale in die Bescheinigung nach § 39 Abs. 3 EStG ein. Bei Beendigung des Dienstverhältnisses oder am Ende des Kalenderjahres muss der Arbeitgeber auch diesen Arbeitnehmern eine Lohnsteuerbescheinigung erteilen, weil auch diese Arbeitnehmer nach Maßgabe des § 46 Abs. 2 Nr. 4 EStG zur Abgabe einer Einkommensteuererklärung verpflichtet sind.

c) alle anderen beschränkt einkommensteuerpflichtigen Arbeitnehmer

Hierunter fallen alle anderen Arbeitnehmer ohne Wohnsitz oder gewöhnlichen Aufenthalt im Inland, die die Voraussetzungen des § 1 Abs. 3 EStG nicht erfüllen (z. B. weil sie neben ihren inländischen Einkünften noch höhere andere Einkünfte haben). Bei diesen beschränkt steuerpflichtigen Arbeitnehmern wird nach § 39a Abs. 4 EStG auf der kalenderjahrbezogenen Bescheinigung für den Lohnsteuerabzug vom Betriebsstättenfinanzamt ein Freibetrag nur eingetragen

- wegen erhöhter Werbungskosten und
- wegen Spenden,

soweit die Aufwendungen den zeitanteiligen Arbeitnehmer-Pauschbetrag bzw. Sonderausgaben-Pauschbetrag übersteigen. Andere Freibeträge werden nicht berücksichtigt.

Für diese beschränkt steuerpflichtigen Arbeitnehmer hat der Arbeitgeber ebenfalls eine Lohnsteuerbescheinigung bei Beendigung des Dienstverhältnisses oder am Ende des Kalenderjahres auszustellen. Beschränkt steuerpflichtige Arbeitnehmer, denen ein Freibetrag auf der Bescheinigung für den Lohnsteuerabzug eingetragen worden ist, müssen nach Maßgabe des § 46 Abs. 2 Nr. 4 EStG bei Überschreiten bestimmter Arbeitslohngrenzen nach Ablauf des Kalenderjahres eine Einkommensteuererklärung abgeben. Ansonsten können Arbeitnehmer mit EU/EWR-Staatsangehörigkeit, die die Voraussetzungen des § 1 Abs. 3 EStG nicht erfüllen, auf Antrag eine Einkommensteuerveranlagung nach § 50 Abs. 2 Satz 3 EStG beantragen; andere Arbeitnehmer nur dann, wenn sich nachträglich herausstellt, dass die bei Buchstabe a oder b genannten Voraussetzungen vorliegen.

Der Altersentlastungsbetrag (Tz 5.7) darf bei allen beschränkt steuerpflichtigen Arbeitnehmern der Gruppe a, b und c berücksichtigt werden. Entsprechendes gilt für die ermäßigte Besteuerung nach der sog. Fünftel-Regelung (vgl. Tz 5.8 c). Der Wegfall des Grundfreibetrags für beschränkt Steuerpflichtige gilt nicht für beschränkt steuerpflichtige Arbeitnehmer, die Einkünfte aus nichtselbstständiger Arbeit im Sinne des § 49 Abs. 1 Nr. 4 EStG beziehen. Damit unterscheidet sich der Lohnsteuerabzug für beschränkt steuerpflichtige Arbeitnehmer nicht mehr von dem für unbeschränkt steuerpflichtige Arbeitnehmer.

5.5 Wie erfolgt der Lohnsteuerabzug vom laufenden Arbeitslohn?

a) Vom laufenden Arbeitslohn ist die Lohnsteuer nach der für den Lohnzahlungszeitraum maßgebenden Lohnsteuertabelle (Monats-, Wochen- oder Tagestabelle) einzubehalten. Der Lohnzahlungszeitraum umfasst die Zeitspanne, für die der Arbeitslohn gezahlt wird. Solange das Dienstverhältnis fortbesteht, sind auch solche in den Lohnzahlungszeitraum fallenden Arbeitstage mitzuzählen, für die kein Lohn gezahlt wird.

Beispiel:

Dem Arbeitnehmer wurde vom 11. bis 31. März unbezahlter Urlaub gewährt. Obwohl er in diesem Monat nur für 10 Tage Arbeitslohn bezieht, ist die Lohnsteuer-Monatstabelle anzuwenden.

b) Zum laufenden Arbeitslohn gehören die Bezüge, die dem Arbeitnehmer regelmäßig zufließen und einem bestimmten Lohnabrechnungszeitraum zugeordnet werden können, z. B.

- Monatsgehalt, Wochen- oder Tageslohn;
- Mehrarbeitsvergütungen;
- Zuschläge und Zulagen;
- Sachbezüge, wie verbilligte Miete, Überlassung von Firmenfahrzeugen, freie oder verbilligte Verpflegung;
- Nachzahlungen und Vorauszahlungen, wenn sich der Gesamtbetrag ausschließlich auf das Kalenderjahr der Zahlung bezieht (z. B. Nachzahlungen im Juli für die Monate Januar bis Juni); aus Vereinfachungsgründen können solche Nachzahlungen aber auch als sonstige Bezüge versteuert werden.
- Arbeitslohn für Lohnzahlungszeiträume des abgelaufenen Kalenderjahres, der innerhalb der ersten drei Wochen des nachfolgenden Kalenderjahres zufließt.

c) Grundsätzlich muss der Arbeitgeber die Lohnsteuer bei jeder Lohnzahlung einbehalten. Für Abschlagszahlungen (z. B. wöchentliche Lohnzahlung und Abrechnung erst nach einem Monat) ist in § 39b Abs. 5 EStG eine Ausnahme zugelassen. In solchen Fällen braucht der Arbeitgeber die Lohnsteuer erst bei der Lohnabrechnung einzubehalten. Voraussetzung ist, dass der Lohnabrechnungszeitraum 5 Wochen nicht übersteigt und die Lohnabrechnung innerhalb von 3 Wochen nach Ablauf des Lohnabrechnungszeitraums erfolgt.

Beispiel:

Der Arbeitgeber leistet jeweils am 15. des Monats eine ungefähre Abschlagszahlung und rechnet Anfang des nächsten Monats mit Nachzahlung der Spitzenbeträge ab.

Bei der Abschlagszahlung am 15. des Monats ist in diesem Fall keine Lohnsteuer einzubehalten.

5.6 Wie ist der Versorgungsfreibetrag zu berücksichtigen?

a) Anspruchsberechtigte Personen

Der Versorgungsfreibetrag steht Personen zu, die aus einem früheren Dienstverhältnis Bezüge und Vorteile (Versorgungsbezüge) erhalten. Dabei sind zwei Gruppen zu unterscheiden. Werden die Versorgungsbezüge nach beamtenrechtlichen oder entsprechenden gesetzlichen Vorschriften oder nach beamtenrechtlichen Grundsätzen von Körperschaften des öffentlichen Rechts gezahlt, ist der Versorgungsfreibetrag ohne Beachtung einer Altersgrenze zu berücksichtigen.

In anderen Fällen, also bei Versorgungsbezügen von privaten Arbeitgebern (Firmen- oder Werkspension) gilt Folgendes:

Wird der Versorgungsbezug wegen Erreichens der Altersgrenze gezahlt, darf der Versorgungsfreibetrag erst abgezogen werden, wenn der Steuerpflichtige das 63. Lebensjahr oder, wenn er Schwerbehinderter ist, das 60. Lebensjahr vollendet hat. Die Beachtung der Altersgrenze entfällt aber, wenn die Versorgungsbezüge wegen Berufsunfähigkeit, Erwerbsunfähigkeit oder als Hinterbliebenenbezüge gezahlt werden. Die in § 19 Abs. 2 Satz 2 Nr. 2 Halbsatz 2 EStG für Versorgungsbezüge im privaten Dienst vorgesehenen Altersgrenzen sind nach dem BFH-Urteil vom 7.2.2013, BStBl II S. 576, verfassungsgemäß.

b) Allgemeines zum Versorgungsfreibetrag

Nach dem Alterseinkünftegesetz wird für begünstigte Versorgungsbezüge ein Versorgungsfreibetrag und als Ersatz dafür, dass bei begünstigten Versorgungsbezügen der Arbeitnehmer-Pauschbetrag nicht mehr berücksichtigt werden darf, ein Zuschlag zum Versorgungsfreibetrag gewährt. Der maßgebende Prozentsatz für den Versorgungsfreibetrag sowie der Zuschlag zum Versorgungsfreibetrag bestimmen sich ab dem Kalenderjahr 2005 nach dem Jahr des Versorgungsbeginns und gelten für die gesamte Laufzeit des Versorgungsbezugs. Bei einem Versorgungsbeginn bis zum 31.12.2005 beträgt der Versorgungsfreibetrag 40% des Versorgungsbezugs, höchstens jedoch 3.000,– € im Kalenderjahr, und der Zuschlag zum Versorgungsfreibetrag 900,– €. Für jeden ab dem Kalenderjahr 2006 **neu** in den Ruhestand tretenden Jahrgang werden der maßgebende Prozentsatz für den steuerfreien Teil des Versorgungsbezugs und der Höchstbetrag des Versorgungsfreibetrags sowie der Zuschlag zum Versorgungsfreibetrag abgeschmolzen. Für die Kalenderjahre 2005–2020 erfolgt das Abschmelzen des Prozentsatzes jährlich mit 1,6 Prozentpunkten, das Abschmelzen des Höchstbetrags um jährlich 120,– € und das Abschmelzen des Zuschlags zum Versorgungsfreibetrag um jährlich 36,– €. Für die Kalenderjahre ab 2021 erfolgt das weitere jährliche Abschmelzen mit 0,8 Prozentpunkten und in 60-€- bzw. 18-€-Schritten (vgl. auszugsweise abgedruckte Tabelle).

Jahr des Versorgungsbeginns	Versorgungsfreibetrag		Zuschlag zum Versorgungs-freibetrag
	in % der Versorgungs-bezüge	Höchstbetrag	
bis 2005	40,0	3.000,– €	900,– €
ab 2006	38,4	2.880,– €	864,– €
2007	36,8	2.760,– €	828,– €
2008	35,2	2.640,– €	792,– €
2009	33,6	2.520,– €	756,– €
2010	32,0	2.400,– €	720,– €
2011	30,4	2.280,– €	684,– €
2012	28,8	2.160,– €	648,– €
2013	27,2	2.040,– €	612,– €
2014	25,6	1.920,– €	576,– €
2015	24,0	1.800,– €	540,– €

Jahr des Versorgungsbeginns	Versorgungsfreibetrag		Zuschlag zum Versorgungs-freibetrag
	in % der Versorgungs-bezüge	Höchstbetrag	
2016	22,4	1.680,– €	504,– €
2017	20,8	1.560,– €	468,– €
2018	19,2	1.440,– €	432,– €
....	....	....	....
2021	15,2	1.140,– €	342,– €
2022	14,4	1.080,– €	324,– €
....	....	....	....
2040	0,0	0,– €	0,– €

Der Zuschlag zum Versorgungsfreibetrag darf nur bis zur Höhe der um den Versorgungsfreibetrag geminderten Versorgungsbezüge abgezogen werden; es dürfen durch den Abzug des Zuschlags keine negativen Einkünfte entstehen. Beim Lohnsteuerabzug nach Steuerklasse VI darf der Zuschlag zum Versorgungsfreibetrag nicht angesetzt werden.

c) Berechnung des Versorgungsfreibetrags und des Zuschlags

Bei Versorgungsbeginn vor dem 1.1.2005 berechnen sich der Versorgungsfreibetrag und der Zuschlag zum Versorgungsfreibetrag auf der Grundlage des begünstigten Versorgungsbezugs für Januar 2005. Bei späterem Versorgungsbeginn ist der Versorgungsbezug für den ersten vollen Monat maßgebend. Bei Versorgungsbezügen, die wegen Erreichens einer Altersgrenze gezahlt werden, ist jeweils der Monat maßgebend, in dem der Arbeitnehmer das 63. Lebensjahr (bei schwerbehinderten das 60. Lebensjahr) vollendet hat, da die Bezüge erst dann als begünstigte Versorgungsbezüge gelten. Der maßgebende Monatsbetrag ist mit zwölf zu vervielfältigen und um evtl. Sonderzahlungen zu erhöhten, auf die zum maßgebenden Zeitpunkt ein Rechtsanspruch besteht. **Der so ermittelte Versorgungsfreibetrag und der Zuschlag zum Versorgungsfreibetrag gelten grundsätzlich für die gesamte Laufzeit des Versorgungsbezugs.**

Regelmäßige Anpassungen des Versorgungsbezugs (laufender Bezug und Sonderzuwendung) führen nicht zu einer Neuberechnung und zu einer Änderung der Freibeträge für Versorgungsbezüge. Zu einer Neuberechnung führen nur Änderungen des Versorgungsbezugs, die ihre Ursache in der Anwendung von Anrechnungs-, Ruhens-, Erhöhungs- oder Kürzungsregelungen haben (z. B. nach §§ 53, 54, 55 oder 56 des Beamtenversorgungsgesetzes).

Das Jahr des Versorgungsbeginns (§ 19 Abs. 2 Satz 3 EStG) ist grundsätzlich das Jahr, in dem der Anspruch auf die Versorgungsbezüge (§ 19 Abs. 2 Satz 2 EStG) entstanden ist. Bei Bezügen wegen Erreichens einer Altersgrenze i. S.d. § 19 Abs. 2 Satz 2 Nr. 2 EStG ist das Jahr des Versorgungsbeginns das Jahr, in dem erstmals zum einen der Anspruch auf die Bezüge besteht und zum anderen das 60. bzw. 63. Lebensjahr vollendet ist. Der Versorgungsbeginn tritt dagegen nicht ein, solange der Arbeitnehmer von einer bloßen Option, Versorgungsleistungen für einen Zeitraum ab dem Erreichen der maßgeblichen Altersgrenze zu beanspruchen, tatsächlich keinen Gebrauch macht, z. B. weil er die Leistungen erst ab einem späteren Zeitpunkt in Anspruch nehmen will.

d) Zeitanteilige Ermäßigung der Freibeträge

Werden Versorgungsbezüge nur für einen Teil des Kalenderjahres gezahlt, so ermäßigen sich der Versorgungsfreibetrag und der Zuschlag zum Versorgungsfreibetrag für jeden Kalendermonat, für den keine Versorgungsbezüge gezahlt werden, in diesem Kalenderjahr um ein Zwölftel.

Beispiel 1

Ein Arbeitnehmer erhält nach dem Ausscheiden aus dem aktiven Erwerbsleben mit Vollendung seines 65. Lebensjahrs ab dem 1.7.2017 eine monatliche Betriebsrente von 500,– €. Anspruch auf Sonderzahlungen bestehen nicht.

Ermittlung der Bemessungsgrundlage für die Berechnung der Freibeträge: 12 x 500,– € = 6.000,– €

davon als Versorgungsfreibetrag:

20,8% von 6.000,– € = (der maßgebende Höchstbetrag von 1.560,– € ist nicht überschritten)	*1.248,– €*
+ Zuschlag zum Versorgungsfreibetrag =	*468,– €*
= Jahres-Versorgungsfreibetrag	*1.716,– €*
mtl. Versorgungsfreibetrag (1/12)	*143,– €*

Bei der Berechnung der Steuerabzüge für die Monate Juli bis Dezember darf der Arbeitgeber einen Versorgungsfreibetrag (einschl. Zuschlag) i.H.v. jeweils 143,– € berücksichtigen, was im Beispielsfall für 2017 einem halben Jahresfreibetrag entspricht.

In die Lohnsteuerbescheinigung für das Jahr 2017 sind nach den BFM-Schreiben vom 30.7.2015, BStBl I S. 614, und vom 31.8.2016, BStBl I S. 1.004, einzutragen:

• *Höhe der in 2017 gezahlten Versorgungsbezüge: 6 x 500,– € =*	*3.000,– €*
• *Bemessungsgrundlage für den Versorgungsfreibetrag (Jahreswert)*	*6.000,– €*
• *Maßgebendes Kalenderjahr des Versorgungsbeginns*	*2017*
• *Da unterjährige Zahlung, den ersten und letzten Monat:*	*07 – 12*

Die zu Beginn des Versorgungsbezugs im Juli 2017 ermittelte Bemessungsgrundlage für die Berechnung des Versorgungsfreibetrags (einschl. Zuschlag) i.H.v. 6.000,– € ist entsprechend den obigen Ausführungen grundsätzlich auch die Bemessungsgrundlage für die Berechnung des Versorgungsfreibetrags (einschl. Zuschlag) für die nachfolgenden Kalenderjahre.

e) Mehrere Versorgungsbezüge

Bei mehreren Versorgungsbezügen bestimmen sich der maßgebende Prozentsatz für den steuerfreien Teil der Versorgungsbezüge und der Höchstbetrag des Versorgungsfreibetrags sowie der Zuschlag zum Versorgungsfreibetrag nach dem Beginn des jeweiligen Versorgungsbezugs. Die Summe aus den jeweiligen Freibeträgen für Versorgungsbezüge wird auf den Höchstbetrag des Versorgungsfreibetrags und den Zuschlag zum Versorgungsfreibetrag nach dem Beginn des ersten Versorgungsbezugs begrenzt. Diese Begrenzung ist im Lohnsteuerabzugsverfahren nur ausnahmsweise von Bedeutung, wenn derselbe Arbeitgeber an den Arbeitnehmer mehrere Versorgungsbezüge zahlt. Die Angaben zu Versorgungsbezügen, deren Beginn in unterschiedliche Kalenderjahre fallen, sind in der Lohnsteuerbescheinigung für jeden Versorgungsbezug jeweils getrennt zu bescheinigen.

f) Hinterbliebenenversorgung

Folgt ein Hinterbliebenenbezug einem Versorgungsbezug, bestimmen sich der Prozentsatz, der Höchstbetrag des Versorgungsfreibetrags und der Zuschlag zum Versorgungsfreibetrag für den Hinterbliebenenbezug nach dem Jahr des Beginns des Versorgungsbezugs des Verstorbenen. Bei Bezug von Witwen- oder Waisengeld ist für die Berechnung der Freibeträge für Versorgungsbezüge damit das Jahr des Versorgungsbeginns des Verstorbenen maßgebend, der diesen Versorgungsanspruch zuvor begründet hat.

g) Sterbegeld

Das Sterbegeld (vgl. Tz 4.2) stellt gemäß R 19.8 Abs. 1 Nr. 1 LStR und R 19.9 Abs. 3 Nr. 3 LStR einen eigenständigen Versorgungsbezug dar. Für das Sterbegeld gelten zur Berechnung der Freibeträge für Versorgungsbezüge ebenfalls der Prozentsatz, der Höchstbetrag und der Zuschlag zum Versorgungsfreibetrag des Verstorbenen. Erhält ein Hinterbliebener zu seinen Hinterbliebenenbezügen auch das Sterbegeld, darf das Sterbegeld als Leistung aus Anlass des Todes die Berechnung des Versorgungsfreibetrags für die Hinterbliebenenbezüge nicht beeinflussen und ist daher nicht in deren Bemessungsgrundlage einzubeziehen. Das Sterbegeld ist lohnsteuerlich als sonstiger Bezug zu behandeln; eine Zwölftelung des Versorgungsfreibetrags und des Zuschlags zum Versorgungsfreibetrag ist für das Sterbegeld nicht vorzunehmen. Als Bemessungsgrundlage für die Freibeträge ist die Höhe des Sterbegeldes anzusetzen, unabhängig von der Zahlungsweise und Berechnungsart. Das Sterbegeld und der Hinterbliebenenbezug sind auf der Lohnsteuerbescheinigung jeweils gesondert zu bescheinigen und dabei das Sterbegeld als solches kenntlich zu machen.

h) Berechnung des Versorgungsfreibetrags im Fall einer Kapitalauszahlung/Abfindung

Wird anstelle eines monatlichen Versorgungsbezugs eine Kapitalauszahlung/Abfindung an den Versorgungsempfänger gezahlt, so handelt es sich um einen sonstigen Bezug. Für die Ermittlung der Freibeträge für Versorgungsbezüge ist das Jahr des Versorgungsbeginns zugrunde zu legen, die Zwölftelungsregelung ist für diesen sonstigen Bezug nicht anzuwenden. Bemessungsgrundlage ist der Betrag der Kapitalauszahlung/Abfindung im Kalenderjahr.

Beispiel 2

Dem Versorgungsempfänger wird im Jahr 2017 eine Abfindung i. H. v. 10.000,– € gezahlt. Der Versorgungsfreibetrag beträgt (20,8 % von 10.000,– €= 2.080,– €, höchstens) 1.560,– €; der Zuschlag zum Versorgungsfreibetrag beträgt 468,– €.

Beispiel 3

Der Versorgungsempfänger vollendet sein 63. Lebensjahr am 1.9.2017. Bereits seit August 2014 bezieht er Versorgungsleistungen des Arbeitgebers aus einer Direktzusage. Die Versorgungsbezüge werden als (Teil)-Kapitalauszahlungen in jährlichen Raten von 4.800,– € gewährt, erstmals am 1.8.2014.

*Das Jahr des Versorgungsbeginns ist das Jahr 2017, denn **erstmals in 2017** besteht kumulativ ein Anspruch auf die Bezüge und das 63. Lebensjahr ist vollendet (vgl. Buchstabe c). Für **2017 sind jedoch keine Freibeträge** für Versorgungsbezüge zu berücksichtigen, da die Ratenzahlung am 1.8.2017 **vor** Vollendung des 63. Lebensjahres geleistet wird. Der nach dem Versorgungsbeginn in 2017 maßgebende und ab 2018 zu berücksichtigende Versorgungsfreibetrag beträgt 998,40 € (20,8% von 4.800,– €, höchstens 1.560,– €); der ab 2018 zu berücksichtigende Zuschlag zum Versorgungsfreibetrag beträgt 468,– €; eine Zwölftelung ist nicht vorzunehmen, da es sich bei den Versorgungsbezügen um (Teil)-Kapitalauszahlungen handelt. In den Jahren 2014 bis 2017 werden keine Freibeträge für Versorgungsbezüge berücksichtigt, da der Versorgungsempfänger erst im Jahr 2018 im Zeitpunkt der Zahlung der Ratenzahlung am 1.8.2018 sein 63. Lebensjahr vollendet hat.*

i) Sonstiges

Wird der Versorgungsbezug als laufender Arbeitslohn gezahlt, dürfen die Freibeträge für Versorgungsbezüge nur mit dem auf den Lohnzahlungszeitraum entfallenden Anteil abgezogen werden. Ein höherer Betrag darf grundsätzlich auch dann nicht berücksichtigt werden, wenn der Freibetrag in einem anderen Lohnzahlungszeitraum nicht ausgeschöpft wurde. Der Versorgungsfreibetrag, nicht aber der Zuschlag zum Versorgungsfreibetrag werden auch bei Anwendung der Steuerklasse VI gewährt. Falls deshalb in zwei Dienstverhältnissen ein zu hoher Freibetrag berücksichtigt wird, erfolgt die Korrektur im Rahmen der Einkommensteuerveranlagung durch das Finanzamt.

Falls ein Versorgungsbezug als sonstiger Bezug gezahlt wird, ist darauf zu achten, dass der Freibetrag und der Zuschlag von diesem sonstigen Bezug nur insoweit abgezogen werden dürfen, als sie sich bei der Berechnung des maßgeblichen Jahresarbeitslohns nicht ausgewirkt haben. Falls vor dem Zufluss laufender Versorgungsbezüge bereits ein sonstiger Bezug unter Berücksichtigung der Freibeträge für Versorgungsbezüge gezahlt wurde, dürfen die Freibeträge beim laufenden Arbeitslohn nur noch insoweit abgezogen werden, als sie bei dem sonstigen Bezug noch nicht verbraucht wurden.

Weitere Ausführungen zum Versorgungsfreibetrag enthalten die BMF-Schreiben vom 19.8.2013, BStBl I S. 1.087, und vom 1.6.2015, BStBl I S. 475, weitere Abrechnungsbeispiele zur Zahlung von Versorgungsbezügen enthält der Ratgeber „Praktische Lohnabrechnung".

5.7 Wer erhält den Altersentlastungsbetrag?

Er steht Arbeitnehmern zu, die vor dem Beginn des Kalenderjahres das 64. Lebensjahr vollendet haben (somit Personen, die vor dem 2.1.1952 geboren sind). Der Altersentlastungsbetrag (§ 24a EStG) darf nur vom Arbeitslohn für eine aktive Tätigkeit und nicht von Versorgungsbezügen (vgl. Tz 5.6) abgezogen werden. Wenn das Lohnabrechnungsprogramm den Altersentlastungsbetrag durch Eingabe des Geburtsdatums des Arbeitnehmers nicht berücksichtigt, muss der Arbeitgeber den Altersentlastungsbetrag bei Vorliegen der Voraussetzungen beim Lohnsteuerabzug selbst berechnen und berücksichtigen. Vom laufenden Arbeitslohn darf er den Altersentlastungsbetrag nur mit dem auf den Lohnzahlungszeitraum entfallenden Anteil abziehen. Bei Zahlung eines sonstigen Bezugs (vgl. Tz 5.8) ist der Altersentlastungsbetrag nur insoweit abzuziehen, als er sich bei der Berechnung des maßgebenden Jahresarbeitslohns nicht ausgewirkt hat.

Nach dem Alterseinkünftegesetz wird auch der Altersentlastungsbetrag sowohl hinsichtlich des Prozentsatzes als auch hinsichtlich des Höchstbetrags jahrgangsweise abgeschmolzen, so dass für Steuerpflichtige, die erst 2040 ihr 64. Lebensjahr vollenden, die Berücksichtigung eines Altersentlastungsbetrags gänzlich entfällt. Das Abschmelzen des Prozentsatzes und des Höchstbetrags erfolgt bis 2020 mit 1,6-Prozentpunkten bzw. in 76-€-Schritten und ab 2021 mit 0,8 Prozentpunkten bzw. in 38-€-Schritten. Anders als beim Versorgungsfreibetrag findet für den Altersentlastungsbetrag weder eine Festschreibung des Freibetrags, noch eine Zwölftelung des Freibetrags statt.

Für die Lohnabrechnung im Jahr 2017 gilt daher hinsichtlich der Berücksichtigung des Altersentlastungsbetrags Folgendes:

Arbeitnehmer, die das 64. Lebensjahr vollendet haben	Altersentlastungsbetrag	
	Prozentsatz	Höchstbetrag
vor dem 1.1.2005 (Geburtsdatum: vor dem 2.1.1941)	**40%**	**1.900,– €**
vor dem 1.1.2006, aber nach dem 31.12.2004 (Geburtsdatum: 2.1.1941 bis 1.1.1942)	**38,4%**	**1.824,– €**
vor dem 1.1.2007, aber nach dem 31.12.2005 (Geburtsdatum: 2.1.1942 bis 1.1.1943)	**36,8%**	**1.748,– €**
vor dem 1.1.2008, aber nach dem 31.12.2006 (Geburtsdatum: 2.1.1943 bis 1.1.1944)	**35,2%**	**1.672,– €**
vor dem 1.1.2009, aber nach dem 31.12.2007 (Geburtsdatum: 2.1.1944 bis 1.1.1945)	**33,6%**	**1.596,– €**
vor dem 1.1.2010, aber nach dem 31.12.2008 (Geburtsdatum: 2.1.1945 bis 1.1.1946)	**32,0%**	**1.520,– €**
vor dem 1.1.2011, aber nach dem 31.12.2009 (Geburtsdatum: 2.1.1946 bis 1.1.1947)	**30,4%**	**1.444,– €**

Arbeitnehmer, die das 64. Lebensjahr vollendet haben	Altersentlastungsbetrag	
	Prozentsatz	Höchstbetrag
vor dem 1.1.2012, aber nach dem 31.12.2010 (Geburtsdatum: 2.1.1947 bis 1.1.1948)	**28,8%**	**1.368,– €**
vor dem 1.1.2013, aber nach dem 31.12.2011 (Geburtsdatum: 2.1.1948 bis 1.1.1949)	**27,2%**	**1.292,– €**
vor dem 1.1.2014, aber nach dem 31.12.2012 (Geburtsdatum: 2.1.1949 bis 1.1.1950)	**25,6%**	**1.216,– €**
vor dem 1.1.2015, aber nach dem 31.12.2013 (Geburtsdatum: 2.1.1950 bis 1.1.1951)	**24,0%**	**1.140,– €**
vor dem 1.1.2016, aber nach dem 31.12.2014 (Geburtsdatum: 2.1.1951 bis 1.1.1952)	**22,4%**	**1.064,– €**
vor dem 1.1.2017, aber nach dem 31.12.2015 (Geburtsdatum: 2.1.1952 bis 1.1.1953)	**20,8%**	**988,– €**

5.8 Wie werden sonstige Bezüge besteuert?

a) Zu den sonstigen Bezügen rechnen solche Zuwendungen des Arbeitgebers, die nicht ausschließlich Lohn für die Arbeitsleistung des Lohnzahlungszeitraums, in dem sie gezahlt werden, darstellen. Im Beitragsrecht der Sozialversicherung werden diese Zuwendungen als „einmalig gezahltes Arbeitsentgelt" bezeichnet. Als sonstige Bezüge sind z. B. die folgenden Arbeitgeberleistungen zu besteuern:

- Abfindungen und Entschädigungen;
- dreizehnte und weitere Monatsgehälter;
- Gratifikationen und Tantiemen;
- Jubiläumszuwendungen;
- zusätzliches, über die Lohnfortzahlung hinausgehendes Urlaubsgeld;
- Urlaubsabgeltung;
- Weihnachtszuwendungen;
- Vergütungen für Arbeitnehmererfindungen;
- Nachzahlungen und Vorauszahlungen, wenn sich der Gesamtbetrag oder ein Teilbetrag nicht auf das Jahr der Zahlung bezieht (z. B. Nachzahlung im März für die Monate November bis Februar). Nachzahlungen liegen auch vor, wenn Arbeitslohn für Lohnzahlungszeiträume des abgelaufenen Kalenderjahres später als drei Wochen nach Ablauf dieses Jahres zufließt.

b) Von einem sonstigen Bezug ist die Lohnsteuer stets in dem Zeitpunkt einzubehalten, in dem er zufließt. Dabei sind die individuellen Lohnsteuerabzugsmerkmale des Arbeitnehmers maßgebend, die für den Tag des Zuflusses gelten. Der Differenzbetrag zwischen der Jahreslohnsteuer auf den maßgebenden

Jahresarbeitslohn ohne sonstigen Bezug und der Jahreslohnsteuer auf den maßgebenden Jahresarbeitslohn einschließlich sonstigen Bezug ist die auf den sonstigen Bezug entfallende Lohnsteuer. Durch diese Berechnungsmethode wird beim Lohnsteuerabzug die Steuerprogression dem Jahresarbeitslohn des Arbeitnehmers entsprechend berücksichtigt und die überhöhte Steuerbelastung vermieden, die sich wegen des progressiven Steuertarifs bei Zusammenrechnung des sonstigen Bezugs mit dem laufenden Arbeitslohn des Lohnzahlungszeitraums ergeben würde.

Bei der Ermittlung des maßgebenden Jahresarbeitslohns ist nach folgendem Schema zu verfahren:

1. Zunächst ist der im Kalenderjahr bereits gezahlte steuerpflichtige Arbeitslohn festzustellen.

   Hierzu gehören
   - der vom Arbeitgeber gezahlte laufende Arbeitslohn ...... €
   - die vom Arbeitgeber im gleichen Kalenderjahr bereits früher gezahlten sonstigen Bezüge ...... €
   - der im gleichen Kalenderjahr von einem früheren Arbeitgeber laut Lohnsteuerbescheinigung gezahlte Arbeitslohn (Hat der Arbeitnehmer diese nicht vorgelegt, muss der neue Arbeitgeber den voraussichtlichen Jahresarbeitslohn auf Grundlage des von ihm gezahlten laufenden Arbeitslohns ermitteln und dies in der Lohnsteuerbescheinigung mit dem Großbuchstaben „S" kenntlich machen – vgl. Tz 5.17 –) ...... €
   - bereits im Kalenderjahr früher ermäßigt besteuerter sonstiger Bezug (= nur mit einem Fünftel angesetzte Vergütungen für eine mehrjährige Tätigkeit – vgl. Tz 5.8 c) sind nunmehr bei der Ermittlung des maßgebenden Jahresarbeitslohns in voller Höhe anzusetzen ...... €
2. Dem so ermittelten bereits gezahlten Arbeitslohn ist der laufende Arbeitslohn hinzuzurechnen, der sich voraussichtlich für die Restzeit des Kalenderjahres ergibt. Dieser Betrag ist nach den Verhältnissen des Einzelfalls zu schätzen. Künftig zu erwartende sonstige Bezüge sind jedoch nicht zu erfassen, auch wenn ihre Zahlung zugesichert ist .... €
3. Die Summe aus Nr. 1 und 2 ist der voraussichtliche Jahresarbeitslohn .... €
4. Hiervon sind abzuziehen
   - ggf. die Freibeträge für Versorgungsbezüge (Tz 5.6) ...... €
   - ggf. der Altersentlastungsbetrag (Tz 5.7) ...... €
   - ggf. ein lt. ELStAM bzw. im Ausnahmefall lt. Bescheinigung für den Lohnsteuerabzug zu berücksichtigender Freibetrag (ein etwaiger Hinzurechnungsbetrag – vgl. Tz 1.5 – wäre hinzuzurechnen) ...... €
5. Es verbleibt der maßgebende Jahresarbeitslohn I ...... €

   (Der maßgebende Jahresarbeitslohn kann nach Abzug eines Freibetrags auch negativ sein.)

6. Der zu versteuernde sonstige Bezug wird hinzugerechnet ...... €
7. Die Summe ergibt den maßgebenden Jahresarbeitslohn II ...... €
8. Berechnung der Lohnsteuer:
   - Lohnsteuer nach der Jahrestabelle für den maßgebenden Jahresarbeitslohn I ...... €
   - Lohnsteuer nach der Jahrestabelle für den maßgebenden Jahresarbeitslohn II ...... €
   - Die Differenz ist die auf den sonstigen Bezug entfallende Lohnsteuer ...... €

c) Sonstige Bezüge, die eine Entlohnung für eine mehrjährige Tätigkeit darstellen (z. B. Zuwendungen anlässlich eines Arbeitnehmerjubiläums oder ggf. geldwerte Vorteile aus Optionen), werden zur Abmilderung der Steuerprogression gemäß § 39b Abs. 3 Satz 9 EStG nur mit einem Fünftel angesetzt und die hierauf entfallende Lohnsteuer mit dem fünffachen Betrag erhoben. Eine steuerbegünstigte Vergütung für eine mehrjährige Tätigkeit liegt nur dann vor, wenn sie sich über mindestens 2 Kalenderjahre erstreckt und einen Zeitraum von mehr als 12 Monaten umfasst (vgl. z. B. BFH vom 7.5.2015, BStBl II S. 890). Die Fünftelregelung ist auch bei sonstigen Bezügen anzuwenden, die eine Entschädigung im Sinne des § 34 Abs. 2 Nr. 2 EStG darstellen (z. B. der steuerpflichtige Teil einer Entlassungsabfindung). Bei den jeweiligen Lohnarten (Tz 4.2 – Arbeitslohn-ABC) wird auf diese Steuervergünstigung hingewiesen. Für den Sonderfall, dass der maßgebende Jahresarbeitslohn I durch einen individuellen Freibetrag des Arbeitnehmers negativ ist, wird auf die besondere Berechnung des Lohnsteuerabzugs nach § 39b Abs. 3 Satz 9 2. Halbsatz EStG i.V.m. § 34 Abs. 1 Satz 3 EStG verwiesen.

d) Trifft bei der Lohnzahlung ein normaler sonstiger Bezug mit einem besonders zu behandelnden sonstigen Bezug (vgl. Buchstaben c – Arbeitslohn für mehrere Jahre, Abfindung oder Entschädigung –) zusammen, so ist zunächst die Lohnsteuer für den normalen sonstigen Bezug und danach die Lohnsteuer für den anderen sonstigen Bezug zu ermitteln.

e) Liegen bei einer Entschädigung (Abfindung) die Voraussetzungen für die Steuerermäßigung (= 1/5-Regelung nach § 34 EStG) nicht vor (z. B. weil die Abfindung in mehreren Kalenderjahren ausgezahlt wird und damit keine Zusammenballung von Einkünften vorliegt), ist die Entschädigung nach R 39b.6 Abs. 5 LStR als regulärer sonstiger Bezug zu behandeln. Aus Vereinfachungsgründen wird dann nicht beanstandet, dass dabei die Vorsorgepauschale zum Ansatz kommt und berücksichtigt wird.

Ausführliche Beispiele aus der Praxis zum Lohnsteuerabzug von sonstigen Bezügen, Vergütungen für eine mehrjährige Tätigkeit, Entschädigungen und sonstigen Bezügen, die nach dem Ausscheiden des Arbeitnehmers gezahlt werden, enthält der Ratgeber „Praktische Lohnabrechnung".

5.9 Wie ist bei einer Nettolohnvereinbarung zu verfahren?

Die Zahlung von Nettolohn muss ausdrücklich zwischen Arbeitgeber und Arbeitnehmer vereinbart werden, wenn ihr arbeitsrechtlich eine Bedeutung zukommen soll. Ohne eine solche Vereinbarung schuldet der Arbeitgeber den Bruttolohn. Wird vertraglich festgelegt, dass der Arbeitgeber den Lohn steuerfrei auszahlen soll, so kann darin noch keine Nettolohnvereinbarung gesehen werden. Streitigkeiten über das Bestehen einer Nettolohnvereinbarung unterliegen nicht dem Finanzgerichtsweg (BFH vom 29.6.1993, BStBl II S. 761). Ein unzutreffender Lohnsteuerabzug kann durch Einwendungen gegen die Lohnsteuerbescheinigung nicht berichtigt werden (BFH vom 13.12.2007, BStBl 2008 II S. 434).

Durch eine Nettolohnvereinbarung übernimmt der Arbeitgeber im Innenverhältnis die vom Arbeitnehmer geschuldeten Abzugsbeträge (Lohnsteuer, Solidaritätszuschlag, Kirchensteuer und Arbeitnehmeranteil zur Sozialversicherung). Diese Übernahme stellt für den Arbeitnehmer einen Vorteil dar, der wiederum dem Steuerabzug und der Beitragspflicht in der Sozialversicherung unterliegt. Der Arbeitgeber muss deshalb erst den dem vereinbarten Nettolohn entsprechenden Bruttolohn ermitteln. Erst dieser Bruttolohn ist der Arbeitslohn im Sinne des Lohnsteuerrechts und das maßgebende Arbeitsentgelt für den Sozialversicherungsbeitrag. In die Lohnsteuerbescheinigung und in die Entgeltbescheinigung für den Sozialversicherungsträger ist deshalb der Bruttolohn und keinesfalls der Nettolohn einzutragen (vgl. auch BFH vom 28.2.1992, BStBl II S. 733).

Die Nettolohnvereinbarung wirkt grundsätzlich nur im Innenverhältnis zwischen Arbeitgeber und Arbeitnehmer. Schuldner der Lohnsteuer gegenüber dem Fiskus bleibt – anders als bei einer Pauschalierung der Lohnsteuer – der Arbeitnehmer. Falls Lohnsteuer zu erstatten ist, z. B. aufgrund einer Einkommensteuerveranlagung, hat deshalb nicht der Arbeitgeber, sondern der Arbeitnehmer den Erstattungsanspruch gegenüber dem Finanzamt. In solchen Fällen wird deshalb oft von vornherein die Abtretung des Erstattungsanspruchs durch den Arbeitnehmer an den Arbeitgeber vereinbart. Nur auf diesem Weg kann der Arbeitgeber erreichen, dass er letztlich nur die vom Arbeitnehmer geschuldete Lohnsteuer übernimmt. Fließt an den Arbeitgeber aufgrund der Abtretung Lohnsteuer zurück, mindert dieser Vorgang erst im Jahr der Rückzahlung den steuerpflichtigen Arbeitslohn des Arbeitnehmers.

Liegt eine echte Nettolohnabrede vor, wirken sich Gesetzesänderungen auf den hochgerechneten Bruttolohn aus. Dies bedeutet, dass eine Steuererhöhung (z. B. die Einführung des Solidaritätszuschlags ab 1995) zu Lasten des Arbeitgebers geht. Genauso entlastet eine Steuersenkung den Arbeitgeber. Sollen sich solche Gesetzesänderungen beim Arbeitnehmer auswirken, bedarf es einer Änderung der Nettolohnabrede.

Bei illegalen Beschäftigungsverhältnissen (Schwarzarbeit) nimmt die Sozialversicherung nach § 14 Abs. 2 SGB IV eine Nettolohnvereinbarung an, wenn sowohl die Steuern als auch die Sozialversicherungsbeiträge nicht gezahlt wurden. Auf den Bereich des Steuerrechts ist diese Annahme jedoch nicht übertragbar (vgl. BFH vom 21.2.1992, BSBl II S. 443).

Zur Frage der Haftung bei Nettolohnvereinbarung vgl. Tz 8.2.

5.10 Zu welchem Zeitpunkt fließt Arbeitslohn zu?

Steuerlich fließt der Arbeitslohn bei Zahlung an den Arbeitnehmer zu. Auf die Fälligkeit des Lohnanspruchs kommt es nicht an, denn der Zufluss setzt voraus, dass der Arbeitnehmer wirtschaftlich über den Lohn verfügen kann. Wird der Arbeitslohn nicht bar gezahlt, sondern überwiesen, fließt er im Zeitpunkt der Gutschrift auf dem Konto des Arbeitnehmers zu. Der Arbeitnehmer kann u.U. jedoch bereits auch dann über den Arbeitslohn wirtschaftlich verfügen, wenn er nicht ausgezahlt, sondern durch den Arbeitgeber gutgeschrieben wird, und zwar dann, wenn die Nichtauszahlung im Interesse des Arbeitnehmers erfolgt. Hiervon kann vor allem bei arbeitsvertraglichen Vereinbarungen über die Festlegung von Lohnteilen auf einem Sperrkonto, die Ansammlung von Vermögensbeteiligungen im Betrieb des Arbeitgebers zugunsten des Arbeitnehmers oder auch bei Einbehaltung einer Kaution ausgegangen werden. Zugeflossen sind auch Lohnteile, die der Arbeitgeber wegen Abtretungen des Arbeitnehmers oder aufgrund von Lohnpfändungen einbehalten hat. Tritt der Arbeitgeber an den Arbeitnehmer eine Forderung zahlungshalber ab, so fließt dem Arbeitnehmer der Lohn erst dann zu, wenn der Dritte diese Schuld begleicht. Als eine steuerwirksame Gestaltung des Zuflusses wird jedoch die Verschiebung der Fälligkeit entsprechend den Kriterien der BFH-Rechtsprechung vom 11.11.2009, BStBl 2010 II S. 746 auch von der Finanzverwaltung anerkannt. Danach können Arbeitgeber und Arbeitnehmer den Zufluss des Zeitpunkts einer Abfindung (für andere sonstige Bezüge, wie z. B. Weihnachtsgeld, Urlaubsgeld, Tantiemen gilt dies sinngemäß) oder eines Teilbetrags einer solchen im Interesse einer günstigeren Auswirkung beim Arbeitnehmer in der Weise steuerwirksam gestalten, dass sie deren ursprünglich vorgesehene Fälligkeit vor dem Eintritt der Fälligkeit auf einen späteren Zeitpunkt verschieben.

Die Feststellung des Zuflusszeitpunkts spielt im Lohnsteuerrecht eine große Rolle. Die Lohnsteuer entsteht beim Zufluss und damit gleichzeitig für den Arbeitgeber die Verpflichtung zum Lohnsteuerabzug. Dabei hat der Arbeitgeber die im Zuflusszeitpunkt maßgebenden individuellen Besteuerungsmerkmale (ELStAM bzw. im Ausnahmefall die Eintragungen auf der Bescheinigung für den Lohnsteuerabzug) und die zu diesem Zeitpunkt geltenden steuerlichen Vorschriften anzuwenden. Insbesondere beim Jahreswechsel kann dem wegen der oft unterschiedlichen Steuertarife große Bedeutung zukommen.

Sonstige Bezüge fließen gemäß § 38a Abs. 1 EStG in dem Kalenderjahr zu, in dem sie bezogen werden. Dagegen gilt **laufender Arbeitslohn** als in dem Kalenderjahr bezogen, in dem der Lohnzahlungszeitraum, bzw. im Fall von Abschlagszahlungen der Lohnabrechnungszeitraum endet.

Beispiel:

Das laufende Gehalt für Dezember 2016 wird zusammen mit einer Tantieme für 2016 am 13. Januar 2017 gezahlt.

Die Lohnabrechnung muss in diesem Fall geteilt werden. Das laufende Gehalt für Dezember ist dem Kalenderjahr 2016 zuzurechnen und nach den für diesen Lohnzahlungszeitraum maßgebenden Besteuerungsmerkmalen abzurechnen. Die Tantieme stellt einen sonstigen

Bezug dar. Dieser fließt wegen der Zahlung im Januar erst im Kalenderjahr 2017 zu. Er darf nicht in der Lohnsteuerbescheinigung des Jahres 2016 erfasst werden.

Diese zeitliche Zuordnung des Arbeitslohns hat nichts damit zu tun, wann die einbehaltene Lohnsteuer in der Lohnsteueranmeldung zu erfassen und an das Finanzamt abzuführen ist. Im vorigen Beispiel wurde die Lohnsteuer sowohl für den laufenden Arbeitslohn als auch für den sonstigen Bezug im Kalenderjahr 2017 einbehalten. Die Lohnsteuerbeträge sind deshalb insgesamt in der Lohnsteueranmeldung Januar 2017 zu erfassen und spätestens zum 10. Februar an das Finanzamt abzuführen.

Die Entstehung der Lohnsteuer knüpft gemäß § 38 Abs. 2 EStG streng an den wirtschaftlichen Zuflusszeitpunkt an: d.h. ob und wann der Arbeitslohn zugeflossen ist. Im Beitragsrecht der Sozialversicherung gilt grundsätzlich das sog. Entstehungsprinzip. Dies bedeutet, dass Beiträge dann fällig werden, wenn der Anspruch des Arbeitnehmers auf das Arbeitsentgelt entstanden ist. Bei Einnahmen, auf die ein Rechtsanspruch besteht, entsteht die Beitragspflicht bereits bei „Fälligkeit" des Lohnanspruchs (geschuldetes Arbeitsentgelt); die Entstehung des Anspruchs auf den Gesamtsozialve rsicherungsbeitrag hängt letztlich nicht davon ab, ob das geschuldete Arbeitsentgelt auch gezahlt wurde.

Bei einmaligen Einnahmen (vgl. Stichwort „Einmalig gezahltes Arbeitsentgelt") ist in § 22 Abs. 1 SGB IV festgelegt, dass die Beitragspflicht bei einmalig gezahltem Arbeitsentgelt erst entsteht, sobald dieses ausbezahlt worden ist. Das bedeutet, dass zumindest im Rahmen von einmaligen Einnahmen insoweit ebenfalls das steuerliche Zuflussprinzip gilt.

5.11 Welche Vorsorgepauschale ist anzuwenden?

a) Zur Neuregelung ab 2010 und 2015:

Nach dem Bürgerentlastungsgesetz Krankenversicherung ist die im Lohnsteuerabzugsverfahren gemäß dem BMF-Schreiben vom 26.11.2013, BStBl I S. 1.532 zu berücksichtigende Vorsorgepauschale individueller auf die persönlichen Verhältnisse des einzelnen Arbeitnehmers und seinen Belastungen abgestellt. Die Vorsorgepauschale unterscheidet daher nicht mehr nur zwischen rentenversicherungspflichtigen und nicht rentenversicherungspflichtigen Arbeitnehmern. Zudem ist nach dem GKV-Finanzstruktur- und Qualitäts-Weiterentwicklungsgesetz ab 2015 auch der kassenindividuelle Zusatzbeitragssatz, den der Arbeitnehmer alleine zu tragen hat, zu berücksichtigen, was im maschinellen Programmablaufplan für den Lohnsteuerabzug 2017 auch abgefragt wird; bei manueller Lohnsteuerberechnung ist hingegen der durchschnittliche Zusatzbeitragssatz von weiterhin 1,1% in die Lohnsteuertabellen für das Jahr 2017 eingearbeitet.

Die beim Lohnsteuerabzug nach § 39b Abs. 2 Satz 5 Nr. 3 Buchstabe a – d EStG zu berücksichtigende Vorsorgepauschale setzt sich wie folgt zusammen:

- einem Teilbetrag für die Rentenversicherung (vgl. b),
- einem Teilbetrag für die Krankenversicherung (vgl. c),
- einem Teilbetrag für die Pflegeversicherung (vgl. d).

Ob die Voraussetzungen für den Ansatz der einzelnen Teilbeträge vorliegen, ist jeweils gesondert zu prüfen; hierfür ist immer der Versicherungsstatus am Ende des jeweiligen Lohnzahlungszeitraums maßgebend und das Dienstverhältnis nicht auf Teilmonate aufzuteilen. Die Vorsorgepauschale ist nach § 39b Abs. 2 Satz 5 Nr. 3 EStG bei allen Steuerklassen eingearbeitet.

Bemessungsgrundlage für die Berechnung der in die Lohnsteuertabellen eingearbeiteten Teilbeträge der Vorsorgepauschale ist der steuerpflichtige Arbeitslohn bis zur jeweiligen Beitragsbemessungsgrenze, wobei jedoch Entschädigungen i.S.d. § 24 Nr. 1 EStG (z. B. ermäßigt zu besteuernde Abfindungen; regulär zu besteuernde Entschädigungen können aus Vereinfachungsgründen bei der Bemessungsgrundlage berücksichtigt werden) außen vor bleiben. Die Bemessungsgrundlage für die Vorsorgepauschale und für die Berechnung der Sozialabgaben kann durchaus unterschiedlich sein. Die **Vorsorgepauschale ist typisierend und losgelöst von der Berechnung der tatsächlich abzuführenden Beiträgen** zur Renten-, Kranken- und Pflegeversicherung.

b) Zum Teilbetrag für die Rentenversicherung:

Der Teilbetrag der Vorsorgepauschale für die Rentenversicherung wird gemäß § 39b Abs. 2 Satz 5 Nr. 3 Buchstabe a EStG nur bei Arbeitnehmern angesetzt, die

- in der **gesetzlichen Rentenversicherung pflichtversichert** sind und für die ein **Arbeitnehmeranteil** zu entrichten ist

oder

- wegen der **Versicherungspflicht in einer berufsständischen Versorgungseinrichtung** von der gesetzlichen Rentenversicherung befreit sind (§ 6 Abs. 1 Nr. 1 SGB VI).

Bei Befreiung von der Versicherungspflicht in der gesetzlichen Rentenversicherung auf eigenen Antrag ist der Teilbetrag für die Rentenversicherung nur in den Fällen des § 3 Nr. 62 Satz 2 Buchstabe b (gesetzliche Rentenversicherung) und c (berufsständische Versorgungseinrichtung), aber nicht in den Fällen des § 3 Nr. 62 Satz 2 Buchstabe a EStG (befreiende Lebensversicherung) anzusetzen.

Der Teilbetrag für die Rentenversicherung ermittelt sich in allen Steuerklassen I – VI in Höhe des Betrags, der bezogen auf den Arbeitslohn 50% des Betrags in der allgemeinen Rentenversicherung unter Berücksichtigung der **jeweiligen Bemessungsgrenzen** (BBG-West nunmehr: 76.200,– €; BBG-Ost nunmehr: 68.400,– €) und des gesetzlichen Beitragssatzes (weiterhin 18,7%) entspricht. Dementsprechend weicht der Lohnsteuerabzug in Ost und West voneinander ab, sobald die Arbeitslöhne die BBG-Ost überschreiten. Entsprechend § 39b Abs. 4 EStG ist dieser Teilbetrag im Kalenderjahr 2017 auf 68% begrenzt; der Prozentsatz steigt bis 2024 jährlich um 4%. Dies ist ein typisierter Arbeitnehmeranteil für die Rentenversicherung, unabhängig von der Berechnung der tatsächlich abzuführenden Rentenversicherungsbeiträge.

Beispiel:

Ein rentenversicherungspflichtiger Arbeitnehmer bezieht im Jahr 2017 einen Bruttoarbeitslohn von 36.000,– €. Unter Berücksichtigung des für 2017 geltenden gesetzlichen Beitragssatzes von 18,7% (Arbeitgeber- und Arbeitnehmeranteil) und der

Beitragsbemessungsgrenze wird deshalb für diesen Arbeitslohn als Teilbetrag für die Rentenversicherung ein Betrag von 2.288,88 € (= 68% von 50% von 6.732,– €) berücksichtigt.

Die Teilvorsorgepauschale für die Rentenversicherung gilt daher bezogen auf das jeweilige Dienstverhältnis beispielsweise **nicht** bei

- Beamten;
- beherrschenden Gesellschafter-Geschäftsführern einer GmbH;
- Vorstandsmitgliedern von Aktiengesellschaften (§ 1 Satz 4 SGB VI);
- weiterbeschäftigten Beziehern einer Vollrente wegen Alters oder vergleichbaren Pensionsempfängern, wenn gemäß § 172 Abs. 1 SGB VI nur ein Arbeitgeberanteil zur gesetzlichen Rentenversicherung zu entrichten ist;
- Arbeitnehmern, die von ihrem Arbeitgeber nur Versorgungsbezüge i.S.d. § 19 Abs. 2 Satz 2 Nr. 2 EStG erhalten (Werkspensionäre);
- geringfügig beschäftigten Arbeitnehmern, bei denen die Lohnsteuer nicht pauschal, sondern nach den individuellen Lohnsteuerabzugsmerkmalen der Arbeitnehmer erhoben wird und für die **nur** der pauschale Arbeitgeberbeitrag zur gesetzlichen Rentenversicherung entrichtet wird (keine Aufstockung durch den Arbeitnehmer auf den regulären Beitragssatz zur allgemeinen Rentenversicherung); stockt der Arbeitnehmer hingegen mit einem eigenen Arbeitnehmerbeitrag auf, kommt auch die Teilvorsorgepauschale zur Anwendung;
- nach § 8 Abs. 1 Nr. 2 SGB VI geringfügig beschäftigten Arbeitnehmern (versicherungsfreie kurzfristige Beschäftigung), bei denen die Lohnsteuer nicht pauschal, sondern nach den individuellen Lohnsteuerabzugsmerkmalen der Arbeitnehmer erhoben wird;
- anderen Arbeitnehmern, die nicht in der gesetzlichen Rentenversicherung pflichtversichert sind und deshalb auch keinen Arbeitnehmerbeitrag zur gesetzlichen Rentenversicherung zu leisten haben (z. B. als Praktikanten oder aus anderen Gründen);
- Auszubildenden mit einem Arbeitsentgelt von bis zu monatlich 325,– €, bei denen der Arbeitgeber nach § 20 Abs. 3 Satz 1 SGB IV den Gesamtsozialversicherungsbe itrag allein trägt.

Dementsprechend differenziert der maschinelle Programmablaufplan beim Eingangsparameter „KRV" nach Arbeitnehmer, die **nicht** in der gesetzlichen Rentenversicherung, in der gesetzlichen Rentenversicherung mit **BBG Ost** oder in der gesetzlichen Rentenversicherung mit **BBG West** versichert sind.

Besteht die Verpflichtung Beiträge zur Altersversorgung nicht an den inländischen, sondern an einen **ausländischen** Sozialversicherungsträger abzuführen, darf die Teilvorsorgepauschale Rentenversicherung dann angesetzt werden, wenn der abzuführende Beitrag – zumindest teilweise – einen als Sonderausgaben abzugsfähigen Arbeitnehmeranteil enthält. Auf den Abschluss eines Sozialversicherungsabkommens kommt es nicht an. Besteht hingegen Sozialversicherungspflicht im Inland und **parallel** im Ausland, bleiben im Lohnsteuerabzugsverfahren die Beiträge an den ausländischen Sozialversicherungsträger unberücksichtigt.

c) Zum Teilbetrag für die gesetzliche Krankenversicherung:

Der Teilbetrag für die gesetzliche Krankenversicherung wird gemäß § 39b Abs. 2 Satz 5 Nr. 3 Buchstabe b EStG in allen Steuerklassen I bis VI berücksichtigt. Er wird bei allen Arbeitnehmern angesetzt, die in der **inländischen gesetzlichen Krankenversicherung versichert** sind und für die ein **Arbeitnehmeranteil** zu entrichten ist. Ob der Arbeitnehmer in der gesetzlichen Krankenkasse pflichtversichert oder freiwillig versichert ist, spielt keine Rolle.

Als Teilbetrag für die inländische gesetzliche Krankenversicherung wird bei der Vorsorgepauschale der Betrag berücksichtigt, der dem Arbeitnehmeranteil zur gesetzlichen Krankenversicherung unter Zugrundelegung des ermäßigten Beitragssatzes nach § 243 SGB V und des Zusatzbeitragssatzes der Krankenkasse nach § 242 SGB V entspricht; für das Kalenderjahr 2017 damit also mit einem Betrag von 7,0% zzgl. Zusatzbeitragssatz des steuerpflichtigen maßgeblichen Arbeitslohns bis zur Beitragsbemessungsgrenze von nunmehr 52.200,– €; mindestens jedoch die sog. Mindestvorsorgepauschale (vgl. f). Auch diese Teilvorsorgepauschale ist ein typisierter Arbeitnehmeranteil für die Krankenversicherung, unabhängig von der Berechnung der tatsächlich abzuführenden Krankenversicherungsbeiträge. Deshalb wird dieser im Lohnsteuerabzugsverfahren auch bei denjenigen Arbeitnehmern angesetzt, die die anfallenden Krankenversicherungsbeiträge in voller Höhe allein tragen müssen (z. B. freiwillig versicherte Beamte, Empfänger von Versorgungsbezügen/Betriebsrenten).

Der Teilbetrag für die gesetzliche Krankenversicherung wird im Lohnsteuerabzugsverfahren nur berücksichtigt, wenn der Arbeitnehmer Beiträge zur inländischen gesetzlichen Krankenversicherung leistet; andernfalls ist für Kranken- und Pflegepflichtversicherungsbeiträge die Mindestvorsorgepauschale (vgl. f) maßgebend. Dementsprechend sind nach den BMF-Schreiben vom 30.7.2015, BStBl I S. 614, und 31.8.2016, BStBl I S. 1.004, unter Nr. 25 und 26 der Lohnsteuerbescheinigung 2017 nur die Beiträge des Arbeitnehmers zur inländischen gesetzlichen Krankenversicherung und zur inländischen sozialen Pflegeversicherung zu bescheinigen.

Bei **maschineller** Lohnabrechnung ist bei der Eingabe des Zusatzbeitragssatzes zu beachten, dass der für den Arbeitnehmer bei der Beitragsberechnung zu berücksichtigende **kassenindividuelle** Zusatzbeitragssatz maßgeblich ist. Bei der Berechnung der Lohnsteuer für sonstige Bezüge ist der am Ende des Kalendermonats des Zuflusses geltende Zusatzbeitragssatz maßgeblich (R 39b.6 LStR). Bei der Nachforderung von Lohnsteuer nach R 41c.3 Abs. 2 LStR oder im Rahmen der Lohnsteuer-Außenprüfung nach Ablauf des Kalenderjahres mittels Jahreslohnsteuerberechnung ist der zuletzt im jeweiligen Kalenderjahr geltende Zusatzbeitragssatz maßgeblich. Bei Entschädigungen i.S.d. § 24 Nr. 1 EStG, die nach § 39b Abs. 2 Satz 5 Nr. 3 Schlusssatz Halbsatz 1 EStG bei der Berechnung der Vorsorgepauschale außen vor bleiben, aber im Fall der regulären Besteuerung aus Vereinfachungsgründen nach R 39b.6 Abs. 5 Satz 2 LStR einbezogen werden können, ist der am Ende des Kalendermonats des Zuflusses geltende Zusatzbeitragssatz maßgeblich. Für bestimmte Übergangszeiträume kann es bei dem Lohnsteuerabzug unterliegenden Versorgungsbezügen zu Abweichungen zwischen dem von der Krankenkasse festgesetzten Zusatzbeitragssatz und dem tatsächlich vom Arbeitgeber anzuwendenden Zusatzbeitragssatz kommen (vgl. § 248, SGB V); hier ist der der Beitragsberechnung zugrunde liegende Zusatzbeitragssatz maßgeblich. Bei bestimmten Personengruppen (vgl. § 242 Abs. 3 SGB V, wie z. B. die 325,-€-Geringverdiener) ist bei der Beitragsberechnung der durchschnittliche Zusatzbeitragssatz nach § 242a SGB V (Dieser beträgt für das ganze Jahr 2017 weiterhin 1,1%.) maßgeblich, was auch für den Lohnsteuerabzug gilt. Bei der Berechnung des Durchschnittssteuersatzes nach § 40 Abs. 1 EStG i.V.m. R 40.1 LStR kann der Arbeitgeber aus Vereinfachungsgründen beim Teilbetrag der Vorsorgepauschale für die gesetzliche Krankenversicherung den durchschnittlichen Zusatzbeitragssatz zugrunde legen.

Bei **manueller** Lohnsteuerberechnung ist hingegen der durchschnittliche Zusatzbeitragssatz von 1,1% in die Lohnsteuertabellen für das ganze Jahr 2017 eingearbeitet, sodass es insoweit zu geringfügigen Abweichungen beim Lohnsteuerabzug im Vergleich zur maschinellen Lohnsteuerabrechnung kommen kann.

Für geringfügig beschäftigte Arbeitnehmer (geringfügig entlohnte Beschäftigung sowie kurzfristige Beschäftigung), bei denen die Lohnsteuer nicht pauschal, sondern nach den individuellen Lohnsteuerabzugsmerkmalen der Arbeitnehmer erhoben wird, ist kein Teilbetrag für die gesetzliche Krankenversicherung anzusetzen, wenn kein Arbeitnehmeranteil für die Krankenversicherung zu entrichten ist. Entsprechendes gilt für andere Arbeitnehmer, wenn kein Arbeitnehmeranteil zu entrichten ist; dies ist regelmäßig bei Schülern und Studenten der Fall. Dementsprechend ist für diese Fälle gemäß dem maschinellen Programmablaufplan beim Eingangsparameter „PKV" der Wert „1" einzugeben.

d) Zum Teilbetrag für die soziale Pflegeversicherung:

Der Teilbetrag für die soziale (inländische, gesetzliche) Pflegeversicherung bestimmt sich in allen Lohnsteuerklassen I bis VI gemäß § 39b Abs. 2 Satz 5 Nr. 3 Buchstabe c EStG typisierend nach dem steuerlichen Arbeitslohn unter Berücksichtigung der im gesamten Bundesgebiet geltenden Beitragsbemessungsgrenze von nunmehr 52.200,– € im Jahr bzw. der sog. Mindestvorsorgepauschale (vgl. f).

Als Teilbetrag für die soziale/gesetzliche Pflegeversicherung wird bei der Vorsorgepauschale der Betrag berücksichtigt, der dem Arbeitnehmeranteil zur sozialen/gesetzlichen Pflegeversicherung unter Zugrundelegung des gesetzlichen Beitragssatzes entspricht. Dementsprechend kommt es auch darauf an, ob der Arbeitnehmer nur den allgemeinen Beitrag von nunmehr 1,275% zu entrichten hat oder als Kinderloser auch den Beitragszuschlag für Kinderlose in Höhe von weiterhin 0,25% gemäß § 55 Abs. 3 SGB XI.

Anders als bei der maschinellen Lohnsteuerberechnung bleibt bezogen auf die Vorsorgepauschale nach den Lohnsteuertabellen der Beitragszuschlag für Kinderlose immer außen vor, so dass sich für Kinderlose im Sinne der Pflegeversicherung, die den Zuschlag in Höhe von 0,25% zu leisten haben, im Vergleich der maschinellen und der manuellen Lohnsteuerberechnung eine geringfügige Abweichung beim Lohnsteuerabzug ergibt.

In **Sachsen** wurde bei Einführung der sozialen Pflegeversicherung im Gegensatz zu den anderen Bundesländern der Buß- und Bettag nicht als gesetzlicher Feiertag abgeschafft. Dementsprechend beträgt in Sachsen der Arbeitnehmeranteil zur sozialen Pflegeversicherung ohne den Kinderzuschlag von 0,25% statt 1,275% dort 1,775%.

Aufgrund des höheren Arbeitnehmeranteils fällt für Arbeitnehmer in Sachsen der Lohnsteuerabzug geringfügig niedriger aus. Diese länderspezifische Besonderheit in Sachsen ist in den Lohnsteuertabellen meist nicht berücksichtigt. Gleichwohl wird es nicht beanstandet, wenn für diesen Personenkreis diese Lohnsteuertabellen angewandt werden, wenn der Arbeitnehmer dem nicht widerspricht.

Beispiel zum Teilbetrag in der gesetzlichen Kranken- und sozialen Pflegeversicherung

Ein Arbeitnehmer mit einem Kind ist in München beschäftigt und bezieht im Jahr 2017 einen Bruttojahreslohn von 53.000,– €. Er ist in der gesetzlichen Kranken- und sozialen Pflegeversicherung versichert. Der kassenindividuelle Zusatzbeitragssatz beträgt angenommen 1,1%.

Als Teilbetrag für die gesetzliche Kranken- und sozialen Pflegeversicherung wird unter Berücksichtigung der Beitragsbemessungsgrenze von 52.200,– € beim Lohnsteuerabzug insoweit eine Vorsorgepauschale berücksichtigt in Höhe von

8,1% von 52.200,– € =	*4.228,20 €*
+ 1,275% von 52.200,– € =	*665,55 €*
= Teilvorsorgepauschale Kranken- und Pflegeversicherung	*4.893,75 €*

Wäre beim Arbeitnehmer ein anderer kassenindividueller Zusatzbeitragssatz, der Zuschlag für Kinderlose oder die länderspezifische Besonderheit von Sachsen zu berücksichtigen, ergäben sich entsprechend abweichende Teilvorsorgepauschalen.

e) Zum Teilbetrag für die private Kranken- und Pflegepflichtversicherung:

Der Teilbetrag für die private Kranken- und Pflegepflichtversicherung bestimmt sich nach § 39b Abs. 2 Satz 5 Nr. 3 Buchstabe d EStG.

Ohne Nachweis der höheren Aufwendungen wird in allen Steuerklassen I bis VI mindestens die sog. **Mindestvorsorgepauschale** (vgl. f) berücksichtigt.

Will hingegen der privat versicherte Arbeitnehmer **höhere Aufwendungen** bereits im Lohnsteuerabzug berücksichtigt haben, muss er seine Beiträge an Hand einer **Bescheinigung seines Versicherungsunternehmens** dem Arbeitgeber darlegen. Dabei darf das Versicherungsunternehmen **nur die Beiträge** bescheinigen, die zur Finanzierung **der sogenannten Basisversorgung** wie in der gesetzlichen Krankenversicherung dienen. Beitragsanteile, die auf die Finanzierung von Krankengeld, Zusatz- oder Komfortleistungen, Chefarztbehandlung oder Ein-Bett-Zimmer im Krankenhaus entfallen, können nicht berücksichtigt und dürfen daher vom Versicherungsunternehmen nicht bescheinigt werden. Einbezogen werden können die Beiträge für die eigene private Basiskranken- und Pflegepflichtversicherung des Arbeitnehmers einschließlich der entsprechenden Beiträge für den mitversicherten, nicht dauernd getrennt lebenden, unbeschränkt einkommensteuerpflichtigen Ehegatten/Lebenspartner im Sinne des Lebenspartnerschaftsgesetzes und für mitversicherte Kinder, für die der Arbeitnehmer einen Anspruch auf einen Kinderfreibetrag oder Kindergeld hat. Der Arbeitgeber hat nicht zu prüfen, ob die Voraussetzungen für die Berücksichtigung der Versicherungsbeiträge entsprechend der vom Arbeitnehmer vorgelegten Beitragsbescheinigung erfüllt sind.

Für den Lohnsteuerabzug 2017 kann der Arbeitgeber beispielsweise die folgenden Beitragsbescheinigungen des Versicherungsunternehmens berücksichtigen:

- die bis zum 31.3.2017 vorgelegte Beitragsbescheinigung über die voraussichtlichen privaten Basiskranken- und Pflegepflichtversicherungsbeiträge des Kalenderjahres 2016,
- die Beitragsbescheinigung über die voraussichtlichen privaten Basiskranken- und Pflegepflichtversicherungsbeiträge des laufenden Kalenderjahres 2017 oder
- die Beitragsbescheinigung über die vom Versicherungsunternehmen an die Finanzverwaltung übermittelten Daten zur Kranken- und Pflegeversicherung für das Kalenderjahr 2016.

Im Übrigen darf eine dem Arbeitgeber vorliegende Beitragsbescheinigung im Rahmen des Lohnsteuerabzugs solange weiter berücksichtigt werden, bis der Arbeitnehmer eine neue Beitragsbescheinigung vorlegt.

Beitragsbescheinigungen ausländischer Versicherungsunternehmen darf der Arbeitgeber nicht berücksichtigen; abzugsfähige Beiträge zu einer ausländischen privaten Kranken- und Pflegeversicherung werden nur im Rahmen der Einkommensteuerveranlagung berücksichtigt.

Hat der Arbeitnehmer Anspruch auf einen nach § 3 Nr. 62 EStG steuerfreien Arbeitgeberzuschuss zur Kranken- und Pflegeversicherung, werden die dem Arbeitgeber mit der Beitragsbescheinigung des Versicherungsunternehmens mitgeteilten Basiskranken- und Pflegepflichtversicherungsbeiträge um einen – unabhängig vom tatsächlich zu zahlenden Zuschuss – typisiert berechneten Arbeitgeberzuschuss gekürzt und nur der übersteigende Betrag bzw. die Mindestvorsorgepauschale angesetzt. Der typisierte abzuziehende Arbeitgeberzuschuss berechnet sich weiterhin mit 7,0% des steuerpflichtigen Arbeitslohns bis zur Beitragsbemessungsgrenze von nunmehr 52.200,– € für die Krankenversicherung und nunmehr 1,275% (bzw. in Sachsen: 0,775%) für die Pflegepflichtversicherung.

Die Berücksichtigung der nachgewiesenen Aufwendungen ist nur beim Lohnsteuerabzug nach Steuerklasse I bis V, nicht aber bei Steuerklasse VI möglich. Der Arbeitgeber kann die Beitragsbescheinigung oder die geänderte Beitragsbescheinigung entsprechend ihrer zeitlichen Gültigkeit beim Lohnsteuerabzug – auch rückwirkend – berücksichtigen. Bereits abgerechnete Lohnabrechnungszeiträume müssen nicht nachträglich geändert werden.

f) Zur Mindestvorsorgepauschale für die Kranken- und Pflegeversicherung:

Für die Kranken- und Pflegeversicherung gilt unabhängig ob gesetzlich oder privat versichert zudem eine Mindestvorsorgepauschale gemäß § 39b Abs. 2 Satz 5 Nr. 3 Satz 2 letzter Teil EStG.

Diese Mindestvorsorgepauschale beträgt **12% des Arbeitslohns**,

- **höchstens 1.900,– €** in den Steuerklassen I, II, IV, V und VI bzw.
- **höchstens 3.000,– €** in der Steuerklasse III.

Die Mindestvorsorgepauschale wird neben dem Teilbetrag der Vorsorgepauschale für die Rentenversicherung angesetzt, wenn die diesbezüglichen Voraussetzungen für die Teilvorsorgepauschale Rentenversicherung vorliegen.

g) Zur Bescheinigung der Vorsorgepauschale:

Der Arbeitgeber hat gemäß § 41b Abs. 1 Satz 2 Nr. 15 EStG den nach § 39b Abs. 2 Satz 5 Nr. 3 Buchstabe d EStG berücksichtigten Teilbetrag der Vorsorgepauschale in die Lohnsteuerbescheinigung einzutragen, damit der Arbeitnehmer gegebenenfalls seine Verpflichtung zur Abgabe einer Einkommensteuererklärung nach § 46 Abs. 2 Nr. 3 EStG erkennen kann, wenn im Lohnsteuerabzugsverfahren eine im Vergleich zu den tatsächlich steuerlich anzuerkennenden Aufwendungen zu hohe Vorsorgepauschale berücksichtigt worden ist. Gemäß den BMF-Schreiben vom 30.7.2015, BStBl I S. 614, und vom 31.8.2016, BStBl I S. 1.004, sind dafür in Zeile 28 der amtlichen Lohnsteuerbescheinigung für 2017 die kumulierten Monatsbeiträge der auf den Zeitraum der Beschäftigung entfallenden mitgeteilten nachgewiesenen privaten Basiskranken- und Pflegepflichtversicherungsbeiträge zu bescheinigen. Dies gilt auch dann, wenn beim Lohnsteuerabzug in einzelnen Kalendermonaten die Mindestvorsorgepauschale zu berücksichtigen war oder bei fortbestehendem Dienstverhältnis kein Arbeitslohn gezahlt wurde (z. B. Krankheit ohne Anspruch auf Lohnfortzahlung). Bei geringfügig Beschäftigten, die keinen eigenen Beitrag zur Krankenversicherung leisten und bei denen die Lohnsteuer nicht pauschal, sondern nach den individuellen Lohnsteuerabzugsmerkmalen des Arbeitnehmers erhoben wird, ist an Stelle des Teilbetrags für die gesetzliche Krankenversicherung die Mindestvorsorgepauschale unter Nummer 28 des Ausdrucks zu bescheinigen. Entsprechendes gilt für andere Arbeitnehmer (z. B. Praktikanten, Schüler, Studenten), wenn kein Arbeitnehmeranteil zu entrichten ist.

5.12 Kann der Arbeitgeber den Lohnsteuerabzug berichtigen?

a) Solange der Arbeitnehmer dem Arbeitgeber zum Zwecke des ELStAM-Abrufs die ihm zugeteilte Steueridentifikationsnummer sowie den Tag seiner Geburt **schuldhaft** nicht mitteilt, hat der Arbeitgeber nach § 39c Abs. 1 Satz 1 EStG den Lohnsteuerabzug nach Steuerklasse VI vorzunehmen. Kann der Arbeitgeber die ELStAM wegen technischer Störungen nicht abrufen oder hat der Arbeitnehmer die fehlende Mitteilung seiner Steueridentifikationsnummer nicht zu vertreten, kann der Arbeitgeber nach § 39c Abs. 1 Satz 2 EStG längstens für einen Zeitraum von drei Monaten die Lohnsteuer nach den voraussichtlichen Lohnsteuerabzugsmerkmalen (Steuerklasse, Freibetrag) vornehmen. Nach Ablauf dieser Frist bzw. Abruf der ELStAM oder Vorlage einer Bescheinigung für den Lohnsteuerabzug muss der Arbeitgeber den Steuerabzug überprüfen und ggf. die Differenz bei der nächsten Abrechnung nachfordern oder erstatten.

b) In den folgenden Fällen ist der Arbeitgeber gemäß § 41c EStG berechtigt, bei der jeweils nächstfolgenden Lohnzahlung die bisher erhobene Lohnsteuer zu erstatten oder noch nicht erhobene Lohnsteuer nachträglich einzubehalten:

   1. wenn ihm elektronische Lohnsteuerabzugsmerkmale zum Abruf zur Verfügung gestellt werden bzw. der Arbeitnehmer im Ausnahmefall eine Bescheinigung

für den Lohnsteuerabzug mit Eintragungen vorlegt, die auf einen Zeitpunkt vor der Vorlage zurückwirken, oder

2. wenn er erkennt, dass er die Lohnsteuer bisher nicht vorschriftsmäßig einbehalten hat, dies gilt auch bei rückwirkender Gesetzesänderung. Der Arbeitgeber ist zur Änderung des Lohnsteuerabzugs verpflichtet, wenn ihm dies wirtschaftlich zumutbar ist.

Nach Ablauf des Kalenderjahres ist eine Änderung des Lohnsteuerabzugs nur noch auf der Basis der Jahreslohnsteuer möglich. Dabei darf der Arbeitgeber Lohnsteuer jedoch nur dann erstatten, wenn die Voraussetzungen für einen Lohnsteuer-Jahresausgleich vorliegen (vgl. Tz 5.14).

c) Will der Arbeitgeber von seiner Berechtigung zur nachträglichen Einbehaltung von Lohnsteuer nicht Gebrauch machen oder kann er die Lohnsteuer nicht nachträglich einbehalten, weil

1. Eintragungen in den ELStAM-Daten eines Arbeitnehmers bzw. im Ausnahmefall auf dessen Bescheinigung für den Lohnsteuerabzug, die nach Beginn des Dienstverhältnisses vorgenommen worden sind, auf einen Zeitpunkt vor Beginn des Dienstverhältnisses zurückwirken,
2. der Arbeitnehmer von ihm Arbeitslohn nicht mehr bezieht oder
3. er nach Ablauf des Kalenderjahres bereits die Lohnsteuerbescheinigung ausgeschrieben hat,

muss er dies dem **Betriebsstättenfinanzamt** unverzüglich schriftlich anzeigen. Beim Finanzamt sind hierfür Vordrucke erhältlich. Im Regelfall wird dieses Finanzamt nicht sofort beim Arbeitnehmer die Lohnsteuer nachfordern, sondern die Anzeige an das Wohnsitz-Finanzamt des Arbeitnehmers weiterleiten, damit die Nachforderung ggf. im Rahmen der Einkommensteuerveranlagung erfolgen kann.

5.13 Wie sind Arbeitslohnrückzahlungen zu berücksichtigen?

Muss der Arbeitnehmer Arbeitslohn zurückzahlen, so kann der Arbeitgeber diese Rückzahlung ohne weiteres mit anderem Arbeitslohn verrechnen, wenn das Dienstverhältnis noch besteht. Eine steuerliche Auswirkung ergibt sich aus einer solchen Verrechnung aber nur, wenn versteuerter Arbeitslohn zurückgezahlt wird. Muss der Arbeitnehmer steuerfreie Zuwendungen zurückzahlen, z. B. Reisekostenvergütungen, so mindert diese Rückzahlung nicht den steuerpflichtigen Arbeitslohn. Das Gleiche gilt, wenn der Arbeitnehmer Beträge zurückzahlt, die vom Arbeitgeber bei der Auszahlung zu Unrecht steuerfrei belassen wurden. Wird ein fehlgeschlagenes Mitarbeiteroptionsprogramm rückgängig gemacht, indem zuvor vergünstigt erworbene Aktien an den Arbeitgeber zurückgegeben werden, liegen negative Einnahmen bzw. Werbungskosten vor. Die Höhe des Erwerbsaufwands bemisst sich in einem solchen Fall gemäß dem BFH-Urteil vom 17.9.2009, BStBl 2010 II S. 299, nach dem ursprünglich gewährten geldwerten Vorteil; zwischenzeitlich eingetretene Wertveränderungen der Aktien sind unbeachtlich.

Ist steuerpflichtiger Arbeitslohn zurückzuzahlen, so bezieht sich die Rückforderung in der Regel auf den Bruttobetrag, schließt also die Steuerabzugsbeträge und ggf. den Arbeitnehmerbeitrag zur Sozialversicherung ein. Der Arbeitgeber zieht diesen Bruttobetrag vom steuerpflichtigen Bruttobetrag des Lohnzahlungszeitraums ab, in den die Rückzahlung fällt, und unterwirft bei dieser Lohnabrechnung nur den Restbetrag dem Lohnsteuerabzug. Wirkt sich eine hohe Rückzahlung auf diese Weise nicht in vollem Umfang steuerlich aus, kann der Arbeitgeber die Verrechnung auch auf mehrere Lohnzahlungszeiträume verteilen.

Falls durch diese Verrechnungsmethode eine volle steuerliche Auswirkung der Rückzahlung nicht zu erreichen ist oder der Arbeitnehmer an einen Arbeitgeber zurückzuzahlen hat, bei dem er nicht mehr beschäftigt ist, kann er die Rückzahlung als „negative Einnahmen" bei seiner Einkommensteuerveranlagung vom steuerpflichtigen Arbeitslohn abziehen. „Negative Einnahmen" sind keine Werbungskosten, sie werden deshalb neben dem Arbeitnehmer-Pauschbetrag von 1.000,– € berücksichtigt. Wirkt sich die Rückzahlung wegen zu niedriger Einkünfte aus nichtselbstständiger Arbeit im Rückzahlungsjahr steuerlich nicht voll aus, kann ein Ausgleich mit anderen positiven Einkünften dieses Jahres vorgenommen werden. Ist auch dies nicht möglich, kommt nach § 10d EStG ein **Verlustrücktrag** auf das vorangegangene Kalenderjahr oder ein **Verlustvortrag** für die folgenden Kalenderjahre in Betracht. Hierzu ist ein Antrag auf Einkommensteuerveranlagung zu stellen

5.14 In welchen Fällen ist der Arbeitgeber-Lohnsteuer-Jahresausgleich zulässig?

Bei den Lohnzahlungen im Laufe des Kalenderjahres kann die Lohnsteuer nur nach den Verhältnissen des jeweiligen Lohnzahlungszeitraums erhoben werden. Aus verschiedenen Gründen (z. B. schwankender Arbeitslohn, Steuerklassenänderungen) können sich dabei Abweichungen gegenüber der letztlich maßgebenden Jahreslohnsteuer ergeben. Solche Abweichungen werden mit dem LJA, bei dem die auf den Jahresarbeitslohn entfallende Jahreslohnsteuer ermittelt wird, bereinigt.

Der Arbeitgeber darf den LJA nur für unbeschränkt einkommensteuerpflichtige Arbeitnehmer durchführen, die am 31. Dezember des Ausgleichsjahres in seinen Diensten stehen. Die Arbeitnehmer müssen zu demselben Arbeitgeber während des ganzen Kalenderjahres ununterbrochen in einem Dienstverhältnis gestanden haben. Beginnt oder endet die unbeschränkte Steuerpflicht im Laufe des Kalenderjahres (z. B. durch Zuzug aus dem Ausland oder durch Wegzug ins Ausland), so darf der Arbeitgeber den LJA nicht durchführen; zuständig ist hierfür vielmehr das (bisherige) Wohnsitzfinanzamt des Arbeitnehmers.

In bestimmten Fällen ist dem Arbeitgeber gemäß § 42b EStG die Durchführung des LJA **untersagt**, und zwar wenn der Arbeitnehmer

a) es beantragt, z. B. weil er ohnehin beim Finanzamt einen Antrag stellen und deshalb vom Arbeitgeber unverzüglich die Lohnsteuerbescheinigung ausgehändigt haben will;

b) für einen Teil des Ausgleichsjahres nach den Steuerklassen II, III oder IV zu besteuern war;

c) für das Ausgleichsjahr oder für einen Teil des Ausgleichsjahres nach den Steuerklassen V oder VI zu besteuern war;

d) in Steuerklasse IV mit einem Faktor zu besteuern war;

e) im Ausgleichsjahr zum Teil mit der gekürzten und zum Teil mit der ungekürzten Vorsorgepauschale zu besteuern war (das heißt, nicht durchgängig alle drei Teilvorsorgepauschalen zu berücksichtigen waren) oder der Beitragszuschlag für Kinderlose im Sinne der Pflegeversicherung nicht das ganze Jahr zu entrichten war; daneben ist ein Lohnsteuer-Jahresausgleich durch den Arbeitgeber auch dann ausgeschlossen, wenn – bezogen auf den Teilbetrag der Vorsorgepauschale für die Rentenversicherung – der Arbeitnehmer innerhalb des Kalenderjahres nicht durchgängig zum Anwendungsbereich nur einer Beitragsbemessungsgrenze (West oder Ost) gehörte oder wenn bezogen auf den Teilbetrag der Vorsorgepauschale für die Rentenversicherung oder die gesetzliche Kranken- und Pflegeversicherung – innerhalb des Kalenderjahres nicht durchgängig ein Beitragssatz anzuwenden war; der LJA ist damit auch untersagt, wenn sich im Laufe des Kalenderjahres der Zusatzbeitragssatz geändert hat;

f) im Ausgleichsjahr ausländische Einkünfte aus nichtselbstständiger Arbeit bezogen hat, die nach einem DBA oder nach dem Auslandstätigkeitserlass von der Lohnsteuer freigestellt waren;

g) im Ausgleichsjahr Kurzarbeitergeld, Saison-Kurzarbeitergeld, Zuschuss zum Mutterschaftsgeld, Entschädigungen für Verdienstausfall nach dem Infektionsschutzgesetz oder Aufstockungsbeträge oder Zuschläge wegen Altersteilzeit bezogen hat; diese Lohnersatzleistungen sind zwar steuerfrei, unterliegen aber dem Progressionsvorbehalt nach § 32b EStG. Dieser wird erst vom Finanzamt im Rahmen der Einkommensteuerveranlagung berechnet.

h) War bei der Lohnberechnung ein Hinzurechnungsbetrag (vgl. Tz 1.5) zu berücksichtigen, ist dem Arbeitgeber die Durchführung eines Jahresausgleichs untersagt.

i) Dem Arbeitgeber ist die Durchführung eines LJA ebenfalls untersagt, wenn bei der Lohnsteuerberechnung ein Freibetrag zu berücksichtigen war.

j) Der Arbeitgeber darf den Jahresausgleich außerdem auch weiterhin nicht durchführen, wenn die Entgeltzahlung unterbrochen und deshalb im Lohnkonto oder in der Lohnsteuerbescheinigung der Großbuchstabe „U“ einzutragen war.

Falls keiner der genannten Ausschlusstatbestände vorliegt, sind Arbeitgeber, die am 31. Dezember des Ausgleichsjahres mindestens 10 Arbeitnehmer beschäftigten, zur Durchführung des LJA verpflichtet; andere Arbeitgeber sind dazu berechtigt.

Zur Durchführung des LJA kann der Arbeitgeber zwischen zwei Berechnungsmethoden entscheiden. Entweder er ermittelt in einem gesonderten Rechengang den Ausgleichsbetrag nach Ablauf des Kalenderjahres durch Gegenüberstellung der auf den Jahresarbeitslohn entfallenden Jahreslohnsteuer und der bisher tatsächlich einbehaltenen Lohnsteuer und erstattet dem Arbeitnehmer den Differenzbetrag oder er nimmt den Jahresausgleich bei der Lohnabrechnung für den letzten im Ausgleichsjahr endenden Lohnzahlungszeitraum vor. Diese Berechnungsart ist in R 42b Abs. 3 LStR zugelassen.

Die **Frist** bzw. den **Zeitraum**, innerhalb der der Arbeitgeber den Lohnsteuer-Jahresausgleich durchführen darf bzw. durchzuführen hat, regelt § 42b Abs. 3 EStG. Bislang galt: Frühestens bei der Lohnabrechnung für den letzten im Ausgleichsjahr endenden Lohnzahlungszeitraum und **spätestens** bei der Lohnabrechnung für den letzten Lohnzahlungszeitraum, der im Monat März des dem Ausgleichsjahr folgenden Kalenderjahres endet. Durch das Gesetz zur Modernisierung des Besteuerungsverfahrens vom 18.7.2016, BGBl. I S. 1.679, wurde die Frist auf den **Februar** des Folgejahres verkürzt, weil auch die Übermittlung der elektronischen Lohnsteuerbescheinigung bis spätestens Ende Februar des Folgejahres erfolgt sein muss.

Bezüglich der Behandlung des Solidaritätszuschlags im Lohnsteuer-Jahresausgleich durch den Arbeitgeber wird auf Tz 5.16 verwiesen.

Ein ausführliches Beispiel enthält der Ratgeber „Praktische Lohnabrechnung".

5.15 Was ist ein permanenter Jahresausgleich?

So wird ein besonderes, in R 39b.8 LStR beschriebenes Verfahren zur Ermittlung der Lohnsteuer vom laufenden Arbeitslohn bezeichnet. Dabei wird nach jedem Lohnzahlungszeitraum der laufende Arbeitslohn der abgelaufenen Lohnzahlungszeiträume des Kalenderjahres auf einen Jahresbetrag hochgerechnet, der Versorgungsfreibetrag und der Altersentlastungsbetrag bei Vorliegen der Voraussetzungen sowie ein gegebenenfalls zu berücksichtigender individueller Jahresfreibetrag abgezogen oder ein etwaiger Jahreshinzurechnungsbetrag (vgl. Tz 1.5) hinzugerechnet, die Jahreslohnsteuer festgestellt, der Anteil für die abgelaufenen Lohnzahlungszeiträume ermittelt und die im Kalenderjahr für laufenden Arbeitslohn bereits einbehaltene Lohnsteuer hiervon abgezogen. Die Differenz ergibt die Lohnsteuer für den laufenden Arbeitslohn des letzten Lohnzahlungszeitraums.

Voraussetzung für diese Art der Lohnsteuerberechnung ist, dass

a) der Arbeitnehmer unbeschränkt einkommensteuerpflichtig ist,

b) der Arbeitnehmer seit Beginn des Kalenderjahres ständig in einem Dienstverhältnis gestanden hat; auf die Steuerklasse kommt es nicht an, der permanente Jahresausgleich ist daher grundsätzlich auch bei Steuerklasse VI zulässig;

c) die zutreffende Jahreslohnsteuer durch dieses Verfahren nicht unterschritten wird,

d) bei der Lohnsteuerberechnung kein Freibetrag oder Hinzurechnungsbetrag (vgl. Tz 1.5) zu berücksichtigen war,

e) in Steuerklasse IV kein Faktor zu berücksichtigen war,

f) der Arbeitnehmer kein Kurzarbeiter- oder Saison-Kurzarbeitergeld, keinen Zuschuss zum Mutterschaftsgeld nach dem Mutterschutzgesetz, keine Entschädigung für Verdienstausfall nach dem Infektionsschutzgesetz und keine steuerfreien Aufstockungsbeträge oder Zuschläge wegen Altersteilzeit bezogen hat,

g) im Lohnkonto oder in der Lohnsteuerbescheinigung kein Großbuchstabe „U“ eingetragen ist,

h) im Kalenderjahr die Teilvorsorgepauschalen oder der Beitragszuschlag für Kinderlose im Sinne der Pflegeversicherung jeweils das ganze Jahr zu berücksichtigen waren und innerhalb des Kalenderjahres auch kein Wechsel des Rechtskreises in der gesetzlichen Rentenversicherung und auch keine Änderung des Beitragssatzes in der Rentenversicherung oder der gesetzlichen Kranken- und Pflegeversicherung stattgefunden hat und

i) der Arbeitnehmer keinen Arbeitslohn bezogen hat, der nach einem DBA oder nach dem Auslandstätigkeitserlass steuerfrei gestellt ist.

Dieses Verfahren bietet vor allem dann Vorteile, wenn die Steuerklasse VI zugrunde gelegt werden kann und diese dem Arbeitgeber während des ganzen Kalenderjahres zur Verfügung steht, auch wenn die Tätigkeit und die Lohnzahlung öfter nur unterbrochen werden. Dies kann auch bei Aushilfskräften der Fall sein, die der Arbeitgeber von Fall zu Fall einsetzt und ihm während der ganzen Zeit seit Beginn des jeweiligen Kalenderjahres die individuellen Lohnsteuerabzugsmerkmale des Arbeitnehmers zur Verfügung stehen. Werden die in § 40a EStG festgelegten Grenzen überschritten, darf die Lohnsteuer bei solchen Beschäftigungen nicht pauschal erhoben werden (vgl. Tz 6.8, 6.9), mit der Folge, dass wegen des progressiven Steuertarifs der oft unverhältnismäßig hohe Lohnsteuerabzug bei tageweiser Anwendung der Lohnsteuerklasse VI in Kauf genommen werden müsste. Durch den permanenten Jahresausgleich kann dieser Effekt vermieden und in vielen Fällen die Steuerbelastung auf den Eingangssteuersatz von 14% gesenkt oder zumindest die Progression wesentlich abgemildert werden.

5.16 Wie wird der Solidaritätszuschlag erhoben?

Der Solidaritätszuschlag wird als Zuschlag zur Lohn-, Einkommen-, Körperschaft- und Kapitalertragsteuer erhoben. Abgabepflichtig sind grundsätzlich alle unbeschränkt und beschränkt Einkommen- und Körperschaftsteuerpflichtige. Daher hat auch der Arbeitgeber bei jeder Lohnzahlung als Zuschlag zur Lohnsteuer den Solidaritätszuschlag einzubehalten. Der Zuschlag beträgt grundsätzlich 5,5% der einzubehaltenden Lohnsteuer. Der Solidaritätszuschlag knüpft an die progressive Lohnsteuerbelastung an, so dass sich der 5,5%ige Zuschlag bei höheren Arbeitslöhnen stärker auswirkt. Dagegen werden Bezieher niedriger Arbeitslöhne durch eine Nullzone vom Solidaritätszuschlag völlig freigestellt und dann in einem Überleitungsbereich mit einem niedrigeren Zuschlagsatz belastet. Die Null- und die Überleitungszone sind in den im Handel erhältlichen Lohnsteuertabellen bei den einzelnen Steuerklassen regelmäßig berücksichtigt.

1. Solidaritätszuschlag vom laufenden Arbeitslohn

Der Solidaritätszuschlag aus der Lohnsteuer für den laufenden Arbeitslohn ist unter Berücksichtigung der Null- und Überleitungszone zu ermitteln.

2. Solidaritätszuschlag bei sonstigen Bezügen

Für den Steuerabzug von sonstigen Bezügen (vgl. Tz 4.2 Stichwort „Sonstige Bezüge" und Tz 5.8) ist der Solidaritätszuschlag stets mit 5,5% der entsprechenden Lohnsteuer zu berechnen. Hier gibt es für den Solidaritätszuschlag keine Null- oder Überleitungszone. Ein evtl. zu wenig erhobener Solidaritätszuschlag wird vom Finanzamt bei der Einkommensteuerveranlagung nachgefordert. Ein zu viel einbehaltener Solidaritätszuschlag kann ggf. bereits beim Lohnsteuer-Jahresausgleich durch den Arbeitgeber erstattet werden.

3. Solidaritätszuschlag bei Pauschalierung der Lohnsteuer

Für die Steuerpauschalierung beträgt der Solidaritätszuschlag immer 5,5% der entsprechenden Lohnsteuer:

- Pauschsteuersatz bei sonstigen Bezügen vgl. Tz 6.1
- Gewährung von Mahlzeiten im Betrieb oder bei Auswärtstätigkeit vgl. Tz 6.2
- Betriebsveranstaltungen und Erholungsbeihilfen vgl. Tz 6.3
- Vergütungen für Verpflegungsaufwendungen vgl. Tz 6.4
- Computerübereignung vgl. Tz 6.5
- Übereignung von Ladestromvorrichtungen und Zuschüsse zu solchen, vgl. Tz 6.6
- Fahrtkostenzuschüsse vgl. Tz 6.7
- kurzfristig beschäftigte Aushilfskräfte vgl. Tz 6.8
- geringfügig Beschäftigte und Pauschalversteuerung mit 20%
  (vgl. Tz 6.9)
  (Kommt die einheitliche Pauschsteuer von 2% für Minijobs zur Anwendung, ist der Solidaritätszuschlag abgegolten; vgl. Tz 6.9.)
- Aushilfskräfte in der Land- und Forstwirtschaft vgl. Tz 6.10
- bestimmte Zukunftssicherungsleistungen vgl. Tz 6.11
- Beiträge zu Gruppenunfallversicherungen vgl. Tz 6.12
- Pauschalierung im Rahmen der Lohnsteuer-Außenprüfung
  vgl. Tz 8.4 Buchstabe c
- Pauschalierung nach § 37b EStG vgl. Tz 6.14

4. Solidaritätszuschlag bei Nettolohnvereinbarung

Übernimmt der Arbeitgeber in den Fällen einer Nettolohnvereinbarung (vgl. Tz 5.9) auch den Solidaritätszuschlag, so ist die Lohnsteuer nach dem Bruttoarbeitslohn zu berechnen, der nach Kürzung um die Lohnabzüge einschließlich des Solidaritätszuschlags den ausgezahlten Nettobetrag ergibt (sog. Abtastverfahren).

5. Solidaritätszuschlag bei Änderung von Besteuerungsmerkmalen

Wird die Lohnsteuer infolge rückwirkender Änderungen von Besteuerungsmerkmalen (vgl. Tz 5.12) – z. B. rückwirkende Änderung der Zahl der Kinderfreibeträge – neu ermittelt, so ist auch der Solidaritätszuschlag neu zu ermitteln.

6. Solidaritätszuschlag beim permanenten Lohnsteuer-Jahresausgleich

Wird die Lohnsteuer nach dem voraussichtlichen Jahresarbeitslohn des Arbeitnehmers unter Anwendung der Jahreslohnsteuertabelle berechnet (permanenter

Lohnsteuer-Jahresausgleich vgl. Tz 5.15), so ist der Solidaritätszuschlag nach der in diesem Verfahren ermittelten Lohnsteuer zu berechnen.

7. Solidaritätszuschlag im Lohnsteuer-Jahresausgleich durch den Arbeitgeber

Wenn der Arbeitgeber für den Arbeitnehmer einen Lohnsteuer-Jahresausgleich (vgl. Tz 5.14) durchführt, ist auch für den Solidaritätszuschlag ein Jahresausgleich durchzuführen. Übersteigt die Summe der einbehaltenen Zuschlagsbeträge den Jahresbetrag des Solidaritätszuschlags unter Berücksichtigung der entsprechenden Null- und Überleitungszone, so ist der Unterschiedsbetrag dem Arbeitnehmer zu erstatten. Sollte zu wenig Solidaritätszuschlag einbehalten worden sein, darf der Arbeitgeber den Differenzbetrag vom Arbeitnehmer nur dann nachfordern, wenn im Laufe des Jahres beim Abzug Fehler gemacht worden sind.

8. Verhältnis des Solidaritätszuschlags zur Kirchenlohnsteuer

Der Solidaritätszuschlag bezieht sich nur auf die Lohnsteuer und nicht auf die Kirchensteuer.

9. Bescheinigung des Solidaritätszuschlags

Der Solidaritätszuschlag ist im Lohnkonto, in der Lohnsteuer-Anmeldung und in der Lohnsteuerbescheinigung gesondert neben der Lohnsteuer und Kirchensteuer einzutragen.

10. Kinderfreibeträge und Solidaritätszuschlag

Bei der Ermittlung des Solidaritätszuschlags für den laufenden Arbeitslohn und den Lohnsteuer-Jahresausgleich ist die Zahl der Kinderfreibeträge zu beachten. Die Freibeträge für Kinder (Kinderfreibetrag und der Freibetrag für den Betreuungs- und Erziehungs- oder Ausbildungsbedarf des Kindes) wirken sich beim Solidaritätszuschlag aus.

5.17 Was gilt hinsichtlich der elektronischen Lohnsteuerbescheinigung und der elektronischen Lohnsteuer-Anmeldung?

a) Elektronische Lohnsteuerbescheinigung

Nach § 41b Abs. 1 EStG i.V.m. § 93c AO sind grundsätzlich alle Arbeitgeber verpflichtet, der Finanzverwaltung bis zum 28. Februar des Folgejahres, für das die Lohnsteuerbescheinigung gilt, die Lohnsteuerbescheinigung nach amtlich vorgeschriebenem Datensatz durch Datenfernübertragung nur noch elektronisch zu übermitteln (elektronische Lohnsteuerbescheinigung). Der Arbeitgeber hat daneben dem Arbeitnehmer einen nach amtlich vorgeschriebenem Muster gefertigten Ausdruck der elektronischen Lohnsteuerbescheinigung auszuhändigen oder bereitzustellen. Das Muster für das Kalenderjahr 2017 ist mit BMF-Schreiben vom 31.8.2016 im Bundessteuerblatt 2016 I S. 1.004 bekannt gemacht.

Die notwendigen Übermittlungsdaten (wie beispielsweise die persönlichen Daten des Arbeitnehmers oder die Höhe des gezahlten Arbeitslohns) sind im Einzelnen in § 41b Abs. 1 EStG aufgeführt und in den BMF-Schreiben vom 30.7.2015, BStBl I S. 614 und 31.8.2016, BStBl I S. 1.004, erläutert. Für die Datenübertragung hat der Arbeitgeber die Identifikationsnummer (IdNR.) des Arbeitnehmers zu verwenden.

Für die Datenübertragung hat der Arbeitgeber die Identifikationsnummer (IdNR.) des Arbeitnehmers zu verwenden. In Sonderfällen und bei nicht im Inland gemeldeten, beschränkt einkommensteuerpflichtigen Arbeitnehmern (vgl. Tz 5.4) ist weiter die elektronische Übermittlung der Lohnsteuerbescheinigung mit der eTIN (= elektronische Transfer-Identifikations-Nummer) vorzunehmen

b) Ausnahmen von der elektronischen Übermittlung

Lediglich diejenigen Arbeitgeber ohne maschinelle Lohnabrechnung, die ausschließlich Arbeitnehmer im Rahmen einer geringfügigen Beschäftigung in ihrem Privathaushalt beschäftigen und deren Arbeitslohn nicht pauschal, sondern nach den individuellen Besteuerungsmerkmalen des Beschäftigten abrechnen, können an Stelle der elektronischen Lohnsteuerbescheinigung eine entsprechende manuelle Lohnsteuerbescheinigung erteilen.

Ansonsten ist für den Arbeitgeber das elektronische Verfahren nach § 41b Abs. 1 Satz 2 EStG verbindlich vorgeschrieben. Eine Ausnahme ist allenfalls auf ganz begründeten Antrag hin unter Berücksichtigung der besonderen Verhältnisse des jeweiligen Einzelfalles durch das örtliche Betriebsstätten-Finanzamt möglich.

c) Elektronische Lohnsteuer-Anmeldung

Gemäß § 41a Abs. 2 EStG ist die Lohnsteuer-Anmeldung grundsätzlich nur noch auf elektronischem Weg zu übermitteln. Dafür stellt die Steuerverwaltung das Programm kostenlos zur Verfügung (www.elster-online.de). Zur Vermeidung unbilliger Härten kann das zuständige Betriebsstätten-Finanzamt auf Antrag zulassen, dass die Lohnsteuer-Anmeldung in herkömmlicher Form nach amtlich vorgeschriebenem Vordruck abgegeben wird. Das Muster für die Lohnsteuer-Anmeldung 2017 ist mit BMF-Schreiben vom 15.9.2016, BStBl I S. 1.006 bekannt gemacht.

6. Pauschalierung der Lohn- und Kirchensteuer und sozialversicherungsrechtliche Behandlung des pauschal versteuerten Arbeitslohns

6.1 Pauschsteuersatz bei sonstigen Bezügen

Unter folgenden Voraussetzungen kann der Arbeitgeber gemäß § 40 Abs. 1 Satz 1 Nr. 1 EStG von sonstigen Bezügen (vgl. Tz 4.2 das Stichwort „Sonstige Bezüge" und Tz 5.8) die Lohnsteuer pauschal berechnen:

1. **Die sonstigen Bezüge müssen in einer größeren Zahl von Fällen gewährt werden.** Davon ist ohne weiteres auszugehen, wenn gleichzeitig mindestens 20 Arbeitnehmer in die Pauschalbesteuerung einbezogen werden. Auch bei weniger als 20 Arbeitnehmern ist jedoch eine Pauschalierung möglich, wenn sich dadurch beim Arbeitgeber eine Vereinfachung bei der Lohnsteuererhebung ergibt.

2. **Die im Kalenderjahr pauschal versteuerten sonstigen Bezüge dürfen für den Arbeitnehmer 1.000,– € nicht übersteigen.** Diese Pauschalierungsgrenze muss der Arbeitgeber für jeden Arbeitnehmer durch Aufzeichnungen im Lohnkonto überwachen. Wird bei einem Arbeitnehmer durch einen sonstigen Bezug der Betrag von 1.000,– € überschritten, muss für den übersteigenden Teil die Lohnsteuer nach den individuellen Besteuerungsmerkmalen erhoben werden. Falls die Abzugsbeträge vom Arbeitgeber getragen werden sollen, ist eine Nettolohnberechnung durchzuführen (vgl. Tz 5.9).

   Falls der Arbeitgeber auch den auf den pauschalversteuerten sonstigen Bezug anfallenden Arbeitnehmeranteil zur **gesetzlichen Sozialversicherung** übernimmt und er diesen Vorteil ebenfalls pauschal versteuern will, müssen die übernommenen Beträge zur Feststellung der Pauschalierungsgrenze von 1.000,– € einbezogen werden.

3. **Der Arbeitgeber muss die pauschalen Steuerabzugsbeträge übernehmen.** Die Steuerschuldnerschaft geht dadurch vom Arbeitnehmer auf den Arbeitgeber über, mit der Folge, dass der pauschal versteuerte Arbeitslohn beim Arbeitnehmer in der Einkommensteuerveranlagung nicht erfasst und die pauschale Lohnsteuer nicht angerechnet wird.

   Der pauschal versteuerte Arbeitslohn und die pauschalen Steuerbeträge (Lohnsteuer, Kirchensteuer, Solidaritätszuschlag) dürfen deshalb in der Lohnsteuerbescheinigung nicht erfasst werden.

4. **Es muss eine Genehmigung des Betriebsstätten-Finanzamts vorliegen.** Das Finanzamt wird die Genehmigung aber nicht erteilen, wenn der Arbeitgeber die Pauschalierungsgrenze mehrfach nicht beachtet hat. Die Genehmigung ist vom Arbeitgeber unter Angabe sämtlicher Daten, die zur Berechnung des Pauschsteuersatzes erforderlich sind, zu beantragen. Anzugeben sind

   - der Durchschnittsbetrag der pauschal zu versteuernden Bezüge,

- die Zahl der betroffenen Arbeitnehmer nach Steuerklassen getrennt in folgende drei Gruppen:

  Arbeitnehmer in den Steuerklassen I, II und IV,
  Arbeitnehmer in der Steuerklasse III und
  Arbeitnehmer in den Steuerklassen V und VI,

- die Summe der Jahresarbeitslöhne der betroffenen Arbeitnehmer, gemindert um die abziehbaren Freibeträge (Versorgungsfreibetrag, Altersentlastungsbetrag, individueller Lohnsteuerermäßigungs-Freibetrag des Arbeitnehmers) sowie um den Entlastungsbetrag für Alleinerziehende in Steuerklasse II in Höhe von 1.908,– €, ggf. erhöht um den Hinzurechnungsbetrag (vgl. Tz 1.5). Kinderfreibeträge dürfen nicht abgezogen werden.

Aus Vereinfachungsgründen kann für die Ermittlung der Steuerklassengruppen und der Summe der Jahresarbeitslöhne eine repräsentative Auswahl der betroffenen Arbeitnehmer zugrunde gelegt werden. Außerdem ist zugelassen, zur Festsetzung des Pauschsteuersatzes für das laufende Jahr bei der Ermittlung der Summe der Jahresarbeitslöhne von den Verhältnissen des Vorjahres auszugehen.

Bei der Berechnung des durchschnittlichen Steuersatzes kann aus Vereinfachungsgründen davon ausgegangen werden, dass die betroffenen Arbeitnehmer in allen Zweigen der Sozialversicherung versichert sind (gesetzliche Renten- und Kranken-/Pflegeversicherung) und der Zuschlag für Kinderlose i.S.d. Pflegeversicherung nicht zu leisten ist. Die individuellen Verhältnisse aufgrund des Faktorverfahrens in Steuerklasse IV bleiben unberücksichtigt. Zudem kann der Arbeitgeber für die Berechnung des Pauschsteuersatzes aus Vereinfachungsgründen auch an Stelle des kassenindividuellen Zusatzbeitragssatzes den durchschnittlichen Zusatzbeitragssatz (für das Kalenderjahr 2017 weiterhin: 1,1%) ansetzen.

Bei der Lohnsteuerpauschalierung übernimmt der Arbeitgeber in der Regel auch die Kirchensteuer und den Solidaritätszuschlag. Diese Übernahme stellt grundsätzlich ebenfalls einen steuerpflichtigen Arbeitslohn dar. Aus Vereinfachungsgründen verzichtet die Finanzverwaltung aber darauf, den in der Übernahme der Kirchensteuer und des Solidaritätszuschlags liegenden Vorteil bei der Berechnung des Lohnsteuer-Pauschsatzes einzubeziehen.

Zur pauschalen **Kirchensteuer** vgl. Tz 6.13.

Zum Solidaritätszuschlag bei der Lohnsteuerpauschalierung vgl. Tz 5.16.

Sozialversicherung

Die nach dem vorstehenden Verfahren nach § 40 Abs. 1 Satz 1 Nr. 1 EStG pauschal versteuerten sonstigen Bezüge unterliegen als einmalig gezahltes Arbeitsentgelt der Beitragspflicht in der Sozialversicherung.

Eine Ausnahme gilt für bestimmte pauschal versteuerte Sachbezüge und Leistungen (vergleiche im Einzelnen Tz 4.2 Stichwort „Einmalig gezahltes Arbeitsentgelt"). Nach § 23a Abs. 1 Satz 2 SGB IV gelten diese nicht als einmalig gezahltes Arbeitsentgelt und bleiben damit bei Pauschalversteuerung nach § 40 Abs. 1 Satz 1 Nr. 1 EStG nach Maßgabe des § 1 Abs. 1 Satz 1 Nr. 2 und Satz 2 SvEV (vgl. Anlage 2 des Handbuchs) in der Sozialversicherung beitragsfrei.

Die pauschale Lohnsteuer und die pauschale Kirchensteuer sowie der Solidaritätszuschlag gehören in jedem Fall nicht zum beitragspflichtigen Arbeitsentgelt.

Der Ratgeber **„Praktische Lohnabrechnung"** enthält zur Berechnung des Pauschsteuersatzes ein ausführliches Beispiel.

6.2 a Pauschalierung bei Gewährung von Mahlzeiten im Betrieb

Der Arbeitgeber kann die Lohnsteuer mit einem **Pauschsteuersatz von 25%** erheben, soweit er den Arbeitnehmern arbeitstäglich eine Mahlzeit im Betrieb unentgeltlich oder verbilligt gewährt oder Barzuschüsse an ein anderes Unternehmen leistet, das arbeitstäglich eine Mahlzeit unentgeltlich oder verbilligt an die Arbeitnehmer abgibt (§ 40 Abs. 2 Satz 1 Nr. 1 EStG). Voraussetzung für die Pauschalierung ist, dass die Mahlzeiten nicht als Lohnbestandteile vereinbart sind.

In Tz 4.2 ist unter dem Stichwort „Mahlzeiten" erläutert, wann eine verbilligte Abgabe von Mahlzeiten im Betrieb gegeben ist bzw. steuerpflichtige Barzuschüsse an andere Unternehmen vorliegen. Essenzuschüsse, die der Arbeitgeber als Barlohn unmittelbar den Arbeitnehmern gewährt, können nicht pauschal versteuert werden; sie sind wie anderer laufender Arbeitslohn einzeln beim Lohnsteuerabzug zu erfassen.

In der **Sozialversicherung** sind die pauschal versteuerten Vorteile aus der unentgeltlichen oder verbilligten Essenabgabe beitragsfrei (§ 1 Abs. 1 Satz 1 Nr. 3 und Satz 2 SvEV – vgl. Anlage 2).

Zur Erhebung der pauschalen Kirchensteuer vgl. Tz 6.13.

Zur Erhebung des Solidaritätszuschlags vgl. Tz 5.16.

6.2 b Pauschalierung der Mahlzeitengewährung bei Auswärtstätigkeiten

Bei Mahlzeitengestellung anlässlich einer beruflich veranlassten Auswärtstätigkeit (nicht jedoch bei doppelter Haushaltsführung) besteht mit § 40 Abs. 2 Satz 1 Nr. 1a EStG eine Möglichkeit der pauschalen Besteuerung mit **25%**. Es muss sich um eine vom Arbeitgeber oder auf dessen Veranlassung von einem Dritten während einer beruflich veranlassten Auswärtstätigkeit unentgeltlich oder verbilligt zur Verfügung gestellten **üblichen** Mahlzeit handeln, deren Besteuerung nicht nach § 8 Abs. 2 Satz 9 EStG unterbleibt, weil der Arbeitnehmer dem Grunde nach keine steuerfreie Verpflegungspauschale beanspruchen kann. Typische Fälle für die Pauschalbesteuerungsmöglichkeit sind nach R 40.2 Abs. 1 Nr. 1a LStR:

- Der Arbeitnehmer ist ohne Übernachtung nicht mehr als 8 Stunden auswärts tätig.
- Der Arbeitgeber kennt die Abwesenheitszeit nicht oder will diese nicht erheben.
- Die Dreimonatsfrist ist abgelaufen.

Die Pauschalbesteuerungsmöglichkeit gilt **nicht**

- für Belohnungsessen, da eine solche Mahlzeit die Üblichkeitsgrenze von 60,– € übersteigt,
- für sog. Arbeitsessen oder bei Beteiligung von Arbeitnehmern an einer geschäftlich veranlassten Bewirtung, da insoweit kein steuerpflichtiger Arbeitslohn vorliegt.

In der **Sozialversicherung** sind die pauschal versteuerten Vorteile der Mahlzeitengewährung beitragsfrei (§ 1 Abs. 1 Satz 1 Nr. 3 und Satz 2 SvEV – vgl. Anlage 2).

Zur Erhebung der pauschalen Kirchensteuer vgl. Tz 6.13.

Zur Erhebung des Solidaritätszuschlags vgl. Tz 5.16.

6.3 Pauschalierung bei Betriebsveranstaltungen und Erholungsbeihilfen

a) Zuwendungen des Arbeitgebers bei **Betriebsveranstaltungen** sind nach Maßgabe des § 19 Abs. 1 Satz 1 Nr. 1a EStG bis zum einem Betrag von 110,– € je Betriebsveranstaltung steuerfrei. Begünstigt sind bis zu 2 Betriebsveranstaltungen im Kalenderjahr.

Soweit der Freibetrag von 110,– € überschritten ist oder Zuwendungen anlässlich einer nicht begünstigten dritten oder weiteren Veranstaltungen vorliegen, ist der geldwerte Vorteil steuerpflichtig. Die Lohnsteuer kann in diesen Fällen gemäß § 40 Abs. 2 Satz 1 Nr. 2 EStG pauschal mit dem gesetzlich festgelegten Pauschsteuersatz von **25%** berechnet werden. Eine solche Pauschalversteuerung kommt jedoch nur in Betracht, wenn es sich bei der Veranstaltung um eine Betriebsveranstaltung handelt.

Vgl. hierzu auch in Tz 4.2 das Stichwort „Betriebsveranstaltungen".

b) Vom Arbeitgeber gewährte „Erholungsbeihilfen" gehören grundsätzlich zum steuerpflichtigen Arbeitslohn (vgl. in Tz 4.2 dieses Stichwort). Gemäß § 40 Abs. 2 Satz 1 Nr. 3 EStG kann der Arbeitgeber die Lohnsteuer pauschal mit dem gesetzlich festgelegten Pauschsteuersatz von **25%** berechnen. Voraussetzung ist, dass

1. die Erholungsbeihilfen zusammen mit Erholungsbeihilfen, die in demselben Kalenderjahr gewährt worden sind

   156,– € für den Arbeitnehmer,
   104,– € für seinen Ehegatten/Lebenspartner i.S.d. Lebenspartnerschaftsgesetzes und
   52,– € für jedes Kind

   nicht übersteigen und

2. der Arbeitgeber sicherstellt, dass die Beihilfen zu Erholungszwecken verwendet werden.

   Werden die in Nr. 1 genannten Höchstgrenzen im Einzelfall überschritten, kann auf die in diesem Kalenderjahr gewährten Erholungsbeihilfen der Pauschsteuersatz von 25% nicht angewendet werden. Die Versteuerung muss dann als sonstiger Bezug im Lohnsteuerabzugsverfahren (vgl. Tz 5.8) oder im Rahmen einer Pauschalierung nach § 40 Abs. 1 Satz 1 Nr. 1 EStG (vgl. Tz 6.1) erfolgen. Die Pauschalierungsgrenze ist nicht auf die Familie bezogen, sondern für jede Person gesondert anzuwenden. Die Pauschalierung für die Zuwendungen an den Arbeitnehmer und den Ehegatten/Lebenspartner ist somit auch dann zulässig, wenn die Beihilfe für das Kind 52,– € übersteigt.

c) Für die Pauschalierung bei Aufwendungen anlässlich von Betriebsveranstaltungen und von Erholungsbeihilfen ist keine Genehmigung des Finanzamts notwendig. Auch ist nicht Voraussetzung, dass es sich um eine größere Zahl von Fällen handelt.

   Die Pauschalierung von solchen Zuwendungen wird nicht auf die bei pauschal besteuerten sonstigen Bezügen geltende Pauschalierungsgrenze von 1.000,– € angerechnet (vgl. Tz 6.1).

d) In der **Sozialversicherung** gehören die pauschal versteuerten Aufwendungen anlässlich von Betriebsveranstaltungen und pauschal versteuerte Erholungsbeihilfen nicht zum beitragspflichtigen Arbeitsentgelt (§ 1 Abs. 1 Satz 1 Nr. 3 und Satz 2 SvEV – vgl. Anlage 2).

   Zur Erhebung der pauschalen Kirchensteuer vgl. Tz 6.13.
   Zur Erhebung des Solidaritätszuschlags vgl. Tz 5.16.

6.4 Pauschalierung von Vergütungen für Verpflegungsmehraufwendungen

a) Umfang und Pauschsteuersatz:

Soweit Vergütungen für Verpflegungsmehraufwendungen die steuerfreien Pauschbeträge (24,– € bei einer Abwesenheitsdauer von 24 Stunden; 12,– € bei einer Abwesenheitsdauer von weniger als 24 Stunden, aber mindestens 8 Stunden) übersteigen, gehören die Vergütungen zum steuerpflichtigen Arbeitslohn. An Stelle der Versteuerung entsprechend den individuellen Besteuerungsmerkmalen kann der Arbeitgeber die Lohnsteuer für den steuerpflichtigen Teil der Vergütung für Verpflegungsmehraufwendungen nach § 40 Abs. 2 Satz 1 Nr. 4 EStG mit einem Pauschsteuersatz erheben. **Dieser Pauschsteuersatz beträgt 25%.**

Die Pauschalierung ist nur zulässig für steuerpflichtige Verpflegungsmehraufwendungen anlässlich einer Auswärtstätigkeit (vgl. Tz 4.2 "Auswärtstätigkeit"). Für steuerpflichtige Verpflegungsmehraufwendungen anlässlich der doppelten Haushaltsführung (vgl. Tz 4.2 „doppelte Haushaltsführung") ist die Pauschalierung nach § 40 Abs. 2 Satz 1 Nr. 4 EStG nicht zulässig. Wegen der Pauschalierung bei Gewährung von Mahlzeiten im Betrieb vgl. Tz 6.2a und bei Auswärtstätigkeiten vgl. Tz 6.2b. Des Weiteren ist die Pauschalierung nur insoweit zulässig, als die Vergütungen für Verpflegungsmehraufwendungen die gesetzlichen Pauschbeträge nicht mehr als 100% übersteigen. Für den darüber hinausgehenden Vergütungsbetrag kann eine Pauschalversteuerung nach § 40 Abs. 1 Satz 1 Nr. 1 EStG (vgl. Tz 6.1) in Betracht kommen.

Beispiel:

Ein Arbeitnehmer begibt sich am 1.3. um 17 Uhr vom Betrieb aus auf eine mehrtägige Auswärtstätigkeit. Am 3.3. kehrt er um 15 Uhr in den Betrieb zurück. Aufgrund innerbetrieblicher Reisekostenregelung erhält er für den 1.3. ein Verpflegungsgeld von 10,– € und für den 2. und 3.3. ein Verpflegungsgeld von jeweils 30,– €.

Steuerliche Abrechnung:

Tag	*Abwesenheits-dauer*	*Erstattung vom Arbeitgeber*	*steuerfreier Pauschbetrag*
1.3.	*Anreisetag*	*10,– €*	*12,– €*
2.3.	*24 Stunden*	*30,– €*	*24,– €*
3.3.	*Ab-/Rückreisetag*	*30,– €*	*12,– €*
zusammen:		*70,– €*	*48,– €*
steuerpflichtig		*22,– €*	

Da der steuerpflichtige Arbeitgeberersatz in Höhe von 22,– € den zulässigen pauschalierungsfähigen Höchstbetrag von 48,– € nicht übersteigt, kann der gesamte steuerpflichtige Betrag in Höhe von 22,– € vom Arbeitgeber pauschal versteuert werden.

Pauschale Lohnsteuer: 25% von 22,– € = *5,50 €*

Für die Ermittlung des pauschalierungsfähigen Höchstbetrags spielt es keine Rolle, ob die jeweilige Verpflegungspauschale in voller Höhe oder wegen zur Verfügung gestellter Mahlzeiten (z. B. Übernachtung mit Frühstück) zu kürzen ist.

Beispiel:

Ein Arbeitnehmer geht am Montag um 8 Uhr auf eine zweitägige Auswärtstätigkeit, (mit Übernachtung und Frühstückgestellung), von der er am Dienstag um 19 Uhr zurückkommt. Mit seinem PKW legt er dabei 100 km zurück. Als Reisekosten erhält der Arbeitnehmer 100,– €. Die Übernachtungskosten trägt der Arbeitgeber.

Steuerfrei sind

- *Fahrtkostenersatz 100 km x –,0,30 € =* *30,— €*
- *Tagegelder*
  – Anreisetag = *12,— €*
  – Rückreisetag (12,– €./. 4,80 € wg. Frühstückgestellung) = *7,20 €*

  Insgesamt *49,20 €*

Der steuerpflichtige Mehrbetrag von 50,80 € (= 100,– €./. 49,20 €) kann mit einem Teilbetrag von 24,– € (= 100% der steuerfreien Verpflegungspauschalen ***vor*** *Anwendung der Kürzungsregelung) pauschal mit 25% versteuert werden. Der Restbetrag von 26,80 € unterliegt grundsätzlich der individuellen Versteuerung.*

b) Sozialversicherungsrechtliche Behandlung:

In der Sozialversicherung gehören die nach § 40 Abs. 2 Satz 1 Nr. 4 EStG pauschalversteuerten Reisekostenvergütungen nach Maßgabe des § 1 Abs. 1 Satz 1 Nr. 3 und Satz 2 SvEV (vgl. Anlage 2) nicht zum beitragspflichtigen Arbeitsentgelt.

c) Zur Erhebung der pauschalen Kirchensteuer vgl. Tz 6.13.

d) Zur Erhebung des Solidaritätszuschlags vgl. Tz 5.16.

6.5 Pauschalierung bei Computerübereignung und Internetzuschüssen

Der Vorteil aus der privaten Nutzung betrieblicher Datenverarbeitungsgeräte und Telekommunikationsgeräte (vgl. Tz 4.2 Stichwort „Computerüberlassung") ist nach § 3 Nr. 45 EStG steuerfrei. Will dagegen der Arbeitgeber dem Arbeitnehmer einen Personalcomputer bzw. ein Datenverarbeitungsgerät **übereignen**, dann liegt in Höhe des Wertes, den das Gerät hat, steuer- und beitragspflichtiger Arbeitslohn vor. Der Arbeitgeber kann nach § 40 Abs. 2 Satz 1 Nr. 5 EStG die Steuerpflicht mit einem festen Pauschsteuersatz abgelten. Voraussetzung für die Lohnsteuerpauschalierung ist, dass das Datenverarbeitungsgerät dem Arbeitnehmer zusätzlich zum ohnehin geschuldeten Arbeitslohn unentgeltlich oder verbilligt übereignet wird. Unter diesen Voraussetzungen ist auch das Zubehör, das für einen Computer bzw. ein Datenverarbeitungsgerät oder die Internetnutzung verwendet werden kann, pauschalierungsfähig. Die Pauschalierung ist auch zulässig, wenn der Arbeitgeber ausschließlich technisches Zubehör übereignet (z. B. als Ergänzung, Aktualisierung und Austausch vorhandener Bestandteile).

Hat der Arbeitnehmer einen Internetzugang, sind auch die zusätzlich zum geschuldeten Arbeitslohn gezahlt **Barzuschüsse** des Arbeitgebers für die **private Internetnutzung** des Arbeitnehmers pauschalierungsfähig. Hierzu gehören die laufenden Kosten (z. B. Grundgebühr für den Internetzugang, laufende Gebühren, Flatrate) und die Kosten der Einrichtung des Internetzugangs (z. B. ISDN-Anschluss, Modem). Aus Vereinfachungsgründen kann der Arbeitgeber den vom Arbeitnehmer angegebenen Betrag für die laufende Internetnutzung ohne weitere Prüfung pauschalieren, soweit dieser **50,– €** im Monat nicht übersteigt. Voraussetzung ist lediglich, dass der Arbeitnehmer eine Erklärung für das Lohnkonto abgibt, einen Internetzugang zu besitzen und ihm dafür im Kalenderjahr durchschnittlich die Aufwendungen entstehen. Will der Arbeitgeber mehr als 50,– € monatlich als Zuschuss gewähren und pauschal versteuern, muss der Arbeitnehmer für einen repräsentativen Zeitraum von 3 Monaten die Aufwendungen im Einzelnen nachweisen.

Der Pauschsteuersatz beträgt 25%.

In der Sozialversicherung gehören die pauschal versteuerten Zuwendungen nicht zum beitragspflichtigen Arbeitsentgelt (vgl. § 1 Abs. 1 Satz 1 Nr. 3 und Satz 2 SvEV – vgl. Anlage 2).

Zur Erhebung der pauschalen Kirchensteuer vgl. Tz 6.13.

Zur Erhebung des Solidaritätszuschlags vgl. Tz 5.16.

6.6 Pauschalierung bei Übereignung von Ladestromvorrichtungen und Zuschüssen zu solchen

Übereignet der Arbeitgeber dem Arbeitnehmer zusätzlich zum ohnehin geschuldeten Arbeitslohn unentgeltlich oder verbilligt eine Ladevorrichtung für Elektrofahrzeuge oder Hybridelektrofahrzeuge i.S.d. § 6 Abs. 1 Nr. 4 Satz 2 zweiter Halbsatz EStG, kann dieser Vorteil nach § 40 Abs. 2 Satz 1 Nr. 6 EStG, der befristet für die Zeit vom 1.1.2017 bis 31.1.2020 durch das Gesetz zur steuerlichen Förderung der Elektromobilität im Straßenverkehr vom 7.11.2016, BGBl. I S. 2.498, eingeführt worden ist, pauschal mit 25% abgegolten werden. Das Gleiche gilt für Zuschüsse des Arbeitgebers, die zusätzlich zum ohnehin geschuldeten Arbeitslohn zu den Aufwendungen des Arbeitnehmers für den Erwerb und die Nutzung (z. B. für die Wartung und den Betrieb, die Miete für den Starkstromzähler) dieser Ladevorrichtung gezahlt werden. Nicht begünstigt sind der Ladestrom oder beispielsweise Zuschüsse für den Ladestrom zu Hause. Auf die Ausführungen im BMF-Schreiben vom 14.12.2016, das im BStBl I veröffentlicht wird, wird ergänzend hingewiesen.

In der Sozialversicherung gehören die pauschal versteuerten Zuwendungen nicht zum beitragspflichtigen Arbeitsentgelt (vgl. § 1 Abs. 1 Satz 1 Nr. 3 und Satz 2 SvEV – vgl. Anlage 2).

Zur Erhebung der pauschalen Kirchensteuer vgl. Tz 6.13.

Zur Erhebung des Solidaritätszuschlags vgl. Tz 5.16.

6.7 Pauschalierung bei Fahrtkostenzuschüssen

a) Allgemeines

Mit Ausnahme der steuerfreien Sammelbeförderung gehören der Sachbezug in Form der unentgeltlichen oder verbilligten Beförderung des Arbeitnehmers zwischen Wohnung und erster Tätigkeitsstätte sowie die entsprechenden Fahrtkostenzuschüsse zum steuerpflichtigen Arbeitslohn. Der Arbeitgeber kann gemäß § 40 Abs. 2 Satz 2 EStG die Lohnsteuer mit einem **Pauschsteuersatz von 15%** erheben, soweit diese Bezüge den Betrag nicht übersteigen, den der Arbeitnehmer nach § 9 Abs. 1 Satz 3 Nr. 4 EStG als Werbungskosten für jeden Entfernungskilometer geltend machen könnte, wenn die Bezüge nicht pauschal versteuert werden würden (vgl. Buchstabe c und BMF-Schreiben vom 31.10.2013, BStBl I S. 1.376).

b) Keine Umwandlung von Arbeitslohn

Nur für Leistungen, die der Arbeitgeber **zusätzlich zu dem ohnehin geschuldeten Arbeitslohn** erbringt, kommt die Anwendung des § 40 Abs. 2 Satz 2 EStG in Betracht. Die Lohnsteuerpauschalierung ist deshalb bereits von vornherein ausgeschlossen, wenn Barlohn, auf den ein Anspruch besteht, umgewandelt und als Fahrtkostenzuschuss bezeichnet wird.

Beispiel:

Der Arbeitnehmer hat einen tarifvertraglichen Anspruch auf ein Monatsgehalt von 3.000,– €. Für die Fahrten zwischen Wohnung und erster Tätigkeitsstätte entstehen ihm monatliche Aufwendungen in Höhe von 200,– €. Er vereinbart mit dem Arbeitgeber, einen Barlohn von 2.800,– € und einen Fahrtkostenzuschuss von 200,– € zu bezahlen.

Die Umwandlung des geschuldeten Arbeitslohns wird steuerlich nicht anerkannt. Der Betrag von 200,– € darf nicht pauschal versteuert werden, sondern ist zusammen mit dem Barlohn von 2.800,– € nach den individuellen Besteuerungsmerkmalen abzurechnen.

Wegen weiterer Einzelheiten zur Frage, ob der Fahrtkostenzuschuss zusätzlich zu dem ohnehin geschuldeten Arbeitslohn erbracht wird, wird auf Tz 4.2 Stichwort „Gehaltsumwandlung" verwiesen.

c) Pauschalierungsfähige Aufwendungen

Der Arbeitgeber kann die Lohnsteuer für zusätzlich zum ohnehin geschuldeten Arbeitslohn gezahlte Zuschüsse zu den Aufwendungen des Arbeitnehmers für Wege zwischen Wohnung und erster Tätigkeitsstätte pauschal mit 15% erheben, soweit diese Zuschüsse den Betrag nicht übersteigen, den der Arbeitnehmer nach § 9 Abs. 1 Satz 3 Nr. 4 EStG als Werbungskosten geltend machen kann. In Abhängigkeit vom benutzten Verkehrsmittel gilt damit Folgendes:

- Bei Benutzung des **eigenen Kraftwagens** sind die pauschalierungsfähigen Zuschüsse des Arbeitgebers auf die Höhe der als Werbungskosten abziehbaren Entfernungspauschale in Höhe von 0,30 € beschränkt. Ein höherer Zuschuss als 4.500,– € ist pauschalierbar, soweit die Entfernungspauschale diesen Betrag übersteigt. Aus Vereinfachungsgründen kann der Arbeitgeber davon ausgehen, dass jeden Monat an 15 Arbeitstagen Fahrten zwischen Wohnung und erster Tätigkeitsstätte erfolgen.

Beispiel 1:

Der Arbeitgeber zahlt seinem Arbeitnehmer für jeden mit seinem eigenen Kfz gefahrenen Kilometer 0,30 €. Die kürzeste Straßenverbindung zwischen Wohnung und erster Tätigkeitsstätte beträgt 100 km; der Zuschuss des Arbeitgebers beträgt somit bei angenommenen 15 Arbeitstagen 900,– € (= 15 Tg. x 0,30 € x 100 km x 2) im Monat.

Fahrtkostenzuschuss		*900,— €*
Mit dem Pauschsteuersatz von 15% können versteuert werden: der als Entfernungspauschale abzugsfähige Betrag: 15 Tg. x 0,30 € x 100 km =		*450,— €*
Im Lohnsteuerabzugsverfahren sind zu versteuern: Dieser Betrag ist außerdem beitragspflichtig in der Sozialversicherung.		*450,— €*
Als Pauschalsteuern fallen an:		
LSt: 15% von 450,— € =	*67,50 €*	
SolZ: 5,5% von 67,50 € =	*3,71 €*	
KiSt (angenommen) 7% von 67,50 €	*4,72 €*	

- Eine Fahrt zwischen Wohnung und erster Tätigkeitsstätte liegt auch dann vor, wenn sie gleichzeitig Angelegenheiten des Arbeitgebers dient (z. B. Mitnahme des Postguts) und nur ein geringer Umweg erforderlich ist. Die Umwegstrecke ist in diesem Fall als Fahrt wie bei einer „Auswärtstätigkeit" zu werten.

Beispiel 2:

Der Arbeitgeber erstattet dem Arbeitnehmer für jeden gefahrenen Kilometer den pauschalen Kilometersatz von 0,30 €. Die einfache Entfernung zwischen der Wohnung des Arbeitnehmers und seiner ersten Tätigkeitsstätte beträgt (kürzeste benutzbare Straßenverbindung) 10 km. Da der Arbeitnehmer bei der Fahrt zur ersten Tätigkeitsstätte die Post des Arbeitgebers abholt, ist arbeitstäglich ein Umweg von 5 km notwendig.

Der Arbeitgeber ersetzt arbeitstäglich
0,30 € x (10 km x 2 + 5 km) 25 km = *7,50 €*

Steuerfrei ist der Ersatz für die als eine Auswärtstätigkeit zu wertende Umwegstrecke
0,30 € x 5 km = *1,50 €*

Mit dem Pauschsteuersatz von 15% können versteuert werden 0,30 € x 10 km = *3,— €*

Im Lohnsteuerabzugsverfahren sind zu versteuern
7,50 € - (1,50 € + 3,– €) = arbeitstäglich *3,— €*

Der Betrag von 3,– € arbeitstäglich ist außerdem beitragspflichtig in der Sozialversicherung

- Bei Benutzung eines zur **Nutzung überlassenen Firmen-PkW** wird hinsichtlich der Pauschalversteuerung des auf die Fahrten zwischen Wohnung und erster Tätigkeitsstätte entfallenden geldwerten Vorteils auf die Ausführungen in Tz 4.2 beim Stichwort "Kraftfahrzeugüberlassung" und die dortigen Beispiele verwiesen.
- **Unfallkosten** anlässlich einer Fahrt zwischen Wohnung und erster Tätigkeitsstätte werden als außergewöhnliche Aufwendungen nach § 9 Abs. 1 Satz 1 EStG neben der Entfernungspauschale als Werbungskosten im Rahmen der Einkommensteuerveranlagung des Arbeitnehmers berücksichtigt. Übernimmt der Arbeitgeber die Unfallkosten liegt steuerpflichtiger Arbeitslohn vor; eine Pauschalversteuerung nach § 40 Abs. 2 Satz 2 EStG scheidet insoweit aus, weil die Pauschalversteuerung auf den Betrag nach § 9 Abs. 1 Satz 3 Nr. 4 EStG beschränkt ist.
- Bei ausschließlicher Benutzung **öffentlicher Verkehrsmittel** ist die Pauschalversteuerung in Höhe der tatsächlichen Aufwendungen des Arbeitnehmers zulässig, da nach Maßgabe des § 9 Abs. 2 Satz 2 EStG Aufwendungen für die Benutzung öffentlicher Verkehrsmittel berücksichtigt werden können, soweit sie den als Entfernungspauschale abziehbaren Betrag übersteigen.

Beispiel 3:

Der Arbeitnehmer fährt mit der Bahn zur Arbeit. Die kürzeste Straßenverbindung zwischen der Wohnung und der ersten Tätigkeitsstätte beträgt 60 km. Die Monatskarte des Arbeitnehmers kostet 100,– €, die ihm der Arbeitgeber ersetzt.

Der Arbeitgeber kann seinen Fahrtkostenzuschuss in Höhe der tatsächlichen Aufwendungen für die Monatskarte in vollem Umfang pauschal versteuern; er gehört dann auch nicht zum beitragspflichtigen Arbeitsentgelt (vgl. § 1 Abs. 1 Satz 1 Nr. 3 und Satz 2 SvEV – abgedruckt als Anlage 2).

Als Pauschalsteuern fallen an:

LSt: 15% von 100,– € = *15,— €*

SolZ: 5,5% von 15,– € = *0,82 €*

KiSt (angenommen) 7% von 15,– € = *1,05 €*

- Bei Benutzung **anderer Verkehrsmittel** als öffentliche Verkehrsmittel oder des eigenen oder zur Nutzung überlassenen Kraftwagens (z. B. **Motorrad** etc.) richtet sich die Höhe der pauschalierungsfähigen Zuschüsse nach den tatsächlichen Aufwendungen, höchstens 4.500,– €. Bei ausschließlicher Benutzung eines Motorrads, Motorrollers oder Mopeds können für die Feststellung der tatsächlichen Aufwendungen der pauschale Kilometersatz von 0,20 € je gefahrenen Kilometer (vgl. Tz 4.2 "Kilometergeld") angesetzt werden. Allerdings sind die pauschalierungsfähigen Zuschüsse des Arbeitgebers auf die Höhe der als Werbungskosten abziehbaren Entfernungspauschale (im Regelfall: 0,30 € je Entfernungskilometer; Ausnahme Behinderte) beschränkt. Aus Vereinfachungsgründen kann der Arbeitgeber auch hier davon ausgehen, dass jeden Monat an 15 Arbeitstagen Fahrten zwischen Wohnung und erster Tätigkeitsstätte erfolgen.

- Bei der Nutzung verschiedener Verkehrsmittel (insbesondere sog. Park & Ride-Fälle) ist die Höhe der pauschalierbaren Zuschüsse des Arbeitgebers auf die Höhe der nach § 9 Abs. 1 Satz 3 Nr. 4 EStG als Werbungskosten abziehbaren Entfernungspauschale beschränkt. Eine Pauschalierung in Höhe der tatsächlichen Aufwendungen für die Nutzung öffentlicher Verkehrsmittel kommt erst dann in Betracht, wenn diese die insgesamt im Kalenderjahr anzusetzende Entfernungspauschale, ggf. begrenzt auf maximal 4.500,– €, übersteigen. Aus Vereinfachungsgründen kann auch in diesen Fällen davon ausgegangen werden, dass monatlich an 15 Arbeitstagen Fahrten zwischen Wohnung und erster Tätigkeitsstätte erfolgen.
- Für **Flugstrecken** kommt eine Pauschalierung nicht in Betracht. Entsprechendes gilt bei Mitfahrern einer privaten Fahrgemeinschaft, wenn den Mitfahrern keine Aufwendungen entstehen. Bei **entgeltlicher Sammelbeförderung** sind die Aufwendungen des Arbeitnehmers pauschalierungsfähig.
- **Behinderte Arbeitnehmer**, deren Grad der Behinderung mindestens 70% beträgt, oder deren Grad der Behinderung mindestens 50% beträgt und die geh- und stehbehindert sind (Merkzeichen "G" im Schwerbehindertenausweis), können an Stelle der Entfernungspauschale ihre tatsächlichen Aufwendungen geltend machen. Bei Benutzung des eigenen oder zur Nutzung überlassenen Kraftwagens können für die Feststellung der tatsächlichen Aufwendungen der Kilometersatz von 0,30 € je gefahrenen Kilometer und bei Benutzung eines Motorrads, Motorrollers oder Mopeds den pauschalen Kilometersatz von 0,20 € je gefahrenen Kilometer (vgl. Tz 4.2 "Kilometergeld") angesetzt werden. Unfallkosten, die auf einer Fahrt zwischen Wohnung und erster Tätigkeitsstätte entstanden sind, können neben den genannten Kilometersätzen berücksichtigt werden.

d) Jobticket

Arbeitgeber überlassen ihren Arbeitnehmern vielfach für die Nutzung öffentlicher Verkehrsmittel im Linienverkehr zu Fahrten zwischen Wohnung und erster Tätigkeitsstätte ein Jobticket und schließen einen Rahmenvertrag mit einem Verkehrsunternehmen, das dem Arbeitgeber eine Tarifermäßigung für das Jobticket gewährt. Der Arbeitgeber gibt diese Tarifermäßigung an seine Arbeitnehmer weiter und gewährt darüber hinaus eine weitere Verbilligung.

Die Tarifermäßigung des Verkehrsunternehmens für das Jobticket gegenüber dem üblichen Endpreis führt nicht zu Arbeitslohn. Die weitere Verbilligung, die der Arbeitgeber bei der Überlassung des Jobtickets dem Arbeitnehmer gewährt, ist hingegen steuerpflichtig, es sei denn, dass § 8 Abs. 2 Satz 11 EStG zur Anwendung kommt. Danach bleiben Sachbezüge außer Ansatz, wenn die sich nach Anrechnung der vom Arbeitnehmer gezahlten Entgelte ergebenden Vorteile insgesamt 44,– € im Kalendermonat nicht übersteigen. Im Einzelnen zu dieser monatlichen Freigrenze vergleiche bei Tz 4.2 das Stichwort „Sachbezüge" Nr. 4.

e) Lohnsteuerbescheinigung und Werbungskostenabzug

Soweit der Arbeitgeber zu den Fahrtkosten zwischen Wohnung und erster Tätigkeitsstätte pauschal versteuerte Zuschüsse geleistet hat, ist beim Arbeitnehmer die Berücksichtigung der Aufwendungen bei der Einkommensteuerveranlagung ausgeschlossen. Der Arbeitgeber ist verpflichtet, die pauschal versteuerten Zuschüsse entsprechend den BMF-Schreiben vom 30.7.2015, BStBl I S. 614, und vom 31.8.2016, BStBl I S. 1.004, auf der Lohnsteuerbescheinigung zu bescheinigen.

f) Sozialversicherung

Die Fahrtkostenzuschüsse und die Vorteile aus der Kraftfahrzeugüberlassung sind grundsätzlich beitragspflichtig. Sie gehören nach Maßgabe des § 1 Abs. 1 Satz 1 Nr. 3 und Satz 2 SvEV (vgl. Anlage 2 im Handbuch) jedoch nicht zum Arbeitsentgelt, soweit sie mit 15% pauschal versteuert werden.

g) Überwälzung der pauschalen Lohnsteuer

Die Abwälzung der pauschalen Lohnsteuer auf den Arbeitnehmer ist ein arbeitsrechtlicher und kein steuerrechtlicher Vorgang. Wenn der Arbeitgeber eine Pauschalversteuerung durchführt, wird er gegenüber dem Finanzamt gemäß § 40 Abs. 3 EStG Steuerschuldner. Dies hindert den Arbeitgeber und den Arbeitnehmer jedoch nicht daran, im Innenverhältnis den Arbeitslohn so zu vereinbaren, dass letztlich der Arbeitnehmer die pauschale Lohnsteuer wirtschaftlich trägt. Bei der Durchführung der Pauschalbesteuerung ist zu beachten, dass auf den Arbeitnehmer abgewälzte pauschale Lohnsteuer als zugeflossener Arbeitslohn gilt und die Bemessungsgrundlage nicht mindern darf.

Beispiel:

Der sozialversicherungspflichtige ledige und kinderlose Arbeitnehmer (gKV mit einem kassenindividuellem Zusatzbeitragssatz von angenommen 1,1%) hat einen tarifvertraglich festgelegten Bruttomonatslohn von 3.000,– €. Daneben erhält er von seinem Arbeitgeber in München einen Fahrtkostenzuschuss für Fahrten zwischen Wohnung und erster Tätigkeitsstätte in Höhe von monatlich 50,– €. Der Arbeitnehmer fährt mit dem eigenem PKW zur Arbeit (einfache Entfernung 20 km; 15 Arbeitstage). Der Arbeitgeber will keine höheren Aufwendungen als 50,– € tragen. Der Arbeitnehmer bittet den Arbeitgeber, den Fahrtkostenzuschuss in zulässiger Höhe pauschal zu versteuern und ihn mit den pauschalen Steuerbeträgen zu belasten.

Da der Fahrtkostenzuschuss in Höhe von 50,– € den Betrag, den der Arbeitnehmer im Jahr 2017 als Entfernungspauschale abziehen könnte (= 15 Tg. x 0,30 € x 20 km = 90,– €) nicht überschreitet, kann er auch in voller Höhe pauschal versteuert werden.

Pauschal zu besteuernder Fahrtkostenzuschuss		*50,— €*
pauschale Lohnsteuer 15% von 50,– € =	*7,50 €*	
pauschale KiSt (angenommen) 7% von 7,50 € =	*0,52 €*	
Solidaritätszuschlag 5,5% von 7,50,– € =	*0,41 €*	
zusammen	*8,43 €*	
Monatslohn:		*3.000,— €*
LSt (aus 3.000,– €; Stkl I)	*431,16 €*	
Kirchensteuer (angenommen 8%)	*34,49 €*	
Solidaritätszuschlag 5,5%	*23,71 €*	
Sozialversicherung 20,775% aus 3.000,– €	*623,25 €*	*1.112,61 €*
Nettolohn + Fahrtkostenzuschuss		*1.937,39 €*
abzügl. der vom Arbeitnehmer zu tragenden Pauschalsteuern		*8,43 €*
Auszahlungsbetrag		*1.928,96 €*

Der Arbeitgeber hat den pauschal versteuerten Fahrtkostenzuschuss in Höhe von 50,– € in die Lohnsteuerbescheinigung einzutragen.

h) Auswirkung auf andere Pauschalierungsgrenzen

Bei der Feststellung der Pauschalierungsgrenzen für kurzfristig Beschäftigte (Tz 6.8) und in geringem Umfang und gegen geringen Arbeitslohn Beschäftigte (Tz 6.9) bleiben die pauschal versteuerten Fahrtkostenzuschüsse außer Ansatz.

i) Einzelversteuerung

Wird der Fahrtkostenzuschuss nicht pauschal, sondern nach den individuellen Besteuerungsmerkmalen des Arbeitnehmers versteuert, gehören die Leistungen zum beitragspflichtigen Arbeitsentgelt. Der Arbeitnehmer kann dann aber seine Aufwendungen mit der gesetzlichen Entfernungspauschale von 0,30 € je Entfernungskilometer zwischen Wohnung und erster Tätigkeitsstätte als Werbungskosten geltend machen. Die individuelle Versteuerung ist gegenüber der Lohnsteuerpauschalierung dann vorteilhaft, wenn das übrige Arbeitsentgelt ohnehin die Beitragsbemessungsgrenze in der Rentenversicherung überschreitet (im Kalenderjahr 2017 monatlich 6.350,– € / West bzw. 5.700,– €/Ost und der Arbeitnehmer mit anderen Werbungskosten den bei seiner Einkommensteuerveranlagung zu berücksichtigenden allgemeinen Arbeitnehmer-Pauschbetrag von 1.000,– € verbraucht, so dass sich seine Fahrtkosten, soweit sie steuerlich abzugsfähig sind, voll auswirken.

6.8 Kurzfristige Beschäftigung

Der Begriff „kurzfristige Beschäftigung" ist im Steuer- und Sozialversicherungsrecht unterschiedlich definiert.

Steuerliche Behandlung

Bei kurzfristig Beschäftigten, die nicht als geringfügig Beschäftigte im Sinne des Sozialversicherungsrechts mit 2% oder 20% pauschal besteuert werden (vgl. Tz 6.9), kann der Arbeitgeber gemäß § 40a Abs. 1 EStG auf den Abruf der ELStAM bzw. im Ausnahmefall auf die Vorlage einer Bescheinigung für den Lohnsteuerabzug verzichten und die Lohnsteuer mit einem **Pauschsteuersatz von 25%** berechnen.

Eine kurzfristige Beschäftigung im Sinne des Einkommensteuergesetzes liegt vor, wenn

a) der Arbeitnehmer bei dem Arbeitgeber gelegentlich, nicht regelmäßig wiederkehrend beschäftigt wird,

b) die Dauer der Beschäftigung 18 zusammenhängende Arbeitstage nicht überschreitet und

c) der Arbeitslohn während der Beschäftigungsdauer die feste Grenze von 68,– €* durchschnittlich je Arbeitstag nicht übersteigt

   oder

   die Beschäftigung zu einem unvorhersehbaren Zeitpunkt sofort erforderlich wird.

Ob sozialversicherungsrechtlich eine kurzfristige Beschäftigung vorliegt oder nicht, ist für die Pauschalierung nach § 40a Abs. 1 EStG ohne Bedeutung.

Der durchschnittliche Stundenlohn während der Beschäftigungsdauer darf zudem in keinem Fall **12,– €** übersteigen. Wird der Lohn für eine kürzere Zeiteinheit gezahlt, ist die Pauschalierungsgrenze umzurechnen. Der Begriff „Arbeitstag" wird nicht als Kalendertag verstanden, so dass als Arbeitstag in diesem Sinne auch eine sich auf zwei Kalendertage erstreckende Nachtschicht angesehen wird.

Eine **gelegentliche, nicht regelmäßig wiederkehrende Beschäftigung** liegt vor, wenn nicht von Anfang an eine wiederholte Beschäftigung festgelegt wird. Vereinbaren Arbeitgeber und Arbeitnehmer z. B., dass der Arbeitnehmer jeden Monat eine Woche im Betrieb aushilft, liegt keine gelegentliche Beschäftigung vor. Ist die Wiederholungsabsicht nicht festgelegt und lassen auch die tatsächlichen Beschäftigungszeiträume nicht auf eine Regelmäßigkeit schließen, so ist die Pauschalierung auch dann zulässig, wenn der Arbeitnehmer bei dem gleichen Arbeitgeber mehrmals in einem Kalenderjahr beschäftigt wird; auf die Zahl der Arbeitstage im Kalenderjahr beim gleichen Arbeitgeber kommt es dann nicht an. In die Berechnung der Beschäftigungsdauer sind auch die Zeiträume einzubeziehen, in denen der Arbeitslohn wegen Urlaubs, Krankheit oder gesetzlicher Feiertage fortgezahlt wird. Arbeitsfreie Wochenenden sind dagegen nicht mitzuzählen.

---

* Der Betrag von 68,– € soll durch das Zweite Bürokratieentlastungsgesetz ab 2017 auf 72,– € angehoben werden.

Beispiel:

*Eine Aushilfsverkäuferin wird als Urlaubsvertretung für die Zeit vom Montag, den 6.7. bis Mittwoch, den 29.7. eingestellt. In diesen Zeitraum fallen drei freie Wochenenden, so dass die Beschäftigungsdauer **18 Arbeitstage** nicht übersteigt.*

Der vereinbarte Stundenlohn beträgt 9,– € und die Arbeitszeit an 8 Tagen je 5 Stunden und an 10 Tagen je 8 Stunden. Für die Aushilfstätigkeit von 18 Arbeitstagen werden somit insgesamt gezahlt:

9,– € x 5 Std. = 45,– € täglich x 8 Arbeitstage =	*360,– €*
9,– € x 8 Std. = 72,– € täglich x 10 Arbeitstage =	*720,– €*
	1.080,– €
pro Arbeitstag	*60,– €*

Somit ist die Pauschalierung zulässig, da weder die tägliche Arbeitslohngrenze von 68,– € noch die Stundenlohngrenze von 12,– € überschritten ist.

Bei Aushilfskräften, deren **Beschäftigung zu einem unvorhersehbaren Zeitpunkt sofort erforderlich** wird, ist die Pauschalierung ohne Beachtung einer Tages-Arbeitslohngrenze zulässig. Nur der Stundenlohn von 12,– € darf nicht überschritten werden. Die Pauschalierung setzt aber voraus, dass das Dienstverhältnis dem Ersatz einer ausgefallenen oder dem akuten Bedarf einer zusätzlichen Arbeitskraft dient. Die Beschäftigung von Aushilfskräften, deren Einsatzzeitpunkt längere Zeit vorher feststeht, z. B. bei Volksfesten oder Messen, ist nicht unvorhersehbar und sofort erforderlich in diesem Sinne. Nur wenn über den vorhersehbaren Bedarf hinaus noch die Einstellung weiterer Aushilfskräfte notwendig wird, ist für diese die Pauschalierung zulässig.

Allgemein gilt für die Pauschalierung bei kurzfristig beschäftigten Aushilfskräften Folgendes:

- Die Pauschalierungskriterien sind nur anhand des **jeweiligen Dienstverhältnisses** zu prüfen; ob die Aushilfskraft noch bei einem anderen Arbeitgeber in einem Dienstverhältnis steht und ob für den hieraus bezogenen Arbeitslohn die Lohnsteuer ebenfalls pauschal erhoben wird, ist nicht von Belang.
- Der Arbeitgeber muss die Lohnsteuer **nicht einheitlich bei allen Aushilfskräften**, bei denen die Pauschalierungsvoraussetzungen vorliegen, pauschal erheben. Er kann vielmehr entscheiden, bei welchen Aushilfskräften er auf den Abruf der ELStAM oder im Ausnahmefall auf die Vorlage einer Bescheinigung für den Lohnsteuerabzug verzichtet. Bei Arbeitnehmern, die Steuerklasse I, II, III oder IV vorweisen könnten, ist der Lohnsteuerabzug nach den individuellen Besteuerungsmerkmalen regelmäßig günstiger als die Anwendung des Pauschsteuersatzes von 25%.
- Der Pauschalierung unterliegt der **steuerpflichtige Arbeitslohn**. Steuerfreie Einnahmen bleiben sowohl für die Feststellung der Pauschalierungsgrenzen als auch für die Berechnung der pauschalen Lohnsteuer außer Betracht.
- **Fahrtkostenzuschüsse** zu den Aufwendungen für die Fahrten zwischen Wohnung und erster Tätigkeitsstätte gehören zum steuerpflichtigen Arbeitslohn; der Arbeitgeber kann diese Zuwendungen jedoch nach Maßgabe des § 40 Abs. 2 Satz 2 EStG

ggf. pauschal mit dem Steuersatz von 15% versteuern (Tz 6.7). Aufgrund ausdrücklicher gesetzlicher Bestimmung sind die pauschal versteuerten Fahrtkostenzuschüsse bei Prüfung der Pauschalierungsgrenze nicht einzubeziehen.

- **Die Nachholung der Pauschalierung** durch den Arbeitgeber ist zulässig. Voraussetzung ist, dass noch keine Lohnsteuerbescheinigung ausgeschrieben wurde und die Lohnsteuer-Anmeldung, die den Lohnsteuerabzug enthält, noch berichtigt werden kann.
- Die **Abwälzung der pauschalen Lohnsteuer** auf den Arbeitnehmer ist ein arbeitsrechtlicher und kein steuerrechtlicher Vorgang. Wenn der Arbeitgeber eine Pauschalversteuerung durchführt, wird er gegenüber dem Finanzamt gemäß § 40 Abs. 3 EStG Steuerschuldner. Bei der Durchführung der Pauschalbesteuerung ist aber zu beachten, dass auf den Arbeitnehmer abgewälzte pauschale Lohnsteuer als zugeflossener Arbeitslohn gilt und die Bemessungsgrundlage nicht mindern darf.

Beispiel I:

Der Arbeitgeber beschäftigt eine Aushilfskraft für 2 Tage jeweils 5 Stunden für einen Stundenlohn von 10,– €. Die Besteuerung erfolgt nicht nach den individuellen Lohnsteuerabzugsmerkmalen, sondern gemäß § 40a Abs. 1 EStG pauschal.
Als Steuern fallen an:

Pauschale Lohnsteuer 25% von 100,– € =	*25,— €*
pauschale KiSt (angenommen: 7% von 25,– €) =	*1,75 €*
Solidaritätszuschlag 5,5% von 25,– € =	*1,37 €*
Zusammen	*28,12 €*

Beispiel II:

Der Arbeitgeber benötigt für 2 Wochen (10 Tage) eine sozialversicherungsfreie Aushilfskraft für 5 Stunden täglich. Der Arbeitgeber will für die Beschäftigung nicht mehr als insgesamt 600,– € aufwenden. Auf den Lohnsteuerabzug nach den individuellen Besteuerungsmerkmalen der Aushilfskraft soll verzichtet und stattdessen eine Pauschalversteuerung durchgeführt werden. Können Arbeitgeber und Arbeitnehmer den Lohn vollkommen frei und tarifungebunden festlegen, kommt der Lohnvereinbarung entscheidende Bedeutung zu.

a) Würden Arbeitgeber und Arbeitnehmer einen Lohn von 600,– € (= 10 Tage x 5 Std. x 12,– €) festlegen und dann im Hinblick auf die vom Arbeitgeber vorgegebene Kostengrenze vereinbaren, dass im Innenverhältnis der Arbeitnehmer die pauschale Steuern tragen soll, müsste sich der Arbeitnehmer die Pauschalsteuern von seinem Auszahlungsbetrag kürzen lassen, so dass sich für die Pauschalversteuerung dann folgende Berechnung ergeben würde:

Arbeitnehmerlohn:		*600,— €*
./. pauschale LSt (25% von 600,– €) =	*150,— €*	
./. Solidaritätszuschlag (5,5% von 150,– €) =	*8,25 €*	

./.	*pauschale KiSt (angenommen 7% von 150,– €) =*	*10,50 €*	*168,75 €*
=	*Auszahlungsbetrag*		*431,25 €*

b) Nachdem für den Lohn und die pauschalen Steuern insgesamt 600,– € zur Verfügung stehen, die pauschale Lohnsteuer die Bemessungsgrundlage für die Pauschalversteuerung nicht mindern darf, wird der Arbeitnehmerlohn im Rahmen der freien Lohnvereinbarung im Arbeitsvertrag von vornherein z. B. auf 468,– € (= 10 Tage x 5 Std. x 9,36 €) festgelegt und vereinbart, dass der Arbeitgeber die pauschalen Steuern trägt.

Bei einer Pauschalversteuerung fallen an

	pauschale Lohnsteuer	*25,00%*
+	*Solidaritätszuschlag 5,5% von 25% =*	*1,37%*
+	*pauschale Kirchensteuer (angenommen 7% von 25%) =*	*1,75%*
=	*Nettosteuerbelastung*	*28,12%*

Dies entspricht bei Steuerübernahme einem Bruttosteuerbelastung von

$$\frac{100 \times 28{,}12}{100 + 28{,}12} = 21{,}94\%$$

	Lohnaufwand für den Arbeitgeber	*600,— €*	
./.	*Abzüge 21,94% =*	*131,64 €*	
=	*als Auszahlungsbetrag stehen zur Verfügung*	*468,36 €*	
	Vereinbarter Arbeitnehmerlohn :		*468,— €*
+	*pauschale LSt (25% von 468,– €) =*	*117,– €*	
+	*Solidaritätszuschlag (5,5% von 117,– €) =*	*6,43 €*	
+	*pauschale KiSt (angenommen 7% von 117,– €) =*	*8,19 €*	*131,62 €*
=	*Lohnaufwand Arbeitgeber*		*599,62 €*

- Die Pauschalierungsvoraussetzungen müssen durch **Aufzeichnungen** nachgewiesen werden (vgl. § 4 Abs. 1 Nr. 8 LStDV – Anlage 1 im Handbuch). Dabei genügt es, wenn der Arbeitgeber Aufzeichnungen führt, aus denen sich für die einzelnen Aushilfskräfte

Name und Anschrift,
die Dauer der Beschäftigung,
der Tag der Zahlung und
die Höhe des Arbeitslohns

ergeben. Als Beschäftigungsdauer ist die Zahl der tatsächlichen Arbeitsstunden in dem jeweiligen Lohnzahlungs- oder Lohnabrechnungszeitraum festzuhalten.

Sozialversicherungsrechtliche Behandlung

In der Sozialversicherung sind die steuerlichen Pauschalierungsgrenzen **nicht** von Bedeutung. Ob Versicherungspflicht besteht und Sozialversicherungsbeiträge anfallen, richtet sich allein nach den sozialversicherungsrechtlichen Bestimmungen. Bei einer kurzfristigen Beschäftigung gemäß § 8 Abs. 1 Nr. **2** SGB IV besteht in allen Zweigen der Sozialversicherung (Renten-, Arbeitslosen-, Kranken- und Pflegeversicherung) keine Beitragspflicht.

Eine kurzfristige Beschäftigung im Sinne des Sozialgesetzbuches liegt gemäß § 8 Abs. 1 Nr. **2** SGB IV n.F. nunmehr vor, wenn die Beschäftigung für eine Zeitdauer ausgeübt wird, die im Laufe eines Kalenderjahres seit ihrem Beginn auf längstens

- 3 Monate

  oder

- 70 Arbeitstage

nach ihrer Eigenart begrenzt zu sein pflegt oder im Voraus vertraglich (z. B. durch einen auf längstens ein Jahr befristeten Rahmenarbeitsvertrag) begrenzt ist. Zudem darf die Beschäftigung nicht berufsmäßig ausgeübt werden.

Bei der Prüfung der Zeitgrenzen ist das Kalenderjahr maßgebend. Es darf kein Dauerarbeitsverhältnis vorliegen. Die 70-Tage-Regelung greift daher nicht, wenn ein Arbeitnehmer in einem Dauerarbeitsverhältnis oder einem regelmäßig wiederkehrenden Arbeitsverhältnis weniger als 70 Tage im Jahr beschäftigt ist. Für die sozialversicherungsrechtliche Beurteilung werden mehrere kurzfristige Beschäftigungen innerhalb eines Jahres zusammengerechnet.

Nach ständiger Auffassung der Spitzenverbände der Sozialversicherungsträger (vergleiche auch Rundschreiben vom 12.11.2014) wird eine Beschäftigung dann regelmäßig ausgeübt, wenn sie von vornherein auf ständige Wiederholung gerichtet ist und über einen längeren Zeitraum ausgeübt werden soll. Dies ist der Fall, wenn ein über ein Jahr hinausgehender Rahmenarbeitsvertrag geschlossen wird, und zwar auch dann, wenn dieser Vertrag maximal nur Arbeitseinsätze von 70 Arbeitstagen innerhalb eines Jahres vorsieht.

Werden Arbeitnehmer, ohne dass ein Rahmenarbeitsvertrag besteht, wiederholt von ein und demselben Arbeitgeber beschäftigt, liegt eine regelmäßige Beschäftigung so lange nicht vor, als vom voraussichtlichen Ende des jeweiligen Arbeitseinsatzes aus rückschauend betrachtet innerhalb des letzten Jahres die Zeitgrenze von 70 Arbeitstagen nicht überschritten wird.

Eine kurzfristige Beschäftigung ist nicht versicherungsfrei, wenn sie **berufsmäßig** ausgeübt wird (Ausnahme: das Arbeitsentgelt überschreitet die – anteilige

– Arbeitsentgeltgrenze von 450,– € im Monat). Als berufsmäßig Beschäftigte gelten Personen, die Leistungen nach dem SGB III (z. B. Arbeitslosengeld) beziehen oder die als Arbeitsuchende gemeldet sind. Entsprechendes gilt für Beschäftigungen während der Elternzeit oder während eines unbezahlten Urlaubs. Auch bei Asylbewerbern wird bei einer kurzfristigen Beschäftigung keine Versicherungsfreiheit bestehen, da dieser Personenkreis die Beschäftigung immer berufsmäßig ausübt. Kurzfristige Beschäftigungen, die neben einer versicherungspflichtigen (Haupt-)Beschäftigung, neben einem freiwilligen sozialen oder ökologischen Jahr, neben dem Bundesfreiwilligendienst, neben einem freiwilligen sozialen Jahr oder ökologischen Jahr vergleichbaren Freiwilligendienst, neben dem freiwilligen Wehrdienst oder neben dem Bezug von Vorruhestandsgeld ausgeübt werden, sind grundsätzlich nicht berufsmäßig. Übersteigt das Arbeitsentgelt die (anteilige) Arbeitsentgeltgrenze von 450,– € im Monat, besteht wegen der berufsmäßigen Ausübung auch in einer kurzfristigen Beschäftigung Versicherungspflicht.

Ausführliche Beispiele zur Versicherungsfreiheit und Lohnsteuerpauschalierung bei kurzfristig Beschäftigten enthält der **Ratgeber „Praktische Lohnabrechnung"**.

6.9 Beschäftigung im Niedriglohnbereich

A) Minijobs

(geringfügige Beschäftigung nach § 8 Abs. 1 Nr. **1** SGB IV)

1. Die Definition der geringfügigen Beschäftigung

Eine geringfügige Beschäftigung i.S.d. § 8 Abs. 1 Nr. 1 SGB IV (Minijob) liegt vor, wenn das Arbeitsentgelt aus dieser Beschäftigung **regelmäßig** im Monat **450,– €** nicht übersteigt. Die Entgeltgrenze ist durch das Gesetz zu Änderungen im Bereich der geringfügigen Beschäftigungsverhältnisse vom 5.12.2012, BGBl. S. 2.474 ab dem 1.1.2013 von 400,– € auf 450,– € angehoben worden. Gleichzeitig sind nach dem 31.12.2012 aufgenommene geringfügig entlohnte Beschäftigungen im Gegensatz zum bisherigen Recht zwar weiterhin versicherungsfrei in der KV, PV und ALV; in der Rentenversicherung sind sie hingegen nicht mehr versicherungsfrei, sondern grundsätzlich rentenversicherungspflichtig (im Einzelnen siehe Nr. 4). Die Definition der geringfügigen Beschäftigung nach den Vorschriften des Sozialgesetzbuches gilt gleichermaßen für die Pauschalversteuerung (siehe Nr. 5) und ist von den Spitzenverbänden der Sozialversicherungsträger im Rundschreiben vom 12.11.2014, den Geringfügigkeits-Richtlinien, zusammengefasst erläutert.

Auch wenn das monatliche Arbeitsentgelt 450,– € nicht übersteigt, gelten die Regelungen für die geringfügige Beschäftigung nicht:

- bei der betrieblichen Berufsausbildung (z. B. Auszubildende und Praktikanten); dies ist verfassungsgemäß (vgl. BSG-Urteil vom 15.7.2009, B 12 KR 14/08 R),
- bei konjunktureller oder saisoneller Kurzarbeit,
- während der individuellen betrieblichen Qualifizierung im Rahmen der Unterstützten Beschäftigung nach § 38a SGB IX,
- bei stufenweiser Wiedereingliederung in das Erwerbsleben nach § 74 SGB V bzw. § 28 SGB IX,

- bei behinderten Menschen in geschützten Einrichtungen.

Für beschäftigte Saisonarbeitskräfte aus einem EU-Mitgliedstaat (sowie Norwegen und der Schweiz) gelten die Vorschriften der Verordnung (EG) Nr. 883/2004. Diese sehen im Regelfall vor, dass ein Arbeitnehmer in dem System nur eines Staates versichert ist. Sind daher die Aushilfskräfte in ihrem Wohnsitzstaat weiterhin beschäftigt oder selbständig tätig, sind sie auch weiterhin dort versichert. Der Nachweis dieser Versicherung wird durch die Vorlage der Bescheinigung A 1 erbracht. Eine Prüfung der Geringfügigkeit nach deutschem Recht hat in diesen Fällen nicht zu erfolgen.

2. Die Abgrenzung zum einheitlichen Beschäftigungsverhältnis

In der Praxis tritt immer wieder die Frage auf, wann eine im Zusammenhang mit einer Haupttätigkeit ausgeübte geringfügige Beschäftigung zusammen als einheitliches Beschäftigungsverhältnis oder als Hauptbeschäftigung und eigenständiges geringfügiges Beschäftigungsverhältnis getrennt voneinander beurteilt werden können. Dementsprechend enthalten die Geringfügigkeits-Richtlinien für die Definition der geringfügigen Beschäftigung wichtige Klarstellungen zur Frage eines einheitlichen Beschäftigungsverhältnisses, mehrerer Beschäftigungen oder Tätigkeiten beim demselben Arbeitgeber oder zu Beschäftigungen bei verschiedenen Arbeitgebern mit besonderen Verflechtungen.

- Beschäftigung bei demselben Arbeitgeber

  Übt ein Arbeitnehmer bei demselben Arbeitgeber gleichzeitig mehrere Beschäftigungen aus, so ist ohne Rücksicht auf die arbeitsvertragliche Gestaltung sozialversicherungsrechtlich von einem einheitlichen Beschäftigungsverhältnis auszugehen. Die Art der jeweiligen Tätigkeit ist dabei unbedeutend; es ist damit nicht entscheidend, dass bei einem Arbeitgeber gleiche oder funktionsverwandte Tätigkeiten ausgeübt werden. Ist der Beschäftigte nebeneinander in mehreren Betriebsteilen oder Zweigniederlassungen seines Arbeitgebers tätig, liegt ein einheitliches Beschäftigungsverhältnis vor, wenn es sich rechtlich um ein und denselben Arbeitgeber (dieselbe natürliche oder juristische Person oder Personengesellschaft) handelt. Konzernunternehmen i.S.d. § 18 AktG gelten nicht als ein und derselbe Arbeitgeber.

- Beschäftigung und Tätigkeit bei demselben Arbeitgeber/Auftraggeber

  Grundsätzlich besteht rechtlich die Möglichkeit, dass eine natürliche Person für denselben Vertragspartner (Arbeitgeber/Auftraggeber) als abhängig beschäftigter Arbeitnehmer und daneben selbständig tätig ist. Dies ist jedoch nur möglich, wenn es sich um voneinander unabhängig voneinander ausgeübte Betätigungen handelt. Aufgrund der weisungsgebundenen Eingliederung im Rahmen einer Beschäftigung und der erforderlichen weisungsfreien Ausgestaltung einer selbständigen Tätigkeit für denselben Vertragspartner, werden strenge Maßstäbe für das tatsächliche Vorliegen einer selbständigen Tätigkeit angelegt. Deshalb wird in aller Regel von einem einheitlichen Beschäftigungsverhältnis auszugehen sein, in dessen Rahmen der Beschäftigte seine Arbeitsleistung regelmäßig am selben Betriebsort, für denselben Betriebszweck oder unter Einsatz der Betriebsmittel des Arbeitgebers erbringt.

- Beschäftigung bei verschiedenen Arbeitgebern mit besonderen Verflechtungen

  Werden zeitgleich Beschäftigungen bei verschiedenen Arbeitgebern ausgeübt, ist grundsätzlich eine getrennte versicherungsrechtliche Beurteilung vorzunehmen. Dies gilt selbst dann, wenn – bei formalrechtlich unterschiedlichen Arbeitgebern – diese organisatorisch und wirtschaftlich eng miteinander verflochten sind und die Dispositionsbefugnis über die Arbeitsleistung des Arbeitnehmers in allen Beschäftigungen ein und derselben Person oder einer einheitlichen Leitung obliegt. Insofern ist die Arbeitgebereigenschaft rechtlich und nicht wirtschaftlich zu beurteilen. Entscheidend ist, dass kein Fall des § 32 SGB I vorliegt.

- Verbot privatrechtlicher Vereinbarung zum Nachteil des Arbeitnehmers

  Die Regelung des § 32 SGB I hat im Zusammenhang mit der vorzunehmenden Abgrenzung eines einheitlichen Beschäftigungsverhältnisses von mehreren Beschäftigungen vor allem in den Fällen Bedeutung, in denen die bisher ausgeübte Beschäftigung in Teilen mit dem Ziel ausgelagert wird, in gleichem Umfang und mit gleichem Inhalt entweder als vermeintlich rechtlich selbständige Tätigkeit oder geringfügige Beschäftigung fortgeführt zu werden. Dies gilt insbesondere im Fall der Arbeitnehmerüberlassung, wenn ein Teil des Arbeitsverhältnisses auf ein Leiharbeitsunternehmen übergeht, dieses die Arbeitnehmer „zurück" verleiht und diese dort die gleichen bzw. (berufstypisch) vergleichbaren Tätigkeiten unter gleichen Direktiven wie bisher verrichten.

  Beispiel:

  Die Y-GmbH beschäftigt mehrere Arbeitnehmer als Verkäufer in ihren Supermärkten. Diese Arbeitnehmer lässt sich die Y-GmbH für die Regalauffüllung mit neuen Waren aus Sonderaktionen nun über ein Leiharbeitsunternehmen im Rahmen geringfügiger Beschäftigungen verleihen.

  Die Beschäftigungen werden im Rahmen einheitlicher Beschäftigungsverhältnisse ausgeübt, da die berufstypische Mehrarbeit der Arbeitnehmer für die Y-GmbH über ein Verleihunternehmen eine zum Nachteil des sozialversicherungsrechtlichen Schutzes der Arbeitnehmer führende Vertragsgestaltung darstellt.

3. Die Arbeitsentgeltgrenze

Bei der Prüfung der Frage, ob das Arbeitsentgelt 450,– € übersteigt, ist vom regelmäßigen Arbeitsentgelt im Sinne der Sozialversicherung auszugehen. Einmalige Einnahmen, deren Gewährung mit hinreichender Sicherheit (z. B. aufgrund eines allgemeinverbindlich erklärten Tarifvertrags) mindestens einmal jährlich zu erwarten ist, sind bei der Ermittlung des Arbeitsentgelts zu berücksichtigen. Dagegen führt ein gelegentliches und nicht vorhersehbares Überschreiten der 450,– €-Grenze (z. B. durch Überstunden oder Urlaubsvertretung) nicht zur Versicherungspflicht; als gelegentlich wird dabei ein Zeitraum bis zu drei Monaten (bis 31.12.2014 sowie ab dem 1.1.2019: zwei Monate) innerhalb eines Jahres angesehen. Der Jahreszeitraum ist in der Weise zu ermitteln, dass vom letzten Tag des zu beurteilenden Beschäftigungszeitraums ein Jahr zurückgerechnet wird. Daneben gilt als Erleichterung bei der Ermittlung der Arbeitsentgeltgrenze Folgendes:

- Beginnt oder endet die regelmäßige Beschäftigung im Laufe eines Kalendermonats, gilt für diesen Kalendermonat ebenfalls die Arbeitsentgeltgrenze von 450,– €.
- Das regelmäßige Arbeitsentgelt kann stets zu Beginn eines jeden Kalenderjahres neu ermittelt werden, damit der Zeitraum aus der für 12 Monate anzustellenden vorausschauenden Jahresbetrachtung dem abrechnungstechnisch relevanten Kalenderjahr entspricht.
- Bei unvorhersehbar schwankender Höhe des Arbeitsentgelts und in den Fällen, in denen im Rahmen einer Dauerbeschäftigung saisonbedingt vorhersehbar unterschiedliche Arbeitsentgelte erzielt werden, kann der regelmäßige Betrag durch Schätzung bzw. durch eine Durchschnittsberechnung ermittelt werden. Im Rahmen der Schätzung ist es auch zulässig, wenn Arbeitgeber bei ihrer Jahresprognose allein die Einhaltung der jährlichen Geringfügigkeitsgrenze von 5.400,– € unterstellen, ohne die Arbeitseinsätze und damit zu erwartenden Arbeitsentgelte für die einzelnen Monate im Vorfeld festzulegen. Die Tatsache, dass aufgrund es unvorhersehbaren Jahresverlaufs in einzelnen Monaten auch Arbeitsentgelte oberhalb von 450,– € erzielt werden, ist dann unschädlich für das Vorliegen einer geringfügigen Beschäftigung, solange die jährliche Entgeltgrenze von 5.400,– € nicht überschritten wird.

Beispiel I:

Ein Arbeitnehmer arbeitet gegen ein monatliches Arbeitsentgelt von 430,– €. Außerdem erhält er jeweils im Dezember ein ihm vertraglich zugesichertes Weihnachtsgeld in Höhe von 180,– €. Für die sozialversicherungsrechtliche Beurteilung ergibt sich folgendes monatliches Arbeitsentgelt:

laufendes Arbeitsentgelt 430,– € x 12 =	*5.160,– €*
+ Weihnachtsgeld	*180,– €*
Gesamt	*5.340,– €*
Ein Zwölftel	*445,– €*

Die Grenze von 450,– € wird nicht überschritten, so dass es sich um ein geringfügiges Beschäftigungsverhältnis handelt.

Beispiel II:

Ein Arbeitnehmer arbeitet gegen ein monatliches Arbeitsentgelt von 440,– €. Außerdem erhält er jeweils im Dezember ein ihm vertraglich zugesichertes Weihnachtsgeld in Höhe von 240,– €.

Der Arbeitnehmer gilt nicht als geringfügig beschäftigt, da sein monatliches Arbeitsentgelt (440,– € + 20,– €) die Grenze von 450,– € übersteigt.

Beispiel III:

Ein Arbeitnehmer übt eine geringfügige Dauerbeschäftigung aus und erhält hierfür ein monatliches Arbeitsentgelt von 450,– €. Im August fallen wider Erwarten Überstunden durch eine Urlaubsvertretung an, durch die sich der Monatslohn auf 800,– € erhöht.

Im August liegt gleichwohl eine geringfügige Beschäftigung vor, weil die 450,-€-Grenze unvorhersehbar und nur einmal innerhalb des Kalenderjahres überschritten wurde. Dies bedeutet beispielsweise auch, dass im August 1.250,– € (= 450,– € + 800,– €) pauschal versteuert werden können (vgl. Nr. 5).

Jubiläumszuwendungen (vgl. 4.2 Stichworte „Arbeitnehmerjubiläum" und „Geschäftsjubiläum"), die zwar als einmalig gezahltes Arbeitsentgelt zum beitragspflichtigen Arbeitsentgelt gehören, bleiben bei der Prüfung der Frage, ob das Arbeitsentgelt die Geringfügigkeitsgrenze des § 8 Abs. 1 Nr. 1 SGB IV übersteigt, außer Ansatz. Bei der Ermittlung der Arbeitsentgeltgrenze sind einmalige Einnahmen nur dann zu berücksichtigen, wenn deren Gewährung mit hinreichender Sicherheit mindestens einmal jährlich zu erwarten ist.

Steuerfreie Aufwandsentschädigungen und die in § 3 Nr. 26 und Nr. 26a EStG genannten steuerfreien Einnahmen (vgl. Tz 4.2 Stichwort „Aufwandsentschädigungen") gehören nicht zum Arbeitsentgelt in der Sozialversicherung und bleiben damit bei der Ermittlung der Arbeitsentgeltgrenze außer Ansatz. Das Gleiche gilt beispielsweise auch, soweit Fahrtkostenzuschüsse pauschal versteuert werden (vgl. Tz 6.7), oder für pauschal versteuerte Zukunftssicherungsleistungen (vgl. Tz 6.11), die nach der Sozialversicherungsentgeltverordnung (vgl. Anlage 2 im Handbuch) im Falle der Pauschalversteuerung ebenfalls nicht zum Arbeitsentgelt gehören.

Beispiel IV:

Ein Arbeitnehmer, der nur ein geringfügiges Beschäftigungsverhältnis ausübt, erhält ein Arbeitsentgelt von monatlich 450,– €. Daneben leistet der Arbeitgeber für den Arbeitnehmer zusätzlich lediglich noch Beiträge von monatlich 40,– € in eine Direktversicherung (Altzusage), deren Beiträge pauschal versteuert werden sollen.

Die Beiträge zur Direktversicherung werden nach § 40b EStG vom Arbeitgeber mit 20% pauschal versteuert (vgl. Tz 6.11). Sie gehören daher nach Maßgabe des § 1 Abs. 1 Satz 1 Nr. 4 und Satz 2 SvEV (Anlage 2 im Handbuch) nicht zum sozialversicherungspflichtigen Arbeitsentgelt, so dass die Arbeitsentgeltgrenze nicht überschritten wird. Der Arbeitgeber muss für den monatlichen Barlohn von 450,– € den pauschalen Renten- und Krankenversicherungsbeitrag (vgl. nachstehend Nr. 4) entrichten und hat auch die Möglichkeit, den Barlohn mit 2% zu versteuern (vgl. nachstehend Nr. 5).

Beispiel V:

Ein Arbeitnehmer arbeitet zu einem Stundenlohn von 10,– €. Er soll zwischen 8 und 12 Stunden in der Woche eingesetzt werden. Die genaue Anzahl und der konkrete Umfang der regelmäßigen Arbeitseinsätze stehen nicht fest.

Der Arbeitgeber geht in seiner Jahresprognose davon aus, dass das Arbeitsentgelt des Arbeitnehmers im Jahr 5.400,– € nicht übersteigt, sodass der Arbeitnehmer als geringfügig entlohnt beschäftigt beurteilt werden kann.

4. Die Pauschalabgaben in der Sozialversicherung

Eine **vor dem 1.1.2013 begonnene** geringfügige Beschäftigung i.S.d. § 8 Abs. 1 Nr. 1 SGB IV ist in allen Zweigen der Sozialversicherung grundsätzlich versicherungsfrei, es sei denn, dass wegen Zusammenrechnung mit anderen Beschäftigungen (vgl. Nr. 6) Versicherungspflicht für die geringfügige Beschäftigung eintritt. Versicherungsfreiheit besteht für eine vor dem 1.1.2013 begonnene geringfügige Beschäftigung auch weiterhin in der gesetzlichen Rentenversicherung, solange das Arbeitsentgelt die alte 400,-€-Grenze nicht übersteigt; allerdings kann der Arbeitnehmer auf die RV-Freiheit verzichten und den pauschalen Arbeitgeberbeitrag zur RV i. H.v. 15% mit eigenen Beiträgen i.H.v. 3,7% aufstocken.

Eine **nach dem 31.12.2012 begonnene** geringfügige Beschäftigung i.S.d. § 8 Abs. 1 Nr. 1 SGB IV ist weiterhin in der KV, PV und ALV versicherungsfrei, dagegen besteht in der RV Versicherungspflicht. Der Arbeitnehmer hat dann den pauschalen Arbeitgeberbeitrag zur RV i.H.v. 15% mit eigenen Beiträgen i.H.v. 3,7% aufzustocken. Auf Antrag kann der geringfügig Beschäftigte sich von der RV-Versicherungspflicht befreien lassen; der Antrag ist beim Arbeitgeber zu stellen.

Für geringfügige Beschäftigungsverhältnisse hat der **Arbeitgeber** folgende pauschalen Arbeitgeberbeiträge zur Renten- und Krankenversicherung (nicht aber zur Arbeitslosen- und Pflegeversicherung) zu entrichten:

In der Rentenversicherung
(§ 168 Abs. 1 Nr. 1b oder § 172 Abs. 3 SGB VI) **15%**

Der Pauschalbeitrag fällt unabhängig davon an, ob der geringfügig Beschäftigte in seinem Minijob RV-frei oder RV-pflichtig beschäftigt ist. Der Pauschalbeitrag ist auch für rentenversicherungsfreie Personen (z. B. Selbständige, Beamte, Bezieher einer Vollrente wegen Alters, Ruhestandsbeamte) zu zahlen. Nur für ordentliche Studierende einer Fachschule oder Hochschule, die ein in ihrer Studien- oder Prüfungsordnung vorgeschriebenes oder nicht vorgeschriebenes Praktikum ableisten, fällt der pauschale Arbeitgeberbeitrag nicht an (vgl. § 172 Abs. 3 i.V.m § 5 Abs. 3 SGB VI).

Zum pauschalen Arbeitgeberbeitrag hat der Arbeitnehmer im Falle der RV-Pflicht bzw. im Falle der Befreiung von der RV-Freiheit einen eigenen Beitrag i.H.v. 3,7% zu leisten.

In der gesetzlichen Krankenversicherung
(§ 249b Abs.1 Satz 1 SGB V) **13%**

Dieser Pauschalbeitrag entfällt nur dann, wenn der geringfügig Beschäftigte in der gesetzlichen Krankenversicherung weder selbst in eigener Mitgliedschaft, noch im Rahmen der Familienversicherung, noch als Rentner, noch als Arbeitsloser oder als freiwillig Versicherter versichert ist.*

* Nach der Entscheidung des BSG vom 25.1.2006, B 12 KR 27/04 R ist es nicht verfassungswidrig, dass bei Mitgliedern der gesetzlichen Krankenversicherung der Pauschalbeitrag vom Arbeitgeber in jedem Fall zu entrichten ist (beispielsweise auch wenn im Hauptberuf das Arbeitsentgelt die Beitragsbemessungsgrenze übersteigt), während für privat krankenversicherte Minijobber kein Pauschalbeitrag anfällt. Deshalb ist im Übrigen das Entgelt aus einer geringfügigen Beschäftigung in der GKV beitragsfrei (BSG vom 16.12.2003, B 12 KR 20/01 R), so dass in der **Krankenversicherung** der Rentner (KVdR) Pflichtversicherte und freiwillig in der GKV Versicherte selbst auch nicht nochmals Beiträge aus der geringfügigen Beschäftigung zu zahlen haben. Anders in der **Pflegeversicherung**: Dort unterliegen die Einnahmen der in der GKV freiwillig Pflichtversicherten aus geringfügiger Beschäftigung der Beitragspflicht zur PV, so dass die Kassen der sozialen Pflegeversicherung auch von freiwillig gesetzlich Krankenversicherten auch für Einkünfte aus geringfügiger Beschäftigung Beiträge von den Versicherten verlangen (vgl. BSG vom 29.11.2006, B 12 P 2/06 R).

Verzicht auf die Rentenversicherungsfreiheit:

Arbeitnehmer in einer **vor dem 1.1.2013** begonnenen versicherungsfreien geringfügigen Beschäftigung mit einem Arbeitsentgelt von bis zu 400,– € können auf die Versicherungsfreiheit in der gesetzlichen Rentenversicherung verzichten, um damit die vollen Leistungsansprüche in der gesetzlichen Rentenversicherung zu erwerben, und den Rentenversicherungsbeitrag auf den vollen Beitrag aufstocken. Ein solcher Verzicht muss schriftlich gegenüber dem Arbeitgeber erklärt werden und gilt für die gesamte Dauer der geringfügigen Beschäftigung. Bei Verzicht auf die Rentenversicherungsfreiheit hat der Arbeitgeber gleichwohl einen Rentenversicherungsbeitrag in Höhe von 15% des Arbeitsentgelts zu tragen, da der Differenzbetrag von 3,7% zum vollen Beitragssatz von 18,7% vom Beschäftigten aufzubringen ist. Die Minijobzentrale hält auf ihrer Homepage einen Vordruck „Erklärung des Verzichts auf die Rentenversicherungsfreiheit nach § 230 Abs. 8 Satz 2 SGBVI" und ein entsprechendes Merkblatt zur Aufklärung über die Vorteile eines Verzichts auf die Rentenversicherungsfreiheit bereit.

Befreiung von der Rentenversicherungspflicht:

Für **nach dem 31.12.2012** begonnene geringfügige Beschäftigungsverhältnisse und für alte geringfügige Beschäftigungsverhältnisse, deren Arbeitslohn von unter 400,01 € auf einen Betrag von über 400,– € bis 450,– € aufgestockt wird, besteht grundsätzlich RV-Pflicht. Allerdings besteht die Möglichkeit beim Arbeitgeber einen Antrag auf Befreiung von der RV-Pflicht zu stellen. Die Minijobzentrale hält auf ihrer Homepage einen Vordruck „Antrag auf Befreiung von der Rentenversicherungspflicht bei einer geringfügig entlohnten Beschäftigung nach § 6 Abs. 1b SGB VI" und ein entsprechendes Merkblatt über die Folgen einer Befreiung von der Rentenversicherungspflicht bereit.

Mindestbeitragsbemessungsgrundlage für RV-pflichtige Minijobber:

Bei einem Arbeitsentgelt von unter 175,– € kommt gemäß § 163 Abs. 8 SGB VI die Mindestbemessungsgrundlage für die Beitragsbemessung zur Anwendung, sodass der Arbeitnehmer den Beitrag auf mindestens 32,73 € (= 18,7% von 175,– €) aufstocken muss. Sofern neben der geringfügig entlohnten Beschäftigung eine RV-pflichtige (Haupt-) Beschäftigung besteht, ist die Mindestbeitragsbemessungsgrundlage nicht zu prüfen. Gleiches gilt, wenn der geringfügig entlohnte Beschäftigte bereits aufgrund anderer Tatbestände nach den §§ 1 bis 4 SGB VI der RV-Pflicht unterliegt, sodass in diesen Minijob-Fällen der RV-Beitrag damit vom tatsächlichen Arbeitsentgelt berechnet wird.

Zu den obigen pauschalen Sozialversicherungsbeiträgen kommen noch die gesetzlichen **Umlagen** hinzu.

5. Die Versteuerung:

a) Die einheitliche Pauschsteuer von 2%:

Das Arbeitsentgelt aus der geringfügigen Beschäftigung, für das der Arbeitgeber den pauschalen Rentenversicherungsbeitrag von 15% des Arbeitsentgelts

---

Für **Asylbewerber**, die nicht über einen Stammversicherten familienversichert sind, sind keine Pauschalbeiträge zur Krankenversicherung zu entrichten, es fehlt nämlich an der Versicherung in einer gesetzlichen Krankenkasse. Asylbewerber erhalten notwendige Leistungen der Krankenbehandlung im Rahmen des Asylbewerberleistungsgesetzes.

(vgl. vorstehend Nr. 4) zu entrichten hat, kann der Arbeitgeber mit 2% nach § 40a Abs. 2 EStG versteuern. Dieser einheitliche Pauschsteuersatz gilt die Kirchensteuer und den Solidaritätszuschlag mit ab. Die einheitliche Pauschsteuer ist entsprechend § 40a Abs. 6 EStG an die Einzugsstelle (vgl. Nr. 7) zu entrichten und darf daher in der Lohnsteuer-Anmeldung für das Betriebsstätten-Finanzamt nicht enthalten sein.

b) Der Pauschsteuersatz von 20%:

Muss der Arbeitgeber für das Arbeitsentgelt aus der geringfügigen Beschäftigung hingegen keinen pauschalen Rentenversicherungsbeitrag entrichten (vgl. die Beispiele bei Nr. 6 Mehrfachbeschäftigungen), dann kann der Arbeitgeber das Arbeitsentgelt aus der geringfügigen Beschäftigung mit 20% nach § 40a Abs. 2a EStG versteuern. Zu beachten ist, dass im Fall der Pauschalversteuerung nach § 40a Abs. 2a EStG auch ein Solidaritätszuschlag von 5,5% der pauschalen Lohnsteuer (vgl. Tz 5.12) und ggf. die pauschale Kirchensteuer (vgl. Tz 6.13) zu erheben und an das Finanzamt über die Lohnsteuer-Anmeldung abzuführen ist.

Bemessungsgrundlage für die Pauschalsteuern von 2% und 20% ist das sozialversicherungspflichtige Arbeitsentgelt, unabhängig davon, ob es steuerpflichtig oder steuerfrei ist. Für Lohnbestandteile, die nicht zum sozialversicherungspflichtigen Arbeitsentgelt gehören, ist die Lohnsteuerpauschalierung nach § 40a Abs. 2 und 2a EStG nicht zulässig; sie unterliegen der Lohnsteuererhebung nach den allgemeinen Regelungen.

Beispiel:

Ein geringfügig Beschäftigter mit einem Arbeitsentgelt von 450,– € scheidet zum 30.10. wegen schlechter Auftragslage aus dem Dienstverhältnis aus und erhält vom Arbeitgeber wegen des Verlustes des Arbeitsplatzes eine Abfindung.

Die Abfindungszahlung, die für die Auflösung des Dienstverhältnisses gezahlt werden, ist kein Arbeitsentgelt in der Sozialversicherung und daher beitragsfrei. Andererseits sind Abfindungszahlungen nach dem Auslaufen der Steuerbefreiung nicht mehr steuerfrei. Deshalb kann auch nur das laufende, beitragspflichtige Arbeitsentgelt von 450,– € mit 2% bez. 20% pauschal versteuert werden. Die Abfindungszahlung hingegen unterliegt auch bei geringfügig Beschäftigten dem Lohnsteuerabzug nach den individuellen Lohnsteuerabzugsmerkmalen (ggf. Steuerklasse VI).

Nach § 40a Abs. 2 oder Abs. 2a EStG pauschal versteuerte Arbeitsentgelte bleiben bei einer Einkommensteuerveranlagung des Arbeitnehmers außer Ansatz; sie sind daher vom Arbeitgeber auch nicht in der Lohnsteuerbescheinigung zu erfassen.

Ist im Arbeitsvertrag eine Bruttovergütung vereinbart, kann der Arbeitgeber die anfallende pauschale Lohnsteuer auf den Arbeitnehmer abwälzen. Ist hingegen ein Nettolohn vereinbart, hat der Arbeitgeber die pauschale Lohnsteuer selbst zu tragen (vgl. BAG vom 1.2.2006, 5 AZR 628/04).

c) Versteuerung nach den individuellen Besteuerungsmerkmalen:

Anstelle der Pauschalversteuerung kann der Arbeitgeber auch die ELStAM-Daten des Arbeitnehmers abrufen bzw. im Ausnahmefall die Vorlage einer Bescheinigung für den Lohnsteuerabzug verlangen und den steuerpflichtigen Arbeitslohn nach den individuellen Besteuerungsmerkmalen des Arbeitnehmers dem Lohnsteuerabzug unterwerfen.

6. Mehrfachbeschäftigungen

a) Mehrere geringfügige Beschäftigungen:

Ist ein Arbeitnehmer nur geringfügig beschäftigt, sind mehrere nebeneinander bei verschiedenen Arbeitgebern ausgeübte geringfügige Beschäftigungen i.S.d. § 8 Abs. 1 Nr. 1 SGB IV und § 8a SGB IV gemäß § 8 Abs. 2 SGB IV in allen Zweigen der Sozialversicherung für die Beurteilung, ob die Arbeitsentgeltgrenze von 450,– € überschritten wird, zusammenzurechnen.

Bei Überschreiten der Arbeitsentgeltgrenze gelten für alle Zweige der Sozialversicherung (auch für die Arbeitslosenversicherung) die allgemeinen Grundsätze, so dass Beiträge des Arbeitgebers und des Arbeitnehmers zu entrichten sind.

Beispiel:

Eine Aushilfskraft ist für jeweils 250,– € bei zwei verschiedenen Arbeitgebern nebeneinander beschäftigt.

Nachdem für die Prüfung der Arbeitsentgeltgrenze der Arbeitslohn aus beiden Beschäftigungsverhältnissen zusammenzurechnen ist und insgesamt 500,– € im Monat beträgt, besteht in allen Zweigen der Sozialversicherung Versicherungspflicht. Arbeitgeber und Arbeitnehmer haben ihren jeweiligen Teil der Beiträge zu tragen. Im Steuerrecht erfolgt keine Zusammenrechnung, so dass jeder Arbeitgeber den Arbeitslohn auch mit 20% pauschal versteuern kann (vgl. vorstehend Nr. 5b).

b) Geringfügige Beschäftigung und kurzfristige Beschäftigung:

Ein geringfügiges (Dauer-)Beschäftigungsverhältnis (§ 8 Abs. 1 Nr. **1** SGB IV) und ein geringfügig kurzfristiges Beschäftigungsverhältnis (§ 8 Abs. 1 Nr. **2** SGB IV – vgl. Tz 6.8) sind nicht zusammenzurechnen.

c) Versicherungspflichtige Hauptbeschäftigung und geringfügige Beschäftigung:

- Übt ein Arbeitnehmer neben einer nicht geringfügigen versicherungspflichtigen Hauptbeschäftigung woanders eine geringfügig entlohnte Beschäftigung aus, dann wird diese **eine** geringfügig entlohnte Beschäftigung nicht auf die Hauptbeschäftigung angerechnet. Dies bedeutet, dass der Arbeitgeber des geringfügigen Beschäftigungsverhältnisses für dieses nur die pauschalen Arbeitgeberbeiträge zur Renten- und Krankenversicherung zu entrichten und der Arbeitnehmer ggf. seinen RV-Beitrag zu leisten hat.

Beispiel:

Eine Verkäuferin arbeitet beim Arbeitgeber A für ein monatliches Arbeitsentgelt von 1.000,– € und beim Arbeitgeber B gegen ein monatliches Arbeitsentgelt von 450,– €.

Die Verkäuferin unterliegt in der Hauptbeschäftigung beim Arbeitgeber A der Versicherungspflicht, so dass in allen Zweigen der Sozialversicherung der allgemeine Arbeitnehmer- und Arbeitgeberanteil zu entrichten ist, während für den Arbeitgeber B nur die pauschalen Arbeitgeberbeiträge zur Renten- und Krankenversicherung anfallen. Im Beispielsfall hat die Verkäuferin keinen Antrag auf Befreiung von der RV-Pflicht gestellt, so dass sie den pauschalen RV-Beitrag des Arbeitgebers B um 3,7% aufstockt. Das Arbeitsentgelt von 450,– € kann auch mit 2% versteuert werden (vgl. vorstehend Nr. 5a).

- Übt ein Arbeitnehmer neben einer nicht geringfügigen versicherungspflichtigen Hauptbeschäftigung gleichzeitig woanders **mehrere** geringfügig entlohnte Beschäftigungen aus, dann bleibt nur das **zeitlich zuerst** aufgenommene geringfügige Beschäftigungsverhältnis anrechnungsfrei.

Beispiel:

Eine Arbeitnehmerin arbeitet seit Jahren beim Arbeitgeber A für ein monatliches Arbeitsentgelt von 1.000,– € und seit dem 1.2.2014 beim Arbeitgeber B für ein monatliches Arbeitsentgelt von 300,– €. Ab dem 1.8.2017 nimmt sie beim Arbeitgeber C eine weitere geringfügige Beschäftigung für ein monatliches Arbeitsentgelt von 200,– € auf.

Die Arbeitnehmerin unterliegt in der Hauptbeschäftigung beim Arbeitgeber A der Versicherungspflicht in allen Zweigen der Sozialversicherung nach den allgemeinen Vorschriften. Bei den Beschäftigungsverhältnissen B und C handelt es sich jeweils um geringfügig entlohnte Beschäftigungen, da das Arbeitsentgelt aus den einzelnen Beschäftigungen 450,– € nicht übersteigt. Nur das Beschäftigungsverhältnis B, als das zeitlich zuerst aufgenommene geringfügige Beschäftigungsverhältnis bleibt anrechnungsfrei, so dass für dieses vom Arbeitgeber B der pauschale Renten- und Krankenversicherungsbeitrag sowie die 2%-Pauschalsteuer zu entrichten ist. Das Beschäftigungsverhältnis C ist hingegen mit der versicherungspflichtigen Hauptbeschäftigung zusammenzurechnen mit der Folge, dass für das Beschäftigungsverhältnis C in der Renten-, Kranken- und Pflegeversicherung der allgemeine Arbeitgeber- und Arbeitnehmerbeitrag zu entrichten ist und nur in der Arbeitslosenversicherung keine Beiträge anfallen. Das Arbeitsentgelt aus der Beschäftigung C kann mit 20% pauschal versteuert werden (vgl. vorstehend Nr. 5b).

d) Versicherungsfreie Hauptbeschäftigung und geringfügige Beschäftigung:

- Übt ein Arbeitnehmer neben seiner versicherungsfreien Hauptbeschäftigung bei einem anderen Arbeitgeber **eine** geringfügig entlohnte Beschäftigung aus, dann fällt für die geringfügige Beschäftigung der pauschale Rentenversicherungsbeitrag und ggf. der pauschale Krankenversicherungsbeitrag an.

- Übt ein Arbeitnehmer neben seiner versicherungsfreien Hauptbeschäftigung **mehrere** geringfügig entlohne Beschäftigungen aus, gilt Folgendes:

  Die Arbeitsentgelte aus den geringfügigen Beschäftigungsverhältnissen übersteigen insgesamt **nicht** die 450,-€-Grenze:

Beispiel:

Ein privat krankenversicherter Beamter übt neben seiner Beamtenbeschäftigung beim Arbeitgeber A zwei Nebenbeschäftigungen B und C aus. Beim Arbeitgeber B erhält er ein monatliches Arbeitsentgelt von 200,– € und beim Arbeitgeber C ein monatliches Arbeitsentgelt von 100,– €. Der Beamte hat für die beiden Nebenjobs die RV-Pflicht abgewählt.

Bei den Beschäftigungsverhältnissen B und C handelt es sich um geringfügig entlohnte Beschäftigungen. Auch bei Zusammenrechnung der beiden geringfügigen Beschäftigungsverhältnisse entsteht keine Versicherungspflicht, da das Arbeitsentgelt insgesamt unter 450,– € bleibt. Da auch eine Zusammenrechnung der Nebenbeschäftigung C mit der Beamtenbeschäftigung nicht in Betracht kommt, fallen für beide Nebenbeschäftigungen jeweils nur der pauschale Rentenversicherungsbeitrag sowie die 2%-Pauschalsteuer an. Ein pauschaler Krankenversicherungsbeitrag ist nicht zu entrichten, da der Beamte im Beispielsfall privat krankenversichert ist.

*Die Arbeitsentgelte aus den geringfügigen Beschäftigungsverhältnissen **übersteigen** insgesamt die 450,-€-Grenze:*

Beispiel:

Ein privat krankenversicherter Beamter übt neben seiner Beamtenbeschäftigung beim Arbeitgeber A zwei Nebenbeschäftigungen B und C aus. Beim Arbeitgeber B erhält er ein monatliches Arbeitsentgelt von 200,– € und beim Arbeitgeber C ein monatliches Arbeitsentgelt von 300,– €.

Der privat krankenversicherte Beamte ist in den Beschäftigungsverhältnissen B und C in der Kranken- und Pflegeversicherung versicherungsfrei. In der Renten- und Arbeitslosenversicherung hingegen besteht für den Beamten aufgrund der Beschäftigungsverhältnisse B und C die reguläre Versicherungspflicht, weil das Arbeitsentgelt aus diesen Beschäftigungsverhältnissen 450,– € übersteigt. Das Arbeitsentgelt aus den Beschäftigungsverhältnissen B und C kann mit 20% pauschal versteuert werden (vgl. vorstehend Nr. 5b).

e) Beginn der Versicherungspflicht bei Mehrfachbeschäftigungen:

Wird bei der Zusammenrechnung von geringfügig entlohnten Beschäftigungen festgestellt, dass die Geringfügigkeitsgrenzen überschritten sind, tritt die Sozialversicherungspflicht erst mit dem Tag der Bekanntgabe der Feststellung durch die Einzugsstelle oder einen anderen Träger der Rentenversicherung ein (§ 8 Abs. 2 Satz 3 SGB IV). Der Arbeitgeber ist damit vor Beitragsnachforderungen, die sich aus der Zusammenrechnung ergeben, besser geschützt. Für die Vergangenheit bleibt es bei den pauschalen Abgaben. Dies gilt jedoch dann nicht, wenn der Arbeitgeber vorsätzlich oder grob fahrlässig versäumt hat, den Sachverhalt für die versicherungsrechtliche Beurteilung aufzuklären.

7. Die Einzugsstelle

Als Einzugsstelle für die Abgaben bei geringfügiger Beschäftigung ist für das gesamte Bundesgebiet zentral die Deutsche Rentenversicherung Knappschaft-Bahn-See bestimmt. An diese sind die sozialversicherungsrechtlichen Meldungen zu erstatten und die Abgaben abzuführen. Entsprechend § 40a Abs. 6 EStG gilt dies auch für die einheitliche Steuerpauschale von 2% (§ 40a Abs. 2 EStG), so dass die einheitliche Pauschsteuer von 2% nicht in der Lohnsteuer-Anmeldung für das Betriebsstätten-Finanzamt enthalten sein darf.

8. Die Entgeltunterlagen

Der Arbeitgeber hat die für die Versicherungsfreiheit maßgebenden Angaben in den Entgeltunterlagen aufzuzeichnen und Nachweise zu den Entgeltunterlagen zu nehmen. Hierzu gehören insbesondere Angaben und Unterlagen über das monatliche Arbeitsentgelt, die Beschäftigungsdauer, die Erklärung des Beschäftigten über das Vorliegen weiterer Beschäftigungen sowie die Bestätigung, dass dem Arbeitgeber die Aufnahme weiterer Beschäftigungen angezeigt wird, der Antrag auf Befreiung von der RV-Versicherungspflicht bzw. die Erklärung über den Verzicht auf die RV-Freiheit bei einem alten Minijob. Zudem sind nach § 17 Abs. 1 des Mindestlohngesetzes Aufzeichnungen über Beginn, Ende und Dauer der täglichen Arbeitszeit zu führen.

B) Minijob im Privathaushalt

(§ 8a SGB IV)

1. Die Definition

Eine geringfügige Beschäftigung im Privathaushalt liegt nach § 8a SGB IV vor, wenn diese durch einen privaten Haushalt begründet ist und die Tätigkeit sonst gewöhnlich durch Mitglieder des privaten Haushalts erledigt wird.

Im Übrigen gelten die obigen Ausführungen zur geringfügigen Beschäftigung nach § 8 Abs. 1 Nr. 1 SGB IV entsprechend. Dies bedeutet, dass bei Mehrfachbeschäftigungen auch eine geringfügig entlohnte Beschäftigung im Privathaushalt mit weiteren geringfügig entlohnten Beschäftigungen zusammenzurechnen ist, auch wenn diese nicht in Privathaushalten ausgeübt werden, oder dass neben einer sozialversicherungspflichtigen Hauptbeschäftigung nur **eine** geringfügig entlohnte Beschäftigung anrechnungsfrei ist. Im Übrigen geltend für Privathaushalte die nachfolgenden Sonderregelungen:

2. Die Abgaben

Für ein geringfügiges Beschäftigungsverhältnis im Privathaushalt hat der **Arbeitgeber** die folgenden pauschalen Abgaben zu entrichten:

In der **Rentenversicherung**
(§ 168 Abs. 1 Nr. 1c oder § 172 Abs. 3a SGB VI; **5%**
entsprechend den Erläuterungen zu A.4)

In der **Krankenversicherung**
(§ 249b Abs. 1 Satz 2 SGB V, **5%**
nicht bei privat Krankenversicherten vgl. Erläuterungen zu A.4)

Hinzu kommen noch die gesetzlichen Umlagen.

Im **Steuerrecht**:
Als einheitliche Pauschsteuer
(§ 40a Abs. 2 EStG) **2%**
Im Übrigen vgl. die Erläuterungen zu A.5.

Rentenversicherungspflicht und Verzicht auf die Rentenversicherungsfreiheit:
Auch der in einem Privathaushalt geringfügig Beschäftigte kann bei einem vor dem 1.1.2013 begonnenen Beschäftigungsverhältnis auf die Versicherungsfreiheit in der gesetzlichen Rentenversicherung verzichten, um damit die vollen Leistungsansprüche in der gesetzlichen Rentenversicherung zu erwerben, und den Rentenversicherungsbeitrag auf den vollen Beitrag aufstocken. Bei einem nach dem 31.12.2012 begonnenen Beschäftigungsverhältnis besteht hingegen grundsätzlich RV-Pflicht, die der Arbeitnehmer ggf. abwählen kann. Bei Verzicht auf die Rentenversicherungsfreiheit bzw. bei Rentenversicherungspflicht hat der Arbeitgeber gleichwohl einen Rentenversicherungsbeitrag in Höhe von 5% zu tragen, da der Differenzbetrag von 13,7% zum vollen Beitragssatz von 18,7% vom Beschäftigten aufzubringen ist.

3. Das Haushaltsscheckverfahren

Für geringfügige Beschäftigungsverhältnisse in Privathaushalten gilt anstelle der sozialversicherungsrechtlichen Meldung das vereinfachte Haushaltsscheckverfahren nach § 28a Abs. 7 SGB IV. Im Rahmen des Haushaltsscheckverfahrens erhebt die Einzugsstelle die Gesamtabgaben (einschließlich der Beiträge zur Unfallversicherung und der Umlagen nach dem Aufwendungsausgleichsgesetz, vormals Lohnfortzahlungsgesetz) vom Arbeitgeber im Wege des Lastschriftverfahrens gemäß § 28h Abs. 3 und 4 SGB IV. Beim Haushaltsscheckverfahren gilt gemäß § 14 Abs. 3 SGB IV nur der ausgezahlte Betrag als Arbeitsentgelt, so dass der Wert eventueller Sachbezüge beitrags- und steuerfrei bleibt. Gemäß § 23 Abs. 2a SGB IV sind im Haushaltsscheckverfahren die Abgaben für das Arbeitsentgelt der Monate Januar bis Juni weiterhin am 15. Juli des laufenden Jahres und für das Arbeitsentgelt der Monate Juli bis Dezember weiterhin am 15. Januar des Folgejahres fällig. Die Spitzenverbände haben die Verlautbarung zum Haushaltsscheckverfahren mit Datum vom 20.11.2013 bekannt gemacht. Das Haushaltsscheck-Formular existiert in zwei Versionen, die abhängig davon zu nutzen sind, ob das bis zum 31.12.2012 maßgebende Recht für geringfügig entlohnte Beschäftigungen gilt oder das Recht ab dem 1.1.2013 maßgebend ist.

C) Beschäftigungen über 450,– € bis 850,– €

1. Allgemeines

- Grundsätzlich ist der Gesamtsozialversicherungsbeitrag vom Arbeitgeber und vom Arbeitnehmer jeweils zur Hälfte zu tragen. Abweichend davon gilt in einer Gleitzone von 450,01 € bis 850,– € im Monat für die Ermittlung des Arbeitnehmeranteils ein besonderes Berechnungsverfahren, während für die Berechnung des Arbeitgeberanteils das tatsächliche Arbeitsentgelt zugrunde gelegt wird. Auch im Rahmen der Gleitzonenregelung ist zu beachten, dass der in der Pflegeversicherung ggf. zu erhebende Zuschlag für Kinderlose in Höhe von 0,25% und der Zusatzbeitragssatz in der gesetzlichen Krankenversicherung allein vom Arbeitnehmer zu tragen sind.
- Für bereits **vor dem 1.1.2013** begründete Beschäftigungsverhältnisse mit einem Arbeitsentgelt von **800,01 € bis 850,– €** ist zu beachten, dass bei fortbestehendem Beschäftigungsverhältnis die Sozialversicherungsbeiträge im Rahmen des Bestandsschutzes auch über den 31.12.2014 hinaus aus dem tatsächlichen

Arbeitsentgelt und nicht nach der Gleitzonenregelung zu berechnen sind, wenn der Arbeitnehmer nicht bis spätestens zum 31.12.2014 die Anwendung der Gleitzonenregelung schriftlich gegenüber seinem Arbeitgeber beantragt hatte. Die Erklärung zur Anwendung der Gleitzonenregelung musste der Arbeitgeber zu den Entgeltunterlagen nehmen.

- Für bereits **vor dem 1.1.2013** begründete Beschäftigungsverhältnisse mit einem fortbestehendem Arbeitsentgelt innerhalb der alten Gleitzone von **400,01 € bis 450,– €**, gelten nach dem Auslaufen der in den Jahren 2013 und 2014 geltenden Bestandsschutzregelungen vom 1.1.2015 an uneingeschränkt die versicherungs-, beitrags- und melderechtlichen Regelungen für geringfügig entlohnt Beschäftigte. Nur in der RV besteht die Versicherungspflicht auch nach dem 31.12.2014 fort; der geringfügig Beschäftigte hat jedoch die Möglichkeit, die Befreiung von der RV-Pflicht zu beantragen.
- Bei mehreren Beschäftigungsverhältnissen ist das insgesamt im Monat erzielte Arbeitsentgelt maßgebend (vgl. § 20 Abs. 2 SGB IV). Bei Ausbildungsdienstverhältnissen gelten die Regelungen zur Gleitzone nicht.

Die Spitzenverbände der Sozialversicherungsträger haben die versicherungs-, beitrags- und melderechtliche Behandlung von Beschäftigungsverhältnissen in der Gleitzone mit Schreiben vom 9.12.2014 bekannt gemacht.

2. Berechnung des ermäßigten Arbeitsentgelts

Die Gleitzonenformel:

$$F \times 450 + \left(\left\{ \frac{850}{(850 - 450)} \right\} - \left\{ \frac{450}{(850 - 450)} \right\} \times F \right) \times (AE - 450)$$

mit folgender verkürzter Formel: $1{,}2802375 \times AE - 238{,}201875.$

AE ist das tatsächliche Arbeitsentgelt und F der Faktor, der sich ergibt, wenn der Wert 30 v.H. durch den zum 1.1. des jeweiligen Jahres geltenden gesetzlichen Gesamtsozialversicherungsbeitragssatz des Kalenderjahres geteilt wird. Unter Berücksichtigung eines Beitragssatzes von nunmehr 2,55% in der PV, eines Beitragssatzes von 18,7% in der RV, eines Beitragssatzes von 3,0% in der ALV und des allgemeinen Beitragssatzes von 14,6% zzgl. des durchschnittlichen Zusatzbeitragssatzes von weiterhin 1,1% in der KV ergibt sich für das Jahr 2017 ein neuer Faktor "F" (30 v.H. : 39,95 v.H. =) 0,7509*.

Die Verteilung der Beitragslast zwischen Arbeitgeber und Arbeitnehmer ist wie folgt geregelt: Der Arbeitgeber hat vom jeweiligen gesamten Versicherungsbeitrag für das ermäßigte Arbeitsentgelt den Anteil zu zahlen, der dem halben Betrag entspricht, wenn der Beitragssatz für das tatsächliche Arbeitsentgelt angewandt wird. Der verbleibende Restbetrag ergibt jeweils den Arbeitnehmeranteil.

---

* Siehe auch Bekanntmachung des Bundesministeriums für Arbeit und Soziales vom 22.11.2016, Bundesanzeiger vom 29.11.2016.

Beispiel:

Ein kinderloser Arbeitnehmer hat im Mai 2017 ein monatliches Arbeitsentgelt von 500,– € (= tatsächliches Arbeitsentgelt). Hieraus errechnet sich eine Bemessungsgrundlage von 401,92 € (= ermäßigtes Arbeitsentgelt) und die folgenden Arbeitgeber- und Arbeitnehmerbeiträge:

Halber Beitragssatz		Gesamtbeitrag (= halber Beitragssatz von 401,92 € x 2)	Arbeitgeberanteil (=halbe Beitragssatz von 500,– €)	Arbeitnehmer-anteil (= Restbetrag)
KV*	7,3%	58,68 €	36,50 €	22,18 €
PV**	1,275%	10,25 €	6,38 €	3,87 €
RV	9,35%	75,16 €	46,75 €	28,41 €
AV	1,5%	12,06 €	7,50 €	4,56 €
		156,15 €	**97,13 €**	**59,02 €**

** Beim Arbeitnehmeranteil kommt noch der kassenindividuelle Zusatzbeitrag i.H.v. angenommen 1,1% von 401,92 € = 4,42 € hinzu, weil der Zusatzbeitrag zur KV allein vom Beschäftigten zu tragen ist.

*** Das Beispiel betrifft einen kinderlosen Arbeitnehmer außerhalb von Sachsen. Der Zuschlag für Kinderlose in Höhe von 0,25% ist allein vom Arbeitnehmer zu tragen.

Davon abweichend ist in der Rentenversicherung beitragspflichtige Einnahme das tatsächliche Arbeitsentgelt aus der versicherungspflichtigen Beschäftigung, wenn der Arbeitnehmer dies schriftlich gegenüber dem Arbeitgeber erklärt. Die Erklärung kann nur mit Wirkung für die Zukunft und bei mehreren Beschäftigungen nur einheitlich abgegeben werden und ist für die Dauer der Beschäftigungen bindend.

Das ermäßigte Arbeitsentgelt ist Berechnungsgrundlage für die Ermittlung des Arbeitnehmeranteils zur Sozialversicherung. Hinsichtlich der Berechnung des Arbeitgeberanteils zur Sozialversicherung und hinsichtlich der **Versteuerung des Arbeitslohnes** ist der tatsächliche Arbeitslohn maßgebend. Bei einem laufenden Arbeitslohn von mehr als 450,– € ist regelmäßig der Lohnsteuerabzug nach den individuellen Besteuerungsmerkmalen des Arbeitnehmers vorzunehmen.

3. Mehrere Beschäftigungen während des gesamten Kalendermonats

Werden mehrere (ggf. durch Zusammenrechnung) versicherungspflichtige Beschäftigungen ausgeübt, deren Arbeitsentgelte jedoch in der Summe innerhalb der Gleitzone liegen, berechnen sich die beitragspflichtigen Einnahmen nun wie folgt:

$$\frac{[F \times 450 + ([850/(850-450)] - [450/(850-450)] \times F) \times (GAE - 450)] \times EAE}{GAE}$$

oder vereinfacht:

$$\frac{(1{,}2759625 \times GAE - 234{,}568125) \times EAE}{GAE}$$

EAE = Einzelarbeitsentgelt
GAE = Gesamtarbeitsentgelt

Das Ergebnis der Berechnung ist auf zwei Dezimalstellen zu runden, wobei die letzte Dezimalstelle um 1 zu erhöhen ist, wenn sich in der folgenden Dezimalstelle eine der Zahl 5 bis 9 ergeben würde.

Der Arbeitnehmer hat seinen Arbeitgebern die für die Beitragsberechnung erforderlichen Angaben über die Höhe der jeweiligen monatlichen Arbeitsentgelte der einzelnen Beschäftigungen zu machen (§ 28o Abs. 1 SGB IV).

6.10 Aushilfskräfte in der Land- und Forstwirtschaft

Wenn der Arbeitslohn der Aushilfskraft nicht ausnahmsweise als geringfügig Beschäftigte im Sinne des Sozialversicherungsrecht mit 2% pauschal besteuert wird (vgl. Tz 6.9), dann kann der Arbeitgeber die Lohnsteuer auch pauschal gemäß § 40a Abs. 3 EStG erheben. **Der Pauschsteuersatz beträgt 5%.**

Folgende Voraussetzungen müssen gemäß § 40a Abs. 3 EStG für die Pauschalierung der Lohnsteuer vorliegen:

1. **Die Aushilfskraft muss in einem Betrieb der Land- und Forstwirtschaft im Sinne des § 13 Abs. 1 Nr. 1 bis 4 EStG beschäftigt sein.** In einem Gewerbebetrieb kann diese Lohnsteuerpauschalierung deshalb nicht angewendet werden, auch wenn der Arbeitnehmer in diesem Betrieb land- und forstwirtschaftliche Tätigkeiten verrichtet. Wird ein land- und forstwirtschaftlicher Betrieb nur wegen seiner Rechtsform als Gewerbebetrieb geführt (z. B. durch eine Kapitalgesellschaft), ist die Pauschalierung allerdings zulässig. Gleiches gilt, wenn der Betrieb nur wegen § 15 Abs. 3 Nr. 1 EStG (Abfärbetheorie) als Gewerbebetrieb anzusehen ist (BFH vom 14.9.2005, BStBl 2006 II S. 92).

2. **Die Aushilfskraft darf nur mit typisch land- und forstwirtschaftlichen Arbeiten beschäftigt werden.** Hierzu gehören alle Arbeiten, die der ordnungsgemäßen Bewirtschaftung des land- und forstwirtschaftlichen Betriebs dienen. Bei einem forstwirtschaftlichen Betrieb kann hierzu nach dem BFH-Urteil vom 12.6.1986, BStBl II S. 681, z. B. auch der Wegebau gerechnet werden. Dagegen üben z. B. Blumenbinder oder Verkäufer keine typische land- und forstwirtschaftliche Tätigkeit aus.

3. **Bei der beschäftigten Person darf es sich nicht um eine land- und forstwirtschaftliche Fachkraft handeln.** Zu den Fachkräften zählen in jedem Fall Personen, die die zu beurteilende Tätigkeit im Rahmen einer Berufsausbildung erlernt haben. Aber auch ein angelernter Arbeiter, der nach seinen Fähigkeiten in der Lage ist, eine Fachkraft zu ersetzen und auch als solche eingesetzt wird, kann nicht in die Pauschalierung nach § 40a Abs. 3 EStG einbezogen werden. Ein Arbeitnehmer ist anstelle einer land- und forstwirtschaftlichen Fachkraft eingesetzt, wenn mehr als 25% der zu beurteilenden Tätigkeit Fachkraft-Kenntnisse erfordern (BFH vom 25.10.2005, BStBl 2006 II S. 208). Traktorführer sind danach in der Regel Fachkräfte (BFH vom 25.10.2005, BStBl 2006 II S. 204).

4. **Bei der Beschäftigung muss es sich in ihrer Art nach um eine vorübergehende Aushilfstätigkeit (saisonale Tätigkeit) handeln,** die nicht das ganze Jahr über anfällt. Land- und forstwirtschaftliche Arbeiten fallen nicht ganzjährig an, wenn sie wegen der Abhängigkeit vom Lebensrhythmus der produzierten Pflanzen oder Tiere einen erkennbaren Abschluss in sich tragen. Reinigungsarbeiten sind deshalb dann keine saisonbedingten Arbeiten, wenn sie ihrer Art nach während des ganzen Jahres anfallen. Eine Beschäftigung mit anderen land- und forstwirtschaftlichen Arbeiten wird als unschädlich angesehen, wenn deren Dauer 25% der Gesamtbeschäftigung nicht überschreitet. Die Unschädlichkeitsgrenze bezieht sich auf ganzjährig anfallende land- und forstwirtschaftliche Arbeiten; für andere land- und forstwirtschaftliche Arbeiten gilt sie nicht. Im Einzelnen vergleiche auch die BFH-Urteile vom 25.10.2005, BStBl 2006 II S. 204 und S. 206).
5. **Die Aushilfskraft darf vom Arbeitgeber nicht mehr als 180 Tage** im Kalenderjahr beschäftigt werden.
6. **Der Arbeitslohn darf während der Beschäftigungsdauer 12,– € je Arbeitsstunde nicht übersteigen.** Für die Berechnung des Stundenlohns ist die Zahl der tatsächlichen Arbeitstage und der gesamte steuerpflichtige Arbeitslohn während der Beschäftigungsdauer maßgebend.

Die vorgenannten Pauschalierungsvoraussetzungen müssen durch **Aufzeichnungen** nachgewiesen werden. Dabei genügt es, wenn der Arbeitgeber Aufzeichnungen führt, aus denen sich für die einzelnen Aushilfskräfte

- Name und Anschrift,
- die Dauer der Beschäftigung,
- der Tag der Zahlung,
- die Höhe des Arbeitslohns und
- die Art der Beschäftigung

ergeben. Als Beschäftigungsdauer ist die Zahl der tatsächlichen Arbeitsstunden in dem jeweiligen Lohnzahlungs- oder Lohnabrechnungszeitraum festzuhalten.

Bezüglich der Erhebung der pauschalen Kirchensteuer und des Solidaritätszuschlags vgl. Tz 6.13 bzw. 5.16.

Zur **sozialversicherungsrechtlichen Behandlung** der Aushilfskräfte in der Land- und Forstwirtschaft wird auf die Ausführungen zur Sozialversicherung in Tz 6.8 (kurzfristige Beschäftigung) und Tz 6.9 verwiesen.

6.11 Pauschalierung bestimmter Zukunftssicherungsleistungen

a) Welche Beiträge können noch pauschal versteuert werden?

Mit dem Alterseinkünftegesetz ist die Pauschalversteuerung nach § 40b EStG ab dem 1.1.2005 grundsätzlich aufgehoben worden. Aus Gründen des Vertrauensschutzes besteht jedoch auch nach dem 31.12.2004 weiterhin die Möglichkeit der Pauschalversteuerung für Beiträge zugunsten einer **Direktversicherung**, sofern die Beiträge aufgrund einer Versorgungszusage geleistet werden, die vor dem 1.1.2005 erteilt worden ist (sog. **Altzusage**; vgl. Tz 10.4).

Daneben kommt die Pauschalversteuerung auch noch für aufgrund einer Altzusage geleistete Zuwendungen an **kapitalgedeckte Pensionskassen** in Betracht, sofern die Zuwendungen nicht nach § 3 Nr. 63 Satz 1 EStG im Rahmen der 4%-Grenze steuerfrei bleiben (vgl. Tz 14.2). Zur Pauschalversteuerung von Beiträgen an umlagefinanzierte Pensionskassen im öffentlichen Dienst (vgl. Buchstabe j).

Der Arbeitgeber kann die Lohnsteuer von den Beiträgen für eine Direktversicherung des Arbeitnehmers und von den Zuwendungen an eine Pensionskasse nach § 40b EStG mit einem **Pauschsteuersatz von 20%** innerhalb bestimmter Pauschalierungsgrenzen (siehe Buchstabe c und d) erheben. Der Pauschsteuersatz schließt die Übernahme der Lohnsteuer, zu der der Arbeitgeber bei der pauschalen Erhebung verpflichtet ist, ein.

Pauschalierungsfähig sind nur Zukunftssicherungsleistungen, die aus einem ersten Dienstverhältnis bezogen werden; bei Arbeitnehmern in der Steuerklasse VI ist deshalb eine Pauschalierung nicht möglich; sie ist aber zulässig bei Arbeitnehmern, deren Barlohn nach § 40a EStG pauschal versteuert wird, und wenn der Arbeitgeber sich vergewissert hat, dass es sich um das erste Dienstverhältnis des Arbeitnehmers handelt.

b) Pauschalierungsfähige Direktversicherungsbeiträge (Altzusage)

Der Begriff der Direktversicherung ergibt sich auch für das Steuerrecht aus dem Betriebsrentengesetz (BetrAVG); vgl. im Handbuch Anlage 5. Danach ist eine Direktversicherung eine Lebensversicherung auf das Leben des Arbeitnehmers, die durch den Arbeitgeber abgeschlossen worden ist und bei der der Arbeitnehmer oder seine Hinterbliebenen hinsichtlich der Leistungen des Versicherers ganz oder teilweise bezugsberechtigt sind.

Die **Bezugsberechtigung** des Arbeitnehmers oder seiner Hinterbliebenen kann widerruflich oder unwiderruflich sein; bei widerruflicher Bezugsberechtigung sind die Bedingungen des Widerrufs für die steuerliche Behandlung der Beiträge unbeachtlich. Eine Pauschalierung ist auch zulässig, wenn eine beliebige Person als Bezugsberechtigte für den Fall des Todes des Arbeitnehmers benannt wird. Es kommt für die Pauschalierungsfähigkeit der Beiträge auch nicht darauf an, ob die Anwartschaft des Arbeitnehmers arbeitsrechtlich bereits unverfallbar ist.

Für die Pauschalierung ist es außerdem gleichgültig, ob es sich um Kapitalversicherungen einschließlich Risikoversicherungen, um Rentenversicherungen oder fondsgebundene Lebensversicherungen handelt. Kapitalversicherungen mit einer **Vertragsdauer von weniger als 5 Jahren** werden nicht als Direktversicherungen im Sinne des § 40b EStG anerkannt.

Die Pauschalierung ist nicht für jede Direktversicherung zulässig; es müssen noch die folgenden besonderen Voraussetzungen vorliegen:

1. Die Versicherung darf nicht auf den Erlebensfall eines früheren als des 60. Lebensjahres des Arbeitnehmers abgeschlossen sein. Der Versicherungsvertrag darf keine Regelung enthalten, nach der die Versicherungsleistung für den Erlebensfall vor Ablauf des 59. Lebensjahres fällig werden könnte. Werden Gewinnanteile zur

Abkürzung der Versicherungsdauer verwendet, so muss die Laufzeitverkürzung bis zur Vollendung des 59. Lebensjahres begrenzt sein.

2. Die Abtretung oder Beleihung eines dem Arbeitnehmer eingeräumten unwiderruflichen Bezugsrechts muss im Versicherungsvertrag ausgeschlossen worden sein.

3. Eine vorzeitige Kündigung des Versicherungsvertrags durch den Arbeitnehmer muss ausgeschlossen sein. Davon kann ausgegangen werden, wenn zwischen dem Arbeitgeber und dem Versicherer im Versicherungsvertrag folgende Vereinbarung getroffen worden ist:

   > „Es wird unwiderruflich vereinbart, dass während der Dauer des Dienstverhältnisses eine Übertragung der Versicherungsnehmer-Eigenschaft und eine Abtretung von Rechten aus diesem Vertrag auf den versicherten Arbeitnehmer bis zu dem Zeitpunkt, in dem der versicherte Arbeitnehmer sein 59. Lebensjahr vollendet, insoweit ausgeschlossen ist, als die Beiträge vom Versicherungsnehmer (Arbeitgeber) entrichtet worden sind."

   Wird anlässlich der Beendigung des Dienstverhältnisses die Direktversicherung auf den ausscheidenden Arbeitnehmer übertragen, bleibt die Pauschalierung der Direktversicherungsbeiträge in der Vergangenheit hiervon unberührt. Dies gilt unabhängig davon, ob der Arbeitnehmer den Direktversicherungsvertrag auf einen neuen Arbeitgeber überträgt, selbst fortführt oder kündigt.

c) Prüfung der Pauschalierungsgrenze

Beiträge zu einer Direktversicherung und Zuwendungen an eine kapitalgedeckte Pensionskasse, die aufgrund von Altzusagen geleistet werden, dürfen nur pauschal versteuert werden, soweit sie insgesamt für den einzelnen Arbeitnehmer **1.752,– €** im Kalenderjahr nicht übersteigen.

Diese Pauschalierungsgrenze übersteigende Leistungen sind beim Arbeitnehmer durch Hinzurechnung zum übrigen Arbeitslohn dem Lohnsteuerabzug zu unterwerfen. Die Pauschalierungsgrenze kann auch in den Fällen voll ausgeschöpft werden, in denen feststeht, dass dem Arbeitnehmer in einem vorangegangenen Dienstverhältnis im selben Kalenderjahr bereits pauschal versteuerte Zukunftssicherungsleistungen zugeflossen sind.

Werden die Zukunftssicherungsleistungen nicht in einem Jahresbetrag erbracht, ist die Pauschalierungsgrenze jeweils um den Betrag zu mindern, der bereits bei der Pauschalbesteuerung der früheren Leistungen im selben Kalenderjahr berücksichtigt worden ist.

Pauschalierung bei gemeinsamer Versicherung mehrerer Arbeitnehmer

Sind mehrere Arbeitnehmer aufgrund einer Altzusage gemeinsam in einem Direktversicherungsvertrag oder in einer Pensionskasse versichert, so ist eine Durchschnittsberechnung anzustellen. Der Durchschnittsbetrag kann nur dann pauschal versteuert werden, wenn er **1.752,– €** im Kalenderjahr nicht übersteigt. Beiträge zu Direktversicherungen können nur dann in die Durchschnittsberechnung einbezogen werden, wenn ein gemeinsamer Versicherungsvertrag vorliegt. Direktversicherungen, die nach einem Wechsel des Arbeitgebers beim neuen Arbeitgeber als Einzelversicherungen fortgeführt werden, erfüllen diese Voraussetzungen nicht (vgl. BFH vom 11.3.2010, BStBl 2011 II S. 183).

Beispiel I:

In einem gemeinsamen Versicherungsvertrag werden 10 Arbeitnehmer versichert.

Gesamtprämie	*17.000,– €*
Auf 1 Arbeitnehmer entfallen	*1.700,– €*

Die Pauschalierungsgrenze von 1.752,– € ist nicht überschritten. Die Gesamtprämie kann pauschal versteuert werden. Von der Pauschalierungsgrenze sind für jeden Arbeitnehmer 1.700,– € verbraucht.

Beispiel II:

In einem gemeinsamen Versicherungsvertrag werden 50 Arbeitnehmer versichert. Die Versicherungsprämie beträgt 100.000,– €.

Auf 1 Arbeitnehmer entfallen 2.000,– €.

Die Pauschalierungsgrenze von 1.752,– € ist überschritten. Die Gesamtzuwendung kann deshalb nicht pauschal versteuert werden. Falls die Zuwendung nicht individuell auf die einzelnen Arbeitnehmer aufteilbar ist, können für jeden Arbeitnehmer 1.752,– € pauschal versteuert werden; 248,– € sind dann bei jedem Arbeitnehmer zusammen mit seinem übrigen Arbeitslohn dem Lohnsteuerabzug entsprechend den individuellen Besteuerungsmerkmalen des Arbeitnehmers zu unterwerfen.

Bei der Durchschnittsberechnung zu beachtende Höchstgrenze

In die Durchschnittsberechnung dürfen keine Arbeitnehmer einbezogen werden, für die der Arbeitgeber im Kalenderjahr insgesamt mehr als **2.148,– €** an Direktversicherungsbeiträgen und Pensionskassen-Zuwendungen aufbringt. Für Pensionskassen-Zuwendungen bleiben bei der Durchschnittsberechnung die Beiträge außer Ansatz, die nach § 3 Nr. 63 EStG steuerfrei sind oder wegen der Ausübung des Wahlrechts nach § 3 Nr. 63 Satz 2 EStG individuell versteuert werden, um die Förderung mit Zulage und Sonderausgabenabzug zu erhalten. Entsprechendes gilt für Beiträge an Direktversicherungen derjenigen Arbeitnehmer, die die Steuerfreiheit der Beiträge wollen (vgl. hierzu im Einzelnen Tz 13.2). Auch „Eigenbeiträge" des Arbeitnehmers, die aus versteuertem Arbeitslohn stammen, sind in die Durchschnittsberechnung nicht einzubeziehen (BFH vom 12.4.2007, BStBl II S. 619).

Beispiel:

Der Arbeitgeber erbringt folgende Jahresbeiträge aufgrund eines gemeinsamen Direktversicherungsvertrages:

a) für 1 Arbeitnehmer	*2.400,– €*
b) für 2 Arbeitnehmer je	*2.000,– €*
c) für 3 Arbeitnehmer je	*1.600,– €*
d) für 5 Arbeitnehmer je	*1.500,– €*

1. *Die Zukunftssicherungsleistungen für den Arbeitnehmer unter a) übersteigen die Höchstgrenze von 2.148,– €; sie dürfen deshalb nicht in die Durchschnittsberechnung einbezogen werden. Sie können nur bis zu* ***1.752,– €*** *(Pauschalierungsgrenze) pauschal versteuert werden. Der übersteigende Betrag von 648,– € ist bei diesem Arbeitnehmer individuell, d.h. zusammen mit seinem übrigen Arbeitslohn zu versteuern.*

2. *Bei den Arbeitnehmern b) bis d) wird die Höchstgrenze dagegen nicht überschritten. Für sie ist deshalb der Durchschnittsbetrag festzustellen:*

$$\frac{(2 \times 2.000,\text{– €}) + (3 \times 1.600,\text{– €}) + (5 \times 1.500,\text{– €})}{10\ \text{Arbeitnehmer}} = \underline{\underline{1.630,\text{– €}}}$$

Die Pauschalierungsgrenze von 1.752,– € ist somit nicht überschritten. Von den auf diese Arbeitnehmer entfallenden Beiträgen zum gemeinsamen Direktversicherungsvertrag kann die Lohnsteuer deshalb insgesamt pauschal erhoben werden.

Gemeinsamer Versicherungsvertrag

Voraussetzung ist, dass mehrere Arbeitnehmer (mindestens zwei) gemeinsam in einem Direktversicherungsvertrag versichert sind (Gruppenversicherung). Auch wenn nur in einem Rahmenvertrag mit einem oder mehreren Versicherungsunternehmen sowohl die versicherten Personen als auch die versicherten Wagnisse bezeichnet werden und die Einzelheiten in Zusatzvereinbarungen geregelt sind, liegt noch eine gemeinsame Versicherung vor. Wird in einem Rahmenvertrag allerdings nur der Beitragseinzug und die Beitragsabrechnung geregelt, handelt es sich nicht um einen gemeinsamen Direktversicherungsvertrag. Direktversicherungen, die nach einem Wechsel des Arbeitgebers beim neuen Arbeitgeber als Einzelversicherungen fortgeführt werden, erfüllen diese Voraussetzungen ebenfalls nicht (vgl. BFH vom 11.3.2010, BStBl 2011 II S. 183).

d) Pauschalierungsgrenze bei Beendigung des Dienstverhältnisses

Erbringt der Arbeitgeber aufgrund einer Altzusage aus Anlass der Beendigung des Dienstverhältnisses für den Arbeitnehmer Beiträge und Zuwendungen, so vervielfältigt sich der Betrag von 1.752,– € mit der Anzahl der Kalenderjahre, in denen das Dienstverhältnis bestanden hat. Diese vervielfältigte Pauschalierungsgrenze vermindert sich um die pauschal versteuerten Beiträge und Zuwendungen, die der Arbeitgeber im Jahr der Beendigung des Dienstverhältnisses und in den vorangegangenen 6 Jahren erbracht hat.

Für die Anwendung der Vervielfältigungsregel kommt es nicht auf den Grund der Beendigung des Dienstverhältnisses an. Sie kann deshalb bei einer Kündigung durch den Arbeitnehmer, bei einer vom Arbeitgeber veranlassten Auflösung des Dienstverhältnisses und auch bei einer Beendigung wegen Erreichens der Altersgrenze genutzt werden. Voraussetzung ist, dass die Leistung des Arbeitgebers mit der Beendigung des Dienstverhältnisses im Zusammenhang steht. Falls der Zeitpunkt des Ausscheidens feststeht, ist dieser Zusammenhang auch noch gegeben, wenn die Vervielfältigungsregel 3 Monate vorher angewandt wird. Die Anwendung der Vervielfältigungsregelung für die Pauschalierung setzt voraus, dass die begünstigten Aufwendungen aufgrund einer Altzusage (vgl. Tz 10.4) geleistet werden. Die Höhe der begünstigten Beiträge muss dabei nicht bereits bei Erteilung dieser Zusage bestimmt worden sein.

Beispiel I:

Der Arbeitnehmer scheidet aus Altersgründen aus. Er hat seit 15 Jahren einen Direktversicherungsvertrag. Aufgrund dieser Versicherung hat der Arbeitgeber für ihn einen jährlichen Beitrag von 1.752,– € geleistet, der auch noch im Jahr des Ausscheidens pauschal versteuert worden ist. Anlässlich des Ausscheidens im Jahr 2017 leistet der Arbeitgeber zur Aufbesserung der Versorgung des Arbeitnehmers in die Direktversicherung (Altzusage) eine Einmalprämie von 25.000,– €.

Berechnung der Pauschalierungsgrenze:

1.752,– € x 20 Kalenderjahre, in denen das Dienstverhältnis bestanden hat =	*35.040,– €*
Minderung um die im Jahr des Ausscheidens und in den 6 vorangegangenen Kalenderjahren pauschal versteuerten Beträge = 7 x 1.752,– €=	*12.264,– €*
pauschalierungsfähig	*22.776,– €*

Der Rest der Prämie von 2.224,– € muss beim Arbeitnehmer individuell als sonstiger Bezug besteuert werden (vgl. Tz 5.8).

Die Vervielfältigungsregelung kann auch Anwendung finden, wenn Wertguthaben eines Arbeitszeitkontos (vgl. Tz 4.2 Stichwort „Arbeitszeitkonten") aus Anlass der Beendigung des Dienstverhältnisses zugunsten von Beiträgen für die betriebliche Altersversorgung im Durchführungsweg der Direktversicherung verwendet wird. Das Gleiche gilt, wenn der Direktversicherungsbeitrag durch Umwandlung von Arbeitslohn aufgebracht wird (vergleiche im Einzelnen nachfolgend „Umwandlung von Barlohn in Zukunftssicherungsleistungen").

Zum Verhältnis der Vervielfältigungsregelung für die Pauschalierung und der Vervielfältigungsregelung für die Steuerfreiheit der Beiträge siehe auch Tz 13.4).

e) Umwandlung von Barlohn in Zukunftssicherungsleistungen

Für die **Lohnsteuer-Pauschalierung** kommt es nicht darauf an, ob die Beiträge und Zuwendungen zusätzlich zu dem ohnehin geschuldeten Arbeitslohn oder anstelle des geschuldeten Barlohns erbracht werden. Zur Erlangung steuerlicher Vorteile kann der Arbeitnehmer deshalb bis zur Fälligkeit des Arbeitslohns mit dem Arbeitgeber die Umwandlung eines Teils des individuell zu besteuernden Gehalts in eine pauschal zu versteuernde Zukunftssicherungsleistung vereinbaren. Steuerlich spielt es keine Rolle, ob laufender Arbeitslohn oder sonstige Bezüge für die Zukunftssicherungsleistungen verwendet werden.

Beispiel:

Der Arbeitnehmer hat Anspruch auf ein 13. Monatsgehalt i.H.v. 3.000,– €. Er hat mit dem Arbeitgeber vereinbart, dass dieser hiervon jährlich 1.752,– € auf einen Direktversicherungsvertrag einzahlt. Bei der Direktversicherung handelt es sich um eine Altzusage, so dass eine Pauschalversteuerung nach wie vor möglich ist. Im Beispielsfall will der Arbeitgeber die für die Versicherungsprämie anfallenden Pauschalsteuern tragen.

13. Monatslohn	*3.000,– €*
Gehaltsumwandlung:	
Versicherungsprämie	*1.752,– €*
Dem normalen Lohnsteuerabzug unterliegt das 13. Monatsgehalt nur noch in Höhe von	*1.248,– €*

Die Barlohnkürzung kann auch die pauschale Lohn- und Kirchensteuer sowie den Solidaritätszuschlag mit einschließen. Eine solche Vereinbarung stellt einen arbeitsrechtlichen Vorgang dar. Zu beachten ist aber, dass auf den Arbeitnehmer abgewälzte Pauschalsteuern als zugeflossener Arbeitslohn gelten und die Bemessungsgrundlage nicht mindern dürfen.

f) Direktversicherungsbeiträge für den im Betrieb mitarbeitenden Ehegatten

Für die Anerkennung von Direktversicherungsbeiträgen im Rahmen von Ehegatten-Arbeitsverhältnissen gilt Folgendes:

- Die Ernsthaftigkeit der Versorgungsleistungen des Arbeitgeber-Ehegatten braucht bei Aufwendungen zu einer Direktversicherung nicht geprüft zu werden, da hier – anders als bei einer Pensionszusage – die Leistungen des Arbeitgeber-Ehegatten sofort erfolgen.
- Ist das Ehegatten-Arbeitsverhältnis dem Grunde nach und das vereinbarte Entgelt der Höhe nach anzuerkennen, so kann auch die betriebliche Veranlassung für Beiträge zu einer Direktversicherung nicht verneint werden, wenn von der Barlohnumwandlung Gebrauch gemacht wird.
- Die betriebliche Veranlassung muss aber geprüft werden, wenn der Arbeitgeber-Ehegatte die Beiträge zur Direktversicherung zusätzlich zum geschuldeten Arbeitslohn erbringt. Es kommt darauf an, ob für familienfremde Arbeitnehmer, die eine gleiche, ähnliche oder geringerwertige Tätigkeit wie der Ehegatte ausüben und hinsichtlich der Betriebszugehörigkeit dem Ehegatten vergleichbar sind, eine Direktversicherung abgeschlossen oder ihnen zumindest ernsthaft angeboten wurde. Für den Vergleich dürfen keine Arbeitnehmer herangezogen werden, bei denen die Versicherungsbeiträge aus einem Barlohnverzicht bestritten werden.
- Die Versorgungsaufwendungen des Arbeitgeber-Ehegatten dürfen nicht unangemessen sein, d.h., das Entgelt (Barlohn und Versorgungsleistung) darf insgesamt nicht zu hoch sein und die Versorgungsleistungen müssen in einem angemessenen Verhältnis zum übrigen Arbeitslohn stehen. Das ist der Fall, wenn die zu erwartenden Leistungen aus der betrieblichen Altersversorgung zusammen mit der Rente aus der gesetzlichen Rentenversicherung nicht höher sind als 75% des letzten steuerlich anzuerkennenden Arbeitslohns des Arbeitnehmer-Ehegatten.
- Sind die Direktversicherungsbeiträge nach diesen Grundsätzen betrieblich veranlasst und der Höhe nach angemessen, sind sie beim Arbeitgeber-Ehegatten als Betriebsausgaben abzugsfähig. Beim Arbeitnehmer-Ehegatten stellen sie Arbeitslohn dar, der nach § 3 Nr. 63 EStG ggf. steuerfrei ist (vgl. Tz 13) oder – falls die Beiträge aufgrund einer Altzusage geleistet werden – nach § 40b EStG pauschal mit einem Steuersatz von 20% versteuert werden kann.

g) Direktversicherungsbeiträge für den beherrschenden Gesellschafter-Geschäftsführer

Die von der Rechtsprechung entwickelten Grundsätze zur Frage der Ernsthaftigkeit der Belastung bei Pensionszusagen an Gesellschafter-Geschäftsführer werden bei Direktversicherungen nicht angewendet. Bei Direktversicherungen ist vielmehr bereits deshalb von der Ernsthaftigkeit auszugehen, weil der Versicherer die Versicherungsleistung unabhängig von der tatsächlichen Pensionierung des Geschäftsführers zu erbringen hat. Dementsprechend hat die Finanzverwaltung im BMF-Schreiben vom 3.11.2004, BStBl I S. 1.045, festgelegt, dass der Betriebsausgabenabzug von Beiträgen an Direktversicherungen, Pensionskassen und Pensionsfonds sich aus den §§ 4 Abs. 4, 4c und 4e EStG ergibt und weitere Beschränkungen des Betriebsausgabenabzugs grundsätzlich nicht bestehen. Die Aufwendungen stellen beim Geschäftsführer Arbeitslohn dar, der nach § 3 Nr. 63 EStG ggf. steuerfrei ist (vgl. Tz 13) oder – falls die Beiträge aufgrund einer Altzusage geleistet werden – nach § 40b EStG pauschal mit einem Steuersatz von 20% versteuert werden kann.

h) Wegfall des Bezugsrechts bei pauschal besteuerten Beiträgen

Verliert der Arbeitnehmer sein Bezugsrecht aus einer Direktversicherung (z. B. weil er vorzeitig aus dem Dienstverhältnis ausscheidet) ganz oder teilweise ersatzlos, so liegt eine **Arbeitslohnrückzahlung** vor. Zudem ist nach R 40b.1 Abs. 13 Satz 1 LStR Voraussetzung, dass das Versicherungsunternehmen als Arbeitslohn versteuerte Beiträge an den Arbeitgeber zurückerstattet. Dies bedeutet, dass der alleinige Verlust des Bezugsrechts nicht mehr zu einer Arbeitslohnrückzahlung führt. Damit wird der negative Arbeitslohn nur noch mit dem zurückgezahlten Betrag und nicht mehr mit dem verlorenen geschäftsplanmäßigen Deckungskapital berücksichtigt. Während früher (vgl. R 40b.1 Abs. 12 LStR 2008) als Arbeitslohnrückzahlung auch die Gewinnanteile zu behandeln waren, die zugunsten des Arbeitgebers beim Versicherungsunternehmen angesammelt, während der Versicherungsdauer mit fälligen Beiträgen des Arbeitgebers verrechnet oder an den Arbeitgeber ausgezahlt werden, ist dies im Hinblick auf das BFH-Urteil vom 12.11.2009, BStBl 2010 II S. 845, bei Gewinnausschüttungen ab dem 1.1.2011 nicht mehr möglich (vgl. BMF-Schreiben vom 28.9.2010, BStBl I S. 760). Der Verlust des Bezugsrechts bei Insolvenz des Arbeitgebers führt hingegen wegen des Ersatzanspruches nicht zu einer Arbeitslohnrückzahlung (vgl. BFH vom 5.7.2007, BStBl II S. 774).

Die Arbeitslohnrückzahlung mindert die gleichzeitig (in demselben Kalenderjahr) anfallenden pauschalierungsfähigen Beitragsleistungen des Arbeitgebers. Übersteigen in einem Kalenderjahr die Arbeitslohnrückzahlungen betragsmäßig die Beitragsleistungen des Arbeitgebers, ist eine Minderung der Beitragsleistungen im selben Kalenderjahr nur bis auf Null möglich; sie kann nach dem BFH-Urteil vom 28.4.2016, BStBl II S. 898, auch nicht zu einer negativen pauschalen Lohnsteuer führen. Eine Minderung über die im Kalenderjahr der Verrechnung oder Auszahlung der Gewinnanteile fälligen Beitragsleistungen hinaus, also von Beitragsleistungen des Arbeitgebers aus den Vorjahren, ist nicht mehr möglich.

Die Einzelheiten zur Behandlung der Arbeitslohnrückzahlung regelt R 40b.1 Abs. 13 bis 16 LStR.

i) Sozialversicherungsrechtliche Behandlung von pauschalbesteuerten Direktversicherungsbeiträgen und Zuwendungen an Pensionskassen

Wird die Lohnsteuer nach § 40b EStG pauschal erhoben, gilt für die Beitragsberechnung Folgendes:

1. Die pauschal versteuerten Zukunftssicherungsleistungen gehören nach Maßgabe des § 1 Abs. 1 Satz 1 Nr. 4 und Nr. 4a sowie Satz 2 SvEV – vgl. Anlage 2 im Handbuch – nicht zum beitragspflichtigen Arbeitsentgelt.

2. Das gilt für ab dem 1.1.1981 abgeschlossene Direktversicherungsverträge jedoch nur, wenn die Zukunftssicherungsleistungen entweder zusätzlich zum ohnehin geschuldeten Arbeitslohn oder ausschließlich aus Einmalzahlungen aufgebracht werden. Hierauf muss bei Gehaltsumwandlungsverträgen für Arbeitnehmer, deren Barlohn nicht ohnehin die Beitragsbemessungsgrenze übersteigt, geachtet werden.

Beispiel I:

Das laufende vertragliche Gehalt beträgt monatlich 3.000,– €. Der Arbeitnehmer hat mit seinem Arbeitgeber vereinbart, dass vom Gehalt monatlich 146,– € in eine Direktversicherung (Altzusage) eingezahlt und pauschal besteuert werden. Die anfallenden Pauschalsteuern in Höhe von insgesamt 32,85 € [pauschale Lohnsteuer: 29,20 € (= 20% von 146,– €); pauschale Kirchensteuer: 2,04 € (= angenommen 7% von 29,20 €); Solidaritätszuschlag: 1,61 € (= 5,5% von 29,20 €)] trägt der Arbeitnehmer.

Dem Lohnsteuerabzug nach den individuellen Besteuerungsmerkmalen des Arbeitnehmers unterliegen 3.000,– € ./. 146,– € = 2.854,– €. Die vom Arbeitnehmer getragenen Pauschalsteuern mindern die Bemessungsgrundlage nicht. Wenn die Pauschalsteuern – wie im Beispiel – vom Arbeitnehmer getragen werden sollen, muss er sich diese von seinem Nettogehalt abziehen lassen.

Das beitragspflichtige Arbeitsentgelt in der Sozialversicherung beträgt 3.000,– €, da der Verzicht auf laufende Bezüge zugunsten einer Direktversicherung hier weiterhin nicht berücksichtigt wird.

Beispiel II:

Der Arbeitnehmer hat Anspruch auf eine Sonderzuwendung von 2.500,– €. Er vereinbarte mit dem Arbeitgeber, dass dieser hiervon im Wege der Gehaltsumwandlung 1.752,– € auf eine Direktversicherung aufgrund einer Altzusage einzahlt und die pauschalen Steuern (LSt, KiSt und SolZ) vom Auszahlungsbetrag gekürzt werden, weil im Innenverhältnis der Arbeitnehmer die Pauschalsteuern tragen will.

Sonderzuwendung	*2.500,— €*
Davon werden umgewandelt:	
Direktversicherungsbeitrag	*1.752,— €*
Lohnsteuerabzug als sonstiger Bezug nach den individuellen Besteuerungsmerkmalen	*748,— €*

Die anfallenden Pauschalsteuern, die der Arbeitgeber an das Finanzamt abzuführen hat, werden entsprechend der Vereinbarung im Innenverhältnis vom Arbeitnehmer getragen.

Pauschale LSt 20% von 1.752,– € =	*350,40 €*
Pauschale KiSt (angenommen 7% von 350,40 €) =	*24,53 €*
Solidaritätszuschlag (5,5% von 350,40 €) =	*19,27 €*
Der Auszahlungsbetrag wird somit um gekürzt.	*394,20 €*

Da der Direktversicherungsbeitrag im Beispiel II aus einer Einmalzahlung aufgebracht wird, kann die Gehaltsumwandlung auch bei der Berechnung des Sozialversicherungsbeitrags berücksichtigt werden, so dass im Beispielsfall 1.752,– € nicht dem sozialversicherungspflichtigen Arbeitsentgelt zugerechnet werden müssen und nur der gekürzte Betrag von 748,– € der Beitragspflicht unterliegt. Der aus einer Einmalzahlung finanzierte Direktversicherungsbeitrag wird in der Sozialversicherung insoweit anerkannt, als der Direktversicherungsbeitrag den Betrag der Sonderzuwendung nicht übersteigt.

Falls die Lohnsteuer nicht pauschal nach § 40b EStG, sondern beim einzelnen Arbeitnehmer durch Hinzurechnung der Zukunftssicherungsleistungen zum steuerpflichtigen Arbeitslohn erhoben wird, gehören laufende Arbeitgeberleistungen zum laufenden beitragspflichtigen Arbeitsentgelt des jeweiligen Lohnzahlungszeitraums. Bei Direktversicherungen gegen Einmalprämie und jährlichen steuerpflichtigen Zuwendungen an eine Pensionskasse ist die Arbeitgeberleistung als einmalig gezahltes Arbeitsentgelt zur Beitragsberechnung heranzuziehen.

Zur sozialversicherungsrechtlichen Behandlung, wenn die Beiträge nach § 3 Nr. 63 EStG steuerfrei sind, vergleiche Tz 13.5 bzw. 14.3.

j) Beiträge zu umlagefinanzierten Pensionskassen

Unabhängig und neben der vorgenannten Übergangsregelung für Altzusagen bei kapitalgedeckten Pensionskassen kommt eine Pauschalversteuerung der **laufenden Beiträge** aus einem ersten Dienstverhältnis im Rahmen der umlagefinanzierten Pensionskassen (i.d.R. nur im öffentlichen Dienst, z. B. Umlagen an die Versorgungsanstalt des Bundes und der Länder – VBL – bzw. an eine kommunale oder kirchliche Zusatzversorgungskasse) entsprechend § 40b Abs. 1 und 2 EStG i.d.F. ab 2005 in Betracht. Auch hierfür gilt der Pauschsteuersatz von 20%, soweit die zu besteuernden und nicht nach § 3 Nr. 56 EStG steuerfreien Zuwendungen die 1.752,-€-Grenze je Arbeitnehmer und Kalenderjahr nicht übersteigen und die Beiträge aus dem ersten Dienstverhältnis stammen.

Dabei ist ab dem Kalenderjahr 2008 hinsichtlich der Pauschalversteuerung zu beachten, dass nunmehr auch laufende Beiträge des Arbeitgebers an eine Pensionskasse, die nicht im Kapitaldeckungsverfahren, sondern im Umlageverfahren finanziert werden, in Höhe von bis zu 2% der Beitragsbemessungsgrenze in der gesetzlichen Rentenversicherung – West – im Rahmen des § 3 Nr. 56 EStG steuerfrei bleiben. Der Höchstbetrag beträgt damit im Jahr 2017 maximal 1.524,– €. Begünstigt sind nur die laufenden Zuwendungen des Arbeitgebers, nicht aber der Arbeitnehmeranteil an der Umlage. Zu beachten ist ferner, dass eine Steuerfreiheit nach § 3 Nr. 56 EStG nur insoweit in Betracht kommen kann, als im jeweiligen Dienstverhältnis die nach § 3 Nr. 63 EStG steuerfreien Beträge den Höchstbetrag des § 3 Nr. 56 EStG unterschreitet (§ 3 Nr. 56 Satz 3 EStG).

Beispiel:

Ein Arbeitgeber im öffentlichen Dienst zahlt in 2017 an seine ZVK einen Betrag in Höhe von

- *240,– € (= 12 x 20,– €) zugunsten einer getrennt verwalteten und abgerechneten kapitalgedeckten betrieblichen Altersversorgung (vgl. Tz 14) und*
- *1.680,– € (= 12 x 140,– €) zugunsten einer umlagefinanzierten betrieblichen Altersversorgung.*

Der Betrag von 240,– € ist steuerfrei gemäß § 3 Nr. 63 EStG (vgl. Tz 14.2), denn der entsprechende Höchstbetrag wird nicht überschritten.

Von der Umlage sind 1.284,– € steuerfrei nach § 3 Nr. 56 Satz 1 und 3 EStG (grundsätzlich 1.680,– €, aber maximal 2% der Beitragsbemessungsgrenze 2017 i.H.v. 1.524,– € abzüglich 396,– €). Die verbleibende Umlage i.H.v. 396,– € (= 1.680,– € abzügl. 1.284,– €) ist individuell oder gemäß § 40b Abs. 1 und 2 EStG pauschal zu besteuern.

Soweit die Beiträge nach § 3 Nr. 56 EStG steuerfrei bleiben, gehören sie nach Maßgabe des § 1 Abs. 1 Satz 1 Nr. 4a und Satz 2 SvEV auch nicht zum beitragspflichtigen Arbeitsentgelt.

Zudem ist in § 40b Abs. 4 EStG festgelegt, dass in den Fällen des § 19 Abs. 1 Nr. 3 Satz 2 EStG geleistete **Sonderzahlungen**, die der Arbeitgeber an die Pensionskasse anlässlich seines Ausscheidens aus einer nicht im Wege der Kapitaldeckung finanzierten betrieblichen Altersversorgung oder des Wechsels von einer nicht im Wege der Kapitaldeckung zu einer anderen nicht im Wege der Kapitaldeckung finanzierten betrieblichen Altersversorgung zu erbringen hat, nicht mehr steuerfrei, sondern mit einem Pauschsteuersatz von **15%** der Sonderzahlungen zu versteuern sind.

Zur pauschalen Lohnsteuer kommen noch der Solidaritätszuschlag und die pauschale Kirchensteuer (vgl. Tz 6.13).

6.12 Pauschalierung von Beiträgen zu Unfallversicherungen

Beiträge des Arbeitgebers zu einer Unfallversicherung des Arbeitnehmers gehören als Zukunftssicherungsleistung zum steuer- und beitragspflichtigen Arbeitslohn, wenn der Arbeitnehmer der Versicherung ausdrücklich oder stillschweigend zugestimmt hat (§ 2 Abs. 2 Nr. 3 LStDV – vgl. Anlage 1 im Handbuch).

Bei **Gruppenunfallversicherungen** hat der Arbeitgeber jedoch gemäß § 40b Abs. 3 EStG die Möglichkeit, die Lohnsteuer pauschal zu berechnen. **Der Pauschsteuersatz beträgt ab 20%.**

Die Pauschalierung ist nur zulässig, wenn mehrere Arbeitnehmer in einem Unfallversicherungsvertrag versichert sind und der Teilbetrag des steuerpflichtigen (zur Ermittlung vgl. Tz 4.2 Stichwort „Unfallversicherung") Prämienaufwands, der auf einen Arbeitnehmer entfällt, im Kalenderjahr weiterhin **62,– €** nicht übersteigt. Bei der Ermittlung dieser Pauschalierungsgrenze bleibt die Versicherungssteuer außer Ansatz. Ergibt sich ein höherer Durchschnittsbetrag, muss der auf die einzelnen Arbeitnehmer entfallende Prämienaufwand insgesamt im Wege des Lohnsteuerabzugs versteuert werden.

In der **Sozialversicherung** sind die nach § 40b Abs. 3 EStG pauschal versteuerten Beiträge zu einer Gruppenunfallversicherung beitragsfrei(§ 1 Abs. 1 Satz 1 Nr. 4 und Satz 2 SvEV – vgl. Anlage 2 im Handbuch). Voraussetzung für die Beitragsfreiheit ist, dass der Arbeitgeber die Prämien zusätzlich zu dem ohnehin vereinbarten Arbeitslohn zahlt, also keine Umwandlung von Barlohn vorliegt.

6.13 Pauschale Kirchensteuer

Die Lohnsteuerpauschalierung steht nach dem BFH-Urteil vom 30.11.1989 (BStBl 1990 II S. 993) einer Erhebung der Kirchensteuer nicht entgegen. Voraussetzung ist jedoch die Mitgliedschaft des Arbeitnehmers in einer kirchensteuerberechtigten Körperschaft. Bemessungsgrundlage für die Kirchensteuer ist die pauschale Lohnsteuer, die auf den kirchensteuerpflichtigen Arbeitnehmer entfällt.

In den Kirchensteuervorschriften der Länder ist neben dem allgemeinen Kirchensteuersatz für die Pauschalierungsfälle ein niedrigerer Steuersatz bestimmt. Dieser berücksichtigt, dass nicht alle von der Lohnsteuerpauschalierung betroffenen Arbeitnehmer einer kirchensteuerberechtigten Körperschaft angehören, der Arbeitgeber dies in Pauschalierungsfällen aber oft nicht nachweisen kann.

Aus dem von der Rechtsprechung aufgestellten Grundsatz, dass Kirchensteuer auch in Pauschalierungsfällen nur erhoben werden kann, wenn der betroffene Arbeitnehmer einer kirchensteuererhebungsberechtigten Körperschaft angehört, ergeben sich nach dem neuen koordinierten Ländererlass vom 8.8.2016, BStBl I S. 773, zu den einzelnen Pauschalierungsarten folgende Grundsätze:

a) Aus Vereinfachungsgründen kann der Arbeitgeber auf die Nachweisführung, ob der einzelne Arbeitnehmer einer kirchensteuererhebungsberechtigten Religionsgemeinschaft angehört oder nicht, verzichten und stattdessen auf die gesamte Bemessungsgrundlage den niedrigeren pauschalen Kirchensteuersatz (z. B. in Bayern 7%) anwenden. Entscheidet sich der Arbeitgeber für die **Vereinfachungsregelung**, hat er für sämtliche Arbeitnehmer Kirchensteuer zu entrichten. Die im vereinfachten Verfahren ermittelten Kirchensteuern sind nunmehr in einer Summe in der Lohnsteuer-Anmeldung bei Kennzahl 47 gesondert anzugeben und nicht mehr auf eine Religionsgemeinschaft aufzuteilen. Die Aufteilung wird nunmehr von der Finanzverwaltung übernommen.

b) Der Arbeitgeber weist nach, dass einzelne Arbeitnehmer keiner steuererhebenden Religionsgemeinschaft angehören. In diesem Fall kann der Arbeitgeber für diese Arbeitnehmer, die nachgewiesenermaßen keiner kirchensteuererhebungsberechtigten Körperschaft angehören, von der Erhebung der auf die pauschale Lohnsteuer entfallenden Kirchensteuer absehen. Für die übrigen Arbeitnehmer gilt dann der allgemeine Kirchensteuersatz. Die im **Nachweisverfahren** erhobene

Kirchensteuer muss vom Arbeitgeber in der Lohnsteuer-Anmeldung bei der jeweiligen Religionsgemeinschaft eingetragen werden. Zum Nachweis gilt Folgendes:

- Liegen dem Arbeitgeber zur Besteuerung der übrigen Bezüge die individuellen Lohnsteuerabzugsmerkmale des Arbeitnehmers vor, ist das vermerkte Religionsbekenntnis ohnehin in das Lohnkonto zu übernehmen. Da auch die pauschal versteuerten Bezüge in das Lohnkonto einzutragen sind, kann die fehlende Kirchensteuerpflicht mit dem Lohnkonto nachgewiesen werden. Sind Bezüge pauschal lohnversteuert worden, bei denen der auf den einzelnen Arbeitnehmer entfallende Teil nicht ohne weiteres ermittelt werden kann, sind sie in einem Sammelkonto anzuschreiben (§ 4 Abs. 2 Nr. 8 LStDV). In dieses Sammelkonto ist auch das Religionsbekenntnis der betroffenen Arbeitnehmer aus der im Ausnahmefall anzuwendenden Bescheinigung für den Lohnsteuerabzug zu übertragen. Im ELStAM-Verfahren dient in den Fällen des § 40 und § 40b EStG die vom Arbeitgeber beim Bundeszentralamt für Steuern abgerufene ELStAM des Arbeitnehmers als Nachweis.
- Von Arbeitnehmern, deren Arbeitslohn wegen kurzfristiger oder geringfügiger Beschäftigung pauschal nach § 40a EStG (vgl. Tz 6.8 und 6.9) und nicht nach den individuellen Lohnsteuerabzugsmerkmalen versteuert wird, ist auch ein ELStAM-Abruf nicht zulässig. Als Nachweis genügt eine Erklärung des Arbeitnehmers nach folgendem neuen Muster:

Erklärung gegenüber dem Betriebsstättenfinanzamt zur Religionszugehörigkeit für die Erhebung der pauschalen Lohnsteuer nach §§ 40 EStG, 40a Abs. 1, 2a und 3 EStG und § 40b EStG und der pauschalen Einkommensteuer nach §§ 37a und 37b EStG**

Finanzamt ....

Arbeitgeber/Unternehmen/Steuerpflichtiger:
Name der Firma ....
Anschrift ....

Arbeitnehmer/Empfänger der Sachprämien oder Sachzuwendungen:
Name, Vorname ....
Anschrift ....

Ich, der vorbezeichnete Arbeitnehmer/Empfänger der Sachprämien oder Sachzuwendungen erkläre, dass ich

☐ keiner Religionsgemeinschaft angehöre, die Kirchensteuer erhebt, und zwar

a) ☐ seit Beginn meines Beschäftigungsverhältnisses bei dem oben genannten Arbeitgeber.

b) ☐ im Zeitpunkt der Gewährung (bitte Datum oder Zeitraum angeben: ......) der Sachprämie oder Sachzuwendung.

c) ☐ seit dem .... (bei Änderungen nach dem unter Buchstabe a bzw. b genannten Zeitpunkt).

☐ einer Religionsgemeinschaft angehöre, die Kirchensteuer erhebt

☐ evangelisch ☐ römisch-katholisch ☐ alt-katholisch

☐ jüdisch/israelisch ☐ freireligiös

und zwar seit dem ....*.

* Datumsangabe nur erforderlich, wenn Sie gegenüber dem o.g. Arbeitgeber/ Unternehmen/Steuerpflichtigen früher erklärt haben, dass Sie keiner Religionsgemeinschaft angehören, die Kirchensteuer erhebt, und zwischenzeitlich in eine solche Religionsgemeinschaft eingetreten sind oder Sie zu einer anderen Kirchensteuer erhebenden Religionsgemeinschaft gewechselt sind.

Ich versichere, die Angaben in dieser Erklärung wahrheitsgemäß nach bestem Wissen und Gewissen gemacht zu haben. Mir ist bekannt, dass die Erklärung als Grundlage für das Besteuerungsverfahren dient.

....

Ort, Datum — Unterschrift des Arbeitnehmers/ Empfängers der Sachprämien oder Sachzuwendungen

Diese Erklärung ist vom Arbeitgeber/Unternehmen/Steuerpflichtigen aufzubewahren.

** Bei der Versteuerung mit der einheitlichen Pauschsteuer von 2% für Minijobs ab dem 1.4.2003 nach § 40a Abs. 2 EStG ist keine Erklärung erforderlich, da die Pauschsteuer die Kirchensteuer einschließt.

c) Das **Wahlrecht** zwischen dem vereinfachten Verfahren (vgl. a) und dem Nachweisverfahren (vgl. b) steht dem Arbeitgeber sowohl für jeden Lohnsteuer-Anmeldungszeitraum als auch für jede einzelne Lohnsteuerpauschalierungsart (vgl. Tz 6.1 bis Tz 6.12 und Tz 6.14) gesondert zu.

d) Für die **Anmeldung und Aufteilung** der pauschalen Kirchensteuer gilt folgendes:

- Die im **vereinfachten Verfahren** (vgl. a) ermittelten pauschalen Kirchensteuern sind nunmehr in einer Summe in der Lohnsteuer-Anmeldung bei Kennzahl 47 gesondert anzugeben und nicht mehr auf eine Religionsgemeinschaft aufzuteilen. Die Aufteilung wird seitdem von der Finanzverwaltung übernommen.
- Die im **Nachweisver**fahren (vgl. b) erhobene Kirchensteuer muss hingegen vom Arbeitgeber in der Lohnsteuer-Anmeldung bei der jeweiligen Religionsgemeinschaft eingetragen werden.

e) Die **Höhe** des allgemeinen Kirchensteuersatzes und des bei Anwendung der Vereinfachungsregelung maßgebenden pauschalen Steuersatzes ergeben sich aus der nachfolgenden Übersicht:

Bundesland	Allgemeiner Steuersatz	Pauschaler Steuersatz beim vereinfachten Verfahren
Baden-Württ.	8	6
Bayern	8	7
Berlin	9	5
Brandenburg	9	5
Bremen	9	7
Hamburg	9	4
Hessen	9	7
Mecklenburg-Vorp.	9	5
Niedersachsen	9	6
Nordrh.Westfalen	9	7
Rheinland-Pfalz	9	7
Saarland	9	7
Sachsen	9	5
Sachsen-Anhalt	9	5
Schleswig-Holst.	9	6
Thüringen	9	5

Beispiel:

Die pauschale Lohnsteuer für 60 Arbeitnehmer beträgt 10.000,– €. Für 15 Arbeitnehmer ist nachgewiesen, dass sie keiner kirchensteuererhebungsberechtigten Religionsgemeinschaft im Inland angehören. Auf die anderen 45 Arbeitnehmer entfällt eine pauschale Lohnsteuer in Höhe von 7.500,– €. Hiervon ist die Kirchensteuer (z. B. in Bayern) mit 8% zu erheben. Die sich ergebende, im Nachweisverfahren erhobene, „pauschale" Kirchensteuer in Höhe von 600,– € (= 8% von 7.500,– €) ist aufzuteilen, in der Lohnsteuer-Anmeldung der jeweiligen Religionsgemeinschaft zuzuordnen und bei ihrer jeweiligen Kirchensteuer-Kennzahl anzugeben.

6.14 Pauschalierung der Einkommensteuer (§ 37b EStG)

a) Anwendungsfälle

Zur Vereinfachung des Besteuerungsverfahrens wurde mit § 37b EStG eine Pauschalierungsmöglichkeit eingeführt, die es dem zuwendenden Unternehmen ermöglicht, die Einkommensteuer auf Sachzuwendungen an Dritte (z. B. Geschäftsfreunde, deren Familienangehörige, Arbeitnehmer Dritter) nach § 37b Abs. 1 EStG und an eigene Arbeitnehmer nach § 37b Abs. 2 EStG pauschal zu erheben. Zuwendungen, die ein Arbeitnehmer von einem Dritten erhalten hat, können nicht vom Arbeitgeber, der zum Lohnsteuerabzug verpflichtet ist, nach § 37b EStG pauschal besteuert werden; denn die Pauschalierung nach § 37b EStG kann nur der Zuwendende selbst vornehmen. Im Einzelnen gilt nach dem BMF-Schreiben vom 19.5.2015, BStBl I S. 468, das die Entscheidungen des Bundesfinanzhofs vom 16.10.2013, VI R 52/11, VI R 57/11, VI R 78/12 (BStBl 2015 II S. 455, 457 und 495) sowie vom 12.12.2013, VI R 47/12 (BStBl 2015 II S. 490) berücksichtigt Folgendes:

b) Pauschalierungsfähige Zuwendungen

Die Pauschalversteuerung gilt nur für **Sachzuwendungen**, nicht jedoch für Geldleistungen.

Hinsichtlich der Pauschalverteuerung der Sachzuwendung an eigene Arbeitnehmer ist weitere Voraussetzung, dass die Zuwendungen zusätzlich zum ohnehin geschuldeten Arbeitslohn erbracht werden. Zudem darf es sich bei den Sachzuwendungen an eigene Arbeitnehmer nicht um Fälle des § 8 Abs. 2 Sätze 2 bis 10, Abs. 3, § 3 Nr. 39 sowie § 40 Abs. 2 EStG handelt.

Damit ist die **Pauschalierung ausgeschlossen**

- für die Kraftfahrzeugüberlassung (vgl. in Tz 4.2 „Kraftfahrzeugüberlassung"),
- für freie Verpflegung und Unterkunft, für die die amtlichen Sachbezugswerte gelten (vgl. (vgl. in Tz 4.2 „Freie Verpflegung und Unterkunft" und „Mahlzeiten"),
- für Sachzuwendungen, für die die Durchschnittsbewertung gilt (vgl. in Tz 4.2 „Fahrrad", „Freiflüge" und „Rundfunk-, Fernseh- und Videogeräte",
- für Sachzuwendungen, die nach der Rabattregelung des § 8 Abs. 3 EStG bewertet werden (vgl. in Tz 4.2 „Personalrabatte"),
- für die Überlassung von Vermögensbeteiligungen an Arbeitnehmer (vgl. in Tz 4.2 „Vermögensbeteiligungen"),
- für Sachprämien im Rahmen von Kundenbindungsprogrammen nach § 37a EStG (vgl. Tz 4.2 „miles + more") sowie
- für die Pauschalierung nach § 40 Abs. 2 EStG (z. B. Betriebsveranstaltungen in Tz 6.3 – oder Pauschalierung von Fahrtkostenzuschüsse in Tz 6.7).

Sachbezüge bis zur Freigrenze von 44,– € (vgl. Tz. 4.2 "Sachbezüge" Nr. 4) monatlich gehören nicht zum steuerpflichtigen Arbeitslohn (§ 8 Abs. 2 Satz 11 EStG); sie werden daher auch nicht von der Pauschalierung nach § 37b EStG erfasst. Bei der Prüfung der Freigrenze bleiben die nach §§ 37b und 40 EStG pauschal besteuerten Vorteile, außer Ansatz.

Mahlzeitengestellung in Form von Belohnungsessen oder anlässlich eines außergewöhnlichen Arbeitseinsatzes, falls die 60,-€-Freigrenze in R 19.6 Abs. 2 LStR überschritten wird (vgl. in Tz 4.2 "Arbeitsessen"), können nach § 37b EStG pauschal besteuert werden, da in diesen Fällen nicht der amtliche Sachbezugswert, sondern der tatsächliche Wert der Mahlzeit der Besteuerung zugrunde zulegen ist. Dessen ungeachtet lässt § 37b EStG die bestehenden Vereinfachungsregelungen zu Bewirtungsaufwendungen und der Teilnahme des Arbeitnehmers an einer Bewirtung von Geschäftsfreunden des Arbeitgebers unberührt; derartige Zuwendungen werden somit auch weiterhin nicht besteuert (vgl. in Tz 4.2 "Arbeitsessen" Nr. 3).

Zuwendungen des Arbeitgebers an seine Arbeitnehmer, die als bloße **Aufmerksamkeiten** (vgl. R 19.6 Abs. 1 LStR und in Tz 4.2 "Aufmerksamkeiten") angesehen werden und deren Wert 60,– € nicht übersteigt, gehören nicht zum Arbeitslohn und sind daher ebenfalls nicht in die Pauschalierung nach § 37b EStG einzubeziehen. Bei Überschreitung des Betrags von 60,– € ist hingegen § 37b EStG möglich.

Als Sachzuwendungen i.S.d. § 37b EStG kommen daher neben den gewöhnlichen Sachzuwendungen (Sachgeschenke) auch die Zuwendung einer Incentive-Reise oder die Gewährung geldwerter Vorteile anlässlich des Besuchs von sportlichen, kulturellen oder musikalischen Veranstaltungen in Betracht.

Die Pauschalierung ist ausgeschlossen, soweit die Aufwendungen je Empfänger und Wirtschaftsjahr oder wenn die Aufwendungen für einzelne Sachzuwendungen den Höchstbetrag von 10.000,– € übersteigen.

c) Bemessungsgrundlage für die Pauschalierung

Vom Anwendungsbereich des § 37b EStG werden nur solche Zuwendungen erfasst, die betrieblich veranlasst sind und beim Empfänger dem Grunde nach zu einkommensteuerbaren und einkommensteuerpflichtigen Einkünften führen; § 37b EStG begründet also keine eigenständige Einkunftsart und erweitert auch nicht den einkommensteuerrechtlichen Lohnbegriff.

Besteuerungsgegenstand sind betrieblich veranlasste Zuwendungen, die zusätzlich zur ohnehin vereinbarten Leistung oder zum ohnehin geschuldeten Arbeitslohn erbracht werden, und Geschenke, die nicht in Geld bestehen. Die „Zusätzlichkeitsvoraussetzung“ für betrieblich veranlasste Zuwendungen nach § 37b Abs. 1 Satz 1 Nr. 1 EStG erfordert, dass die Zuwendungen in sachlichem und zeitlichem Zusammenhang mit einem zwischen den Vertragsparteien abgeschlossenen Vertragsverhältnis stehen und zur ohnehin geschuldeten Leistung als zusätzliche Leistung hinzukommen. Die „Zusätzlichkeitsvoraussetzung“ für zusätzlich zum ohnehin geschuldeten Arbeitslohn erbrachte betrieblich veranlasste Zuwendungen nach § 37b Abs. 2 Satz 1 EStG erfordert, dass die Zuwendung zu dem Arbeitslohn hinzukommt, den der Arbeitgeber arbeitsrechtlich schuldet (vgl. Tz 4.2 „Gehaltsumwandlung“); eine Gehaltsumwandlung erfüllt diese Voraussetzung nicht.

In die Bemessungsgrundlage sind alle Zuwendungen einzubeziehen, die beim Empfänger dem Grunde nach zu einkommensteuerbaren und einkommensteuerpflichtigen Einkünften führen. Demzufolge sind Zuwendungen an beschränkt und unbeschränkt steuerpflichtigen Empfänger auszuscheiden, die nach den Bestimmungen eines DBA oder des Auslandstätigkeitserlasses (vgl. Tz 4.2 „Auslandsbeschäftigung") nicht der inländischen Besteuerung unterliegen oder die dem Empfänger nicht im Rahmen einer Einkunftsart zufließen. Der Zuwendende hat die Aufteilung im Einzelnen darzulegen und die Empfänger auf Verlangen genau zu benennen. Aus Vereinfachungsgründen kann die Besteuerung mit einem bestimmten Prozentsatz aller gewährten Zuwendungen an Dritte erfolgen; wobei sich dieser Prozentsatz an den unternehmerischen Gegebenheiten zu orientieren hat und anhand geeigneter Unterlagen oder Aufzeichnungen glaubhaft zu machen ist. Macht der Zuwendende von der Vereinfachungsregel Gebrauch, wird auf weitergehende Aufzeichnungen zur Steuerpflicht beim Empfänger verzichtet.

Als Bemessungsgrundlage für die Besteuerung der geldwerten Vorteile wird abweichend von § 8 Abs. 2 Satz 1 EStG auf die tatsächlichen Kosten des Zuwendenden einschließlich Umsatzsteuer abgestellt. Damit kann in Herstellungsfällen diese Bemessungsgrundlage erheblich von dem allgemeinen Bewertungsgrundsatz in § 8 Abs. 2 Satz 1 EStG (den um übliche Preisnachlässe geminderten üblichen Endpreis am Abgabeort) abweichen. Bei Zuwendungen an Arbeitnehmer verbundener Unternehmen wird zur Vermeidung der Benachteiligung der originär nach § 8 Abs. 3 EStG zu besteuernden Arbeitnehmer auch bei den nicht durch den Rabatt-Freibetrag begünstigten Konzernmitarbeitern als Bemessungsgrundlage mindestens der sich nach § 8 Abs. 3 Satz 1 EStG ergebende Wert angesetzt (§ 37b Abs. 1 Satz 2, 2. Halbsatz EStG). Hierdurch wird erreicht, dass Arbeitnehmer eines verbundenen Unternehmens nicht besser gestellt werden, als Arbeitnehmer des „Herstellerunternehmens", bei denen die Besteuerung nach § 8 Abs. 3 EStG durchgeführt wurde und die deshalb von der Pauschalierung nach § 37b EStG ausgeschlossen sind (§ 37b Abs. 2 Satz 2 EStG). Zur Ausübung des einheitlichen Wahlrechts zur Anwendung des § 37b EStG in diesen Fällen siehe unten.

Besteht die Zuwendung in der Hingabe eines Wirtschaftsgutes des Betriebsvermögens oder in der unentgeltlichen Nutzungsüberlassung und sind dem Zuwendenden keine oder nur unverhältnismäßig geringe Aufwendungen entstanden (z. B. zinslose Darlehensgewährung), ist als Bemessungsgrundlage für eine Besteuerung nach § 37b EStG der gemeine Wert anzusetzen.

Zuzahlungen des Zuwendungsempfängers mindern die Bemessungsgrundlage. Zuzahlungen Dritter (z. B. Beteiligung eines anderen Unternehmers an der Durchführung einer Incentive-Reise) mindern hingegen die Bemessungsgrundlage nicht.

Die bestehenden Vereinfachungsregelungen, die zur Aufteilung der Gesamtaufwendungen für VIP-Logen in Sportstätten und in ähnlichen Sachverhalten ergangen sind, gelten unverändert fort (vgl. RNr. 14 und 19, BMF-Schreiben vom 22.8.2005, BStBl I S. 845 und vom 11.7.2006, BStBl I S. 447 und in Tz 4.2 „VIP-Logen").

d) Höhe des Pauschsteuersatzes

Der Pauschsteuersatzes beträgt **30%** und berücksichtigt, dass die übernommene Steuer einen weiteren Vorteil für den Empfänger der Sachzuwendungen darstellt, der ebenfalls als Einnahme zu erfassen wäre. Zur Pauschsteuer kommt noch der Solidaritätszuschlag und ggf. die Kirchensteuer (vgl. die Ländererlasse vom 8.8.2016, BStBl I S. 773) hinzu.

e) Einheitliche Ausübung des Wahlrechts

Zur Vermeidung missbräuchlicher Gestaltungen darf das zuwendende Unternehmen sein **Wahlrecht** zur Pauschalierung für alle Zuwendungen eines Wirtschaftsjahres **nur einheitlich** ausüben. Dabei ist es zulässig, für Zuwendungen an Dritte (§ 37b Abs. 1 EStG) und an eigene Arbeitnehmer (§ 37b Abs. 2 EStG) § 37b EStG jeweils gesondert anzuwenden. Die Entscheidung für § 37b EStG kann nicht zurückgenommen werden.

Werden Zuwendungen an Arbeitnehmer verbundener Unternehmen vergeben, fallen diese Zuwendungen in den Anwendungsbereich des § 37b Abs. 1 EStG und sind nach § 37b Abs. 1 Satz 2 EStG mit dem sich aus § 8 Abs. 3 Satz 1 EStG ergebenden Wert zu bemessen (Rabattgewährung an Konzernmitarbeitern). Es soll von der Finanzverwaltung aber nicht beanstandet werden, wenn diese Zuwendungen an Arbeitnehmer verbundener Unternehmen individuell besteuert werden, auch wenn der Zuwendende für die übrigen Zuwendungen § 37b Abs. 1 EStG anwendet. Für die übrigen Zuwendungen ist das Wahlrecht einheitlich auszuüben.

Die Entscheidung zur Anwendung des § 37b EStG soll im laufenden Wirtschaftsjahr, spätestens in der letzten Lohnsteuer-Anmeldung des Wirtschaftsjahrs getroffen werden. Bei Sachzuwendungen an eigene Arbeitnehmer muss diese spätestens bis zu dem für die Übermittlung der elektronischen Lohnsteuerbescheinigung geltenden Termin (28.2. des Folgejahres) getroffen sein. Eine im Zeitpunkt des Lohnzuflusses vorgenommene individuelle Besteuerung ist nach Maßgabe des § 41c EStG (vgl. Tz 5.12) zu ändern. Ist dies nicht mehr möglich (z. B. weil der Arbeitnehmer bereits während des Kalenderjahres ausgeschieden ist), muss der Arbeitgeber dem Arbeitnehmer eine Bescheinigung über die Pauschalierung nach § 37b Abs. 2 EStG ausstellen, damit der Arbeitnehmer die Korrektur des bereits individuell besteuerten Arbeitslohns im Rahmen seiner Einkommensteuerveranlagung geltend machen kann.

Zum Zeitpunkt der Ausübung des Wahlrechts nach § 37b Abs. 2 EStG bereits nach § 40 Abs. 1 Satz 1 EStG durchgeführte Pauschalierungen (vgl. Tz 6.1) müssen grundsätzlich nicht rückgängig gemacht werden. Allerdings ist eine Änderung zulässig und § 37b Abs. 2 EStG anwendbar. Im Falle einer Rückabwicklung eines nach § 40 Abs. 1 Satz 1 Nr. 1 EStG pauschalierten Zuwendungsfalles muss diese für alle Arbeitnehmer, die diese Zuwendung erhalten haben, einheitlich vorgenommen werden. Nach der Entscheidung zur Anwendung des § 37b EStG ist eine Pauschalierung nach § 40 Abs. 1 Satz 1 Nr. 1 EStG für alle Zuwendungen, auf die § 37b EStG anwendbar ist, nicht mehr möglich.

f) Abwicklung der Pauschalierung

Der Zuwendende ist verpflichtet, den Empfänger über die Pauschalierung zu unterrichten, da die pauschal versteuerte Zuwendung bei dessen Einkommensteuerveranlagung außer Ansatz bleibt. Dementsprechend darf bei Arbeitnehmern der pauschal versteuerte Arbeitslohn und die pauschale Steuer nicht auf der Lohnsteuerbescheinigung eingetragen werden. Die pauschale Einkommensteuer gilt als Lohnsteuer und ist entsprechend den Vorschriften zur Lohnsteuer-Anmeldung mit der Lohnsteuer-Anmeldung an das Betriebsstättenfinanzamt anzumelden und abzuführen.

g) Aufzeichnungspflichten

Besondere Aufzeichnungspflichten für die Ermittlung der Zuwendungen, für die § 37b EStG angewandt wird, bestehen nicht. Aus der Buchführung oder den Aufzeichnungen muss sich aber ablesen lassen, dass bei Wahlrechtsausübung alle Zuwendungen erfasst wurden und dass die Höchstbeträge nicht überschritten wurden. Nach § 37b EStG pauschal besteuerte Zuwendungen müssen nicht zusätzlich zum Lohnkonto genommen werden. Zu evtl. Aufzeichnungen bei der Ermittlung der Bemessungsgrundlage, wenn nicht alle Zuwendungen steuerpflichtig sind, wird auf Buchstabe c verwiesen.

h) Sozialversicherung

Zuwendungen nach § 37b EStG gehören gemäß § 1 Abs. 1 Satz 1 Nr. 14 und Satz 2 SvEV (= Anlage 2 im Handbuch) nur dann nicht zum beitragspflichtigen Arbeitsentgelt, soweit die Zuwendungen an Arbeitnehmer eines Dritten erbracht werden und diese Arbeitnehmer nicht Arbeitnehmer eines mit dem Zuwendenden verbundenen Unternehmens sind. Dies bedeutet, dass nach § 37b EStG pauschal versteuerte Zuwendungen an eigene Arbeitnehmer und an Arbeitnehmer verbundener Unternehmen im Konzern weiterhin zum beitragspflichtigen Arbeitsentgelt gehören. Dabei liegt in den Fällen des § 37b Abs. 1 Satz 2 zweiter Halbsatz EStG (= Zuwendungen an Arbeitnehmer verbundener Unternehmen) eine Arbeitsentgeltzahlung durch Dritte vor. Bemessungsgrundlage für die Berechnung der Beiträge zur Sozialversicherung ist der für die Bemessung der Pauschsteuer maßgebende geldwerte Vorteil der Sachzuwendung. Die Beitragsfreiheit tritt nur bei Anwendung des § 37b EStG für Arbeitnehmer eines echten fremden Dritten ein.

7. Kirchensteuerabzug

Der Arbeitgeber ist aufgrund landesrechtlicher Bestimmungen verpflichtet, bei Lohnzahlungen an Arbeitnehmer, die Mitglied einer kirchensteuerberechtigten Religionsgemeinschaft sind, die Kirchensteuer zu erheben und wie die Lohnsteuer an das Finanzamt abzuführen. Kirchensteuerpflichtig sind nur Personen, die im Inland ihren Wohnsitz oder ihren gewöhnlichen Aufenthalt haben (Tz 5.2). Bei anderen Arbeitnehmern entfällt somit die Einbehaltung der Kirchensteuer.

Die Mitgliedschaft des Arbeitnehmers in einer kirchensteuerberechtigten Religionsgemeinschaft wird dem Arbeitgeber durch die ELStAM des Arbeitnehmers bzw. im Ausnahmefall durch die Vorlage einer Bescheinigung für den Lohnsteuerabzug angezeigt. Zweifel, die sich hinsichtlich der rechtlichen Zugehörigkeit eines Arbeitnehmers zu einer kirchensteuerberechtigten Religionsgemeinschaft ergeben, muss erforderlichenfalls das Wohnsitzfinanzamt des Arbeitnehmers im Benehmen mit den Kirchenbehörden beseitigen. Für den Arbeitgeber ist der ELStAM-Abruf bzw. die Bescheinigung für den Lohnsteuerabzug verbindlich; der Arbeitgeber haftet für die nicht zutreffende Einbehaltung und Abführung der Kirchensteuer.

Für die Kennzeichnung der Religionsgemeinschaft werden u.a. folgende Abkürzungen verwendet:

- römisch-katholisch = rk
- evangelisch (protestantisch) = ev
- altkatholisch = ak

Die Finanzverwaltung kann für andere Religionsgemeinschaften weitere Abkürzungen zulassen, die in der Anlage zum Muster der jährlichen Lohnsteuer-Anmeldung aufgeführt sind.

Falls der Arbeitnehmer keiner Religionsgemeinschaft oder einer nicht kirchensteuerberechtigten Gemeinschaft angehört, wird im ELStAM-Verfahren kein Kirchensteuerabzugsmerkmal bereitgestellt. Bei diesem Arbeitnehmer ist somit kein Kirchensteuerabzug vorzunehmen.

Bei **Ehegatten**, die beide unbeschränkt einkommensteuerpflichtig sind und nicht dauernd getrennt leben, ist das Kirchensteuermerkmal des Ehegatten nur dann von Bedeutung, wenn der Arbeitnehmer und sein Ehegatte beide verschiedenen kirchensteuererhebungsberechtigten Religionsgemeinschaften angehören. Das Kirchensteuermerkmal für den Ehegatten ist dann neben dem Kirchensteuermerkmal des Arbeitnehmers vermerkt (z. B. „rk ev"). Gehören beide Ehegatten derselben kirchensteuerberechtigten Religionsgemeinschaft an, dann ist nur das Kirchensteuermerkmal des Arbeitnehmers vermerkt. Das Gleiche gilt, wenn nur der Arbeitnehmer, nicht aber sein Ehegatte einer kirchensteuerberechtigten Religionsgemeinschaft angehört.

Für den Kirchensteuerabzug gilt damit Folgendes:

1. Der Arbeitnehmer gehört keiner kirchensteuerberechtigten Religionsgemeinschaft an:

   Ein Kirchensteuerabzug ist nicht vorzunehmen.

2. Der Arbeitnehmer gehört einer kirchensteuerberechtigten Religionsgemeinschaft an:

   Es ist nur ein Religionsmerkmal vermerkt. Der Arbeitgeber muss die Kirchensteuer mit dem maßgebenden Kirchensteuersatz erheben und unter dem jeweiligen Kirchensteuermerkmal an das Finanzamt anmelden und abführen.

3. Die Ehegatten gehören verschiedenen berechtigten Religionsgemeinschaften an:

   Der Arbeitgeber hat die Kirchensteuer mit dem vollen maßgebenden Kirchensteuersatz zu erheben. Bei der Anmeldung und Abführung an das Finanzamt muss er die einbehaltene Kirchensteuer jedoch zur Hälfte auf die benannten Religionsgemeinschaften aufteilen (sog. Halbteilungsgrundsatz). Dieser Halbteilungsgrundsatz gilt nicht in Bayern, Bremen und Niedersachsen. Hier wird beim Steuerabzug auch bei konfessionsverschiedenen Ehen die Kirchensteuer der Religionsgemeinschaft des Arbeitnehmers zugewiesen. In Fällen, in denen der sog. Halbteilungsgrundsatz nicht gilt und die Kirchensteuer ausschließlich der Religionsgemeinschaft des Arbeitnehmers zugewiesen wird, liefert das ELStAM-Verfahren das Kirchensteuermerkmal des Ehegatten daher nicht.

Bemessungsgrundlage für den Kirchensteuerabzug ist die einbehaltene Lohnsteuer. Der Kirchensteuersatz beträgt

9%	in	Berlin, Brandenburg, Bremen, Hamburg, Hessen, Mecklenburg-Vorpommern, Niedersachsen, Nordrhein-Westfalen, Rheinland-Pfalz, Saarland, Sachsen, Sachsen-Anhalt, Schleswig-Holstein und Thüringen.
8%	in	Baden-Württemberg und Bayern.

In verschiedenen Ländern ist eine Mindestkirchensteuer festgelegt. Sie beträgt in Hamburg, Mecklenburg-Vorpommern, Sachsen, Sachsen-Anhalt, Schleswig-Holstein und Thüringen jährlich 3,60 € (in Sachsen, Sachsen-Anhalt und Thüringen gibt es die Mindestkirchensteuer nur bei der evangelischen Kirchensteuer) und in Hessen 1,80 €.

In den Ländern Berlin, Brandenburg, Bremen, Hamburg, Niedersachsen, Sachsen, Sachsen-Anhalt, Schleswig-Holstein, Thüringen, Baden-Württemberg, Hessen, Nordrhein-Westfalen, Rheinland-Pfalz und Saarland kann ein Höchstbetrag (so genannte Kappung) in Betracht kommen. In Bayern und Mecklenburg-Vorpommern ist kein Höchstbetrag vorgesehen.

Obwohl die Kinderfreibetragszahl für die Höhe der einzubehaltenden Lohnsteuer keine Bedeutung hat, so ist sie aber für den Kirchensteuerabzug von Bedeutung. Für den Kirchensteuerabzug vom **laufenden Arbeitslohn** sowie im **Lohnsteuer-Jahresausgleich** durch den Arbeitgeber wird bei der Maßstablohnsteuer für jeden ganzen Zähler in Steuerklasse I, II und III ein Kinderfreibetrag von nunmehr 4.716,– € und ein Freibetrag für den Betreuungs- und Erziehungs- oder Ausbildungsbedarf von weiterhin 2.640,– € berücksichtigt; in Steuerklasse IV ein Kinderfreibetrag von nunmehr 2.358,– € und ein Freibetrag für den Betreuungs- und Erziehungs- oder Ausbildungsbedarf von weiterhin1.320,– €. Bei den im Fachhandel erhältlichen Lohnsteuertabellen sind die jeweiligen Kürzungen bei der ausgewiesenen und geschuldeten Kirchensteuer bereits berücksichtigt worden.

Die Kirchensteuer für einen **sonstigen Bezug** beträgt unabhängig von der Zahl der Kinderfreibeträge 8% bzw. 9% der Lohnsteuer für den sonstigen Bezug.

Für die Erhebung der Kirchensteuer durch den Arbeitgeber gilt das **Betriebsstättenprinzip**, d.h., dass die Kirchensteuervorschriften des Landes anzuwenden sind, in dem sich die für den Kirchensteuerabzug zuständige Betriebsstätte des Arbeitgebers befindet. Auf das Wohnsitzland des Arbeitnehmers kommt es im Abzugsverfahren nicht an. Vom Betriebsstättenfinanzamt zu viel erhobene Kirchensteuer wird dem Arbeitnehmer im Anschluss an die Einkommensteuerveranlagung entweder vom Finanzamt oder dem Kirchensteueramt erstattet. Zu wenig einbehaltene Kirchensteuer wird nacherhoben.

Zur Erhebung **pauschaler Kirchensteuer** vgl. Tz 6.13.

Der Solidaritätszuschlag (vgl. Tz 5.16) hat auf die Höhe des Kirchensteuerabzugs keine Auswirkung.

8. Nachforderung von Lohnsteuer

8.1 Wie überwacht das Finanzamt den Lohnsteuerabzug?

Das Betriebsstättenfinanzamt führt gemäß § 42f EStG eine Lohnsteuer-Außenprüfung durch. Diese erstreckt sich hauptsächlich darauf, ob sämtliche Arbeitnehmer erfasst sind und alle zum Arbeitslohn gehörenden Einnahmen dem Steuerabzug unterworfen und die Steuerabzugsbeträge richtig berechnet worden sind.

Vor der Durchführung erlässt das Finanzamt eine schriftliche Prüfungsanordnung, aus der sich der sachliche und zeitliche Prüfungsumfang ergibt. Die Prüfungsanordnung wird vom Finanzamt in der Regel 14 Tage vor Prüfungsbeginn bekannt gegeben.

Über das Ergebnis der Lohnsteuer-Außenprüfung erhält der Arbeitgeber einen Prüfungsbericht; führt die Prüfung zu keinen Steuernachforderungen, teilt das Finanzamt dies schriftlich mit. Stellt das Finanzamt fest, dass die Lohnsteuer nicht vorschriftsmäßig einbehalten und abgeführt wurde, fordert es die Steuerabzugsbeträge nach.

In den Fällen, in denen der Arbeitgeber seine lohnsteuerlichen Verpflichtungen auf einen Dritten übertragen hat (vgl. Tz 3.4 Buchstabe b) ist für die Lohnsteuer-Außenprüfung das Betriebsstättenfinanzamt des Dritten zuständig. Die Außenprüfung ist jedoch auch beim Arbeitgeber zulässig; seine Mitwirkungspflichten bleiben neben den Pflichten des Dritten bestehen.

Auf Verlangen des Arbeitgebers können die Lohnsteuer-Außenprüfung und die Prüfungen der Träger der Rentenversicherung zur gleichen Zeit durchgeführt werden.

Neben der Lohnsteuer-Außenprüfung nach § 42f EStG ist auch im Bereich der Lohnsteuer die Möglichkeit einer „Nachschau" geschaffen worden. Die Lohnsteuer-Nachschau nach § 42g EStG soll der Sicherstellung einer ordnungsgemäßen Einbehaltung und Abführung der Lohnsteuer dienen. Sie ist ein besonders Verfahren zur zeitnahen Aufklärung steuererheblicher Sachverhalte. Sie findet ohne vorherige Ankündigung und außerhalb der Lohnsteuer-Außenprüfung während der üblichen Geschäfts- und Arbeitszeiten statt. Eine Lohnsteuer-Nachschau kommt nach dem BMF-Schreiben vom 16.10.2014, BStBl I S. 1.408, insbesondere in Betracht bei der Beteiligung an Einsätzen der Finanzkontrolle Schwarzarbeit, zur Feststellung der Arbeitgeber- oder Arbeitnehmereigenschaft, zur Feststellung der Anzahl der insgesamt beschäftigten Arbeitnehmer, bei Aufnahme eines neuen Betriebs, zur Feststellung, ob der Arbeitgeber eine lohnsteuerliche Betriebsstätte unterhält, zur Feststellung, ob eine Person selbständig oder als Arbeitnehmer tätig ist, oder zur Überprüfung des Abrufs und der Anwendung der ELStAM.

8.2 Wann fordert das Finanzamt die Steuerabzugsbeträge vom Arbeitnehmer nach?

Der Arbeitnehmer ist mit Ausnahme der Pauschalierungsfälle (vgl. hierzu Tz 6) Schuldner der Lohnsteuer. Zu wenig einbehaltene Lohnsteuer kann das Finanzamt deshalb grundsätzlich vom Arbeitnehmer nachfordern. Dies geschieht entweder mit einem gesonderten Nachforderungsbescheid oder im Rahmen der Einkommensteuerveranlagung. Ist der Arbeitnehmer für das betreffende Kalenderjahr bereits zur Einkommensteuer veranlagt, kann die Nachforderung beim Arbeitnehmer nur durch die Änderung des Einkommensteuerbescheides erfolgen. Ist noch keine Veranlagung durchgeführt, kann das Finanzamt unter den Voraussetzungen des § 46 EStG zur Nachforderung der Lohnsteuer eine Veranlagung vornehmen. Im Übrigen steht die Beschränkung der Inanspruchnahme des Arbeitnehmers innerhalb des Lohnsteuerabzugsverfahrens nach § 42d Abs. 3 Satz 4 EStG seiner uneingeschränkten Inanspruchnahme im Einkommensteuerveranlagungsverfahren nicht entgegen (BFH vom 13.1.2011, BStBl II S. 479).

Im Einkommensteuerveranlagungsverfahren besteht außerdem keine Bindung an die Lohnsteuerpauschalierung. Wird nachträglich festgestellt, dass die Pauschalierungsvoraussetzungen nicht vorgelegen haben, kann das Finanzamt den bisher pauschal versteuerten Arbeitslohn bei der Einkommensteuerveranlagung erfassen (BFH vom 10.6.1988, BStBl II S. 981). Für den Arbeitgeber entsteht dadurch ein Anspruch auf Erstattung der pauschalen Lohnsteuer.

Bei bestimmten Sachverhalten scheidet eine Haftung des Arbeitgebers von vornherein aus, so dass nur eine Nachforderung der zu wenig einbehaltenen Lohnsteuer beim Arbeitnehmer in Betracht kommt. Dies ist der Fall, wenn

a) der Barlohn des Arbeitnehmers zur Deckung der Lohnsteuerschuld nicht ausreicht und die Lohnsteuer weder aus zurückbehaltenen anderen Bezügen des Arbeitnehmers noch aus einem entsprechenden Barzuschuss des Arbeitnehmers aufgebracht werden kann. Solche Fälle können sich insbesondere bei hohen Lohnzahlungen Dritter, die vom Arbeitgeber dem Lohnsteuerabzug zu unterwerfen sind, ergeben. Die Nachforderung beim Arbeitnehmer wird durch die Anzeige des Arbeitgebers, zu der dieser gemäß § 38 Abs. 4 EStG verpflichtet ist, ausgelöst;

b) Änderungen bei den individuellen Lohnsteuerabzugsmerkmalen des Arbeitnehmers z. B. hinsichtlich der Steuerklasse notwendig waren, diese aber unterblieben sind

c) dem Arbeitgeber elektronische Lohnsteuerabzugsmerkmale zum Abruf zur Verfügung gestellt werden oder der Arbeitnehmer eine Bescheinigung für den Lohnsteuerabzug mit Eintragungen vorlegt, die auf einen Zeitpunkt vor Abruf der Lohnsteuerabzugsmerkmale oder vor Vorlage der Bescheinigung für den Lohnsteuerabzug zurückwirken und der Arbeitgeber den Lohnsteuerabzug nicht mehr berichtigen kann.

Darüber hinaus kann das Finanzamt im Rahmen der Gesamtschuldnerschaft von Arbeitnehmer und Arbeitgeber gemäß § 42d Abs. 3 EStG zu wenig einbehaltene Lohnsteuer vom Arbeitnehmer nachfordern, wenn

a) der Arbeitgeber die Lohnsteuer nicht vorschriftsmäßig vom Arbeitslohn **einbehalten** hat (die Haftung bezieht sich auf die gesetzlich einzubehaltende Lohnsteuer, vgl. BFH vom 22.7.1993, BStBl II S. 775) oder

b) der Arbeitnehmer weiß, dass der Arbeitgeber die einbehaltene Lohnsteuer nicht vorschriftsmäßig **angemeldet** hat. Die Inanspruchnahme des Arbeitnehmers ist nicht zulässig, wenn dieser den Sachverhalt dem Finanzamt unverzüglich mitgeteilt hat.

Bei **Nettolohnvereinbarungen** ergeben sich zu diesen Sachverhalten Besonderheiten. Übernimmt der Arbeitgeber arbeitsvertraglich die Lohnsteuer, so ist mit der Auszahlung des vereinbarten Nettolohns aus der Sicht des Arbeitnehmers der durch Hochrechnung ermittelte Bruttolohn um die Lohnsteuer gekürzt, die Lohnsteuer also vorschriftsmäßig einbehalten. Daraus folgt, dass bei Nettolohnvereinbarungen der Arbeitnehmer nur dann in Anspruch genommen werden kann, wenn er weiß, dass sein Arbeitgeber die Lohnsteuer nicht vorschriftsmäßig angemeldet hat und er dies dem Finanzamt nicht mitgeteilt hat.

Im Rahmen des Lohnsteuerabzugsverfahrens kann das Wohnsitzfinanzamt die vom Arbeitgeber aufgrund einer (unrichtigen) Anrufungsauskunft nicht einbehaltene und abgeführte Lohnsteuer vom Arbeitnehmer nicht nach § 42d Abs. 3 Satz 4 Nr. 1 EStG nachfordern (vgl. BFH vom 17.10.2013, BStBl 2014 II S. 892). Die Beschränkung der Inanspruchnahme des Arbeitnehmers innerhalb des Lohnsteuerabzugsverfahrens steht der uneingeschränkten Inanspruchnahme im Einkommensteuerveranlagungsverfahren nicht entgegen, wenn ein Veranlagungstatbestand nach § 46 EStG gegeben ist.

8.3 Wann nimmt das Finanzamt den Arbeitgeber in Anspruch?

Der Arbeitgeber und der Arbeitnehmer sind Gesamtschuldner der Lohnsteuer, soweit die Haftung des Arbeitgebers reicht. Gemäß § 42d Abs. 1 EStG haftet der Arbeitgeber in folgenden Fällen:

1. Nicht vorschriftsmäßige Einbehaltung und Abführung von Lohnsteuer

Der Arbeitgeber hat die Lohnsteuer vorschriftsmäßig einbehalten, wenn er den gesamten steuerpflichtigen Arbeitslohn erfasst, der Berechnung die individuellen Lohnsteuerabzugsmerkmale des Arbeitnehmers und die für das betreffende Jahr und den Arbeitnehmer maßgebliche Lohnsteuertabelle zutreffend zugrunde gelegt hat. Für die Richtigkeit der individuellen Lohnsteuerabzugsmerkmale des Arbeitnehmers ist der Arbeitgeber nicht verantwortlich. Dagegen umfasst die Haftung auch die Einbehaltung von „Lohnzahlungen durch Dritte" (vgl. dieses Stichwort in Tz 4.2), soweit der Arbeitgeber in diesen Fällen zum Lohnsteuerabzug verpflichtet ist. Die Haftung erstreckt sich nicht nur auf die vorschriftsmäßige Kürzung des Arbeitslohns, sondern auch auf die vollständige und fristgerechte Abführung der einbehaltenen Lohnsteuer an das Finanzamt.

2. Im Lohnsteuer-Jahresausgleich zu Unrecht erstattete Lohnsteuer

Fehler des Arbeitgebers bei der Durchführung des Lohnsteuer-Jahresausgleichs stehen einer nicht vorschriftsmäßigen Einbehaltung der Lohnsteuer gleich. Der Arbeitgeber haftet deshalb für die zu viel erstattete Lohnsteuer.

3. Aufgrund fehlerhafter Angaben im Lohnkonto oder in der Lohnsteuerbescheinigung verkürzte Einkommensteuer oder Lohnsteuer

Fehlerhafte Eintragungen in der Lohnsteuerbescheinigung, die vom Finanzamt der Einkommensteuerveranlagung des Arbeitnehmers zugrunde gelegt werden, können zu einer zu niedrigen Steuerfestsetzung oder zu einer zu hohen Anrechnung von Steuerabzugsbeträgen führen. Der Arbeitgeber haftet für diese Fehlbeträge.

Beispiel:

Der Arbeitgeber kürzt den auf der Lohnsteuerbescheinigung einzutragenden Bruttolohn vorschriftswidrig um den bei der Lohnsteuerberechnung berücksichtigten Versorgungsfreibetrag. Da das Finanzamt bei der Einkommensteuerveranlagung den Versorgungsfreibetrag von dem bescheinigten Bruttolohn nochmals abzieht, kommt es letztlich zu einer Doppelberücksichtigung.

Beispiel:

Der Arbeitgeber übersieht, in der Lohnsteuerbescheinigung das gezahlte Kurzarbeitergeld einzutragen. Kommt es dadurch bei der Einkommensteuerveranlagung zur Nichtanwendung des Progressionsvorbehalts, setzt das Finanzamt eine zu niedrige Steuer fest.

Bei einer fehlerhaft ausgestellten Lohnsteuerbescheinigung beschränkt sich die Haftung des Arbeitgebers auf die Lohnsteuer, die sich bei der Einkommensteuerveranlagung des Arbeitnehmers ausgewirkt hat.

4. Auf Dritte übertragene Arbeitgeberpflichten

Der Arbeitgeber haftet auch in den Fällen, in denen ein Dritter die lohnsteuerlichen Arbeitgeberpflichten (vgl. Tz 3.4 Buchstabe b) übernommen hat und seine Aufgaben nicht ordnungsgemäß erfüllt. In diesen Fällen haftet er neben dem Dritten als Gesamtschuldner. Gleichzeitig haftet jedoch auch der Dritte. Die Haftung des Dritten beschränkt sich auf die Lohnsteuer, die für die Zeit zu erheben ist, für die er sich gegenüber dem Arbeitgeber zur Vornahme des Lohnsteuerabzugs verpflichtet hat. Der maßgebende Zeitraum endet nicht, bevor der Dritte seinem Betriebsstättenfinanzamt die Beendigung seiner Verpflichtung gegenüber dem Arbeitgeber angezeigt hat.

5. Ermessensprüfung und Haftungsverfahren

Soweit Arbeitnehmer und Arbeitgeber nach den vorstehenden Ziffern Gesamtschuldner der Lohnsteuer sind, muss das Finanzamt die Wahl, an welchen Gesamtschuldner es sich im Nachforderungsfall halten will, nach **pflichtgemäßem Ermessen** treffen. Dabei hat es die durch Recht und Billigkeit gesetzten Grenzen zu beachten und die Interessen aller Beteiligten abzuwägen. Zur Ausübung des Ermessens durch das Finanzamt besteht eine umfangreiche Rechtsprechung; im Einzelnen gilt Folgendes:

1. Die Grundsätze von Recht und Billigkeit verlangen nicht, den Arbeitnehmer vorrangig in Anspruch zu nehmen, weil er Steuerschuldner ist.
2. Die Haftung des Arbeitgebers ist von einem Verschulden grundsätzlich unabhängig. Ein geringfügiges Verschulden oder ein schuldloses Verhalten sind aber bei der Frage zu würdigen, ob die Inanspruchnahme des Arbeitgebers noch im Rahmen des Ermessens liegt (BFH vom 21.1.1972, BStBl II S. 364).
3. Die Inanspruchnahme des Arbeitgebers ist unbillig, wenn er eine bestimmte Methode der Steuerberechnung angewendet hat und das Finanzamt hiervon Kenntnis erlangt und die Berechnung nicht beanstandet hat (BFH vom 20.7.1962, BStBl 1963 III S. 23).
4. Die Inanspruchnahme des Arbeitgebers ist ermessensfehlerhaft, wenn er durch Prüfung und Erörterung einer Rechtsfrage durch das Finanzamt in einer unrichtigen

Rechtsauslegung bestärkt wurde. Das Gleiche gilt, wenn er einem entschuldbaren Rechtsirrtum unterlegen ist, z. B. weil das Finanzamt eine unklare oder falsche Auskunft gegeben hat oder weil er Angaben in einem Manteltarifvertrag über die Steuerfreiheit vertraut hat (BFH vom 18.9.1981, BStBl II S. 801). Die Inanspruchnahme kann auch ausgeschlossen sein, wenn er den Lohnsteuerabzug entsprechend der von einer Mittelbehörde i.S. des Finanzverwaltungsgesetzes (z. B. Landesamt) erlassenen Verfügung vorgenommen hat, auch wenn er diese Verfügung gar nicht gekannt hat (BFH vom 25.10.1985, BStBl 1986 II S. 98). Er muss allerdings mit der Inanspruchnahme rechnen, wenn ihm bekannt war, dass das für ihn zuständige Finanzamt eine andere Auffassung vertritt.

5. Eine vorrangige Inanspruchnahme des Arbeitgebers vor dem Arbeitnehmer kann unzulässig sein, wenn die Lohnsteuer ebenso schnell und einfach vom Arbeitnehmer nacherhoben werden kann, z. B. weil der Arbeitnehmer ohnehin zu veranlagen ist (BFH vom 12.1.1968, BStBl II S. 324). Das gilt vor allem dann, wenn der Arbeitnehmer inzwischen aus dem Betrieb ausgeschieden ist (BFH vom 10.1.1964, BStBl III S. 213), weil der Arbeitgeber dann die im Haftungsverfahren entrichtete Lohnsteuer von künftigen Lohnzahlungen nicht mehr einbehalten kann. Der Arbeitgeber kann aber dann in Anspruch genommen werden, wenn in diesen Fällen der Versuch des Finanzamts, die Lohnsteuer beim Arbeitnehmer nachzufordern, erfolglos verlaufen ist und § 173 Abs. 2 AO (Bestandsschutz nach einer Außenprüfung) dem Erlass eines Haftungsbescheids nicht entgegensteht (BFH vom 17.2.1995, BStBl II S. 555).

6. Hat sich der Arbeitgeber über die Zugehörigkeit bestimmter Bezüge zum Arbeitslohn geirrt und hat der Arbeitnehmer deshalb, weil der Arbeitgeber diese Bezüge steuerfrei gezahlt hat, bei seiner Einkommensteuerveranlagung die Geltendmachung von Werbungskosten unterlassen, kann der unterbliebene Werbungskostenabzug bei der Inanspruchnahme des Arbeitgebers noch berücksichtigt werden (BFH vom 5.11.1971, BStBl 1972 II S. 137).

7. Die Inanspruchnahme des Arbeitgebers ist ermessensfehlerfrei, wenn die Einbehaltung der Lohnsteuer in einem rechtlich einfach und eindeutig liegenden Fall nur deshalb unterblieben ist, weil sich der Arbeitgeber über seine Verpflichtungen nicht hinreichend unterrichtet hat. Entsprechendes gilt in schwierigen Fällen, in denen der Arbeitgeber von der Möglichkeit der Anrufungsauskunft (vgl. Tz 8.6) keinen Gebrauch gemacht hat, obwohl ihm bei Anwendung der gebotenen Sorgfalt Zweifel über die Rechtslage hätten kommen müssen (BFH vom 18.8.2005, BStBl 2006 II S. 30).

8. Die Inanspruchnahme des Arbeitgebers ist zulässig, wenn gleiche oder ähnliche Berechnungsfehler bei einer größeren Zahl von Arbeitnehmern gemacht worden sind und die Nachforderung im Haftungsverfahren deshalb der Vereinfachung dient (BFH vom 6.3.1980, BStBl II S. 289 und 24.1.1992, BStBl II S. 696). Dies wird regelmäßig bei mehr als 40 Arbeitnehmern der Fall sein.

9. Hat der Arbeitgeber seine Aufzeichnungspflichten verletzt und kann das Finanzamt somit aus tatsächlichen Gründen die Arbeitnehmer nicht in Anspruch nehmen, haftet der Arbeitgeber (BFH vom 7.12.1984, BStBl 1985 II S. 164).

10. Die Haftung des Arbeitgebers kommt außerdem in Betracht, wenn die individuelle Ermittlung der Lohnsteuer schwierig und der Arbeitgeber bereit ist, die Lohnsteuerschulden seiner Arbeitnehmer endgültig zu tragen, aber keinen Antrag auf Pauschalierung stellt (BFH vom 7.12.1984, BStBl 1985 II S. 170 und vom 17.3.1994, BStBl II S. 536).

11. Die Inanspruchnahme des Arbeitgebers ist vor allem zulässig, wenn er von einer erteilten Anrufungsauskunft (Tz 8.6) abgewichen ist. In diesem Fall kann er sich auch nicht der Haftung dadurch entziehen, dass er die Abweichung dem Betriebsstättenfinanzamt angezeigt hat (BFH vom 4.6.1993, BStBl II S. 687).

12. Wurde nach einer ergebnislosen Lohnsteuer-Außenprüfung der Vorbehalt der Nachprüfung aufgehoben, steht einer Änderung der Lohnsteuer-Anmeldung nach § 173 Abs. 1 AO durch Erlass eines Lohnsteuer-Haftungsbescheides die Änderungssperre des § 173 Abs. 2 AO entgegen (Ausnahme bei Steuerhinterziehung; vgl. BFH vom 15.5.1992, BStBl 1993 II S. 840). Gleiches gilt, wenn nach einer Lohnsteuer-Außenprüfung bereits ein Lohnsteuer-Haftungsbescheid ergangen ist und der Vorbehalt der Nachprüfung für die betreffenden Lohnsteuer-Anmeldungen aufgehoben worden ist.

13. Hat der Arbeitgeber auf Grund unrichtiger Angaben in den Lohnkonten oder den Lohnsteuerbescheinigungen vorsätzlich Lohnsteuer verkürzt, ist ihm als Steuerstraftäter der Einwand verwehrt, das Finanzamt hätte statt seiner die Arbeitnehmer in Anspruch nehmen müssen (BFH vom 12.2.2009, BStBl II S. 478).

14. Eine Haftung des Arbeitgebers bei einer Lohnsteuerabzugspflicht Dritter kommt nach § 42d Abs. 9 Satz 4 i.V.m. Abs. 3 Satz 4 Nr. 1 EStG nur in Betracht, wenn der Dritte die Lohnsteuer für den Arbeitgeber nicht vorschriftsmäßig vom Arbeitslohn einbehalten hat. An einem derartigen Fehlverhalten fehlt es, wenn beim Lohnsteuerabzug entsprechend einer Lohnsteueranrufungsauskunft oder in Übereinstimmung mit den Vorgaben der zuständigen Finanzbehörden der Länder oder des Bundes verfahren wird (BFH vom 20.3.2014 BStBl II S. 592).

15. Ein erstmaliger Haftungsbescheid kann wegen Akzessorietät der Haftungsschuld zur Steuerschuld grundsätzlich nicht mehr ergehen, wenn der zugrundeliegende Steueranspruch wegen Festsetzungsverjährung gegenüber dem Steuerschuldner nicht mehr festgesetzt werden darf. Dabei ist für die Berechnung der die Lohnsteuer betreffenden Festsetzungsfrist die Lohnsteuer-Anmeldung des Arbeitgebers und nicht die Einkommensteuererklärung der betroffenen Arbeitnehmer maßgebend (BFH-Urteil vom 6.3.2008, BStBl II S. 597). Bei der Berechnung der für die Lohnsteuer maßgebenden Festsetzungsfrist sind Anlauf- und Ablaufhemmungen nach den §§ 170, 171 AO zu berücksichtigen, soweit sie gegenüber dem Arbeitgeber wirken. Wurde beim Arbeitgeber eine Lohnsteuer-Außenprüfung durchgeführt, bewirkt dies nach § 171 Abs. 15 AO zugleich eine Hemmung der Verjährungsfrist in Bezug auf den Steueranspruch gegen den Arbeitnehmer.

8.4 Wie wird die Steuernachforderung bei Inanspruchnahme des Arbeitgebers berechnet?

Je nachdem, ob der Arbeitgeber die im Haftungsverfahren gezahlte Lohnsteuer dem Arbeitnehmer weiterbelasten will, ob er die Lohnsteuer endgültig übernimmt oder ob eine Lohnsteuerpauschalierung in Betracht kommt, ergeben sich für die Nachforderung unterschiedliche Berechnungsarten:

a) Der Arbeitgeber erklärt, dass er die von ihm im Haftungsverfahren gezahlte Lohnsteuer vom Arbeitnehmer zurückfordern wird.

Das Finanzamt führt eine Brutto-Einzelberechnung durch.

Beispiel:

Der Arbeitgeber hat im Dezember 2016 einem sozialversicherungspflichtigen und nicht kinderlosen Arbeitnehmer eine Prämie von 300,– € gezahlt und nicht dem Lohnsteuerabzug unterworfen. Im Rahmen der Lohnsteueraußenprüfung im Jahr 2017 berechnet das Finanzamt die Steuernachforderung beim Arbeitgeber wie folgt:

		Lohnsteuer
Steuerklasse I laut Eintrag im Lohnkonto:		*(2016)*
Jahresarbeitslohn 2016	*30.000,– €*	*3.780,– €*
+ Prämie	*300,– €*	
	30.300,– €	*3.853,– €*
Nachforderung		*73,– €*

Der Arbeitgeber kann vom Arbeitnehmer gemäß § 426 Abs. 1 Satz 1 BGB i.V.m. § 42d Abs. 1 Nr. 1 EStG grundsätzlich die Erstattung nachentrichteter Lohnsteuer verlangen, wenn er zu wenig Lohnsteuer einbehalten und an das Finanzamt abgeführt hat (vgl. BAG vom 16.6.2004, 5 AZR 521/03). Bei der nächsten Lohnsteuer-Außenprüfung stellt das Finanzamt fest, ob der Arbeitgeber den von ihm nachentrichteten Betrag vom Arbeitnehmer tatsächlich zurückgefordert hat. Ist dies nicht der Fall, erfasst das Finanzamt die Übernahme durch den Arbeitgeber wiederum als steuerpflichtigen geldwerten Vorteil.

Trägt der Arbeitgeber die nachgeforderten Steuerbeträge zwangsläufig, weil ihm wegen der Entlassung oder der Zahlungsunfähigkeit des Arbeitnehmers ein Rückgriff nicht möglich ist, führt die Übernahme der Steuer allerdings nicht zu weiteren steuerpflichtigen Arbeitslohn. Hat der Arbeitgeber jedoch aufgrund einer Vereinbarung mit dem Arbeitnehmer auf sein Rückgriffsrecht verzichtet oder ist ihm ein Rückgriff nach einer tarifvertraglichen Regelung nicht möglich, stellt die endgültige Übernahme der Steuerbeträge dann bei Zahlung eine Nettozuwendung dar.

Der Steuerberechnung sind grundsätzlich die persönlichen Besteuerungsmerkmale des Arbeitnehmers zugrunde zu legen. Führt der Arbeitgeber trotz fehlender individueller Lohnsteuerabzugsmerkmale des Arbeitnehmers den Lohnsteuerabzug nicht nach der Steuerklasse VI, sondern nach der Steuerklasse I bis V durch, kann der Arbeitgeber auch nach Ablauf des Kalenderjahres grundsätzlich nach Steuerklasse VI in Haftung genommen werden (BFH vom 12.1.2001, BStBl 2003 II S. 151).

b) Der Arbeitgeber erklärt bei der Lohnsteuer-Außenprüfung, dass er den Arbeitnehmer von jeglicher Steuernachforderung freistellen und deshalb sämtliche bei der Nachversteuerung anfallenden Steuerbeträge übernehmen will.

Zunächst wird das Finanzamt mit dem Arbeitgeber abklären, ob eine Nettolohnvereinbarung (Tz 5.9 und BFH vom 28.2.1992, BStBl II S. 733) gegeben ist. Das Finanzamt führt dann für das Jahr der Lohnzahlung eine Nettolohnberechnung durch. Wenn keine Nettolohnvereinbarung vorliegt, wird das Finanzamt für das Jahr der Lohnzahlung eine Brutto-Einzelberechnung vornehmen. Erst die Zahlung des Lohnsteuernachforderungsbetrags an das Finanzamt (also die Entrichtung der Haftungsschuld durch den Arbeitgeber) führt beim Arbeitnehmer zu einem weiteren Lohnzufluss in Form der Steuerübernahme durch den Arbeitgeber (BFH vom 29.10.1993, BStBl 1994 II S. 197). Bei endgültiger Steuerübernahme wird dieser Lohn als Nettozuwendung versteuert. Ein ausführliches Beispiel zur Steuerberechnung bei Nettozuwendungen enthält der Ratgeber „Praktische Lohnabrechnung".

c) Pauschalierung auf Antrag des Arbeitgebers im Rahmen der Lohnsteuer-Außenprüfung

Auf Antrag des Arbeitgebers kann das Finanzamt gemäß § 40 Abs. 1 Satz 1 Nr. 2 EStG einen Pauschsteuersatz anwenden, soweit in einer größeren Zahl von Fällen Lohnsteuer nachzuerheben ist, weil der Arbeitgeber die Lohnsteuer nicht vorschriftsmäßig einbehalten hat. Die pauschalierte Lohnsteuer darf nur für solche Einkünfte aus nichtselbstständiger Arbeit erhoben werden, die dem Lohnsteuerabzug unterliegen, wenn der Arbeitgeber keinen Pauschalierungsantrag gestellt hätte (BFH vom 10.5.2006, BStBl II S. 669). Zudem setzt die Nachforderung pauschaler Lohnsteuer beim Arbeitgeber voraus, dass der Arbeitgeber der Pauschalierung zugestimmt hat (BFH vom 20.11.2008, BStBl 2009 II S. 374). Der Arbeitgeber ist an diesen Antrag gebunden, sobald der Pauschalierungsbescheid wirksam geworden ist, d.h. bekanntgegeben wurde. War sich der Arbeitgeber über die Bedeutung und Rechtsfolgen des Antrags auf Pauschalierung der Steuern nicht im Klaren und sind im Einspruchsverfahren seine Einwendungen gegen den Pauschalierungsbescheid als Rücknahme oder Anfechtung des Pauschalierungsantrags zu verstehen, so wäre es im Regelfall ermessensfehlerhaft, wenn das Finanzamt den Pauschalierungsbescheid aufrechterhält, obwohl es den Steueranspruch durch Erlass eines Haftungsbescheids gegenüber dem Arbeitgeber realisieren könnte (BFH vom 5.3.1993, BStBl II S. 692). Ein Lohnsteuer- Pauschalierungsbescheid ist nicht deshalb nichtig, will der Arbeitgeber keinen Pauschalierungsantrag gestellt hat (BFH vom 7.2.2002, BStBl II S. 438). Derjenige, der für den Arbeitgeber im Rahmen der Lohnsteuer-Außenprüfung auftritt, ist nach dem BFH vom 10.10.2002, BStBl 2003 II S. 156, in der Regel dazu befugt, einen Antrag auf Lohnsteuer-Pauschalierung zu stellen.

Anders als bei der unter Tz 6.1 beschriebenen Pauschalierungsvorschrift kommt es hier nicht darauf an, ob sonstige Bezüge oder Teile des laufenden Arbeitslohns nachzuversteuern sind. Auch die Pauschalierungsgrenze von 1.000,– € findet bei einer Lohnsteuer-Außenprüfung keine Anwendung.

Die Pauschalierung setzt voraus, dass der Arbeitgeber die pauschale Lohnsteuer übernimmt. Der geldwerte Vorteil aus der Steuerübernahme des Arbeitgebers ist nicht nach den Verhältnissen im Zeitpunkt der Steuernachforderung zu versteuern; vielmehr muss der für die pauschalierten Löhne nach den Verhältnissen der jeweiligen Zuflussjahre errechnete Bruttosteuersatz jeweils auf den Nettosteuersatz der Jahre hochgerechnet werden, in denen die pauschalierten Löhne zugeflossen sind und in denen die pauschale Lohnsteuer entsteht (BFH vom 6.5.1994, BStBl II S. 715).

Beispiel:

Der Arbeitgeber hat im Dezember 2016 anlässlich des 50-jährigen Geschäftsjubiläums seinen 25 Arbeitnehmern entsprechend ihrem Gehalt Sonderzuwendungen in unterschiedlicher Höhe gewährt. Das Finanzamt führt im Jahr 2017 eine Lohnsteuer-Außenprüfung durch und stellt fest, dass diese Zuwendungen steuerpflichtig sind und der Lohnsteuerabzug unterblieben ist. Der Arbeitgeber erklärt, dass er die anfallenden Steuerabzugsbeträge übernimmt und beantragt die Pauschalversteuerung. Das Finanzamt stellt folgende Berechnung an:

a)	***15 Arbeitnehmer*** *erhielten im Jahr 2016 je 200,– €* *steuerpflichtig sind 15 x 200,– € =*	*3.000,– €*
b)	***9 Arbeitnehmer*** *erhielten im Jahr 2016 je 1.000,– €* *steuerpflichtig sind 9 x 1.000,– € =*	*9.000,– €*
c)	***1 Arbeitnehmer*** *erhielt im Jahr 2016 2.000,– €* *steuerpflichtig sind 1 x 2.000,– € =* *Auch diese Zuwendung kann in voller Höhe in die Pauschalierung einbezogen werden, weil die Pauschalierungsgrenze von 1.000,– € im Fall der Nachversteuerung durch das Finanzamt keine Anwendung findet.*	*2.000,– €*
	Die pauschal zu besteuernden Zuwendungen des Jahres 2016 betragen somit insgesamt	*14.000,– €*
	Auf einen Arbeitnehmer entfallen *14.000,– € : 25 = 560,– €*	

Im Rahmen der Lohnsteuerpauschalierung übernimmt der Arbeitgeber auch die **Kirchensteuer**. Diese Übernahme stellt zwar für den Arbeitnehmer einen Vorteil dar, die Finanzverwaltung verzichtet aber bei der Ermittlung des Pauschsteuersatzes aus Vereinfachungsgründen auf die Einbeziehung dieses Vorteils. Das Gleiche gilt für die Übernahme des **Solidaritätszuschlags**.

Zur Ermittlung des Pauschsteuersatzes können die betroffenen Arbeitnehmer je nach Steuerklasse in **drei Gruppen** eingeteilt werden. Im Beispielsfall ermittelt der Lohnsteuer-Außenprüfer diese wie folgt:

a)	Steuerklasse I, II und IV	17 Arbeitnehmer
b)	Steuerklasse III	6 Arbeitnehmer
c)	Steuerklasse V und VI	2 Arbeitnehmer
		25 Arbeitnehmer

Danach ist die **Summe der Jahresarbeitslöhne**, vermindert ggf. um die Altersentlastungsbeträge, die Versorgungsfreibeträge sowie um die im ELStAM-Verfahren zur Verfügung gestellten individuellen Freibeträge der betroffenen Arbeitnehmer, zu ermitteln. Abzuziehen ist im Beispielsfall in den Fällen der Steuerklasse II auch der Entlastungsbetrag für Alleinerziehende von 1.908,– € (vor 2015: 1.308,– €). Ein Erhöhungsbetrag für Alleinerziehende in Steuerklasse II mit mehreren Kindern wird ggf. mit dem ELStAM-Freibetrag berücksichtigt und darf daher nicht nochmals abgezogen werden. Ebenfalls nicht abgezogen werden dürfen die Kinderfreibeträge.

Aus Vereinfachungsgründen ist es zulässig, bei der Einteilung in Steuerklassen-Gruppen und der Ermittlung der Summe der Jahresarbeitslöhne von einer repräsentativen Auswahl der betroffenen Arbeitnehmer auszugehen. Zudem kann bei der Ermittlung des Pauschsteuersatzes aus Vereinfachungsgründen davon ausgegangen werden, dass die betroffenen Arbeitnehmer in allen Zweigen der Sozialversicherung versichert sind und keinen Beitragszuschlag für Kinderlose leisten; individuelle Verhältnisse auf Grund des Faktorverfahrens bleiben ebenfalls außen vor. Ab 2015 kann der Arbeitgeber für die Berechnung des Pauschsteuersatzes aus Vereinfachungsgründen auch an Stelle des kassenindividuellen Zusatzbeitragssatzes den durchschnittlichen Zusatzbeitragssatz ansetzen.

Im Beispielsfall soll die Summe der nach diesen Grundsätzen für das Kalenderjahr 2016 ermittelten Jahresarbeitslöhne 500.000,– € betragen. Dies ergibt einen durchschnittlichen Jahresarbeitslohn der in die Pauschalierung einzubeziehenden Arbeitnehmer von

$$\frac{500.000,\text{–}\ €}{25} = 20.000,\text{–}\ €.$$

Als nächster Schritt ist für jede Steuerklassen-Gruppe die auf den sonstigen Bezug entfallende Lohnsteuer nach der Jahrestabelle zu ermitteln. Der errechnete durchschnittliche Bezug von 560,– € wird nach R 40.1 Abs. 3 Satz 7 LStR auf den nächsten durch 216 ohne Rest teilbaren Euro-Betrag aufgerundet.

Lohnsteuer (2016)

a)	Steuerklassen I, II und IV (maßgebend ist die Steuerklasse I)	20.000,– €	1.490,– €
	+ aufgerundete Zuwendung	648,– €	
		20.648,– €	1.639,– €
	Differenz		149,– €
b)	Steuerklasse III/0	20.000,– €	0,– €
	+ aufgerundete Zuwendung	648,– €	
		20.648,– €	0,– €
	Differenz		0,– €

c) Steuerklassen V und VI (maßgebend ist die Steuerklasse V)	20.000,– €	3.843,– €
+ aufgerundete Zuwendung	648,– €	
	20.648,– €	4.093,– €
Differenz		250,– €

Aus den so festgestellten Steuerbeträgen wird die durchschnittliche Steuerbelastung aller betroffenen Arbeitnehmer errechnet:

a) Steuerklassen I, II und IV = 17 Arbeitnehmer x 149,– € =	2.533,– €
b) Steuerklasse III = 6 Arbeitnehmer x 0,– € =	0,– €
c) Steuerklassen V und VI = 2 Arbeitnehmer x 250,– € =	500,– €
zusammen	3.033,– €

Der durchschnittliche Steuersatz beträgt somit:

$$\frac{3.033,\text{– € x } 100}{16.200,\text{– €}} = 18{,}7\ \%$$

Der Durchschnittssteuersatz ist nur mit einer Dezimalstelle anzusetzen, die weiteren Stellen entfallen zugunsten des Arbeitgebers.

Den so ermittelten Bruttosteuersatz von 18,7% für das Kalenderjahr 2016 rechnet der Lohnsteuer-Außenprüfer zur Berücksichtigung der Übernahme der Pauschsteuer durch den Arbeitgeber auf den Nettosteuersatz (= Pauschsteuersatz) hoch:

$$\frac{100 \text{ x } 18{,}7}{100 - 18{,}7} = 23{,}0\%$$

Dieser Pauschsteuersatz ist auf die zu besteuernden Zuwendungen in Höhe von 14.000,– € anzuwenden = Lohnsteuer 3.220,– €

Da die Zuwendungen zu einem Zeitpunkt gezahlt worden sind, in dem Solidaritätszuschlag zu erheben ist, fällt für die im Jahr 2017 nachzufordernde Lohnsteuer auch der Solidaritätszuschlag in Höhe von 177,10 € (= 5,5% von 3.220,– €) an.

Hinsichtlich des anzuwendenden Kirchensteuersatzes vgl. Tz 6.13.

Sozialversicherung

Die nach dem vorstehenden Verfahren gemäß § 40 Abs. 1 Satz 1 Nr. 2 EStG pauschal nachversteuerten sonstigen Bezüge unterliegen als einmalig gezahltes Arbeitsentgelt der Beitragspflicht in der Sozialversicherung. Nicht der Beitragspflicht in der Sozialversicherung unterliegen hingegen die beim Arbeitgeber erhobenen pauschalen Steuerbeträge (Lohnsteuer, Solidaritätszuschlag und Kirchensteuer).

Ausführliche Beispiele zur Berechnung der Beiträge von einmalig gezahlten Entgelten enthält der Ratgeber „Praktische Lohnabrechnung".

Lohnsteuerbescheinigung

Der pauschal versteuerte Arbeitslohn sowie die pauschale Lohnsteuer und Kirchensteuer bleiben bei der Einkommensteuerveranlagung des Arbeitnehmers außer Ansatz. Sie dürfen deshalb nicht in der Lohnsteuerbescheinigung erfasst werden. Die pauschale Lohnsteuer entsteht nicht erst durch den auf das Pauschalierungsverfahren hin ergehenden Bescheid über die nachzuerhebende Lohnsteuer, sondern bereits im Zeitpunkt des Lohnzuflusses beim Arbeitnehmer (BFH vom 6.5.1994, BStBl II S. 715). Dieser für den Arbeitgeber günstigen Rechtsprechung kommt vor allem für die Festsetzungsverjährung Bedeutung zu. Die Festsetzungsfrist beträgt in der Regel 4 Jahre, beginnend mit dem Zeitpunkt, in dem die Steuer entsteht.

d) Schätzung der nachzufordernden Lohnsteuer

Stellt der Arbeitgeber keinen Antrag auf Lohnsteuerpauschalierung, kann das Finanzamt wie folgt vorgehen:

- Sind die nachzuversteuernden Beträge der Höhe nach für jeden Arbeitnehmer eindeutig feststellbar, wird es für jeden Arbeitnehmer eine Brutto-Einzelberechnung – entsprechend **a** – vornehmen. Die für diese Berechnung notwendigen Besteuerungsgrundlagen (Jahresarbeitslohn, Steuerklasse usw.) muss der Arbeitgeber dem Finanzamt im Rahmen seiner Mitwirkungspflichten aufbereiten.
- Ist die genaue Feststellung des beim einzelnen Arbeitnehmer nachzuversteuernden Betrags unmöglich oder unzumutbar, kann das Finanzamt die Nachforderung mit dem durchschnittlichen Bruttosteuersatz vornehmen; in dem unter **c** dargestellten Beispiel wären dies 18,7%. Der Ansatz des durchschnittlichen Bruttosteuersatzes kommt in Betracht, wenn der Arbeitgeber die von ihm nachgeforderten Steuerbeträge an die Arbeitnehmer nicht weiterbelasten kann und er nicht vorsätzlich oder leichtfertig Aufzeichnungen unterlassen hat, die eine Erfassung der nachzuversteuernden Beträge bei den einzelnen Arbeitnehmern ermöglicht hätten.
- Hat der Arbeitgeber die notwendigen Aufzeichnungen unterlassen, kann das Finanzamt bei der Nachforderung nicht generell davon ausgehen, dass der Arbeitgeber von vornherein eine Nettolohnzahlung beabsichtigt hatte. Vielmehr muss das Finanzamt zunächst für das Jahr, in dem der Lohn gezahlt worden ist, auch dann den niedrigen Bruttosteuersatz berechnen, selbst wenn feststeht, dass der Arbeitgeber nach Entrichtung der Haftungsschuld wegen Fehlens von Aufzeichnungen bei seinen Arbeitnehmern keinen Regress wird nehmen können (BFH vom 29.10.1993, BStBl 1994 II S. 197). Erst mit der Zahlung der Haftungsschuld fließt den Arbeitnehmern der geldwerte Vorteil aus der Steuerübernahme des Arbeitgebers zu. Für die Besteuerung dieses Arbeitslohnes wird dann regelmäßig der Nettosteuersatz angewandt werden können.

Auch wenn das Finanzamt die Lohnsteuer mit dem durchschnittlichen Nettosteuersatz nachfordert, handelt es sich hierbei wegen des fehlenden Antrags des Arbeitgebers nicht um eine Pauschalierung nach § 40 EStG. Die Lohnsteuer wird nur in Anlehnung an § 40 Abs. 1 EStG mit dem durchschnittlichen Steuersatz erhoben. Das Finanzamt erlässt deshalb gegen den Arbeitgeber über die nachzufordernden Steuerbeträge einen Haftungsbescheid.

Sozialversicherung

Der nachversteuerte Arbeitslohn unterliegt nach den allgemeinen Vorschriften der Beitragspflicht in der Sozialversicherung. Hat der Arbeitgeber seine Aufzeichnungspflichten nicht ordnungsgemäß erfüllt und kann dadurch die Versicherungspflicht des einzelnen Arbeitnehmers oder die Beitragshöhe nicht festgestellt werden, kann die Krankenkasse den Gesamtsozialversicherungsbeitrag von der Summe der vom Arbeitgeber gezahlten Arbeitsentgelte festsetzen (§ 28f SGB IV). Zur Frage, ob die vom Arbeitgeber angeforderten und übernommenen **Arbeitnehmeranteile** zur Sozialversicherung wiederum als steuerpflichtiger Arbeitslohn zu erfassen sind, hat der BFH im Urteil vom 29.10.1993, BStBl 1994 II S. 194, ausgeführt, dass eine Gewährung zusätzlichen Arbeitslohns dann nicht vorliegt, wenn es der Arbeitgeber irrtümlich unterlassen hat, den Barlohn des Arbeitnehmers um den gesetzlichen Arbeitnehmeranteil zu kürzen, und er jetzt wegen der gesetzlichen Beitragslastverschiebung nach § 28g SGB IV den Arbeitnehmeranteil nicht mehr dem Arbeitnehmer rückbelasten kann. Für den Fall einer vereinbarten Schwarzlohnzahlung hat der BFH mit Urteil vom 13.9.2007, BStBl 2008 II S. 58, dies nunmehr nochmals dahingehend präzisiert, dass bei Nachentrichtung hinterzogener Arbeitnehmeranteile zur Gesamtsozialversicherung die Nachzahlung als solche zum Zufluss eines zusätzlichen geldwerten Vorteils führt. Bei Vereinbarung sog. Schwarzlöhne kommt der Schutzfunktion der Verschiebung der Betragslast gemäß § 28g SGB IV grundsätzlich kein Vorrang gegenüber dem objektiv bestehenden Zusammenhang der Nachentrichtung der Arbeitnehmeranteile mit dem Arbeitsverhältnis zu. Dem Lohnzufluss steht nicht entgegen, dass der Arbeitgeber beim Arbeitnehmer gemäß § 28g SGB IV keinen Rückgriff mehr nehmen kann. Haben Arbeitgeber und Arbeitnehmer eine Nettolohnvereinbarung getroffen, gehört die Übernahme der Arbeitnehmeranteile im Zeitpunkt der Lohnzahlung ebenfalls zum Arbeitslohn.

8.5 Wer haftet bei Arbeitnehmerüberlassung?

Lohnsteuer

Bei Arbeitnehmerüberlassung ist steuerlich grundsätzlich der Verleiher Arbeitgeber der Leiharbeitnehmer. Dies gilt auch bei unerlaubter Arbeitnehmerüberlassung, da § 10 AÜG im Lohnsteuerrecht nicht maßgebend ist (BFH vom 2.4.1982, BStBl II S. 502). Nur ausnahmsweise wird steuerlich der Entleiher als Arbeitgeber angesehen, und zwar insbesondere dann, wenn er die Leiharbeitnehmer entlohnt, dem Verleiher also nur eine Vermittlerrolle zukommt. Ist dies der Fall, haftet der Entleiher nach den in Tz 8.3 erläuterten Grundsätzen für die vom Arbeitslohn der Leiharbeitnehmer nicht vorschriftsmäßig einbehaltene und abgeführte Lohnsteuer wie für die Steuerabzugsbeträge der anderen Arbeitnehmer seines Betriebs. Im Übrigen werden Leistungen des Entleihers im Sinne des § 13b AÜG (Kinderbetreuungseinrichtungen, Gemeinschaftsverpflegung und Beförderungsleistungen) lohnsteuerlich so behandelt als hätte sie der Verleiher (Arbeitgeber) gegenüber seinen Arbeitnehmern (Leiharbeitnehmer) unmittelbar erbracht.

Werden die Leiharbeitnehmer vom Verleiher beschäftigt (entlohnt), hat dieser die Arbeitgeberpflichten zu erfüllen. Das gilt gemäß § 38 Abs. 1 Nr. 2 EStG auch für einen Verleiher, der die Arbeitnehmerüberlassung vom Ausland aus betreibt und im Inland keine Betriebsstätte und keinen ständigen Vertreter hat (ausländischer Verleiher). Der Verleiher haftet somit für die vorschriftsmäßige Einbehaltung und Abführung der Lohnsteuer. Neben dem Verleiher haftet bei Arbeitnehmerüberlassung im Sinne des § 1 Abs. 1 Satz 1 AÜG gemäß § 42d Abs. 6 EStG der Entleiher. Der Leiharbeitnehmer, der Verleiher und der Entleiher sind somit Gesamtschuldner. Der Entleiher wird jedoch vom Finanzamt auf Zahlung nur in Anspruch genommen, soweit die Vollstreckung in das inländische bewegliche Vermögen des Verleihers fehlgeschlagen ist oder keinen Erfolg verspricht.

Grundsätzlich erstreckt sich die Haftung des Entleihers sowohl auf die erlaubte als auch auf die unerlaubte Arbeitnehmerüberlassung. Bei erlaubtem Verleih durch einen inländischen Verleiher kann der Entleiher seine Haftung jedoch abwenden, wenn er die Arbeitnehmerüberlassung der zuständigen Krankenkasse gemeldet hat (§§ 28 a bis 28 c SGB IV). Ob eine Erlaubnis erteilt ist, muss der Verleiher in dem schriftlichen Überlassungsvertrag nach § 12 Abs. 1 AÜG erklären. Außerdem kann sich der Entleiher durch Anfrage beim Landesarbeitsamt darüber Gewissheit verschaffen. Bei **unerlaubter Arbeitnehmerüberlassung** kann sich der Entleiher der Haftung nur entziehen, wenn er dem Finanzamt darlegen kann, dass er über das Vorliegen einer Arbeitnehmerüberlassung ohne Verschulden irrte. Um die spätere Inanspruchnahme zu vermeiden, sollte der Entleiher deshalb im Wege der Anrufungsauskunft (Tz 8.6) in Zweifelsfällen eine Entscheidung des Finanzamts verlangen oder eine Auskunft des Landesarbeitsamts einholen.

Kommt der Verleiher seinen lohnsteuerlichen Pflichten nicht ordnungsgemäß nach und wird deshalb eine Inanspruchnahme des Entleihers erforderlich, ist die geschuldete Lohnsteuer im Allgemeinen schwer zu ermitteln. Für diesen Fall sieht § 42d Abs. 6 EStG vor, dass das Finanzamt die Haftungsschuld des Entleihers mit **15%** des zwischen Verleiher und Entleiher vereinbarten Entgelts ohne Umsatzsteuer annimmt, solange der Entleiher nicht glaubhaft macht, dass die Lohnsteuer niedriger ist (z. B. weil Leiharbeitnehmer beschäftigt waren, deren Arbeitslohn nach dem Doppelbesteuerungsabkommen mit dem Heimatstaat steuerfrei ist).

Sozialversicherung

Der Verleiher ist grundsätzlich Arbeitgeber der Leiharbeitnehmer. Er haftet deshalb nach den allgemeinen für Arbeitgeber maßgebenden Vorschriften für die Abführung des Gesamtsozialversicherungsbeitrags. Dies gilt auch für den Fall der unerlaubten Arbeitnehmerüberlassung, wenn der Verleiher tatsächlich den Lohn zahlt.

Kommt der Verleiher seiner Verpflichtung zur Abführung der Beiträge nicht nach, haftet der Entleiher wie ein selbstschuldnerischer Bürge (§ 28e Abs. 2 SGB IV). Bei unerlaubter Arbeitnehmerüberlassung gilt der Entleiher gemäß § 10 Abs. 1 AÜG als Arbeitgeber der Leiharbeitnehmer, auch wenn der Verleiher den Lohn zahlt. Der Verleiher und der Entleiher haften in diesem Fall als Gesamtschuldner.

Seit dem Gesetz zur Erleichterung der Bekämpfung von illegaler Beschäftigung und Schwarzarbeit vom 23.7.2002 ist bestimmt, dass ein Unternehmer des Baugewerbes, der einen anderen Unternehmer mit der Erbringung von Bauleistungen i.S.d. § 101 Abs. 2 SGB III beauftragt, gegenüber den Sozialversicherungsträgern nach Maßgabe des § 28e Abs. 3 a–f SGB IV für dessen abzuführende Beiträge haftet.

8.6 Was bezweckt die Anrufungsauskunft?

Sowohl der Arbeitgeber als auch der Arbeitnehmer haben gemäß § 42e EStG gegenüber dem Betriebsstättenfinanzamt einen Anspruch auf Auskunft zu den sie betreffenden Fragen des Lohnsteuerabzugs (z. B. ob bestimmte Bezüge zum Arbeitslohn gehören, ob lohnsteuerlich ein Dienstverhältnis vorliegt oder wie die Lohnsteuer zu berechnen ist). Die Anfrage kann formlos erfolgen; die Finanzämter sind jedoch angewiesen, die Auskunft schriftlich, unter ausdrücklichem Hinweis auf § 42e EStG, zu erteilen. Die Anrufungsauskunft nach § 42e EStG ist kostenfrei.

Hat ein Arbeitgeber mehrere Betriebsstätten, dann ist grundsätzlich das Betriebsstättenfinanzamt, in dessen Bezirk sich die inländische Geschäftsleitung befindet, für die Erteilung der Anrufungsauskunft zuständig. In einem solchen Fall hat der Arbeitgeber in seiner Anfrage sämtliche Betriebsstättenfinanzämter anzugeben und zu erklären, für welche Betriebsstätten die Auskunft von Bedeutung ist. Das Finanzamt wird dann die Anrufungsauskünfte mit den anderen vom Arbeitgeber benannten Betriebsstättenfinanzämtern koordinieren.

Sind mehrere Arbeitgeber unter einer einheitlichen Leitung zusammengefasst (Konzernunternehmen), so bleibt für jeden einzelnen Arbeitgeber sein Betriebsstättenfinanzamt zuständig. Sofern bei der Anrufungsauskunft erkennbar ist, dass die Auskunft auch für die anderen Arbeitgeber des Konzerns von Bedeutung ist, sollen die Finanzämter die zu erteilende Auskunft abstimmen. Dazu informiert das für die Auskunftserteilung zuständige Finanzamt das Finanzamt der Konzernzentrale, das dann die Abstimmung mit den anderen Finanzämtern koordiniert.

Erteilt das Betriebsstättenfinanzamt eine Anrufungsauskunft, sind die Finanzbehörden **im Rahmen des Lohnsteuerabzugsverfahrens** an diese gegenüber allen Beteiligten (also Arbeitgeber und Arbeitnehmer) gebunden (BFH vom 17.10.2013, BStBl 2014 II S. 892, und vom 20.3.2014, BStBl II S. 592). Verfährt der Arbeitgeber beim Lohnsteuerabzug nach der ihm erteilten Auskunft, kann er – auch wenn sie unrichtig war und zu einem zu geringen Lohnsteuerabzug geführt hat – nicht als Haftungsschuldner in Anspruch genommen werden. Eine Nacherhebung der Lohnsteuer ist auch dann nicht zulässig, wenn der Arbeitgeber nach einer Lohnsteuer-Außenprüfung einer Pauschalierung (vgl. Buchstabe c bei Tz 8.4) zugestimmt hat (BFH vom 16.11.2005, BStBl 2006 II S. 210). Die Bindung einer Anrufungsauskunft erstreckt sich – unabhängig davon, ob sie dem Arbeitgeber oder dem Arbeitnehmer erteilt worden ist – nicht auf das Veranlagungsverfahren. Das Wohnsitzfinanzamt kann daher im Falle einer Einkommensteuerveranlagung einen für den Arbeitnehmer ungünstigeren Rechtsstandpunkt als das Betriebsstättenfinanamt einnehmen (BFH vom 28.8.1991, BStBl 1992 II S. 107, und vom 17.10.2013, BStBl 2014 II S. 892). Die Bindung der Anrufungsauskunft gemäß § 42e EStG beschränkt sich nur auf das Lohnsteuer-Abzugsverfahren.

Die vom Betriebsstättenfinanzamt erteilte Auskunft bezieht sich jeweils nur auf die geltende Rechtslage. Ändert sich diese, entfällt auch die Bindung des Finanzamts. Daraus erwächst für den Arbeitgeber die Verpflichtung, sich laufend über die Rechtsänderungen zu informieren und zu prüfen, ob die ihm erteilte Auskunft noch zutrifft.

Eine erteilte Anrufungsauskunft stellt nicht lediglich eine unverbindliche Rechtsauskunft, sondern ein feststellender Verwaltungsakt i.S.d. § 118 AO dar, mit dem sich das Betriebsstättenfinanzamt selbst bindet. Der Arbeitgeber hat ein Recht auf förmliche Bescheidung seines Antrags und kann nach den BFH-Urteilen vom 30.4.2009, BStBl 2010 II S. 996, und vom 2.9.2010, BStBl 2011 II S. 233, eine vom Finanzamt erteilte Anrufungsauskunft im Rahmen eines Rechtsbehelfsverfahrens auch inhaltlich überprüfen lassen. Die Anrufungsauskunft trifft eine Regelung, wie die Finanzbehörde den vom Antragsteller dargestellten Sachverhalt gegenwärtig beurteilt. Das Finanzgericht überprüft die Auskunft sachlich nur daraufhin, ob der Sachverhalt zutreffend erfasst und die rechtliche Beurteilung nicht evident fehlerhaft ist (BFH vom 27.2.2014, BStBl II S. 894). Das Finanzamt kann eine Anrufungsauskunft mit Wirkung für die Zukunft aufheben und ändern (§ 207 Abs. 2 AO). Das Finanzamt muss eine nachvollziehbare Ermessensentscheidung treffen, wenn es die Anrufungsauskunft aufhebt. Im Fall einer zeitlichen Befristung der Anrufungsauskunft endet die Wirksamkeit des Verwaltungsaktes durch Zeitablauf. Außerdem tritt eine Anrufungsauskunft außer Kraft, wenn die Rechtsvorschriften, auf denen die Entscheidung beruht, geändert werden.

9. Lohnpfändung

9.1 Welche Rechtsgrundlagen sind maßgebend?

Zu den Aufgaben der Lohnabrechnung gehört auch der Vollzug von Pfändungen des Arbeitseinkommens. Der Arbeitgeber ist gegenüber dem Gläubiger für eine ordnungsgemäße Durchführung der Pfändung verantwortlich; gleichzeitig hat er die zur Wahrung der Interessen des Arbeitnehmers bestehenden Vollstreckungsschutzbestimmungen (§§ 850 bis 850k ZPO) zu beachten.

Die Pfändung wird mit Zustellung des Beschlusses wirksam. Diesem Zeitpunkt kommt vor allem für die Rangfolge Bedeutung zu, wenn dasselbe Arbeitseinkommen durch mehrere Gläubiger gepfändet wird. Der Arbeitgeber sollte deshalb den Zustellungszeitpunkt vermerken.

9.2 Was gehört zum Arbeitseinkommen?

Der Begriff umfasst unabhängig von der Bezeichnung alle Vergütungen. Auch der Wert der Sachbezüge wird dem Arbeitseinkommen zugerechnet, wenn sie neben dem Geldeinkommen bezogen werden (z. B. Verpflegung und Wohnung bei landwirtschaftlichen Arbeitnehmern und Hausangestellten). Geld- und Sachbezüge sind auch für die Frage der Pfändungsgrenzen zusammenzurechnen (BAG vom 24.3.2009, 9 AZR 733/07).

Nicht zum Arbeitseinkommen gehört dagegen die vom Arbeitgeber zusätzlich gewährte vermögenswirksame Leistung und der vom Arbeitnehmer bestimmte Anlagebetrag bis zu einem Betrag von insgesamt maximal 870,– € (= 470,– € + 400,– € – vgl. Tz 4.2 Stichwort „Vermögenswirksame Leistungen") im Kalenderjahr.

Nicht zum Arbeitseinkommen i.S.d. § 850 ZPO gehört auch der im Wege einer Gehaltsumwandlung für die betriebliche Altersversorgung entfallende Barlohn. Ändern beispielsweise Arbeitgeber und Arbeitnehmer ihre ursprüngliche Lohnvereinbarung dahin, dass in Zukunft anstelle eines Teils des monatlichen Barlohns vom Arbeitgeber eine Versicherungsprämie auf einen Lebensversicherungsvertrag zugunsten des Arbeitnehmers (Direktversicherung) gezahlt werden soll (Gehaltsumwandlung), sind nach dem Urteil des Bundesarbeitsgerichts vom 17.2.1998 3 AZR 611/97 insoweit keine pfändbaren Ansprüche auf Arbeitseinkommen gegeben.

9.3 Welche Teile des Arbeitseinkommens sind unpfändbar?

Es handelt sich insbesondere um

- die Hälfte der Gesamtvergütung für die Überstunden (Grundvergütung + Zuschlag),
- das zusätzliche Urlaubsgeld, die Lohnfortzahlung während des Urlaubs (Urlaubsentgelt) ist dagegen pfändbar,
- die Urlaubsabgeltung für den nicht gewährten Urlaub,

- Zuwendungen aus Anlass eines besonderen Betriebsereignisses und Treuegelder (z. B. Jubiläumszuwendungen),
- Aufwandsentschädigungen und Auslösungen für eine auswärtige Tätigkeit,
- Gefahren-, Schmutz- und Erschwerniszulagen,
- Heirats- und Geburtsbeihilfen,
- das Weihnachtsgeld bis zur Hälfte des monatlichen Arbeitseinkommens, höchstens jedoch bis 500,– €,
- steuerfreie Nachtzuschläge. Nachtzuschläge sind, soweit sie dem Schuldner von seinem Arbeitgeber steuerfrei i.S.v. § 3b EStG gewährt werden, nach dem Beschluss des Bundesarbeitsgerichts vom 29.6.2016, VII ZB 4/15, als Erschwerniszulagen i.S.d. § 850a Nr. 3 ZPO unpfändbar.

9.4 Wie wird das Nettoarbeitseinkommen ermittelt?

Das für die Pfändung maßgebende Nettoarbeitseinkommen ist vom Arbeitgeber zu berechnen. Nach der **früher** vorherrschenden **Bruttomethode** wurden vom Bruttoarbeitslohn die Steuerbeträge, die Sozialversicherungsbeiträge des Arbeitnehmers und dann die unpfändbaren Beträge abgezogen, und anschließend in der Pfändungstabelle nachgeschaut. Die gesetzlichen Lohnabzüge minderten damit auch insoweit das Nettoarbeitseinkommen als sie auf unpfändbare Teile des Arbeitseinkommens entfielen (z. B. Steuern und SozV-Beiträge auf das zusätzliche Urlaubsgeld).

An Stelle dieser Bruttomethode hat das Bundesarbeitsgericht mit Urteil vom 17.4.2013, 10 AZR 59/12, die sog. **Nettomethode** gesetzt, die allgemein anzuwenden ist. Bei der Nettomethode werden zunächst die unpfändbaren Beträge vom Bruttoarbeitslohn abgezogen. Anschließend werden vom verbleibenden Restbetrag die Steuerabzüge und Sozialabgaben fiktiv ermittelt und abgezogen. Der Restbetrag ist der pfändbare Arbeitslohn, aus dem der Pfändungsbetrag mit Hilfe der Pfändungstabelle festgestellt wird.

9.5 Wie wird die Pfändungsgrenze festgestellt?

Die Pfändungsgrenze hat der Arbeitgeber anhand der amtlichen Lohnpfändungstabelle zu ermitteln. Diese weist zu dem jeweiligen Nettoarbeitseinkommen den pfändbaren Betrag unter Berücksichtigung der Unterhaltspflichten des Schuldners aus. Die unterhaltsberechtigten Angehörigen hat der Arbeitgeber festzustellen. In Betracht kommen

- der Ehegatte,
- der frühere Ehegatte,
- Verwandte (Kinder, Enkelkinder, Eltern, Großeltern),
- die Mutter eines nichtehelichen Kindes.

Die Pfändungsgrenze für einen Vergütungsanspruch, der nach dem Arbeitsvertrag monatlich fällig wird, bestimmt sich auch dann nach dem monatlichen Nettoeinkommen, wenn der Arbeitnehmer in dem betreffenden Monat nicht die ganze Zeit gearbeitet hat (BAG vom 24.3.2009, 9 AZR 733/07).

Beispiel zur Berechnung der Pfändungsgrenze:

Arbeitnehmer, verheiratet, Steuerklasse III, gesetzliche Renten- und Kranken-/Pflegeversicherung, (gKV: kassenindividueller Zusatzbeitragssatz angenommen 1,1%), kinderlos

Lohnabrechnung

Monatslohn		*2.800,— €*
Überstundenvergütung		
Grundlohn	*120,– €*	
+ Zuschlag 25%	*30,– €*	*150,— €*
zusätzliches Urlaubsgeld		*300,— €*
tarifliche vermögenswirksame Leistung		*13,50 €*
steuer- und beitragspflichtiger Arbeitslohn		*3.263,50 €*

1. Berechnung des pfändbaren Betrags:

Bruttoarbeitslohn		*3.263,50 €*
./. die unpfändbaren Beträge:		
• die Hälfte der Überstundenvergütung von 150,– €	*75,— €*	
• das Urlaubsgeld	*300,— €*	
• vermögenswirksame Anlage	*40,— €*	*415,— €*
Als vermögenswirksame Leistung ist nicht nur der Betrag unpfändbar, den der Arbeitgeber gewährt (13,50 €), sondern auch der Teil, den der Arbeitnehmer darüber hinaus anlegt (im Beispiel werden 40,–€ vermögenswirksam angelegt, die nicht zum pfändbaren Arbeitseinkommen gehören.)		
Arbeitseinkommen		*2.848,50 €*
./. fiktive Lohnsteuer (aus 2.848,50 €)	165,16 €	
./. fiktive Kirchensteuer (angenommen 8%)	13,21 €	
./. fiktiver Solidaritätszuschlag	0,63 €	
./. fiktive SozV	591,78 €	770,78 €
Nettoeinkommen		2.077,72 €

Für dieses Nettoeinkommen ist der pfändbare Betrag nach den amtlichen Lohnpfändungstabellen zu entnehmen. Die derzeitigen Tabellen gemäß der Bekanntmachung vom 14.4.2015, BGBl. I S. 618, gelten für den Zeitraum vom 1.7.2015 bis 30.6.2017. Der pfändbare Betrag beträgt unter Berücksichtigung der Unterhaltspflicht für die Ehefrau 295,98 €.

2. *An den Arbeitnehmer auszuzahlender Arbeitslohn:*

Bruttoarbeitslohn (siehe oben)		*3.263,50 €*
Abzüge:		
Lohnsteuer lt. Monatstabelle	*253,66 €*	
Kirchensteuer (angenommen 8%)	*20,29 €*	
Solidaritätszuschlag	*13,95 €*	
SozV	*677,99 €*	
vermögenswirksame Anlage	*40,— €*	*1.005,89 €*
./. pfändbarer Betrag (siehe oben)		*295,98 €*
Auszahlungsbetrag an den Arbeitnehmer		*1.961,63 €*

9.6 Wie ist bei einer Pfändung wegen Unterhaltsansprüchen zu verfahren?

Die Lohnpfändungstabelle gilt nicht. Der pfandfrei bleibende Betrag wird vielmehr vom Vollstreckungsgericht im Pfändungsbeschluss festgelegt. Das für die Pfändung verfügbare Nettoeinkommen hat der Arbeitgeber wie bei anderen Pfändungen selbst zu berechnen. Dabei ist zu beachten, dass dem Schuldner von Überstundenvergütungen, vom zusätzlichen Urlaubsgeld und vom Weihnachtsgeld mindestens die Hälfte des Betrags belassen werden muss, der bei einer anderweitigen Pfändung unpfändbar wäre.

10. Die Förderung der betrieblichen Altersversorgung

10.0 Wann kommt das Betriebsrentenstärkungsgesetz?

Die Bundesregierung hat am 21.12.2016 den Entwurf eines Betriebsrentenstärkungsgesetzes in das Gesetzgebungsverfahren eingebracht. Die geplanten steuer- und sozialversicherungsrechtlichen Änderungen werden erst ab dem Jahr 2018 wirksam und im HANDBUCH 2018 ausführlich erläutert, wenn das Gesetzgebungsverfahren abgeschlossen ist.

10.1 Wann liegt betriebliche Altersversorgung vor?

Merkmal der betrieblichen Altersversorgung ist die Zusage des Arbeitgebers, dem Arbeitnehmer aus Anlass des Dienstverhältnisses Leistungen der Alters-, Invaliditäts- oder Hinterbliebenenversorgung zukommen zu lassen (vgl. § 1 Abs. 1 Satz 1 des Betriebsrentengesetzes – BetrAVG –; im Handbuch abgedruckt als Anlage 5). Dementsprechend müssen auch dem BAG-Urteil vom 28.10.2008, 3 AZR 327/07, die im BetrAVG aufgezählten Voraussetzungen erfüllt sein. Die Durchführung der betrieblichen Altersversorgung kann unmittelbar über den Arbeitgeber oder über einen externen Versorgungsträger erfolgen (vgl. Tz 10.2). Der Arbeitgeber hat für die Erfüllung der von ihm zugesagten Leistungen auch dann einzustehen, wenn die Durchführung nicht unmittelbar über ihn erfolgt. Entsprechendes gilt auch im Fall der Entgeltumwandlung (vgl. Tz 10.3), wie dies das Bundesarbeitsgericht im Urteil vom 12.6.2007, 3 AZR 186/06, klargestellt hat. Um betriebliche Altersversorgung nach dem BetrAVG handelt es sich nur dann, wenn der Arbeitgeber mindestens ein biometrisches Risiko (Alter, Tod, Invalidität) übernimmt und Ansprüche auf Leistungen grundsätzlich erst mit dem Eintritt des biologischen Ereignisses fällig werden. Dies ist bei der Altersversorgung das altersbedingte Ausscheiden aus dem Erwerbsleben, bei der Hinterbliebenenversorgung der Tod des Arbeitnehmers und bei der Invaliditätsversorgung der Invaliditätseintritt. Werden mehrere biometrische Risiken abgesichert, wird aus steuerrechtlicher Sicht die gesamte Vereinbarung nur dann als betriebliche Altersversorgung anerkannt, wenn für alle Risiken die nachfolgenden Vorgaben beachtet werden. Im Einzelnen ist nach dem BMF-Schreiben vom 24.7.2013, BStBl I S. 1.022, ergänzt durch BMF-Schreiben vom 13.1.2014, BStBl I S. 97, und vom 13.3.2014, BStBl I S. 554, zu beachten.

- Als Untergrenze für betriebliche Altersversorgungsleistungen gilt im Regelfall die **Vollendung des 60. Lebensjahres**. Erreicht der Arbeitnehmer im Zeitpunkt der Auszahlung das 60. Lebensjahr, hat aber seine berufliche Tätigkeit noch nicht beendet, so ist dies nicht schädlich. Für **nach dem 31.12.2011** erteilte Versorgungszusagen tritt an die Stelle des 60. Lebensjahres das **62. Lebensjahr**. Die Einführung der sog. „Rente mit 63" hat insoweit keine Bedeutung (vgl. § 2 BetrAVG – abgedruckt als Anlage 5 im Handbuch).
- Die **Hinterbliebenenversorgung** umfasst Leistungen an die Witwe, die nach dem Einkommensteuergesetz berücksichtigungsfähigen – in der Regel minderjährigen oder noch in Berufsausbildung stehenden – Kinder, den früheren Ehegatten/Lebenspartner i.S.d. Lebenspartnerschaftsgesetzes, in Einzelfällen auch an die Lebensgefährtin bzw. den Lebensgefährten. Aus steuerrechtlicher Sicht dürfen nur

Leistungen für den vorgenannten engen Hinterbliebenenbegriff vorgesehen sein. Dies bedeutet, dass für nach dem 31.12.2006 erteilte Versorgungszusagen hinsichtlich des Vorliegens einer steuerlich begünstigten Hinterbliebenenversorgung auch die durch das Steueränderungsgesetz 2007 erfolgte Herabsetzung der Altersgrenze für die steuerliche Berücksichtigung von Kindern auf 25 Lebensjahre beachtet werden muss. Der Begriff des/der Lebensgefährten/in umfasst auch die gleichgeschlechtliche Lebenspartnerschaft, wenn es sich nicht um eine eingetragene Lebenspartnerschaft handelt. Bei einer nicht eingetragenen Lebenspartnerschaft muss anhand der im BMF-Schreiben vom 25.7.2002, BStBl I S. 706, genannten Kriterien geprüft werden, ob diese als Hinterbliebenenversorgung anerkannt werden kann, wobei es in der Regel ausreicht, wenn neben der namentlichen Benennung des Lebensgefährten in der schriftlichen Vereinbarung gegenüber dem Arbeitgeber versichert wird, dass eine gemeinsame Haushaltsführung besteht. Allein die Möglichkeit, andere Personen als Begünstigte für den Fall des Todes zu benennen, führt aus steuerrechtlicher Sicht dazu, dass es sich nicht mehr um eine Hinterbliebenenversorgung handelt, sondern von einer Vererblichkeit der Anwartschaften ausgegangen wird. Gleiches gilt, wenn bei einer vereinbarten Rentengarantiezeit die Auszahlung auch an andere als die vorgenannten Personen möglich ist. Lediglich die Möglichkeit, ein einmaliges angemessenes Sterbegeld auch an andere Personen auszuzahlen, führt nicht zur Versagung der Anerkennung als betriebliche Altersversorgung. Im Übrigen lässt es die Finanzverwaltung nur im Fall der Pauschalierung von Beiträgen für eine Direktversicherung nach § 40b EStG (vgl. Tz 6.11) zu, dass auch eine andere – beliebige – Person als Bezugsberechtigte für den Fall des Todes des Arbeitnehmers benannt wird.

- **Keine** betriebliche Altersversorgung liegt vor, wenn zwischen Arbeitnehmer und Arbeitgeber die Vererblichkeit von Anwartschaften vereinbart ist. Auch Vereinbarungen, nach denen Arbeitslohn gutgeschrieben und ohne Absicherung eines biometrischen Risikos zu einem späteren Zeitpunkt (z. B. bei Ausscheiden aus dem Dienstverhältnis) ggf. mit Wertsteigerung ausgezahlt wird, sind nicht dem Bereich der betrieblichen Altersversorgung zuzuordnen. Betriebliche Altersversorgung unterscheidet sich damit wesentlich von bloßen Sparvorgängen. Demgegenüber führt allein die Möglichkeit einer Beitragserstattung einschließlich der gutgeschriebenen Erträge bzw. einer entsprechenden Abfindung für den Fall des Ausscheidens aus dem Dienstverhältnis **vor** Erreichen der gesetzlichen Unverfallbarkeit sowie der Abfindung einer Witwenrente für den Fall der Wiederheirat noch nicht zur Versagung der Anerkennung als betriebliche Altersversorgung.

Im Übrigen bleiben von der Finanzverwaltung lediglich bei Versorgungszusagen, die vor dem 1.1.2005 erteilt wurden (Altzusagen, vgl. Tz 10.4), in engen Ausnahmebereichen weitergehende Gestaltungen der Zusage unbeanstandet (vgl. RNr. 290 des BMF-Schreibens vom 24.7.2013, BStBl I S. 1.022).

10.2 Welche Zusagen und Durchführungswege sind möglich?

Neben der Zusage von festen Versorgungsleistungen, die in Form laufender Renten bei Eintritt des Versorgungsfalles zu leisten sind, gilt auch eine beitragsorientierte Leistungszusage, eine Beitragszusage mit Mindestleistung und die Umwandlung von Ansprüchen auf Arbeitsentgelt in eine wertgleiche Anwartschaft auf Versorgungsleistungen als betriebliche Altersversorgung. Während Zusagen von bestimmten Versorgungsleistungen wegen des daraus resultierenden Versorgungsrisikos für den Arbeitgeber inzwischen eher selten vereinbart werden, sind nunmehr wegen der sicheren Abgrenzung des Dotierungsrahmens die anderen Formen der Zusage – insbesondere die Entgeltumwandlung – vorherrschend.

- Bei der **beitragsorientierten Leistungszusage** nach § 1 Abs. 2 Nr. 1 BetrAVG verpflichtet sich der Arbeitgeber, bestimmte Beiträge in eine Anwartschaft auf Alters-, Invaliditäts- oder Hinterbliebenenversorgung umzuwandeln. Der Arbeitgeber sagt damit keinen festen Rentenbetrag zu.
- Von einer **Beitragszusage mit Mindestleistung** nach § 1 Abs. 2 Nr. 2 BetrAVG spricht man, wenn sich der Arbeitgeber verpflichtet, Beiträge zur Finanzierung von Leistungen der betrieblichen Altersversorgung an einen Pensionsfonds, eine Pensionskasse oder eine Direktversicherung zu zahlen und für Leistungen zur Altersversorgung das planmäßig zuzurechnende Versorgungskapital auf Grundlage der gezahlten Beiträge (einschl. der daraus erzielten Erträge), mindestens die Summe der zugesagten Beiträge, soweit sie nicht rechnungsmäßig für einen biometrischen Risikoausgleich verbraucht wurden, hierfür zur Verfügung zu stellen.
- Bei einer **Entgeltumwandlung** nach § 1 Abs. 2 Nr. 3 BetrAVG werden künftige Entgeltansprüche in eine wertgleiche Anwartschaft auf Versorgungsleistungen umgewandelt. Im Einzelnen siehe Tz 10.3.
- Schließlich handelt es sich nach § 1 Abs. 2 Nr. 4 BetrAVG auch noch um eine betriebliche Altersversorgung, wenn der Arbeitnehmer aus seinem Arbeitsentgelt zur Finanzierung von Leistungen der betrieblichen Altersversorgung Beiträge an einen Pensionsfonds, eine Pensionskasse oder eine Direktversicherung leistet (sog. **Eigenbeiträge**). Voraussetzung für das Vorliegen von betrieblicher Altersversorgung ist jedoch, dass die Zusage des Arbeitgebers auch die Leistungen aus diesen Beiträgen umfasst.

  Davon zu unterscheiden sind die eigenen Beiträge des Arbeitnehmers, zu deren Leistung er aufgrund einer eigenen vertraglichen Vereinbarung mit der Versorgungseinrichtung originär selbst verpflichtet ist. Diese eigenen Beiträge des Arbeitnehmers zur betrieblichen Altersversorgung werden aus dem bereits zugeflossenen und versteuerten Arbeitsentgelt geleistet.

Bezüglich weiterer arbeitsrechtlicher Bestimmungen bei der Zusage der betrieblichen Altersversorgung wird auch auf die Ausführungen im Handbuch „Arbeitsrecht in der betrieblichen Praxis" verwiesen.

Die Durchführung der betrieblichen Altersversorgung kann unmittelbar über den Arbeitgeber oder über einen im BetrAVG genannten Versorgungsträger erfolgen. Als Durchführungswege unterscheidet das BetrAVG die nachfolgenden fünf Formen:

- Direktzusage (vgl. Tz 11)
- Unterstützungskasse (vgl. Tz 12)
- Direktversicherung (vgl. Tz 13)
- Pensionskasse (vgl. Tz 14)
- Pensionsfonds (vgl. Tz 15)

Die steuer- und sozialversicherungsrechtliche Behandlung der Aufwendungen für die betriebliche Altersversorgung richtet sich nach dem jeweiligen Durchführungsweg. In Abhängigkeit von der steuerlichen Behandlung dieser Aufwendungen ist auch die steuerliche Behandlung der späteren Versorgungsleistungen.

Der Arbeitgeber hat für die Erfüllung der von ihm zugesagten Leistungen auch dann einzustehen, wenn die Durchführung nicht unmittelbar über ihn erfolgt (§ 1 Abs. 1 Satz 3 BetrAVG).

10.3 Kann Arbeitsentgelt umgewandelt werden?

Der Arbeitgeber ist grundsätzlich nicht verpflichtet, dem Arbeitnehmer eine betriebliche Altersversorgung zu gewähren. Eine Verpflichtung kann sich aber z. B. aus einzelvertraglicher Zusage, Tarifvertrag, Betriebsvereinbarung, betrieblicher Übung oder dem Grundsatz der Gleichbehandlung aller Arbeitnehmer ergeben.

Einen Grundsatz der Freiwilligkeit der betrieblichen Altersversorgung gibt es nicht, denn der Gesetzgeber räumt den Arbeitnehmern einen individuellen Anspruch auf betriebliche Altersversorgung durch Entgeltumwandlung ein. Nach § 1a BetrAVG kann der Arbeitnehmer vom Arbeitgeber verlangen, dass von seinen künftigen Entgeltansprüchen bis zu 4% der jeweiligen Beitragsbemessungsgrenze in der allgemeinen Rentenversicherung durch Entgeltumwandlung für seine betriebliche Altersversorgung verwendet werden. Der Rechtsanspruch auf Entgeltumwandlung gilt nur für Arbeitnehmer, die in der gesetzlichen Rentenversicherung pflichtversichert sind. Es besteht jedoch keine Pflicht des Arbeitgebers, den Arbeitnehmer auf die Möglichkeit der Entgeltumwandlung hinzuweisen (BAG-Urteil vom 21.1.2014, AZR 807/11).

Um durch Entgeltumwandlung finanzierte betriebliche Altersversorgung handelt es sich, wenn Arbeitgeber und Arbeitnehmer vereinbaren, künftige Arbeitslohnansprüche zugunsten einer betrieblichen Altersversorgung herabzusetzen und zum Aufbau einer wertgleichen Anwartschaft auf Versorgungsleistungen zu verwenden. Nach dem BMF-Schreiben vom 24.7.2013, BStBl I S. 1.022, wird die Herabsetzung von Arbeitslohn zugunsten betrieblicher Altersversorgung auch dann anerkannt, wenn die Gehaltsänderungsvereinbarung bereits erdiente, aber noch nicht fällig gewordene Anteile umfasst. Dies gilt für laufenden Arbeitslohn sowie Einmal- und Sonderzahlungen gleichermaßen und für alle Durchführungswege betrieblicher Altersversorgung. Nicht um eine Entgeltumwandlung handelt es sich hingegen bei den so genannten Eigenbeiträgen des Arbeitnehmers, die dieser aus seinem bereits zugeflossenen und versteuerten sowie verbeitragten Arbeitsentgelt für die betriebliche Altersversorgung aufbringt.

Im Einzelnen gilt Folgendes:

- **Bei bereits bestehender betrieblicher Altersversorgung:**

  Soweit bereits eine durch Entgeltumwandlung finanzierte betriebliche Altersversorgung besteht (z. B. als arbeitnehmerfinanzierte Pensionszusage), ist der Anspruch des Arbeitnehmers auf Entgeltumwandlung ausgeschlossen (§ 1a Abs. 2 BetrAVG).

- **Bei Tarifgebundenheit:**

  Soweit Entgelt auf Tarifvertrag beruht, ist eine Entgeltumwandlung nur dann möglich, wenn und soweit ein Tarifvertrag dies vorsieht oder zulässt. Im Übrigen kann der Entgeltumwandlungsanspruch tarifvertraglich ausgeschlossen oder modifiziert werden (Tarifvorrang, § 17 Abs. 3 und 5 BetrAVG).

- **Vorrang von Pensionskasse oder Pensionsfonds:**

  Will der Arbeitgeber die Durchführung der betrieblichen Altersversorgung über einen Pensionsfonds oder eine Pensionskasse abwickeln, so sind diese Durchführungswege maßgebend (§ 1a Abs. 1 BetrAVG). Der Arbeitgeber kann damit die Durchführung des Anspruchs auf betriebliche Altersversorgung auf einen Pensionsfonds oder eine bestehende Pensionskasse beschränken. Andernfalls kann der Arbeitnehmer vom Arbeitgeber den Abschluss einer Direktversicherung verlangen. Hierbei kann der Arbeitnehmer aber nicht die Wahl des konkreten Versicherungsunternehmens bestimmen; es kann dem Arbeitgeber nicht zugemutet werden, mit einer Vielzahl von Versicherungsunternehmen Geschäftsbeziehungen aufzunehmen.

- **Mindestbeitrag:**

  Macht der Arbeitnehmer von seinem Entgeltumwandlungsanspruch Gebrauch, muss er jährlich mindestens 1/160 der Bezugsgröße (für das Jahr 2017 also 1/160 von 35.700,– € = 223,13 €) für seine betriebliche Altersversorgung verwenden.

- **Anspruch auf Zulageförderung:**

  Soweit der Arbeitnehmer einen Anspruch auf Entgeltumwandlung für betriebliche Altersversorgung hat und diese über eine Pensionskasse, einen Pensionsfonds oder eine Direktversicherung durchgeführt wird, kann der Arbeitnehmer verlangen, dass die Voraussetzungen für die Förderung mit Altersvorsorgezulage bzw. Sonderausgabenabzug nach § 10a EStG erfüllt werden. Die Beiträge müssen dann jedoch individuell nach den persönlichen Besteuerungsmerkmalen des Arbeitnehmers als Arbeitslohn versteuert werden.

10.4 Warum wird zwischen Alt- und Neuzusage unterschieden?

Nach dem Alterseinkünftegesetz ist die Möglichkeit der Pauschalversteuerung in Höhe von bis zu 1.752,– € im Kalenderjahr nach § 40b EStG (vgl. Tz 6.11) ab dem 1.1.2005 aufgehoben und durch die Einführung eines zusätzlichen steuerfreien Höchstbetrags von 1.800,– € nach § 3 Nr. 63 Satz 3 EStG ersetzt worden. Beide Förderungen dürfen nicht nebeneinander gewährt werden. Dementsprechend kommt der zusätzliche steuerfreie Höchstbetrag nur für Beiträge in Betracht, die aufgrund einer nach dem

31.12.2004 erteilten Versorgungszusage erbracht werden. Für Beiträge, die aufgrund einer vor dem 1.1.2005 erteilten Versorgungszusage erbracht werden, bleibt hingegen die bisherige Möglichkeit der Pauschalversteuerung weiterhin erhalten.

Zeitpunkt der Erteilung einer Versorgungszusage

Für die Frage, zu welchem Zeitpunkt eine Versorgungszusage erstmalig erteilt wurde, ist grundsätzlich die zu einem Rechtsanspruch führende arbeitsrechtliche bzw. betriebsrentenrechtliche Verpflichtungserklärung des Arbeitgebers maßgebend. Entscheidend ist somit nicht, wann Mittel an die Versorgungseinrichtung fließen.

Bei kollektiven, rein arbeitgeberfinanzierten Versorgungsregelungen ist die Zusage in der Regel mit Abschluss der Versorgungsregelung bzw. frühestens mit Beginn des Dienstverhältnisses des Arbeitnehmers erteilt. Ist die erste Dotierung durch den Arbeitgeber erst nach Ablauf einer von vornherein arbeitsrechtlich festgelegten Wartefrist vorgesehen, so wird der Zusagezeitpunkt dadurch nicht verändert.

Bei einer ganz oder teilweise durch Entgeltumwandlung finanzierten Zusage gilt die Zusage regelmäßig mit Abschluss der erstmaligen Gehaltsänderungsvereinbarung als erteilt. Liegen jedoch zwischen der Gehaltsänderungsvereinbarung und der erstmaligen Herabsetzung des Arbeitslohns mehr als 12 Monate, sieht die Finanzverwaltung hingegen die Versorgungszusage erst im Zeitpunkt der erstmaligen Herabsetzung als erteilt. Damit sollen missbräuchliche Gestaltungen unterbunden werden.

Veränderungen einer bestehenden Versorgungszusage

Die Änderung einer bestehenden obigen Versorgungszusage stellt aus steuerrechtlicher Sicht unter dem Gesichtspunkt der Einheit der Versorgungszusage dann **keine Neuzusage** dar, wenn bei **ansonsten unveränderter** Versorgungszusage

- lediglich die Beiträge und/oder die Leistungen erhöht oder vermindert werden,
- lediglich die Finanzierungsform ersetzt oder ergänzt wird (z. B. rein arbeitgeberfinanziert oder Entgeltumwandlung), andere im Gesamtversicherungsbeitrag des Arbeitgebers enthaltene Finanzierungsanteile des Arbeitnehmers oder eigene Beiträge des Arbeitnehmers,
- lediglich die zu Grunde liegende Rechtsgrundlage gewechselt wird (z. B. bisher tarifvertraglich jetzt einzelvertraglich),
- lediglich eine befristete Entgeltumwandlung erneut befristet oder unbefristet fortgesetzt wird oder
- in einer vor dem 1.1.2012 erteilten Zusage die Untergrenze für betriebliche Altersversorgungsleistungen bei altersbedingtem Ausscheiden aus dem Erwerbsleben um höchstens 2 Jahre bis maximal auf das 67. Lebensjahr erhöht wird. Dabei ist es unerheblich, ob dies zusammen mit einer Verlängerung der Beitragszahlungsdauer erfolgt.

Eine Altzusage liegt auch im Fall der Übernahme der Zusage (Schuldübernahme) nach § 4 Abs. 2 Nr. 1 BetrAVG durch den neuen Arbeitgeber und bei Betriebsübergang nach § 613a BGB vor.

Demgegenüber stellt die **Änderung** einer bestehenden obigen Versorgungszusage insbesondere dann eine **Neuzusage** dar,

- soweit die bereits erteilte Versorgungszusage um zusätzliche biometrische Risiken erweitert wird und dies mit einer Beitragserhöhung verbunden ist,
- im Fall der Übertragung der Zusage beim Arbeitgeberwechsel nach § 4 Abs. 2 Nr. 2 und Abs. 3 BetrAVG.

Werden einzelne Leistungskomponenten der Versorgungszusage im Rahmen einer von vornherein vereinbarten Wahloption verringert, erhöht oder erstmals aufgenommen (z. B. Einbeziehung der Hinterbliebenenabsicherung nach Heirat) und kommt es infolge dessen nicht zu einer Beitragsanpassung, liegt keine Neuzusage vor; es handelt sich um eine Altzusage.

Gleichwohl ist es aus steuerlicher Sicht möglich, mehrere Versorgungszusagen nebeneinander, also neben einer Altzusage auch eine Neuzusage zu erteilen (z. B. „alte" Direktversicherung und „neuer" Pensionsfonds). Dies gilt grundsätzlich unabhängig davon, ob derselbe Durchführungsweg gewählt wird. Wird neben einer für alle Arbeitnehmer tarifvertraglich vereinbarten Pflichtversorgung, z. B. erstmalig nach 2004 tarifvertraglich eine Entgeltumwandlung mit ganz eigenen Leistungskomponenten zugelassen, liegt im Falle der Nutzung der Entgeltumwandlung insoweit eine Neuzusage vor. Demgegenüber ist insgesamt von einer Altzusage auszugehen, wenn neben einem „alten" Direktversicherungsvertrag (Abschluss vor 2005) ein „neuer" „Direktversicherungsvertrag (Abschluss nach 2004) abgeschlossen wird und die bisher erteilte Versorgungszusage nicht um zusätzliche biometrische Risiken erweitert wird. Dies gilt auch, wenn der „neue" Direktversicherungsvertrag bei einer anderen Versicherungsgesellschaft abgeschlossen wird.

Übertragungsabkommen der Versicherungswirtschaft

Bei einem Arbeitgeberwechsel findet die Übernahme der betrieblichen Altersversorgung in der Praxis nur selten in Form der befreienden Schuldübernahme nach § 4 Abs. 2 Nr. 1 BetrAVG (= unveränderte Weiterführung der bisherigen Zusage des alten Arbeitgebers durch den neuen Arbeitgeber) oder als Übertragung nach § 4 Abs. 2 Nr. 2 und Abs. 3 BetrAVG (= Übertragung mittels Übertragungswert, bei der nicht die Zusage selbst, sondern nur deren Wert vom alten auf den neuen Arbeitgeber weitergegeben wird) statt. Viel häufiger wird in der Praxis die Portabilität der betrieblichen Altersversorgung entsprechend dem „Abkommen zur Übertragung von Direktversicherungen oder Versicherungen in eine Pensionskasse bei Arbeitgeberwechsel" oder nach vergleichbaren Regelungen zur Übertragung von Versicherungen in Pensionskassen oder Pensionsfonds geregelt. Nach diesen Abkommen kann mit Zustimmung des Arbeitnehmers innerhalb einer Frist von einem Jahr nach Beendigung des Arbeitsverhältnisses zwischen dem bisherigen und dem neuen Arbeitgeber vereinbart werden, dass der Wert der Versorgung des alten Arbeitgebers von der Versorgungseinrichtung des neuen Arbeitgebers ohne die sonst üblichen Folgekosten einer „Beendigung" eines Versorgungsvertrags (z. B. Stornogebühren, noch nicht abgedeckte Abschluss- und Verwaltungskosten) übernommen wird. Wird bei einem Arbeitgeberwechsel eine vom bisherigen Arbeitgeber vor dem 1. Januar 2005 im Durchführungsweg der Direktversicherung erteilte Versorgungszusage (Altzusage) unter Anwendung des

Abkommens zur Übertragung von Direktversicherungen nach dem 31. Dezember 2004 auf den neuen Arbeitgeber übertragen, bestehen nach Auffassung der Finanzverwaltung keine Bedenken, wenn der neue Arbeitgeber weiterhin von einer Altzusage ausgeht und die Beiträge weiterhin pauschal besteuert (vgl. Tz. 13.2 Buchstabe b). Voraussetzung für die Behandlung als Altzusage ist jedoch, dass sich die bisher abgesicherten biometrischen Risiken nicht ändern. Entsprechendes gilt hinsichtlich der Behandlung der Pensionskassenzusagen, nachdem auch die Pensionskassen in das Übertragungsabkommen miteinbezogen wurden.

Die für die steuerliche Beurteilung der Beiträge erforderlichen Angaben sind im Lohnkonto entsprechend § 5 Abs. 1 Nr. 1 und Nr. 2 LStDV (vgl. Anlage 1 im Handbuch) aufzuzeichnen.

Zwischenzeitlich privat weitergeführte Direktversicherungen

Wird eine vor dem 1. Januar 2005 abgeschlossene Direktversicherung (Altzusage) infolge der Beendigung des Dienstverhältnisses zunächst nach § 2 Abs. 2 BetrAVG auf den Arbeitnehmer übertragen, wegen Arbeitslosigkeit zwischenzeitlich von diesem privat fortgeführt und dann bei Wiedereintritt in ein Dienstverhältnis vom neuen Arbeitgeber übernommen, kann nach Auffassung der Finanzverwaltung weiterhin von einer Altzusage ausgegangen werden. Auch in diesem Fall besteht damit die Möglichkeit, dass der neue Arbeitgeber die Beiträge zur Direktversicherung als Altzusage pauschal versteuert. Voraussetzung für die Behandlung als Altzusage ist jedoch auch in diesem Fall, dass sich die bisher abgesicherten biometrischen Risiken nicht ändern.

In vielen Fällen haben es Arbeitgeber und Arbeitnehmer selbst in der Hand, ob sie mit ihrer Gestaltung eine vor dem 1.1.2005 einmal bestehende Altersversorgungszusage als Altzusage fortführen, in eine Neuzusage abändern oder mehrere Versorgungszusagen nebeneinander – also neben einer Altzusage auch eine Neuzusage – erteilen.

10.5 Was gilt beim Versorgungsausgleich?

Nach dem Gesetz zur Strukturreform des Versorgungsausgleichs vom 3.4.2009, BGBl. I S. 700, werden die während einer Ehe/eingetragenen Lebenspartnerschaft i.S.d. Lebenspartnerschaftsgesetzes erworbenen Ansprüche auf Altersversorgung bei einer Scheidung ausgeglichen. Hierunter fallen auch die Anrechte aus einer betrieblichen Altersversorgung und zwar unabhängig vom gewählten Durchführungsweg. Das Versorgungsausgleichsgesetz (VersAusglG) sieht eine Reihe von Ausgleichsformen vor. Haben die Eheleute/Lebenspartner eine wirksame Vereinbarung über den Versorgungsausgleich geschlossen, gilt diese. Liegt eine solche nicht vor, wird grundsätzlich die „interne Teilung" (§ 10 VersAusglG) vorgenommen, das heißt, auch der ausgleichsberechtigte Ehegatte/Lebenspartner bekommt ein Anrecht unmittelbar beim jeweiligen Versorgungsträger. Ausnahmsweise kann eine „externe Teilung" (§ 14 VersAusglG) erfolgen, bei der dann die Anrechte des ausgleichsberechtigten Ehegatten/Lebenspartner auf einen anderen Versorgungsträger übertragen werden. Die steuerlichen Verwaltungsregelungen zum Versorgungsausgleich finden sich im BMF-Schreiben vom 24.7.2013, BStBl I S. 1.022, geändert durch BMF-Schreiben vom 13.1.2014, BStBl I S. 97, sowie im BMF-Schreiben vom 19.8.2013, BStBl I S. 1.087, geändert durch BMF-Schreiben vom 10.1.2014, BStBl I S. 70.

§ 3 Nr. 55a EStG stellt klar, dass die aufgrund einer internen Teilung durchgeführte Übertragung von Anrechten steuerfrei ist; dies gilt sowohl für die ausgleichspflichtige, als auch für die ausgleichsberechtigte Person. Die Leistungen aus den übertragenen Anrechten gehören bei der ausgleichsberechtigten Person zu den Einkünften, zu denen die Leistungen bei der ausgleichspflichtigen Person gehören würden, wenn die interne Teilung nicht stattgefunden hätte. Dementsprechend sind die (späteren) Versorgungsleistungen daher (weiterhin) Einkünfte aus nichtselbstständiger Arbeit (Versorgungsbezüge) oder sonstige Einkünfte nach § 22 EStG oder Einkünfte aus Kapitalvermögen. Für die ausgleichspflichtige Person bedeutet dies, dass sie (später) die zufließenden Leistungen aus dem reduzierten Anrecht versteuert, und für die ausgleichsberechtigte Person, dass sie (später) die zufließenden Leistungen aus dem übertragenen Anrecht versteuert. Ist der Arbeitgeber selbst der Versorgungsträger (wie z. B. im Falle der Direkt-/Pensionszusage), ist er verpflichtet, dem Ehegatten/Lebenspartner Auskunft über die Höhe des Anrechts zu erteilen. Außerdem muss der Arbeitgeber die Berechnung der in der Ehezeit/eingetragenen Lebenspartnerschaft erworbenen Ansprüche selbst vornehmen und dem Familiengericht einen Vorschlag machen, wie sich der Ausgleichswert bestimmt. Für die Ermittlung des Versorgungsfreibetrags und des Zuschlags zum Versorgungsfreibetrag bei der ausgleichsberechtigten Person ist auf deren Versorgungsbeginn abzustellen; bei der ausgleichspflichtigen Person ist deren Versorgungsbeginn maßgebend.

Bei der externen Teilung nach § 14 VersAusglG wird für den Ausgleichsberechtigten ein Anrecht in Höhe des Ausgleichswertes bei einem anderen Versorgungsträger als dem des Ausgleichspflichtigen begründet. Nach § 3 Nr. 55b Satz 1 EStG ist der aufgrund einer externen Teilung an den Träger der Zielversorgung geleistete Ausgleichswert grundsätzlich steuerfrei, soweit Leistungen aus den dort begründeten Anrechten zu steuerpflichtigen Einkünften führen würden. Für die Besteuerung bei der ausgleichsberechtigten Person ist unerheblich, zu welchen Einkünften die Leistungen aus dem übertragenen Anrecht bei der ausgleichspflichtigen Person geführt hätten, da mit der externen Teilung ein neues Anrecht begründet wird. Bei der ausgleichsberechtigten Person unterliegen Leistungen aus Altersvorsorgeverträgen, Pensionsfonds, Pensionskassen oder Direktversicherungen, die auf dem nach § 3 Nr. 55b Satz 1 EStG steuerfrei geleisteten Ausgleichswert beruhen, insoweit in vollem Umfang der nachgelagerten Besteuerung nach § 22 Nr. 5 Satz 1 EStG.

Im Übrigen liegt eine schädliche Verwendung (vgl. Tz 16) gemäß § 93 Abs. 1a EStG nicht vor, wenn auf Grund einer Entscheidung des Familiengerichts im Wege der internen Teilung nach § 10 VersAusglG oder externen Teilung nach § 14 VersAusglG während der Ehezeit/eingetragenen Lebenspartnerschaft (§ 3 Abs. 1 VersAusglG) gebildetes Altersvorsorgevermögen auf einen zertifizierten Altersvorsorgevertrag oder in eine nach § 82 Abs. 2 EStG begünstigte betriebliche Altersversorgung (einschließlich der Versorgungsausgleichskasse) übertragen wird.

10.6 Was gilt bei Übertragung von Anrechten auf Altersversorgung bei einer zwischen- oder überstaatlichen Einrichtung?

Mit dem neuen § 3 Nr. 55e EStG wurde festgelegt, dass die Übertragung von Anrechten auf Altersversorgung aufgrund eines Abkommens mit einer zwischen- oder überstaatlichen Einrichtung steuerneutral ist, soweit sie zur Begründung von Anrechten auf Altersversorgung bei einer zwischen- oder überstaatlichen Einrichtung dienen. Die Steuerfreistellung ist davon unabhängig, ob es tatsächlich zu einer Steuerpflicht der Altersleistungen des neuen Versorgungsträgers in Deutschland kommt. Die späteren Leistungen gehören dann zu den Einkünften, zu denen die Leistungen gehören, die die übernehmende Versorgungseinrichtung im Übrigen erbringt.

11. Die Direktzusage

11.1 Was ist eine Direktzusage?

Unter einer Direktzusage (auch Pensionszusage) versteht man die Verpflichtungszusage des Arbeitgebers, seinen Arbeitnehmern oder deren Hinterbliebenen aus eigenen Mitteln Versorgungsleistungen bei Eintritt in den Ruhestand oder bei vorher eintretendem vorzeitigen Versorgungsfall wie Invalidität oder Tod zu erbringen. Der Arbeitgeber übernimmt mit einer solchen Direktzusage unmittelbare Versorgungsverpflichtungen und ist – im Gegensatz zu den anderen Durchführungswegen der betrieblichen Altersversorgung – selbst Träger der Versorgung (keine Einschaltung eines externen Versorgungsunternehmens). Häufig werden zwischen Arbeitgeber und Arbeitnehmer Vereinbarungen abgeschlossen, damit Gehalts- bzw. Lohnbestandteile in eine Versorgungszusage umgewandelt werden (sog. arbeitnehmerfinanzierte Pensionszusage).

Um die sich aus einer Direktzusage ergebenden Versorgungsansprüche finanziell abzusichern, bildet der Arbeitgeber nach Maßgabe des § 6a EStG in der Steuerbilanz Pensionsrückstellungen. Zusätzlich sichert der Arbeitgeber in vielen Fällen – insbesondere bei der Entgeltumwandlung – die Anwartschaften auch durch eine Rückdeckungsversicherung ab (vgl. das Stichwort „Rückdeckungsversicherung" in Tz 4.2). Nach § 10 Abs. 1 BetrAVG besteht für den Arbeitgeber auch Beitragspflicht zum Pensions-Sicherungs-Verein.

11.2 Welche lohnsteuerlichen Folgerungen ergeben sich aus einer Direktzusage?

Mit der Versorgungszusage erhält der Arbeitnehmer keinen Rechtsanspruch gegenüber einen Dritten. Dies gilt auch für den Fall, dass der Arbeitgeber seine Pensionsverpflichtung durch Abschluss einer Rückdeckungsversicherung abgesichert hat, um bei Eintritt des Leistungsfalls die notwendigen finanziellen Mittel verfügbar zu haben. Der Arbeitnehmer hat lediglich die Zusage des Arbeitgebers, dass dieser ihm im Versorgungsfall Leistungen gewährt. Vor Eintritt des Versorgungsfalls fehlt es daher an einem Zufluss von Vermögenswerten beim Arbeitnehmer. Dementsprechend bewirkt die Direktzusage selbst, die Bildung der Pensionsrückstellung oder die Beitragszahlungen des Arbeitgebers zur Rückdeckungsversicherung und in den Pensions-Sicherungs-Verein beim Arbeitnehmer keinen Lohnzufluss. Auch die darüber hinausgehende zusätzliche privatrechtliche Absicherung (z. B. über sog. CTA-Treuhandmodelle) bewirkt entsprechend § 3 Nr. 65 EStG noch keinen Lohnzufluss (vgl. Tz 4.2 „Insolvenzsicherung"). Entsprechendes gilt beim Schuldbeitritt und die Ausgliederung von auf Direktzusagen beruhenden Pensionsverpflichtungen durch den Arbeitgeber auf eine **konzerneigene** Pensionsgesellschaft entsprechend dem BMF-Schreiben vom 16.12.2005, BStBl I S. 1.052.

Steuerpflicht für den Arbeitnehmer tritt erst im Fall der tatsächlichen Auszahlung der Leistungen durch den Arbeitgeber nach Eintritt des Versorgungsfalls ein. Diese Leistungen des Arbeitgebers (Betriebsrenten) gehören dann als Bezug aus dem früheren

Dienstverhältnis zum Arbeitslohn und unterliegen ggf. nach Abzug des jeweils maßgebenden Versorgungsfreibetrags und der Werbungskostenpauschale von 102,– € dem Lohnsteuerabzug (im Einzelnen zur Besteuerung der Versorgungsbezüge siehe Tz 5.6). Damit ergeben sich auch bei der sog. arbeitnehmerfinanzierten Pensionszusage durch das Hinausschieben des Lohnzuflusses Vorteile für den Arbeitnehmer (regelmäßig niedrigere Steuerprogression und Berücksichtigung des Versorgungsfreibetrags); der Arbeitgeber hat den Vorteil, dass bei der Direktzusage die Liquidität des Unternehmens nicht wesentlich vermindert wird.

Werden solche Versorgungsleistungen nicht fortlaufend, sondern in einer Summe gezahlt, handelt es sich um eine Entlohnung für eine mehrjährige Tätigkeit (vgl. BFH vom 12.4.2007, BStBl II S. 581), die bei Zusammenballung als außerordentliche Einkünfte nach der Fünftel-Regelung zu besteuern ist (vgl. Tz 5.8c). Die Gründe für eine Kapitalisierung von Versorgungsleistungen sind dabei unerheblich. Im Fall von Teilkapitalauszahlungen ist dagegen der Tatbestand der Zusammenballung nicht erfüllt, so dass die Fünftel-Regelung für diese Zahlungen dann nicht in Betracht kommt.

11.3 Was gilt in der Sozialversicherung?

Wie bei der lohnsteuerlichen Behandlung fallen vor Eintritt des Versorgungsfalls grundsätzlich auch keine Beiträge zur Sozialversicherung an.

Im Gegensatz zur steuerlichen Beurteilung ist hinsichtlich der Sozialversicherungsfreiheit aber im Falle der Entgeltumwandlung ein Höchstbetrag zu beachten. Soweit die umgewandelten Lohnbestandteile 4% der jährlichen Beitragsbemessungsgrenze in der gesetzlichen Rentenversicherung übersteigen, liegt im Fall der Entgeltumwandlung sozialversicherungspflichtiges Arbeitsentgelt vor. Damit gilt für arbeitnehmerfinanzierte Direktzusagen im Kalenderjahr 2017 ein beitragsfreier Jahreshöchstbetrag von nunmehr maximal 3.048,– € (= 4% von 76.200,– €).

11.4 Was gilt bei Übertragung von Versorgungsverpflichtungen auf einen Pensionsfonds?

Der Arbeitgeber hat die Möglichkeit, seine Versorgungsverpflichtungen bei **Fortbestehen des Dienstverhältnisses** auf einen Pensionsfonds zu übertragen, damit dieser die Versorgungsleistungen erbringt. Diese Übertragung von Versorgungsverpflichtungen oder Versorgungsanwartschaften auf einen **externen** Versorgungsträger würde grundsätzlich zu steuer- und beitragspflichtigem Arbeitslohn führen, weil der Arbeitnehmer im Zeitpunkt der Übertragung gegenüber dem Pensionsfonds einen unentziehbaren Rechtsanspruch auf die späteren Versorgungsleistungen erwirbt.

Nach § 3 Nr. 66 EStG wird diese Übertragung jedoch steuerfrei gestellt. Voraussetzung ist, dass die beim Arbeitgeber durch die Übertragung entstehenden Betriebsausgaben auf 10 Jahre verteilt werden. Wird der Antrag auf Verteilung der Betriebsausgaben gestellt, sind die Leistungen des Arbeitgebers (oder der Unterstützungskasse) an den Pensionsfonds zur Übernahme bestehender Versorgungsverpflichtungen gegenüber Leistungsempfängern (laufende Rentenzahlungen) und unverfallbarer Versorgungsanwartschaften ausgeschiedener Versorgungsberechtigter insgesamt nach § 3 Nr. 66 EStG steuerfrei. Bei einer entgeltlichen Übertragung von

Versorgungsanwartschaften aktiver Beschäftigter kommt hingegen die Anwendung des § 3 Nr. 66 EStG nur für Zahlungen in Betracht, die für die bis zum Zeitpunkt der Übertragung bereits erdienten Versorgungsanwartschaften geleistet werden; Zahlungen für zukünftig noch zu erdienende Anwartschaften sind ausschließlich in dem begrenzten Rahmen des § 3 Nr. 63 EStG steuerfrei (vgl. BMF-Schreiben vom 26.10.2006, BStBl I S. 709, ergänzt durch BMF-Schreiben vom 10.7.2015, BStBl I S. 544). Soweit Steuerfreiheit besteht, liegt auch keine Beitragspflicht in der Sozialversicherung vor (§ 1 Abs. 1 Satz 1 Nr. 10 und Satz 2 SvEV – vgl. Anlage 2 im Handbuch).

Die nach § 3 Nr. 66 EStG steuerfrei belassenen Leistungen sind dem Pensionsfonds nach Maßgabe des § 5 Abs. 2 LStDV (vgl. Anlage 1 im Handbuch) mitzuteilen, da dies für die spätere Versteuerung der Rentenzahlungen wichtig ist.

Bevor von der Möglichkeit der Übertragung auf einen Pensionsfonds Gebrauch gemacht wird, sollten auch die Auswirkungen bei der steuerlichen Behandlung der späteren Versorgungsleistungen bedacht werden. Wie oben ausgeführt, werden bei der Versteuerung der Betriebsrenten als nachträglicher Arbeitslohn entsprechend den individuellen Besteuerungsmerkmalen des Arbeitnehmers ggf. die Versorgungsfreibeträge berücksichtigt. Demgegenüber sind Versorgungsbezüge aus dem Pensionsfonds in voller Höhe als sonstige Einkünfte nach § 22 Nr. 5 EStG und damit immer (vom Sonderfall der bereits Versorgungsbezieher abgesehen, vgl. Tz 15.5) ohne Abzug der Versorgungsfreibeträge zu versteuern.

11.5 Kann bei der Direktzusage eine Altersvorsorgezulage gewährt werden?

Die betriebliche Altersversorgung in Form einer Direktzusage kann nicht mit Altersvorsorgezulage oder Sonderausgabenabzug nach § 10a EStG gefördert werden, da in der Anwartschaftsphase kein steuerpflichtiger Lohnzufluss bewirkt wird.

11.6 Was gilt beim Arbeitgeberwechsel und Übertragung der Versorgung?

Nach dem Alterseinkünftegesetz sind ab dem Kalenderjahr 2005 auch die Möglichkeiten der Übertragung von Versorgungsanwartschaften nach **Beendigung des Dienstverhältnisses** vom bisherigen Arbeitgeber auf den neuen Arbeitgeber verbessert worden. Danach gilt für die Übertragung von in Form der Direktzusage gebildeten Versorgungsanwartschaften Folgendes:

1. Wird entsprechend § 4 Abs. 2 Nr. 1 BetrAVG (vgl. Anlage 5 im Handbuch) nach Beendigung des Arbeitsverhältnisses im Einvernehmen des ehemaligen mit dem neuen Arbeitgeber sowie dem Arbeitnehmer die Direktzusage vom neuen Arbeitgeber übernommen und von diesem **mit unveränderten Leistungsinhalt fortgeführt** (= Schuldübernahme), handelt es sich lohnsteuerrechtlich lediglich um einen Schuldnerwechsel und damit für den Arbeitnehmer um keinen lohnsteuerrelevanten Vorgang.
2. Wird hingegen entsprechend § 4 Abs. 2 Nr. 2 BetrAVG nach Beendigung des Arbeitsverhältnisses im Einvernehmen des ehemaligen mit dem neuen Arbeitgeber

sowie dem Arbeitnehmer der Wert der vom Arbeitnehmer erworbenen unverfallbaren Anwartschaft auf betriebliche Altersversorgung (= Übertragungswert nach § 4 Abs. 5 BetrAVG) auf den neuen Arbeitgeber übertragen, damit dieser eine **wertgleiche Versorgungszusage** erteilt, gilt Folgendes:

a) Der Übertragungswert ist nach § 3 Nr. 55 Satz 2 EStG steuerfrei, wenn er vom ehemaligen Arbeitgeber an den neuen Arbeitgeber (oder an eine andere Unterstützungskasse) geleistet wird.

b) Der Übertragungswert ist hingegen grundsätzlich lohnsteuerpflichtig, wenn die betriebliche Versorgungszusage beim ehemaligen Arbeitgeber als Direktzusage (oder mittels einer Unterstützungskasse) ausgestaltet war, während sie beim neuen Arbeitgeber über eine Direktversicherung (Tz 13), eine Pensionskasse (Tz 14) oder einen Pensionsfonds (Tz 15) abgewickelt wird. Aus diesem Grund wird derzeit bei Beendigung des Arbeitsverhältnisses die Übertragung einer Direktzusage auf einen externen Versorgungsträger (Direktversicherung, Pensionskasse oder Pensionsfonds) in der Regel nur selten praktiziert werden, da die Steuerfreiheit nach § 3 Nr. 63 Satz 4 EStG (vgl. z. B. Tz 13.4) nicht ausreicht.

Die Übertragung kann nur einvernehmlich herbeigeführt werden, da der ehemalige Arbeitgeber nicht gezwungen werden soll, im Unternehmen gebundene Rückstellungen für die Altersversorgung seiner Mitarbeiter bei deren Ausscheiden vorzeitig auflösen und kapitalisieren zu müssen.

Die **Ablösung einer vom Arbeitgeber erteilten Pensionszusage** führt beim Arbeitnehmer zum Zufluss von Arbeitslohn, wenn der Ablösungsbetrag auf Verlangen des Arbeitnehmers zur Übernahme der Pensionsverpflichtung an einen Dritten gezahlt wird. Hat der Arbeitnehmer jedoch **kein Wahlrecht**, den Ablösungsbetrag alternativ an sich auszahlen zu lassen, wird nach dem BFH-Urteil vom 18.8.2016, VI R 18/13, das auch im Bundessteuerblatt Teil II veröffentlicht wird, mit der Zahlung des Ablösungsbetrags an den die Pensionsverpflichtung übernehmenden Dritten der Anspruch des Arbeitnehmers auf die künftigen Pensionszahlungen (noch) nicht wirtschaftlich erfüllt. Ein Zufluss von Arbeitslohn liegt in diesem Fall nicht vor.

12. Die Unterstützungskasse

12.1 Was ist eine Unterstützungskasse?

Die Unterstützungskasse ist eine vom Arbeitgeber unabhängige rechtsfähige Versorgungseinrichtung (externer Versorgungsträger), die dem Arbeitnehmer oder seinen Hinterbliebenen keinen Rechtsanspruch auf künftige Leistungen gewährt (§ 1b Abs. 4 BetrAVG). Bei diesem Durchführungsweg der betrieblichen Altersversorgung bedient sich der Arbeitgeber zur Finanzierung seiner Zusage der Unterstützungskasse. Leistet die Unterstützungskasse nicht, muss der Arbeitgeber die Leistung erbringen (§ 1 Abs. 1 Satz 3 BetrAVG). Der Anspruch des Arbeitnehmers auf betriebliche Altersversorgung durch Entgeltumwandlung kann auch mittels Unterstützungskasse umgesetzt werden. Die wichtigsten Einnahmequellen der Unterstützungskasse sind die Zuwendungen des Trägerunternehmens (Arbeitgeber) und die Erträge aus der Vermögensanlage. Zuwendungen des Arbeitgebers (Trägerunternehmen) an eine Unterstützungskasse können nach Maßgabe des § 4d EStG als Betriebsausgaben abgezogen werden.

12.2 Welche lohnsteuer- und sozialversicherungsrechtlichen Folgerungen ergeben sich?

1. **Lohnsteuer:**

   Unterstützungskassen gewähren dem Arbeitnehmer keinen Rechtsanspruch auf ihre Leistungen. Die Zuwendungen des Arbeitgebers an die Unterstützungskasse führen deshalb nicht zu steuerpflichtigem Arbeitslohn (BFH-Urteil vom 5.11.1992, BStBl 1993 II S. 185). Wie bei der Direktzusage sind vielmehr erst die späteren laufenden Versorgungsleistungen an den Arbeitnehmer aus der Unterstützungskasse steuerpflichtig. Diese Leistungen der Unterstützungskasse gehören dann als Bezug aus dem früheren Dienstverhältnis zum Arbeitslohn und unterliegen ggf. nach Abzug des Versorgungsfreibetrags (vgl. Tz 5.6) dem Lohnsteuerabzug. Werden solche Versorgungsleistungen nicht fortlaufend, sondern in einer Summe gezahlt, gelten die Ausführungen zur Direktzusage bei Tz 11.2 ebenfalls entsprechend.

2. **Sozialversicherung:**

   Wie bei der lohnsteuerlichen Behandlung fallen vor Eintritt des Versorgungsfalls grundsätzlich auch keine Beiträge zur Sozialversicherung an. Dies gilt für Arbeitgeberleistungen ohne Begrenzung. Im Fall der Entgeltumwandlung ist die Beitragsfreiheit – wie bei der Direktzusage – auf 4% der Beitragsbemessungsgrenze in der allgemeinen Rentenversicherung beschränkt. Damit sind für das Kalenderjahr 2017 arbeitnehmerfinanzierte Beiträge des Arbeitgebers an Unterstützungskassen nur bis zu einem Höchstbetrag von 3.048,– € beitragsfrei.

12.3 Was gilt bei Übertragung von Versorgungsverpflichtungen auf einen Pensionsfonds?

Auch für Unterstützungskassen besteht die Möglichkeit, Versorgungsverpflichtungen **bei Fortbestehen des Dienstverhältnisses** auf einen Pensionsfonds zu übertragen, damit dieser die Versorgungsleistungen erbringt. Die Übertragung von Versorgungsverpflichtungen oder Versorgungsanwartschaften auf den Pensionsfonds würde grundsätzlich zu steuer- und beitragspflichtigem Arbeitslohn führen, weil der Arbeitnehmer im Zeitpunkt der Übertragung gegenüber dem Pensionsfonds einen unentziehbaren Rechtsanspruch auf die späteren Versorgungsleistungen erwirbt.

Nach § 3 Nr. 66 EStG wird diese Übertragung jedoch steuerfrei gestellt. Voraussetzung für die Steuerfreiheit ist auch hier, dass die durch die Übertragung entstehenden zusätzlichen Betriebsausgaben auf 10 Jahre verteilt werden. Soweit Steuerfreiheit besteht, liegt auch keine Beitragspflicht in der Sozialversicherung vor (§ 1 Abs. 1 Satz 1 Nr. 10 und Satz 2 SvEV – vgl. Anlage 2 im Handbuch).

Auf die weiter gehenden Erläuterungen beim vorstehenden Stichwort „Direktzusage" wird hingewiesen.

12.4 Kann bei der Unterstützungskasse eine Altersvorsorgezulage gewährt werden?

Wie bei der Direktzusage kann auch die betriebliche Altersversorgung in Form einer Unterstützungskasse nicht mit Altersvorsorgezulage oder Sonderausgabenabzug nach § 10a EStG gefördert werden.

12.5 Was gilt beim Arbeitgeberwechsel und Übertragung der Versorgung?

Die Ausführungen zur Übertragung einer Direktzusage nach Beendigung des Arbeitsverhältnisses in Tz 11.6 gelten für die Übertragung der betrieblichen Altersversorgung in Form der Unterstützungskasse sinngemäß.

13. Die Direktversicherung

13.1 Was ist eine Direktversicherung?

Betriebliche Altersversorgung in Form einer Direktversicherung ist eine Kapitallebensversicherung oder Rentenversicherung auf das Leben des Arbeitnehmers, die durch den **Arbeitgeber** bei einem von ihm bestimmten Versicherungsunternehmen **abgeschlossen** worden ist und bei der der **Arbeitnehmer** oder seine Hinterbliebenen hinsichtlich der Leistungen des Versicherers ganz oder teilweise **bezugsberechtigt** sind (vgl. § 1b Abs. 2 BetrAVG – abgedruckt im Handbuch als Anlage 5). Auch eine Lebensversicherung auf das Leben des Arbeitnehmers, die zwar zunächst der Arbeitnehmer abgeschlossen hat, dann aber vom Arbeitgeber übernommen wurde, ist begrifflich eine Direktversicherung. Daneben kann die Direktversicherung auch in Form einer fondsgebundenen Lebensversicherung vereinbart werden.

Der Arbeitgeber kann die Beiträge an die Direktversicherung nach Maßgabe des § 4b EStG als Betriebsausgaben abziehen. Die vom Arbeitgeber in die Direktversicherung für die Zukunftssicherung des Arbeitnehmers geleisteten Beiträge stellen beim Arbeitnehmer sofort zufließenden Arbeitslohn dar, deren steuerliche Behandlung in den nachfolgenden Tz dargestellt wird.

13.2 Wie werden die Beiträge lohnsteuerlich behandelt?

a) Steuerfreiheit der Beiträge nach § 3 Nr. 63 Satz 1 EStG:

Begünstigte Aufwendungen

Die Beiträge können **nur dann steuerfrei** bleiben, wenn sie zum Aufbau der betrieblichen Altersversorgung im Kapitaldeckungsverfahren erhoben werden. Zudem ist Voraussetzung, dass die Auszahlung der zugesagten Alters-, Invaliditäts- oder Hinterbliebenenversorgung in Form einer **lebenslangen Rente** oder eines Auszahlungsplans mit anschließender lebenslanger Teilkapitalverrentung vorgesehen ist. Von einer Rente oder einem Auszahlungsplan wird auch noch ausgegangen, wenn bis zu 30% des zu Beginn der Auszahlungsphase zur Verfügung stehenden Kapitals außerhalb der monatlichen Leistungen ausgezahlt werden. Allein die Möglichkeit, anstelle dieser Auszahlungsformen eine Einmalkapitalauszahlung (= 100% des zu Beginn der Auszahlungsphase zur Verfügung stehenden Kapitals) zu wählen, ist für die Steuerfreiheit der Beiträge selbst noch nicht schädlich. Entscheidet sich der Arbeitnehmer jedoch zugunsten einer Einmalkapitalauszahlung, so sind von diesem Zeitpunkt an die Voraussetzungen für die Steuerfreiheit nicht mehr erfüllt und die Beitragsleistungen individuell zu versteuern.

Nicht steuerfrei sind damit Beiträge in eine Direktversicherung, bei der nur eine Einmalkapitalauszahlung vorgesehen ist oder bei der auch eine andere Person als die in Tz 10.1 genannte zum begünstigten Hinterbliebenenkreis gehört.

Begünstigter Personenkreis

Die Steuerfreiheit nach § 3 Nr. 63 Satz 1 EStG kann für alle Arbeitnehmer im Sinne des Steuerrechts (z. B. Gesellschafter-Geschäftsführer, geringfügig Beschäftigte) und nicht nur für diejenigen, die in der gesetzlichen Rentenversicherung pflichtversichert sind, zur Anwendung kommen.

Beiträge aus dem ersten Dienstverhältnis

Die Beiträge müssen aus dem ersten Dienstverhältnis stammen. Für Arbeitnehmer mit Steuerklasse VI kommt deshalb die Steuerfreiheit der Beiträge nicht in Betracht. Sie ist aber auch bei Arbeitnehmern, deren Barlohn nach § 40a EStG pauschal versteuert wird, zulässig. Der Arbeitgeber muss sich jedoch vergewissern, dass es sich um das erste Dienstverhältnis des Arbeitnehmers handelt.

Höchstbetrag

Nach dem Alterseinkünftegesetz sind ab dem Kalenderjahr 2005 auch die Beiträge für eine Direktversicherung in die Steuerfreiheit nach § 3 Nr. 63 Satz 1 EStG einbezogen worden, die bislang nur den Beiträgen an Pensionskassen und Pensionsfonds vorbehalten war. Danach werden Beiträge an Pensionskassen, Pensionsfonds und Direktversicherungen bis zu 4% der Beitragsbemessungsgrenze (West) der allgemeinen Rentenversicherung steuerfrei gestellt; in 2017 also **bis zu 3.048,– €** im Kalenderjahr (= 4% von 76.200,– €). Im Gegensatz zum zusätzlichen Höchstbetrag von 1.800,– € (vgl. Tz 13.3), kommt es nicht darauf an, ob die Beiträge aufgrund einer Neu- oder Altzusage geleistet werden.

Bei der Ermittlung des steuerfreien Höchstbetrags sind auch die vom Arbeitgeber an eine Pensionskasse oder an einen Pensionsfonds steuerfrei geleisteten Beitragszahlungen mit einzubeziehen. Der Jahreshöchstbetrag kann vom Arbeitgeber nur insgesamt einmal ausgeschöpft werden.

Der Höchstbetrag ist ein Jahresbetrag; dies bedeutet, dass er auch dann in vollem Umfang ausgeschöpft werden kann, wenn nicht im ganzen Kalenderjahr monatliche Beitragsleistungen erbracht worden sind. Eine zeitanteilige Kürzung bei unterjähriger Beschäftigung oder Arbeitgeberwechsel wird nicht vorgenommen.

Der Höchstbetrag ist ab dem Kalenderjahr 2005 auf das jeweilige Dienstverhältnis bezogen. Dies bedeutet, dass auch beim Wechsel des Dienstverhältnisses im Laufe eines Kalenderjahres der Freibetrag nunmehr von jedem Arbeitgeber ausgeschöpft werden darf.

Rein arbeitgeberfinanzierte Beiträge sind stets steuerfrei, soweit sie 4% der Beitragsbemessungsgrenze (West) in der allgemeinen Rentenversicherung nicht übersteigen. Dieser Höchstbetrag wird zunächst immer durch die arbeitgeberfinanzierten Beiträge und dann erst durch die auf Entgeltumwandlung beruhenden Beiträge ausgeschöpft.

Bei monatlicher Zahlung der Beiträge kann der steuerfreie Jahreshöchstbetrag von 3.048,– € in gleichbleibenden monatlichen Teilbeträgen von 1/12 des Jahresbetrags aufgebraucht werden. Erkennt jedoch der Arbeitgeber, dass der Höchstbetrag im Rahmen der monatlichen Teilbeträge vor Ablauf des Kalenderjahres nicht in vollem Umfang ausgeschöpft wird (z. B. weil der Arbeitnehmer vor Ablauf des Kalenderjahres aus dem Dienstverhältnis ausscheidet), muss er den monatlichen Teilbetrag so abändern, damit die geleisteten Beiträge im Rahmen des Höchstbetrags steuerfrei bleiben. Kann auch damit die höchstmögliche Steuerbefreiung der Beiträge nicht erreicht werden, muss eine im Kalenderjahr bereits zutreffend vorgenommene Versteuerung vom Arbeitgeber vor der Ausstellung der Lohnsteuerbescheinigung wieder rückgängig gemacht werden. Diese nachträgliche Steuerfreistellung im Rahmen der Wiederaufrollung des ursprünglich zutreffenden Lohnsteuerabzugs führt im Bereich der Sozialversicherung nicht zu einer nachträglichen Erhöhung der Beitragsfreiheit. Insoweit unterscheidet sich die steuerliche Behandlung von der Sozialversicherung.

b) Pauschalversteuerung der Beiträge nach § 40b EStG:

Nur bei einer vor dem 1.1.2005 erteilten Versorgungszusage!

Beiträge in eine Direktversicherung, die vom Arbeitgeber aufgrund einer vor dem 1.1.2005 erteilten Versorgungszusage geleistet werden (vgl. Tz 10.4), können vom Arbeitgeber auch weiterhin bis zu einem Jahresbetrag von 1.752,– € pro Arbeitnehmer pauschal versteuert werden (vgl. Tz 6.11). Um jedoch ggf. den zusätzlichen Höchstbetrag von 1.800,– € in Anspruch nehmen zu können, kann es vorteilhaft sein, die Beiträge aufgrund der Altzusage individuell zu versteuern (vgl. Tz 13.3 und das Beispiel bei Tz 14.2 Buchstabe d). Für Beiträge, die hingegen aufgrund einer Neuzusage geleistet werden, kommt eine Pauschalversteuerung nicht mehr in Betracht.

Verzicht auf die Steuerfreiheit?

Beiträge, die aufgrund einer vor dem 1.1.2005 erteilten Versorgungszusage in eine Direktversicherung geleistet werden, können nur dann steuerfrei sein, wenn bei der Direktversicherung die Auszahlung der zugesagten Versorgungsleistungen in Form einer Rente oder eines Auszahlungsplans mit Restkapitalverrentung vorgesehen ist und im Falle des Todes des Arbeitnehmers lediglich Leistungen an Hinterbliebene im engen Sinne möglich sind (vgl. Buchstabe a "begünstigte Aufwendungen"). Erfüllen die Beiträge in die Direktversicherung die Voraussetzungen für die Steuerfreiheit, hat der Arbeitnehmer die Möglichkeit, auf die Steuerfreiheit der Beiträge zu verzichten und stattdessen die Weiteranwendung der Lohnsteuerpauschalierung zu wählen (vgl. § 52 Abs. 4 und Abs. 40 EStG).

Dieser Verzicht war vom Arbeitnehmer bis spätestens 30.6.2005 gegenüber dem Arbeitgeber zu erklären. Wurde für eine Altzusage, bei der die Voraussetzungen für die Steuerfreiheit der Beiträge erfüllt sind, auf die Steuerfreiheit verzichtet, gilt dieser **Verzicht unwiderruflich** für die gesamte Dauer des Dienstverhältnisses. Bei einem späteren Arbeitgeberwechsel ist die Verzichtserklärung bis zur ersten Beitragsleistung abzugeben. Aus Vereinfachungsgründen kann der Arbeitgeber bei rein arbeitgeberfinanzierten Beitragsleistungen grundsätzlich von einer Verzichtserklärung des Arbeitnehmers ausgehen, wenn der Arbeitnehmer der Weiteranwendung der Pauschalversteuerung bis zum Zeitpunkt der ersten Beitragsleistung nicht ausdrücklich widerspricht. Die Verzichtserklärung ist nach § 5 Abs. 1 Nr. 2 LStDV im Lohnkonto aufzuzeichnen.

Ein **Verzicht auf die Steuerfreiheit** zugunsten der Pauschalversteuerung ist dann **zweckmäßig**, wenn der Höchstbetrag bereits mit anderen Leistungen der betrieblichen Altersversorgung ausgeschöpft ist (z. B. mit Beiträgen in eine Pensionskasse oder einen Pensionsfonds). Daneben kann ein Verzicht auf die Steuerfreiheit aber auch deshalb sinnvoll sein, weil spätere Versorgungsleistungen, die auf pauschal (und individuell) versteuerten Beiträgen beruhen, nicht in vollem Umfang, sondern nur mit dem günstigen Ertragsanteil besteuert werden. Auch kann ein Verzicht auf die

Steuerfreiheit der Direktversicherungsbeiträge zugunsten einer vor dem 1.1.2005 erteilten Versorgungszusage wegen der Weiteranwendung der Vervielfältigungsregelung beim Ausscheiden aus dem Dienstverhältnis vorteilhaft sein, weil für die Vervielfältigungsregelung nach § 3 Nr. 63 Satz 4 EStG Beschäftigungsjahre vor 2005 nicht berücksichtigt werden (vgl. Tz 13.4).

Die **Weiteranwendung der Pauschalversteuerung** für Altzusagen ist im Übrigen **ohne Verzichtserklärung** möglich, wenn die Beiträge zur Direktversicherung von vornherein nicht die Voraussetzungen für die Steuerfreiheit erfüllen (vgl. Buchstabe a „begünstigte Aufwendungen"). Davon sind vor allem diejenigen Direktversicherungen betroffen, die nur eine Kapitalauszahlung und nicht die Möglichkeit einer Rente oder Leistungen nach einem Auszahlungsplan vorsehen, und Direktversicherungen, bei denen die Vererblichkeit des Deckungskapitals nicht ausgeschlossen ist und im Fall des Todes des Arbeitnehmers auch Leistungen an Personen möglich sind, die nicht unter den engen Hinterbliebenenbegriff fallen (vgl. Tz 10.1).

c) Individuelle Besteuerung der Beiträge:

Soweit die Beiträge in eine Direktversicherung, die eine lebenslange Rentenauszahlung vorsieht, aus einer Entgeltumwandlung gemäß § 1a Abs. 1 BetrAVG stammen, kann der Arbeitnehmer auch auf die Steuerfreiheit der Beiträge verzichten und vom Arbeitgeber die individuelle Versteuerung der Beiträge verlangen, um dann an Stelle der Steuerfreiheit die Förderung mit der Altersvorsorgezulage bzw. dem Sonderausgabenabzug nach § 10a EStG geltend zu machen. Dass Arbeitnehmer die individuelle Besteuerung der Beiträge verlangen, wird derzeit eher der Ausnahmefall sein.

Die steuerliche Behandlung der Beiträge entsprechend den Buchstaben a – c hat der Arbeitgeber der Direktversicherung nach Maßgabe des § 5 Abs. 2 LStDV (vgl. Anlage 1 im Handbuch) und des § 6 Abs. 1 AltvDV (vgl. Anlage 3 im Handbuch) mitzuteilen, da dies für die spätere Versteuerung der Rentenzahlungen wichtig ist (vgl. Tz 13.7). Die Mitteilung kann nach § 5 Abs. 3 LStDV bzw. § 6 Abs. 2 AltvDV unterbleiben, wenn die Direktversicherung die steuerliche Behandlung der Beiträge kennt.

13.3 Wann kommt der zusätzliche Freibetrag zur Anwendung?

Begünstigte Beitragsleistungen (vgl. Tz 13.2 Buchstabe a), die vom Arbeitgeber aufgrund einer nach dem 31.12.2004 erteilten Zusage geleistet werden (sog. **Neuzusage**, vgl. Tz 10.4), können zusätzlich zu den 4% der Beitragsbemessungsgrenze noch um weitere **1.800,– €** im Kalenderjahr steuerfrei bleiben. Der zusätzliche Höchstbetrag ist ebenfalls ein auf das jeweilige Dienstverhältnis bezogener Jahresfreibetrag und gilt auch für Beiträge an Pensionskassen und Pensionsfonds insgesamt nur einmal. Im Übrigen gelten die Ausführungen zum allgemeinen Höchstbetrag bei Tz 13.2 Buchstabe a „Höchstbetrag" entsprechend.

Nachdem dieser zusätzliche Höchstbetrag lediglich einen Ersatz für die alte Pauschalversteuerung darstellen soll, kann der zusätzliche Höchstbetrag nicht in Anspruch genommen werden, wenn im jeweiligen Kalenderjahr Beiträge nach § 40b EStG (alte Fassung) pauschal besteuert werden. Dies gilt unabhängig von der Höhe der pauschal besteuerten Beiträge und somit auch unabhängig davon, ob der

Dotierungsrahmen des § 40b EStG a.F. (1.752,– €) voll ausgeschöpft wird oder nicht. Um den zusätzlichen Höchstbetrag von 1.800,– € anwenden zu können, kann es auch zweckmäßig sein, wenn dieser Beitrag individuell versteuert wird (vgl. das Beispiel bei Tz 14.2 Buchstabe d).

13.4 Was gilt beim Ausscheiden aus dem Dienstverhältnis?

a) Allgemeines:

Begünstigte Beiträge für eine Direktversicherung, die der Arbeitgeber aus Anlass der Beendigung des Dienstverhältnisses leistet, können ab dem Kalenderjahr 2005 im Rahmen des § 3 Nr. 63 Satz 4 EStG steuerfrei bleiben. Die Steuerfreiheit ist nicht davon abhängig, ob es sich um Beiträge aufgrund einer Alt- oder Neuzusage handelt. Die Steuerfreiheit gilt für Beiträge an einen Pensionsfonds, eine Pensionskasse oder für eine Direktversicherung gleichermaßen, so dass bei der Ermittlung des steuerfreien Höchstbetrags auch die vom Arbeitgeber an eine Pensionskasse oder an einen Pensionsfonds steuerfrei geleisteten Beitragszahlungen mit einzubeziehen sind.

b) Ermittlung des Höchstbetrags:

Die Höhe der Steuerfreiheit ist begrenzt auf den Betrag, der sich aus 1.800,– € vervielfältigt mit der Anzahl der Kalenderjahre ergibt, in denen das Dienstverhältnis des Arbeitnehmers zu dem Arbeitgeber bestanden hat. Der vervielfältigte Betrag ist dann um die nach § 3 Nr. 63 EStG steuerfreien Beiträge zu kürzen, die der Arbeitgeber in dem Kalenderjahr, in dem das Dienstverhältnis beendet wird, und in den sechs vorangegangenen Kalenderjahren erbracht hat. Bei der Ermittlung der zu vervielfältigenden und zu kürzenden Jahre werden nur Kalenderjahre ab 2005 berücksichtigt. Beschäftigungsjahre vor dem 2005 werden damit nicht berücksichtigt. Dies gilt unabhängig davon, wie lange das Dienstverhältnis zu dem Arbeitgeber tatsächlich bestanden hat.

Für Beiträge an eine Direktversicherung, die aufgrund einer vor dem 1.1.2005 erteilten Versorgungszusage aus Anlass der Beendigung des Dienstverhältnisses geleistet werden, ist die Vervielfältigungsregelung im Zusammenhang Pauschalversteuerung regelmäßig günstiger (vgl. Beispiel bei Tz 6.11 „Pauschalierungsgrenze bei Beendigung des Dienstverhältnisses"). Die Möglichkeit der Pauschalierungs-Vervielfältigungsregelung ist jedoch nur gegeben, wenn der Arbeitnehmer auf die Steuerfreiheit der laufenden Beiträge zur Direktversicherung verzichtet hatte.

c) Verhältnis zur Pauschalversteuerung:

Handelt es sich bei den Beiträgen, die der Arbeitgeber aus Anlass der Beendigung des Dienstverhältnisses leistet, um begünstigte Aufwendungen im Sinne des § 3 Nr. 63 EStG (vgl. Tz 13.2 Buchstabe a) und werden diese aufgrund einer vor dem 1.1.2005 erteilten Versorgungszusage geleistet, können Arbeitgeber und Arbeitnehmer wählen, ob die Beiträge nach § 3 Nr. 63 Satz 4 EStG steuerfrei belassen oder nach § 40b Abs. 2 Satz 3 und 4 EStG a.F. pauschal besteuert werden.

13.5 Wie werden die Beiträge in der Sozialversicherung behandelt?

a) Bei Steuerfreiheit der Beiträge:

Soweit die Beitragszahlungen des Arbeitgebers in eine Direktversicherung nach § 3 Nr. 63 Satz 1 EStG steuerfrei sind (für 2017 bis zu 3.048,– € = 4% der Beitragsbemessungsgrenze/West in der allgemeinen Rentenversicherung), unterliegen die Beitragszahlungen nach Maßgabe des § 1 Abs. 1 Satz 1 Nr. 9 und Satz 2 SvEV – vgl. Anlage 2 im Handbuch) nicht der Sozialversicherung.

Sind die Beitragszahlungen des Arbeitgebers hingegen im Rahmen des zusätzlichen Höchstbetrags von 1.800,– € steuerfrei, ist zu beachten, dass dieser Freibetrag nur die Steuerfreiheit, nicht jedoch auch die Beitragsfreiheit der Beitragszahlungen bewirkt. Diese steuerfreien Beitragszahlungen gehören damit in der Sozialversicherung zum beitragspflichtigen Entgelt.

b) Bei pauschal lohnversteuerten Beiträgen:

Werden die Beiträge vom Arbeitgeber zusätzlich zum geschuldeten Arbeitslohn erbracht (arbeitgeberfinanziert), dann gehören die Beitragszahlungen des Arbeitgebers, soweit sie nach § 40b EStG pauschal versteuert werden, nicht zum beitragspflichtigen Entgelt (§ 1 Abs. 1 Satz 1 Nr. 4 und Satz 2 SvEV – vgl. Anlage 2 im Handbuch).

Stammen die Beiträge aus einer Entgeltumwandlung, sind sie grundsätzlich Arbeitsentgelt. Eine Ausnahme gilt – wie bisher – für aus Einmalzahlungen/Sonderzuwendungen finanzierte Beiträge; diese pauschal versteuerten Beitragszahlungen gehören nach Maßgabe des § 1 Abs. 1 Satz 1 Nr. 4 und Satz 2 SvEV – vgl. Anlage 2 im Handbuch – weiterhin nicht zum beitragspflichtigen Entgelt.

c) Bei individuell versteuerten Beiträgen:

Soweit die Beitragszahlungen des Arbeitgebers nach den individuellen Lohnsteuerabzugsmerkmalen des Arbeitnehmers versteuert worden sind, gehören sie in der Sozialversicherung zum beitragspflichtigen Entgelt.

13.6 Können die Beiträge mit einer Altersvorsorgezulage gefördert werden?

Gemäß § 82 Abs. 2 EStG können zu den mit Zulage und Sonderausgabenabzug nach § 10a EStG begünstigten Altersvorsorgebeiträgen auch Zahlungen in eine Direktversicherung gehören.

Voraussetzungen hierfür sind:

- Die Lebensversicherung muss dem Arbeitnehmer eine lebenslange Altersversorgung (Rente) gewährleisten (vgl. § 1 Abs. 1 Nr. 4 AltZertG).
- Die Beiträge dürfen nicht pauschal versteuert werden.
- Die Beiträge müssen somit aus dem individuell versteuerten Arbeitslohn des Arbeitnehmers stammen.

Soweit der Arbeitnehmer einen Anspruch auf Entgeltumwandlung für betriebliche Altersversorgung hat (vgl. Tz 10.3) und diese über eine Direktversicherung durchgeführt wird, kann der Arbeitnehmer verlangen, dass die Voraussetzungen für die Förderung mit Altersvorsorgezulage und Sonderausgabenabzug nach § 10a EStG erfüllt werden. Der Arbeitnehmer kann damit im Fall der Entgeltumwandlung die Beitragszahlungen in die Direktversicherung vom Arbeitgeber nach den individuellen Besteuerungsmerkmalen versteuern lassen.

13.7 Wie werden die späteren Leistungen steuerlich behandelt?

Die Leistungen aus einer Direktversicherung im Versorgungsfall sind kein Arbeitslohn. Der Arbeitgeber ist daher in die Versteuerung dieser Leistungen nicht einbezogen. Hinsichtlich der steuerlichen Behandlung dieser Zahlungen gilt Folgendes:

a) Soweit die Versorgungsleistungen aus einer Direktversicherung auf Beitragsleistungen beruhen, die nach § 3 Nr. 63 EStG steuerfrei belassen worden sind oder für die eine Altersvorsorgezulage gewährt oder für die der Sonderausgabenabzug nach § 10a EStG geltend gemacht worden ist (= geförderte Beiträge), sind die Versorgungsleistungen vom Versorgungsempfänger in voller Höhe als sonstige Einkünfte nach § 22 Nr. 5 Satz 1 EStG zu besteuern.

b) Werden aus einer Direktversicherung aufgrund einer Altzusage Rentenleistungen gezahlt, die nicht auf geförderten Beiträgen beruhen, werden die Rentenzahlungen nach § 22 Nr. 5 Satz 2 EStG mit dem günstigen Ertragsanteil nach § 22 Nr. 1 Satz 3 Buchstabe a Doppelbuchstabe bb EStG besteuert. Bei einer Einmalkapitalauszahlung ist diese auf nicht geförderten Beiträgen beruhende Zahlung in vollem Umfang steuerfrei, wenn der Vertragsabschluss vor dem 1.1.2005 erfolgt war und die 12-jährige Mindestlaufzeit abgelaufen ist.

c) Werden aus einer Direktversicherung, die die Voraussetzungen des erhöhten Sonderausgabenabzugs nach § 10 Abs. 1 Nr. 2 Buchstabe b EStG erfüllt, Rentenleistungen gezahlt, werden diese gemäß § 22 Nr. 5 Satz 2 EStG, soweit sie auf nicht geförderten Beiträgen beruhen, nach § 22 Nr. 1 Satz 3 Buchstabe a Doppelbuchstabe aa EStG besteuert (= schrittweise in die volle nachgelagerte Besteuerung entsprechend dem jeweiligen Rentenbeginn). In diesem Fall unterliegen bei einer Einmalkapitalauszahlung (Vertragsabschluss nach dem 31.12.2004) die in der Kapitalauszahlung enthaltenen Erträge grundsätzlich der vollen Besteuerung; erfolgt die Einmalkapitalauszahlung erst nach Vollendung des 60. Lebensjahres bzw. für nach dem 31.12.2011 abgeschlossene Verträge des 62. Lebensjahres des Arbeitnehmers und hat der Vertrag im Zeitpunkt der Auszahlung mindestens 12 Jahre bestanden, ist nur die Hälfte der Besteuerung zugrunde zu legen.

Wenn die späteren Versorgungsleistungen sowohl auf geförderten Beitragsleistungen und nicht geförderten Beitragsleistungen beruhen, müssen die Versorgungsleistungen entsprechend aufgeteilt werden. Das Versicherungsunternehmen hat die Aufteilung der Leistungen vorzunehmen und diese dem Steuerpflichtigen nach amtlich vorgeschriebenem Muster zu bescheinigen (vgl. BMF-Schreiben vom 14.8.2014, BStBl I

S. 1.168). Die Aufteilung der Leistungen erfolgt entsprechend den nach § 5 Abs. 2 und 3 LStDV (vgl. Anlage 1 im Handbuch) gemachten Mitteilungen, wie der Arbeitgeber die Beiträge steuerlich behandelt hat.

13.8 Was gilt beim Arbeitgeberwechsel und Übertragung der Versorgung?

Nach dem Alterseinkünftegesetz sind ab dem Kalenderjahr 2005 auch die Möglichkeiten der Übertragung von Versorgungsanwartschaften nach Beendigung des Dienstverhältnisses vom bisherigen Arbeitgeber auf den neuen Arbeitgeber verbessert worden. Danach gilt für die Übertragung von in Form der Direktversicherung (der Pensionskasse oder des Pensionsfonds) gebildeten Versorgungsanwartschaften Folgendes:

1. **Einvernehmliche Übertragung:**

- Wird entsprechend § 4 Abs. 2 Nr. 1 BetrAVG nach Beendigung des Arbeitsverhältnisses im Einvernehmen des ehemaligen mit dem neuen Arbeitgeber sowie dem Arbeitnehmer die Versorgungszusage vom neuen Arbeitgeber übernommen und von diesem mit **unveränderten Leistungsinhalt fortgeführt** (= Schuldübernahme), handelt es sich für den Arbeitnehmer um keinen lohnsteuerrelevanten Vorgang.
- Wird entsprechend § 4 Abs. 2 Nr. 2 BetrAVG nach Beendigung des Arbeitsverhältnisses im Einvernehmen des ehemaligen mit dem neuen Arbeitgeber sowie dem Arbeitnehmer der Wert der vom Arbeitnehmer erworbenen unverfallbaren Anwartschaft auf betriebliche Altersversorgung (= Übertragungswert nach § 4 Abs. 5 BetrAVG) auf den neuen Arbeitgeber übertragen, damit dieser eine **wertgleiche Versorgungszusage** erteilt, gilt Folgendes:

  Der geleistete Übertragungswert ist nach § 3 Nr. 55 Satz 1 EStG steuerfrei, wenn die betriebliche Altersversorgung beim neuen Arbeitgeber ebenfalls über einen externen Versorgungsträger (Pensionsfonds, Pensionskasse oder Direktversicherung) durchgeführt wird. Um eine Rückabwicklung der steuerlichen Behandlung der Beiträge zu der Direktversicherung, der Pensionskasse oder dem Pensionsfonds vor der Übertragung (Steuerfreiheit, individuelle Besteuerung, Besteuerung nach § 40b EStG) zu verhindern, bestimmt § 3 Nr. 55 Satz 3 EStG, dass die auf dem Übertragungswert beruhenden Versorgungsleistungen weiterhin zu den Einkünften gehören, zu denen sie gehören würden, wenn eine Übertragung nach § 4 BetrAVG nicht stattgefunden hätte.

2. **Übertragung auf Verlangen des Arbeitnehmers:**

   Nach § 4 Abs. 3 BetrAVG kann der Arbeitnehmer für Versorgungszusagen, die nach dem 31.12.2004 erteilt worden sind, innerhalb eines Jahres nach Beendigung des Arbeitsverhältnisses von seinem Arbeitgeber verlangen, dass der Übertragungswert auf den neuen Arbeitgeber übertragen wird. Voraussetzung ist, dass die betriebliche Altersversorgung beim ehemaligen Arbeitgeber ebenfalls über einen externen Versorgungsträger (Direktversicherung, Pensionskasse oder Pensionsfonds) durchgeführt worden ist und der Übertragungswert die Beitragsbemessungsgrenze in der allgemeinen Rentenversicherung nicht übersteigt. Der neue Arbeitgeber ist verpflichtet, eine dem Übertragungswert wertgleiche Zusage zu erteilen und über einen Pensionsfonds, eine Pensionskasse oder eine Direktversicherung durchzuführen.

Der geleistete Übertragungswert ist auch in diesen Fällen nach § 3 Nr. 55 Satz 1 EStG steuerfrei, wenn die betriebliche Altersversorgung beim neuen Arbeitgeber ebenfalls über einen externen Versorgungsträger durchgeführt wird. Es ist dabei nicht Voraussetzung, dass beide Arbeitgeber auch den gleichen externen Durchführungsweg gewählt haben. Um eine Rückabwicklung der steuerlichen Behandlung der Beiträge zu der Direktversicherung, der Pensionskasse oder dem Pensionsfonds vor der Übertragung (Steuerfreiheit, individuelle Besteuerung, Besteuerung nach § 40b EStG) zu verhindern, bestimmt § 3 Nr. 55 Satz 3 EStG, dass die auf dem Übertragungswert beruhenden Versorgungsleistungen weiterhin zu den Einkünften gehören, zu denen sie gehören würden, wenn eine Übertragung nach § 4 BetrAVG nicht stattgefunden hätte.

Zum Übertragungsabkommen der Versicherungswirtschaft vergleiche Tz. 10.4.

14. Die Pensionskasse

14.1 Was ist eine Pensionskasse?

Eine Pensionskasse ist nach § 232 VAG ein rechtlich selbständiges Lebensversicherungsunternehmern, dessen Zweck die Absicherung wegfallenden Erwerbseinkommens wegen Alters, Invalidität oder Tod ist und das

- das Versicherungsgeschäft im Wege des Kapitaldeckungsverfahrens betreibt,
- Leistungen grundsätzlich erst ab dem Zeitpunkt des Wegfalls des Erwerbseinkommens vorsieht,
- Leistungen im Todesfall nur an Hinterbliebene erbringen darf, wobei für Dritte, die die Beerdigungskosten zu tragen haben, ein Sterbegeld begrenzt auf die Höhe der gewöhnlichen Bestattungskosten vereinbart werden kann,
- der versicherten Person einen eigenen Anspruch auf Leistungen gegen die Pensionskasse einräumt oder Leistungen als Rückdeckungsversicherung erbringt.

Eine Pensionskasse ist damit eine vom Arbeitgeber unabhängige rechtsfähige Versorgungseinrichtung (externer Träger), die dem Arbeitnehmer oder seinen Hinterbliebenen einen unmittelbaren Rechtsanspruch auf künftige Leistungen einräumt (vgl. § 1b Abs. 3 BetrAVG, – Anlage 5 im Handbuch). Die Pensionskassen unterliegen der Versicherungsaufsicht.

Der Arbeitgeber kann die an die Pensionskasse zu zahlenden Beiträge, mit denen ein Kapitalstock aufgebaut wird, aus dem die späteren Leistungen finanziert werden, in dem Umfang als Betriebsausgaben abziehen, soweit sie auf einer in der Satzung oder im Geschäftsplan der Pensionskasse festgelegten Verpflichtung oder auf einer Anordnung der Versicherungsaufsichtsbehörde beruhen (§ 4c EStG).

Die vom Arbeitgeber an die Pensionskasse für die Zukunftssicherung der Arbeitnehmer geleisteten Beiträge sind den Arbeitnehmern sofort als gegenwärtig zugeflossener Arbeitslohn zuzurechnen.

14.2 Wie werden die Beiträge lohnsteuerlich behandelt?

a) Steuerfreiheit der Beiträge nach § 3 Nr. 63 Satz 1 EStG

Begünstigte Aufwendungen

Die Beiträge können **nur dann steuerfrei** bleiben, wenn sie zum Aufbau der betrieblichen Altersversorgung im Kapitaldeckungsverfahren* erhoben werden. Zudem ist Voraussetzung, dass die Auszahlung der zugesagten Alters-, Invaliditäts- oder Hinterbliebenenversorgung in Form einer **lebenslangen Rente** oder eines Auszahlungsplans mit anschließender lebenslanger Teilkapitalverrentung vorgesehen ist. Von einer Rente oder einem Auszahlungsplan wird auch noch ausgegangen, wenn bis zu 30% des zu Beginn der Auszahlungsphase zur Verfügung stehenden Kapitals außerhalb der monatlichen Leistungen ausgezahlt werden.

* Zur partiellen Steuerfreiheit nach § 3 Nr. 56 EStG für umlagefinanzierte Pensionskassen im öffentlichen Dienst vergleiche bei Tz 6.12 den Buchstaben j).

Begünstigter Personenkreis

Die Steuerfreiheit nach § 3 Nr. 63 Satz 1 EStG kann für alle Arbeitnehmer im Sinne des Steuerrechts (z. B. Gesellschafter-Geschäftsführer, geringfügig Beschäftigte) und nicht nur für diejenigen, die in der gesetzlichen Rentenversicherung pflichtversichert sind, zur Anwendung kommen.

Beiträge aus dem ersten Dienstverhältnis

Die Beiträge müssen aus dem ersten Dienstverhältnis stammen. Für Arbeitnehmer mit Steuerklasse VI kommt deshalb die Steuerfreiheit der Beiträge nicht in Betracht. Sie ist aber auch bei Arbeitnehmern, deren Barlohn nach § 40a EStG pauschal versteuert wird, zulässig. Der Arbeitgeber muss sich jedoch vergewissern, dass es sich um das erste Dienstverhältnis des Arbeitnehmers handelt.

Höchstbetrag

Beiträge an Pensionskassen, Pensionsfonds und Direktversicherungen sind insgesamt bis zu 4% der Beitragsbemessungsgrenze (West) der allgemeinen Rentenversicherung steuerfrei; in 2017 also bis zu **3.048,– €** im Kalenderjahr (= 4% von 76.200,– €).

Bei der Ermittlung des steuerfreien Höchstbetrags sind auch die vom Arbeitgeber an eine Direktversicherung oder an einen Pensionsfonds steuerfrei geleisteten Beitragszahlungen mit einzubeziehen. Der Jahreshöchstbetrag kann vom Arbeitgeber nur insgesamt einmal ausgeschöpft werden.

Der Höchstbetrag ist ein Jahresbetrag; dies bedeutet, dass er auch dann in vollem Umfang ausgeschöpft werden kann, wenn nicht im ganzen Kalenderjahr monatliche Beitragsleistungen erbracht worden sind. Eine zeitanteilige Kürzung bei unterjähriger Beschäftigung oder Arbeitgeberwechsel wird nicht vorgenommen.

Der Höchstbetrag ist auf das jeweilige Dienstverhältnis bezogen. Dies bedeutet, dass auch beim Wechsel des Dienstverhältnisses im Laufe eines Kalenderjahres der Freibetrag von jedem Arbeitgeber ausgeschöpft werden darf.

Rein arbeitgeberfinanzierte Beiträge sind stets steuerfrei, soweit sie 4% der Beitragsbemessungsgrenze (West) in der allgemeinen Rentenversicherung nicht übersteigen. Dieser Höchstbetrag wird zunächst immer durch die arbeitgeberfinanzierten Beiträge und dann erst durch die auf Entgeltumwandlung beruhenden Beiträge ausgeschöpft.

Bei monatlicher Zahlung der Beiträge kann der steuerfreie Jahreshöchstbetrag von 3.048,– € in gleichbleibenden monatlichen Teilbeträgen von 1/12 des Jahresbetrags aufgebraucht werden. Erkennt jedoch der Arbeitgeber, dass der Höchstbetrag im Rahmen der monatlichen Teilbeträge vor Ablauf des Kalenderjahres nicht in vollem Umfang ausgeschöpft wird (z. B. weil der Arbeitnehmer vor Ablauf des Kalenderjahres aus dem Dienstverhältnis ausscheidet), muss er den monatlichen Teilbetrag so abändern, damit die geleisteten Beiträge im Rahmen des Höchstbetrags steuerfrei bleiben. Kann auch damit die höchstmögliche Steuerbefreiung der Beiträge nicht erreicht werden, muss eine im Kalenderjahr bereits zutreffend vorgenommene Versteuerung vom Arbeitgeber vor der Ausstellung der Lohnsteuerbescheinigung wieder rückgängig gemacht werden. Diese nachträgliche Steuerfreistellung im Rahmen der Wiederaufrollung des ursprünglich zutreffenden Lohnsteuerabzugs führt im Bereich der Sozialversicherung nicht zu einer nachträglichen Erhöhung der Beitragsfreiheit. Insoweit unterscheidet sich die steuerliche Behandlung von der Sozialversicherung.

b) Kann der Arbeitnehmer auf die Steuerfreiheit verzichten?

- Ein Verzicht auf die Steuerfreiheit der Beiträge ist nur möglich, soweit die Beiträge gemäß § 1a Abs. 1 BetrAVG aus einer Entgeltumwandlung stammen und der Arbeitnehmer die Besteuerung nach seinen individuellen Besteuerungsmerkmalen wünscht. Dies dürfte in der Praxis allerdings die Ausnahme sein, da die Steuer- und Sozialversicherungsfreiheit der Beiträge in aller Regel für den Arbeitnehmer günstiger ist als der mögliche Sonderausgabenabzug nach § 10a EStG oder die Altersvorsorgezulage.
- Die Möglichkeit, nach § 3 Nr. 63 Satz 2 EStG auf die Steuerfreiheit der Beiträge an eine Pensionskasse zu verzichten, besteht nur zugunsten einer individuellen Besteuerung. Im Vergleich zu Beiträgen an Direktversicherungen, ist es bei Beiträgen an Pensionskassen, auch wenn sie aufgrund einer Altzusage geleisteten werden, nicht möglich, auf die Steuerfreiheit zu verzichten und stattdessen die Pauschalversteuerung nach § 40b EStG (vgl. hierzu ausführlich Tz 6.11 – Pauschalierung bestimmter Zukunftssicherungsleistungen) zu wählen. Eine Pauschalversteuerung der Beiträge an die Pensionskasse kommt vielmehr erst dann in Betracht, soweit die Beitragszahlungen die 4%-Grenze des § 3 Nr. 63 Satz 1 EStG betragsmäßig übersteigen.

Beispiel:

Der Arbeitgeber zahlt – wie in den vergangenen Jahren – auch im Jahr 2017 aus einer Sonderzuwendung zugunsten eines Arbeitnehmers 4.000,– € in eine Pensionskasse. Beiträge in eine Direktversicherung oder einen Pensionsfonds werden nicht geleistet. Der Beitrag ist steuerfrei i.H.v. 3.048,– € (= 4% der Beitragsbemessungsgrenze/West in der allgemeinen Rentenversicherung von 76.200,– €). Da es sich um eine vor dem 1.1.2005 erteilte Versorgungszusage handelt, kommt der zusätzliche Höchstbetrag von 1.800,– € nicht zur Anwendung. Allerdings kann der Arbeitgeber den übersteigenden Beitrag i.H.v. 952,– € (= 4000,– €./. 3.048,– €) in voller Höhe nach § 40b EStG a.F. versteuern (vgl. Tz 6.11).

c) Pauschalversteuerung der Beiträge nach § 40b EStG:

Beiträge in eine Pensionskasse können vom Arbeitgeber nur dann bis zu einem Jahresbetrag von 1.752,– € pro Arbeitnehmer pauschal versteuert werden (vgl. im Einzelnen Tz 6.11), wenn die Beiträge vom Arbeitgeber aufgrund von einer vor dem 1.1.2005 erteilten Versorgungszusage geleistet werden (vgl. Tz 10.4).

d) Zusätzlicher steuerfreier Höchstbetrag von 1.800,– €:

Begünstigte Beitragsleistungen, die vom Arbeitgeber aufgrund einer nach dem 31.12.2004 erteilten Zusage geleistet werden (sog. **Neuzusage**, vgl. Tz 10.4), können zusätzlich zu den 4% der Beitragsbemessungsgrenze noch um weitere 1.800,– € im Kalenderjahr steuerfrei bleiben. Der zusätzliche Höchstbetrag ist ebenfalls ein auf das jeweilige Dienstverhältnis bezogener Jahresfreibetrag und gilt zudem für Beiträge an eine Direktversicherung oder einen Pensionsfonds insgesamt nur einmal. Im Übrigen gelten die Ausführungen zum allgemeinen Höchstbetrag in Buchstabe a entsprechend.

Nachdem dieser zusätzliche Höchstbetrag lediglich einen Ersatz für die alte Pauschalversteuerung darstellen soll, kann der zusätzliche Höchstbetrag nicht in Anspruch genommen werden, wenn im jeweiligen Kalenderjahr Beiträge nach § 40b EStG (alte Fassung) pauschal besteuert werden. Dies gilt unabhängig von der Höhe der pauschal besteuerten Beiträge und somit auch unabhängig davon, ob der Dotierungsrahmen des § 40b EStG a.F. (1.752,– €) voll ausgeschöpft wird oder nicht. Um den zusätzlichen Höchstbetrag von 1.800,– € anwenden zu können, kann es auch zweckmäßig sein, wenn der Beitrag individuell versteuert wird.

Beispiel:

Ein Arbeitgeber leistet für seinen Arbeitnehmer seit Jahren Beiträge in eine Direktversicherung in Höhe von 1.200,– € jährlich, die bislang immer pauschal versteuert wurden. Im Hinblick auf die verbesserte steuerliche Förderung der betrieblichen Altersversorgung leistet der Arbeitgeber aufgrund einer nach dem 31.12.2004 erteilten neuen Versorgungszusage im Jahr 2017 Beiträge in Höhe von 4.200,– € in eine Pensionskasse, aus der der Arbeitnehmer später eine lebenslange Rente erhalten soll.

Arbeitnehmer und Arbeitgeber verständigen sich darauf, dass die Beiträge zur Direktversicherung – auch wenn sie aufgrund der alten Versorgungszusage weiterhin pauschal versteuert werden könnten – individuell nach den persönlichen Besteuerungsmerkmalen des Arbeitnehmers versteuert werden. Die Beiträge an die Pensionskasse bleiben im Kalenderjahr zunächst nach § 3 Nr. 63 Satz 1 EStG bis zu 3.048,– € (= 4% der Beitragsbemessungsgrenze West in der allgemeinen Rentenversicherung) steuer- und beitragsfrei.

Nachdem die Beiträge in die Pensionskasse aufgrund einer Neuzusage geleistet werden und im Kalenderjahr 2017 die Beiträge zur Direktversicherung nicht pauschal besteuert werden, können die restlichen Beiträge in die Pensionskasse i.H.v. 1.152,– € zusätzlich nach § 3 Nr. 63 Satz 3 EStG steuerfrei bleiben. In der Sozialversicherung gehören diese Beiträge allerdings zum beitragspflichtigen Entgelt.

e) Steuerfreiheit der Beiträge beim Ausscheiden aus dem Dienstverhältnis:

Beiträge an eine Pensionskasse, die der Arbeitgeber aus Anlass der Beendigung des Dienstverhältnisses leistet, können ab dem Kalenderjahr 2005 im Rahmen des § 3 Nr. 63 Satz 4 EStG steuerfrei bleiben. Die Steuerfreiheit ist nicht davon abhängig, ob es sich um Beiträge aufgrund einer Alt- oder Neuzusage handelt. Die Steuerfreiheit gilt für Beiträge an einen Pensionsfonds oder für eine Direktversicherung gleichermaßen, so dass bei der Ermittlung des steuerfreien Höchstbetrags auch die vom Arbeitgeber an einen Pensionsfonds oder für eine Direktversicherung steuerfrei geleisteten Beitragszahlungen mit einzubeziehen sind. Hinsichtlich der Ermittlung des steuerfreien Höchstbetrags wird auf die Ausführungen in Tz 13.4 verwiesen.

Hinweis:

Nachdem Beschäftigungsjahre vor 2005 bei der Anwendung des § 3 Nr. 63 Satz 4 EStG nicht berücksichtigt werden, kann es im Einzelfall auch zweckmäßiger sein, bei Pensionskassenbeiträgen, die anlässlich des Ausscheidens aus dem Dienstverhältnis geleistet werden, anstelle der Steuerbefreiung nach § 3 Nr. 63 Satz 4 EStG die Vervielfältigungsregelung im Zusammenhang mit der Pauschalversteuerung zu wählen, wenn die Beiträge aufgrund einer vor dem 1.1.2005 erteilten Versorgungszusage geleistet werden. Es ist nämlich nicht Voraussetzung, dass die Höhe der Beiträge bereits bei Erteilung der Zusage im Einzelnen bestimmt worden ist. Daher kann die Vervielfältigungsregelung nach § 40b Abs. 2 Satz 3 und 4 EStG a.F. auch zur Anwendung kommen, wenn bei einer Altzusage für die Pensionskassenbeiträge bisher lediglich die Steuerfreiheit nach § 3 Abs. 63 Satz 1 EStG beansprucht wurde und der Höchstbetrag von 4% der Beitragsbemessungsgrenze in der allgemeinen Rentenversicherung erst durch die Beiträge überschritten wird, die der Arbeitgeber aus Anlass der Beendigung des Dienstverhältnisses nach dem 31.12.2004 leistet.

f) Aufzeichnung und Mitteilung der steuerlichen Behandlung:

Wie bei den Beiträgen zur Direktversicherung muss auch die steuerliche Behandlung der Beiträge in eine Pensionskasse vom Arbeitgeber im Lohnkonto nach Maßgabe des § 5 Abs. 1 Nr. 1 und Nr. 2 LStDV (vgl. Anlage 1 im Handbuch) aufgezeichnet und der Pensionskasse nach Maßgabe des § 5 Abs. 2 LStDV und des § 6 Abs. 1 AltvDV (vgl. Anlage 3 im Handbuch) mitgeteilt werden. Die Mitteilung ist von Bedeutung, da dies für die spätere Versteuerung der Rentenzahlungen wichtig ist (vgl. Tz 14.5); sie kann aber nach § 5 Abs. 3 LStDV bzw. § 6 Abs. 2 AltvDV unterbleiben, wenn die Pensionskasse die steuerliche Behandlung der Beiträge kennt.

14.3 Wie werden die Beiträge in der Sozialversicherung behandelt?

a) Bei Steuerfreiheit der Beiträge:

Soweit die Beitragszahlungen des Arbeitgebers in eine Pensionskasse nach § 3 Nr. 63 Satz 1 EStG steuerfrei sind 2017 bis zu 3.048,– € = 4% der Beitragsbemessungsgrenze/West in der allgemeinen Rentenversicherung), unterliegen die Beitragszahlungen nach Maßgabe des § 1 Abs. 1 Satz 1 Nr. 9 und Satz 2 SvEV – vgl. Anlage 2 im Handbuch) nicht der Sozialversicherung.

Sind die Beitragszahlungen des Arbeitgebers hingegen im Rahmen des zusätzlichen Höchstbetrags von 1.800,– € steuerfrei, ist zu beachten, dass dieser Freibetrag nur die Steuerfreiheit, nicht jedoch auch die Beitragsfreiheit in der Sozialversicherung bewirkt.

b) Bei pauschal lohnversteuerten Beiträgen:

Werden die Beiträge vom Arbeitgeber zusätzlich zum geschuldeten Arbeitslohn erbracht (arbeitgeberfinanziert), dann gehören die Beitragszahlungen des Arbeitgebers, soweit sie nach § 40b EStG pauschal versteuert werden, nicht zum beitragspflichtigen Entgelt (§ 1 Abs. 1 Satz 1 Nr. 4 und Satz 2 SvEV – vgl. Anlage 2 im Handbuch).

Stammen die Beiträge aus einer Entgeltumwandlung, sind sie grundsätzlich Arbeitsentgelt. Eine Ausnahme gilt – wie bisher – für aus Einmalzahlungen/Sonderzuwendungen finanzierte Beiträge; diese pauschal versteuerten Beitragszahlungen gehören nach Maßgabe des § 1 Abs. 1 Satz 1 Nr. 4 und Satz 2 SvEV – vgl. Anlage 2 im Handbuch – weiterhin nicht zum beitragspflichtigen Entgelt.

c) **Bei individuell versteuerten Beiträgen:**

Soweit die Beitragszahlungen des Arbeitgebers nach den individuellen Besteuerungsmerkmalen des Arbeitnehmers versteuert worden sind, gehören sie in der Sozialversicherung zum beitragspflichtigen Entgelt.

14.4 Können die Beiträge mit einer Altersvorsorgezulage gefördert werden?

Gemäß § 82 Abs. 2 EStG können zu den mit Zulage und Sonderausgabenabzug nach § 10a EStG begünstigten Altersvorsorgebeiträgen auch Zahlungen in eine Pensionskasse gehören.

Voraussetzungen hierfür sind:

- Die Pensionskasse muss dem Arbeitnehmer eine lebenslange Altersversorgung (Rente) gewährleisten (vgl. § 1 Abs. 1 Nr. 4 AltZertG).
- Die Beiträge dürfen nicht steuerfrei sein oder pauschal versteuert werden.
- Die Beiträge müssen aus dem individuell versteuerten Arbeitslohn geleistet werden.

Im Regelfall ist in der Praxis ein Verzicht des Arbeitnehmers auf die Steuerfreiheit der Beiträge zugunsten der Altersvorsorgezulage und des Sonderausgabenabzugs nach § 10a EStG die Ausnahme, so dass die Gewährung der Altersvorsorgezulage für Pensionskassenbeiträge nur bei entsprechend hohen Einzahlungen in die Pensionskasse möglich wird.

Beispiel:

Der Arbeitgeber leistet für seinen Arbeitnehmer im Jahr 2017 aufgrund einer Altzusage einen Beitrag von 5.000,– € in die Pensionskasse. Hiervon bleiben 3.048,– € nach § 3 Nr. 63 Satz 1 EStG steuerfrei. Da es sich um eine Altzusage handelt, scheidet der zusätzliche steuerfreie Höchstbetrag von 1.800,– € aus. Ein weiterer Betrag von 1.752,– € kann für die Altzusage allerdings mit 20% (zuzügl. SolZ und ggf. KiSt) pauschal versteuert werden. Der verbleibende Restbetrag von 200,– € (= 5.000,– € ./. 3.048,– € ./. 1.752,– €) unterliegt dem Lohnsteuerabzug nach den individuellen Besteuerungsmerkmalen des Arbeitnehmers. Für diesen Restbetrag hat der Arbeitnehmer die Möglichkeit, die Zulageförderung bzw. den Sonderausgabenabzug geltend zu machen.

14.5 Wie werden die späteren Leistungen steuerlich behandelt?

Die im Versorgungsfall von der Pensionskasse geleisteten Zahlungen sind kein Arbeitslohn. Hinsichtlich der steuerlichen Behandlung dieser Zahlungen gilt Folgendes:

a) Soweit die Versorgungsleistungen aus der Pensionskasse auf Beitragsleistungen beruhen, die nach § 3 Nr. 63 EStG steuerfrei belassen worden sind, für die eine Altersvorsorgezulage gewährt oder für die der Sonderausgabenabzug nach § 10a EStG geltend gemacht worden ist (= geförderte Beiträge), sind die

Versorgungsleistungen vom Versorgungsempfänger in voller Höhe als sonstige Einkünfte nach § 22 Nr. 5 Satz 1 EStG zu besteuern.

b) Leistungen aus der Pensionskasse, die auf Kapital beruhen, welches nicht aus geförderten Beiträgen gebildet worden ist, sind dagegen nach § 22 Nr. 5 Satz 2 EStG zu besteuern.

Wenn die späteren Versorgungsleistungen sowohl auf geförderten Beitragsleistungen und nicht begünstigten Beitragsleistungen beruhen, müssen die Versorgungsleistungen entsprechend aufgeteilt werden. Die Pensionskasse hat die Aufteilung der Leistungen vorzunehmen und diese dem Steuerpflichtigen nach amtlich vorgeschriebenem Muster zu bescheinigen (vgl. BMF-Schreiben vom 14.8.2014, BStBl I S. 1.168). Die Aufteilung der Leistungen erfolgt entsprechend den nach § 5 Abs. 2 und 3 LStDV (vgl. Anlage 1 im Handbuch) gemachten Mitteilungen, wie der Arbeitgeber die Beiträge steuerlich behandelt hat.

14.6 Was gilt beim Arbeitgeberwechsel und Übertragung der Versorgung?

Die Ausführungen zur Übertragung einer Direktversicherung nach Beendigung des Arbeitsverhältnisses in Tz 13.8 gelten für die Übertragung der betrieblichen Altersversorgung in Form der Pensionskasse sinngemäß.

15. Der Pensionsfonds

15.1 Was ist ein Pensionsfonds?

Ein Pensionsfonds ist eine selbstständige Versorgungseinrichtung, die den Leistungsberechtigten einen Rechtsanspruch auf ihre Leistungen im Versorgungsfall einräumt (§ 1b Abs. 3 BetrAVG – vgl. Anlage 5 im Handbuch). Die Vorschriften zur Ausgestaltung von Pensionsfonds ergeben sich im Einzelnen aus den §§ 236 ff. VAG und den Verordnungen über die Kapitalausstattung, über die Rechnungsgrundlagen für die Deckungsrückstellungen und über die Anlage des gebundenen Vermögens.

Der Pensionsfonds ist danach eine rechtsfähige Versorgungseinrichtung, die gegen Zahlung von Beiträgen eine kapitalgedeckte Altersversorgung für einen oder mehrere Arbeitgeber zugunsten deren Arbeitnehmer durchführt. Für Arbeitnehmer ist mit der Einführung des Pensionsfonds der Vorteil verbunden, dass sie einen Rechtsanspruch gegenüber dem Fonds als externen Träger der betrieblichen Altersversorgung erhalten und ihre Ansprüche bei einem Wechsel des Arbeitgebers mitnehmen können. Der Pensionsfonds ist verpflichtet, die Versorgungsleistungen in jedem Fall als lebenslange Altersrente oder in Form eines Auszahlungsplans mit unmittelbar anschließender Restverrentung zu erbringen mit der Möglichkeit der Abdeckung des Invaliditäts- und Hinterbliebenenrisikos.

Je nach Ausgestaltung der zugrunde liegenden Pensionspläne können die Versorgungsleistungen entweder beitragsbezogen mit der Zusage einer Mindestleistung oder leistungsbezogen erbracht werden. Damit bietet ein Pensionsfonds den Arbeitgebern den Vorzug, die betriebliche Altersversorgung durch Beitragszusagen (mit einer Mindestgarantie der eingezahlten Beiträge) besser kalkulieren zu können und nicht mehr allein mit höheren Risiken verbundene langfristige Verpflichtungen aus Leistungszusagen eingehen zu müssen.

Im Vergleich zu den bestehenden Durchführungswegen der betrieblichen Altersversorgung ähnelt der Pensionsfonds am ehesten der Pensionskasse. Gegenüber der Pensionskasse und der Direktversicherung wird dem Pensionsfonds vom Gesetzgeber eine größere Freiheit bei der Vermögensanlage eingeräumt, um ein internationalen Standards entsprechendes Anlagemanagement einzurichten. Um die Sicherheit der angelegten Gelder zu gewährleisten, unterliegen auch die Pensionsfonds der Versicherungsaufsicht durch die Bundesanstalt für Finanzdienstleistungsaufsicht.

Der Arbeitgeber kann die Beiträge an den Pensionsfonds als Betriebsausgaben abziehen, soweit sie auf einer festgelegten Verpflichtung beruhen oder der Abdeckung von Fehlbeträgen bei dem Fonds dienen (§ 4e EStG).

Beim Arbeitnehmer stellen die Aufwendungen des Arbeitgebers in den Pensionsfonds Leistungen für die Zukunftssicherung dar. Da der Arbeitnehmer einen unmittelbaren Rechtsanspruch gegenüber dem Pensionsfonds auf künftige Versorgungsleistungen hat, führen die Beitragszahlungen des Arbeitgebers beim Arbeitnehmer zu Arbeitslohn.

15.2 Wie werden die Beiträge lohnsteuerlich behandelt?

Für die Steuerfreiheit der Beiträge des Arbeitgebers an einen Pensionsfonds gelten dieselben Voraussetzungen wie für die Steuerfreiheit der Beiträge an eine Pensionskasse (vgl. Tz 14.2). Dies bedeutet:

- Die Steuerfreiheit ist zunächst auf 4% der Beitragsbemessungsgrenze (West) beschränkt. Der steuerfreie Höchstbetrag beträgt für das Jahr 2017 damit 3.048,– €. Er gilt bei Beiträgen an eine Direktversicherung, eine Pensionskasse und einen Pensionsfonds insgesamt nur einmal.
- Die Inanspruchnahme des zusätzlichen steuerfreien Höchstbetrags von 1.800,– € setzt voraus, dass die Beiträge aufgrund einer nach dem 31.12.2004 erteilten Versorgungszusage (sogenannte Neuzusage) geleistet und daneben keine Beiträge in eine Direktversicherung oder eine Pensionskasse nach § 40b Abs. 1 und 2 EStG a.F. pauschal versteuert werden (vgl. Tz 6.11).
- Die Beiträge müssen aus dem ersten Dienstverhältnis stammen.
- Soweit die Beiträge aus einer Entgeltumwandlung stammen, kann der Arbeitnehmer verlangen, dass die Beiträge nach seinen individuellen Besteuerungsmerkmalen versteuert werden, um für die Beiträge die Förderung mit Altersvorsorgezulage und Sonderausgabenabzug nach § 10a EStG beanspruchen zu können.

Soweit die Beiträge des Arbeitgebers an den Pensionsfonds nicht steuerfrei sind, unterliegen die Beitragszahlungen den allgemeinen Vorschriften des Lohnsteuerabzugs. Anders als bei den Beiträgen an Pensionskassen ist eine Pauschalierung nach § 40b EStG für die Beiträge an Pensionsfonds nicht zulässig, auch wenn diese aufgrund einer vor dem 1.1.2005 erteilten Versorgungszusage geleistet werden.

Die steuerliche Behandlung der Beiträge in den Pensionsfonds hat der Arbeitgeber im Lohnkonto nach Maßgabe des § 5 Abs. 1 Nr. 1 LStDV (vgl. Anlage 1 im Handbuch) aufzuzeichnen und dem Pensionsfonds nach Maßgabe des § 5 Abs. 2 LStDV und des § 6 Abs. 1 AltvDV (vgl. Anlage 3 im Handbuch) mitzuteilen. Die Mitteilung ist von Bedeutung, da dies für die spätere Versteuerung der Rentenzahlungen wichtig ist (vgl. Tz 15.6); sie kann aber nach § 5 Abs. 3 LStDV bzw. § 6 Abs. 2 AltvDV unterbleiben, wenn der Pensionsfonds die steuerliche Behandlung der Beiträge kennt.

15.3 Wie werden die Beiträge in der Sozialversicherung behandelt?

Soweit die Beitragszahlungen des Arbeitgebers an den Pensionsfonds nach § 3 Nr. 63 Satz 1 EStG steuerfrei sind (für 2017 bis zu 3.048,– € = 4% der Beitragsbemessungsgrenze/West), unterliegen die Beitragszahlungen gemäß § 1 Abs. 1 Satz 1 Nr. 9 und Satz 2 SvEV – vgl. Anlage 2 im Handbuch) grundsätzlich auch nicht der Sozialversicherung.

Sind die Beitragszahlungen des Arbeitgebers hingegen im Rahmen des zusätzlichen Höchstbetrags von 1.800,– € steuerfrei, ist zu beachten, dass dieser Freibetrag nur die Steuerfreiheit, nicht jedoch auch die Beitragsfreiheit in der Sozialversicherung bewirkt.

15.4 Können die Beiträge mit einer Altersvorsorgezulage gefördert werden?

Gemäß § 82 Abs. 2 EStG können zu den mit Zulage und Sonderausgabenabzug nach § 10a EStG begünstigten Altersvorsorgebeiträgen auch Zahlungen in einen Pensionsfonds gehören.

Voraussetzungen hierfür sind:

- Der Pensionsfonds muss dem Arbeitnehmer eine lebenslange Altersversorgung (Rente) gewährleisten (vgl. § 1 Abs. 1 Nr. 4 AltZertG).
- Die Beiträge dürfen nicht steuerfrei sein, sondern müssen aus dem individuell versteuerten Arbeitslohn geleistet werden.

15.5 Wie werden die späteren Leistungen steuerlich behandelt?

a) Allgemein:

Soweit die späteren Versorgungsleistungen aus dem Pensionsfonds auf Beitragsleistungen beruhen, die gefördert worden sind, also

- auf Beiträgen, die nach § 3 Nr. 63 EStG steuerfrei belassen worden sind,
- auf Beiträgen, für die eine Altersvorsorgezulage gewährt worden ist,
- auf Beiträgen, für die der Sonderausgabenabzug nach § 10a EStG geltend gemacht worden ist,
- auf steuerfreie Leistungen im Sinne des § 3 Nr. 66 EStG (Leistungen des Arbeitgebers oder einer Unterstützungskasse zur Übernahme bestehender Versorgungsverpflichtungen – vgl. Tz 11.4 und 12.3),

sind die Versorgungsleistungen vom Versorgungsempfänger in voller Höhe als sonstige Einkünfte nach § 22 Nr. 5 Satz 1 EStG zu versteuern.

Leistungen aus einem Pensionsfonds, die auf Kapital beruhen, welches nicht geförderten Beitragsleistungen gebildet worden ist, sind dagegen nach § 22 Nr. 5 Satz 2 EStG zu besteuern.

Wenn die späteren Versorgungsleistungen sowohl auf geförderten Beitragsleistungen und nicht geförderten Beitragsleistungen beruhen, müssen die Versorgungsleistungen entsprechend aufgeteilt werden. Der Pensionsfonds hat die Aufteilung der Leistungen vorzunehmen und diese dem Steuerpflichtigen nach amtlich vorgeschriebenem Muster zu bescheinigen (vgl. BMF-Schreiben vom 14.8.2014, BStBl I S. 1.168). Die Aufteilung der Leistungen erfolgt entsprechend den nach § 5 Abs. 2 und 3 LStDV (vgl. Anlage 1 im Handbuch) gemachten Mitteilungen, wie der Arbeitgeber die Beiträge steuerlich behandelt hat.

b) Sonderfall:

Ab dem 1.1.2002 besteht die Möglichkeit der Übertragung von Versorgungsverpflichtungen oder Versorgungsanwartschaften aus Direktzusagen (vgl. Tz 11.4) des Arbeitgebers oder aus Unterstützungskassen (vgl. 12.3) auf die neu eingeführten Pensionsfonds, ohne dass dadurch beim Arbeitnehmer ein steuerpflichtiger Lohnzufluss bewirkt wird

(§ 3 Nr. 66 EStG). Die späteren Leistungen unterliegen dann insoweit der vollen nachgelagerten Besteuerung.

Hat der Steuerpflichtige bereits **vor der Übertragung** von seinem früheren Arbeitgeber oder der Unterstützungskasse Leistungen aufgrund dieser Versorgungsverpflichtung erhalten, erfolgt die Besteuerung der Versorgungsleistungen ebenfalls als sonstige Einkünfte nach § 22 Nr. 5 EStG. Allerdings lässt § 22 Nr. 5 Satz 11 EStG weiterhin den bislang maßgebenden Versorgungsfreibetrag und Zuschlag zum Versorgungsfreibetrag (vgl. Tz 5.6) sowie den Pauschbetrag von 102,– € abziehen.

15.6 Was gilt beim Arbeitgeberwechsel und Übertragung der Versorgung?

Die Ausführungen zur Übertragung einer Direktversicherung nach Beendigung des Arbeitsverhältnisses in Tz 13.8 gelten für die Übertragung der betrieblichen Altersversorgung in Form eines Pensionsfonds sinngemäß.

16. Schädliche Auszahlung von Altersvorsorgevermögen

16.1 Was gilt bei schädlicher Verwendung?

Es ist ein Wesensmerkmal der betrieblichen Altersversorgung, dass Leistungen der betrieblichen Altersversorgung erst mit Eintritt des abgesicherten biometrischen Risikos (Alter, Tod oder Invalidität) fällig werden dürfen. Beim altersbedingten Ausscheiden aus dem Erwerbsleben gilt im Regelfall als Untergrenze die Vollendung des 60. Lebensjahres (für nach dem 31.12.2011 erteilte Versorgungszusagen regelmäßig des 62. Lebensjahres), ab dem frühestens Leistungen fällig werden. Wegen der Besonderheiten der betrieblichen Altersvorsorge, die sich aus dem Betriebsrentengesetz ergeben, kann es – anders als bei der zusätzlichen privaten Altersversorgung – grundsätzlich nur im Rahmen der Abfindung oder der Übertragung einer Versorgungsanwartschaft, die zuvor durch Zulage oder Sonderausgabenabzug nach § 10a EStG gefördert worden ist, zu einer schädlichen Verwendung kommen. Handelt es sich um eine schädliche Verwendung, dann sind die Zulagen und die Steuervergünstigung des Sonderausgabenabzugs zurückzuzahlen.

16.2 Was gilt bei Abfindung der Versorgungsanwartschaft?

Im Fall der Abfindung von Anwartschaften der betrieblichen Altersversorgung gemäß § 3 BetrAVG handelt es sich gemäß § 93 Abs. 2 Satz 3 EStG um keine schädliche Verwendung, soweit das mit Zulage oder Sonderausgabenabzug nach § 10a EStG geförderte Altersvorsorgevermögen zugunsten eines auf den Namen des Zulagenberechtigten lautenden zertifizierten privaten Altersvorsorgevertrags geleistet wird.

Im Übrigen legt § 3 Nr. 55c EStG auch fest, dass, wenn Anwartschaften der betrieblichen Altersversorgung abgefunden werden, dies steuerfrei möglich ist, soweit das Altersvorsorgevermögen zugunsten eines auf den Namen des Steuerpflichtigen lautenden zertifizierten privaten Altersvorsorgevertrags übertragen wird.

16.3 Was gilt bei Übertragung von Versorgungsanwartschaften?

Bei Beendigung des Arbeitsverhältnisses kann der Arbeitnehmer für Versorgungszusagen, die nach dem 31.12.2004 erteilt worden sind, gemäß § 4 Abs. 3 BetrAVG verlangen, dass der bisherige Arbeitgeber den Übertragungswert nach § 4 Abs. 5 BetrAVG wiederum auf eine externe Versorgungseinrichtung des neuen Arbeitgebers überträgt (vgl. die Ausführungen zu Tz 13.8, 14.6 und 15.6). Diese Übertragung ist gemäß § 93 Abs. 2 Satz 2 EStG dann keine schädliche Verwendung, wenn auch nach der Übertragung eine lebenslange Altersversorgung des Arbeitnehmers i.S.d. § 1 Abs. 1 Nr. 4 AltZertG gewährleistet ist.

Entsprechendes gilt auch, wenn der alte und neue Arbeitgeber sowie der Arbeitnehmer sich gemäß § 4 Abs. 2 Nr. 2 BetrAVG einvernehmlich auf eine Übertragung der Versorgungsanwartschaften mittels Übertragungswert verständigen (vgl. die Ausführungen zu Tz 13.8, 14.6 und 15.6).

Anlagen

Anlage 1 Lohnsteuer-Durchführungsverordnung (LStDV) 410

Anlage 2 Sozialversicherungsentgeltverordnung 415

Anlage 3 Altersvorsorge-Durchführungsverordnung – Auszug 419

Anlage 4 Neue Auslandsreisekosten 2017 – Länderübersicht 420

Anlage 5 Betriebsrentengesetz – Auszug 428

Anlage 1

Lohnsteuer-Durchführungsverordnung (LStDV)

vom 10. Oktober 1989, BGBl. I S. 1.848, zuletzt geändert durch Art. 6 des Gesetzes zur Modernisierung des Besteuerungsverfahrens vom 18.7.2016, BGBl. I S. 1.679

Inhaltsverzeichnis

§ 1 Arbeitnehmer, Arbeitgeber
§ 2 Arbeitslohn
§ 3 – aufgehoben –
§ 4 Lohnkonto
§ 5 Besondere Aufzeichnungs- und Mitteilungspflichten im Rahmen der betrieblichen Altersversorgung
§ 6 – aufgehoben –
§ 7 – aufgehoben –
§ 8 Anwendungszeitraum

§ 1 Arbeitnehmer, Arbeitgeber

(1) [1]Arbeitnehmer sind Personen, die in öffentlichem oder privatem Dienst angestellt oder beschäftigt sind oder waren und die aus diesem Dienstverhältnis oder einem früheren Dienstverhältnis Arbeitslohn beziehen. [2]Arbeitnehmer sind auch die Rechtsnachfolger dieser Personen, soweit sie Arbeitslohn aus dem früheren Dienstverhältnis ihres Rechtsvorgängers beziehen.

(2)[1]Ein Dienstverhältnis (Absatz 1) liegt vor, wenn der Angestellte (Beschäftigte) dem Arbeitgeber (öffentliche Körperschaft, Unternehmer, Haushaltsvorstand) seine Arbeitskraft schuldet. [2]Dies ist der Fall, wenn die tätige Person in der Betätigung ihres geschäftlichen Willens unter der Leitung des Arbeitgebers steht oder im geschäftlichen Organismus des Arbeitgebers dessen Weisungen zu folgen verpflichtet ist.

(3) [1]Arbeitnehmer ist nicht, wer Lieferungen und sonstige Leistungen innerhalb der von ihm selbstständig ausgeübten gewerblichen oder beruflichen Tätigkeit im Inland gegen Entgelt ausführt, soweit es sich um die Entgelte für diese Lieferungen und sonstigen Leistungen handelt.

§ 2 Arbeitslohn

(1) [1]Arbeitslohn sind alle Einnahmen, die dem Arbeitnehmer aus dem Dienstverhältnis zufließen. [2]Es ist unerheblich, unter welcher Bezeichnung oder in welcher Form die Einnahmen gewährt werden.

(2) [1]Zum Arbeitslohn gehören auch

1. Einnahmen im Hinblick auf ein künftiges Dienstverhältnis;
2. Einnahmen aus einem früheren Dienstverhältnis, unabhängig davon, ob sie dem zunächst Bezugsberechtigten oder seinem Rechtsnachfolger zufließen. [2]Bezüge, die ganz oder teilweise auf früheren Beitragsleistungen des Bezugsberechtigten oder

seines Rechtsvorgängers beruhen, gehören nicht zum Arbeitslohn, es sei denn, dass die Beitragsleistungen Werbungskosten gewesen sind;

3. Ausgaben, die ein Arbeitgeber leistet, um einen Arbeitnehmer oder diesem nahe stehende Personen für den Fall der Krankheit, des Unfalls, der Invalidität, des Alters oder des Todes abzusichern (Zukunftssicherung). [2]Voraussetzung ist, dass der Arbeitnehmer der Zukunftssicherung ausdrücklich oder stillschweigend zustimmt. [3]Ist bei einer Zukunftssicherung für mehrere Arbeitnehmer oder diesen nahe stehende Personen in Form einer Gruppenversicherung oder Pauschalversicherung der für den einzelnen Arbeitnehmer geleistete Teil der Ausgaben nicht in anderer Weise zu ermitteln, so sind die Ausgaben nach der Zahl der gesicherten Arbeitnehmer auf diese aufzuteilen. [4]Nicht zum Arbeitslohn gehören Ausgaben, die nur dazu dienen, dem Arbeitgeber die Mittel zur Leistung einer dem Arbeitnehmer zugesagten Versorgung zu verschaffen;

4. Entschädigungen, die dem Arbeitnehmer oder seinem Rechtsnachfolger als Ersatz für entgangenen oder entgehenden Arbeitslohn oder für die Aufgabe oder Nichtausübung einer Tätigkeit gewährt werden;

5. besondere Zuwendungen, die auf Grund des Dienstverhältnisses oder eines früheren Dienstverhältnisses gewährt werden, zum Beispiel Zuschüsse im Krankheitsfall;

6. besondere Entlohnungen für Dienste, die über die regelmäßige Arbeitszeit hinaus geleistet werden, wie Entlohnung für Überstunden, Überschichten, Sonntagsarbeit;

7. Lohnzuschläge, die wegen der Besonderheit der Arbeit gewährt werden;

8. Entschädigungen für Nebenämter und Nebenbeschäftigungen im Rahmen eines Dienstverhältnisses.

§ 3

– aufgehoben –

§ 4 Lohnkonto

(1) [1]Der Arbeitgeber hat im Lohnkonto des Arbeitnehmers Folgendes aufzuzeichnen:

1. den Vornamen, den Familienamen, den Tag der Geburt, den Wohnort, die Wohnung sowie die in einer vom Finanzamt ausgestellten Bescheinigung für den Lohnsteuerabzug eingetragenen allgemeinen Besteuerungsmerkmale. [2]Ändern sich im Laufe des Jahres die in einer Bescheinigung für den Lohnsteuerabzug eingetragenen allgemeinen Besteuerungsmerkmale, so ist auch der Zeitpunkt anzugeben, von dem an die Änderungen gelten;

2. den Jahresfreibetrag oder den Jahreshinzurechnungsbetrag sowie den Monatsbetrag, Wochenbetrag oder Tagesbetrag, der in einer vom Finanzamt ausgestellten Bescheinigung für den Lohnsteuerabzug eingetragen ist, und den Zeitraum, für den die Eintragungen gelten;

3. bei einem Arbeitnehmer, der dem Arbeitgeber eine Bescheinigung nach § 39b Abs. 6 des Einkommensteuergesetzes in der am 31. Dezember 2010 geltenden Fassung (Freistellungsbescheinigung) vorgelegt hat, einen Hinweis darauf, dass eine Bescheinigung vorliegt, den Zeitraum, für den die Lohnsteuerbefreiung gilt, das Finanzamt, das die Bescheinigung ausgestellt hat, und den Tag der Ausstellung;

4. in den Fällen des § 19 Abs. 2 des Einkommensteuergesetzes die für die zutreffende Berechnung des Versorgungsfreibetrags und des Zuschlags zum Versorgungsfreibetrag erforderlichen Angaben.

(2) [1] Bei jeder Lohnabrechnung ist im Lohnkonto folgendes aufzuzeichnen:

1. der Tag der Lohnzahlung und der Lohnzahlungszeitraum;
2. in den Fällen des § 41 Absatz 1 Satz 5 des Einkommensteuergesetzes jeweils der Großbuchstabe U;
3. der Arbeitslohn, getrennt nach Barlohn und Sachbezügen, und die davon einbehaltene Lohnsteuer. [2]Dabei sind die Sachbezüge einzeln zu bezeichnen und – unter Angabe des Abgabetags oder bei laufenden Sachbezügen des Abgabezeitraums, des Abgabeorts und des Entgelts – mit dem nach § 8 Abs. 2 oder 3 des Einkommensteuergesetzes maßgebenden und um das Entgelt geminderten Wert zu erfassen. [3]Sachbezüge im Sinne des § 8 Abs. 3 des Einkommensteuergesetzes und Versorgungsbezüge sind jeweils als solche kenntlich zu machen und ohne Kürzung um Freibeträge nach § 8 Abs. 3 oder § 19 Abs. 2 des Einkommensteuergesetzes einzutragen. [4]Trägt der Arbeitgeber im Falle der Nettolohnzahlung die auf den Arbeitslohn entfallende Steuer selbst, ist in jedem Fall der Bruttoarbeitslohn einzutragen, die nach den Nummern 4 bis 8 gesondert aufzuzeichnenden Beträge sind nicht mitzuzählen;
4. steuerfreie Bezüge mit Ausnahme der Vorteile im Sinne des § 3 Nr. 45 des Einkommensteuergesetzes und der Trinkgelder. [2]Das Betriebsstättenfinanzamt kann zulassen, dass auch andere nach § 3 des Einkommensteuergesetzes steuerfreien Bezüge nicht angegeben werden, wenn es sich um Fälle von geringer Bedeutung handelt oder wenn die Möglichkeit zur Nachprüfung in anderer Weise sichergestellt ist;
5. Bezüge, die nach einem Abkommen zur Vermeidung der Doppelbesteuerung oder unter Progressionsvorbehalt nach § 34c Abs. 5 des Einkommensteuergesetzes von der Lohnsteuer freigestellt sind;
6. außerordentliche Einkünfte im Sinne des § 34 Abs. 1 und 2 Nr. 2 und 4 des Einkommensteuergesetzes und die davon nach § 39b Abs. 3 Satz 9 des Einkommensteuergesetzes einbehaltene Lohnsteuer;
7. – aufgehoben –
8. Bezüge, die nach den §§ 40 bis 40b des Einkommensteuergesetzes pauschal besteuert worden sind, und die darauf entfallende Lohnsteuer. [2]Lassen sich in Fällen des § 40 Absatz 1 Satz 1 Nummer 2 und Absatz 2 des Einkommensteuergesetzes die auf den einzelnen Arbeitnehmer entfallenden Beträge nicht ohne weiteres ermitteln, so sind sie in einem Sammelkonto anzuschreiben. [3]Das Sammelkonto muss die folgenden Angaben enthalten: Tag der Zahlung, Zahl der bedachten Arbeitnehmer, Summe der insgesamt gezahlten Bezüge, Höhe der Lohnsteuer sowie Hinweise auf die als Belege zum Sammelkonto aufzubewahrenden Unterlagen, insbesondere Zahlungsnachweise, Bestätigung des Finanzamts über die Zulassung der Lohnsteuerpauschalierung. [4]In den Fällen des § 40a des Einkommensteuergesetzes genügt es, wenn der Arbeitgeber Aufzeichnungen führt, aus denen sich für die einzelnen Arbeitnehmer Name und

Anschrift, Dauer der Beschäftigung, Tag der Zahlung, Höhe des Arbeitslohns und in den Fällen des § 40a Abs. 3 des Einkommensteuergesetzes auch die Art der Beschäftigung ergeben. [5]Sind in den Fällen der Sätze 3 und 4 Bezüge nicht mit dem ermäßigten Kirchensteuersatz besteuert worden, so ist zusätzlich der fehlende Kirchensteuerabzug aufzuzeichnen und auf die als Beleg aufzubewahrende Unterlage hinzuweisen, aus der hervorgeht, dass der Arbeitnehmer keiner Religionsgemeinschaft angehört, für die die Kirchensteuer von den Finanzbehörden erhoben wird.

(2a)* [1]Der Arbeitgeber hat die nach den Absätzen 1 und 2 sowie die nach § 41 des Einkommensteuergesetzes aufzuzeichnenden Daten der Finanzbehörde nach einer amtlich vorgeschriebenen einheitlichen Form über eine digitale Schnittstelle elektronisch bereitzustellen. [2]Auf Antrag des Arbeitgebers kann das Betriebsstättenfinanzamt zur Vermeidung unbilliger Härten zulassen, dass der Arbeitgeber die in Satz 1 genannten Daten in anderer auswertbarer Form bereitstellt.

(3) [1]Das Betriebsstättenfinanzamt kann bei Arbeitgebern, die für die Lohnabrechnung ein maschinelles Verfahren anwenden, Ausnahmen von den Vorschriften der Absätze 1 und 2 zulassen, wenn die Möglichkeit zur Nachprüfung in anderer Weise sichergestellt ist. [2]Das Betriebsstättenfinanzamt soll zulassen, dass Sachbezüge im Sinne des § 8 Abs. 2 Satz 11 und Abs. 3 des Einkommensteuergesetzes für solche Arbeitnehmer nicht aufzuzeichnen sind, für die durch betriebliche Regelungen und entsprechende Überwachungsmaßnahmen gewährleistet ist, dass die in § 8 Abs. 2 Satz 11 oder Abs. 3 des Einkommensteuergesetzes genannten Beträge nicht überschritten werden.

(4) [1]In den Fällen des § 38 Abs. 3a des Einkommensteuergesetzes ist ein Lohnkonto vom Dritten zu führen. [2]In den Fällen des § 38 Abs. 3a Satz 2 ist der Arbeitgeber anzugeben und auch der Arbeitslohn einzutragen, der nicht vom Dritten, sondern vom Arbeitgeber selbst gezahlt wird. [3]In den Fällen des § 38 Abs. 3a Satz 7 ist der Arbeitslohn für jedes Dienstverhältnis gesondert aufzuzeichnen.

§ 5 Besondere Aufzeichnungs- und Mitteilungspflichten im Rahmen der betrieblichen Altersversorgung

(1) Der Arbeitgeber hat bei Durchführung einer kapitalgedeckten betrieblichen Altersversorgung über einen Pensionsfonds, eine Pensionskasse oder eine Direktversicherung ergänzend zu den in § 4 Abs. 2 Nr. 4 und 8 angeführten Aufzeichnungspflichten gesondert je Versorgungszusage und Arbeitnehmer Folgendes aufzuzeichnen:

1. bei Inanspruchnahme der Steuerbefreiung nach § 3 Nr. 63 Satz 3 des Einkommensteuergesetzes den Zeitpunkt der Erteilung, den Zeitpunkt der Übertragung nach dem „Abkommen zur Übertragung von Direktversicherungen oder Versicherungen in eine Pensionskasse bei Arbeitgeberwechsel" oder nach vergleichbaren Regelungen zur Übertragung von Versicherungen in Pensionskassen oder Pensionsfonds, bei der Änderung einer vor dem 1. Januar 2005 erteilten Versorgungszusage alle Änderungen der Zusage nach dem 31. Dezember 2004;

2. bei Anwendung des § 40b des Einkommensteuergesetz in der am 31. Dezember 2004 geltenden Fassung den Inhalt der am 31. Dezember 2004 bestehenden Versorgungszusagen, sowie im Fall des § 52 Abs. 4 Satz 10 des Einkommensteuergesetzes

* Gilt gemäß § 8 Abs. 3 LStDV erst ab 2018.

die erforderliche Verzichtserklärung und bei der Übernahme einer Versorgungszusage nach § 4 Abs. 2 Nr. 1 des Betriebsrentengesetzes vom 19. Dezember 1974 (BGBl. I S. 3610), das zuletzt durch Artikel 2 des Gesetzes vom 29. August 2005 (BGBl. I S. 2546) geändert worden ist, in der jeweils geltenden Fassung oder bei einer Übertragung nach dem „Abkommen zur Übertragung von Direktversicherungen oder Versicherungen in eine Pensionskasse bei Arbeitgeberwechsel" oder nach vergleichbaren Regelungen zur Übertragung von Versicherungen in Pensionskassen oder Pensionsfonds im Falle einer vor dem 1. Januar 2005 erteilten Versorgungszusage zusätzlich die Erklärung des ehemaligen Arbeitgebers, dass diese Versorgungszusage vor dem 1. Januar 2005 erteilt und dass diese bis zur Übernahme nicht als Versorgungszusage im Sinne des § 3 Nr. 63 Satz 3 des Einkommensteuergesetzes behandelt wurde.

(2) [1]Der Arbeitgeber hat der Versorgungseinrichtung (Pensionsfonds, Pensionskasse, Direktversicherung), die für ihn die betriebliche Altersversorgung durchführt, spätestens zwei Monate nach Ablauf des Kalenderjahres oder nach Beendigung des Dienstverhältnisses im Laufe des Kalenderjahres gesondert je Versorgungszusage die für den einzelnen Arbeitnehmer geleisteten und

1. nach § 3 Nr. 56 und 63 des Einkommensteuergesetzes steuerfrei belassenen,
2. nach § 40b des Einkommensteuergesetzes in der am 31. Dezember 2004 geltenden Fassung pauschal besteuerten oder
3. individuell besteuerten

Beiträge mitzuteilen. [2]Ferner hat der Arbeitgeber oder die Unterstützungskasse die nach § 3 Nr. 66 des Einkommensteuergesetzes steuerfrei belassenen Leistungen mitzuteilen. [3]Die Mitteilungspflicht des Arbeitgebers oder der Unterstützungskasse kann durch einen Auftragnehmer wahrgenommen werden.

(3) [1]Eine Mitteilung nach Absatz 2 kann unterbleiben, wenn die Versorgungseinrichtung die steuerliche Behandlung der für den einzelnen Arbeitnehmer im Kalenderjahr geleisteten Beiträge bereits kennt oder aus den bei ihr vorhandenen Daten feststellen kann, und dieser Umstand dem Arbeitgeber mitgeteilt worden ist. [2]Unterbleibt die Mitteilung des Arbeitgebers, ohne dass ihm eine entsprechende Mitteilung der Versorgungseinrichtung vorliegt, so hat die Versorgungseinrichtung davon auszugehen, dass es sich insgesamt bis zu den in § 3 Nr. 56 oder 63 des Einkommensteuergesetzes genannten Höchstbeträgen um steuerbegünstigte Beiträge handelt, die in der Auszahlungsphase als Leistungen im Sinne von § 22 Nr. 5 Satz 1 des Einkommensteuergesetzes zu besteuern sind.

§ 6

(ab 1.1.2002 aufgehoben)

§ 7

(ab 1.1.2002 aufgehoben)

§ 8 Anwendungszeitraum

(........)

(3) § 4 Absatz 2a ist für ab dem 1. Januar 2018 im Lohnkonto aufzuzeichnende Daten anzuwenden.

Anlage 2

Verordnung über die sozialversicherungsrechtliche Beurteilung von Zuwendungen des Arbeitgebers als Arbeitsentgelt

(Sozialversicherungsentgeltverordnung – SvEV)
vom 21. Dezember 2006, BGBl. I S. 3.385
zuletzt geändert Art. 1 der Neunten Verordnung zur Änderung der Sozialversicherungsentgeltverordnung vom 21. November 2016, BGBl. I S. 2.637

§ 1

Dem sozialversicherungspflichtigen Arbeitsentgelt nicht zuzurechnende Zuwendungen

(1) [1]Dem Arbeitsentgelt sind nicht zuzurechnen:

1. einmalige Einnahmen, laufende Zulagen, Zuschläge, Zuschüsse sowie ähnliche Einnahmen, die zusätzlich zu Löhnen oder Gehältern gewährt werden, soweit sie lohnsteuerfrei sind; dies gilt nicht für Sonntags-, Feiertags- und Nachtarbeitszuschläge, soweit das Entgelt, auf dem sie berechnet werden, mehr als 25 Euro für jede Stunde beträgt,
2. sonstige Bezüge nach § 40 Abs. 1 Satz 1 Nr. 1 des Einkommensteuergesetzes, die nicht einmalig gezahltes Arbeitsentgelt nach § 23a des Vierten Buches Sozialgesetzbuch sind,
3. Einnahmen nach § 40 Abs. 2 des Einkommensteuergesetzes,
4. Beiträge nach § 40b des Einkommensteuergesetzes in der am 31. Dezember 2004 geltenden Fassung, die zusätzlich zu Löhnen und Gehältern gewährt werden, dies gilt auch für darin enthaltene Beträge, die aus einer Entgeltumwandlung (§ 1 Abs. 2 Nr. 3 des Betriebsrentengesetzes) stammen,

4a Zuwendungen nach § 3 Nr. 56 und § 40b des Einkommensteuergesetzes, die zusätzlich zu Löhnen und Gehältern gewährt werden und für die Satz 3 und 4 nichts Abweichendes bestimmen,

5. Beträge nach § 10 des Entgeltfortzahlungsgesetzes,
6. Zuschüsse zum Mutterschaftsgeld nach § 14 des Mutterschutzgesetzes,
7. in den Fällen des § 3 Abs. 3 der vom Arbeitgeber insoweit übernommene Teil des Gesamtsozialversicherungsbeitrags,
8. Zuschüsse des Arbeitgebers zum Kurzarbeitergeld und Saison-Kurzarbeitergeld, soweit sie zusammen mit dem Kurzarbeitergeld 80 Prozent des Unterschiedsbetrages zwischen dem Sollentgelt und dem Istentgelt nach § 106 des Dritten Buches Sozialgesetzbuch nicht übersteigen,
9. steuerfreie Zuwendungen an Pensionskassen, Pensionsfonds oder Direktversicherungen nach § 3 Nr. 63 Satz 1 und 2 des Einkommensteuergesetzes im Kalenderjahr bis zur Höhe von insgesamt 4 Prozent der Beitragsbemessungsgrenze in der allgemeinen Rentenversicherung; dies gilt auch für darin enthaltene Beträge, die aus einer Entgeltumwandlung (§ 1 Abs. 2 Nr. 3 des Betriebsrentengesetzes) stammen,

10. Leistungen eines Arbeitgebers oder einer Unterstützungskasse an einen Pensionsfonds zur Übernahme bestehender Versorgungsverpflichtungen oder Versorgungsanwartschaften durch den Pensionsfonds, soweit diese nach § 3 Nr. 66 des Einkommensteuergesetzes steuerfrei sind,
11. steuerlich nicht belastete Zuwendungen des Beschäftigten zugunsten von durch Naturkatastrophen im Inland Geschädigten aus Arbeitsentgelt einschließlich Wertguthaben,
12. Sonderzahlungen nach § 19 Absatz 1 Satz 1 Nummer 3 Satz 2 bis 4 des Einkommensteuergesetzes der Arbeitgeber zur Deckung eines finanziellen Fehlbetrages an die Einrichtungen, für die Satz 3 gilt,
13. Sachprämien nach § 37a des Einkommensteuergesetzes,
14. Zuwendungen nach § 37b Abs. 1 des Einkommensteuergesetzes, soweit die Zuwendungen an Arbeitnehmer eines Dritten erbracht werden und diese Arbeitnehmer nicht Arbeitnehmer eines mit dem Zuwendenden verbundenen Unternehmens sind,
15. vom Arbeitgeber getragene oder übernommene Studiengebühren für ein Studium des Beschäftigten, soweit sie steuerrechtlich kein Arbeitslohn sind,
16. steuerfreie Aufwandsentschädigungen und die in § 3 Nummer 26 und 26a des Einkommensteuergesetzes genannten steuerfreien Einnahmen.

[2]Dem Arbeitsentgelt sind die in Satz 1 Nummer 1 bis 4a, 9 bis 11, 13,15 und 16 genannten Einnahmen, Zuwendungen und Leistungen nur dann nicht zuzurechnen, soweit diese vom Arbeitgeber oder von einem Dritten mit der Entgeltabrechnung für den jeweiligen Abrechnungszeitraum lohnsteuerfrei belassen oder pauschal besteuert werden. [3]Die Summe der in Satz 1 Nr. 4a genannten Zuwendungen nach § 3 Nr. 56 und § 40b des Einkommensteuergesetzes, die vom Arbeitgeber oder von einem Dritten mit der Entgeltabrechnung für den jeweiligen Abrechnungszeitraum lohnsteuerfrei belassen oder pauschal besteuert werden, höchstens jedoch monatlich 100 Euro, sind bis zur Höhe von 2,5 Prozent des für ihre Bemessung maßgebenden Entgelts dem Arbeitsentgelt zuzurechnen, wenn die Versorgungsregelung mindestens bis zum 31. Dezember 2000 vor der Anwendung etwaiger Nettobegrenzungsregelungen eine allgemein erreichbare Gesamtversorgung von mindestens 75 Prozent des gesamtversorgungsfähigen Entgelts und nach dem Eintritt des Versorgungsfalles eine Anpassung nach Maßgabe der Entwicklung der Arbeitsentgelte im Bereich der entsprechenden Versorgungsregelung oder gesetzlicher Versorgungsbezüge vorsieht; die dem Arbeitsentgelt zuzurechnenden Beiträge und Zuwendungen vermindern sich um monatlich 13,30 Euro. [4]Satz 3 gilt mit der Maßgabe, dass die Zuwendungen nach § 3 Nr. 56 und § 40b des Einkommensteuergesetzes dem Arbeitsentgelt insoweit zugerechnet werden, als sie in der Summe monatlich 100 Euro übersteigen.

(2) In der gesetzlichen Unfallversicherung und in der Seefahrt sind auch lohnsteuerfreie Zuschläge für Sonntags-, Feiertags- und Nachtarbeit dem Arbeitsentgelt zuzurechnen; dies gilt in der Unfallversicherung nicht für Erwerbseinkommen, das bei einer Hinterbliebenenrente zu berücksichtigen ist.

§ 2
Verpflegung, Unterkunft und Wohnung als Sachbezug

(1) [1]Der Wert der als Sachbezug zur Verfügung gestellten Verpflegung wird auf monatlich 241 Euro festgesetzt. [2]Dieser Wert setzt sich zusammen aus dem Wert für

1. Frühstück von 51 Euro,
2. Mittagessen von 95 Euro und
3. Abendessen von 95 Euro.

(2) [1]Für Verpflegung, die nicht nur dem Beschäftigten, sondern auch seinem nicht bei demselben Arbeitgeber beschäftigten Familienangehörigen zur Verfügung gestellt wird, erhöhen sich die nach Absatz 1 anzusetzenden Werte je Familienangehörigen,

1. der das 18. Lebensjahr vollendet hat, um 100 Prozent,
2. der das 14., aber noch nicht das 18. Lebensjahr vollendet hat, um 80 Prozent,
3. der das 7., aber noch nicht das 14. Lebensjahr vollendet hat, um 40 Prozent und
4. der das 7.Lebensjahr noch nicht vollendet hat, um 30 Prozent.

[2]Bei der Berechnung des Wertes bleibt das Lebensalter des Familienangehörigen im ersten Entgeltabrechnungszeitraum des Kalenderjahres maßgebend. [3]Sind Ehegatten bei demselben Arbeitgeber beschäftigt, sind die Erhöhungswerte nach Satz 1 für Verpflegung der Kinder beiden Ehegatten je zur Hälfte zuzurechnen.

(3) [1]Der Wert einer als Sachbezug zur Verfügung gestellten Unterkunft wird auf monatlich 223 Euro festgesetzt. [2]Der Wert der Unterkunft nach Satz 1 vermindert sich

1. bei Aufnahme des Beschäftigten in den Haushalt des Arbeitgebers oder bei Unterbringung in einer Gemeinschaftsunterkunft um 15 Prozent,
2. für Jugendliche bis zur Vollendung des 18. Lebensjahres und Auszubildende um 15 Prozent und
3. bei Belegung

   a) mit zwei Beschäftigten um 40 Prozent,

   b) mit drei Beschäftigten um 50 Prozent und

   c) mit mehr als drei Beschäftigten um 60 Prozent.

[3]Ist es nach Lage des einzelnen Falles unbillig, den Wert einer Unterkunft nach Satz 1 zu bestimmen, kann die Unterkunft mit dem ortsüblichen Mietpreis bewertet werden; Absatz 4 Satz 2 gilt entsprechend.

(4) [1]Für eine als Sachbezug zur Verfügung gestellte Wohnung ist als Wert der ortsübliche Mietpreis unter Berücksichtigung der sich aus der Lage der Wohnung zum Betrieb ergebenden Beeinträchtigungen anzusetzen. [2]Ist im Einzelfall die Feststellung des ortsüblichen Mietpreises mit außergewöhnlichen Schwierigkeiten verbunden, kann die Wohnung mit 3,92 Euro je Quadratmeter monatlich, bei einfacher Ausstattung (ohne Sammelheizung oder ohne Bad oder Dusche) mit 3,20 Euro je Quadratmeter monatlich bewertet werden. [3]Bestehen gesetzliche Mietpreisbeschränkungen, sind die durch diese Beschränkungen festgelegten Mietpreise als Werte anzusetzen. [4]Dies gilt auch für die vertraglichen Mietpreisbeschränkungen im sozialen Wohnungsbau, die nach den jeweiligen Förderrichtlinien des Landes für den betreffenden Förderjahrgang sowie für die mit Wohnungsfürsorgemitteln aus öffentlichen Haushalten

geförderten Wohnungen vorgesehen sind. [5]Für Energie, Wasser und sonstige Nebenkosten ist der übliche Preis am Abgabeort anzusetzen.

(5) Werden Verpflegung, Unterkunft oder Wohnung verbilligt als Sachbezug zur Verfügung gestellt, ist der Unterschiedsbetrag zwischen dem vereinbarten Preis und dem Wert, der sich bei freiem Bezug nach den Absätzen 1 bis 4 ergeben würde, dem Arbeitsentgelt zuzurechnen.

(6) [1]Bei der Berechnung des Wertes für kürzere Zeiträume als einen Monat ist für jeden Tag ein Dreißigstel des Wertes nach Absatz 1 bis 5 zugrunde zu legen. [2]Die Prozentsätze der Absätze 2 und 3 sind auf den Tageswert nach Satz 1 anzuwenden. [3]Die Berechnungen werden jeweils auf 2 Dezimalstellen durchgeführt; die zweite Dezimalstelle wird um 1 erhöht, wenn sich in der dritten Dezimalstelle eine der Zahlen 5 bis 9 ergibt.

§ 3
Sonstige Sachbezüge

(1) [1]Werden Sachbezüge, die nicht von § 2 erfasst werden, unentgeltlich zur Verfügung gestellt, ist als Wert für diese Sachbezüge der um übliche Preisnachlässe geminderte übliche Endpreis am Abgabeort anzusetzen. [2]Sind auf Grund des § 8 Abs. 2 Satz 10 des Einkommensteuergesetzes Durchschnittswerte festgesetzt worden, sind diese Werte maßgebend. [3]Findet § 8 Abs. 2 Satz 2, 3, 4 oder 5 oder Abs. 3 Satz 1 des Einkommensteuergesetzes Anwendung, sind die dort genannten Werte maßgebend. [4]§ 8 Abs. 2 Satz 11 des Einkommensteuergesetzes gilt entsprechend.

(2) Werden Sachbezüge, die nicht von § 2 erfasst werden, verbilligt zur Verfügung gestellt, ist als Wert der Unterschiedsbetrag zwischen dem vereinbarten Preis und dem Wert nach Absatz 1 anzusetzen.

(3) [1]Waren und Dienstleistungen, die vom Arbeitgeber nicht überwiegend für den Bedarf seiner Arbeitnehmer hergestellt, vertrieben oder erbracht werden und die nach § 40 Abs. 1 Satz 1 Nr. 1 des Einkommensteuergesetzes pauschal versteuert werden, können mit dem Durchschnittsbetrag der pauschal versteuerten Waren und Dienstleistungen angesetzt werden; dabei kann der Durchschnittsbetrag des Vorjahres angesetzt werden. [2]Besteht das Beschäftigungsverhältnis nur während eines Teils des Kalenderjahres, ist für jeden Tag des Beschäftigungsverhältnisses der dreihundertsechzigste Teil des Durchschnittswertes nach Satz 1 anzusetzen. [3]Satz 1 gilt nur, wenn der Arbeitgeber den von dem Beschäftigten zu tragenden Teil des Gesamtsozialversicherungsbeitrags übernimmt. [4]Die Sätze 1 bis 3 gelten entsprechend für Sachzuwendungen im Wert von nicht mehr als 80 Euro, die der Arbeitnehmer für Verbesserungsvorschläge sowie für Leistungen in der Unfallverhütung und im Arbeitsschutz erhält. [5]Die mit einem Durchschnittswert angesetzten Sachbezüge, die in einem Kalenderjahr gewährt werden, sind insgesamt dem letzten Entgeltabrechnungszeitraum in diesem Kalenderjahr zuzuordnen.

Anlage 3

Altersvorsorge-Durchführungsverordnung

(AltvDV)
vom 28. Februar 2005, BGBl. I S. 487,
zuletzt geändert durch Art. 7 des Gesetzes zur Modernisierug des Besteuerungsverfahres
vom 18.7.2016, BGBl. I S. 1.679

Auszug

§ 6
Mitteilungspflichten des Arbeitgebers

(1) [1]Der Arbeitgeber hat der Versorgungseinrichtung (Pensionsfonds, Pensionskasse, Direktversicherung), die für ihn die betriebliche Altersversorgung durchführt, spätestens zwei Monate nach Ablauf des Kalenderjahres oder nach Beendigung des Dienstverhältnisses im Laufe des Kalenderjahres gesondert je Versorgungszusage mitzuteilen, in welcher Höhe die für den einzelnen Arbeitnehmer geleisteten Beiträge individuell besteuert wurden. [2]Die Mitteilungspflicht des Arbeitgebers kann durch einen Auftragnehmer wahrgenommen werden.

(2) Eine Mitteilung nach Absatz 1 kann unterbleiben, wenn die Versorgungseinrichtung dem Arbeitgeber mitgeteilt hat, dass

1. sie die Höhe der individuell besteuerten Beiträge bereits kennt oder aus den bei ihr vorhandenen Daten feststellen kann, oder
2. eine Förderung nach § 10a oder Abschnitt XI des Einkommensteuergesetzes nicht möglich ist.

(3) Der Arbeitnehmer kann gegenüber der Versorgungseinrichtung für die individuell besteuerten Beiträge insgesamt auf die Förderung nach § 10a oder Abschnitt XI des Einkommensteuergesetzes verzichten; der Verzicht kann für die Zukunft widerrufen werden.

(4) Soweit eine Mitteilung nach Absatz 1 unterblieben ist und die Voraussetzungen des Absatzes 2 Nr. 1 nicht vorliegen oder der Arbeitnehmer nach Absatz 3 verzichtet hat, hat die Versorgungseinrichtung davon auszugehen, dass es sich nicht um Altersvorsorgebeiträge im Sinne des § 82 Abs. 2 des Einkommensteuergesetzes handelt.

Anlage 4

Auslandsreisekosten-Länderübersicht über die im Kalenderjahr 2017 geltenden Pauschbeträge für Verpflegungsmehraufwendungen und Übernachtungskosten

Land	Pauschbeträge für Verpflegungsmehraufwendungen		Pauschbetrag für Übernachtungskosten €
	bei einer Abwesenheitsdauer von mindestens 24 Stunden je Kalendertag €	für den An- und Abreisetag sowie bei einer Abwesenheitsdauer von mehr als 8 Stunden je Kalendertag €	
Afghanistan	30	20	95
Ägypten	40	27	113
Äthiopien	27	18	86
Äquatorialguinea	36	24	166
Albanien	29	20	113
Algerien	51	34	173
Andorra	34	23	45
Angola	77	52	265
Antigua und Barbuda	53	36	117
Argentinien	34	23	144
Armenien	23	16	63
Aserbaidschan	30	20	72
Australien			
– Canberra	58	39	158
– Sydney	59	40	186
– im Übrigen	56	37	133
Bahrain	45	30	180
Bangladesch	30	20	111
Barbados	58	39	179
Belgien	41	28	135
Benin	40	27	101
Bolivien	30	20	93
Bosnien und Herzegowina	18	12	73
Botswana	40	27	102
Brasilien			
– Brasilia	53	36	160
– Rio de Janeiro	47	32	145
– Sao Paulo	53	36	120
– im Übrigen	54	36	110
Brunei	48	32	106

Land	Pauschbeträge für Verpflegungsmehraufwendungen		Pauschbetrag für Übernachtungskosten €
	bei einer Abwesenheitsdauer von mindestens 24 Stunden je Kalendertag €	für den An- und Abreisetag sowie bei einer Abwesenheitsdauer von mehr als 8 Stunden je Kalendertag €	
Bulgarien	22	15	90
Burkina Faso	44	29	84
Burundi	47	32	98
Chile	40	27	130
China			
– Chengdu	35	24	105
– Hongkong	74	49	145
– Kanton	40	27	113
– Peking	46	31	142
– Shanghai	50	33	128
– im Übrigen	50	33	78
Costa Rica	46	31	93
Côte d'Ivoire	51	34	146
Dänemark	60	40	150
Dominica	40	27	94
Dominikanische Republik	40	27	71
Dschibuti	48	32	160
Ecuador	44	29	97
El Salvador	44	29	119
Eritrea	46	31	81
Estland	27	18	71
Fidschi	34	23	69
Finnland	39	26	136
Frankreich			
– Paris*	58	39	135
– Straßburg	48	32	89
– Lyon	53	36	83
– Marseille	51	34	86
– im Übrigen	44	29	81
Gabun	62	41	278
Gambia	30	20	125
Georgien	30	20	80
Ghana	46	31	174

* einschließlich Departements Hauts-de-Seine, Seine-Saint-Denis und Val-de-Marne

Land	Pauschbeträge für Verpflegungsmehraufwendungen		Pauschbetrag für Übernachtungskosten €
	bei einer Abwesenheitsdauer von mindestens 24 Stunden je Kalendertag €	für den An- und Abreisetag sowie bei einer Abwesenheitsdauer von mehr als 8 Stunden je Kalendertag €	
Grenada	51	34	121
Griechenland			
– Athen	46	31	132
– im Übrigen	36	24	89
Guatemala	28	19	96
Guinea	38	25	110
Guinea-Bissau	24	16	86
Guyana	41	28	81
Haiti	50	33	111
Honduras	48	32	101
Indien			
– Chennai	34	23	87
– Kalkutta	41	28	117
– Mumbai	32	21	125
– Neu Delhi	50	33	144
– im Übrigen	36	24	145
Indonesien	38	25	130
Iran	28	19	84
Irland	44	29	92
Island	47	32	108
Israel	56	37	191
Italien			
– Mailand	39	26	156
– Rom	52	35	160
– im Übrigen	34	23	126
Jamaika	54	36	135
Japan			
– Tokio	53	36	153
– im Übrigen	51	34	156
Jemen	24	16	95
Jordanien	46	31	126
Kambodscha	39	26	94
Kamerun	50	33	180
Kanada			
– Ottawa	35	24	110

Land	Pauschbeträge für Verpflegungsmehraufwendungen		Pauschbetrag für Übernachtungskosten €
	bei einer Abwesenheitsdauer von mindestens 24 Stunden je Kalendertag €	für den An- und Abreisetag sowie bei einer Abwesenheitsdauer von mehr als 8 Stunden je Kalendertag €	
– Toronto	52	35	142
– Vancouver	48	32	106
– im Übrigen	44	29	111
Kap Verde	30	20	105
Kasachstan	39	26	109
Katar	56	37	170
Kenia	42	28	223
Kirgisistan	29	20	91
Kolumbien	41	28	126
Kongo, Republik	50	33	200
Kongo, Demokratische Republik	68	45	171
Korea, Demokratische Volksrepublik	39	26	132
Korea, Republik	58	39	112
Kosovo	23	16	57
Kroatien	28	19	75
Kuba	50	33	85
Kuwait	42	28	185
Laos	33	22	67
Lesotho	24	16	103
Lettland	30	20	80
Libanon	44	29	120
Libyen	45	30	100
Liechtenstein	53	36	180
Litauen	24	16	68
Luxemburg	47	32	102
Madagaskar	38	25	83
Malawi	47	32	123
Malaysia	34	23	88
Malediven	38	25	93
Mali	41	28	122
Malta	45	30	112
Marokko	42	28	129
Marshall Inseln	63	42	70
Mauretanien	39	26	105
Mauritius	48	32	140
Mazedonien	24	16	95

Land	Pauschbeträge für Verpflegungsmehraufwendungen		Pauschbetrag für Übernachtungskosten €
	bei einer Abwesenheitsdauer von mindestens 24 Stunden je Kalendertag €	für den An- und Abreisetag sowie bei einer Abwesenheitsdauer von mehr als 8 Stunden je Kalendertag €	
Mexiko	41	28	141
Mikronesien	56	37	74
Moldau, Republik	24	16	88
Monaco	42	28	180
Mongolei	29	20	84
Montenegro	29	20	94
Mosambik	42	28	147
Myanmar	35	24	155
Namibia	23	16	77
Nepal	28	19	86
Neuseeland	47	32	98
Nicaragua	36	24	81
Niederlande	46	31	119
Niger	36	24	70
Nigeria	63	42	255
Norwegen	64	43	182
Österreich	36	24	104
Oman	60	40	200
Pakistan			
– Islamabad	30	20	165
– im Übrigen	27	18	68
Palau	51	34	166
Panama	39	26	111
Papua-Neuguinea	60	40	234
Paraguay	36	24	61
Peru	30	20	93
Philippinen	30	20	107
Polen			
– Breslau	33	22	92
– Danzig	29	20	77
– Krakau	28	19	88
– Warschau	30	20	105
– im Übrigen	27	18	50
Portugal	36	24	92
Ruanda	46	31	141

Land	Pauschbeträge für Verpflegungsmehraufwendungen		Pauschbetrag für Übernachtungskosten €
	bei einer Abwesenheitsdauer von mindestens 24 Stunden je Kalendertag €	für den An- und Abreisetag sowie bei einer Abwesenheitsdauer von mehr als 8 Stunden je Kalendertag €	
Rumänien			
– Bukarest	32	21	100
– im Übrigen	26	17	62
Russische Föderation			
– Jekatarinenburg	28	19	84
– Moskau	30	20	110
– St. Petersburg	26	17	114
– im Übrigen	24	16	58
Sambia	36	24	130
Samoa	29	20	85
São Tomé – Príncipe	47	32	80
San Marino	34	23	75
Saudi-Arabien			
– Djidda	38	25	234
– Riad	48	32	179
– im Übrigen	48	32	80
Schweden	50	33	168
Schweiz			
– Genf	64	43	195
– im Übrigen	62	41	169
Senegal	45	30	128
Serbien	20	13	74
Sierra Leone	39	26	82
Simbabwe	45	30	103
Singapur	53	36	188
Slowakische Republik	24	16	85
Slowenien	33	22	95
Spanien			
– Barcelona	32	21	118
– Kanarische Inseln	32	21	98
– Madrid	41	28	113
– Palma de Mallorca	32	21	110
– im Übrigen	29	20	88
Sri Lanka	40	27	118
St. Kitts und Nevis	45	30	99
St. Lucia	54	36	129

Land	Pauschbeträge für Verpflegungsmehraufwendungen bei einer Abwesenheitsdauer von mindestens 24 Stunden je Kalendertag €	für den An- und Abreisetag sowie bei einer Abwesenheitsdauer von mehr als 8 Stunden je Kalendertag €	Pauschbetrag für Übernachtungskosten €
St. Vincent und die Grenadinen	52	35	121
Sudan	35	24	115
Südafrika			
– Kapstadt	27	18	112
– Johannisburg	29	20	124
– im Übrigen	22	15	94
Südsudan	34	23	150
Suriname	41	28	108
Syrien	38	25	140
Tadschikistan	26	17	67
Taiwan	51	34	126
Tansania	47	32	201
Thailand	32	21	118
Togo	35	24	108
Tonga	32	21	36
Trinidad und Tobago	54	36	164
Tschad	47	32	151
Tschechische Republik	35	24	94
Türkei			
– Istanbul	35	24	104
– Izmir	42	28	80
– im Übrigen	40	27	78
Tunesien	33	22	80
Turkmenistan	33	22	108
Uganda	35	24	129
Ukraine	32	21	98
Ungarn	22	15	63
Uruguay	44	29	109
Usbekistan	34	23	123
Vatikanstaat	52	35	160
Venezuela	48	32	207
Vereinigte Arabische Emirate	45	30	155
Vereinigte Staaten von Amerika			
– Atlanta	62	41	175
– Boston	58	39	265
– Chicago	54	36	209

Land	Pauschbeträge für Verpflegungsmehraufwendungen bei einer Abwesenheitsdauer von mindestens 24 Stunden je Kalendertag €	für den An- und Abreisetag sowie bei einer Abwesenheitsdauer von mehr als 8 Stunden je Kalendertag €	Pauschbetrag für Übernachtungskosten €
– Houston	63	42	138
– Los Angeles	56	37	274
– Miami	64	43	151
– New York City	58	39	282
– San Francisco	51	34	314
– Washington, D.C.	62	41	276
– im Übrigen	51	34	138
Vereinigtes Königreich von Großbritannien und Nordirland			
– London	62	41	224
– im Übrigen	45	30	115
Vietnam	38	25	86
Weißrussland	27	18	109
Zentralafrikanische Republik	46	31	74
Zypern	45	30	116

Anlage 5

Auszug aus dem Gesetz zur Verbesserung der betrieblichen Altersversorgung (Betriebsrentengesetz – BetrAVG –)

vom 19. Dezember 1974, zuletzt geändert durch Art. 2 Abs. 17 des Gesetzes zur Modernisierung der Finanzaufsicht über Versicherungen vom 1.4.2015, BGBl. I S. 434 und Art. 1 des Gesetzes zur Umsetzung der EU-Mobilitäts-Richtlinie vom 21.12.2015, BGBl. I S. 2.553*

– Auszug –

§ 1
Zusage des Arbeitgebers auf betriebliche Altersversorgung

(1) [1]Werden einem Arbeitnehmer Leistungen der Alters-, Invaliditäts- oder Hinterbliebenenversorgung aus Anlass seines Arbeitsverhältnisses vom Arbeitgeber zugesagt (betriebliche Altersversorgung), gelten die Vorschriften dieses Gesetzes. [2]Die Durchführung der betrieblichen Altersversorgung kann unmittelbar über den Arbeitgeber oder über einen der in § 1b Abs. 2 bis 4 genannten Versorgungsträger erfolgen. [3]Der Arbeitgeber steht für die Erfüllung der von ihm zugesagten Leistungen auch dann ein, wenn die Durchführung nicht unmittelbar über ihn erfolgt.

(2) [1]Betriebliche Altersversorgung liegt auch vor, wenn

1. der Arbeitgeber sich verpflichtet, bestimmte Beiträge in eine Anwartschaft auf Alters-, Invaliditäts- oder Hinterbliebenenversorgung umzuwandeln (beitragsorientierte Leistungszusage),
2. der Arbeitgeber sich verpflichtet, Beiträge zur Finanzierung von Leistungen der betrieblichen Altersversorgung an einen Pensionsfonds, eine Pensionskasse oder eine Direktversicherung zu zahlen und für Leistungen zur Altersversorgung das planmäßig zuzurechnende Versorgungskapital auf der Grundlage der gezahlten Beiträge (Beiträge und die daraus erzielten Erträge), mindestens die Summe der zugesagten Beiträge, soweit sie nicht rechnungsmäßig für einen biometrischen Risikoausgleich verbraucht wurden, hierfür zur Verfügung zu stellen (Beitragszusage mit Mindestleistung),
3. künftige Entgeltansprüche in eine wertgleiche Anwartschaft auf Versorgungsleistungen umgewandelt werden (Entgeltumwandlung) oder
4. der Arbeitnehmer Beiträge aus seinem Arbeitsentgelt zur Finanzierung von Leistungen der betrieblichen Altersversorgung an einen Pensionsfonds, eine Pensionskasse oder eine Direktversicherung leistet und die Zusage des Arbeitgebers auch die Leistungen aus diesen Beiträgen umfasst; die Regelungen für Entgeltumwandlung sind hierbei entsprechend anzuwenden, soweit die zugesagten Leistungen aus diesen Beiträgen im Wege der Kapitaldeckung finanziert werden.

* Das Gesetz zur Umsetzung der EU-Mobilitäts-Richtlinie tritt – von der Änderung des hier nicht abgedruckten § 16 Abs. 3 Nr. 2 BetrAVG abgesehen – erst zum 1.1.2018 in Kraft.

§ 1a
Anspruch auf betriebliche Altersversorgung durch Entgeltumwandlung

(1) [1]Der Arbeitnehmer kann vom Arbeitgeber verlangen, dass von seinen künftigen Entgeltansprüchen bis zu 4 vom Hundert der jeweiligen Beitragsbemessungsgrenze in der allgemeinen Rentenversicherung durch Entgeltumwandlung für seine betriebliche Altersversorgung verwendet werden. [2]Die Durchführung des Anspruchs des Arbeitnehmers wird durch Vereinbarung geregelt. [3]Ist der Arbeitgeber zu einer Durchführung über einen Pensionsfonds oder eine Pensionskasse (§ 1b Abs. 3) bereit, ist die betriebliche Altersversorgung dort durchzuführen; andernfalls kann der Arbeitnehmer verlangen, dass der Arbeitgeber für ihn eine Direktversicherung (§ 1b Abs. 2) abschließt. [4]Soweit der Anspruch geltend gemacht wird, muss der Arbeitnehmer jährlich einen Betrag in Höhe von mindestens einem Hundertsechzigstel der Bezugsgröße nach § 18 Abs. 1 des Vierten Buches Sozialgesetzbuch für seine betriebliche Altersversorgung verwenden. [5]Soweit der Arbeitnehmer Teile seines regelmäßigen Entgelts für betriebliche Altersversorgung verwendet, kann der Arbeitgeber verlangen, dass während eines laufenden Kalenderjahres gleich bleibende monatliche Beträge verwendet werden.

(2) Soweit eine durch Entgeltumwandlung finanzierte betriebliche Altersversorgung besteht, ist der Anspruch des Arbeitnehmers auf Entgeltumwandlung ausgeschlossen.

(3) Soweit der Arbeitnehmer einen Anspruch auf Entgeltumwandlung für betriebliche Altersversorgung nach Absatz 1 hat, kann er verlangen, dass die Voraussetzungen für eine Förderung nach den §§ 10a, 82 Abs. 2 des Einkommensteuergesetzes erfüllt werden, wenn die betriebliche Altersversorgung über einen Pensionsfonds, eine Pensionskasse oder eine Direktversicherung durchgeführt wird.

(4) [1]Falls der Arbeitnehmer bei fortbestehendem Arbeitsverhältnis kein Entgelt erhält, hat er das Recht, die Versicherung oder Versorgung mit eigenen Beiträgen fortzusetzen. [2]Der Arbeitgeber steht auch für die Leistungen aus diesen Beiträgen ein. [3]Die Regelungen über die Entgeltumwandlung gelten entsprechend.

§ 1b
Unverfallbarkeit und Durchführung der betrieblichen Altersversorgung

(1) [1]Einem Arbeitnehmer, dem Leistungen aus der betrieblichen Altersversorgung zugesagt worden sind, bleibt die Anwartschaft erhalten, wenn das Arbeitsverhältnis vor Eintritt des Versorgungsfalls, jedoch nach Vollendung des 25. Lebensjahres [ab 1.1.2018: des 21. Lebensjahres] endet und die Versorgungszusage zu diesem Zeitpunkt mindestens fünf Jahre [ab 1.1.2018: drei Jahre] bestanden hat (unverfallbare Anwartschaft). [2]Ein Arbeitnehmer behält seine Anwartschaft auch dann, wenn er aufgrund einer Vorruhestandsregelung ausscheidet und ohne das vorherige Ausscheiden die Wartezeit und die sonstigen Voraussetzungen für den Bezug von Leistungen der betrieblichen Altersversorgung hätte erfüllen können. [3]Eine Änderung der Versorgungszusage oder ihre Übernahme durch eine andere Person unterbricht nicht den Ablauf der Fristen nach Satz 1. [4]Der Verpflichtung aus einer Versorgungszusage stehen Versorgungsverpflichtungen gleich, die auf betrieblicher Übung oder dem Grundsatz der Gleichbehandlung beruhen. [5]Der Ablauf einer vorgesehenen Wartezeit wird durch die Beendigung des Arbeitsverhältnisses nach Erfüllung der Voraussetzungen der Sätze 1 und 2 nicht berührt. [6]Wechselt ein Arbeitnehmer vom Geltungsbereich dieses Gesetzes in einen anderen Mitgliedstaat der Europäischen Union, bleibt die Anwartschaft in gleichem Umfange wie für

Personen erhalten, die auch nach Beendigung eines Arbeitsverhältnisses innerhalb des Geltungsbereichs dieses Gesetzes verbleiben.

(2) [1]Wird für die betriebliche Altersversorgung eine Lebensversicherung auf das Leben des Arbeitnehmers durch den Arbeitgeber abgeschlossen und sind der Arbeitnehmer oder seine Hinterbliebenen hinsichtlich der Leistungen des Versicherers ganz oder teilweise bezugsberechtigt (Direktversicherung), so ist der Arbeitgeber verpflichtet, wegen Beendigung des Arbeitsverhältnisses nach Erfüllung der in Absatz 1 Satz 1 und 2 genannten Voraussetzungen das Bezugsrecht nicht mehr zu widerrufen. [2]Eine Vereinbarung, nach der das Bezugsrecht durch die Beendigung des Arbeitsverhältnisses nach Erfüllung der in Absatz 1 Satz 1 und 2 genannten Voraussetzungen auflösend bedingt ist, ist unwirksam. [3]Hat der Arbeitgeber die Ansprüche aus dem Versicherungsvertrag abgetreten oder beliehen, so ist er verpflichtet, den Arbeitnehmer, dessen Arbeitsverhältnis nach Erfüllung der in Absatz 1 Satz 1 und 2 genannten Voraussetzungen geendet hat, bei Eintritt des Versicherungsfalles so zu stellen, als ob die Abtretung oder Beleihung nicht erfolgt wäre. [4]Als Zeitpunkt der Erteilung der Versorgungszusage im Sinne des Absatzes 1 gilt der Versicherungsbeginn, frühestens jedoch der Beginn der Betriebszugehörigkeit.

(3) [1]Wird die betriebliche Altersversorgung von einer rechtsfähigen Versorgungseinrichtung durchgeführt, die dem Arbeitnehmer oder seinen Hinterbliebenen auf ihre Leistungen einen Rechtsanspruch gewährt (Pensionskasse und Pensionsfonds), so gilt Absatz 1 entsprechend. [2]Als Zeitpunkt der Erteilung der Versorgungszusage im Sinne des Absatzes 1 gilt der Versicherungsbeginn, frühestens jedoch der Beginn der Betriebszugehörigkeit.

(4) [1]Wird die betriebliche Altersversorgung von einer rechtsfähigen Versorgungseinrichtung durchgeführt, die auf ihre Leistungen keinen Rechtsanspruch gewährt (Unterstützungskasse), so sind die nach Erfüllung der in Absatz 1 Satz 1 und 2 genannten Voraussetzungen und vor Eintritt des Versorgungsfalles aus dem Unternehmen ausgeschiedenen Arbeitnehmer und ihre Hinterbliebenen den bis zum Eintritt des Versorgungsfalles dem Unternehmen angehörenden Arbeitnehmern und deren Hinterbliebenen gleichgestellt. [2]Die Versorgungszusage gilt in dem Zeitpunkt als erteilt im Sinne des Absatzes 1, von dem an der Arbeitnehmer zum Kreis der Begünstigten der Unterstützungskasse gehört.

(5) [1]Soweit betriebliche Altersversorgung durch Entgeltumwandlung erfolgt, behält der Arbeitnehmer seine Anwartschaft, wenn sein Arbeitsverhältnis vor Eintritt des Versorgungsfalles endet; in den Fällen der Absätze 2 und 3

1. dürfen die Überschussanteile nur zur Verbesserung der Leistung verwendet,
2. muss dem ausgeschiedenen Arbeitnehmer das Recht zur Fortsetzung der Versicherung oder Versorgung mit eigenen Beiträgen eingeräumt und
3. muss das Recht zur Verpfändung, Abtretung oder Beleihung durch den Arbeitgeber ausgeschlossen werden.

[2]Im Fall einer Direktversicherung ist dem Arbeitnehmer darüber hinaus mit Beginn der Entgeltumwandlung ein unwiderrufliches Bezugsrecht einzuräumen.

§ 2
Höhe der unverfallbaren Anwartschaft

(1) [1]Bei Eintritt des Versorgungsfalles wegen Erreichens der Altersgrenze, wegen Invalidität oder Tod haben ein vorher ausgeschiedener Arbeitnehmer, dessen Anwartschaft nach § 1b fortbesteht, und seine Hinterbliebenen einen Anspruch mindestens in Höhe des Teiles der ohne das vorherige Ausscheiden zustehenden Leistung, der dem Verhältnis der Dauer der Betriebszugehörigkeit zu der Zeit vom Beginn der Betriebszugehörigkeit bis zum Erreichen der Regelaltersgrenze in der gesetzlichen Rentenversicherung entspricht; an die Stelle des Erreichens der Regelaltersgrenze tritt ein früherer Zeitpunkt, wenn dieser in der Versorgungsregelung als feste Altersgrenze vorgesehen ist, spätestens der Zeitpunkt der Vollendung des 65. Lebensjahres, falls der Arbeitnehmer ausscheidet und gleichzeitig eine Altersrente aus der gesetzlichen Rentenversicherung für besonders langjährig Versicherte in Anspruch nimmt. [2]Der Mindestanspruch auf Leistungen wegen Invalidität oder Tod vor Erreichen der Altersgrenze ist jedoch nicht höher als der Betrag, den der Arbeitnehmer oder seine Hinterbliebenen erhalten hätten, wenn im Zeitpunkt des Ausscheidens der Versorgungsfall eingetreten wäre und die sonstigen Leistungsvoraussetzungen erfüllt gewesen wären.

(2) [1]Ist bei einer Direktversicherung der Arbeitnehmer nach Erfüllung der Voraussetzungen des § 1b Abs. 1 und 5 vor Eintritt des Versorgungsfalles ausgeschieden, so gilt Absatz 1 mit der Maßgabe, dass sich der vom Arbeitgeber zu finanzierende Teilanspruch nach Absatz 1, soweit er über die von dem Versicherer nach dem Versicherungsvertrag auf Grund der Beiträge des Arbeitgebers zu erbringende Versicherungsleistung hinausgeht, gegen den Arbeitgeber richtet. [2]An die Stelle der Ansprüche nach Satz 1 tritt auf Verlangen des Arbeitgebers die von dem Versicherer auf Grund des Versicherungsvertrages zu erbringende Versicherungsleistung, wenn

1. spätestens nach 3 Monaten seit dem Ausscheiden des Arbeitnehmers das Bezugsrecht unwiderruflich ist und eine Abtretung oder Beleihung des Rechts aus dem Versicherungsvertrag durch den Arbeitgeber und Beitragsrückstände nicht vorhanden sind,
2. vom Beginn der Versicherung, frühestens jedoch vom Beginn der Betriebszugehörigkeit an, nach dem Versicherungsvertrag die Überschussanteile nur zur Verbesserung der Versicherungsleistung zu verwenden sind und
3. der ausgeschiedene Arbeitnehmer nach dem Versicherungsvertrag das Recht zur Fortsetzung der Versicherung mit eigenen Beiträgen hat.

[3]Der Arbeitgeber kann sein Verlangen nach Satz 2 nur innerhalb von 3 Monaten seit dem Ausscheiden des Arbeitnehmers diesem und dem Versicherer mitteilen. [4]Der ausgeschiedene Arbeitnehmer darf die Ansprüche aus dem Versicherungsvertrag in Höhe des durch Beitragszahlungen des Arbeitgebers gebildeten geschäftsplanmäßigen Deckungskapitals oder, soweit die Berechnung des Deckungskapitals nicht zum Geschäftsplan gehört, das nach § 169 Abs. 3 und 4 des Versicherungsvertragsgesetzes berechneten Wertes weder abtreten noch beleihen. [5]In dieser Höhe darf der Rückkaufswert auf Grund einer Kündigung des Versicherungsvertrages nicht in Anspruch genommen werden; im Falle einer Kündigung wird die Versicherung in eine prämienfreie Versicherung umgewandelt. [6]§ 169 Abs. 1 des Versicherungsvertragsgesetzes findet insoweit keine Anwendung. [7]Eine Abfindung des Anspruchs nach § 3 ist weiterhin möglich.

(3) [1]Für Pensionskassen gilt Absatz 1 mit der Maßgabe, dass sich der vom Arbeitgeber zu finanzierende Teilanspruch nach Absatz 1, soweit er über die von der Pensionskasse nach dem aufsichtsbehördlich genehmigten Geschäftsplan oder, soweit eine aufsichtsbehördliche Genehmigung nicht vorgeschrieben ist, nach den allgemeinen Versicherungsbedingungen und den fachlichen Geschäftsunterlagen im Sinne des § 9 Absatz 2 Nummer 2 in Verbindung mit § 234 Absatz 3 Nummer 1 des Versicherungsaufsichtsgesetzes (Geschäftsunterlagen) auf Grund der Beiträge des Arbeitgebers zu erbringende Leistung hinausgeht, gegen den Arbeitgeber richtet. [2]An die Stelle der Ansprüche nach Satz 1 tritt auf Verlangen des Arbeitgebers die von der Pensionskasse auf Grund des Geschäftsplanes oder der Geschäftsunterlagen zu erbringende Leistung, wenn nach dem aufsichtsbehördlich genehmigten Geschäftsplan oder den Geschäftsunterlagen

1. vom Beginn der Versicherung, frühestens jedoch vom Beginn der Betriebszugehörigkeit an, Überschussanteile, die auf Grund des Finanzierungsverfahrens regelmäßig entstehen, nur zur Verbesserung der Versicherungsleistung zu verwenden sind oder die Steigerung der Versorgungsanwartschaften des Arbeitnehmers der Entwicklung seines Arbeitsentgeltes, soweit es unter den jeweiligen Beitragsbemessungsgrenzen der gesetzlichen Rentenversicherungen liegt, entspricht und
2. der ausgeschiedene Arbeitnehmer das Recht zur Fortsetzung der Versicherung mit eigenen Beiträgen hat.

[3]Der Absatz 2 Satz 3 bis 7 gilt entsprechend.

(3a) Für Pensionsfonds gilt Absatz 1 mit der Maßgabe, dass sich der vom Arbeitgeber zu finanzierende Teilanspruch, soweit er über die vom Pensionsfonds auf der Grundlage der nach dem geltenden Pensionsplan im Sinne des § 237 Absatz 3 Nummer 2 und 3 des Versicherungsaufsichtsgesetzes berechnete Deckungsrückstellung hinausgeht, gegen den Arbeitgeber richtet.

(4) Eine Unterstützungskasse hat bei Eintritt des Versorgungsfalles einem vorzeitig ausgeschiedenen Arbeitnehmer, der nach § 1b Abs. 4 gleichgestellt ist, und seinen Hinterbliebenen mindestens den nach Absatz 1 berechneten Teil der Versorgung zu gewähren.

(5)* [1]Bei der Berechnung des Teilanspruchs nach Absatz 1 bleiben Veränderungen der Versorgungsregelung und der Bemessungsgrundlagen für die Leistung der betrieblichen Altersversorgung, soweit sie nach dem Ausscheiden des Arbeitnehmers ein treten, außer Betracht; dies gilt auch für die Bemessungsgrundlagen anderer Versorgungsbezüge, die bei der Berechnung der Leistung der betrieblichen Altersversorgung zu berücksichtigen sind. [2]Ist eine Rente der gesetzlichen Rentenversicherung zu berücksichtigen, so kann das bei der Berechnung von Pensionsrückstellungen allgemein zulässige Verfahren zugrunde gelegt werden, wenn nicht der ausgeschiedene Arbeitnehmer die Anzahl der im Zeitpunkt des Ausscheidens erreichten Entgeltpunkte nachweist; bei Pensionskassen sind der aufsichtsbehördlich genehmigte Geschäftsplan oder die Geschäftsunterlagen maßgebend. [3]Bei Pensionsfonds sind der Pensionsplan und die sonstigen Geschäftsunterlagen maßgebend. [4]Versorgungsanwartschaften, die der Arbeitnehmer nach seinem Ausscheiden erwirbt, dürfen zu keiner Kürzung des Teilanspruchs nach Absatz 1 führen.

* Ab 1.1.2018 wird Absatz 5 aufgehoben, Absatz 5a und Absatz 5b werden dann Absatz 5 und Absatz 6.

(5a)* Bei einer unverfallbaren Anwartschaft aus Entgeltumwandlung tritt an die Stelle der Ansprüche nach Absatz 1, 3a oder 4 die vom Zeitpunkt der Zusage auf betriebliche Altersversorgung bis zum Ausscheiden des Arbeitnehmers erreichte Anwartschaft auf Leistungen aus den bis dahin umgewandelten Entgeltbestandteilen; dies gilt entsprechend für eine unverfallbare Anwartschaft aus Beiträgen im Rahmen einer beitragsorientierten Leistungszusage.

(5b)* An die Stelle der Ansprüche nach den Absätzen 2, 3, 3a und 5a tritt bei einer Beitragszusage mit Mindestleistung das dem Arbeitnehmer planmäßig zuzurechnende Versorgungskapital auf der Grundlage der bis zu seinem Ausscheiden geleisteten Beiträge (Beiträge und die bis zum Eintritt des Versorgungsfalls erzielten Erträge), mindestens die Summe der bis dahin zugesagten Beiträge, soweit sie nicht rechnungsmäßig für einen biometrischen Risikoausgleich verbraucht wurden.

§ 2a
Berechnung und Wahrung des Teilanspruchs

(hier nicht abgedruckt, da erst ab 1.1.2018 gültig)

§ 3
Abfindung

(1) Unverfallbare Anwartschaften im Falle der Beendigung des Arbeitsverhältnisses und laufende Leistungen dürfen nur unter den Voraussetzungen der folgenden Absätze abgefunden werden.

(2) [1]Der Arbeitgeber kann eine Anwartschaft ohne Zustimmung des Arbeitnehmers abfinden, wenn der Monatsbetrag der aus der Anwartschaft resultierenden laufenden Leistung bei Erreichen der vorgesehenen Altersgrenze 1 vom Hundert, bei Kapitalleistungen zwölf Zehntel der monatlichen Bezugsgröße nach § 18 des Vierten Buches Sozialgesetzbuch nicht übersteigen würde [ab 1.1.2018 wird ein neuer Satz eingefügt]. [2]Dies gilt entsprechend für die Abfindung einer laufenden Leistung. [3]Die Abfindung ist unzulässig, wenn der Arbeitnehmer von seinem Recht auf Übertragung der Anwartschaft Gebrauch macht.

(3) Die Anwartschaft ist auf Verlangen des Arbeitnehmers abzufinden, wenn die Beiträge zur gesetzlichen Rentenversicherung erstattet worden sind.

(4) Der Teil der Anwartschaft, der während eines Insolvenzverfahrens erdient worden ist, kann ohne Zustimmung des Arbeitnehmers abgefunden werden, wenn die Betriebstätigkeit vollständig eingestellt und das Unternehmen liquidiert wird.

(5) Für die Berechnung des Abfindungsbetrages gilt § 4 Abs. 5 entsprechend.

(6) Die Abfindung ist gesondert auszuweisen und einmalig zu zahlen.

§ 4
Übertragung

(1) Unverfallbare Anwartschaften und laufende Leistungen dürfen nur unter den Voraussetzungen der folgenden Absätze übertragen werden.

---

* Ab 1.1.2018 wird Absatz 5 aufgehoben, Absatz 5a und Absatz 5b werden dann Absatz 5 und Absatz 6.

(2) Nach Beendigung des Arbeitsverhältnisses kann im Einvernehmen des ehemaligen mit dem neuen Arbeitgeber sowie dem Arbeitnehmer

1. die Zusage vom neuen Arbeitgeber übernommen werden oder
2. der Wert der vom Arbeitnehmer erworbenen unverfallbaren Anwartschaft auf betriebliche Altersversorgung (Übertragungswert) auf den neuen Arbeitgeber übertragen werden, wenn dieser eine wertgleiche Zusage erteilt; für die neue Anwartschaft gelten die Regelungen über Entgeltumwandlung entsprechend.

(3) [1]Der Arbeitnehmer kann innerhalb eines Jahres nach Beendigung des Arbeitsverhältnisses von seinem ehemaligen Arbeitgeber verlangen, dass der Übertragungswert auf den neuen Arbeitgeber übertragen wird, wenn

1. die betriebliche Altersversorgung über einen Pensionsfonds, eine Pensionskasse oder eine Direktversicherung durchgeführt worden ist und
2. der Übertragungswert die Beitragsbemessungsgrenze in der allgemeinen Rentenversicherung nicht übersteigt.

[2]Der Anspruch richtet sich gegen den Versorgungsträger, wenn der ehemalige Arbeitgeber die versicherungsförmige Lösung nach § 2 Abs. 2 oder 3 gewählt hat oder soweit der Arbeitnehmer die Versicherung oder Versorgung mit eigenen Beiträgen fortgeführt hat. [3]Der neue Arbeitgeber ist verpflichtet, eine dem Übertragungswert wertgleiche Zusage zu erteilen und über einen Pensionsfonds, eine Pensionskasse oder eine Direktversicherung durchzuführen. [4]Für die neue Anwartschaft gelten die Regelungen über Entgeltumwandlung entsprechend.

(4) [1]Wird die Betriebstätigkeit eingestellt und das Unternehmen liquidiert, kann eine Zusage von einer Pensionskasse oder einem Unternehmen der Lebensversicherung ohne Zustimmung des Arbeitnehmers oder Versorgungsempfängers übernommen werden, wenn sichergestellt ist, dass die Überschussanteile ab Rentenbeginn entsprechend § 16 Abs. 3 Nr. 2 verwendet werden. [2]§ 2 Abs. 2 Satz 4 bis 6 gilt entsprechend.

(5) [1]Der Übertragungswert entspricht bei einer unmittelbar über den Arbeitgeber oder über eine Unterstützungskasse durchgeführten betrieblichen Altersversorgung dem Barwert der nach § 2 bemessenen künftigen Versorgungsleistung im Zeitpunkt der Übertragung; bei der Berechnung des Barwerts sind die Rechnungsgrundlagen sowie die anerkannten Regeln der Versicherungsmathematik maßgebend. [2]Soweit die betriebliche Altersversorgung über einen Pensionsfonds, eine Pensionskasse oder eine Direktversicherung durchgeführt worden ist, entspricht der Übertragungswert dem gebildeten Kapital im Zeitpunkt der Übertragung.

(6) Mit der vollständigen Übertragung des Übertragungswerts erlischt die Zusage des ehemaligen Arbeitgebers.

§ 4a*
Auskunftsanspruch

(1) Der Arbeitgeber oder der Versorgungsträger hat dem Arbeitnehmer bei einem berechtigten Interesse auf dessen Verlangen schriftlich mitzuteilen,

1. in welcher Höhe aus der bisher erworbenen unverfallbaren Anwartschaft bei Erreichen der in der Versorgungsregelung vorgesehenen Altersgrenze ein Anspruch auf Altersversorgung besteht und
2. wie hoch bei einer Übertragung der Anwartschaft nach § 4 Abs. 3 der Übertragungswert ist.

(2) Der neue Arbeitgeber oder der Versorgungsträger hat dem Arbeitnehmer auf dessen Verlangen schriftlich mitzuteilen, in welcher Höhe aus dem Übertragungswert ein Anspruch auf Altersversorgung und ob eine Invaliditäts- oder Hinterbliebenenversorgung bestehen würde.

---

* Mit dem Gesetz zur Umsetzung der EU-Mobilitätsrichtlinie wird § 4a ab 1.1.2018 neu gefasst. Neufassung hier nicht abgedruckt.

Stichwortverzeichnis

A

Abfindung der Versorgungsanwartschaft 408
Abfindungen wegen Entlassung aus dem Dienstverhältnis 58 – 63
Abschlagszahlungen 65
Abschlussgebühren 65
Adressenschreiber 30
Altersentlastungsbetrag 273
Altersteilzeit 65
Altersversorgung
- betriebliche 372

Altersvorsorgezulage 384, 387, 393, 406, 408
Amateursportler 30
Änderung des Lohnsteuerabzugs 286
Anrufungsauskunft 366
Antrittsgebühren 67
Anwesenheitsprämien 67
Apothekenvertreter 30
Arbeitgeber 53
- Lohnsteuerabzug durch Dritte 54
- wirtschaftlicher 53

Arbeitgeberanteil zur gesetzlichen Sozialversicherung 68
Arbeitnehmeranteil zur gesetzlichen Sozialversicherung 68
Arbeitnehmer-Auslandstagung 69
Arbeitnehmerfeier 69
Arbeitnehmerjubiläum 70
Arbeitnehmertätigkeit 26
Arbeitnehmerüberlassung 55, 364
Arbeitsessen 70 – 71
Arbeitskleidung
Siehe Berufskleidung
Arbeitslohn 56
Arbeitslohnrückzahlungen 287
Arbeitslohnspende 71
Arbeitslosengeld 72
Arbeitszeitkonten 72 – 84
Artisten 30
Arztvertreter 31
Aufmerksamkeiten 79
Aufstockungsbetrag
Siehe Altersteilzeit
Aufwandsentschädigungen 79 – 81
Ausbeiner
Siehe Kopfschlächter
Ausbildungsvergütungen 82
Aushilfskräfte 31
Auslagenersatz 84
Ausländische Arbeitnehmer 82 – 84
Ausländische Studenten 84
Auslandsbeschäftigung 85 – 123
Auslandsreisekosten 97
Auslandstätigkeitserlass 94
Auslandszulagen
Siehe Kaufkraftausgleich
Auslösungen 99
Außendienstpauschalen 99
Aussperrungsunterstützungen 100
Auswärtstätigkeit 100 – 119
Autotelefon 119

B

Bahncard 119
Barlohnverzicht 155
Baukostenzuschuss
Siehe Wohnungsüberlassung (Nr. 12)
Bauzuschlag 121
Bedienungen 31
Bedienungszuschlag 121
Behinderte 31
Beihilfen 121 – 123
Beiträge 123
Beitragsbemessungsgrenzen 19
Beitragssätze 18
Bekleidungszuschüsse
Siehe Berufskleidung
Belegschaftsaktien 123
Belegschaftsrabatte
Siehe Personalrabatte
Belohnungen 123
Bereitschaftsdienstvergütungen 124
Berichtigung des Lohnsteuerabzugs 286

Berufshaftpflichtversicherung 124
Berufskleidung 124
Berufskraftfahrerpauschale
Siehe Auswärtstätigkeit
Berufssportler 32
Berufsverbände 125
Beschränkte Einkommensteuerpflicht 264
Betreuungsleistungen 125
Betriebliche Altersversorgung 372
- Arbeitgeberwechsel 384, 387, 395, 407
- Direktversicherung 329, 388
- Direktzusage 382
- Durchführungswege 374
- Pensionsfonds 404
- Pensionskasse 397
- Unterstützungskasse 386
- Zusage 374, 377

Betriebliche Gesundheitsförderung 126
Betriebshelfer 32
Betriebskindergarten
Siehe Kindergarten
Betriebsrenten 128
Betriebsveranstaltungen 130 – 136
Betriebsversammlungen 136
Bewerbungskosten 136
Bewirtungskosten 136
Bühnenkünstler 33 – 35
Bundesfreiwilligendienst 35

C

Chorleiter 35
Computerübereignung 301
Computerüberlassung 137

D

Darlehen 137
Dienstkleidung
Siehe Berufskleidung
Dienstreisen
Siehe Auswärtstätigkeit
Dienstwagen
Siehe Kraftfahrzeugüberlassung
Dienstwohnung
Siehe Wohnungsüberlassung
Direktversicherung 138, 329, 388
Direktzusage 382
Doppelbesteuerungsabkommen
Siehe Auslandsbeschäftigung
Doppelte Haushaltsführung 139 – 142
D & O-Versicherungen 138
Dreizehntes Monatsgehalt 142
Durchlaufende Gelder 84, 142

E

Ehegattenarbeitsverhältnis 35 – 36
Ehrenämter 37
Ein-Euro-Jobs 37
Einkommensteuergesetz 9
Einkommensteuerveranlagung 10
Einmalig gezahltes Arbeitsentgelt 142
Einsatzwechseltätigkeit
Siehe Auswärtstätigkeit
Eintrittskarten 143
Elektromobilität 181
Entgeltumwandlung 375
Entlassungsentschädigungen
Siehe Abfindungen
Entleiher 364
Erfindervergütungen 143
Erholungsbeihilfen 143
Erschwerniszulagen 144
Erweiterte unbeschränkte Einkommensteuerpflicht 263
Essenszuschüsse
Siehe Mahlzeiten

F

Fahrergestellung 178
Fahrlehrer 38
Fahrrad 144
Fahrtätigkeit
- Auswärtstätigkeit 145

Fahrtenbuch 171
Faktorverfahren 16
Familienzulagen 146
Fehlgeldentschädigungen 146
Feiertagslohn 146

Feiertagszuschläge
Siehe Zuschläge für Sonntags- Feiertags und Nachtarbeit
Fernsehgeräte 213
Fernseh- und Hörfunkmitarbeiter 38 – 39
Fernsprechgebühren
Siehe Telefonkosten
Film- und Fernsehproduktionen 40
Firmenpensionen
Siehe Betriebsrente
Firmenwagen
Siehe Kraftfahrzeugüberlassung
Fortbildungsleistungen 146 – 150
Fotomodelle 40
Freianzeigen 148
Freibetrag für den Betreuungs- und Erziehungs- oder Ausbildungsbedarf eines Kindes 15
Freie Verpflegung und Unterkunft 148 – 150
Freifahrten 150
Freiflüge 150 – 215
Freikarten
Siehe Eintrittskarten
Freitrunk und Freitabak 152
Fürsorgeleistungen 152

G

Garagengeld 153
Gastspielverpflichtete Künstler
Siehe Bühnenkünstler
Gebäudereiniger 40
Geburtsbeihilfen 153
Geburtstagsgeschenke
Siehe Aufmerksamkeiten
Gefahrenzulagen 153
Gehaltsumwandlung 153
Gehaltsverzicht 155
Geldstrafen 155
Gelegenheitsarbeiter
Siehe Aushilfekräfte
Gemeinschaftverpflegung
Siehe freie Verpflegung und Wohnung und Mahlzeiten
Gesamtsozialversicherungsbeitrag 18
Geschäftsführer 40 – 42
Geschäftsjubiläum 156
Geschenke 156
Getränke und Genussmittel 157
Gewinnbeteiligungen 157
Gewöhnlicher Aufenthalt 262
Gleitzone 325
Grenzgänger 157
Gruppenunfallversicherung 339

H

Haftung 354
Handelsvertreter 42
Hausgehilfin 42
Hausmeister 42
Haustrunk 158
Heimarbeiter 42
Heimarbeiterzuschläge 158
Heiratsbeihilfen 158
Hinterbliebenenbezüge 158
Hinzurechnungsbetrag 11
Hörfunkmitarbeiter
Siehe Fernseh- und Hörfunkmitarbeiter

I

Incentive-Reisen 160 – 161
Insolvenzgeld 161
Insolvenzgeldumlage 24
Insolvenzversicherung 161
Instrumentengeld
Siehe Werkzeuggeld
Internetkosten 301
Interviewer 43

J

Jahresaufwandsentschädigungen 162
Jahresausgleich 288, 290
Jahreswagen 162
Jobticket
Siehe Fahrtkostenersatz
Jubiläumszuwendungen
Siehe Arbeitnehmerjubiläum und Geschäftsjubiläum

K

Kaskoversicherung 164
Kaufkraftausgleich 164 – 166
Kilometergeld 166
Kinderfreibeträge 15
Kindergarten 167
Kinder im elterlichen Betrieb 43
Kinderzuschläge 168
Kirchensteuerabzug 349
Konkursausfallgeld 168
Kontoführungsgebühren 168
Kopfschlächter 44
Kraftfahrzeugüberlassung 168 – 180
Krankengeldzuschuss 182
Krankenversicherung 183 – 185
Kreditkarten 185
Künstler 44
Kuraufwendungen 186
Kurierfahrer 44
Kurzarbeitergeld „Saison-Kurzarbeitergeld“ 186 – 187

L

Land- und Forstwirtschaft 328
Lebensversicherung 187
Lehrabschlussprämien 188
Lehrtätigkeit 45
Leiharbeitnehmer 364
Lohnfortzahlung im Krankheitsfall 188
Lohnsteuerabzug 261
- Verlagerung auf Dritte 54

Lohnsteuer-Anmeldung 293
Lohnsteuer-Außenprüfung 352
Lohnsteuerbescheinigung
- elektronische 293

Lohnsteuer-Durchführungsverordnung 410
Lohnsteuer-Ermäßigungsverfahren 10
Lohnsteuer-Jahresausgleich/Arbeitgeber 288
Lohnsteuerpauschalierung
Siehe Pauschalierung der Lohnsteuer
Lohnsteuer-Richtlinien 9
Lohnverzicht
Siehe Gehaltsverzicht
Lohnzahlung durch Dritte 189

M

Mahlzeiten 193
Mankogeld
Siehe Fehlgeldentschädigung
Mannequins 45
Marktforscher 46
Mehrarbeitszuschläge 197
Messehostessen 46
miles + more 197
Mitgliedsbeiträge 197
Musiker 46 – 47
Mutterschaftsgeld 198

N

Nachforderung von Lohnsteuer 352
- vom Arbeitgeber 354
- vom Arbeitnehmer 352

Nachtarbeitszuschlag
Siehe s. Zuschläge für Sonntags-, Feiertags- und Nachtarbeit
Nachzahlungen 198
Nebentätigkeit 47
Nettolohnvereinbarung 277
Notfallsanitäter 47
Notstandsbeihilfen
Siehe Beihilfen

O

Optionen 199
Orchestermusiker 48
Ortsübliche Miete 245
Outplacementberatung 200

P

Parkplätze 201
Pauschale Kirchensteuer 340
Pauschalierung der Lohnsteuer
- Betriebsveranstaltung 298
- Computerübereignung 301
- Erholungsbeihilfen 298
- Fahrtkostenzuschüsse 302
- Gruppenunfallversicherung 339
- Ladestromvorrichtungen 301
- Land- und Forstwirtschaft 328
- Mahlzeiten 297

- nach 37b EStG 344
- Pensionskassen 329
- sonstige Bezüge 295
- Verpflegungsmehraufwendungen 299

Pension
Siehe Betriebsrenten

Pensionsfonds 404
- Übertragung von Versorgungsverpflichtungen 383

Pensionskasse 201, 330
Permanenter Jahresausgleich 290
Personalrabatte 201 – 207
Pflegeversicherung 207 – 209
PKW-Nutzung
Siehe Kraftfahrzeugüberlassung
PKW-Sicherheitstraining 210
Plakatkleber 48
Praktikanten 48
Prämien für Verbesserungsvorschläge
Siehe Verbesserungsvorschläge
Preisausschreiben 210
Preise 210
Prospektverteiler 48
Provisionen 210
Prüfungstätigkeiten 48

R

Rabatte
Siehe Personalrabatte
Regalauffüller 48
Reisekosten 211
Reiseleiter 48
Reisenebenkosten 211
Rückdeckungsversicherung 212
Rückzahlung 287
Rundfunkermittler 49
Rundfunkgeräte 213

S

Sachbezüge 213 – 215
Saison-Kurzarbeitergeld 243 – 244
Sammelbeförderung 215
Schichtlohnzulagen 217
Schmerzensgeld 217
Schmutzzulagen 217
Schutzkleidung
Siehe Berufskleidung
Sicherheitsmaßnahmen 217
Sicherheitsprämien 217
Solidaritätszuschlag 291
Sonderausgabenpauschbetrag 14
Sonntagszuschläge
Siehe Zuschläge für Sonntags-, Feiertags- und Nachtarbeit
Sonstige Bezüge 218, 274
Sozialräume 218
Sparzulage 218
Sportanlagen 218
Ständig wechselnde Einsatzstellen
Siehe Auswärtstätigkeit
Sterbegeld
Siehe Hinterbliebenenbezüge
Steuerklasse 12
Strafverteidigungskosten
Siehe Geldstrafen
Streikgelder 219
Stromableser 49
Studienreisen 219
Stundenbuchhalter 49
Synchronsprecher 49

T

Tagesmütter 50
Telefoninterviewer 50
Telefonkosten 219
Teleheimarbeitsplatz 220
Theaterbetriebszuschläge 221
Theaterkarten
Siehe Eintrittskarten
Trennungsgelder 222
Treueprämien 222
Trinkgelder 222

U

Übernachtungsgeld
Siehe Auslandsreisekosten, Auswärtstätigkeit, Doppelte Haushaltsführung
Überstundenvergütungen 222

Übungsleiter 50
Umsatzbeteiligungen
Siehe Provision
Umzugskostenvergütungen 222 – 224
Unbeschränkte Einkommensteuerpflicht 262
Unfallkosten 225
Unfallverhütungsprämien
Siehe Sicherheitsprämien
Unfallversicherung 225
Unterstützungen
Siehe Beihilfen
Unterstützungskasse 228, 386
Siehe Übertragung von Versorgungsverpflichtungen
Urlaubsabgeltung 229
Urlaubsentgelt 229
Urlaubsgeld 229

V

Verbesserungsvorschläge 229
Verdienstausfallentschädigungen 229
Vereinsbeiträge
Siehe Mitgliedsbeiträge
Verkaufsförderer 50
Verleiher 364
Verlosungsgewinne 230
Vermögensbeteiligungen 230 – 435
Vermögenswirksame Leistungen 234 – 239
Verpflegungsmehraufwendungen
Siehe Pauschalierungen
Versicherungspflicht 21
Versicherungsvertreter 50
Versorgungsausgleich 379
Versorgungsbezüge
Siehe Betriebsrenten
Versorgungsfreibetrag 267
Versorgungszusage 377
Versorgungszusagen 239
Videogeräte 213
VIP-Logen 239
Vorruhestandsgeld 240
Vorsorgepauschale 279
Vorsorgeuntersuchungen 240
Vorstandsvorsitzende 51

W

Wachhunde 240
Wandelschuldverschreibung 241
Warengutschein 241
Waschgeld 242
Wechselschichtzulagen 242
Wegegeld 242
Weihnachtsgeld 242
Werbedamen 51
Werksstudenten 52
Werkswohnung
Siehe Wohnungsüberlassung
Werkzeuggeld 243
Wiederholungshonorar 44
Wintergeld 244
Witwen- und Waisengeld
Siehe Hinterbliebenenbezüge
Wohnsitz 262
Wohnungsüberlassung 244 – 435

Z

Zeitungsausträger 52
Zinsersparnisse und Zinszuschüsse 248 – 435
Zuflusszeitpunkt 278
Zukunftssicherungsleistungen 251
Zuschläge für Sonntags-, Feiertags- und Nachtarbeit 252
Zuschuss für Ladestromvorrichtungen 301
Zuschuss zum Internet 301
Zuschuss zur Krankenversicherung
Siehe Krankenversicherung
Zuschuss zur Pflegeversicherung
Siehe Pflegeversicherung

▲ Hier abtrennen! ▲

Dr. F. Weiss Verlag GmbH, 80021 München, Postfach 20 21 31
Fax 089 / 79 22 93 Telefon 089 / 791 60 04

Einzugsermächtigung:

Hiermit ermächtige(n) ich/wir Sie widerruflich, die von mir/uns zu bezahlenden Rechnungen bei Fälligkeit durch Lastschrift einzuziehen

Kundenkonto Nr.: __________

Name / Vorname des Kontoinhabers: __________

PLZ: __________ **Ort:** __________

BIC: __________ **IBAN:** __________

Bank: __________

Ort: __________ **Datum:** __________

Unterschrift des Kontoinhabers: __________

Dr. F. Weiss Verlag
Seit 1981